Lorenz Hölscher

**Microsoft Access 2010 – Das Handbuch**

Lorenz Hölscher: Microsoft Access 2010 – Das Handbuch
Copyright © 2010 O'Reilly Verlag GmbH & Co. KG

Das in diesem Buch enthaltene Programmmaterial ist mit keiner Verpflichtung oder Garantie irgendeiner Art verbunden. Autor, Übersetzer und der Verlag übernehmen folglich keine Verantwortung und werden keine daraus folgende oder sonstige Haftung übernehmen, die auf irgendeine Art aus der Benutzung dieses Programmmaterials oder Teilen davon entsteht.

Das Werk einschließlich aller Teile ist urheberrechtlich geschützt. Jede Verwertung außerhalb der engen Grenzen des Urheberrechtsgesetzes ist ohne Zustimmung des Verlags unzulässig und strafbar. Das gilt insbesondere für Vervielfältigungen, Übersetzungen, Mikroverfilmungen und die Einspeicherung und Verarbeitung in elektronischen Systemen.

Die in den Beispielen verwendeten Namen von Firmen, Organisationen, Produkten, Domänen, Personen, Orten, Ereignissen sowie E-Mail-Adressen und Logos sind frei erfunden, soweit nichts anderes angegeben ist. Jede Ähnlichkeit mit tatsächlichen Firmen, Organisationen, Produkten, Domänen, Personen, Orten, Ereignissen, E-Mail-Adressen und Logos ist rein zufällig.

15 14 13 12 11 10 9 8 7 6 5 4 3 2 1
12 11 10

ISBN 978-3-86645-145-2

© 2010 O'Reilly Verlag GmbH & Co. KG
Balthasarstr. 81, 50670 Köln
Alle Rechte vorbehalten

Fachlektorat: Georg Weiherer, Münzenberg
Korrektorat: Karin Baeyens, Siegen
Layout und Satz: Gerhard Alfes, mediaService, Siegen (www.media-service.tv)
Umschlaggestaltung: Hommer Design GmbH, Haar (www.HommerDesign.com)
Gesamtherstellung: Kösel, Krugzell (www.KoeselBuch.de)

Lorenz Hölscher

# Microsoft Access 2010 – Das Handbuch

# Übersicht

Einleitung ... 23

## Teil A
**Schnelleinstieg** ... 27

1. Datenbank – leicht gemacht ... 29
2. Tabellen – leicht gemacht ... 37
3. Abfragen – leicht gemacht ... 57
4. Formulare – leicht gemacht ... 69
5. Berichte – leicht gemacht ... 77

## Teil B
**Access allgemein** ... 89

6. Die Access-Oberfläche ... 91
7. Datenbankgrundlagen ... 115
8. Datentypen ... 131
9. Datenbank entwerfen ... 157

## Teil C
**Tabellen** ... 187

10. Tabellen entwerfen ... 189
11. Umgang mit Datensätzen ... 203
12. Beziehungen zwischen Tabellen ... 215
13. Umgang mit Datenquellen ... 227

## Teil D
**Abfragen** ... 251

14. Abfragen sortieren ... 253
15. Abfragefelder berechnen ... 269
16. Abfragen filtern ... 291
17. Abfragesprache SQL ... 309
18. Umgang mit Abfragen ... 323
19. Spezielle Auswahlabfragen ... 337
20. Abfragen mit besonderen Verknüpfungen ... 377
21. Aktionsabfragen ... 393

## Teil E
## Formulare ... 413

22  Verschiedene Formulare ... 415
23  Pivot- und Diagramm-Formulare ... 443
24  Umgang mit Steuerelementen ... 465
25  Allgemeine Steuerelement-Eigenschaften ... 485
26  Steuerelementtypen ... 507
27  Mehrere Formulare ... 573

## Teil F
## Berichte ... 605

28  Berichte erstellen ... 607
29  Mehrspaltige Berichte ... 637
30  Export und Seriendruck ... 659

## Teil G
## Programmierung ... 705

31  Makros ... 707
32  Strukturierung von Code ... 735
33  Variablen und Konstanten ... 757
34  Entscheidungen und Schleifen ... 785
35  Datenzugriff per VBA ... 809
36  Wichtige Funktionen ... 825
37  Objekte programmieren ... 839

## Teil H
## Oberfläche ... 857

38  Eigenständige Anwendungen ... 859
39  Das Menüband ... 865

## Teil I
## Anhang ... 895

A  Operatoren und Funktionen ... 897
B  Spezifikationen ... 903
C  Präfixe ... 907

Praxisindex ... 911

Stichwortverzeichnis ... 915

Der Autor ... 927

# Inhaltsverzeichnis

| Einleitung | 23 |
|---|---|
| An wen richtet sich dieses Buch? | 24 |
| Welche Beispiele kommen vor? | 24 |
| Grundschulbücherei | 25 |
| Hotelbestellsystem | 25 |
| Wo finden Sie die Daten? | 25 |
| Wie ist das Buch aufgebaut? | 26 |

## Teil A
## Schnelleinstieg ... 27

### 1 Datenbank – leicht gemacht ... 29
So starten Sie Access 2010 ... 30
So legen Sie eine neue Datenbank an ... 32
So bedienen Sie die Oberfläche ... 34
Zusammenfassung ... 35

### 2 Tabellen – leicht gemacht ... 37
So legen Sie eine Tabelle an ... 38
So finden Sie bestimmte Inhalte ... 46
So legen Sie eine zweite Tabelle an ... 47
So verbessern Sie die zweite Tabelle ... 50
Zusammenfassung ... 56

### 3 Abfragen – leicht gemacht ... 57
So sortieren Sie Daten ... 58
So greifen Sie auf mehrere Tabellen zu ... 61
So filtern Sie Daten ... 62
So berechnen Sie Daten ... 64
So zählen Sie Datensätze ... 65
Zusammenfassung ... 68

### 4 Formulare – leicht gemacht ... 69
So erstellen Sie ein Formular ... 70
So verbessern Sie ein Formular ... 71
So zeigen Sie Daten tabellarisch an ... 73
So finden Sie Daten im Formular ... 75
Zusammenfassung ... 76

## 5  Berichte – leicht gemacht ............ 77
So erstellen Sie einen Bericht ............ 78
So gruppieren Sie im Bericht ............ 78
So verbessern Sie einen Bericht ............ 81
So erstellen Sie mehrspaltige Berichte ............ 83
So gestalten Sie einen Bericht anders ............ 86
Zusammenfassung ............ 87

## Teil B
## Access allgemein ............ 89

## 6  Die Access-Oberfläche ............ 91
Wo sind Access-Objekte gespeichert? ............ 92
Die Access 2010-Oberfläche ............ 93
Das Menüband ............ 93
Die Backstage-Ansicht ............ 94
Access-Optionen ............ 95
    Optionen für die aktuelle Datenbank ............ 96
    Einstellungen für den Objekt-Designer ............ 97
    Clienteinstellungen ............ 98
    Vertrauenswürdige Pfade und Dateien ............ 98
Registerkarten im Menüband ............ 100
Kontextbezogene Registerkarten ............ 105
Symbolleiste für den Schnellzugriff ............ 105
Der Navigationsbereich ............ 106
    Eigene Navigation erstellen ............ 108
    Objekte verwalten ............ 112
Die Statusleiste ............ 113
    Ansichten wechseln ............ 113
    Statusleiste anpassen ............ 114
Zusammenfassung ............ 114

## 7  Datenbankgrundlagen ............ 115
Was ist eine relationale Datenbank? ............ 116
Die Datenbank verbessern ............ 116
    Warum sollten Sie Felder trennen? ............ 116
    Wie können Sie doppelte Daten vermeiden? ............ 118
    Wie können Sie die Historie retten? ............ 119
Brauchbare Objektnamen wählen ............ 121
    Wie hilft Ihnen die Ungarische Notation? ............ 121
    Wie lösen Sie das Autorenproblem? ............ 123
Beziehungen erstellen ............ 124
    Referentielle Integrität ............ 125
    Weitere Einstellungen für Beziehungen ............ 128
Zusammenfassung ............ 129

## 8 Datentypen ... 131
Datentypen ... 132
    Allgemeine Einstellungen ... 133
    Zahlen-Format ... 136
Text-Datentypen ... 138
    Datentyp *Text* ... 138
    Datentyp *Memo* ... 139
    Datentyp *Hyperlink* ... 141
Ganzzahlige Datentypen ... 142
    Datentyp *Ja/Nein* ... 143
    Datentyp *Byte* ... 143
    Datentyp *Integer* ... 143
    Datentyp *Long (Integer)* ... 144
    Datentyp *Währung* ... 144
    Datentyp *Replikations-ID* ... 144
Dezimal-Datentypen ... 145
    Datentyp *Single* ... 145
    Datentyp *Double* ... 146
    Datentyp *Dezimal* ... 146
    Datentyp *Datum/Uhrzeit* ... 146
Sonstige Datentypen ... 149
    Datentyp *AutoWert* ... 149
    Datentyp *OLE-Objekt* ... 149
    Datentyp *Anlage* ... 150
    Datentyp *Berechnet* ... 151
    Datentyp *Nachschlage-Assistent* ... 153
    Mehrwertige Felder ... 153
Zusammenfassung ... 155

## 9 Datenbank entwerfen ... 157
Entwurf einer Datenbank ... 158
Storming ... 158
So bereiten Sie die Datenbank vor ... 159
Norming ... 161
So entwerfen Sie die Hotel-Tabelle ... 161
    So erstellen Sie die Tabelle *tblHotels* ... 163
    So fügen Sie Daten zu OLE-Objekt-Feldern hinzu ... 164
So entwerfen Sie die Mitarbeitertabelle ... 166
    So erstellen Sie die Tabelle *tblMitarbeiter* ... 168
    So legen Sie den Hyperlink zum Foto an ... 172
    So fügen Sie mehrere Fotos ein ... 174
So entwerfen Sie die Extratabelle ... 176
So entwerfen Sie die Kategorietabelle ... 177
So entwerfen Sie die Farbentabelle ... 178
So entwerfen Sie die Bestellungentabelle ... 183
Performing ... 185
Zusammenfassung ... 186

## Teil C
## Tabellen ............ 187

### 10 Tabellen entwerfen ............ 189
Tabelle ändern ............ 190
    Tabelle löschen ............ 190
    Tabelle umbenennen ............ 190
    Tabelle kopieren ............ 190
    Tabelle ausblenden ............ 191
    Tabellenentwurf öffnen ............ 191
Felder ändern ............ 192
    Felder löschen ............ 192
    Felder verschieben ............ 193
    Felder umbenennen ............ 193
    Felder kopieren ............ 194
    Felder nachträglich hinzufügen ............ 194
    Felddatentyp ändern ............ 195
    Benutzerdefinierte Felder ............ 195
Index ............ 197
    Primärschlüssel ............ 198
    Mehrfachindex ............ 199
Zusammenfassung ............ 201

### 11 Umgang mit Datensätzen ............ 203
Datensätze bearbeiten ............ 204
    Neuen Datensatz anlegen ............ 204
    Datensätze eingeben ............ 204
    Datensatz speichern ............ 204
    Datensätze löschen ............ 205
    Navigation in Datensätzen ............ 206
Ansicht verändern ............ 207
    Voreinstellungen anpassen ............ 207
    Spalten ein- und ausblenden ............ 207
    Spalten fixieren ............ 208
    Spaltenbreite und Spaltenhöhe anpassen ............ 209
    Schriftart ändern ............ 209
Daten finden ............ 209
    Datensätze sortieren ............ 210
    Datensätze filtern ............ 210
    Datensätze suchen ............ 212
    Dateninhalte ersetzen ............ 213
Tastenkombinationen für Datensätze ............ 214
Zusammenfassung ............ 214

## 12 Beziehungen zwischen Tabellen ... 215
Beziehungen ... 216
    1:n-Beziehung ... 216
    1:1-Beziehung ... 217
    m:n-Beziehung ... 217
    Beziehungen anlegen ... 218
    Verknüpfungstyp ändern ... 220
    Reflexiv-Verknüpfung ... 222
Unterdatenblätter ... 224
Zusammenfassung ... 226

## 13 Umgang mit Datenquellen ... 227
Externe Access-Tabellen ... 228
    Automatische Datenbankaufteilung ... 228
    Verknüpfte Daten korrigieren ... 230
Externe Datenquellen ... 231
    Excel-Tabellen ... 231
    Access-Tabellen ... 235
    Outlook-Kontakte ... 238
    SharePoint ... 240
    Importieren statt verknüpfen ... 241
Analyse ... 241
    Datenbankdokumentierer ... 241
    *Beziehungen*-Fenster dokumentieren ... 243
    Leistung analysieren ... 243
    Tabellen analysieren ... 245
Zusammenfassung ... 249

## Teil D
## Abfragen ... 251

## 14 Abfragen sortieren ... 253
Einfache Auswahlabfragen ... 257
Sortieren ... 258
Mehrfache Sortierung ... 259
Sortierung und Anzeige trennen ... 262
    Andere Datentypen sortieren ... 263
    Feldnamen austauschen ... 264
Spitzenwerte ... 265
Abfragen umbenennen und löschen ... 267
Zusammenfassung ... 268

## 15 Abfragefelder berechnen … 269
Formeln eingeben … 270
Berechnungen mit Funktionen … 273
Funktionen nutzen … 276
    Text-Funktionen … 276
    Datum-Funktionen … 282
    Zahl-Funktionen … 285
    Sonstige Funktionen … 287
    Fehlerträchtige Feldnamen … 289
Zusammenfassung … 290

## 16 Abfragen filtern … 291
Filterkriterien … 292
    Einfache Filter … 292
    Filtern mit mehreren Tabellen … 294
Operatoren … 294
    Arithmetische Operatoren … 295
    Weitere Operatoren … 297
Mehrere Filterkriterien … 301
    Kriterien in verschiedenen Feldern … 301
    Bereiche … 304
Zusammenfassung … 307

## 17 Abfragesprache SQL … 309
SQL, die Sprache für Datenbanken … 310
SQL-Schlüsselwörter … 311
    Auswählen … 311
    Filtern … 312
    Sortieren … 313
    Sortieren und Filtern … 314
    Weitere Schlüsselwörter … 314
    Alias-Namen … 315
    JOIN … 317
    Aktionsabfragen … 319
SQL-Befehle einsetzen … 319
Zusammenfassung … 322

## 18 Umgang mit Abfragen … 323
Abfragen von Abfragen … 324
Abfrage mit 1:1-Beziehung … 325
Abfragen ausdrucken … 328
Daten exportieren … 332
Zusammenfassung … 335

## 19 Spezielle Auswahlabfragen ... 337
Gruppierungsabfragen ... 338
    Standard-Gruppierungsabfragen ... 338
    Aggregat-Funktionen ... 341
    Mehr Gruppierungen ... 341
    Mehr Aggregate ... 342
    Ohne Gruppierung ... 344
    Ohne Aggregat-Funktion ... 345
    Alternative mit DISTINCT ... 346
Kreuztabellenabfragen ... 346
    Kreuztabellenabfragen verbessern ... 349
    Kreuztabellenabfrage-Assistenten nutzen ... 352
    Assistenten-Ergebnis nachbessern ... 356
    Spalten fixieren ... 357
Parameterabfragen ... 358
    Datentypen für Parameter ... 360
    Flexiblere Parameter ... 362
Unterabfragen ... 363
    Doppelte Datensätze finden ... 364
    Manuell erstellte Unterabfrage ... 366
    Unterabfrage mit Assistenten ... 367
    Datensätze nummerieren ... 370
    Weitere Operatoren ... 372
Domänenfunktionen ... 372
Zusammenfassung ... 374

## 20 Abfragen mit besonderen Verknüpfungen ... 377
Kreuzprodukt ... 378
UNION-Abfragen ... 380
    Weitere Schlüsselwörter ... 381
    Sortieren ... 382
    Felder berechnen ... 384
Inner Join und Outer Join ... 385
    Verkaufte Artikel finden ... 386
    Unverkaufte Artikel finden ... 388
    Bestellungen ohne Artikel finden ... 390
Zusammenfassung ... 391

## 21 Aktionsabfragen ... 393
Aktualisierungsabfragen ... 394
    Daten von Tabelle zu Tabelle schreiben ... 394
    Felder in der gleichen Tabelle aktualisieren ... 396
    Gefilterte Aktionsabfragen ... 398
Tabellenerstellungsabfragen ... 400
    Einfache Tabellenerstellungsabfrage ... 400
    Kumulierte Tabellenerstellungsabfrage ... 402

Anfügeabfragen .................................................... 403
    Daten von einer Tabelle an die andere anfügen .......................... 404
    Daten an die gleiche Tabelle anfügen .................................. 406
    Einzelwerte an eine Tabelle anfügen .................................. 408
Löschabfragen ..................................................... 409
Zusammenfassung .................................................. 411

# Teil E
# Formulare ........................................................ 413

## 22 Verschiedene Formulare ......................................... 415
AutoFormular erstellen .............................................. 416
Formularansichten nutzen ........................................... 417
Formulare gestalten ................................................ 418
    Designs ändern ............................................... 418
    Anordnen .................................................... 424
Endlosformular .................................................... 428
Datenblattansicht .................................................. 430
Geteiltes Formular ................................................. 433
Modales Dialogfeld ................................................. 435
Popup-Dialogfeld .................................................. 437
Zusammenfassung .................................................. 441

## 23 Pivot- und Diagramm-Formulare ................................. 443
PivotTable ........................................................ 444
    Felder hinzufügen ............................................. 449
    Felder entfernen .............................................. 450
    Automatische Untergruppen .................................... 450
    Filtern ....................................................... 451
    Eigenschaften ................................................ 453
PivotChart ........................................................ 453
    PivotCharts verändern ......................................... 455
    Pivot-Ansichten wechseln ...................................... 458
Diagramme ....................................................... 458
Zusammenfassung .................................................. 463

## 24 Umgang mit Steuerelementen ................................... 465
Leeres Formular erstellen ........................................... 466
    Formular und Bereiche markieren ............................... 467
    Bereiche ein-/ausblenden ...................................... 468
Steuerelemente hinzufügen ......................................... 469
Steuerelemente markieren und verändern ............................ 472
    Mehrere Steuerelemente markieren ............................. 472
    Raster ...................................................... 474
Steuerelementgröße ändern ......................................... 475

| | | |
|---|---|---|
| | Steuerelemente verschieben | **476** |
| | Steuerelemente automatisch anordnen | **478** |
| | Steuerelemente trennen und verbinden | **479** |
| | Steuerelemente gruppieren | **481** |
| | Steuerelement-Layouts | **481** |
| | Steuerelemente verankern | **483** |
| | Steuerelemente löschen | **483** |
| | Zusammenfassung | **483** |

## 25 Allgemeine Steuerelement-Eigenschaften — **485**

| | | |
|---|---|---|
| | Aktivierreihenfolge | **486** |
| | Tastenkürzel | **487** |
| | Steuerelemente deaktivieren | **489** |
| | Steuerelementtyp ändern | **491** |
| | Steuerelemente formatieren | **493** |
| | Farben und Schriften | **493** |
| | Farben auswählen | **494** |
| | Mehrere Steuerelemente formatieren | **496** |
| | Standardeigenschaften | **496** |
| | Bedingte Formatierung | **497** |
| | Datenbalken | **498** |
| | FeldwertIst-Regel | **499** |
| | HatFokus-Regel | **502** |
| | AusdruckIst-Regel | **504** |
| | Zusammenfassung | **505** |

## 26 Steuerelementtypen — **507**

| | | |
|---|---|---|
| | Allgemeine Steuerelemente | **508** |
| | Textfeld | **509** |
| | Bezeichnungsfeld | **517** |
| | Schaltfläche | **517** |
| | Auswahlsteuerelemente | **520** |
| | Kontrollkästchen | **520** |
| | Umschaltfläche | **522** |
| | Optionsfeld | **524** |
| | Optionsgruppe | **525** |
| | Listenfeld | **530** |
| | Kombinationsfeld | **538** |
| | Register | **542** |
| | Grafische Elemente | **548** |
| | Linie | **548** |
| | Rechteck | **549** |
| | Seitenumbruch | **549** |
| | Diagramm | **550** |
| | Bild | **550** |
| | Anlage | **555** |
| | Gebundenes Objektfeld | **557** |

| | |
|---|---|
| Ungebundenes Objektfeld | 558 |
| Verknüpfungssteuerelemente | 559 |
| Hyperlink | 560 |
| Navigationssteuerelement | 561 |
| Unterformular/-bericht | 565 |
| Webbrowser | 565 |
| ActiveX-Steuerelemente | 567 |
| Zusammenfassung | 570 |

## 27 Mehrere Formulare ... 573

| | |
|---|---|
| Haupt- und Unterformular | 574 |
| Haupt-/Unterformular mit Assistenten erstellen | 574 |
| Haupt- und Unterformular manuell erstellen | 580 |
| Alternatives Hauptformular | 582 |
| Mehrere Unterformulare | 586 |
| Formulare synchronisieren | 587 |
| Formulare mit Aggregatfunktionen | 589 |
| Zugriff auf andere Formulardaten | 591 |
| Haupt- und Unterformulare verbessern | 592 |
| Parameterabfragen verbessern | 594 |
| PopUp-Formulare | 597 |
| Starteinstellungen | 598 |
| Formularvorlagen | 599 |
| Anwendungsparts | 601 |
| Zusammenfassung | 604 |

## Teil F
## Berichte ... 605

## 28 Berichte erstellen ... 607

| | |
|---|---|
| AutoBericht erstellen | 608 |
| Seite einrichten | 609 |
| Ansichten | 611 |
| Bericht manuell erstellen | 613 |
| Bericht gruppieren | 615 |
| Abstände verbessern | 618 |
| Zwischensummen bilden | 620 |
| Zweite Gruppierung einfügen | 621 |
| Seitenumbruch zwischen Gruppen | 624 |
| Seitenumbruch einfügen | 624 |
| Absender vervollständigen | 627 |
| Gruppen zusammenhalten | 628 |
| Gruppierung mit Berechnung | 630 |
| Gesamtsummen | 632 |
| Gesamtsumme einfügen | 632 |

| | | |
|---|---|---|
| | Felder von Feldern berechnen | 633 |
| | Unterberichte | 635 |
| | Zusammenfassung | 635 |

## 29 Mehrspaltige Berichte .... 637

| | | |
|---|---|---|
| | Etiketten-Assistent | 638 |
| |     Etiketten automatisch erstellen | 638 |
| |     Etiketten verbessern | 641 |
| | Mehrspaltige Berichte erstellen | 642 |
| |     Bericht vorbereiten | 642 |
| |     Gruppierung nach Anfangsbuchstaben | 644 |
| | Seitenkopf und Seitenfuß | 648 |
| |     Seitenkopf im mehrspaltigen Bericht | 648 |
| |     Lebende Kolumnentitel | 649 |
| |     Seitenzahlen | 652 |
| |     Laufende Summen | 654 |
| | Zusammenfassung | 657 |

## 30 Export und Seriendruck .... 659

| | | |
|---|---|---|
| | Dateiexport | 660 |
| |     Excel | 661 |
| |     Word-Export | 663 |
| |     Word-Seriendruck | 665 |
| |     Textdatei | 676 |
| |     PDF/XPS | 677 |
| |     HTML/XML-Datei | 680 |
| |     Access | 686 |
| | E-Mail-Bearbeitung | 688 |
| |     Export als E-Mail | 688 |
| |     Daten sammeln | 689 |
| | SharePoint-Liste | 697 |
| | Gespeicherte Exporte | 703 |
| | Zusammenfassung | 704 |

# Teil G
# Programmierung .... 705

## 31 Makros .... 707

| | | |
|---|---|---|
| | Makros allgemein | 708 |
| |     Makro erstellen | 709 |
| |     Makro per Schaltfläche aufrufen | 711 |
| | Eingebettete Makros | 712 |
| |     Fehler abfangen | 716 |
| | Alle Makroaktionen | 719 |
| |     Nützliche Makros | 720 |

| | |
|---|---|
| Makro per Tastenkürzel aufrufen | 724 |
| Makro beim Öffnen ausführen | 726 |
| Datenmakros | 726 |
|     Abhängige Werte in der Tabelle sichern | 728 |
|     Werte nachschlagen | 729 |
|     Neue Datensätze melden | 732 |
| Makros konvertieren | 733 |
| Zusammenfassung | 734 |

## 32 Strukturierung von Code ... 735

| | |
|---|---|
| VBA-Editor | 736 |
|     Projekt-Explorer | 738 |
|     Eigenschaften | 740 |
|     Codefenster | 740 |
| Module | 740 |
| Sub-Prozeduren | 742 |
|     Prozedur erstellen | 742 |
|     Prozedur mit mehreren Parametern aufrufen | 744 |
|     Argumente aus Dropdownlisten wählen | 745 |
| Funktionen | 747 |
|     Integrierte Funktion aufrufen | 747 |
|     Eigene Funktion erstellen | 749 |
| Property-Prozeduren | 750 |
|     Programmierung ohne Property-Prozeduren | 750 |
|     Property-Prozeduren erstellen | 751 |
| Organisation des Codes | 753 |
|     Namen für Prozeduren | 753 |
|     Einrücken | 753 |
|     Zeilenumbruch | 754 |
|     Kommentar | 754 |
| Zusammenfassung | 755 |

## 33 Variablen und Konstanten ... 757

| | |
|---|---|
| Variablen deklarieren | 759 |
|     Lokale Variablen | 762 |
|     Modul-öffentliche Variablen | 763 |
|     Datei-öffentliche Variablen | 764 |
|     Statische Variablen | 764 |
|     Sammeldeklaration | 765 |
| Datenfelder | 766 |
|     Mehrdimensionale Datenfelder | 767 |
|     Datenfelder mit eigenen Grenzen | 767 |
|     Dynamische Datenfelder | 767 |
|     Datenfeld neu dimensionieren | 768 |
|     Datenfeld löschen | 769 |
|     Variant-Variable als Pseudo-Datenfeld | 769 |
| Eigene Datentypen | 770 |

Objekt-Variablen .................................................. 772
Prozedur-Argumente ............................................... 773
    Notwendige Argumente ....................................... 773
    Mehrere Argumente ......................................... 773
    Optionale Argumente ........................................ 774
    Argumentlisten ............................................. 775
    Rückgabeargumente ......................................... 777
Konstanten ....................................................... 780
Enumerationen .................................................... 781
Zusammenfassung ................................................. 784

## 34 Entscheidungen und Schleifen .................................. 785
Die If-Anweisung .................................................. 786
    Einfache Bedingung ......................................... 786
    Erweiterte Bedingung ....................................... 788
Die Select-Anweisung .............................................. 789
Operatoren ....................................................... 791
    Mathematische Operatoren ................................... 791
    Logische Operatoren ........................................ 792
    Sonstige Operatoren ........................................ 792
Schleifen ......................................................... 792
    For/Next-Schleife ........................................... 793
    Rückwärts zählende Schleife ................................. 793
    Auflistungen bearbeiten ..................................... 794
    For Each/Next-Schleife ...................................... 795
    Do/Loop-Schleife ........................................... 797
    While/Whend-Schleife ...................................... 798
Fehlerbehandlung ................................................. 799
    Syntaxfehler ............................................... 799
    Logische Fehler ............................................ 799
    Laufzeitfehler .............................................. 800
Zusammenfassung ................................................. 807

## 35 Datenzugriff per VBA ......................................... 809
Das Recordset-Objekt .............................................. 810
Daten lesen ...................................................... 810
    Datenquelle öffnen ......................................... 811
    Datenquelle in anderer Datenbank öffnen ...................... 812
    Feldinhalte ermitteln ........................................ 812
Datensatznavigation ............................................... 814
    Datensatzzeiger bewegen .................................... 814
    Datensatz auf Vorhandensein prüfen .......................... 815
    Durch alle Datensätze navigieren ............................. 816
Daten suchen .................................................... 817

| | |
|---|---:|
| Daten schreiben | 819 |
|     Neuen Datensatz hinzufügen | 819 |
|     Bestehenden Datensatz ändern | 820 |
|     Datensatz löschen | 820 |
| Abfragen starten | 821 |
|     Auswahlabfragen anzeigen | 821 |
|     Aktionsabfragen ausführen | 821 |
|     Parameterabfragen ausführen | 823 |
| Zusammenfassung | 824 |

## 36  Wichtige Funktionen ............................................................ 825

| | |
|---|---:|
| Textfunktionen | 826 |
|     Teile von Texten | 826 |
|     Textteile in anderen Texten finden | 827 |
|     Kombinierter Aufruf | 828 |
|     Leerzeichen entfernen | 829 |
|     Länge von Zeichenketten bestimmen | 829 |
|     Zeichen ersetzen | 830 |
|     Groß-/Kleinschreibung ändern | 830 |
| Zahlenfunktionen | 831 |
|     Runden | 831 |
|     Formatieren | 832 |
|     Zahlen konvertieren | 832 |
|     Text in Zahl umwandeln | 833 |
| Datumfunktionen | 833 |
|     Aktuelle Datums- und Zeitwerte | 833 |
|     Datum und Zeit zerlegen | 834 |
|     Rechnen mit Datum und Zeit | 835 |
| Prüffunktionen | 836 |
| Zusammenfassung | 837 |

## 37  Objekte programmieren ..................................................... 839

| | |
|---|---:|
| Formular-Ereignisse | 840 |
|     Beim Anzeigen eines Datensatzes | 840 |
|     Beim Bewegen der Maus | 842 |
|     Beim Öffnen des Formulars | 846 |
|     Beim Schließen des Formulars | 847 |
|     Beim Klicken im Listenfeld | 848 |
| Bericht-Ereignisse | 852 |
|     Bei Ohne Daten | 853 |
|     Beim Formatieren | 854 |
| Zusammenfassung | 856 |

## Teil H
## Oberfläche ............... 857

**38** Eigenständige Anwendungen ............... 859
    Startbild ............... 860
    Starteinstellungen ............... 861
    AutoExec-Makro ............... 861
    Mehrbenutzerbetrieb ............... 863
        Komprimieren ............... 863
        Vertrauenswürdige Orte oder Dateien ............... 864
        Bedienungskonzept ............... 864
    Zusammenfassung ............... 864

**39** Das Menüband ............... 865
    Anpassungen per Dialogfeld ............... 866
        Menüband anpassen ............... 866
        Symbolleiste für den Schnellzugriff anpassen ............... 869
    Eigene Registerkarten ............... 871
        Vorbereitungen ............... 871
        XML ............... 873
    Integrierte Befehlsgruppen ............... 875
    Integrierte Befehle ............... 876
    Benutzerdefinierte Befehle ............... 878
    Callback-Prozeduren ............... 879
        Dynamische Beschriftungen ............... 880
        Auf Klick reagieren ............... 881
        Bilder einbinden ............... 882
        Menüs erzeugen ............... 883
        Startprogramm für ein Dialogfeld ............... 886
    Kontextabhängige Befehle ............... 889
    Symbolleiste für den Schnellzugriff ............... 890
    Commands ............... 892
    Zusammenfassung ............... 893

## Teil I
## Anhang ............... 895

**A** Operatoren und Funktionen ............... 897
    Operatoren ............... 898
    Funktionen ............... 899

## B Spezifikationen .... 903
Allgemein .... 904
Tabelle .... 904
Abfrage .... 905
Formular und Bericht .... 905
Makro .... 906

## C Präfixe .... 907
Präfixe für Access-Objekte .... 908
Präfixe für Felder .... 908
Präfixe für Steuerelemente .... 908
Präfixe für Datentypen .... 910

## Praxisindex .... 911

## Stichwortverzeichnis .... 915

## Der Autor .... 927

# Einleitung

**In dieser Einleitung:**

| | |
|---|---|
| An wen richtet sich dieses Buch? | 24 |
| Welche Beispiele kommen vor? | 24 |
| Wo finden Sie die Daten? | 25 |
| Wie ist das Buch aufgebaut? | 26 |

**Einleitung**

Mit Microsoft Office Access 2010 gibt es eine neue Version der erfolgreichen Datenbank von Microsoft. Nach dem umfangreichen Neudesign der Oberfläche in der vorigen Version 2007 hat Microsoft nun wieder viel Arbeit in inhaltliche Verbesserungen gesteckt.

Herausgekommen ist dabei ein Datenbankprogramm, das sowohl leicht zu bedienen ist als auch eine trotzdem erstaunliche Leistungsfähigkeit entfaltet. Microsoft hat es wieder geschafft, dem eher spröden Thema Datenbank eine sehr bedienungsfreundliche Oberfläche zu geben.

> **HINWEIS** Das Wort bezeichnet nur die eigentlichen *.accdb*-Dateien. Das Programm Access ist ein Datenbankmanagement-System, kurz DBMS. Dieses Wortungetüm benutzt aber niemand, daher werde ich auch hier im Buch dem allgemeinen Sprachgebrauch folgen.

# An wen richtet sich dieses Buch?

Während Word und Excel auf Grundlagenwissen basieren, welches schon in der Schule vermittelt wird (nämlich Schreiben und Rechnen), gilt das für Access nicht. Der Umgang mit Datenbanken gilt vielfach als Zauberei und Geheimwissenschaft. Das ist aber falsch, es ist vielmehr ein schlichtes Handwerk, welches mit einem geringen Aufwand zu erlernen ist.

Ich möchte Ihnen daher in diesem Buch neben dem Umgang mit Access 2010 auch dieses Grundlagenwissen über Datenbanken vermitteln, soweit es für das Verständnis notwendig ist. Keine Angst, dies wird nur ausnahmsweise ein bisschen theoretisch und ist immer mit praktischen Beispielen garniert.

Dabei müssen Sie keine großartigen Erfahrungen im Umgang mit Datenbanken oder gar Programmierkenntnisse mitbringen, alles Notwendige werden Sie hier in diesem Buch finden. Ich werde mich bemühen, Ihnen sowohl die Theorie immer dann zu erläutern, wenn es notwendig wird, als auch für Fortgeschrittene noch Spezialwissen und Profitipps einzuarbeiten.

Access 2010 schafft diesen Spagat zwischen Anfängern und Profis mühelos. Sie können damit gleichzeitig weite Bereiche der Datenbank automatisiert per Assistent erstellen lassen und trotzdem mit Eigenschaften, Makros und VBA-Programmierung hochprofessionelle Anwendungen erstellen.

Diese neue Access-Version ist übrigens keineswegs an das neu erschienene Betriebssystem Windows 7 gebunden. Da es aber üblicherweise gemeinsam neu installiert wird, werden Sie es auch hier in den Abbildungen so vorfinden. Innerhalb von Access erkennen Sie dabei sowieso keinen Unterschied, lediglich ein paar Systemdialoge (beispielsweise die Dialogfelder zu den Befehlen *Datei/Öffnen* oder *Datei/Datenbank speichern als*) können sich minimal unterscheiden.

Das Buch richtet sich an Frauen ebenso wie an Männer. Wegen der besseren Lesbarkeit habe ich mich aber dafür entschieden, bei der männlichen Form der Anrede zu bleiben.

# Welche Beispiele kommen vor?

Damit Sie nicht immer wieder neu damit beginnen müssen, eine Datenbank anzulegen, habe ich mich in diesem Buch auf zwei Beispiele beschränkt. Eine sehr simple Datenbank zum Thema *Grundschulbücherei* sowie eine etwas umfangreichere Datenbank mit einem *Warenbestellsystem für eine Hotelkette* bieten Platz für alle benötigten Techniken.

Sicherlich werden Sie weder die eine noch die andere Datenbank direkt für Ihre persönlichen Zwecke gebrauchen können. Sie werden aber im Laufe der Arbeit feststellen, dass es oft nur geringfügiger Änderungen bedarf, um daraus eine *Vereinsverwaltung mit Mannschaften* statt Hotels mit Angestellten oder ein eigenes *Rechnungswesen mit Leistungsbeschreibungen* statt Bestellungen zu machen.

Auch die fertigen Datenbanken, die Sie überall angeboten bekommen oder die Access 2010 als Vorlagen beiliegen hat, »kochen nur mit Wasser«. Wenn Sie diese Beispiele bearbeitet haben, können Sie solche Lösungen verstehen und vor allem eigene realisieren.

## Grundschulbücherei

Die Datenbank für die Grundschulbücherei enthält nur zwei Tabellen. Dies ist sozusagen die Minimalanforderung an ein relationales (also mit mehreren verbundenen Tabellen arbeitendes) Datenbanksystem.

Sie dient vor allem dem Überblick über die grundlegenden Access-Fähigkeiten und ist immer dann ideal, wenn »nur mal schnell« etwas ausprobiert oder gezeigt werden soll.

Wir werden mit dieser Minidatenbank beginnen, damit Sie sofort schon mal sehen, was alles auch ohne großen Aufwand mit Access möglich ist. Im Laufe der weiteren Beschäftigung mit den Möglichkeiten wird diese Datenbank dann kontinuierlich verbessert.

## Hotelbestellsystem

Access kann natürlich viel mehr als nur mit zwei Tabellen umgehen. Echte Datenbanken werden schnell größer und enthalten selten weniger als zehn Tabellen. Damit Sie sehen, wie Sie auch dann immer noch den Überblick behalten und jeweils die optimale Methode für Darstellung oder Datenzugriff finden, ist diese Datenbank umfangreicher und leistungsfähiger.

Als Idee dahinter dient eine fiktive Hotelkette namens *Kost&Logis* mit einigen Partnerhotels (die natürlich ebenfalls nicht existieren). Diese teilen sich eine gemeinsame Datenbank zur Verwaltung.

Um die Einkaufskosten möglichst gering zu halten, gibt es darin ein gemeinsames Bestellsystem für den Hotelbedarf namens *Kosten&Logistik* (kleines Wortspiel am Rande).

Die Datenbank dient nun sowohl als Informationssystem für die Mitarbeiter (wer arbeitet wo und hat welche Telefonnummer?) wie auch als Bestellsystem für den Hotelbedarf.

# Wo finden Sie die Daten?

Die Begleitdateien zu diesem Buch enthalten beide im Verlauf der Kapitel benutzten Datenbanken und alle benötigten Grafiken. Dies erspart Ihnen das mühsame Abtippen der Daten oder die Suche nach ähnlichen Bildern.

Grundsätzlich empfehle ich Ihnen aber, alle Schritte selbst nachzuvollziehen und möglichst wenig einfach nur zusammenzukopieren. So werden Sie viel schneller mit Access 2010 vertraut.

**Einleitung**

# Wie ist das Buch aufgebaut?

Im **Teil A**, »Schnelleinstieg«, sehen Sie anhand der kleinen Beispieldatenbank, wie leicht Sie mit Access 2010 eine komplette neue Datenbank erstellen können. Sie sehen dabei von jedem wesentlichen Element, wie es eingesetzt wird, ohne dass schon alle Details vorgestellt werden.

Der **Teil B**, »Access allgemein«, bringt Ihnen das Vorwissen nahe, welches für das Erstellen einer Access 2010-Datenbank wichtig ist. Dies betrifft sowohl die Bedienung der Oberfläche als auch sinnvolle Vorgaben für die Benennung der vielen Objekte sowie allgemeine Einstellungen.

Ab **Teil C**, »Tabellen«, stelle ich Ihnen dann die Grundlagen vor, die für die Daten in einer Datenbank wichtig sind. Dabei geht es sowohl um die technischen Möglichkeiten von Felddatentypen und -größen sowie anderen Eigenschaften als auch um die richtige Organisation der Daten in Tabellen (die sogenannte Normalisierung). Wir werden uns damit beschäftigen, welche Daten wie, wo und warum gespeichert werden und welche nicht.

Im **Teil D**, »Abfragen«, geht es um die wichtigsten Analyseinstrumente einer Datenbank. Sie werden sehen, wie leicht sich mit Abfragen die Daten sortieren, filtern, neu berechnen, zusammenfassen oder nur anders darstellen lassen. Abfragen dienen typischerweise als Grundlage für Formulare und Berichte.

Der **Teil E**, »Formulare«, beschäftigt sich daher mit den nächsten wesentlichen Elementen einer Access-Datenbank. Formulare bilden die Oberfläche, mit der ein Benutzer in der Datenbank arbeitet. Sie bieten nicht nur die ansprechende Darstellung der Daten, sondern unglaublich vielseitige Möglichkeiten der Interaktion. Dadurch lassen sich viele Eingaben vereinfachen, absichern oder übersichtlicher darstellen.

Im **Teil F**, »Berichte«, lernen Sie die andere Ausgabemöglichkeit von Daten kennen, den Ausdruck via Bericht. Die Bedienung ist weitgehend ähnlich den Formularen, sodass Sie hier auf die in Teil E erworbenen Kenntnisse zurückgreifen können. Berichte haben noch ein paar zusätzliche Möglichkeiten, die ich Ihnen dabei vorstellen möchte.

Der **Teil G**, »Programmierung«, führt Sie in die Welt der Programmierung ein, sowohl mit deutschsprachigen Makros als auch mit englischsprachigem VBA (Visual Basic für Applikationen). Hier sehen Sie, welche zusätzlichen Fähigkeiten Ihre Datenbank durch ein wenig Programmierung bekommen kann.

Im **Teil H**, »Oberfläche«, werden schließlich jene Themen behandelt, die außerhalb der bisherigen Teile wichtig sind und Ihre Datenbank verbessern können. Dazu zählt alles, was aus Ihrer Datenbank eine komplette Anwendung macht, und dabei vor allem die Möglichkeit, das Menüband anzupassen.

Im **Teil I**, »Anhang«, finden Sie wichtige Daten rund um Access 2010 wie die Auflistung der wichtigsten Funktionen oder die Spezifikationen der Datenbank.

Ich wünsche Ihnen viel Spaß beim Lesen dieses Buches und viel Erfolg mit Ihren Access 2010-Datenbanken.

*Lorenz Hölscher*

# Teil A
# Schnelleinstieg

| Kapitel 1 | Datenbank – leicht gemacht | 29 |
| Kapitel 2 | Tabellen – leicht gemacht | 37 |
| Kapitel 3 | Abfragen – leicht gemacht | 57 |
| Kapitel 4 | Formulare – leicht gemacht | 69 |
| Kapitel 5 | Berichte – leicht gemacht | 77 |

## Kapitel 1

# Datenbank – leicht gemacht

**In diesem Kapitel:**

| | |
|---|---:|
| So starten Sie Access 2010 | 30 |
| So legen Sie eine neue Datenbank an | 32 |
| So bedienen Sie die Oberfläche | 34 |
| Zusammenfassung | 35 |

**Kapitel 1  Datenbank – leicht gemacht**

Access 2010 stellt Ihre Datenbanken sehr übersichtlich dar und bietet viele Assistenten, die Ihnen lästige oder schwierige Aufgaben abnehmen. Datenbanken gelten zwar gemeinhin als kompliziert und schwer durchschaubar, aber sie sind mit Access leicht zu erstellen und zu pflegen. Trotzdem haben Sie jederzeit alle Möglichkeiten, die eine wirklich professionelle Datenbank braucht.

Damit Sie sehen, dass es wirklich ganz einfach geht, möchte ich mit Ihnen gemeinsam am Anfang eine Datenbank erstellen, die alles enthält, was normalerweise gebraucht wird: Tabellen, Abfragen, Formulare und Berichte. Abgesehen vom Eintippen der Daten werden Sie nur etwa eine Stunde Zeitaufwand brauchen, bis die komplette Datenbank funktionsfähig ist!

Als Beispiel wähle ich eine Grundschulbücherei, die von der Zettelwirtschaft weg und zu einer zeitgemäßen Verwaltung der Ausleihen via Datenbank wechseln will.

> **HINWEIS**  Wer bereits Erfahrungen im Aufbau von Datenbanken hat, wird bemerken, dass in diesem ersten Beispiel viele Punkte verbessert werden können und müssen. Das werden wir selbstverständlich im Laufe des Buchs besprechen. Hier geht es aber zunächst um ein erfolgreiches Tun und nicht um ausführliche Theorie.

Jede Ausleihe soll in einer Tabelle vermerkt werden, damit jederzeit nachgesehen werden kann, welches Buch von wem ausgeliehen wurde und ob es schon wieder zurückgegeben ist. Damit die Bücher nicht jedes Mal eingetippt werden müssen, gibt es außerdem eine Tabelle mit Buchtiteln und Autoren.

Nach diesen ersten groben Überlegungen kann es schon losgehen!

# So starten Sie Access 2010

Wenn Sie schon irgendwo eine Access-Datenbank gespeichert haben, können Sie wie gewohnt einfach auf deren Namen im Windows-Explorer doppelklicken, und Access öffnet sich automatisch mit dieser Datenbank.

Da Sie hier aber vermutlich die erste Datenbank anlegen, beginnen wir stattdessen zuerst mit dem Start des Programms.

1. Klicken Sie auf das Windows-Logo links unten in der Taskleiste und öffnen so das Windows-Startmenü. Wählen Sie darin den Eintrag *Alle Programme*.

**Abbildg. 1.1**  Das Windows-Startmenü ist ausgeklappt, daneben sind schon weitere Programme sichtbar

## So starten Sie Access 2010

2. Klicken Sie auf den darin angezeigten Eintrag *Microsoft Office*, sodass darunter alle installierten Office-Programme detailliert angezeigt werden.
3. Starten Sie nun Access durch einen Klick auf den Programmnamen.

**Abbildg. 1.2** Das Startmenü zeigt die Microsoft Office 2010-Programme an

4. Access beginnt direkt mit einem Startbildschirm, auf dem Sie die typischen Anfangsaufgaben erledigen können: vorhandene Datenbanken öffnen, neue anlegen oder auf der Basis von Beispieldatenbanken arbeiten.

**Abbildg. 1.3** So sieht der Startbildschirm von Access 2010 aus

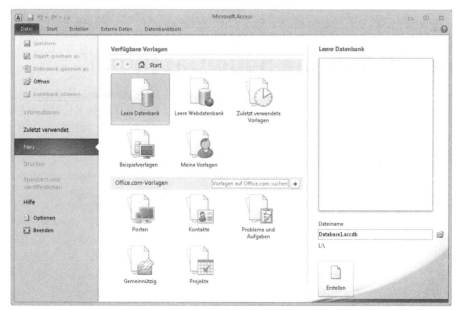

**Kapitel 1** Datenbank – leicht gemacht

**TIPP** Wollen Sie mit einer bereits erstellten Datenbank weiterarbeiten, können Sie natürlich auch diese aus einer automatisch geführten Liste heraus starten. Klicken Sie dazu auf *Datei/Zuletzt verwendet* und wählen hier die gewünschte Datenbank aus.

Abbildg. 1.4  Hier finden Sie die zuletzt benutzten Datenbanken

Möchten Sie diese Datei regelmäßig benutzen, kann es passieren, dass sie von anderen aktuelleren Datenbanken in dieser Liste verdrängt wird. Klicken Sie dann auf die kleine Pinnnadel rechts neben dem Dateinamen, um sie dauerhaft in der Liste zu fixieren.

# So legen Sie eine neue Datenbank an

Da ich es wichtig finde, dass Sie wirklich alle Elemente Ihrer Datenbanken kennen, vermeide ich die auf dem Startbildschirm angebotenen Vorlagen. Zum einen sind darin eine Menge Makros und Verknüpfungen enthalten, die intensive Einarbeitung erfordern und deswegen nicht unbedingt für Neulinge geeignet sind.

Zum anderen helfen Ihnen die Beispiele nur, wenn Sie auch genau diese Lösung benötigen. Andernfalls fallen so viele nachträgliche Änderungen an, dass man es lieber gleich neu machen sollte.

1. Klicken Sie also bitte oben in der Mitte des Bildschirms auf die Schaltfläche *Leere Datenbank*.

## So legen Sie eine neue Datenbank an

Abbildg. 1.5    So beginnen Sie eine neue Datenbank

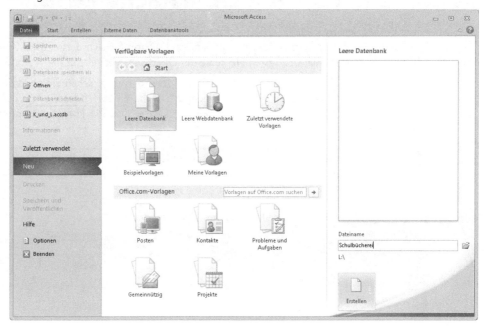

2. Geben Sie rechts unter *Dateiname* den Namen *Schulbücherei* an, unter dem die neue Datenbank gespeichert werden soll. Sie wird automatisch die Endung *.accdb* erhalten.
3. Bestätigen Sie abschließend mit einem Klick auf die Schaltfläche *Erstellen*.

Abbildg. 1.6    So präsentiert sich eine neu erzeugte Datenbank

**HINWEIS**    Die Darstellung des Menübands ist stark abhängig von der Breite des Access-Programmfensters. Wenn das Fenster schmaler wird, werden große Symbole kleiner dargestellt oder ganze Befehlsgruppen komprimiert. Daher kann sich die Ansicht bei Ihnen je nach Bildschirmauflösung teilweise deutlich unterscheiden.

# So bedienen Sie die Oberfläche

Anschließend sehen Sie die Oberfläche einer geöffneten Datenbank, auch wenn noch keine eigenen Elemente wie Tabellen oder Abfragen enthalten sind. Damit Sie sich darin zurechtfinden, möchte ich Ihnen wenigstens die wichtigsten Elemente der Oberfläche vorstellen:

Als allgemeine Bedienung aller Microsoft Office 2010-Programme sehen Sie oben das Menüband (manchmal nach der englischen Originalbezeichnung auch »Ribbon« oder wie in Access 2007 »Multifunktionsleiste« genannt). Auf einzelnen Registerkarten sind die jeweils passenden Befehle in Befehlsgruppen zusammengefasst.

**PROFITIPP** Wenn Sie mal viel Platz auf dem Bildschirm brauchen, können Sie das Menüband per Doppelklick auf die aktuelle Registerkarte (also die »Überschriften« der Register) minimieren, wie es in Abbildung 1.7 zu sehen ist.

Abbildg. 1.7  Das Menüband wurde per Doppelklick auf den Menütitel minimiert

Um es wieder sichtbar zu machen, doppelklicken Sie ebenfalls wieder auf eine Registerkarte. Um Platz zu sparen, werde ich später in den Abbildungen weitgehend auf die Darstellung des Menübands verzichten.

Je nachdem, welche Aktion Sie gerade durchführen oder welches Objekt aktiv ist, werden die Registerkarten im Menüband automatisch umgeschaltet. Dadurch haben Sie fast immer Zugriff auf genau diejenigen Befehle, die in diesem Zusammenhang gerade sinnvoll sind.

 Der linke Teil des Fensters wird vom Navigationsbereich belegt, der per Maus nicht nur in der Größe flexibel verändert, sondern an seiner rechten oberen Ecke mit dem <<-Zeichen auch minimiert werden kann.

Abbildg. 1.8  Die Maus zeigt auf die Schaltfläche zum Vergrößern des Navigationsbereichs

Für die normale Arbeit sollte der Navigationsbereich aber immer sichtbar sein, er ist sozusagen die Zentrale der Datenbankdatei.

Im größten Bereich des Bildschirms wird bereits eine (noch ungespeicherte) Tabelle angeboten, die gleich mit Daten gefüllt werden könnte. Auch wenn es schnell gehen soll, verzichte ich auf diese Art der Dateneingabe, denn dann würde Access anhand Ihrer Eingaben bloß raten, welchen Datentyp Sie eigentlich meinten.

Da wir uns ja schon ein paar Gedanken gemacht hatten, geht das besser als mit dieser Ratetechnik. Schließen Sie diese vorläufige Tabelle durch einen Klick auf das *X*, welches sich am rechten Rand der Tabellentitelleiste befindet. Der wesentliche Teil der Access-Oberfläche ist nun leer und auch der provisorische Eintrag dieser Tabelle im Navigationsbereich fehlt wieder.

**Abbildg. 1.9**  Die provisorische *Tabelle1* wurde geschlossen

Nun können wir beginnen, eine neue Datenbank von Grund auf anzulegen. Dabei geht es im Wesentlichen in der Reihenfolge Tabellen, Abfragen, Formulare, Berichte voran. Makros oder VBA-Programmierung in Modulen sind erst für fortgeschrittene Datenbanken nötig.

# Zusammenfassung

In diesem Kapitel wurde Ihnen gezeigt, dass Access 2010 es Ihnen sehr leicht macht, eine neue Datenbank zu erstellen:

- Sie haben hier zunächst gesehen, wie Sie über das Windows-Startmenü *Access aufrufen* (Seite 30).
- Über den *Access-Startbildschirm* (Seite 31) können Sie bereits bestehende Datenbanken öffnen oder eine neue anlegen.
- Danach haben Sie die wichtigsten *Bedienungselemente* (Seite 34) der Access 2010-Oberfläche kennen gelernt.

# Kapitel 2

# Tabellen – leicht gemacht

**In diesem Kapitel:**

| | |
|---|---|
| So legen Sie eine Tabelle an | 38 |
| So finden Sie bestimmte Inhalte | 46 |
| So legen Sie eine zweite Tabelle an | 47 |
| So verbessern Sie die zweite Tabelle | 50 |
| Zusammenfassung | 56 |

**Kapitel 2  Tabellen – leicht gemacht**

Access speichert seine Daten in Tabellen, daher stehen sie typischerweise am Beginn jeder Datenbank. Anders als Sie es vielleicht von Microsoft Excel gewöhnt sein mögen, müssen diese Tabellen nämlich zuerst einmal definiert werden.

# So legen Sie eine Tabelle an

Fangen wir zuerst an mit der Tabelle für die Bücher, die in der Grundschulbücherei ausgeliehen werden können. Darin soll gespeichert werden, wie das Buch heißt und wer es geschrieben hat. Verlag, Preis oder Ähnliches sind hier uninteressant, aber die Anzahl der vorhandenen Exemplare ist noch wichtig.

Nach diesen Vorüberlegungen können wir mit dem Entwurf der zugehörigen Tabelle beginnen.

1. Klicken Sie in der leeren Datenbank auf *Erstellen/Tabellen/Tabellenentwurf* wie in Abbildung 2.1.

Abbildg. 2.1    So gelangen Sie in den Entwurf einer Tabelle

2. Sie sehen nun das Entwurfsfenster für eine Tabelle (siehe Abbildung 2.2).

Abbildg. 2.2    Geben Sie hier die gewünschten Feldnamen in den Tabellenentwurf ein

3. Geben Sie oben links unter *Feldname* den Namen für die erste Tabellenspalte ein, hier also Buchtitel, und drücken Sie die ⇆-Taste. Als Felddatentyp steht dort bereits *Text* (siehe Abbildung 2.3), das können Sie so lassen.

## So legen Sie eine Tabelle an

**Abbildg. 2.3**  Geben Sie hier einen Feldnamen und Felddatentyp ein

4. Wechseln Sie per Mausklick in die zweite Zeile und geben Sie als Feldnamen Autor ein, ebenfalls mit dem Felddatentyp *Text*, wie es in Abbildung 2.4 zu sehen ist.

**Abbildg. 2.4**  Der zweite Feldname steht in der Folgezeile

5. In der dritten Zeile heißt der Feldname Exemplare. Wählen Sie als Felddatentyp dieses Mal *Zahl* aus und stellen Sie deren Eigenschaft *Standardwert* (in Abbildung 2.5 unten auf der Registerkarte *Allgemein*) auf *1*.

**Abbildg. 2.5**  Der dritte Feldname erhält einen anderen Datentyp

6. Damit jedes Buch immer eindeutig zu erkennen und vor allem später leichter zu speichern ist, erhält es noch eine Nummer. Natürlich könnten Sie diese selbst vergeben, aber Access bietet mit dem Felddatentyp *AutoWert* die Fähigkeit, automatisch eine solche eindeutige Zahl zu erzeugen.
7. Tragen Sie also wie in Abbildung 2.6 als nächstes Feld Buchnummer ein und wählen als Felddatentyp *AutoWert*.

**Abbildg. 2.6**  Der *AutoWert* erzeugt selbstständig eindeutige Nummern

8. Aus optischen Gründen soll diese Buchnummer immer ganz links als erstes Feld des Datensatzes zu sehen sein, daher klicken Sie im Entwurf in dieser Zeile auf den sogenannten Zeilenkopf (das ist das graue Viereck davor). Die Zeile ist nun komplett umrandet, also markiert.
9. Nachdem Sie den Mausknopf kurz losgelassen haben, halten Sie den Zeilenkopf per Mauszeiger gedrückt und schieben ihn ganz nach oben vor die erste Zeile (siehe Abbildung 2.7).

**Abbildg. 2.7** Verschieben Sie ein Feld durch Ziehen am Zeilenkopf

10. Außerdem soll Access »wissen«, dass diese Buchnummer einen Buchdatensatz eindeutig identifiziert. Klicken Sie wie in Abbildung 2.8 bei weiterhin markierter Zeile mit der Buchnummer unter *Entwurf/Tools* auf das Symbol *Primärschlüssel*.

Auch am Anfang der *Buchnummer*-Zeile ist im Entwurf jetzt dieser Schlüssel als Symbol zu sehen.

Damit ist der Entwurf der Tabelle fertig und muss lediglich noch gespeichert werden. Klicken Sie dazu wie in allen Office 2010-Programmen auf das Disketten-Symbol ganz oben links in der sogenannten *Symbolleiste für den Schnellzugriff* (siehe Mauszeiger in Abbildung 2.9) und weisen Sie der Tabelle die Bezeichnung *Bücher* zu.

## Kapitel 2  Tabellen – leicht gemacht

**Abbildg. 2.8**  Das *AutoWert*-Feld wird zum Primärschlüssel

**Abbildg. 2.9**  Speichern Sie den Tabellenentwurf

Jetzt können Sie mit *Entwurf/Ansichten/Datenblattansicht* (siehe Abbildung 2.10) diese Tabelle von der Entwurfsansicht zur Dateneingabe in der Datenblattansicht umschalten.

**Abbildg. 2.10** Schalten Sie in die Datenblattansicht um

Damit ausreichend Platz für die Dateneingabe ist, können Sie den Navigationsbereich an seiner rechten Begrenzungslinie mit der Maus etwas schmaler schieben.

Wenn Sie die Spalten der einzelnen Felder verbreitern wollen, erledigen Sie dies über die Trennlinie im Spaltenkopf. Sie müssen aber die Linie genau treffen und das kleine Dreieck dort vermeiden. Es funktioniert, wenn Sie wie in Abbildung 2.11 den Mauszeiger mit dem waagerechten Doppelpfeil sehen.

**Abbildg. 2.11** Verändern Sie die jeweilige Spaltenbreite durch Ziehen des Trennstrichs

Jetzt können Sie beginnen, die gewünschten Daten einzutippen. Bitte geben Sie die Werte aus der Tabelle 2.1 ein und wechseln nach jedem Wert mit der ⏎-Taste zum nächsten Feld.

**TIPP** Einige Werte sind manchmal identisch mit denjenigen in der Zeile darüber, etwa *Astrid Lindgren*. Da Access im Gegensatz zu Excel keine AutoErgänzung für solche Werte kennt, die bereits in der Spalte vorkommen, gibt es ein Tastenkürzel für Wiederholungen. Mit Strg + # übernehmen Sie den Wert aus dem gleichen Feld im Datensatz vorher. Das funktioniert auch dann, wenn der vorherige Datensatz nicht sichtbar ist, beispielsweise später in Formularen in Einzelansicht.

**Abbildg. 2.12** Geben Sie in jeder Spalte die Werte ein

Sie können die Daten einfach untereinander eintippen, aber bitte ohne die *Buchnummer*. Dieses Feld hatte den Datentyp *AutoWert*, das heißt, Access vergibt automatisch eine Nummer und ist somit nicht beschreibbar.

**Tabelle 2.1** Beispieldaten für die Tabelle *Bücher*

| Buchtitel | Autor | Exemplare |
|---|---|---|
| Die Kinder aus Bullerbü | Astrid Lindgren | 8 |
| Die Kinder aus der Krachmacherstraße | Astrid Lindgren | 1 |
| Pippi Langstrumpf | Astrid Lindgren | 5 |
| Das magische Baumhaus: Im Tal der Dinosaurier | Mary Pope Osborne | 2 |
| Das magische Baumhaus: Der geheimnisvolle Ritter | Mary Pope Osborne | 1 |
| Was ist was: Dinosaurier | Joachim Oppermann | 1 |
| Was ist was: Die sieben Weltwunder | Hans Reichardt | 4 |
| Was ist was: Vulkane | Rainer Köthe | 3 |
| Tom Sawyer | Mark Twain | 1 |
| Die Abenteuer des Huckleberry Finn | Mark Twain | 1 |
| Baron Münchhausen | Gottfried August Bürger | 1 |
| Die Schatzinsel | Robert Louis Stevenson | 2 |
| Winnetou I | Karl May | 2 |
| Winnetou II | Karl May | 1 |
| Der Schatz im Silbersee | Karl May | 2 |

**Tabelle 2.1** Beispieldaten für die Tabelle *Bücher* (Fortsetzung)

| Buchtitel | Autor | Exemplare |
|---|---|---|
| 20.000 Meilen unter dem Meer | Jules Verne | 2 |
| In 80 Tagen um die Welt | Jules Verne | 3 |
| Die Reise zum Mittelpunkt der Erde | Jules Verne | 1 |
| Das magische Baumhaus: Der Ruf der Delfine | Mary Pope Osborne | 4 |
| Das magische Baumhaus: Auf der Fährte der Indianer | Mary Pope Osborne | 1 |
| Karlsson vom Dach | Astrid Lindgren | 1 |
| Der Räuber Hotzenplotz | Otfried Preußler | 3 |
| Die kleine Hexe | Otfried Preußler | 1 |
| Das kleine Gespenst | Otfried Preußler | 1 |
| Was blüht denn da? | Dietmar Aichele, Marianne Golte-Bechtle | 1 |
| Was blüht denn da? | Margot Spohn, Roland Spohn, Dietmar Aichele | 1 |
| Ferien auf Saltkrokan | Astrid Lindgren | 1 |

Denken Sie vor allem daran, dass Sie auch die letzte Eingabezelle verlassen und in die folgende (oder eine vorherige) Datenzeile wechseln. Access speichert nämlich jede Zeile automatisch, sobald Sie diese verlassen.

**Abbildg. 2.13** Verlassen Sie jede Eingabezeile, sodass Sie nicht wie in diesem Bild darin stehen bleiben

Damit haben Sie ausreichend Daten für ein paar erste Aktionen im Zusammenhang mit der Navigation in Tabellen vorbereitet.

## So finden Sie bestimmte Inhalte

Auch wenn sich in der Tabelle eher wenige Datensätze befinden, können Sie schon mal die bequeme Schnellsuche ausprobieren:

1. Klicken Sie dazu bitte unten (oberhalb der Statusleiste) in das *Suchen*-Feld und tippen Sie einen Suchtext ein, beispielsweise a (siehe Abbildung 2.14).

Abbildg. 2.14    Suche nach dem ersten Zeichen

2. Mit jedem Tastendruck für einen weiteren Buchstaben wird der nächste passende Eintrag gefunden. Geben Sie as ein, wechselt die Markierung wie in Abbildung 2.15 zu *Astrid Lindgren*.

Abbildg. 2.15    Suche nach dem zweiten Zeichen

3. Um das zweite oder weitere Vorkommen eines Eintrags zu ermitteln, drücken Sie die ⏎-Taste (siehe Abbildung 2.16).

**Abbildg. 2.16**  Suche nach dem zweiten Vorkommen der Zeichenkette

Je mehr Zeichen Sie im Suchfeld eingeben, desto sicherer finden Sie den gesuchten Wert. Für größere Ergebnismengen gibt es natürlich noch andere Suchtechniken, nämlich die Abfragen, die im nächsten Kapitel besprochen werden. Sie können jetzt die Tabelle *Bücher* mit dem *X* am rechten Rand schließen und die Abfrage, ob die Änderungen gespeichert werden sollen, mit einem Klick auf *Ja* bestätigen.

# So legen Sie eine zweite Tabelle an

Zu der ersten Liste mit allen vorhandenen Büchern braucht es nun eine zweite mit allen Ausleihvorgängen. Hierfür legen Sie eine eigene Tabelle an, die übrigens wie alle anderen Objekte ebenfalls innerhalb der Datei *Schulbücherei.accdb* gespeichert wird.

Dieses Mal müssen Sie ein paar Felder mehr speichern, zuerst nämlich die eindeutige Angabe, welches Buch ausgeliehen wurde. Da ist es praktisch, dass es in der Tabelle *Bücher* ein Feld *Buchnummer* gibt, welches als *AutoWert* eindeutige Nummern erzeugt.

1. Klicken Sie wiederum auf den Befehl *Erstellen/Tabellen/Tabellenentwurf* und sehen Sie das Entwurfsfenster für eine neue Tabelle.

**Abbildg. 2.17**  Das erste Feld der zweiten Tabelle ist eingerichtet

2. Beginnen Sie auch hier mit einem Feld namens Buchnummer. Allerdings darf es nicht den Datentyp *AutoWert* erhalten, denn dann würde Access ebenfalls (und unabhängig von irgendwelchen Werten in der Tabelle *Bücher*) selbstständig hochzählen. Es erhält den Felddatentyp *Zahl*.
3. Bitte prüfen Sie im unteren Teil des Fensters wie in Abbildung 2.17, dass die *Feldgröße* auf *Long Integer* steht.
4. Das zweite Feld speichert den Namen des Kindes, welches das Buch ausgeliehen hat. Es heißt Ausleiher und ist vom Datentyp her ein *Text*-Feld.
5. In einer Grundschulbücherei wird beim Ausleihen noch die Angabe der Klasse mitgespeichert, damit die Kinder im Bedarfsfall leicht zu erreichen sind. Die Klasse ist ebenfalls ein *Text*-Feld, weil dort auch Buchstaben wie *1a* vorkommen (siehe Abbildung 2.18).

**Abbildg. 2.18**   Die beiden *Text*-Felder wurden ebenfalls hinzugefügt

**HINWEIS**   *Text*-Felder sind standardmäßig auf eine *Feldgröße* von *255* eingestellt, also 255 Zeichen, die darin gespeichert werden können. Das mag für die Bezeichnung der Kinder oder der Klassen viel zu viel sein, ist aber bei den geringen Datenmengen hier völlig unerheblich. Später werden wir uns natürlich auch damit beschäftigen.

6. Dann folgt ein Feld Ausleihdatum, welches erwartungsgemäß den Datentyp *Datum/Zeit* erhält, wie in Abbildung 2.19 zu sehen ist.
7. Damit Sie wissen, ob das Buch wieder zurückgegeben wurde, legen Sie ein Feld namens zurückgegeben an. Der Datentyp dazu ist *Ja/Nein*. Sie können im unteren Bereich (siehe Abbildung 2.20) als *Standardwert*-Eigenschaft *Nein* eintragen, dann gelten frisch eingetragene Bücher automatisch als nicht zurückgegeben.

**Abbildg. 2.19**  Das Ausleihdatum erhält den Datentyp *Datum/Uhrzeit*

**Abbildg. 2.20**  Das Feld *zurückgegeben* erhält als Standardwert *Nein*

8. Die Tabelle ist jetzt vorläufig fertig, Sie können sie nun unter dem Namen *Ausleihen* speichern. Dabei wird Access Sie wie in Abbildung 2.21 automatisch fragen, ob Sie nicht besser einen Primärschlüssel (also eine eindeutige Kennzeichnung für jeden Datensatz) anlegen wollen. Diese Frage können Sie bejahen, dann fügt Access automatisch noch das *AutoWert*-Feld *ID* hinzu.

**Abbildg. 2.21**   Access empfiehlt, immer einen Primärschlüssel anzulegen

9. Schalten Sie nun mit *Entwurf/Ansichten/Datenblattansicht* die Darstellung um, sodass Sie Daten eingeben könnten. Für die Dateneingabe ist es sinnvoll, den Navigationsbereich vorübergehend zu minimieren (siehe Abbildung 2.22).

**Abbildg. 2.22**   Die Tabelle ist bereit zur Eingabe des ersten Datensatzes

Sie können jetzt natürlich jedes Mal in der Tabelle *Bücher* nachsehen, welche Nummer das jeweilige Buch dort hat, um diese hier bei der Ausleihe im Feld *Buchnummer* einzugeben. Das kann aber keine ernsthafte Lösung bleiben, daher sollten wir auch schon für diese Testeingaben den Tabellenentwurf verbessern.

# So verbessern Sie die zweite Tabelle

Anstatt selber ständig in anderen Tabellen nachzusehen, lassen Sie diese Arbeit besser von Access erledigen. Aus Sicht der Tabelle *Ausleihen* handelt es sich bei der Tabelle *Bücher* lediglich um eine Hilfstabelle, um Daten nachzuschlagen.

1. Wechseln Sie daher mit *Start/Ansicht/Entwurfsansicht* zurück in den Entwurf der Tabelle *Ausleihen* und markieren dort das Feld *Buchnummer*.
2. Ändern Sie den *Datentyp* wie in Abbildung 2.23 auf *Nachschlage-Assistent*, woraufhin dieser mit seinem ersten Dialogfeld angezeigt wird.

**Abbildg. 2.23**   Starten Sie den Nachschlage-Assistenten für das Feld *Buchnummer*

3. Wählen Sie darin die erste Option *Das Nachschlagefeld soll die Werte einer Tabelle oder Abfrage abrufen* (siehe Abbildung 2.24) und klicken Sie auf *Weiter*.

**Abbildg. 2.24**   Geben Sie im ersten Schritt die Art der Datenauswahl an

4. Im zweiten Schritt markieren Sie die gewünschte Tabelle *Bücher* und klicken wieder auf *Weiter*.

**Abbildg. 2.25**    Wählen Sie eine passende Datenquelle aus

5. Im dritten Schritt bestimmen Sie die Felder, welche in dem später dadurch erzeugten Kombinationsfeld angezeigt werden sollen. Übernehmen Sie wie in Abbildung 2.26 einfach alle Felder mit der >>-Schaltfläche und klicken Sie auf *Weiter*.

**Abbildg. 2.26**    Übernehmen Sie alle Felder der Tabelle

6. Anschließend legen Sie die Sortierung der angezeigten Nachschlagedaten fest. Lassen Sie diese nach *Buchtitel* sortieren, wie es in Abbildung 2.27 zu sehen ist, und klicken Sie auf *Weiter*.

**Abbildg. 2.27**   Lassen Sie die angezeigten Daten sortieren

7. Der letzte Schritt zeigt Ihnen bereits die Nachschlagedaten in einer Vorschau an (Abbildung 2.28). Sie können hier auch bereits die Spaltenbreiten anpassen. Belassen Sie es bei der Empfehlung, die Schlüsselspalte auszublenden. Das reicht an Informationen, Sie können nun den gesamten Assistenten mit der Schaltfläche *Fertig stellen* beenden.

**Abbildg. 2.28**   Sie können hier die Datenvorschau bearbeiten

8. Bestätigen Sie die Frage, ob die Tabelle gespeichert werden soll, mit *Ja*.

**HINWEIS**   Der Assistent hat nun unten im Tabellenentwurfsfenster für das Feld *Buchnummer* auf der bisher nicht benutzten Registerkarte *Nachschlagen* der Feldeigenschaften alle seine Informationen eingetragen. Dies werden wir uns später noch im Detail ansehen.

9. Jetzt wechseln Sie bitte wieder zurück in die Datenblattansicht der Tabelle und vergleichen das Ergebnis (siehe Abbildung 2.29).

**Abbildg. 2.29**  Die Auswahl des Buches ist deutlich verbessert worden

Wenn Sie das Gefühl haben, dass eigentlich gar nichts passiert ist, klicken Sie bitte einmal in die Spalte *Buchnummer*. Jetzt wird der Dropdownpfeil sichtbar, mit dem sich das gerade per Assistent erstellte Kombinationsfeld zum Nachschlagen der Bücher ausklappen lässt.

Alle Bücher stehen hier wie gewünscht in alphabetischer Reihenfolge und können einfach per Klick ausgewählt werden. Access kümmert sich im Hintergrund darum, die passende Buchnummer zu ermitteln, ohne dass Sie als Benutzer etwas damit zu tun haben.

**ACHTUNG**  Bitte beachten Sie, dass von der folgenden Tabelle 2.2 die erste Datenzeile bereits eingegeben wurde. Außerdem sehen Sie in der Datenblattansicht nicht mehr die Buchnummer, sondern »nur« noch den Titel. Da dieser hier aus Platzgründen teilweise gekürzt wurde, gibt bei der Serie *Das magische Baumhaus* ein Zusatz darüber Auskunft, welcher Band wirklich gemeint ist.

Tragen Sie bitte ein paar Beispieldaten wie die folgenden ein, damit für die nächsten Aufgaben auch Inhalte vorhanden sind. Bestätigen Sie jeden Wert wiederum einfach mit der ↵-Taste (oder der ⇥-Taste), dann wechselt die Markierung automatisch nicht nur von Zelle zu Zelle, sondern am Ende der Zeile auch an den Anfang der Folgezeile.

**TIPP**  Ein *Ja/Nein*-Feld wie *zurückgegeben* wird von Access in einer Tabelle automatisch als Kontrollkästchen dargestellt. Sie können dieses wahlweise mit der Maus ankreuzen (was durchaus lästig ist beim Tippen) oder mit der Leertaste umschalten, sobald es den Fokus hat.

**Tabelle 2.2**  Beispieldaten für die Tabelle *Ausleihen*

| Titel | Ausleiher | Klasse | Ausleihdatum | zurück-gegeben |
|---|---|---|---|---|
| Die Kinder aus Bullerbü | Markus Maumann | 1a | 02.05.2010 | Ja |
| Die Kinder aus Bullerbü | Luis Peters | 1a | 02.05.2010 | Ja |
| Die Kinder aus Bullerbü | Marlena Sinderlich | 2b | 06.05.2010 | Ja |
| Die Kinder aus Bullerbü | Gabriele Schapp | 2c | 09.05.2010 | Ja |
| Die Kinder aus Bullerbü | Carla Igel | 1b | 09.05.2010 | Nein |

**Tabelle 2.2**  Beispieldaten für die Tabelle *Ausleihen* (Fortsetzung)

| Titel | Ausleiher | Klasse | Ausleihdatum | zurück-gegeben |
|---|---|---|---|---|
| Die Kinder aus Bullerbü | Marisa Nejedla | 1b | 09.05.2010 | Ja |
| Die Kinder aus der Krachmacherstraße | Fabian Sinderlich | 2c | 03.05.2010 | Nein |
| Pippi Langstrumpf | Antonia Müller | 3b | 03.05.2010 | Ja |
| Pippi Langstrumpf | Louisa Peters | 3b | 05.05.2010 | Nein |
| Pippi Langstrumpf | Finn Darius | 3b | 05.05.2010 | Nein |
| Pippi Langstrumpf | Marla Erdmann | 4b | 05.05.2010 | Nein |
| Pippi Langstrumpf | Annika Diemhoff | 1a | 06.05.2010 | Ja |
| Das magische Baumhaus (Dino) | Anna Amerides | 4b | 02.05.2010 | Ja |
| Das magische Baumhaus (Dino) | Markus Maumann | 1a | 03.05.2010 | Ja |
| Das magische Baumhaus (Ritter) | Finnja Markwart | 3a | 12.05.2010 | Nein |
| Was ist was: Die sieben Weltwunder | Markus Maumann | 1a | 03.05.2010 | Ja |
| Was ist was: Vulkane | Markus Maumann | 1a | 03.05.2010 | Ja |
| Tom Sawyer | Robert Schmitt | 4a | 15.05.2010 | Ja |
| Die Abenteuer des Huckleberry Finn | Marla Erdmann | 4b | 11.05.2010 | Ja |
| Die Schatzinsel | Gabriele Schapp | 2c | 08.05.2010 | Nein |
| Winnetou I | Fabian Sinderlich | 2c | 10.05.2010 | Nein |
| Winnetou II | Fabian Sinderlich | 2c | 10.05.2010 | Nein |
| Der Schatz im Silbersee | Fabian Sinderlich | 2c | 10.05.2010 | Nein |
| Der Schatz im Silbersee | Oliver Halfmann | 2c | 08.05.2010 | Nein |
| 20.000 Meilen unter dem Meer | Antonia Müller | 3b | 11.05.2010 | Nein |
| 20.000 Meilen unter dem Meer | Joachim Streicher | 3b | 12.05.2010 | Nein |
| In 80 Tagen um die Welt | Antonia Müller | 3b | 11.05.2010 | Nein |
| In 80 Tagen um die Welt | Joachim Streicher | 3b | 12.05.2010 | Ja |
| Die Reise zum Mittelpunkt der Erde | Fabian Sinderlich | 2c | 15.05.2010 | Nein |
| Die Reise zum Mittelpunkt der Erde | Joachim Streicher | 3b | 12.05.2010 | Ja |
| Das magische Baumhaus (Delfine) | Gabriele Schapp | 2c | 08.05.2010 | Nein |
| Karlsson vom Dach | Gabriele Schapp | 2c | 08.05.2010 | Nein |
| Der Räuber Hotzenplotz | Gabriele Schapp | 2c | 08.05.2010 | Ja |
| Die kleine Hexe | Oliver Halfmann | 2c | 08.05.2010 | Ja |
| Die kleine Hexe | Marisa Nejedla | 1b | 09.05.2010 | Nein |
| Was blüht denn da? | Marisa Nejedla | 1b | 09.05.2010 | Nein |

**PROFITIPP** Datumswerte sind immer lästig bei der Eingabe. Wenn es sich um das laufende Jahr handelt, können Sie die Jahreszahl ohnehin weglassen. Anstatt nun aber immer noch für *08.05* (Achtung: kein weiterer Punkt!) den Punkt auf der Tastatur zu suchen, ist in einem Access-Datumsfeld so ziemlich jedes andere Trennzeichen erlaubt. Sie können auf dem numerischen Ziffernblock also beispielsweise viel schneller *8-5* oder *8/5* eingeben (aber *8+5* funktioniert nicht).

Wenn Sie diese Daten eingegeben haben, ist die Datenbank ausreichend mit Informationen versorgt. Der nächste Schritt wird deren Auswertung sein.

**HINWEIS** Wer Microsoft Excel kennt, hat sicherlich bei der Datenblattansicht der Tabelle in *Start/Sortieren und Filtern* schon die Befehle *Aufsteigend* und *Absteigend* zum Sortieren der Daten wiedererkannt. Das funktioniert durchaus, aber dort gehört es aus Sicht einer Datenbank nicht hin, denn zum Sortieren gibt es Abfragen. Wenn Sie diese Befehle anklicken, ändern Sie vor allem unfreiwillig (und dauerhaft!) den Entwurf der jeweiligen Tabelle.

Für die Datenanalyse sind in einer Datenbank die Abfragen zuständig, daher wird sich das folgende Kapitel mit diesem Thema näher beschäftigen.

# Zusammenfassung

In diesem Kapitel haben Sie die grundlegende Arbeit mit Tabellen in Access kennen gelernt.

- Es ist leicht, den *Entwurf einer Tabelle* zu erstellen (Seite 38) und verschiedene Felder mit passenden Felddatentypen einzugeben.
- Schon in Tabellen können Sie ohne viel Aufwand mit der *Schnellsuche* (Seite 46) zu den gewünschten Daten springen.
- Beim Anlegen einer zweiten Tabelle wurden Sie mit weiteren *Datentypen* (Seite 47) bekannt gemacht.
- Diese zweite Tabelle wurde mit einem *Nachschlage-Assistenten* (Seite 51) noch verbessert und die Datenauswahl für ein Feld deutlich vereinfacht.

## Kapitel 3

# Abfragen – leicht gemacht

**In diesem Kapitel:**

| | |
|---|---|
| So sortieren Sie Daten | 58 |
| So greifen Sie auf mehrere Tabellen zu | 61 |
| So filtern Sie Daten | 62 |
| So berechnen Sie Daten | 64 |
| So zählen Sie Datensätze | 65 |
| Zusammenfassung | 68 |

# Kapitel 3  Abfragen – leicht gemacht

Der eigentliche Kern einer Datenbank besteht aus Abfragen. Diese analysieren, sortieren, filtern und berechnen die Daten. Das geht in Access 2010 besonders leicht und intuitiv.

**CD-ROM**   Um Ihnen das Nachvollziehen der Schritte in diesem Kapitel zu erleichtern, finden Sie innerhalb der Beispieldateien zu diesem Buch im Ordner *Kap02* eine Datenbank, die bereits die Daten aus Kapitel 2 enthält. Laden Sie einfach die betreffende Datenbank, um mit der Arbeit in diesem Kapitel zu beginnen.

## So sortieren Sie Daten

Zunächst soll die Bücherliste sortiert werden, sodass erst nach dem Autor und dann nach dem Buchtitel aufsteigend sortiert wird. Dadurch werden beispielsweise alle Bücher von *Astrid Lindgren* bzw. *Mary Pope Osborne* hintereinander aufgelistet, welche bisher in der zufälligen Reihenfolge der Eingabe stehen.

1. Klicken Sie im Menüband auf den Befehl *Erstellen/Abfragen/Abfrageentwurf* wie in Abbildung 3.1.

Abbildg. 3.1   Der Befehl zur Erstellung einer neuen Abfrage

2. Ein Dialogfeld (siehe Abbildung 3.2) bietet nun alle Tabellen der aktuellen Datenbank an.

Abbildg. 3.2   Wählen Sie im Auswahldialogfeld die Tabelle *Bücher* aus

3. Markieren Sie darin die Tabelle *Bücher*, klicken Sie auf *Hinzufügen* und danach auf *Schließen*. Sie sehen nun wie in Abbildung 3.3 das Abfrageentwurfsfenster mit der Tabelle *Bücher* als Datenquelle.

**Abbildg. 3.3** Der Abfrageentwurf zeigt die Tabelle *Bücher* als Datenquelle an

4. Doppelklicken Sie oben im Fenster nacheinander auf die Felder *Autor* und *Buchtitel*, sodass diese wie in Abbildung 3.4 unten in die Ausgabeliste aufgenommen werden.

**Abbildg. 3.4** Die beiden Felder wurden in den Anzeigebereich aufgenommen

5. Stellen Sie unten für beide Spalten in der Zeile *Sortierung* die (erst beim Markieren sichtbare) Ausklappliste auf *Aufsteigend*.

## Kapitel 3   Abfragen – leicht gemacht

6. Speichern Sie diesen Entwurf einer Abfrage nach einem Klick auf die entsprechende Schaltfläche in der Symbolleiste für den Schnellzugriff unter dem Namen *Bücher sortiert nach Autor und Titel* (Abbildung 3.5).

**Abbildg. 3.5**   Die beiden Felder wurden mit Sortierung gespeichert

7. Anschließend wechseln Sie über den Befehl *Entwurf/Ergebnisse/Datenblattansicht* vom Entwurf in die Darstellung der Daten (siehe Abbildung 3.6).

**Abbildg. 3.6**   Die Abfrage zeigt alle Daten sortiert an

Sie sehen nun alle Autoren und Bücher in der gewünschten Reihenfolge.

# So greifen Sie auf mehrere Tabellen zu

Häufig werden die Daten in mehreren Tabellen einer Datenbank enthalten sein, daher kann Access selbstverständlich auch diese zusammenführen. Hier im Beispiel ist dies notwendig, wenn Sie herausbekommen wollen, welche Kinder welche Bücher ausgeliehen haben:

1. Nachdem Sie das Fenster der vorigen Abfrage geschlossen haben, erstellen Sie bitte mit *Erstellen/Abfragen/Abfrageentwurf* wiederum eine neue Abfrage. Fügen Sie dabei beide Tabellen hinzu, wie in Abbildung 3.7 bereits gezeigt.

**Abbildg. 3.7** Im Entwurf werden gleichnamige Felder automatisch verbunden

2. Access erkennt, dass die gleichnamigen Felder *Buchnummer* sich entsprechen müssen und verbindet diese daher automatisch.

**PROFITIPP** Die automatische Verknüpfung gleichnamiger Felder ist gar nicht so praktisch, wie es zunächst scheint, wie Sie beim Thema Datenbankdesign noch sehen werden. Sie können sie abschalten, indem Sie mit *Datei/Optionen* das *Optionen*-Dialogfeld von Access aufrufen und dort in der Kategorie *Objekt-Designer* in der Gruppe *Abfrageentwurf* die Markierung des Kontrollkästchens *AutoVerknüpfung aktivieren* aufheben.

3. Sie können nun nacheinander die Felder *Ausleiher*, *Klasse*, *Autor*, *Buchtitel* und *Ausleihdatum* per Doppelklick in die untere Ausgabeliste (siehe Abbildung 3.8) aufnehmen. Stellen Sie für *Ausleiher* die Sortierung auf *Aufsteigend*.

4. Speichern Sie diese Abfrage unter dem Titel *Wer hat welche Bücher wann ausgeliehen?* und wechseln Sie vom Entwurf in die Datenblattansicht wie in Abbildung 3.9.

**Abbildg. 3.8**  So sieht der fertige Abfrageentwurf aus

**Abbildg. 3.9**  Die Namen und Ausleihdaten werden wie gewünscht angezeigt

# So filtern Sie Daten

Da in der bisherigen Abfrage jedoch auch jene Bücher angezeigt werden, die bereits zurückgegeben wurden, muss dieses Kriterium noch berücksichtigt werden:

1. Wechseln Sie mit *Start/Ansichten/Entwurfsansicht* wieder zurück zum Abfrageentwurf und speichern Sie diese Abfrage mit dem Befehl *Datei/Objekt speichern als* unter dem Namen *Wer hat welche Bücher seit wann?* (siehe Abbildung 3.10).

**Abbildg. 3.10**  Geben Sie im Dialogfeld *Speichern unter* den neuen Namen an

2. Fügen Sie im Abfrageentwurf das Feld *zurückgegeben* per Doppelklick hinzu. Um nur die noch ausgeliehenen Bücher zu ermitteln, tragen Sie unterhalb von *zurückgegeben* in die Zeile *Kriterien* die Bedingung *Falsch* ein.

3. Das zugehörige Kontrollkästchen in der Zeile *Anzeigen* können Sie leeren (siehe Abbildung 3.11), sodass die Bedingung zwar berücksichtigt, aber der Feldinhalt nicht angezeigt wird.

Abbildg. 3.11  Das *zurückgegeben*-Feld wirkt als Filter, ist aber nicht sichtbar

4. In der Datenblattansicht werden jetzt nur noch die Bücher angezeigt, die nicht bereits zurückgegeben wurden, wie in Abbildung 3.12 zu sehen ist.

Abbildg. 3.12  Aufgrund des Filters erscheinen weniger Datensätze

# So berechnen Sie Daten

In Abfragen können Sie Daten nicht nur wie bisher sortieren und filtern, sondern diese auch abhängig von vorhandenen Werten neu berechnen. Sie haben vielleicht bemerkt, dass in der Tabelle nirgends das Rückgabedatum gespeichert wurde. Alle Bücher müssen einfach zwei Wochen später zurückgegeben werden, sodass es sich leicht errechnen lässt.

**HINWEIS** Um die Tabelle übersichtlich zu lassen, wird das Rückgabedatum immer als 14 Tage später angenommen. Wenn dieses auf ein Wochenende fällt oder gar Schulferien sind, wird dies bei der Rückgabe am nächsten möglichen Tag berücksichtigt, unabhängig vom Eintrag in der Datenbank.

1. Um das Rückgabedatum anzuzeigen, wechseln Sie bitte wieder in die Entwurfsansicht der Abfrage *Wer hat welche Bücher seit wann?*.
2. Klicken Sie dort mit der Maus in die nächste freie Spalte der tabellarischen Liste, öffnen mit ⇧+F2 ein *Zoom*-Fenster und geben die folgende Formel ein:

```
Abgabe: Ausleihdatum + 14
```

**Abbildg. 3.13** Das *Zoom*-Fenster erleichtert die Eingabe längerer Formeln

3. Nachdem Sie das *Zoom*-Fenster mit *OK* schließen, ergänzt Access bereits die eigentlich noch fehlenden eckigen Klammern um den Feldnamen *Ausleihdatum* und fügt die Formel in die gewählte Spalte ein (siehe Abbildung 3.14)

**TIPP** In diesem *Zoom*-Fenster können Sie dauerhaft (bis Access geschlossen wird) dessen Schriftgröße verändern. Klicken Sie dazu auf die *Schriftart*-Schaltfläche unten rechts. Die Eingabe einer Formel ist aber keinesfalls an das *Zoom*-Fenster gebunden, Sie können diese auch direkt in der obersten Zelle der Spalte eingeben. Bei längeren Formeln ist das jedoch schnell unübersichtlich.

4. Betrachten Sie nun bitte die Abfrage in der Datenblattansicht. Dort ist jetzt eine neue Spalte *Abgabe* mit den passenden Datumswerten zu sehen (Abbildung 3.15).

**Abbildg. 3.14**  So errechnen Sie das Abgabedatum

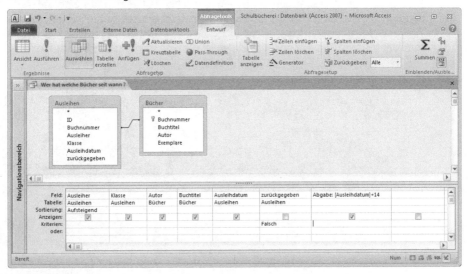

**Abbildg. 3.15**  Am rechten Rand ist die neue Spalte *Abgabe* bereits markiert

# So zählen Sie Datensätze

Viele Informationen in einer Datenbank stecken erst in zusammengefassten Daten und nicht in jedem einzelnen Detaildatensatz. Um beispielsweise herauszufinden, welche Klasse die meisten Bücher ausleiht, müssen alle zugehörigen Ausleihdaten nach Klassen zusammengefasst und diese Datensätze zusammengezählt werden:

1. Bereiten Sie mit *Erstellen/Abfragen/Abfrageentwurf* eine neue Abfrage vor, die nur auf der Tabelle *Ausleihen* basiert. Fügen Sie (in dieser Reihenfolge) die Felder *Klasse* und *Buchnummer* hinzu.

2. Schalten Sie mit *Abfragetools/Entwurf/Einblenden/Ausblenden/Summen* diese einfache Auswahlabfrage auf eine sogenannte Gruppierungsabfrage um. Dabei werden im unteren Bereich zusätzliche *Funktion*-Zeilen angezeigt (siehe Abbildung 3.16).

## Kapitel 3  Abfragen – leicht gemacht

> **HINWEIS**  Bei diesem Befehl im Menüband handelt es sich um eine sogenannte kontextabhängige Registerkarte: die Bezeichnung *Abfragetools* steht farbig hinterlegt ganz oben in der Titelleiste. Im Übrigen ist der Aufruf nicht ganz so verschachtelt, wie es der Name vermuten lassen könnte, denn *Einblenden/Ausblenden* ist die Bezeichnung für die Gruppe.

**Abbildg. 3.16**   Die Gruppierungsabfrage enthält noch doppelt die *Gruppierung*-Funktion

3. Ändern Sie anschließend entsprechend der Abbildung 3.17 den *Funktion*-Eintrag unterhalb von *Buchnummer* auf *Anzahl*.

**Abbildg. 3.17**   Wählen Sie die *Anzahl* als Funktion für die *Buchnummer*

4. Speichern Sie diesen Abfrageentwurf unter der Bezeichnung *Welche Klasse leiht wie viel?* und wechseln Sie in die Datenblattansicht (siehe Abbildung 3.18).

**Abbildg. 3.18** Für gleiche Klassen-Datensätze wird die Anzahl der Datensätze ermittelt

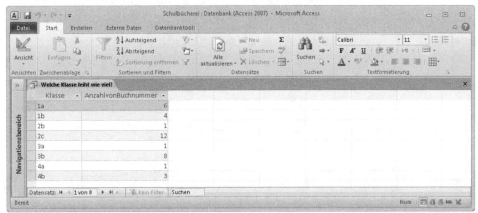

In Gruppierungsabfragen wie dieser gibt es typischerweise eine *Gruppierung* (hier die *Klasse*), für welche in einem zweiten Feld (hier *Buchnummer*) eine Zusammenfassung (hier *Anzahl*) gebildet wird. Dadurch lassen sich Daten verdichten und beispielsweise auch als Summen abbilden.

Dies funktioniert trotz der Bezeichnung »Gruppierungs«-Abfrage sogar ohne Gruppe, wenn Sie etwa die Gesamtanzahl aller Ausleihen herausfinden wollen:

1. Öffnen Sie den Entwurf von *Welche Klasse leiht wie viel?* und speichern Sie diesen mit *Datei/Objekt speichern als* auf den neuen Namen *Wie viele Ausleihen insgesamt?*.
2. Dann markieren Sie die *Klasse*-Spalte, indem Sie den (recht kleinen) Spaltenkopf oberhalb mit der Maus anklicken, der dort wie in Abbildung 3.19 einen senkrechten Pfeil zeigt.

**Abbildg. 3.19** Der Mauszeiger verändert sich auf dem Spaltenkopf zu einem kleinen Pfeil

3. Die Spalte wird dann komplett schwarz markiert. Löschen Sie diese Spalte mit der [Entf]-Taste, sodass alleine das Feld *Buchnummer* mit der Funktion *Anzahl* übrig bleibt.
4. Wechseln Sie wieder in die Datenblattansicht. Es ist wie in Abbildung 3.20 nur noch ein einziges Feld in einer einzigen Zeile zu sehen, welches die Gesamtanzahl der gespeicherten Ausleihen zeigt.

Abbildg. 3.20   Die Gruppierungsabfrage zeigt nur noch ein einziges Feld als Ergebnis

# Zusammenfassung

Sie haben in diesem Kapitel gesehen, welche umfangreichen Möglichkeiten Abfragen in Access bieten:

- Zur *Sortierung* (Seite 58) von Daten in Abfragen können Sie im Abfrageentwurf zu jedem beliebigen Feld eine aufsteigende oder absteigende Reihenfolge auswählen.

- Die *Verknüpfung von Informationen aus mehreren Tabellen* (Seite 61) geschieht in Access bei gleichnamigen Feldern automatisch.

- Abfragen dienen häufig auch dazu, *Daten zu filtern* (Seite 62), wie Sie für die Beschränkung auf nur die ausgeliehenen Bücher gesehen haben.

- Damit keine redundanten Daten in Tabellen gespeichert werden müssen, lassen sich solche Werte jederzeit in *Abfragen berechnen* (Seite 64). Das *Zoom*-Fenster erleichtert die Eingabe solcher Formeln erheblich.

- Die *Gruppierungsabfragen* (Seite 66) zeigen, wie Sie Daten zusammenfassen und dadurch Summen, Mittelwerte oder Ähnliches bilden können.

# Kapitel 4

# Formulare – leicht gemacht

**In diesem Kapitel:**

| | |
|---|---|
| So erstellen Sie ein Formular | 70 |
| So verbessern Sie ein Formular | 71 |
| So zeigen Sie Daten tabellarisch an | 73 |
| So finden Sie Daten im Formular | 75 |
| Zusammenfassung | 76 |

# Kapitel 4  Formulare – leicht gemacht

Formulare bilden in Access 2010 die optimale Grundlage, um Daten darzustellen, Werte einzugeben, Grafiken anzuzeigen oder Steuerelemente interaktiv einzusetzen. Verschiedene Assistenten machen es ganz einfach, aus Tabellen oder Abfragen neue Formulare zu erzeugen.

**CD-ROM** Um Ihnen das Nachvollziehen der Schritte in diesem Kapitel zu erleichtern, finden Sie innerhalb der Beispieldateien zu diesem Buch im Ordner *Kap03* eine Datenbank, die bereits die Änderungen aus Kapitel 3 enthält. Laden Sie einfach die betreffende Datenbank, um mit der Arbeit in diesem Kapitel zu beginnen.

Sie können also jederzeit ein Kapitel überspringen und trotzdem auf den aktuellen Stand der Datenbank zugreifen.

## So erstellen Sie ein Formular

Der einfachste Formulartyp zeigt alle Daten genau so wie die Tabelle beziehungsweise Abfrage an, allerdings ansprechender formatierbar und vor allem mit einem Datensatz je Seite (und nicht je Zeile wie in Tabellen bzw. Abfragen).

1. Markieren Sie im Navigationsbereich die Tabelle *Ausleihen*.
2. Klicken Sie auf *Erstellen/Formulare/Formular*, so wird das neue Formular direkt erzeugt und in der Layoutansicht dargestellt (siehe Abbildung 4.1).

**Abbildg. 4.1**   Das automatisch erstellte Formular in der Layoutansicht

3. Speichern Sie es als *Ausleihen in Einzelansicht* und blenden den Navigationsbereich wieder aus. Wechseln Sie dann bitte mit *Formatlayouttools/Entwurf/Ansichten/Formularansicht* in die für Benutzer übliche Darstellung, bei der das Formular wie in Abbildung 4.2 alle Daten anzeigt.
4. Sie sehen nun pro Datensatz auf dem Bildschirm alle Daten. Der optische Unterschied zur vorherigen Layoutansicht ist allerdings recht gering, es geht dabei vor allem um die Befehle im Menüband.

**Abbildg. 4.2**   Die Formularansicht ist die endgültige Ansicht für Benutzer

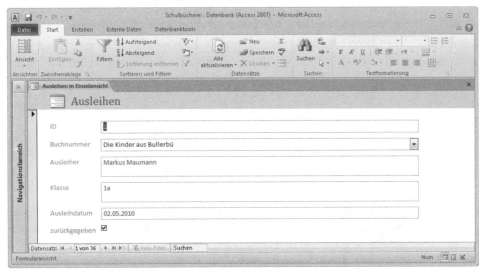

> **TIPP**  Zum nächsten Datensatz gelangen Sie mit der Tastenkombination [Strg] + [Bild ↓] oder den Pfeil-Schaltflächen der Datensatznavigation ganz unten.

# So verbessern Sie ein Formular

Diese Standarddarstellung ist ganz praktisch für einen ersten Eindruck, aber nicht besonders hübsch. Probieren Sie schon einmal aus, was sich daran mit wenig Aufwand ändern lässt:

1. Wechseln Sie mit *Start/Ansichten/Layoutansicht* wieder zurück in die vorherige Layoutansicht. Wenn ganz rechts ein Eigenschaftenblatt zu sehen sein sollte, können Sie das mit dem *X* an dessen rechtem Rand schließen.

**Abbildg. 4.3**   Mit der orangefarbenen Markierung lassen sich Größen leicht anpassen

2. Markieren Sie eines der Datensteuerelemente (also nicht die Bezeichnungen in der linken Spalte), sodass es wie in Abbildung 4.3 einen orangefarbenen Markierungsrahmen erhält. Diesen können Sie nun an seiner rechten Seite mit der Maus verkürzen, alle anderen verändern sich automatisch mit.
3. Wählen Sie in *Formularlayouttool/Entwurf/Designs/Designs* aus der Galerie das AutoFormat *Cronus*, sodass der Kopfbereich hellgrau dargestellt und die Schriftart geändert wird (siehe Abbildung 4.4).

Abbildg. 4.4   Mit der Designgalerie passen Sie schnell Formularlayouts an

4. Wechseln Sie nun mit *Formularlayouttools/Entwurf/Ansichten/Entwurfsansicht* in diese Darstellung, weil die nächste Änderung nur in dieser Darstellung möglich ist.

Abbildg. 4.5   Ändern Sie die *Standardansicht* auf *Endlosformular*

5. Lassen Sie in der Layoutansicht mit *Formularentwurfstools/Entwurf/Tools/Eigenschaftenblatt* das vorhin eventuell geschlossene Eigenschaftenblatt am rechten Rand anzeigen. Wählen Sie zunächst im oberen Listenfeld für den Auswahltyp den Eintrag *Formular* aus. Anschließend setzen Sie ebenfalls im Eigenschaftenblatt auf der Registerkarte *Alle* die Eigenschaft *Standardansicht* auf *Endlosformular* um (siehe Abbildung 4.5).
6. Speichern Sie das Formular mit dem Befehl *Datei/Objekt speichern als* unter dem Namen *Ausleihen in Endlosdarstellung*.
7. Jetzt können Sie mit *Formularentwurfstools/Entwurf/Ansicht/Formularansicht* die Daten in der Endlosdarstellung sehen, also mehrere Datensätze auf dem Bildschirm wie in Abbildung 4.6.

Abbildg. 4.6    Mehrere Datensätze nacheinander auf dem Bildschirm

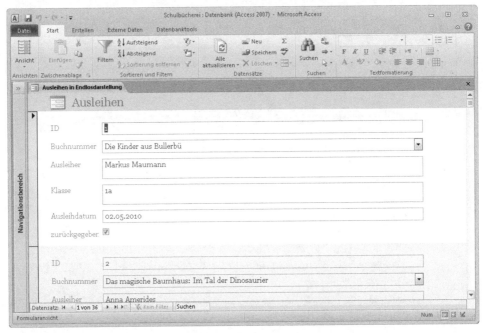

Damit haben Sie schon die beiden typischen Darstellungsformen für Formulare gesehen: als Einzelblatt- oder als Endlosformular.

**HINWEIS**    Sie können die eigentlichen Daten in einem Formular genauso einfach ändern wie in der Tabelle oder Abfrage selber. Dabei werden die Änderungen mit Verlassen des Datensatzes (nicht erst des Formulars!) ohne weitere Rückfrage in der Tabelle gespeichert.

# So zeigen Sie Daten tabellarisch an

Sie haben sicherlich bemerkt, dass es für die paar Daten auf dem Bildschirm eng ist, weil sie noch sehr Platz raubend angeordnet sind. Das werden wir bei Gelegenheit verbessern. Vorübergehend können Sie das Formular aber so darstellen, dass es wie eine Tabelle wirkt und seine Daten entsprechend kompakt präsentiert.

## Kapitel 4  Formulare – leicht gemacht

**HINWEIS**  Falls Sie gleich das Gefühl haben, so eine tabellarische Darstellung sei doch mit einer Tabelle viel schneller möglich: ja, bis dahin haben Sie Recht. Sobald Sie aber allgemeine Makros und VBA einsetzen, werden diese nur in Formularen ausgeführt. Eine Tabelle hingegen kann nur spezielle Datenmakros (siehe Kapitel 31) ausführen.

1. Damit das Formular überhaupt in die Datenblattansicht umgeschaltet werden kann, müssen Sie dies explizit erlauben. Wechseln Sie daher in die Entwurfsansicht und stellen im Eigenschaftenblatt (nicht vergessen: darin oben als *Auswahltyp* den Eintrag *Formular* auswählen!) die Eigenschaft *Datenblattansicht zulassen* auf *Ja*.
2. Erst jetzt finden Sie in *Formularentwurfstools/Entwurf/Ansichten/Ansicht* auch den Eintrag *Datenblattansicht* wie in Abbildung 4.7.

Abbildg. 4.7  Der Befehl *Datenblattansicht* wird sichtbar

3. Nachdem Sie umgeschaltet haben, erscheint das Formular trotz des offensichtlich abweichenden Entwurfs in tabellarischer Darstellung (siehe Abbildung 4.8).

Abbildg. 4.8  Die tabellarische Datenblattansicht ist sehr kompakt

74

# So finden Sie Daten im Formular

Diese Ansicht eignet sich insbesondere dann, wenn man viele Daten auf einen Blick sehen möchte (bevor wir später auch kompaktere Endlosformulare erstellen). Daher dient es als Grundlage für die folgende Datensuche.

## So finden Sie Daten im Formular

Sie können, wie bei Tabellen auch, hier bestimmte Daten suchen, indem Sie den Wert unten im *Suchen*-Feld eingeben. Formulare bieten aber noch bessere Möglichkeiten, die Daten zu filtern:

1. Klicken Sie in der Datenblattansicht dieses Formulars *Ausleihen in Endlosdarstellung* auf *Start/ Sortieren und Filtern/Erweiterte Filteroptionen/Formularbasierter Filter* (Abbildung 4.9).

Abbildg. 4.9   Der formularbasierte Filter bietet viele Möglichkeiten

2. Statt der Daten sehen Sie nun leere Eingabefelder und unten zwei Registerkarten *Suchen nach* und *Oder* (Abbildung 4.10). Außerdem erhalten nun auch einfache Datenfelder Dropdownpfeile, sobald Sie in diese hineinklicken. Wählen Sie für *Ausleiher* den darin enthaltenen Eintrag *Gabriele Schapp*.

Abbildg. 4.10   Wählen Sie den gewünschten Eintrag im formularbasierten Filter aus

### Kapitel 4  Formulare – leicht gemacht

3. Wenn Sie mit *Start/Sortieren und Filtern/Filter anwenden* diese Angaben bestätigen, sehen Sie wieder Ihr Formular mit Ihren Daten. Es ist nun aber so gefiltert, dass nur noch die Ausleihen von *Gabriele Schapp* angezeigt werden.

4. Dies wird sowohl durch die orangefarbene Anzeige *Gefiltert* neben den Navigationsschaltflächen als auch die entsprechend geringere Anzahl an Datensätzen deutlich gemacht.

> **ACHTUNG** Hier sind die Navigationsschaltflächen (also die *vorwärts-/rückwärts*-Pfeile neben dem Wort *Datensatz* unterhalb des Formulars) gemeint. Das ist leicht zu verwechseln mit dem Navigationsbereich am linken Bildschirmrand, der alle Objekte der Datenbank auflistet.

Abbildg. 4.11    Das Formular zeigt jetzt nur gefilterte Daten an

5. Um den Formularfilter wieder aufzuheben, klicken Sie auf *Start/Sortieren und Filtern/Filter entfernen*.

> **TIPP** Sie können den Filter auch aufheben, indem Sie unten den orange markierten Bereich *Gefiltert* anklicken. Dieser ist anschließend wieder als *Ungefiltert* beschriftet.

## Zusammenfassung

In diesem Kapitel haben Sie gesehen, dass Formulare Ihre Daten nicht nur ansprechender, sondern oft auch wesentlich effektiver darstellen können als Tabellen oder Abfragen:

- Das Formular lässt sich anhand der markierten Tabelle *automatisch erstellen*, sodass Sie es sofort einsetzen und nutzen konnten (Seite 70).
- Nachträgliche Veränderungen ermöglichen es Ihnen, dieses Formular komplett an Ihre gestalterischen Vorgaben anzupassen. Fertige *Designs* aus einer Galerie (Seite 71) lassen Ihre Formulare immer professionell wirken.
- Die Darstellung des Formulars lässt sich jederzeit zwischen einer Einzelansicht und einer *Endlosansicht* umschalten (Seite 72).
- Mit der Freigabe der *Datenblattansicht* (Seite 74) werden die Daten, relativ unabhängig von der Gestaltung des Entwurfs, kompakt und tabellarisch dargestellt.
- Während die Suchtechniken, die Sie bereits aus Tabellen und Abfragen kennen, auch in Formularen funktionieren, gibt es dort noch erweiterte *Filtermöglichkeiten* (Seite 75).

# Kapitel 5

# Berichte – leicht gemacht

**In diesem Kapitel:**

| | |
|---|---|
| So erstellen Sie einen Bericht | 78 |
| So gruppieren Sie im Bericht | 78 |
| So verbessern Sie einen Bericht | 81 |
| So erstellen Sie mehrspaltige Berichte | 83 |
| So gestalten Sie einen Bericht anders | 86 |
| Zusammenfassung | 87 |

# Kapitel 5  Berichte – leicht gemacht

Während Formulare vor allem für die Nutzung am Bildschirm gedacht sind, eignen sich Berichte speziell für den Ausdruck auf Papier. Sie kennen zusätzliche Gruppierungen und können sich auch auf bereits »gedruckte« Zeilen beziehen.

**CD-ROM**  Um Ihnen das Nachvollziehen der Schritte in diesem Kapitel zu erleichtern, finden Sie innerhalb der Beispieldateien zu diesem Buch im Ordner *Kap04* eine Datenbank, die bereits die Änderungen aus Kapitel 4 enthält. Laden Sie einfach die betreffende Datenbank, um mit der Arbeit in diesem Kapitel zu beginnen.

Sie können also jederzeit ein Kapitel überspringen und trotzdem auf den aktuellen Stand der Datenbank zugreifen.

## So erstellen Sie einen Bericht

Im Grunde funktionieren Berichte genauso wie Formulare, oftmals ist als Hauptunterschied nur noch der weiße statt graue Hintergrund auszumachen. Daher können Sie einen ersten Bericht mit wenigen Mausklicks erstellen:

1. Markieren Sie im Navigationsbereich die Tabelle *Bücher*.
2. Klicken Sie auf *Erstellen/Berichte/Bericht*. Fertig! Sie sehen jetzt den Bericht in der Layoutansicht.

**Abbildg. 5.1**  Der gerade erstellte Bericht auf Basis der Tabelle *Bücher*

Dieser einfache Bericht unterscheidet sich nicht in der Layout- oder der Berichtsansicht, daher ist ein Umschalten nicht nötig. Anders als im Formular werden hier sogar lange Buchtitel in automatisch vergrößerten Zeilen angezeigt. Sie können diesen Bericht jetzt über *Datei/Objekt speichern als* unter dem Namen *Bücher einfach* speichern und dann schließen.

## So gruppieren Sie im Bericht

Die Stärke der Berichte gegenüber Formularen besteht vor allem im Gruppieren der Daten, auch über mehrere Ebenen hinweg. Das geht selbstverständlich später ohne Assistent, ist hier aber mit dessen Hilfe am Anfang etwas leichter.

## So gruppieren Sie im Bericht

1. Klicken Sie auf *Erstellen/Berichte/Berichts-Assistent*, um das erste Dialogfeld des Assistenten anzuzeigen. Dabei ist unerheblich, was im Navigationsbereich markiert ist. Wählen Sie im Berichts-Assistenten im Kombinationsfeld *Tabellen/Abfragen* die *Tabelle: Bücher* aus. Lassen Sie alle Felder dieser Tabelle mit der >>-Schaltfläche entsprechend der Abbildung 5.2 als *Ausgewählte Felder* übernehmen.

Abbildg. 5.2   Wählen Sie im Berichts-Assistenten die Datenfelder aus

2. Nachdem Sie auf *Weiter* geklickt haben, sehen Sie alle Felder im nächsten Schritt aufgelistet, um Gruppierungsebenen hinzuzufügen. Markieren Sie das Feld *Autor* und übernehmen Sie es mit der >-Schaltfläche. Es wird in der Vorschau rechts blau markiert und abgesetzt dargestellt (siehe Abbildung 5.3).

Abbildg. 5.3   Wählen Sie *Autor* als Gruppierungsebene aus

3. Mit erneutem Klick auf *Weiter* können Sie im nächsten Schritt die Sortierung der noch verbliebenen Felder angeben. Wählen Sie hier, wie in Abbildung 5.4 gezeigt, für die erste Ebene das Feld *Buchtitel* aus.

Abbildg. 5.4    Geben Sie eine Sortierung für die untergeordneten Felder an

4. Die übrigen Schritte können Sie ignorieren, klicken Sie jetzt einfach auf *Fertig stellen*. Sie sehen nun die Seitenansicht (auch als Druckvorschau bezeichnet, siehe Abbildung 5.5) des Berichts. Speichern Sie ihn über *Datei/Objekt speichern als* unter dem Namen *Bücher gruppiert*.

Abbildg. 5.5    So wird der Bericht automatisch erstellt

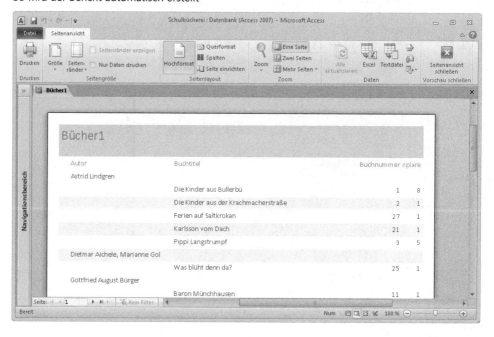

Der Bericht ist voll funktionsfähig und zeigt nun je Autor eine Liste der zugehörigen Bücher in der Gruppe, soll aber im nächsten Abschnitt optisch noch verschönert werden.

**TIPP**   Obwohl Sie den Bericht unter dem Namen *Bücher gruppiert* gespeichert hatten, werden Sie feststellen, dass auf der Registerkarte nur der Text *Bücher1* angezeigt wird. Anders als beim manuellen Erstellen schreibt der Berichts-Assistent den Namen der Datenquelle in die Berichtseigenschaft *Beschriftung*.

Wenn Sie das ebenfalls korrigieren möchten, schließen Sie bitte die Seitenansicht. Dadurch wechseln Sie in die Entwurfsansicht und zeigen das Eigenschaftenblatt mit *Berichtentwurfstools/Entwurf/Tools/Eigenschaftenblatt* an. Sie können darin den Inhalt der Berichtseigenschaft *Beschriftung* löschen oder einen eigenen Text eintragen, der vom gespeicherten Namen unabhängig ist.

**Abbildg. 5.6**   Hier ändern Sie die Beschriftungseigenschaft des Berichts

# So verbessern Sie einen Bericht

Im Bericht sind die Namen der Autoren abgeschnitten und möglicherweise auch die Buchtitel nicht vollständig zu lesen. Das soll verbessert werden.

Falls Sie den Bericht *Bücher gruppiert* bereits geschlossen hatten und ihn wieder in der Entwurfsansicht öffnen möchten, klicken Sie im Navigationsbereich mit der rechten Maustaste auf seinen Namen und wählen im daraufhin geöffneten Kontextmenü den Befehl *Entwurfsansicht* aus.

1. Klicken Sie im Detailbereich auf das Steuerelement *Buchtitel* und stellen Sie im Eigenschaftenblatt dessen Eigenschaft *Vergrößerbar* entsprechend der Abbildung 5.7 auf *Ja*.

**Abbildg. 5.7**   Ändern Sie die *Vergrößerbar*-Eigenschaft des *Buchtitel*-Feldes

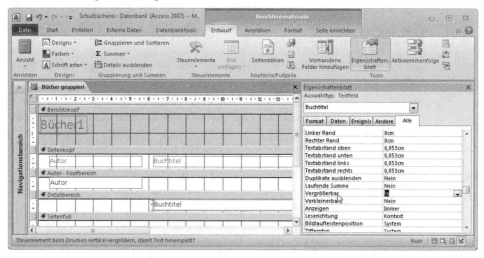

2. Wenn Sie mit *Berichtentwurfstools/Entwurf/Ansichten/Ansicht: Berichtsansicht* in die entsprechende Ansicht umschalten, sehen Sie nun, dass auch lange Buchtitel komplett in einer jeweils größeren Zeile angezeigt werden.

**HINWEIS**   Um den mehrzeiligen Effekt zu sehen, müssen Sie möglicherweise das *Buchtitel*-Feld in der Layoutansicht erst einmal deutlich zu schmal ziehen. Die *Vergrößerbar*-Eigenschaft war übrigens im ersten erstellten Bericht *Bücher einfach* bereits automatisch auf *Ja* gestellt gewesen.

**Abbildg. 5.8**   Jetzt ist auch genug Platz für die langen Autorennamen

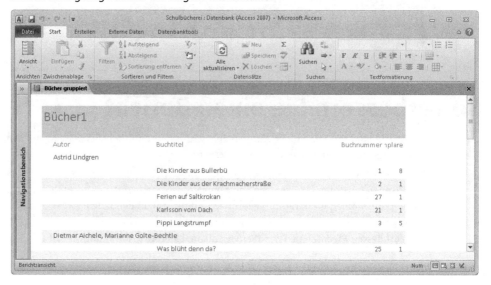

3. Als Nächstes klicken Sie in der Entwurfsansicht auf das Feld *Autor* im *Autor-Kopfbereich*, sodass dort wieder die orangefarbene Markierung zu sehen ist.
4. Ziehen Sie das Autor-Textfeld am rechten mittleren Anfasser deutlich breiter. Wechseln Sie wieder in die Berichtsansicht und sehen nun, dass auch für lange Autorennamen ausreichend Platz ist (Abbildung 5.8).

Damit ist auch dieser Bericht fertig, selbst wenn gestalterisch noch vieles zu verbessern wäre. Das werde ich Ihnen später bei der ausführlichen Arbeit mit Berichten zeigen.

# So erstellen Sie mehrspaltige Berichte

Ein weiterer Unterschied zwischen Berichten und Formularen besteht in der Möglichkeit, mehrspaltige Berichte zu erstellen. Sie können solche Berichte beliebig und mit freier Gestaltung erstellen, am häufigsten tritt es jedoch sicherlich bei Etiketten auf.

Daher gibt es einen eigenen Assistenten, mit dem sich etwa die üblichen *Zweckform*-Etiketten bequem vorbereiten lassen. Hier sollen beispielhaft Aufkleber für die Bücher erstellt werden, auf denen die Angaben einheitlich notiert sind.

1. Starten Sie den Assistenten mit einem Klick auf *Erstellen/Berichte/Etiketten*. Stellen Sie die Einstellung für den Hersteller auf *Zweckform* und wählen dort als Etikettennummer *Zweckform 3414* aus (Abbildung 5.9).

**Abbildg. 5.9**   Der Etiketten-Assistent hat bereits viele Standards vorbereitet

2. Den nächsten Schritt für die Schriftart und -farbe (siehe Abbildung 5.10) können Sie ohne Änderung übergehen.

**Abbildg. 5.10**  Die Schriftart bleibt wie voreingestellt

3. Dann folgt der wesentliche Schritt für den Inhalt eines Etiketts. Markieren Sie dort bei *Verfügbare Felder* den Eintrag *Autor* und klicken auf die >-Schaltfläche (siehe Abbildung 5.11).

**Abbildg. 5.11**  Lassen Sie das Feld *Autor* anzeigen

4. Damit der Buchtitel in einer neuen Zeile anfängt, müssen Sie in das *Etikettenentwurf*-Feld klicken und die ⏎-Taste drücken. Fügen Sie danach in der zweiten Zeile (grau markiert) das Feld *Buchtitel* ein. Sie können auch freie Texte eingeben, wie in Abbildung 5.12 für *Buchnummer* zu sehen. Lediglich Feldnamen müssen in geschweiften Klammern erscheinen.
5. Beenden Sie nun diesen Etiketten-Assistenten mit *Fertig stellen* und lassen Sie sich nicht von der Fehlermeldung (siehe Abbildung 5.13) irritieren, dass eventuell nicht alle Inhalte angezeigt würden. Das lässt sich später korrigieren.

## So erstellen Sie mehrspaltige Berichte

Abbildg. 5.12   Im Feld *Etikettenentwurf* sind auch freie Texteingaben möglich

Abbildg. 5.13   Diese Meldung kann ignoriert werden

Anschließend sehen Sie den fertig erstellten Bericht in der Seitenansicht wie in Abbildung 5.14.

Abbildg. 5.14   So sieht der zweispaltige Bericht für die Etiketten aus

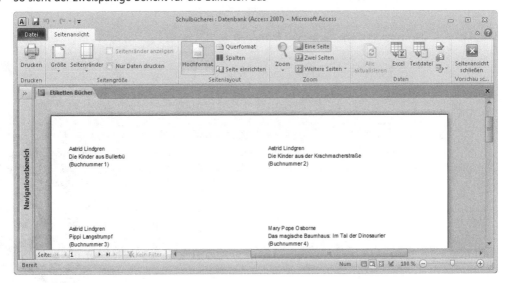

# So gestalten Sie einen Bericht anders

Der Bericht sieht noch nicht genau so aus, wie er sein soll, weil das mit dem Etiketten-Assistenten nicht so gut möglich ist. Dies betrifft vor allem die getrennte Formatierung der Felder, denn der Assistent kann nur eine Schrift für alles einstellen. Wenn Sie direkt den Entwurf bearbeiten, können Sie hingegen alle Felder nach Belieben hin- und herschieben und in der Größe ändern.

1. Wechseln Sie für den Bericht *Etiketten Bücher* wieder in die Entwurfsansicht. Damit der Buchtitel ausreichend Platz findet, schieben Sie bitte das berechnete Feld mit dem Inhalt =*"(Buchnummer: " & [Buchnummer] & ")"* ganz nach oben, schieben die beiden anderen darunter und vergrößern das *Buchtitel*-Feld (siehe Abbildung 5.15).

Abbildg. 5.15    Passen Sie die Felder nach Belieben an

2. Die Buchnummer soll auch nur nachrangig angezeigt werden, daher wählen Sie mit *Berichtentwurfstools/Format/Schriftart/Schriftfarbe* einen mittleren Grauton. Das *Autor*-Feld stellen Sie dort hingegen auf *Fett*, wie es in Abbildung 5.16 zu sehen ist.

Abbildg. 5.16    Die Felder sind ansprechender formatiert

3. Wechseln Sie mit *Berichtentwurfstools/Entwurf/Ansichten/Ansicht: Seitenansicht* wieder in die tatsächliche Druckvorschau. Jetzt sehen die Etiketten aus wie geplant.

**ACHTUNG**   Wenn Sie in einem Bericht mehrspaltige Daten sehen wollen, muss es unbedingt die Seitenansicht sein. Die einfache Berichtsansicht zeigt das nicht an!

Abbildg. 5.17   Die Etiketten sehen nun wie geplant aus

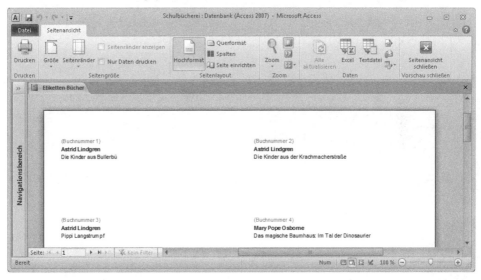

Damit haben Sie einen kurzen Einblick in die Möglichkeiten der Berichte bei Access 2010 erhalten. Später in diesem Buch werden wir uns noch ausführlicher mit dem Thema Berichte beschäftigen.

# Zusammenfassung

In diesem Kapitel ging es vor allem um die erweiterten Möglichkeiten der Berichte gegenüber Formularen:

- Ein *gruppierender Bericht* (Seite 78) lässt sich ganz einfach per Assistent erstellen. Dabei konnten Sie sowohl die Felder als auch die gewünschte Gruppierung auswählen.
- Einige Eigenschaften des Berichts mussten Sie nachträglich verbessern, damit *mehrzeilige oder lange Einträge* (Seite 82) auch korrekt angezeigt werden.
- Schließlich hat ein spezieller *Etiketten-Assistent* (Seite 83) dafür gesorgt, dass auch solche mehrspaltigen Berichte bequem zu erstellen sind.
- Die damit erstellten Etiketten wurden nach eigenem Geschmack *formatiert* (Seite 86) und in der Seitenansicht überprüft.

# Teil B

# Access allgemein

| Kapitel 6 | Die Access-Oberfläche | 91 |
| Kapitel 7 | Datenbankgrundlagen | 115 |
| Kapitel 8 | Datentypen | 131 |
| Kapitel 9 | Datenbank entwerfen | 157 |

# Kapitel 6

# Die Access-Oberfläche

**In diesem Kapitel:**

| | |
|---|---|
| Wo sind Access-Objekte gespeichert? | 92 |
| Die Access 2010-Oberfläche | 93 |
| Das Menüband | 93 |
| Die Backstage-Ansicht | 94 |
| Access-Optionen | 95 |
| Registerkarten im Menüband | 100 |
| Kontextbezogene Registerkarten | 105 |
| Symbolleiste für den Schnellzugriff | 105 |
| Der Navigationsbereich | 106 |
| Die Statusleiste | 113 |
| Zusammenfassung | 114 |

Bevor wir uns nun mit den Details einer Datenbank beschäftigen, sollten Sie zunächst einen intensiven Blick auf die Fähigkeiten der Bedienungsoberfläche von Access 2010 werfen.

Wenn Sie bereits mit Access 2007 gearbeitet haben, dürfte Ihnen vielleicht manch Grundsätzliches schon bekannt sein. Trotzdem stecken gerade in vermeintlich kleinen Änderungen viele Verbesserungen.

Als Umsteiger von früheren Versionen wird Ihnen zuerst der Wegfall der Menüs und Symbolleisten auffallen. Wenn Sie sich anschließend ein wenig mit dem Menüband beschäftigt haben, werden Sie aber bemerken, dass man sich schnell wieder darin zurechtfindet und die Arbeit damit sehr effektiv ist.

**WICHTIG**   Sollte eine bestimmte Einstellung im Menüband in der aktuellen Situation ohne Bedeutung sein, ist diese in den folgenden Abbildungen ausgeblendet, sodass deutlich weniger Platz verbraucht wird.

Da viele Funktionen nur mit Beispielinhalten zu erkennen sind, wird hier noch einmal die bereits anfangs erstellte Datenbank der Grundschulbücherei genutzt.

**CD-ROM**   Um Ihnen das Nachvollziehen der Schritte in diesem Kapitel zu erleichtern, finden Sie innerhalb der Beispieldateien zu diesem Buch im Ordner *Kap05* eine Datenbank, die bereits die Änderungen aus Kapitel 5 enthält. Laden Sie einfach die betreffende Datenbank, um mit der Arbeit in diesem Kapitel zu beginnen.

Sie können also jederzeit ein Kapitel überspringen und trotzdem auf den aktuellen Stand der Datenbank zugreifen.

# Wo sind Access-Objekte gespeichert?

Grundsätzlich ist alles, was Sie bei der Arbeit an der Access-Datenbank speichern, in einer einzigen *.accdb*-Datei enthalten. Wenn Sie diese Datei auf einen anderen Rechner kopieren, ist Ihre komplette Arbeit darin enthalten.

**ACHTUNG**   Es gibt aber trotzdem Teile, die nicht in der Datei enthalten sind, beispielsweise verknüpfte Bilder, die Sie in späteren Kapiteln kennenlernen werden. Während Access die Datenbank geöffnet hat, gibt es außerdem eine gleichnamige *.laccdb*-Datei, in der die Zugriffe mehrerer Benutzer verwaltet werden. Diese wird in der Regel mit dem Schließen der Datenbank automatisch gelöscht. Trotzdem kann es – beispielsweise bei einem Rechnerabsturz – vorkommen, dass diese Datei erhalten bleibt. In diesem Fall können Sie sie problemlos manuell löschen.

In einer Access-Datenbank gibt es in Kategorien zusammengefasste Objekte, die Sie auch links im Navigationsbereich sehen können. Sie sind in allen Datenbanken gleich organisiert, daher möchte ich Ihnen einen schnellen Überblick geben, wofür sie gut sind. Ganz kurz lässt es sich so formulieren:

- **Tabellen** und **Abfragen**   Sind für Daten zuständig
- **Formulare** und **Berichte**   Kümmern sich um die Form der Darstellung
- **Makros** und **Module**   Ermöglichen die Programmierung der Datenbank

Etwas ausführlicher liest es sich so:

- **Tabellen** Enthalten Daten, sonst nichts. Die in Excel übliche Vermischung, dass eine Zelle sowohl Zahlen, Datumswerte, Texte als auch Formeln enthalten kann, gibt es in Datenbanken nicht.
- **Abfragen** Manipulieren Daten, speichern diese aber nicht:
  - **Auswahlabfragen** Stellen Daten unterschiedlich dar, sortieren und filtern diese oder berechnen abhängige Werte.
  - **Aktionsabfragen** Verändern gespeicherte Daten, indem sie anfügen, löschen, aktualisieren oder sogar komplette Tabellen neu anlegen.
- **Formulare** Bilden die Oberfläche, mit der ein Benutzer üblicherweise zu tun hat. Typischerweise sieht ein Benutzer nie Tabellen oder Abfragen, sondern nur Formulare (und Berichte).
- **Berichte** Ähneln Formularen, sind allerdings weniger für die Bildschirmdarstellung, sondern eher für den Ausdruck gedacht.
- **Makros** Enthalten deutschsprachige Befehle für den alltäglichen Einsatz, etwa zum Öffnen eines Formulars, dem Wechsel zu einem bestimmten Datensatz oder dem Ausdruck eines Berichts.
- **Module** Enthalten englischsprachigen Code in der Programmiersprache VBA (Visual Basic für Applikationen) für weitergehende Aufgaben. Access ist auch so sehr vielseitig und effektiv, ohne dass Sie überhaupt eine Zeile in VBA programmieren müssten.

Etwa in dieser Reihenfolge entsteht auch eine neue Datenbank, also zuerst mit Tabellen, dann mit Abfragen, schließlich mit Formularen und Berichten. Erst wenn es nötig ist, setzen Sie überhaupt Makros oder gar VBA-Code ein.

# Die Access 2010-Oberfläche

Access 2010 hat die neue Bedienungsoberfläche, die bereits mit Access 2007 entwickelt wurde, noch weiter optimiert. Immer noch am auffälligsten ist sicherlich das Menüband, das unter Access 2007 als Multifunktionsleiste bezeichnet wurde. Aber auch in vielen anderen Details stecken gute Ideen für die effektive Arbeit mit einer Datenbank.

# Das Menüband

Das Menüband (manchmal auch mit seinem englischen Namen *Ribbon* bezeichnet) ist eine sehr dynamische Mischung aus Menüs, Symbolleisten und Steuerelementen. Es besteht eigentlich aus vier Bereichen:

- Hinter der farbigen Registerkarte *Datei* verbirgt sich die sogenannte *Backstage-Ansicht* mit allen Optionen und Aktionen, die Access allgemein oder die gesamte Datei betreffen.
- Den wesentlichen Teil des Menübands machen die Registerkarten *Start* bis *Datenbanktools* aus, auf denen sich praktisch alle Befehle finden.
- Schließlich tauchen manchmal – vor allem in Entwurfsansichten – noch weitere, oberhalb farbig markierte Registerkarten auf. Diese werden als kontextabhängige Registerkarten bezeichnet.
- Links oberhalb der Registerkarten befindet sich die *Symbolleiste für den Schnellzugriff* mit den zentralen Befehlen *Speichern*, *Rückgängig* und *Wiederholen*.

Wie Sie per Programmierung Einfluss auf das Menüband nehmen können, erfahren Sie in Kapitel 39. Bis dahin bieten auch die »normalen« Funktionen viele Möglichkeiten.

# Die Backstage-Ansicht

Die runde Office-Schaltfläche aus Office 2007 ist nun als *Datei*-Registerkarte integriert worden. Bei einem Klick darauf ändert sich allerdings nicht wie früher nur der Inhalt des Menübands, vielmehr belegt sie als sogenannte Backstage-Ansicht den kompletten Bildschirm.

**Abbildg. 6.1**   Die Backstage-Ansicht mit mehreren Spalten für den *Speichern und Veröffentlichen*-Befehl

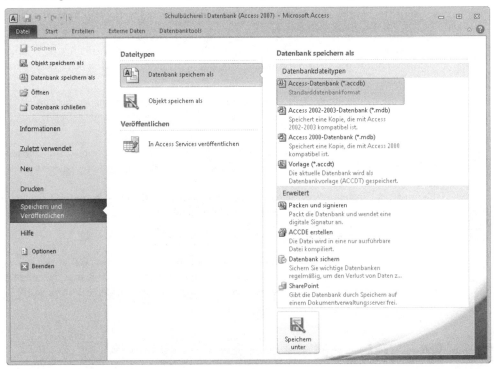

Am linken Rand finden Sie eine Liste, welche die üblichen Befehle zum Umgang mit Dateien enthält: *Öffnen*, *Speichern*, *Speichern als* und die Liste der zuletzt verwendeten Dateien.

Einige der Auswahlmöglichkeiten zeigen weitere Optionen im restlichen Bildschirmbereich an. Welche aktiv ist, sehen Sie an einem kleinen weißen Dreieck, das die Auswahl markiert (in Abbildung 6.1 ist dies der Eintrag *Speichern und Veröffentlichen*).

In der untergeordneten Ebene befinden sich seltener benötigte Befehle wie *Datenbank komprimieren und reparieren*, die Sie vielleicht nach dem Umstieg von einer vorherigen Version schon gesucht haben.

**Abbildg. 6.2** Die Backstage-Ansicht mit anderen Inhalten

# Access-Optionen

Die meisten Einstellungen für Access oder die aktuelle Datenbank befinden sich nach wie vor im Backstage-Befehl *Optionen*, der ein eigenes Dialogfeld öffnet.

**Abbildg. 6.3** Das Dialogfeld *Access-Optionen* für allgemeine Access-Einstellungen

Das Dialogfeld *Access-Optionen* enthält links eine Liste mit Kategorien (beispielsweise *Allgemein* in Abbildung 6.3), deren Auswahl die Anzeige im rechten Teil beeinflusst.

## Optionen für die aktuelle Datenbank

Wichtig sind dabei vor allem diejenigen für die aktuelle Datenbank, die Sie in Tabelle 6.1 erläutert finden.

**Tabelle 6.1**  Wichtige Optionen der Kategorie *Aktuelle Datenbank*

| Befehl | Erläuterung |
| --- | --- |
| Anwendungstitel | Statt »Microsoft Access« und dem Namen der Datenbank sowie dem Datenbankformat steht dort nur noch der hier eingegebene Text in der Programmtitelleiste |
| Anwendungssymbol | Passend zum Anwendungstitel lässt sich hier ein Symbol (.bmp-, .ico- oder .cur-Format) angeben, welches das Access-»A«-Symbol oben links ersetzt |
| Formular anzeigen | Das hier ausgewählte Formular wird beim Öffnen der Datenbank direkt angezeigt |
| Statusleiste anzeigen | Durch Deaktivieren dieses Kontrollkästchens lässt sich die Statusleiste (ganz unten) ausblenden, um Platz zu gewinnen. Die Datenbank muss geschlossen und wieder geöffnet werden, um diese Option wirksam werden zu lassen |
| Dokumentfensteroptionen | Die Fenstertechnik der Access-Versionen vor 2007 entspricht der Auswahl *Überlappende Fenster*. Für die neuen *Dokumente im Registerkartenformat* lassen sich die Dokumentregisterkarten ausblenden. In diesem Fall lässt sich jedoch nur durch entsprechende Programmierung zwischen den verschiedenen Formularen umschalten. |
| Access-Spezialtasten verwenden | Hiermit lässt sich vor allem die [F11]-Taste deaktivieren, über die sich sonst jederzeit der Navigationsbereich wieder einblenden lässt. Außerdem werden die Tastenkombinationen [Strg]+[G] (Direktfenster im VB-Editor) und [Alt]+[F11] (Start des VBA-Editors) deaktiviert. |
| Beim Schließen komprimieren | Anstatt regelmäßig *Datei/Informationen/Datenbank komprimieren und reparieren* aufzurufen, wird dies automatisch beim Schließen ausgeführt |
| Bildeigenschaft-Speicherformat | Bis einschließlich Version 2003 wurden alle in der Datenbank gespeicherten Bitmaps (auch bereits komprimierte JPEGs) in das unkomprimierte BMP-Format konvertiert, wodurch die Datenbank enorm vergrößert wurde. Hier sollten Sie möglichst *Quellbildformat beibehalten* aktiviert lassen. |

Die Einstellungen zur *Navigation* und zu den *Menüband- und Symbolleistenoptionen* werden jeweils im thematischen Zusammenhang in späteren Kapiteln erläutert.

**ACHTUNG** Die *Optionen für Objektnamen-Autokorrektur* sind für die nachträgliche Umbenennung von Objekten gedacht. Würden Sie in einer fertigen Datenbank einfach einen Tabellennamen ändern, würde die darauf basierende Abfrage davon nichts bemerken und später beim Ausführen den vorherigen Namen suchen.

Wenn Sie die drei Kontrollkästchen aktivieren, sollen automatisch in allen Abfragen, Formularen und Berichten die darin benutzten Namen korrigiert werden. Die Idee ist gut, aber die Ausführung immer noch lückenhaft: es werden nicht alle Auswahlabfragen (beispielsweise keine Union-Abfragen, siehe Kapitel 20) und keine Makros und VBA-Code korrigiert.

Manchmal wird außerdem ein *Spezieller Drucker* in den Seiteneinstellungen für Berichte nach Aktivierung dieser Objektnamen-Autokorrektur wieder gelöscht. Immerhin werden Aktionsabfragen (siehe Kapitel 21) seit dieser Version endlich berücksichtigt.

Um es deutlich zu formulieren: Lassen Sie diese Optionen für Objektnamen-Autokorrektur auf jeden Fall ausgeschaltet! Ein anständiger Datenbankentwurf vorher auf dem Papier erspart Ihnen weitreichendes Umbenennen, es würde sowieso nicht komplett alles umbenannt und dann zieht es auch noch Fehler nach sich. Das ist es nicht wert.

## Einstellungen für den Objekt-Designer

In der Kategorie *Objekt-Designer* (also die Entwurfsansichten) finden sich auch noch einige Optionen, die einen Blick wert sind.

Tabelle 6.2   Wichtige Optionen für die Entwurfsansichten

| Befehl | Erläuterung |
|---|---|
| *Standardtextfeldgröße* | Der hier eingetragene Wert von *255* für Textfelder (die als *Standardfeldtyp* eingetragen sind) ist in den meisten Fällen sicherlich zu groß. Viele Textfelder sind mit einem Standardwert von *50* ausreichend groß dimensioniert. |
| *AutoIndex beim Importieren/Erstellen* | Die hier genannten Feldnamen (oder sogar Teile davon) werden erkannt, um das damit importierte Feld zu indizieren |
| *AutoVerknüpfung aktivieren* | Wenn in einer Abfrage zwei gleichnamige Felder in unterschiedlichen Datenquellen mit dem gleichen Datentyp vorhanden sind (und eines davon der Primärschlüssel ist), werden diese automatisch miteinander verknüpft |
| *Schriftart zum Erstellen von Abfragen* | Hier wird nicht die Schriftart für die Datenblattansicht des Ergebnisses festgelegt, sondern nur diejenige in der unteren Hälfte der Entwurfsansicht |

Mit Ausnahme der *Schriftart zum Erstellen von Abfragen* können Sie diese Vorgaben immer auch nach dem Fertigstellen des jeweiligen Entwurfs noch anpassen.

**HINWEIS**   Das Kontrollkästchen *AutoVerknüpfung aktivieren* können Sie problemlos deaktivieren, denn die in diesem Buch demnächst empfohlene Benennung der Felder lässt sowieso keine gleichnamigen Felder zu. Außerdem ist eine derartige vollautomatische Verknüpfung immer ein unnötiges Risiko. Solche Zusammenhänge legen Sie besser manuell fest.

## Clienteinstellungen

In der Kategorie *Clienteinstellungen* gibt es im Abschnitt *Drucken* die Möglichkeit, die Standardwerte für die Ränder eines neuen Berichts festzulegen. Endlich steht dort nicht mehr der (als Übersetzungsproblem aus *1 Inch* entstandene) Wert von *2,54 cm* je Rand, sondern brauchbare *0,635 cm*.

Für den Mehrbenutzerzugriff wichtig sind ebenfalls in der Kategorie *Clienteinstellungen* im Abschnitt *Erweitert* die Einstellungen zum *Standardöffnungsmodus* (*Freigegeben* als sinnvoller Standardwert oder ausnahmsweise *Exklusiv*) und eventuell den Zeiten für die Datenaktualisierung.

## Vertrauenswürdige Pfade und Dateien

In der Kategorie *Sicherheitscenter* ist eigentlich nur eine Schaltfläche *Einstellungen für das Sicherheitscenter* wichtig, die zum Dialogfeld *Sicherheitscenter* führt (Abbildung 6.4).

**Abbildg. 6.4** Das Dialogfeld *Sicherheitscenter* erlaubt die Angabe sicherer Dateien und Pfade

Sie können dort in der Kategorie *Vertrauenswürdige Speicherorte* mit der Schaltfläche *Neuen Speicherort hinzufügen* die (lokalen) Pfade angeben, in denen Sie Ihre eigenen Datenbanken speichern.

**Abbildg. 6.5** Im Dialogfeld für vertrauenswürdige Speicherorte lässt sich auch ein Kommentar hinzufügen

Alle Dateien, die in diesem jeweiligen Pfad gespeichert sind, werden grundsätzlich als unbedenklich eingestuft und zeigen nicht die in Abbildung 6.6 sichtbare Sicherheitswarnung, die bei jedem Öffnen explizit mit *Inhalt aktivieren* entfernt werden muss.

Abbildg. 6.6    Datenbanken aus nicht vertrauenswürdigen Speicherorten zeigen eine Sicherheitswarnung

**ACHTUNG**    In der Access-Hilfe wird diese gelbe Sicherheitswarnung fälschlich als *Statusleiste* bezeichnet. Die wirkliche Statusleiste befindet sich jedoch ganz unten im Access-Programmfenster und kann mit der bereits in Tabelle 6.1 genannten Option *Statusleiste anzeigen* aktiviert werden.

Es gibt eine feiner abgestufte Möglichkeit, nicht gleich vollständige Pfade, sondern nur einzelne Datenbank-Dateien freizugeben:

1. Dazu müssen Sie eine solche Datenbank öffnen und die Sicherheitswarnung sehen.
2. Rufen Sie dann *Datei/Informationen* auf und klicken dort auf die Schaltfläche *Inhalt aktivieren* (siehe Abbildung 6.7).

Abbildg. 6.7    Freigabe der aktuellen Datenbankdatei

**ACHTUNG** Der Befehl *Datei/Informationen/Inhalt aktivieren* ist nur sichtbar, wenn die Sicherheitswarnung erschienen war und dort nicht bereits die Schaltfläche *Inhalt aktivieren* angeklickt wurde.

Danach löst diese Datenbank keine Sicherheitswarnung mehr aus, selbst wenn sie sich nicht an einem vertrauenswürdigen Ort befindet. Sie können jedoch diese einzelne Datei nicht mehr erneut als unsicher einstufen, sondern lediglich alle vertrauenswürdigen Dateien gleichzeitig:

1. Dazu öffnen Sie mit *Datei/Optionen/Sicherheitscenter/Einstellungen für das Sicherheitscenter* das in Abbildung 6.8 gezeigte Dialogfeld *Sicherheitscenter*.
2. Dort finden Sie in der Kategorie *Vertrauenswürdige Dokumente* die Schaltfläche *Bereinigen*, mit der alle bisher vertrauenswürdigen Dokumente erneut als unsicher eingestuft werden.

Abbildg. 6.8  Alle vertrauenswürdigen Dokumente können hier wieder als unsicher eingestuft werden

# Registerkarten im Menüband

Am auffälligsten in der Access-Bedienungsoberfläche sind wohl die Registerkarten im Menüband. Je nach Auswahl zeigen sie wechselnde Befehlsgruppen mit den darin enthaltenen Befehlen.

**TIPP** Ganz am Anfang dieses Buchs hatte ich schon darauf hingewiesen, dass sich das Menüband durch Doppelklick auf die aktive Registerkarte minimieren lässt. In diesem eingeklappten Zustand können Sie es wie ein Menü benutzen. Der einfache Klick auf die Registerkarte zeigt das Menüband an, und die Auswahl eines Befehls darin blendet es wieder aus. Erst ein erneuter Doppelklick zeigt das Menüband wieder dauerhaft in voller Höhe an. Alternativ geht das mit dem Tastenkürzel [Strg]+[F1] oder einem Klick auf die kleine Winkel-Schaltfläche (siehe Abbildung 6.9).

Abbildg. 6.9  Hier lässt sich das Menüband minimieren

Die Größe der Steuerelemente ist abhängig von der Breite des Bildschirms. Große nebeneinander liegende Schaltflächen werden bei Bedarf kleiner und übereinander gestapelt.

Abbildg. 6.10   Bei ausreichend Platz werden alle Befehlsgruppen komplett angezeigt

Wenn der Bildschirm eine geringere Auflösung hat oder das Anwendungsfenster kleiner wird, bleiben irgendwann nur noch die Befehlsgruppen ohne einzelne Befehle sichtbar, wie Abbildung 6.11 zeigt.

Abbildg. 6.11   Auf schmaleren Bildschirmen werden Elemente ausgeblendet

Viele Befehlsgruppen enthalten neben ihrem Namen am unteren Rand noch ein sogenanntes *Startprogramm für ein Dialogfeld*. Dieses zeigt nicht nur einen ausführlichen Tipp an, wenn die Maus darüber ruht, sondern ruft beim Klick ein passendes Dialogfeld auf, welches mehr Möglichkeiten als nur die in der Gruppe enthaltenen Steuerelemente bietet.

**Abbildg. 6.12** Der Tooltipp erläutert, was mit dem *Startprogramm für ein Dialogfeld* möglich ist

Mit dem Befehl *Datei/Optionen* können Sie im Dialogfeld *Access-Optionen* (siehe Abbildung 6.13) in der Kategorie *Menüband anpassen* Änderungen am Menüband vornehmen. Diese Möglichkeit ist neu gegenüber der Version 2007, in der eine Änderung nur per XML-Definition, die Sie in Kapitel 39 kennen lernen werden, möglich war.

**Abbildg. 6.13** Im Dialogfeld *Access-Optionen* können Sie das Menüband ändern

Um eine eigene Registerkarte *Spezial* zu erstellen, welche häufig benutzte Befehle und Befehlsgruppen enthält, gehen Sie so vor:

1. Markieren Sie im Dialogfeld *Access-Optionen* in der Liste *Hauptregisterkarten* den Eintrag *Start* und klicken dann auf die Schaltfläche *Neue Registerkarte*, sodass in der Liste *Hauptregisterkarten* ein neuer Eintrag *Neue Registerkarte (Benutzerdefiniert)* erscheint.
2. Markieren Sie diese Zeile, klicken auf *Umbenennen* und geben im folgenden Dialogfeld den gewünschten Namen *Spezial* ein.

3. Markieren Sie anschließend die Zeile *Neue Gruppe (Benutzerdefiniert)* und benennen Sie diese in *Objekte erstellen* um, wie es in Abbildung 6.14 zu sehen ist.

**Abbildg. 6.14**   Die neue Registerkarte *Spezial* ist angelegt

4. Wählen Sie nun im Listenfeld *Befehle auswählen* (links oben) den Eintrag *Hauptregisterkarten* und markieren Sie in der nun angezeigten linken Liste der Hauptregisterkarten *Erstellen/Tabellen/Tabelle*.
5. Klicken Sie auf die Schaltfläche *Hinzufügen* und wiederholen Sie das für *Tabellenentwurf* (siehe Abbildung 6.15).

**Abbildg. 6.15**   Die neue Registerkarte enthält zwei Befehle in der Befehlsgruppe *Objekte erstellen*

6. Wiederholen Sie dies ebenfalls für *Erstellen/Formulare/Formularentwurf* und *Weitere Formulare* sowie *Erstellen/Abfragen (Client)/Abfrageentwurf*.

7. Zusätzlich soll in dieser selbst zusammengestellten Registerkarte noch die Befehlsgruppe *Zwischenablage* komplett angezeigt werden. Sie finden diese in der linken Liste unter *Start/Zwischenablage* (siehe Abbildung 6.16).

**Abbildg. 6.16**   Eine zweite Befehlsgruppe für die Zwischenablage wurde eingefügt

8. Wenn Sie das Dialogfeld mit *OK* bestätigen, ist in dieser Datenbank zwischen *Start* und *Erstellen* Ihre neue Registerkarte *Spezial* mit den gewünschten Inhalten zu sehen, wie Abbildung 6.17 zeigt.

**Abbildg. 6.17**   So wird Ihre neue Registerkarte angezeigt

Alle Befehle sind sofort komplett funktionsfähig. Wenn Sie möchten, können Sie eine solche eigene Registerkarte auch mit der Schaltfläche *Importieren/Exportieren* des Dialogfelds *Access-Optionen* in einer *.exportedUI*-Datei speichern und auf einem anderen Rechner importieren.

Mit der Schaltfläche *Zurücksetzen* können Sie alle vorgenommenen Änderungen leicht wieder aufheben.

# Kontextbezogene Registerkarten

Wenn spezielle Objekte markiert oder bestimmte Ansichten aktiv sind, erscheinen zusätzliche, kontextbezogene Registerkarten. Sie sind mit einer farbig hinterlegten Überschrift versehen.

Abbildg. 6.18    Mehrere kontextbezogene Registerkarten sind sichtbar

In Abbildung 6.18 sehen Sie beispielsweise die kontextbezogenen Registerkarten *Entwurf*, *Anordnen*, *Format* und *Seite einrichten*, die von der farbig hinterlegten Bezeichnung *Berichtentwurfstools* zusammengefasst wird.

# Symbolleiste für den Schnellzugriff

Die wichtigsten und überall einsetzbaren Befehle *Speichern*, *Rückgängig* und *Wiederholen* finden sich in einem schmalen Bereich links oberhalb des Menübands, der *Symbolleiste für den Schnellzugriff* heißt. Dadurch müssen Sie für diese häufigen Befehle nicht ständig in die passende Registerkarte wechseln.

Abbildg. 6.19    Die Symbolleiste für den Schnellzugriff mit Menü zum schnellen Anpassen

Auch die Symbolleiste für den Schnellzugriff lässt sich an Ihre Wünsche anpassen, indem Sie direkt aus dem angrenzenden Menü die gewünschten Befehle auswählen. Sie können dort auch *Weitere Befehle* anklicken, um in das eben schon beschriebene Dialogfeld *Access-Optionen* zu gelangen, in dem die Anpassung analog zu den Registerkarten erfolgt.

**Kapitel 6** Die Access-Oberfläche

# Der Navigationsbereich

 Am linken Bildschirmrand werden alle Objekte der Datenbank übersichtlich im Navigationsbereich angezeigt. Wie schon weiter vorne erwähnt, können Sie ihn mit der <<-Schaltfläche ein- und ausblenden. Normalerweise sind alle Objekte der Datenbank darin nach ihrem Objekttyp gruppiert (Abbildung 6.20).

**Abbildg. 6.20** Der Navigationsbereich zeigt die Objekte gruppiert an

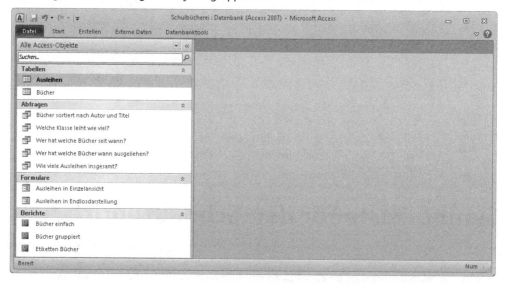

Die Darstellung der Inhalte im Navigationsbereich ändern Sie über den kleinen Dropdownpfeil, der ein kleines Menü entsprechend der Abbildung 6.21 öffnet.

**Abbildg. 6.21** Ändern Sie hier die Darstellung im Navigationsbereich

106

Sie können zusätzlich mit einem Rechtsklick auf den Titel *Alle Access-Objekte* Details anzeigen lassen, indem Sie dort *Anzeigen nach/Details* auswählen. Dadurch wird allerdings relativ viel Platz auf dem Bildschirm belegt.

Abbildg. 6.22   Im Kontextmenü per Rechtsklick finden Sie weitere Optionen

Manchmal ist es hilfreich, die Abhängigkeiten zwischen den Objekten zu erkennen. Wählen Sie dafür im anfangs genannten Dropdownmenü den Eintrag *Tabellen und damit verbundene Sichten* aus. Dann sehen Sie, von der jeweiligen Tabelle ausgehend, alle Abfragen, Formulare oder Berichte, die darauf direkt oder indirekt basieren.

Abbildg. 6.23   So sehen Sie, welche Objekte von diesen Tabellen abhängig sind

Das führt zwangsläufig dazu, dass manche Objekte mehrfach angezeigt werden, wenn eine Abfrage auf mehrere Tabellen als Datenquelle zugreift. Sie erkennen dies in Abbildung 6.23 bei den beiden Abfragen *Wer hat welche Bücher seit wann?* und *Wer hat welche Bücher wann ausgeliehen?*

**PROFITIPP** Sie können diese Objektabhängigkeiten auch gezielt für ein einzelnes Objekt anzeigen lassen und dann sogar nicht nur für Tabellen. Markieren Sie dazu im Navigationsbereich den Namen des gewünschten Objekts und klicken dann auf *Datenbanktools/Beziehungen/ Objektabhängigkeiten*, sodass am rechten Bildschirmrand ein Arbeitsbereichsfenster wie in Abbildung 6.24 sichtbar wird.

**Abbildg. 6.24**  Im Arbeitsbereich rechts sehen Sie detaillierte Objektabhängigkeiten

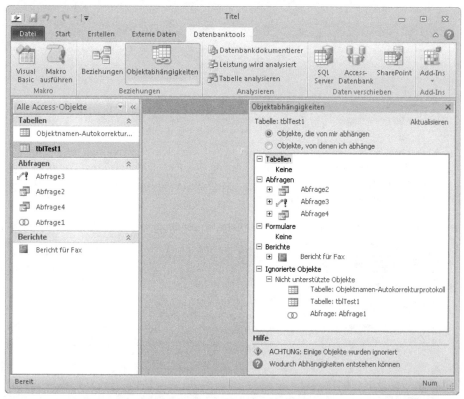

Ich habe bewusst eine Testdatenbank mit speziellen weiteren Objekten benutzt, weil auch hier wie bei der *Objektnamen-AutoKorrektur* (siehe Seite 97) bestimmte Objekte gar nicht berücksichtigt werden, die Analyse also unvollständig ist. Immerhin lässt sich hier auch noch die Option *Objekte, von denen ich abhänge* wählen, sodass die Vorgänger des markierten Objekts gefunden werden können.

## Eigene Navigation erstellen

Praktischerweise können Sie den Navigationsbereich auch nach eigenen Wünschen gestalten. Dadurch brauchen Sie nicht mehr wie in früheren Versionen aufwändige Startformulare zu programmieren. Vielmehr erstellen Sie eine neue Kategorie, so wie *Tabellen und damit verbundene Sichten* oder *Objekttyp* bereits vordefinierte Kategorien sind:

1. Klicken Sie für eine eigene Kategorie im Kontextmenü des Navigationsbereichs auf *Navigationsoptionen*, sodass Sie das folgende Dialogfeld sehen.

Abbildg. 6.25   Das Dialogfeld *Navigationsoptionen* enthält noch keine eigene Gruppe

2. Dort erzeugen Sie mit der Schaltfläche *Element hinzufügen* eine neue Kategorie, die Sie als *Spezial* bezeichnen.

**HINWEIS**   Jede Kategorie enthält automatisch in der rechten Liste eine Gruppe *Nicht zugewiesene Objekte*, welche nicht gelöscht werden kann und dafür sorgt, dass keine Objekte unfreiwillig unsichtbar werden. Sie können diese Gruppe jedoch durch Leeren des Kontrollkästchens ausblenden.

3. Dann können Sie dieser markierten Kategorie mit der entsprechenden Schaltfläche eine neue Gruppe hinzufügen, die Sie beispielsweise *Analyse* nennen. Erstellen Sie außerdem noch eine Gruppe *Verwaltung* wie in Abbildung 6.26 und schließen das Dialogfeld dann mit *OK*.

**Abbildg. 6.26**  In der Kategorie *Spezial* gibt es zwei neue Gruppen

4. Sie finden nun im Dropdownmenü des Navigationsbereichs einen neuen Eintrag für die Kategorie *Spezial*, den Sie wie in Abbildung 6.27 auswählen.

**Abbildg. 6.27**  Das Dropdownmenü zeigt die neue Kategorie *Spezial* an

5. Anschließend können Sie per Rechtsklick auf eines der Objekte im Kontextmenü den Eintrag *Zur Gruppe hinzufügen* auswählen, um das jeweilige Objekt den eigenen Gruppen zuzuordnen. Dabei kann ein Objekt auch mehreren Gruppen gleichzeitig zugeordnet sein.

**Abbildg. 6.28**   Per Rechtsklick lassen sich alle Objekte den Gruppen zuweisen

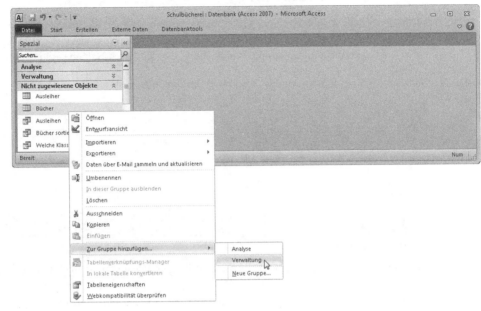

6. Damit die übrigen Objekte unsichtbar bleiben, können Sie die ganze Gruppe *Nicht zugewiesene Objekte* auch von hier aus per Rechtsklick auf ihren hellblau hinterlegten Titel im Kontextmenü ausblenden, wie Abbildung 6.29 zeigt.

**Abbildg. 6.29**   Die letzte Gruppe *Nicht zugewiesene Objekte* wird per Kontextmenü ausgeblendet

## Objekte verwalten

Wenn der Navigationsbereich sehr viele Objekte enthält, können Sie über das Suchfeld an seinem oberen Rand die Anzeige der Objekte bequem einschränken. Geben Sie dort wie in Abbildung 6.30 einen Teil des gesuchten Namens ein, sodass direkt die sichtbaren Namen gefiltert werden.

Abbildg. 6.30   Dank Suchfeld werden nur wenige Objekte im Navigationsbereich dargestellt

Sie können (ein bisschen als Überbleibsel aus vorherigen Versionen) auch einzelne Objekte vollständig ausblenden:

1. Öffnen Sie per Rechtsklick auf den Namen dessen Kontextmenü und klicken Sie darin *Objekteigenschaften* an.

Abbildg. 6.31   In den Objekteigenschaften lässt sich ein Objekt ausblenden

2. Dort markieren Sie wie in Abbildung 6.31 das Kontrollkästchen *Ausgeblendet* und bestätigen mit *OK*. Der Name wird nicht mehr im Navigationsbereich aufgelistet, obwohl er einer sichtbaren Gruppe zugeordnet war.

3. Damit solche Objekte wieder eingeblendet werden können, müssen Sie zuerst wieder ausgeblendete Objekte anzeigen lassen. Das geschieht in den *Navigationsoptionen*, die Sie per Kontextmenü auf die Titelleiste des Navigationsbereichs anzeigen können.

4. Aktivieren Sie darin in den *Anzeigeoptionen* das Kontrollkästchen *Ausgeblendete Objekte anzeigen* und bestätigen Sie mit *OK*. Die ausgeblendeten Objekte erscheinen nun in heller Schrift und können per Kontextmenü in deren *Objekteigenschaften* das Kontrollkästchen *Ausgeblendet* wieder deaktivieren.

**PROFITIPP** Diese Technik des gezielten Ausblendens einzelner Objekte scheint dank der neuen Kategorien und Gruppen erst einmal überflüssig. Im Dialogfeld *Navigationsoptionen* findet sich jedoch bei den *Anzeigeoptionen* auch das Kontrollkästchen *Systemobjekte anzeigen*. Damit werden derzeit nur zusätzliche Tabellen eingeblendet, die mit *MSys...* anfangen. Sobald Sie aber wie in Kapitel 39 eigene Menübänder mit XML erstellen, ist deren Definition in einer Tabelle namens *USysRibbons* enthalten. Um diese dann sichtbar zu machen, müssen Sie solche Systemobjekte anzeigen.

Im Navigationsbereich können Sie selbstverständlich auch Objekte umbenennen und löschen. Das funktioniert wie im Windows-Explorer, indem Sie den jeweiligen Namen markieren und entweder mit der `Entf`-Taste löschen oder mit der `F2`-Taste umbenennen.

Bei solchen Aktionen sollten Sie vorher unbedingt eine Kopie der Datenbankdatei anlegen und außerdem mittels Objektabhängigkeiten prüfen, ob dieses Objekt nicht doch mit genau diesem Namen erwartet wird.

**TIPP** Bevor ich ein Objekt wirklich lösche, benenne ich es (bei deaktivierter Objektnamen-Autokorrektur!) einfach um, etwa von *tblTest* in *X_tblText*. Dann lasse ich es so und lösche es erst dann, wenn nach einigen Tagen keine Fehler aufgetreten sind. Im Fehlerfall wäre es eher mühsam, das passende Objekt aus einer älteren Sicherungskopie der Datenbank wieder herauszusuchen.

# Die Statusleiste

Am unteren Rand der Anwendung dient die Statusleiste sowohl der Anzeige wechselnder Informationen als auch allgemeinen Einstellungen zur Ansicht.

## Ansichten wechseln

Recht unscheinbar, aber sehr praktisch, ist die Möglichkeit, außerhalb des Menübands zwischen verschiedenen Ansichten zu wechseln. Dazu finden Sie (siehe Abbildung 6.32 am Beispiel einer Abfrage) in der rechten unteren Ecke die passenden Symbole.

**Abbildg. 6.32** Über die Symbole ganz rechts in der Statusleiste können Sie die Ansichten wechseln

Die hier gezeigten Symbole entsprechen den Befehlen in *Start/Ansichten* und sind entsprechend vom aktuell geöffneten Objekt abhängig. In der Seitenansicht (siehe Kapitel 18) ist dort auch ein Zoom-Schieber sichtbar.

## Statusleiste anpassen

Sie können verschiedene Optionen für die Statusleiste einstellen, indem Sie mit der rechten Maustaste darauf klicken. Dann erscheint ein Kontextmenü wie in Abbildung 6.33.

**Abbildg. 6.33**  Mit einem Rechtsklick auf die Statusleiste können Sie deren Optionen einstellen

**ACHTUNG**  Die Bezeichnung *Tastenkombinationen anzeigen* ist missverständlich, denn tatsächlich ist die Anzeige der Ansichten wie in Abbildung 6.32 gemeint.

# Zusammenfassung

In diesem Kapitel haben wir uns kurz mit der Bedienoberfläche von Access beschäftigt, die viele praktische Möglichkeiten bietet:

- Zuerst haben Sie einen Überblick bekommen, welche *Datenbankobjekte* (Seite 92) wo gespeichert sind.

- Die Elemente des *Menübands* (Seite 93) machen dabei einen wesentlichen Anteil der Bedienung aus.

- Seit dieser Version 2010 gibt es eine neue *Backstage-Ansicht* (Seite 94). Dort finden Sie alle Einstellungen zum Programm und zur Datei allgemein sowie die Access-Optionen.

- Die *Registerkarten* im Menüband (Seite 100) enthalten alle Befehle in den jeweiligen Befehlsgruppen. Ebenfalls als Neuerung in dieser Version können Sie das Menüband nach Ihren Vorstellungen anpassen.

- Die *Symbolleiste für den Schnellzugriff* (Seite 105) enthält häufig benutzte Befehle. Auch diese kann um beliebige Befehle erweitert werden.

- Der *Navigationsbereich* (Seite 106) zeigt alle Objekte dieser Datenbank an. Sie können darin nach verschiedenen Kategorien sortieren und bei Bedarf auch eigene Kategorien und Gruppen vorgeben, um damit bequem eine Steuerung Ihrer eigenen Datenbank ohne Programmieraufwand zu erstellen.

# Kapitel 7

# Datenbankgrundlagen

**In diesem Kapitel:**

| | |
|---|---|
| Was ist eine relationale Datenbank? | 116 |
| Die Datenbank verbessern | 116 |
| Brauchbare Objektnamen wählen | 121 |
| Beziehungen erstellen | 124 |
| Zusammenfassung | 129 |

Nach dem ersten oberflächlichen Kontakt mit Access und einer Beispieldatenbank müssen wir uns doch einmal mit ein wenig Theorie beschäftigen. Ich werde es so kurz wie möglich halten, aber diese Kenntnisse werden hoffentlich ein paar Aha-Effekte auslösen, warum dies und jenes anders reagiert, als Sie erwartet haben.

**CD-ROM**   Um Ihnen das Nachvollziehen der Schritte in diesem Kapitel zu erleichtern, finden Sie innerhalb der Beispieldateien zu diesem Buch im Ordner *Kap06* eine Datenbank, die bereits die Änderungen aus Kapitel 6 enthält. Laden Sie einfach die betreffende Datenbank, um mit der Arbeit in diesem Kapitel zu beginnen.

Sie können also jederzeit ein Kapitel überspringen und trotzdem auf den aktuellen Stand der Datenbank zugreifen.

# Was ist eine relationale Datenbank?

Beginnen wir zuerst mit dem vielleicht schon oft gehörten Zusatz, bei Access handele es sich um eine »relationale« Datenbank. Das bedeutet nichts anderes, als dass die Datenbank mehrere Tabellen enthält, welche miteinander in Beziehung (Relation, von lat. relatio, zurücktragen) stehen. Hätten die Tabellen nichts miteinander zu tun, sollten sie auch besser in getrennten Dateien gespeichert werden.

**HINWEIS**   Entwickelt hat dieses Konzept relationaler Datenbanken bereits in den 1970er Jahren der britische Mathematiker Edgar F. Codd am IBM Almaden Research Center in San José, die als »Hauptstadt« des Silicon Valley bezeichnet wird. Am gleichen Forschungszentrum wurde, ebenfalls unter Mitarbeit von Codd, die heute als SQL bekannte Datenbankabfragesprache entwickelt, die Sie auch in Access einsetzen.

# Die Datenbank verbessern

Möglicherweise haben Sie es schon bemerkt: Unser erster Entwurf für die Datenbank der Grundschulbücherei hat gravierende Schwächen. Da die damit zusammenhängenden Probleme durchaus typisch für viele Datenbanken sind, möchte ich diese mit Ihnen im Einzelnen durchgehen.

## Warum sollten Sie Felder trennen?

Vorname und Nachname des ausleihenden Kindes sind in einem einzigen Feld *Ausleiher* gespeichert. Das erste Problem, welches dadurch auftaucht, besteht darin, dass so die Sortierung nach Nachnamen nicht möglich ist.

Codd hat Regeln aufgestellt, wie solche relationalen Datenbanken strukturiert sein müssen. Diese Regeln werden als Normalformen bezeichnet und sind durchnummeriert. Es gibt fünf davon, aber es reicht für eine »normale« Datenbank, wenn Sie die ersten drei beachten.

Die erste Normalform fordert die Atomisierung der Daten, also das Aufteilen der kleinsten sinnvollen Information in je ein Datenfeld. Hier bedeutet das beispielsweise je ein Feld für den Vornamen und den Nachnamen.

**Abbildg. 7.1**  Die Tabelle *Ausleihen* trennt jetzt Vor- und Nachnamen

Die Atomisierung verbietet aber vor allem die mehrfache Speicherung gleichartiger Informationen, wie sie im Feld *Autor* der Tabelle *Bücher* enthalten ist. Das fällt spätestens bei den beiden Büchern *Was blüht denn da?* auf, die von mehreren Autoren geschrieben wurden. Da müssten Sie nicht nur Vor- und Nachnamen trennen, sondern auch noch beliebig viele Personen.

Viel unauffälliger treten diese Konflikte (eines einzigen Feldes für mehrere Informationen) aber auch schon bei bestimmten Autoren auf: Sind *Mary Pope* nun zwei Vornamen oder ist *Pope Osborne* ein mehrteiliger Nachname? Sobald diese Aufteilung wichtig wäre, müssen die Daten in einzelnen Feldern gespeichert werden.

**HINWEIS**  Es gibt durchaus Gelegenheiten, zwei Informationen absichtlich gemeinsam zu speichern. In einer Adresse würde ich normalerweise Straße und Hausnummer zusammenfassen, da ich die Nummer nie als einzelnes Kriterium benötige.

Hingegen ändert sich deren Reihenfolge (*Unter den Linden 1* in Deutschland, aber *6925 Hollywood Boulevard* in den USA). Diese müsste ich beim späteren automatischen Zusammensetzen der Adresse immer wissen oder in einer Hilfstabelle ablegen. In einem gemeinsamen Straße/Hausnummer-Feld werden die Angaben stattdessen einfach von Anfang an korrekt eingetragen.

**Abbildg. 7.2**  Auch die Autoren werden nach ihren Vor- und Nachnamen unterschieden

**PROFITIPP**  Wir konzipieren hier eine Datenbank auf dem Papier und können alle Überlegungen schriftlich festhalten. Was ist aber mit bereits vorhandenen Datenbanken, die Sie eventuell übernehmen, wenn der Kollege längst nicht mehr in der Firma für Fragen zur Verfügung steht?

Das Konzept einer Datenbank ist dort ebenfalls zu erkennen. Mit *Datenbanktools/Beziehungen/Beziehungen* sehen Sie ein spezielles Fenster mit allen Tabellen und, soweit angelegt, deren Beziehungen untereinander. Die in diesem Kapitel gezeigten Bilder sind Ausschnitte aus diesem *Beziehungen*-Fenster (siehe dazu Seite 124), weil es dort so schön übersichtlich dargestellt wird.

## Wie können Sie doppelte Daten vermeiden?

Nachdem nun die Namen der ausleihenden Kinder (und der Autoren) getrennt nach Vor- und Nachnamen gespeichert werden, droht neues Ungemach: Was ist, wenn Sie beim Eingeben eine falsche Kombination erwischen? Die Schülerin heißt *Diemhoff*, aber statt *Annika* schreiben Sie *Anna*.

Lässt sich das überhaupt verhindern? Ja, denn sobald Sie den Nachnamen angeben, schränkt sich die Auswahl an zugehörigen Vornamen massiv ein, in unseren Beispieldaten sogar immer auf exakt einen. Genauer gesagt ist der Vorname offensichtlich abhängig vom Nachnamen.

Dazu fordert die zweite Normalform, dass ein Wert, der von einem anderen Wert im gleichen Datensatz abhängig ist, in einer Nachschlagetabelle gespeichert werden muss. Das vermeidet nicht nur überflüssige Informationen, sondern vor allem widersprüchliche Angaben.

**HINWEIS**   Der Klassiker für diesen Fehler ist die Speicherung von Postleitzahl und Ort in einer Adresse. Da die Postleitzahl bereits eindeutig ist, lässt sich der zugehörige Ort anhand des offiziellen PLZ-Verzeichnisses immer nachschlagen. Speichern Sie jedoch beides, könnte dort *33689 Aachen* stehen, was definitiv nicht zusammenpasst, denn *33689* ist die Postleitzahl von Sennestadt (einem Stadtteil von Bielefeld).

Für die ausleihenden Kinder bedeutet das konsequent, dass deren Vor- und Nachnamen in eine eigene Tabelle *Nutzer* ausgelagert werden müssen. Darin müssen nicht alle Schüler und Schülerinnen enthalten sein, sondern nur diejenigen, die sich für die Nutzung der Bücherei anmelden. Dort braucht es dann ein Identifikationsmerkmal (zum Beispiel eine per *AutoWert* erzeugte ID) und nur noch dieses wird bei der Ausleihe vermerkt.

**Abbildg. 7.3**   Die Nutzer werden als eigene Tabelle gespeichert

Nicht ganz zufällig funktioniert dies genau so wie zwischen Büchern und Ausleihen: In der Nachschlagetabelle (also *Bücher* beziehungsweise *Nutzer*) gibt es eine eindeutige Kennung, die als »Primärschlüssel« bezeichnet wird. Wenn Sie sich erinnern, wurde das in unseren Tabellenentwürfen bereits mit dem kleinen Schlüsselsymbol gekennzeichnet.

Dazu passend gibt es in einer anderen Tabelle (hier ist es für beide Fälle die Tabelle *Ausleihen*) ein Feld, in dem dieser eindeutige Wert als Referenz notiert wird. Das ist der sogenannte »Fremdschlüssel«, der hier also angibt, welches Buch von welchem Nutzer ausgeliehen wurde.

> **HINWEIS**    Diese Technik mit Fremdschlüsseln schützt Sie übrigens nicht nur vor unfreiwilligen Schreibfehlern und der Mühsal des Eintippens, sondern reduziert die Größe der Datenbank deutlich. Anstatt Vor- und Nachnamen mit einer durchschnittlichen Länge von 15 Zeichen (das entspricht 15 Bytes) zu speichern, benötigen Sie nur eine Zahl mit einem Speicherbedarf von 4 Bytes.
>
> Dadurch benötigen alleine die Nutzernamen nur ein Viertel der Größe, und für lange Buchtitel ist die Speicherplatzeinsparung noch erheblich eindrucksvoller.

## Wie können Sie die Historie retten?

Es scheint ganz selbstverständlich, dass die Angabe der Klasse eines Kindes mit ihm im gleichen Datensatz gespeichert wird. Als Faustregel können Sie sich aber merken: Die Inhalte eines Datensatzes leben und sterben gemeinsam. Das bedeutet, dass sich ein Datensatz nach seiner Erzeugung inhaltlich nie wieder ändert. Das einzige, was ihm noch widerfahren darf, ist seine komplette Löschung.

Falls Sie also die Klasse beim Nutzer speichern, müssten Sie jährlich diese Angabe ändern. Das klingt harmlos, bis Sie herauskriegen wollen, ob die diesjährigen Zweitklässler mehr ausgeliehen haben als die vom Vorjahr.

Sie vergleichen dann einfach die jetzigen Zweiten mit den Dritten (denn das waren vorher die Zweiten)? Schade, denn die Sitzenbleiber werden dann falsch zugeordnet! Das mögen Sie für eine eher kleinliche Abweichung halten, aber es führt definitiv zu falschen Ergebnissen.

Auch hier gibt es einen Klassiker der fehlerhaften Datenspeicherung: der Preis steht beim Artikel. Dies hat zur Folge, dass der aktuelle Preis dort bei Bedarf angepasst wird und via Artikel-ID jederzeit nachgeschlagen werden kann. Doch was machen Sie Silvester bei der Jahresabrechnung? Womit wollen Sie die Einnahmen vom Januar errechnen, wenn Sie die Januar-Preise der Artikel nirgends mehr gespeichert haben?

> **HINWEIS**    Es gibt natürlich Ausnahmen von der Regel, dass Daten nie wieder verändert werden dürfen. Die Adresse ist typischerweise ein solcher Fall. Dort überschreiben Sie einfach immer mit den aktuellen Daten, weil veraltete Adressen uninteressant sind.

Die zugehörige dritte Normalform lässt sich daher auch kurz als Lösung des Historien-Problems beschreiben: die Inhalte des Feldes *Klasse* (oder *Preis* im eben zitierten Beispiel) sind von einem noch unsichtbaren Feld *Datum* abhängig. Daher fordert die Regel, dass diese ebenfalls in eine andere Tabelle ausgelagert werden müssen.

## Dritte Normalform umsetzen

Die Berücksichtigung dieser dritten Normalform (Historien-Problem) ist in der konkreten Umsetzung recht unangenehm, denn das benötigt eher aufwändige Verfahren. Es sind zwei Datenmodelle möglich und bei beiden gibt es zu jedem Nutzer – wegen der vier Grundschulklassen – maximal vier Einträge in der *NutzerInKlasse*-Tabelle.

Sie können sich erstens bei der Ausleihe auf die *NIKID* beziehen, damit sind Nutzer und aktuelle Klasse festgelegt. Allerdings haben Sie in der Auswahlliste vier Mal so viele Einträge wie Nutzer. Das können Sie immerhin entschärfen, indem Sie einfach nur den jeweiligen Maximalwert filtern, da dies die aktuelle Klasse ist. Problematisch ist dies allerdings mit Kindern, welche die Klasse wechseln und trotzdem im Jahrgang bleiben, also etwa von der *2a* in die *2b*.

**Abbildg. 7.4** Eine *NutzerInKlasse*-Tabelle wird für die Ausleihe benutzt

Zweitens können Sie sich weiterhin auf die *NutzerID* beziehen. Es gibt dann eine zusätzliche Nachschlagetabelle *Klassen* mit dem Fremdschlüssel auf die *NutzerID*, der Angabe der *Klasse* und einem *Datum*, ab wann dieser Wert gilt. Für eine Berücksichtigung der konkreten Klasse müssen Sie also zu jedem beliebigen Zeitpunkt erst einmal herausfinden, in welcher Klasse das Kind war.

Leider steht dieses gesuchte Datum meist gerade nicht in der *NutzerInKlasse*-Tabelle. Sie müssen stattdessen ein nächst kleineres Datum erkennen und dazu den zugehörigen *Klasse*-Wert finden.

**Abbildg. 7.5** Direkter Zugriff auf Nutzer plus Nachschlagetabelle *NutzerInKlasse*

Das ist nicht nur mühsam zu schreiben, sondern vor allem eine potentiell langsame Angelegenheit. Für zwei- bis dreihundert Kinder in der Grundschulbücherei fällt das nicht auf, aber für ein größeres Warenwirtschaftssystem ist das indiskutabel.

Sie werden daher im Zusammenhang mit dem Datenbankbeispiel *Kosten&Logistik* in Kapitel 9 eine dritte Lösung sehen, die nicht ganz der Datenbanktheorie entspricht, aber praxisnah funktioniert.

# Brauchbare Objektnamen wählen

Die bisher benutzten Objektnamen mögen Sie als lesefreundlich empfunden haben, aber tauglich für größere Projekte sind sie nicht.

Das erste Risiko, welches ich aufgrund jahrelanger schlechter Erfahrung nie eingehe, ist die Verwendung deutscher Sonderzeichen, also Umlaute und »ß« in Namen. Tatsächlich haben Sie überall dort, wo Access Namen erwartet, eine enorme Freiheit in der Benennung. Namen dürfen bis zu 64 Zeichen lang sein und alle Zeichen enthalten außer »[]!.«.

Umgekehrt bedeutet dies, dass beispielsweise Leerzeichen, Bindestriche oder Fragezeichen erlaubt sind. Erlaubt ja, aber nicht zu empfehlen!

Was Sie eventuell für einen Bindestrich halten mögen, ist in Wirklichkeit ein Minuszeichen, also ein Rechenoperator. Auch der Schrägstrich dient als Operator für Divisionen, wie Sie es vielleicht von Excel kennen. Mit Ausnahme des Unterstrichs, der sich zwar optisch unterscheidet, aber wie ein normaler Buchstabe behandelt wird, vermeide ich grundsätzlich alle Sonderzeichen.

## Wie hilft Ihnen die Ungarische Notation?

Am besten kennzeichnen Sie auch von Anfang an alle Objekte entsprechend der sogenannten »Ungarischen Notation«. Sie finden eine ähnliche Benennungsmethode manchmal auch unter dem Namen ihrer Autoren Leszynski/Reddick.

**HINWEIS** Der Entwickler dieser Benennung ist gebürtiger Ungar und hieß Károly Simonyi. Seit er Amerikaner geworden ist, nennt er sich Charles Simonyi. Ihnen sagt der Name nichts? Schade, schon diese Notation hat ihn nicht namentlich berühmt gemacht. Und selbst die Tatsache, dass er bisher als einziger Tourist zwei Mal zur Weltraumstation ISS geflogen ist, hat seinen Bekanntheitsgrad offenbar auch nicht erhöht. Immerhin hat er seit seinen Anfangsjahren als Entwickler bei Microsoft (inzwischen hat er sich mit einer eigenen Firma selbstständig gemacht) so unglaublich viel Geld verdient, dass er sich den Weltraumausflug leisten konnte.

Die Ungarische Notation verlangt im Wesentlichen, dass jeder Name als Präfix den (abgekürzten) Typ seines Objekts vorangestellt bekommt. Für Access-Objekte finden Sie in der Tabelle 7.1 die üblichen Präfixe:

Tabelle 7.1  Präfixe entsprechend der Ungarischen Notation

| Access-Objekt | Präfix |
| --- | --- |
| Tabelle | *tbl* (engl. *table*) |
| Abfrage | *qry* (engl. *query*) |
| Formular | *frm* (engl. *form*) |
| Bericht | *rpt* (engl. *report*) |
| Makro | *mac* (engl. *macro*) |
| Modul | *mod* (engl. *module*) |

Sie werden feststellen, dass es für einige Präfixe in der Literatur unterschiedliche Benennungen gibt, aber das ist letzten Endes unerheblich. Wichtig ist, dass Sie überhaupt ein solches System verwenden.

Nur bei den Feldnamen werde ich von dieser Regel etwas abweichen. Dort ist es wesentlich hilfreicher, zu erkennen, dass sie in einer Tabelle gespeichert (und nicht in einer Abfrage berechnet) wurden und vor allem in welcher. Daher steht vor jedem Feldnamen immer ein eindeutiges Präfix der zugehörigen Tabelle.

**HINWEIS** Access verlangt diese völlige Eindeutigkeit übrigens nicht, hier müssen nur alle Feldnamen jeweils innerhalb einer Tabelle eindeutig sein. Aber durch diese Tabellenpräfixe werden Feldnamen automatisch einzigartig innerhalb der gesamten Datenbank. Das ist durchaus ein erheblicher Vorteil, denn wenn zwei sonst gleichnamige Felder in einer Abfrage gemeinsam benutzt werden, dürfen Sie statt [NutzerInKlasse].[ID] und [Nutzer].[ID] einfach [nikID] und [ntzID] schreiben, ohne die Tabellennamen als Unterscheidungsmerkmal voranstellen zu müssen. Das verkürzt den Code erheblich.

In Abbildung 7.6 sehen Sie das Datenmodell aus Abbildung 7.5 mit den verbesserten Namen für Tabellen und Felder, die vor allem nirgends mehr Umlaute enthalten. Alle Tabellen haben jetzt das Präfix *tbl* erhalten und alle Felder eine dreibuchstabige Kombination, die den Tabellennamen erkennen lässt.

Auch die Tabelle *tblAusleihen* hat einen Primärschlüssel *ausID* als *AutoWert* erhalten, obwohl dieser derzeit nicht gebraucht wird. So ein Primärschlüssel ist aber bei anderen Datenbanken (etwa *Oracle*) Bedingung, damit ein Datensatz überhaupt gelöscht werden könnte, daher ist es sinnvoll, direkt immer einen vorzusehen.

**Abbildg. 7.6** Die Namen haben passende Präfixe erhalten

Gleichnamige Felder kann es jetzt nirgends mehr geben, weil das ein Widerspruch zum passenden Tabellenpräfix wäre. Fremdschlüsselfelder wie *ausntzIDRef* setzen sich hier zusammen aus dem Präfix *aus*, dem Namen des Primärschlüssels *ntzID* und dem Hinweis *Ref*, der besagt, dass dies nur eine Referenz auf einen an anderer Stelle vorhandenen Feldinhalt sein kann.

**PROFITIPP** Ich unterscheide außerdem noch, ob (Primärschlüssel-)Felder automatisch nummeriert werden oder vorgegebene Werte benutzen. Solange die Bücher *AutoWert*-Zahlen erhalten, heißt ein solches Feld bei mir *bchID*. Da es jetzt selbstständig mit Daten gefüllt wird, etwa anhand der ISBN oder vorheriger Nummern aus dem Zettelkasten, heißt es bei mir *bchNr*. Dann weiß ich später schon anhand des Feldnamens immer, ob in das Feld Daten eingegeben werden müssen beziehungsweise dürfen.

# Wie lösen Sie das Autorenproblem?

Das Datenmodell enthält immer noch einen schweren Fehler, denn die Autoren verletzen die erste Normalform (Atomisierung). Zwar sind nun deren Vor- und Nachnamen getrennt, aber kein Buch dürfte mehrere Autoren haben. Das darf nicht sein, denn schon die vorhandenen Daten enthalten ja solche Gemeinschaftswerke.

Die Beziehung zwischen Büchern und ihren Autoren ist in der Datenbanktheorie eine m:n-Beziehung, manchmal auch als *many-to-many* bezeichnet. Das bedeutet, dass viele Bücher viele Autoren haben dürfen.

Leider lässt sich das in Access nicht abbilden, denn dort sind nur 1:n-Beziehungen möglich, also ein Buch mit vielen Autoren oder alternativ ein Autor mit vielen Büchern. Das macht aber nichts, denn Sie können das immer durch eine Konstruktion aus zwei 1:n-Beziehungen ersetzen.

**HINWEIS**   Das Datenmodell enthält übrigens längst zwei 1:n-Beziehungen, die eine ursprüngliche m:n-Beziehung ersetzen, nämlich in *tblAusleihen*. Auch das ist eine Verbindungstabelle zwischen Büchern und Nutzern, zwar mit zusätzlichen Feldern, aber vor allem zwei Fremdschlüsseln. Nur so dürfen nämlich beliebig viele Kinder beliebig viele Bücher ausleihen.

Dazu brauchen Sie eine zusätzliche Verbindungstabelle zwischen Büchern und Autoren, die praktisch nur aus Referenzen besteht. Für jede vorkommende Kombination steht dort ein Eintrag. Ohne die Datenbank-üblichen Nummern sähe das im Klartext so aus wie in Tabelle 7.2.

Tabelle 7.2   Beispieldaten einer Verbindungstabelle zwischen Büchern und Autoren

| Buch | Autor |
| --- | --- |
| Die Kinder aus Bullerbü | Astrid Lindgren |
| Pippi Langstrumpf | Astrid Lindgren |
| Die Schatzinsel | Robert Louis Stevenson |
| Was blüht denn da? | Margot Spohn |
| Was blüht denn da? | Roland Spohn |
| Was blüht denn da? | Dietmar Aichele |

Darin gibt es dann mehrere Bücher eines Autors (*Astrid Lindgren*) oder mehrere Autoren für ein Buch (*Was blüht denn da?*) oder eben auch genau einen Autoren für ein Buch (*Die Schatzinsel* von *R. L. Stevenson*). Beide »Seiten« der Verbindung dürfen also mehrfach auftauchen, je nachdem, ob es mehrere Bücher oder mehrere Autoren gibt.

**HINWEIS**   In Wirklichkeit wären die Buchtitel oder Autorennamen selbstverständlich nicht im Klartext gespeichert, sondern als Referenz auf deren eindeutige ID. Dann gibt es auch keinen Konflikt mit den beiden Versionen des Buches *Was blüht denn da?*, die ja von unterschiedlichen Autorengruppen stammen.

Da diese Verbindungstabelle lediglich die technisch unmögliche m:n-Beziehung in zwei 1:n-Beziehungen auflöst, folge ich der im englischen Sprachraum üblichen Methode, dies nach dem Schema *x2y* (lies *x-to-y*) zu benennen. Dadurch wird deutlich, welche beiden Tabellen verbunden werden.

Die Autoren müssen daher zuerst in eine eigene Tabelle *tblAutoren* ausgelagert werden, sodass jeder Autor eine eindeutige Nummer in *autID* erhält. Die Tabelle *tblBuecher* verliert die Felder mit den Autorennamen. Als Verbindung zwischen den beiden gibt es dann eine neue Tabelle *tblAutoren2Buecher*, welche nur aus den Fremdschlüsseln auf *tblAutoren* und *tblBuecher* besteht, wie Abbildung 7.7 zeigt.

**Abbildg. 7.7** Das erweiterte Datenbankmodell mit aufgelöster m:n-Beziehung

Jetzt ist es zwar zugegebenermaßen etwas mühsamer, die Autoren zu einem Buch erst aus dieser Verknüpfung herauszusuchen (wie das konkret gelingt, lesen Sie im Teil D dieses Buchs über Abfragen), aber nur so sind die Beziehungen datenbanktechnisch korrekt.

**HINWEIS** Diese ersten drei Normalformen werden übrigens in Anlehnung an die Eidesformel vor Gericht gerne scherzhaft so zusammengefasst: *The key, the whole key and nothing but the key – so help me Codd* (Der Schlüssel, der ganze Schlüssel und nichts als der Schlüssel – so wahr mir Codd helfe). Das entspricht den ersten drei Normalformen »Atomisierung«, »Redundanz vermeiden« und »Historie retten«.

Es gibt übrigens noch eine dritte Beziehungsart außer 1:n und m:n, nämlich 1:1. Diese werden Sie später im zweiten Datenbankbeispiel kennenlernen.

**CD-ROM** Um Ihnen das Nachvollziehen der weiteren Schritte in diesem Kapitel zu erleichtern, finden Sie innerhalb der Beispieldateien zu diesem Buch im Ordner "Kap07" eine Datenbank, die bereits die Änderungen bis hierhin enthält. Laden Sie einfach die betreffende Datenbank, um mit der Arbeit in diesem Kapitel zu beginnen.

# Beziehungen erstellen

Es ist schön und gut, dass alle Daten bereits in den richtigen Tabellen untergebracht sind, aber leider reicht das nicht. Bisher war es noch möglich, beispielsweise in *ausbchNrRef* den Wert *999* einzutragen. Das wäre deswegen fehlerhaft, weil gar nicht so viele Bücher in *tblBuecher* stehen und diese *bchNr* dort nicht vorkommt.

Es gibt noch eine zweite Fehlerquelle: in *a2bautIDRef* steht etwa der Wert *2* und diesen gibt es derzeit auch in *autID*. Anschließend löschen Sie aber den Autoren mit dieser *autID*, der darauf verweisende Fremdschlüssel *a2bautIDRef* ist also nun »verwaist«. Das Feld enthält zwar eine Zahl, zu der es nun aber leider kein Gegenstück in *autID* mehr gibt.

# Referentielle Integrität

Access kann das für Sie mit der sogenannten »Referentiellen Integrität« überwachen. Diese stellt vollautomatisch sicher, dass dann die Referenz von einem Fremdschlüssel auf einen Primärschlüssel immer »integer« (im Sinne von »korrekt«) ist. Um dies für eine Datenbank einzustellen, sollten Sie die Tabellenentwürfe bereits fertig erstellt haben.

1. Öffnen Sie in der beiliegenden *Schulbücherei*-Datenbank mit *Datenbanktools/Beziehungen/Beziehungen* das entsprechende Fenster. Wenn in dieser Datenbank noch nie Beziehungen angelegt wurden, erscheint automatisch das Dialogfeld *Tabelle anzeigen* (Abbildung 7.8). Andernfalls können Sie es jederzeit mit dem Befehl *Beziehungstools/Entwurf/Beziehungen/Tabelle anzeigen* wieder aufrufen.

Abbildg. 7.8    Das Dialogfeld ermöglicht die Auswahl der Tabellen im *Beziehungen*-Fenster

2. Markieren Sie darin alle Tabellen (wie im Windows-Explorer klicken Sie den ersten Eintrag nur mit der Maus und den letzten bei gedrückter ⇧-Taste mit der Maus an) und klicken auf *Hinzufügen*.
3. Dann können Sie das Dialogfeld schließen, alle ausgewählten Tabellen stehen nun im Fenster bereit. Deren Anordnung ist völlig beliebig und dient vor allem Ihrer Übersicht. Sie können diese bei Bedarf über deren Titelleiste verschieben.

Abbildg. 7.9    Ordnen Sie die Tabellen im *Beziehungen*-Fenster übersichtlich an

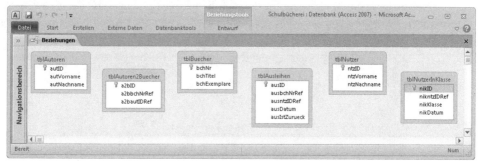

4. Am besten ordnen Sie die Tabellen schon so an, dass diese thematisch zusammengehörig liegen wie in Abbildung 7.9.
5. Ziehen Sie nun ein Primärschlüsselfeld (in Abbildung 7.10 ist es *autID*) auf das zugehörige Fremdschlüsselfeld (also *a2bautIDRef*) und lassen los, wenn die Spitze des Mauszeigers genau darauf zeigt.

**Abbildg. 7.10**   Ziehen Sie ein Primärschlüsselfeld auf das Fremdschlüsselfeld

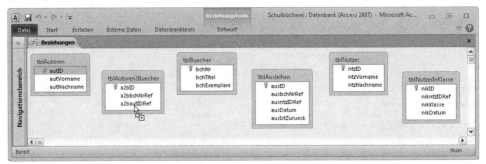

6. Beim Loslassen erscheint automatisch das Dialogfeld aus Abbildung 7.11 mit den beiden bearbeiteten Feldern. Aktivieren Sie darin das Kontrollkästchen *Mit referentieller Integrität*.

**Abbildg. 7.11**   Das Dialogfeld zum Bearbeiten der jeweiligen Beziehung

**Abbildg. 7.12**   Die Beziehung zwischen *autID* und *a2bautIDRef* ist erstellt

7. Wenn Sie das Dialogfeld mit *Erstellen* bestätigen, zeigt das *Beziehungen*-Fenster diese Beziehung mit einer Linie an. Weil außerdem das Kontrollkästchen *Mit referentieller Integrität* eingeschaltet wurde, erscheinen zusätzlich eine *1* und das Unendlich-Zeichen ∞.

8. Den Vorgang wiederholen Sie nun bitte für alle übrigen Beziehungen, indem Sie jeweils den Namen des Primärschlüssels (der bei dieser Notation immer auf *...ID* oder *...Nr* endet!) exakt auf den zugehörigen Fremdschlüssel (der also immer mit *...Ref* endet) ziehen und loslassen. Stellen Sie für alle Beziehungen auch die referentielle Integrität ein, sodass es wie in Abbildung 7.13 aussieht.

**Abbildg. 7.13** Alle Tabellen sind durch Beziehungen mit referentieller Integrität verbunden

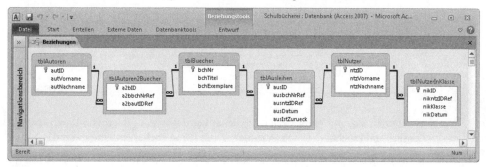

Damit sind die Daten in dieser Datenbank garantiert in Ordnung, denn es ist nicht mehr möglich, fehlerhafte Beziehungen herzustellen.

**PROFITIPP** Sie haben sich vielleicht schon gewundert, dass die Tabellen hier nicht auf einer Höhe angeordnet sind, obwohl das für Access selbst egal ist. Ich sorge aber immer dafür, dass die Tabelle mit dem Primärschlüssel (die sogenannte Mastertabelle) höher angeordnet ist als diejenige mit dem zugehörigen Fremdschlüssel (die Detailtabelle).

Da sich in den Detailtabellen immer erheblich mehr Datensätze befinden als in deren Mastertabellen, stehen so die Tabellen mit den meisten Datensätzen ganz unten. Und genau dort muss ich auf Speicherplatz und Geschwindigkeit achten.

Das Bild, welches sich durch diese Anordnung jetzt hier ergibt, ist durchaus typisch für viele Datenbanken. Ich bezeichne das als »Kurbelwelle«, weil immer abwechselnd eine Tabelle oben und unten angeordnet ist. Natürlich gibt es auch andere Anordnungen, aber eine Datenbank ist leichter zu verstehen, wenn Sie ein solches Muster wiedererkennen.

Bei der Einrichtung einer neuen Beziehung gibt es zwei mögliche Probleme, die Ihnen Access melden könnte. Zum einen versuchen Sie vielleicht, zwei Felder miteinander zu verbinden, deren Datentyp (die Details dazu sehen Sie in Kapitel 12) nicht passt. Besonders auffällig falsch wäre es, beispielsweise zwischen einem *Datum*-Feld und einem *Text*-Feld eine Beziehung herstellen zu wollen. Access zeigt dann die Fehlermeldung entsprechend der Abbildung 7.14 an.

**Abbildg. 7.14** Diese Fehlermeldung erscheint bei nicht zueinander passenden Datentypen

Zum anderen sind die Datentypen vielleicht passend, aber die Inhalte nicht. Dies ist vor allem dann der Fall, wenn in den Tabellen bereits Daten enthalten sind. Finden sich dann im Fremdschlüssel (in Abbildung 7.15 war das beispielsweise *a2bautIDRef*) Werte, die im Primärschlüssel (hier dann *autID*) nicht vorhanden sind, stellt Access die Beziehung nicht her.

**Abbildg. 7.15**   Diese Fehlermeldung erscheint bei ungültigen Daten

Sie können also mit aktiver referentieller Integrität weder fehlerhafte Daten speichern noch versehentlich unbrauchbare Daten akzeptieren, die schon vorher enthalten waren.

> **HINWEIS**   Mein erster Blick in eine fremde Datenbank gilt immer dem *Beziehungen*-Fenster. Bei den meisten Datenbanken sind dort meist gar keine Beziehungen eingetragen. Und bei den übrigen fehlt oft die referentielle Integrität. Dann kann ich geradezu garantieren, dass dort ungültige Daten enthalten sind und die Datenbank insgesamt ungesehen auf den Müll kann.

Oder wollen Sie sich in unserem Beispiel auf die Anzahl der ausgeliehenen Bücher verlassen, wenn Sie später bemerken, dass dort Buchnummern genannt wurden, die gar nicht existieren? Oder Ausleiher gezählt werden, die in der Nutzertabelle fehlen? Sie werden im Kapitel 20 die entsprechenden (Inner/Outer Join-)Abfragen kennenlernen, mit denen sich solche »Datenleichen« sofort finden lassen.

## Weitere Einstellungen für Beziehungen

Im Dialogfeld zum Bearbeiten der Beziehungen (siehe Abbildung 7.11) wurden zwei weitere Kontrollkästchen freigegeben, sobald das Kontrollkästchen *Mit referentieller Integrität* aktiviert war:

- Die *Aktualisierungsweitergabe an verwandte Felder* bedeutet, dass eine Datenänderung im Primärschlüsselfeld automatisch die gleiche Änderung im zugehörigen Fremdschlüsselfeld durchführt.

  Im Beispiel unserer Schülerbücherei kann das nur bei *bchNr* stattfinden, weil alle anderen Primärschlüssel unveränderliche AutoWerte sind. Haben Sie also bereits ein Buch ausgeliehen, dessen *bchNr*-Wert verbessert werden soll, muss diese Option (für beide Beziehungen!) aktiviert sein. Dann dürfen Sie in *tblBuecher* die Nummer ändern und alle *ausbchNrRef*- und *a2bbchNrRef*-Werte dieses Buches werden korrigiert.

- Die *Löschweitergabe an verwandte Datensätze* funktioniert ähnlich, aber dabei werden nicht Daten von der Mastertabelle zur Detailtabelle weitergereicht, sondern die Angabe, welche Detaildatensätze gelöscht werden müssen.

  Ein bereits ausgeliehenes Buch kann in der Tabelle *tblBuecher* normalerweise nie wieder gelöscht werden, weil dann ja eventuell verwaiste *ausbchNrRef*-Werte übrig blieben. Mit dieser aktivierten Option weist Access Sie beim Löschen des Buchs in *tblBuecher* eher allgemein darauf hin, dass nun auch damit zusammenhängende Datensätze in anderen Tabellen gelöscht werden. Konkret werden alle Datensätze in *tblAusleihen* und *tblAutoren2Buecher* gelöscht, deren Fremdschlüssel diesen Wert besitzt.

Während die Aktualisierungsweitergabe eher unbedenklich ist, empfehle ich, die Löschweitergabe nur während der Entwicklungsphase zu aktivieren und später wieder auszuschalten. Ein normaler Benutzer, der die Datenbank nicht kennt, ahnt gar nicht, welche katastrophalen Folgen ein versehentliches Löschen eines Datensatzes haben kann.

Auf die Schaltfläche *Verknüpfungstyp* wird in Kapitel 20 bei der Erläuterung der Verknüpfung von Tabellen in Abfragen noch ausführlich eingegangen.

# Zusammenfassung

In diesem Kapitel haben wir uns mit den Grundlagen des Datenbankentwurfs beschäftigt. Dies ist ein sehr wichtiges Thema, weil falsch modellierte Daten zu fehlerhaften Auswertungen oder gar Datenverlust führen können:

- Sie haben erfahren, was eine *relationale Datenbank* (Seite 116) eigentlich ist und warum das erste Beispiel mit der Grundschulbücherei nicht deren Regeln entspricht. Diese Regeln werden als Normalformen bezeichnet.
- Die Trennung der Feldinhalte in möglichst kleine sinnvolle Teile erfüllt die *erste Normalform* (Seite 117), welche damit die »Atomisierung« der Daten fordert.
- Voneinander abhängige Daten dürfen nicht im gleichen Datensatz stehen, weil sonst ungültige Kombinationen möglich wären. Die Auslagerung solcher Daten in Nachschlagetabellen mit Fremd- und Primärschlüssel ist die passende Lösung, damit die *zweite Normalform* (»Redundanz vermeiden«, Seite 118) auch erfüllt ist.
- Scheinbar ähnlich klingt die Forderung der *dritten Normalform* (»Historie retten«, Seite 119), dass Felder nicht von einem zusätzlichen Parameter außerhalb des Datensatzes abhängig sein dürfen. Dabei handelt es sich meist um ein Datum, welches nicht genannt wird, sondern stattdessen durch nachträgliche Änderungen am Datensatz abgebildet werden soll. Auch hier benötigen Sie Nachschlagetabellen.
- Die (erweiterte) *Ungarische Notation* (Seite 121) hilft sehr dabei, die vielen Felder in vielen Tabellen übersichtlich und einheitlich zu benennen. Alle Objekte erhalten dabei ein dreibuchstabiges Präfix passend zum Objekttyp, nur die Feldnamen erhalten ein solches passend zu ihrem Tabellennamen.
- Es müssen *m:n-Beziehungen* (Seite 123) immer in zwei 1:n-Beziehungen aufgelöst werden. Ein solches Beispiel ist in der Datenbank sogar schon enthalten.
- Damit Access auch »weiß«, welche Zusammenhänge zwischen den Tabellen bestehen, tragen Sie diese im *Beziehungen-Fenster* (siehe Seite 124) ein.
- Dort können Sie auch die *referentielle Integrität* (Seite 126) erzwingen, sodass Access überwacht, dass keine verwaisten Datensätze mit ungültigen Inhalten übrig bleiben.
- Zwei weitere Optionen des Dialogfelds zum Bearbeiten der Beziehungen ermöglichen es, das *Löschen oder Ändern* der Masterdatensätze an die abhängigen Detaildatensätze weiterzureichen (Seite 128).

# Kapitel 8

# Datentypen

**In diesem Kapitel:**

| | |
|---|---|
| Datentypen | 132 |
| Text-Datentypen | 138 |
| Ganzzahlige Datentypen | 142 |
| Dezimal-Datentypen | 145 |
| Sonstige Datentypen | 149 |
| Zusammenfassung | 155 |

In den vorigen Kapiteln haben Sie an verschiedenen Stellen schon gelesen, welche speziellen Datentypen für Felder möglich sind, beispielsweise der *AutoWert*. Bevor wir uns also mit der Umsetzung einer Aufgabe in eine konkrete Datenbank beschäftigen, müssen wir uns mit den Tabellenfeld-Datentypen auseinandersetzen, die Access zur Auswahl anbietet.

# Datentypen

Für jede Spalte einer Datenbanktabelle muss festgelegt sein, welcher Datentyp darin gespeichert werden kann. Das ist vor allem bei umfangreichen Daten wichtig, weil die Datentypen unterschiedlich viel Platz verbrauchen.

Normalerweise erhält ein neues Feld den Datentyp *Text* mit einer Feldgröße von (maximal) 255 Zeichen. Darin könnten Sie zwar alles Mögliche hineinschreiben, aber besonders effektiv ist das nicht. Je exakter Sie den Wertebereich oder den Typ eingrenzen, desto weniger Eingabefehler treten später auf. Die Tabelle 8.1 enthält eine Übersicht über die Datentypen für Felder in Access 2010.

**Tabelle 8.1** Felddatentypen und ihre Größen

| Felddatentypen | Wertebereich | Speicherbedarf |
|---|---|---|
| **Ganzzahlige Datentypen** | | |
| Ja/Nein (Bit) | 0 und −1 | 1 Byte |
| Byte | 0 bis 255 | 1 Byte |
| Integer | −32.768 bis +32.767 | 2 Bytes |
| Long (Integer) | −2,1 Milliarden bis +2,1 Milliarden | 4 Bytes |
| Währung | −922 Billionen bis + 922 Billionen | 8 Bytes |
| **Nachkomma-Datentypen** | | |
| Datum/Uhrzeit | 01.01.100 bis 31.12.9999 | 8 Bytes |
| Single | Etwa $-10^{38}$ bis $+10^{38}$ | 4 Bytes |
| Double | Etwa $-10^{308}$ bis $+10^{308}$ | 8 Bytes |
| Dezimal | Etwa $-10^{28}$ bis $+10^{28}$ | 12 Bytes |
| **Sonstige Datentypen** | | |
| Text | Maximal 255 Zeichen | 2 Bytes je Zeichen |
| Memo | Maximal 65.536 Zeichen (bei manueller Eingabe, 2 GB Größe bei VBA-Eingabe) | 16 Bytes |
| Rich-Text | Wie Memo | wie Memo |
| Hyperlink | Maximal 2.048 Zeichen | 2 Bytes je Zeichen |
| Replikations-ID | | 16 Bytes |
| Anlage | | Abhängig von Binärdaten |
| Berechnetes Feld | | Abhängig vom Datentyp |

Die erste Entscheidung besteht darin, ob Sie eine Zahl oder einen Text speichern wollen. Für Zahlen werden noch ganzzahlige und solche mit Nachkommaanteil unterschieden, wobei Sie sich möglicherweise schon über drei besondere Datentypen gewundert haben mögen: *Ja/Nein*, *Währung* und *Datum/Uhrzeit*. Dazu erfahren Sie in den folgenden detaillierten Erläuterungen gleich mehr.

In Abbildung 8.1 sehen Sie zudem in der Entwurfsansicht einer Tabelle, dass die Liste der möglichen Datentypen in Access scheinbar kürzer ist als die oben gezeigte. Es sind aber einige der Datentypen auf der Registerkarte *Allgemein* als untergeordnete Einstellung *Feldgröße* einsortiert.

**Abbildg. 8.1**  Die Liste der Felddatentypen im Tabellenentwurf

Die möglichen Zusatzeinstellungen geben Sie nach Auswahl in der Felddatentypliste jeweils unten auf der Registerkarte *Allgemein* an. Die Anzahl der zusätzlichen Einstellungen wechselt je nach Datentyp, wobei die ersten Einstellungen für fast jeden Datentyp gelten.

# Allgemeine Einstellungen

Einige der Einstellungen sind für alle Felder identisch und hier daher der Übersichtlichkeit halber zusammengefasst.

**Tabelle 8.2**  Allgemeine Feldeigenschaften

| Eigenschaft | Bedeutung |
| --- | --- |
| Beschriftung | Solange diese Eigenschaft leer bleibt, steht der echte Feldname als Titel über den Datenspalten in Tabellen oder Abfragen. Wird die Beschriftung ausgefüllt, erscheint sie als Spaltenüberschrift und wird auch von Formular- und Berichtsassistenten berücksichtigt. Im Gegensatz zu Feldnamen sind alle Zeichen erlaubt. |
| Standardwert | Jeder neue Datensatz beginnt für das Feld mit dem hier genannten Wert. Er darf (im passenden Datentyp) sowohl konstant als auch per Funktion berechnet sein. |
| Format | Diese Eigenschaft beschreibt die Darstellung der Daten, sowohl für Zahlen als auch für Texte. Beispiele für Formate finden Sie bei den jeweiligen Datentypen. |
| Indiziert | Zur Beschleunigung für Suchen und Sortieren können Sie ein Feld mit *Ja (Duplikate möglich)* indizieren lassen. Sollen nur eindeutige Werte darin erlaubt sein, erzwingen Sie dies durch *Ja (Ohne Duplikate)*. Primärschlüsselfelder stehen automatisch auf *Ja (Ohne Duplikate)*. |
| Eingabe erforderlich | Stellt sicher, dass Daten in diesem Feld zwingend eingegeben werden müssen. |

**Tabelle 8.2** Allgemeine Feldeigenschaften *(Fortsetzung)*

| Eigenschaft | Bedeutung |
|---|---|
| Gültigkeitsregel | Die Gültigkeitsregel gibt an, welcher Wertebereich innerhalb des Datentyps zugelassen ist |
| Gültigkeitsmeldung | Dieser Text erscheint als Fehlermeldung, wenn für dieses Feld die Gültigkeitsregel verletzt wurde. Es sind alle Zeichen erlaubt. |

Die *Beschriftung* erscheint zunächst durchaus praktisch, um die Anzeige »schön« zu machen, wenn Sie so technische Feldnamen einsetzen, wie es die Ungarische Notation in Kapitel 7 verlangt. Allerdings müssen Sie in jedem Zusammenhang immer überlegen, ob der sichtbare Text nun der echte Feldname oder nur die Beschriftung ist, denn gegenüber Access (etwa bei Referenzen in Formularen oder Berichten) müssen Sie immer die eindeutigen Feldnamen angeben.

Der *Standardwert* wird nur beim Anlegen eines neuen Datensatzes berücksichtigt. Das gilt auch dann, wenn eine Formel darin enthalten ist. Anders als in Excel, wo ja jedes Neuberechnen einer Zelle das Formelergebnis immer wieder frisch ermittelt, wird diese Berechnung in Access nur einmalig für einen neuen Datensatz durchgeführt.

Damit Access weiß, ob der angegebene Standardwert ein Text, ein Datum, ein Verweis auf den Inhalt eines anderen Feldes oder eine Funktion ist, sind bestimmte Schreibweisen entsprechend der Tabelle 8.3 einzuhalten. Diese gelten nicht nur hier beim Standardwert, sondern überall dort, wo (meistens innerhalb von SQL-Code, siehe Kapitel 17) diese Unterscheidung wichtig ist.

**Tabelle 8.3** Datentypabhängige Schreibweisen

| Datentyp | Schreibweise |
|---|---|
| Text | "Lorenz Hölscher" |
| Datum | #24/12/2010# |
| Feldinhalt | =[Vorname] |
| Funktion | =Datum() |

**ACHTUNG** Die grundsätzliche Schreibweise für den Verweis auf einen Feldinhalt steht hier nur der Vollständigkeit halber in der Tabelle. In der *Standardwert*-Eigenschaft eines Tabellenfeldes ist dieser nicht zulässig (und in der weiter unten erläuterten *Gültigkeitsregel* ebenfalls nicht).

## Eingabeformate

Vor allem bei Datumswerten ist es sehr beliebt, statt beispielsweise *24.12.2010* nur die Ziffern *24122010* einzugeben. Dies lässt sich über ein Eingabeformat regeln, sodass Access weiß, dass die Ziffern in einer bestimmten Weise interpretiert werden müssen.

Aufgrund der vielfältigen Möglichkeiten empfiehlt es sich, den zugehörigen Eingabeformat-Assistenten zu benutzen:

1. Sie rufen diesen Assistenten auf, indem Sie neben der *Eingabeformat*-Eigenschaft auf die Schaltfläche mit den drei Pünktchen klicken.

2. Darauf wird das Dialogfeld aus Abbildung 8.2 angezeigt, in dem Sie aus einer Liste vordefinierter Eingabeformate auswählen können.

Abbildg. 8.2    Die Auswahl im Eingabeformat-Assistenten für ein vierstelliges Datum

3. Im zweiten Schritt des Assistenten ist die Angabe verschiedener Details zum ausgewählten Eingabeformat möglich (Abbildung 8.3).

Abbildg. 8.3    Geben Sie im zweiten Schritt Details zum Eingabeformat an

4. Danach können Sie die *Fertig stellen*-Schaltfläche benutzen, denn der dritte Schritt bestätigt nur, dass alle Eingaben vollständig sind.

In den meisten Fällen ist das Eingabeformat allerdings eher lästig, denn während die einen Benutzer mit der *24122010*-Eingabe sehr zufrieden sind, ärgern sich die anderen, weil sie ihr Datum lieber als *24/12* eingeben würden und damit eigentlich viel effektiver wären. Allerdings erzwingt das Eingabeformat mit der Fehlermeldung aus Abbildung 8.4, dass völlig unnötig trotzdem das aktuelle Jahr eingegeben werden muss.

**Abbildg. 8.4** Diese Fehlermeldung erscheint, wenn das Eingabeformat nicht eingehalten wird

# Zahlen-Format

Das *Format* sorgt dafür, dass die Daten in einer bestimmten Art dargestellt werden. Bei Zahlenwerten geht es dabei vor allem um die Anzahl der Nachkommastellen und bei Texten um die Groß- und Kleinschreibung.

**ACHTUNG** Das *Währung*-Format (nicht der gleichnamige Datentyp) ändert auf einem anderen Rechner für die gleichen Daten nur das Währungssymbol. Der Wert bleibt gleich, sodass damit aus 1,99 € in der Anzeige plötzlich 1,99 $ werden. Daher sollten Sie dieses Format besser völlig vermeiden und stattdessen lieber gleich das *Euro*-Format einsetzen, welches unabhängig von der Systemsteuerung ist.

## Vordefinierte Zahlenformate

Zahlen werden mathematisch korrekt gerundet: abgerundet, wenn die folgende Ziffer höchstens 4 ist, und aufgerundet, sobald diese 5 oder höher ist.

**Tabelle 8.4** Vordefinierte Zahlenformate

| Format | Bedeutung | Wert | Ergebnis |
|---|---|---|---|
| Allgemeine Zahl | Die Zahl erscheint wie eingegeben, dies ist der Standardwert | 12345,678 | 12345,678 |
| Währung | Die Zahl wird so dargestellt, wie es in der Systemsteuerung für die Währung festgelegt ist | 12345,678 | 12.345,68 € |
| Euro | Zeigt die Zahl unabhängig von der Systemsteuerung immer mit Tausenderpunkt und zwei Nachkommastellen sowie dem €-Symbol an | 12345,678 | 12.345,68 € |
| Festkommazahl | Entspricht den Einstellungen in der Systemsteuerung, allerdings ohne Tausenderpunkt | 12345,678 | 12345,68 |
| Standardzahl | Wie Festkommazahl, allerdings mit Tausenderpunkt | 12345,678 | 12.345,68 |
| Prozentzahl | Multipliziert die Zahl mit 100 und fügt ein Prozentzeichen an | 0,123 | 12,30% |
| Exponentialzahl | Zeigt die Zahl in der Exponentialschreibweise an | 12345,678 | 1,23E+04 |

Die Einstellung der *Dezimalstellenanzeige* gibt die Anzahl der Nachkommastellen an und wird nur berücksichtigt, wenn das Zahlenformat nicht *Allgemeine Zahl* oder leer ist. Die Auswahl *Automatisch* bedeutet dort, dass die Angabe aus der Systemsteuerung übernommen wird.

**ACHTUNG** Die Zahlenformate können nicht mehr Daten anzeigen als gespeichert sind. Das betrifft vor allem den beliebten Fehler, ein Zahlenformat wie #.##0,00 für einen *Long-* oder *Integer*-Wert einzustellen. Da diese immer ganzzahlig sind, kann es auch nur Nullen als Nachkommastellen geben!

## Benutzerdefinierte Zahlenformate

Zusätzlich zu den in Tabelle 8.4 genannten vordefinierten Zahlenformaten können Sie eigene benutzerdefinierte Zahlenformate anlegen. Diese bestehen aus maximal vier Bereichen, die durch ein Semikolon getrennt sind. Die Notierung erfolgt in der Reihenfolge *positiv;negativ;0;Null*, wobei der Bereich für positive Zahlen immer vorhanden sein muss. Die folgenden Bereiche dürfen weggelassen werden, allerdings muss die Reihenfolge erhalten bleiben.

**HINWEIS** Eine Zahl *0* ist nicht identisch mit einem NULL-Wert in einem Feld, denn dieser bedeutet, dass gar kein Inhalt darin steht, das Feld also leer ist. Achten Sie daher bitte darauf, ob in Beispielen die Ziffer *0* oder der (ausdrücklich groß geschriebene) NULL-Wert verwendet wird. Auch akustisch wird das üblicherweise unterschieden und die englische Aussprache ('*nal*) verwendet, um Verwechslungen zu vermeiden.

Um ein Feld wieder auf einen NULL-Wert zu setzen, markieren Sie den vorhandenen Feldinhalt und drücken die Entf-Taste.

In Tabelle 8.5 finden Sie eine Übersicht über die benutzerdefinierten Zahlenformate.

**Tabelle 8.5** Benutzerdefinierte Zahlenformate

| Wert | Zahlenformat | Ergebnis |
|---|---|---|
| 12345,678 | #.##0 | 12.346 |
| 12345,678 | #.##0,00 | 12.345,68 |
| –12345,678 | #.##0,00;(–#.##0,00) | (–12.345,68) |
| 0 | #.##0,00;(–#.##0,00);– | – |
| NULL | #.##0,00;(–#.##0,00);-;"leer!" | leer! |
| 12345 | #.##0" Flaschen" | 12.345 Flaschen |
| 12345 | #.##0[Grün];(-#.##0[Rot]);[Blau]– | *in grüner Farbe:* 12.345 |
| –12345 | #.##0[Grün];(-#.##0[Rot]);[Blau]– | *in roter Farbe:* (–12.345) |
| 12345 | ; | |

Das letzte Beispiel eines Zahlenformats zeigt kein Ergebnis an, weil kein Format für die Zahl angegeben wurde und das Semikolon trotzdem festlegt, dass ein Format für positive Zahlen genannt wurde. Es gibt aber einfachere Methoden, um Werte auszublenden, daher wird dies im Normalfall ein Fehler sein.

# Text-Datentypen

Es gibt verschiedene Text-Datentypen, nämlich kurze (*Text*) und lange (*Memo*) Textfelder sowie *RichText* und *Nur anfügen* als Sonderfälle des *Memo*-Feldes. Das *Hyperlink*-Feld teilt zudem die eingegebenen Daten intern in mehrere Teile auf und ermöglicht später durch einfachen Klick den Zugriff auf das Internet.

## Datentyp *Text*

*Text*-Felder können maximal 255 Zeichen enthalten, Sie geben das in der Einstellung *Feldgröße* als Anzahl vor. Wenn Sie diesen Wert kleiner wählen, beispielsweise *20*, kann ein zukünftiger Benutzer nur höchstens 20 Zeichen eingeben und statt einer weiteren Eingabe piept es beim 21. Zeichen. Merken Sie langfristig, dass doch längere Texte nötig sind, können Sie die Feldgröße ohne Bedenken vergrößern. Sie dürften diese auch nachträglich verkleinern, aber dann werden zu lange Texte ohne weitere Rückmeldung gekürzt.

> **TIPP** Bevor Sie ein Textfeld verkürzen, können Sie mit einer Abfrage den längsten darin enthaltenen Text finden. In Kapitel 15 sehen Sie ein Beispiel mit der *Länge()*-Funktion, um die Textlänge zu ermitteln.

Access belegt in der Datenbank für ein Text-Feld nur den tatsächlich zum Speichern der Inhalte erforderlichen Platz. Die Feldgröße gibt daher den maximalen Platzverbrauch an.

> **PROFITIPP** Sie können die Standardgröße für neue Text-Felder ändern, indem Sie mit *Datei/Optionen* in der Kategorie *Objekt-Designer* in der Gruppe *Entwurfsansicht für Tabellen* die *Standardtextfeldgröße* ändern.

Speichern Sie übrigens Ziffern in einem Textfeld, erfolgt die Sortierung nicht wie gewohnt entsprechend der numerischen Größe. Während die Zahl *99* kleiner als die Zahl *100* ist, gilt das für die Texte "99" und "100" nicht. Texte werden immer von links beginnend sortiert, also der jeweils erste »Buchstabe« verglichen. Da bereits das Zeichen "9" in der Sortierreihenfolge nach "1" steht, erübrigt sich ein weiterer Vergleich und "100" wird vor "99" einsortiert.

Das ist aber selbst bei Postleitzahlen relativ unbedenklich, weil diese in Deutschland gleich lang sind. Damit verhält sich die alphabetische Sortierung von "52066" zu "01067" genau so wie die numerische Sortierung von *52066* zu *1067*. Die führende "0" in der Dresdner Postleitzahl sorgt für die korrekte Reihenfolge.

### Textformat

Texte lassen sich ebenfalls in der Anzeige formatieren. Dafür gibt es allerdings keine vordefinierten Textformate, sondern nur die Zeichen für benutzerdefinierte Textformate, wie sie in Tabelle 8.6 enthalten sind.

Tabelle 8.6　Zeichen für benutzerdefinierte Textformate

| Format | Bedeutung |
|---|---|
| @ | Ein Textzeichen muss angegeben werden, das kann auch ein Leerzeichen sein |
| & | Ein Textzeichen kann angegeben werden, muss aber nicht |
| < | Der Text wird in Kleinbuchstaben angezeigt |
| > | Der Text wird in Großbuchstaben angezeigt |

Für Text-Formate gibt es nur zwei mögliche (und wiederum durch Semikolon unterteilte) Bereiche, nämlich *Text;NULL*. In Tabelle 8.7 finden Sie einige Beispiele für den Einsatz der benutzerdefinierten Textformate.

Tabelle 8.7　Benutzerdefinierte Textformate

| Wert | Textformat | Ergebnis |
|---|---|---|
| ABC1234 | @@@-@@@@ | ABC-1234 |
| D1234 | &-&&&& | D-1234 |
| < | Info@Irgendwo.DE | info@irgendwo.de |
| <"E-Mail: " | Info@Irgendwo.DE | E-Mail: info@irgendwo.de |
| > | Beispieltext | BEISPIELTEXT |
| <;"ohne E-Mail" | | ohne E-Mail |

# Datentyp *Memo*

Wenn die 255 Zeichen für einen Text zu wenig sind, können Sie den Felddatentyp *Memo* einsetzen. Dieser erlaubt die Speicherung von bis zu 63.999 Zeichen in dem Datenfeld. Wegen der immensen Datenmenge, die hier enthalten sein kann, bietet das Memo-Feld aber noch zwei zusätzliche Möglichkeiten.

## Rich-Text

*Text-* und *Memo*-Felder sind typischerweise immer unformatiert, enthalten also nur den reinen Text. Das lässt sich für ein *Memo*-Feld ändern, indem Sie dessen *Text-Format*-Eigenschaft von *Nur-Text* auf *Rich-Text* ändern. Obwohl die Bezeichnung ein Datenformat wie in *RTF-(Rich-Text-Format-)*Dateien nahe legt, handelt es sich in Wirklichkeit um HTML-Code.

Wie Sie in Abbildung 8.5 sehen, werden in der Datenblattansicht der Tabelle automatisch die Befehle in *Start/Textformatierung* aktiviert, sobald Sie in einem so eingestellten Feld schreiben.

**Abbildg. 8.5**   Rich-Text kann formatiert werden

> **WICHTIG**   Rufen Sie die Befehle in *Start/Textformatierung* hingegen in einem anderen Feld ohne *Rich-Text*-Eigenschaft auf, wird die gesamte Darstellung aller Tabelleninhalte verändert. Das ist dann nicht im Feldinhalt gespeichert, sondern betrifft nur die Optik der Tabelle.

## Nur anfügen

Eine weitere Besonderheit des *Memo*-Feldes ist, dass es Änderungen an seinen Daten automatisch nachverfolgen kann. Sie müssen die etwas am Ende versteckte Eigenschaft *Nur anfügen* auf *Ja* stellen, damit das Protokoll geführt wird.

Alle späteren Änderungen am Textinhalt lassen sich dann in der Datenblattansicht einfach anzeigen, indem Sie per Rechtsklick auf dieses *Memo*-Feld den Menüeintrag *Spaltenverlauf anzeigen* wählen. Im Dialogfeld wie in Abbildung 8.6 werden so alle Änderungen sichtbar.

**Abbildg. 8.6**   Im Dialogfeld zum Befehl *Spaltenverlauf anzeigen* sind die Änderungen ersichtlich

Sobald Sie die *Nur anfügen*-Eigenschaft auf *Nein* stellen, wird auch das bisherige Protokoll der Änderungen wieder gelöscht.

## Datentyp *Hyperlink*

Der Text-Datentyp *Hyperlink* unterscheidet sich insofern von den übrigen, als er aus dem eingegebenen Text zusätzliche Angaben erzeugt und speichert. Sie können dort zwar alle Internetprotokolle speichern, aber nur *mailto:* und *http:* werden wirklich erkannt, wie Sie in der Spalte *Inhalt* von Tabelle 8.8 am Beispiel von *https:* sehen.

Tabelle 8.8  Inhalte des Hyperlink-Feldes

| Eingabe | Anzeige | Inhalt |
|---|---|---|
| www.test.de | www.test.de | www.test.de#http://www.test.de# |
| info@test.de | info@test.de | info@test.de#mailto://info@test.de# |
| https://www.test.de | https://www.test.de | #https://www.test.de# |

Um die Daten eines Hyperlink-Feldes zu bearbeiten, lässt sich mit einem Klick der rechten Maustaste der Kontextmenübefehl *Hyperlink/Hyperlink bearbeiten* aufrufen.

Abbildg. 8.7  Hyperlink-Felder können per Kontextmenü bearbeitet werden

Daraufhin erscheint ein Dialogfeld wie in Abbildung 8.8, in dem Sie eventuelle weitere Parameter zu der angegebenen Adresse eingeben können.

**Abbildg. 8.8** Geben Sie hier Details für Hyperlink-Felder an

**PROFITIPP** Die Bearbeitung eines *Hyperlink*-Feldes über das zugehörige Dialogfeld kann sehr lästig sein. Wenn Sie stattdessen per ↑ - oder ↓ -Taste aus einer anderen Zeile heraus das Feld auswählen (weil der Mausklick den Link auslösen würde), können Sie anschließend mit der F2 -Taste direkt darin ändern und sehen alle wirklich gespeicherten Inhalte.

# Ganzzahlige Datentypen

Mit etwas mathematischer Trickserei lassen sich Zahlen sehr kompakt speichern. Dieser Trick nennt sich »Binärcodierung« und bedeutet, dass nicht die Zahl, sondern nur ihre Zweierpotenzen gespeichert werden. Natürlich haben Sie als Datenbank-Benutzer oder -Entwickler nichts direkt mit dieser Technik zu tun, aber ich finde es schon hilfreich zu wissen, was hinter den Kulissen von Access automatisch passiert und dadurch manches besser zu verstehen.

Anstatt also die Zahl *233* wie ein dreibuchstabiges Wort zu behandeln und in drei Ziffern mit je einem Byte Platzbedarf zu speichern, wird der Wert in seine eindeutigen Zweierpotenzen zerlegt. Die Tabelle 8.9 zeigt, wie die Zahl *233* in eine Summe aus Zweierpotenzen zerlegt werden kann.

**Tabelle 8.9** Binärcodierung für den Beispielwert 233

| Zweierpotenz | Auswahl | Ergebnis |
|---|---|---|
| $2^0 = 1$ | Ja | 1 |
| $2^1 = 2$ | Nein | 0 |
| $2^2 = 4$ | Nein | 0 |
| $2^3 = 8$ | Ja | 8 |
| $2^4 = 16$ | Nein | 0 |
| $2^5 = 32$ | Ja | 32 |
| $2^6 = 64$ | Ja | 64 |

Tabelle 8.9    Binärcodierung für den Beispielwert 233 *(Fortsetzung)*

| Zweierpotenz | Auswahl | Ergebnis |
|---|---|---|
| $2^7 = 128$ | Ja | 128 |
| | Summe | 233 |

Jede dieser *Ja/Nein*-Auswahlen kann in einem Bit (der kleinsten Speichereinheit eines Computers) gespeichert werden, 8 Bits zusammen werden als ein Byte bezeichnet. Statt drei Bytes braucht es also nur noch ein Byte.

> **HINWEIS**   Wer sich die obige Mathematik einmal ganz genau angesehen hat, wird feststellen, dass darin eine Gesetzmäßigkeit steckt: Die Summe aller vorherigen Zweierpotenzen ist immer um 1 kleiner als die nächste. *1+2=3*, die nächste Zweierpotenz ist *4*. Und auch *1+2+4+8=15*, dann folgt *16*. Das klappt immer, deswegen lassen sich alle ganzen Zahlen sowohl lückenlos als auch eindeutig aus Zweierpotenzen summieren.

Da so aber die Größe der speicherbaren Zahl begrenzt ist, gibt es unterschiedliche Datentypen, die jeweils mehr oder weniger Bytes Platz haben.

## Datentyp *Ja/Nein*

*Ja/Nein* ist ein Datentyp für Entscheidungen und umfasst die Werte *0* und *–1*. Wählen Sie in der Felddatentypliste *Ja/Nein* aus. Dieser Datentyp enthält entweder den Wert *Wahr* oder *Falsch*, allerdings als Zahl, sonst wäre das nicht sprachneutral. Für *Falsch* (oder *Nein*, was ebenso als Schlüsselwort zulässig ist) steht dort eine *0*, für *Wahr* (oder *Ja*) eine *–1*.

Die erstaunliche Größe (1 Byte = 8 Bit, statt eigentlich nur 1 Bit) liegt an der Kompatibilität zu anderen Datenbanken und dem möglichen dritten Zustand. Außer *Ja* und *Nein* kann er auch NULL enthalten, was etwa einem »Unentschieden« entspricht. Datenfelder mit diesem Datentyp werden automatisch als Kontrollkästchen dargestellt.

## Datentyp *Byte*

*Byte* ist ein Datentyp für kleine positive Ganzzahlen und umfasst den Bereich von *0* bis *255*. Wählen Sie in der Felddatentypliste den Eintrag *Zahl* aus und legen Sie danach unten auf der Registerkarte *Allgemein* die *Feldgröße* auf *Byte* fest.

## Datentyp *Integer*

*Integer* ist ein Datentyp für mittelgroße Ganzzahlen und umfasst den Bereich von *–32768* bis *+32767*. Wählen Sie in der Felddatentypliste den Eintrag *Zahl* aus und legen Sie danach unten auf der Registerkarte *Allgemein* die *Feldgröße* auf *Integer* fest. Er ist ein häufig verwendeter Datentyp.

> **ACHTUNG**   Hier sei nochmals der Hinweis erlaubt, dass es bei diesen Datentypen keineswegs um die Anzahl der Ziffern geht. *Integer* ist also für deutsche Postleitzahlen deswegen ungeeignet, weil die meisten größer als *32.767* sind.

## Datentyp *Long (Integer)*

*Long* bezeichnet die übliche Kurzform von *Long Integer*, ist ein Datentyp für große Ganzzahlen und umfasst den Bereich von etwa +/–2,1 Milliarden. Wählen Sie in der Felddatentypliste den Eintrag *Zahl* aus und legen Sie danach unten auf der Registerkarte *Allgemein* die *Feldgröße* auf *Long Integer* fest.

*AutoWerte* in Tabellen haben normalerweise den Datentyp *Long*. Soll dieses Feld also eine Referenz auf einen Primärschlüssel mit *AutoWert* sein, muss es vom Datentyp *Long* sein.

## Datentyp *Währung*

*Währung* ist ein Datentyp speziell für Währungsangaben und umfasst den Bereich von etwa +/–1 Billiarde. Wählen Sie in der Felddatentypliste den Eintrag *Währung* aus.

> **HINWEIS** Sie mögen überrascht sein, dass der Datentyp *Währung* bei den Ganzzahlen einsortiert ist, denn er garantiert sogar vier Nachkommastellen. Wegen der Ungenauigkeiten beim Speichern von Dezimalzahlen wird er aber als Ganzzahl gespeichert, indem die vier Dezimalstellen verschoben werden. Die Zahl *3,1415* wird intern ganzzahlig als *31415* gespeichert. Davon merken Sie aber nichts, aus Ihrer Sicht ist es immer die korrekte Zahl mit den Nachkommastellen.

## Datentyp *Replikations-ID*

*Replikations-ID* ist ein Datentyp für extrem große Ganzzahlen und erzeugt ein Datenfeld aus 32 hexadezimalen Zahlen, was einem Wertebereich von etwa 1,2*1024 entspricht. Wählen Sie in der Felddatentypliste den Eintrag *Zahl* aus und legen Sie dann unten auf der Registerkarte *Allgemein* die *Feldgröße* auf *Replikations-ID* fest.

Dieser Datentyp wird eigentlich nur für *AutoWert*-Felder als Primärschlüssel in Verbindung mit solchen Datenbanken benutzt, die weltweit und unabhängig voneinander eindeutige Schlüssel erzeugen müssen. Abbildung 8.9 zeigt beispielhaft die dabei entstehenden Werte.

Abbildg. 8.9   Beispiele für Replikations-ID-Werte in einem AutoWert

# Dezimal-Datentypen

Während die Binärcodierung optimal ist, um auch große Ganzzahlen sehr platzsparend zu speichern, funktioniert sie leider nicht so gut bei Dezimalzahlen. Im Grunde müssen Sie dafür ja nur das Konzept auf Brüche erweitern. Statt *2+4+8=14* steht jedes Bit für einen Zweierpotenzbruch wie *1/2+1/4+1/8=7/8*.

Allerdings gibt es immer eine Zahl, die minimal neben diesem Ergebnis liegt. Um diese darzustellen, können Sie natürlich weitere sehr kleine Zweierpotenz-Brüche wie *1/4096* oder *1/16384* addieren. Aber auch dann wird es immer einen Wert daneben geben, der noch viel mehr Summanden benötigt. Anders formuliert: mit einer begrenzten Menge an Bits sind nicht alle Dezimalzahlen im jeweiligen Wertebereich speicherbar.

Daher finden Sie bei den Dezimal-Datentypen die Angabe, wie viele Nachkommastellen garantiert sind. Weitere Stellen dahinter können richtig sein, müssen aber nicht. Das ist jedoch im typischen Alltag einer Datenbank kein wirkliches Problem, dort reichen meistens vier Nachkommastellen aus.

## Datentyp *Single*

*Single* ist ein Datentyp für große Dezimalzahlen und umfasst den Bereich von etwa $+/- 10^{38}$ mit einer Genauigkeit von sieben Nachkommastellen. Wählen Sie in der Liste der Felddatentypen den Eintrag *Zahl* aus und legen Sie danach unten auf der Registerkarte *Allgemein* die *Feldgröße* auf *Single* fest.

Dieser Datentyp ist der kleinste, der überhaupt Nachkommastellen speichern kann. Es ist daher anfangs etwas gewöhnungsbedürftig, dass ein so riesiger Wertebereich nötig sein soll, wenn Sie nur Werte wie *3,1415* speichern wollen. Am häufigsten tritt das auf, um Prozentangaben zu verarbeiten, da ja beispielsweise *33%* in Wirklichkeit die (unformatierte) Zahl *0,33* und somit eine Dezimalzahl ist.

**TIPP** Damit nicht gigantische Prozentwerte eingegeben werden können, sollten Sie immer den Gültigkeitsbereich einschränken. Geben Sie als *Gültigkeitsregel* beispielsweise Folgendes ein:

`>=0 Und <1`

Damit sind nur noch Eingaben wie *50%* (mit Prozentzeichen!) oder *0,5* möglich, die in diesem Wertebereich liegen. Das sollten Sie mit einer solchen *Gültigkeitsmeldung* erläutern:

`Prozentwerte bitte nur zwischen 0% und 100% angeben!`

Alle anderen Eingaben werden dann mit der in Abbildung 8.10 sichtbaren Fehlermeldung abgelehnt und lassen es nicht zu, dass der Datensatz gespeichert werden kann.

**Abbildg. 8.10**  Benutzerdefinierte Fehlermeldung für Werte außerhalb der Gültigkeitsregel

Wenn Sie das *Format* auf *Prozentzahl* eingestellt haben, ergänzt Access neuerdings immerhin bei der Eingabe einer Zahl direkt das Prozentzeichen, sodass sich diese Fehlerquelle erheblich reduziert hat.

## Datentyp *Double*

*Double* ist ein Datentyp für sehr große Dezimalzahlen und umfasst den Bereich von etwa $+/-10^{308}$ mit einer Genauigkeit von 15 Nachkommastellen. Wählen Sie in der Felddatentypliste den Eintrag *Zahl* aus und legen Sie danach unten auf der Registerkarte *Allgemein* die *Feldgröße* auf *Double* fest.

## Datentyp *Dezimal*

*Dezimal* ist ein variabler Datentyp für große Dezimalzahlen und umfasst den Bereich von etwa $+/-10^{28}$ mit einer Genauigkeit von 28 Nachkommastellen. Wählen Sie in der Felddatentypliste den Eintrag *Zahl* aus und legen Sie danach unten auf der Registerkarte *Allgemein* die *Feldgröße* auf *Dezimal* fest.

Dieser Datentyp wird vor allem für den Datenzugriff auf Datenbanken wie Microsoft SQL Server oder Oracle benötigt, die erheblich flexiblere Definitionen von Dezimal-Datentypen kennen. Im normalen Datenbankalltag können Sie auf ihn verzichten.

## Datentyp *Datum/Uhrzeit*

*Datum/Uhrzeit* ist ein Datentyp für Datum- und Uhrzeitangaben und umfasst den Bereich vom Jahr *100* bis zum Jahr *9999*. Wählen Sie in der Felddatentypliste den Eintrag *Datum/Uhrzeit* aus.

Auch diesen Datentyp bewertet Access nicht als Unterdatentyp für Zahlen, tatsächlich ist es aber eine Dezimalzahl. Sie wird als »serielles Datum« bezeichnet und enthält vor dem Komma die Anzahl der Tage seit Neujahr 1900 und nach dem Komma den Anteil an den laufenden 24 Stunden.

Das Datum *24.12.2010* entspricht dem Wert *40536* und *17:30 Uhr* dem Wert *0,7292* beziehungsweise 72,92% von 24 Stunden. Da beides in einem Feld gespeichert wird, wäre *17:30 Uhr* am *24.12.2010* der Wert *40536,7292*. Die Eingabe von Datum und Uhrzeit wird durch ein Leerzeichen getrennt und lautet *24.12.2010 17:30*.

Für Datumsfelder wird normalerweise eine Datumsauswahl wie in Abbildung 8.11 sichtbar, sobald ein Benutzer in der Datenblattansicht in das jeweilige Feld klickt.

**Abbildg. 8.11** Anzeige der Datumsauswahl

Sie können das im Entwurf mit der Eigenschaft *Datumsauswahl anzeigen* deaktivieren, wenn es stört.

## Datum/Uhrzeit-Format

Auch das Datum beziehungsweise die Uhrzeit lassen sich in erheblichem Umfang für die Anzeige formatieren, wahlweise mit vordefinierten Datum/Uhrzeit-Formaten oder mit eigenen.

Tabelle 8.10    Vordefinierte Datum/Uhrzeit-Formate

| Format | Bedeutung | Wert | Ergebnis |
|---|---|---|---|
| Standarddatum | Enthält der Wert nur ein Datum, so wird keine Uhrzeit angezeigt. Enthält der Wert nur eine Uhrzeit, so wird kein Datum angezeigt. | 24.12.2010 | 24.12.2010 |
| Datum, lang | Entspricht dem langen Datumsformat in den Ländereinstellungen der Systemsteuerung von Windows | 24.12.2010 | Freitag, 24. Dezember 2010 |
| Datum, mittel | Zeigt das Datum ohne Werktag mit abgekürztem Monatsnamen und Jahr an | 24.12.2010 | 24. Dez. 10 |
| Datum, kurz | Zeigt das Datum mit jeweils zweistelligem Tag, Monat und Jahr an | 24.12.2010 | 24.12.2010 |
| Zeit, lang | Entspricht der Einstellung Zeitformat in den Ländereinstellungen der Systemsteuerung von Windows | 17:30 | 17:30:00 |
| Zeit, 12Std | Zeigt die Uhrzeit im 12-Stunden-Rhythmus an | 17:30 | 05:30 |
| Zeit, 24Std | Zeigt die Uhrzeit im 24-Stunden-Rhythmus an | 17:30 | 17:30 |

## Benutzerdefinierte Datum/Uhrzeit-Formate

Zusätzlich zu den in Tabelle 8.10 genannten vordefinierten Datum/Uhrzeit-Formaten können Sie eigene benutzerdefinierte Formate anlegen.

Tabelle 8.11    Zeichen für benutzerdefinierte Datum/Uhrzeit-Formate

| Format | Bedeutung |
|---|---|
| c | Entspricht dem vordefinierten Format *Standarddatum* |
| d | Monatstag mit einer oder zwei Ziffern (1 bis 31) |
| tt | Monatstag mit zwei Ziffern (01 bis 31) |
| ttt | Die ersten drei Buchstaben des Wochentags (Son bis Sam) |
| tttt | Vollständiger Name des Wochentags (Sonntag bis Samstag) |
| ttttt | Entspricht dem vordefinierten Format *Datum, kurz* |
| tttttt | Entspricht dem vordefinierten Format *Datum, lang* |
| w | Wochentag (1 bis 7) |
| ww | Kalenderwoche (1 bis 53) |
| m | Monat des Jahres mit einer oder zwei Ziffern (1 bis 12) |
| mm | Monat des Jahres mit zwei Ziffern (01 bis 12) |
| mmm | Die ersten drei Buchstaben des Monats (Jan bis Dez) |

**Tabelle 8.11** Zeichen für benutzerdefinierte Datum/Uhrzeit-Formate *(Fortsetzung)*

| Format | Bedeutung |
|---|---|
| mmmm | Vollständiger Name des Monats (Januar bis Dezember) |
| q | Datum als Quartal angezeigt (1 bis 4) |
| y | Kalendertag (1 bis 366) |
| jj | Die letzten zwei Ziffern der Jahreszahl (01 bis 99) |
| jjjj | Vollständige Jahreszahl (0100 bis 9999) |
| h | Stunde mit einer oder zwei Ziffern (0 bis 23) |
| hh | Stunde mit zwei Ziffern (00 bis 23) |
| n | Minute mit einer oder zwei Ziffern (0 bis 59) |
| nn | Minute mit zwei Ziffern (00 bis 59) |
| s | Sekunde mit einer oder zwei Ziffern (0 bis 59) |
| ss | Sekunde mit zwei Ziffern (00 bis 59) |
| zzzzz | Entspricht dem vordefinierten Format *Zeit, lang* |
| AM/PM | Zwölf-Stunden-Format mit den Großbuchstaben AM oder PM |
| am/pm | Zwölf-Stunden-Format mit den Kleinbuchstaben am oder pm |
| A/P | Zwölf-Stunden-Format mit den Großbuchstaben A oder P |
| a/p | Zwölf-Stunden-Format mit den Kleinbuchstaben a oder p |
| AMPM | Zwölf-Stunden-Format mit der Kennzeichnung für Vormittag/Nachmittag, wie in den *Eigenschaften von Ländereinstellungen* in der Systemsteuerung von Windows angegeben |

**ACHTUNG** Die in der Hilfe genannte Angabe *SMS* für eine Sekunde mit zwei Ziffern ist falsch, es muss *ss* lauten. Die Angabe des Monats mit kleinem *m* hingegen ist korrekt, auch wenn es bei Excel anders üblich ist (nämlich ein großes *M*). Deswegen sind die Access-Minuten zur Unterscheidung mit *n* (und nicht wie bei Excel mit kleinem *m*) abgekürzt. Das ist schon seit vielen Versionen von Access so und nach wie vor nicht wirklich zu erklären.

In Tabelle 8.12 finden Sie ein paar Beispiele für benutzerdefinierte Datum/Uhrzeit-Formate, wie sie in der Praxis eingesetzt werden.

**Tabelle 8.12** Benutzerdefinierte Datum/Uhrzeit-Formate

| Wert | Zahlenformat | Ergebnis |
|---|---|---|
| 24.12.2010 | tttt", den "tt.mm.jjjj | Freitag, den 24.12.2010 |
| 24.12.2010 | "Monat: "mmmm | Monat: Dezember |
| 24.12.2010 | mm-tt-jjjj | 12-24-2010 |
| 17:30 | h" Std. "n" Min. "s" Sek." | 17 Std. 30 Min. 0 Sek. |

# Sonstige Datentypen

Es gibt in der Felddatentypliste noch einige weitere Eintragungen, die nicht zu den bisherigen Text- oder Zahlen-Datentypen gehören. Bei einigen handelt es sich sogar nicht einmal um echte Datentypen, wie Sie gleich sehen werden.

## Datentyp *AutoWert*

Schon der nächste »Datentyp« aus der Felddatentypliste ist gar keiner, sondern eine Methode, um selbstständig Werte weiterzuzählen. Der tatsächliche Datentyp dazu ist normalerweise *Long*, es sei denn, Sie würden bei *Feldgröße* die *Replikations-ID* auswählen.

Durch die Auswahl von *AutoWert* wird aber bei jedem neuen Datensatz eine eindeutige Nummer erzeugt, damit dieser immer zu identifizieren ist. Eine eigene Eingabe von Werten ist nicht möglich.

**HINWEIS** *AutoWert*-Felder sind nicht zwingend, aber fast selbstverständlich geeignet, um als Primärschlüssel für eine Tabelle zu gelten. Ein Primärschlüssel muss immer einen Wert enthalten und eindeutig sein, was *AutoWert*-Felder in idealer Weise erfüllen.

Solange die *Neue Werte*-Eigenschaft auf *Inkrement* steht, erhält ein neuer Datensatz die auf den bisherigen Maximalwert folgende Nummer. Gelöschte Nummern werden nie wieder vergeben, sodass in einem solchen Feld durchaus häufig lückenhaft nummeriert ist.

**PROFITIPP** Da nach der Testphase in *AutoWert*-Feldern der Maximalwert sehr hoch steht, fängt die Datenbank nach der Auslieferung dort nicht mit der Nummer *1* an. Das irritiert manche Benutzer. Wenn Sie das beheben wollen, müssen Sie die Datenbank komprimieren, dabei werden auch diese Maximalwerte wieder zurückgesetzt auf den höchsten in der Tabelle noch vorhandenen Wert. Das Komprimieren finden Sie in der Backstage-Ansicht mit *Datei/Informationen/Datenbank komprimieren und reparieren*.

Die neue Nummer für ein AutoWert-Feld wird bereits beim Versuch erzeugt, einen neuen Datensatz anzulegen. Selbst wenn Sie diesen nicht mit Speichern verlassen, sondern vorher mit der Esc-Taste abbrechen, ist die Nummer verfallen.

**PROFITIPP** Wenn Sie die Tabellen später einmal mit einer anderen Datenbank verknüpfen, wie beispielsweise dem Microsoft SQL Server, müssen Sie damit rechnen, dass dort ein ganz anderes Verhalten üblich ist: Dort wird die AutoWert-Nummer erst beim Speichern erzeugt! Das ist vor allem wichtig, wenn Sie per VBA frühzeitig auf diesen Wert zugreifen wollen.

## Datentyp *OLE-Objekt*

Der Datentyp *OLE-Objekt* ist gedacht für all das, was nicht in die herkömmlichen Datenstrukturen passt. Aus Sicht der Datenbank ist das eine Art »Black Box«, in die der Benutzer Daten speichert, von denen Access nichts versteht.

Früher waren das vor allem binäre Dateien wie Bilder, Word-Dokumente, PowerPoint-Folien oder Ähnliches. Für solche Dateien ist inzwischen der *Anlage*-Datentyp besser geeignet.

# Kapitel 8  Datentypen

> **HINWEIS**  OLE ist eine Abkürzung und steht für *Object Linking and Embedding*, also das Verknüpfen und Einbetten von Objekten.

Da diese Daten unstrukturiert sind und enorm viel Platz verbrauchen, ist dieser Datentyp nicht mehr zu empfehlen und nur noch aus historischen Gründen enthalten. Falls Sie tatsächlich pro Datensatz ein Bild oder eine sonstige Datei zuordnen müssen, sollten Sie das besser extern speichern, da die Datenbank sonst locker die 100 Megabyte-Grenze überspringt und entsprechend langsam im Zugriff wird, obwohl nur wenige Datensätze enthalten sind.

In Abbildung 8.12 sehen Sie zudem, dass das eigentliche Objekt in einer Tabelle gar nicht angezeigt werden kann.

**Abbildg. 8.12**  Verschiedene Inhalte in einem *OLE-Objekt*-Feld

Das ist zwar in Formularen besser, weil dort von vielen Objekten eine Vorschau sichtbar ist, aber wirklich (per Doppelklick) öffnen und bearbeiten können Sie die enthaltenen Daten sowieso nur, wenn auch das zugehörige Programm auf dem gleichen Rechner installiert ist.

## Datentyp *Anlage*

Felder mit dem Datentyp *Anlage* enthalten ebenfalls Dateien, aber nicht unstrukturiert wie im *OLE-Objekt*-Datentyp, sondern ein bisschen wie in einem Mini-Explorer. Wie Sie in Abbildung 8.13 sehen, zeigen diese Felder statt ihres Feldnamens eine Büroklammer als Titel an, um auf die besondere Bedienung hinzuweisen.

**Abbildg. 8.13**  So fügen Sie eine neue Anlage in das entsprechende Feld ein

### Sonstige Datentypen

> **TIPP** Wenn Sie möchten, dass auch ein *Anlage*-Feld einen eigenen Titel anzeigt, müssen Sie lediglich dessen *Beschriftung*-Eigenschaft entsprechend ändern.

Per Rechtsklick auf das Feld sehen Sie das Kontextmenü, mit dessen Eintrag *Anlagen verwalten* Sie das in Abbildung 8.14 sichtbare Dialogfeld anzeigen.

**Abbildg. 8.14** Mit diesem Dialogfeld verwalten Sie die Anlagen im Feld

Darin ist auch die Möglichkeit vorgesehen, die im *Anlagen*-Feld enthaltenen Dateien zu speichern, weil diese ja zwischenzeitlich auf der Festplatte gelöscht sein könnten. Die Dateien werden beim Import kopiert, haben also keine dynamische Verknüpfung mehr zu ihrem Ursprung auf der Festplatte.

**Abbildg. 8.15** Von den gespeicherten Dateien ist nur deren Anzahl zu sehen

## Datentyp *Berechnet*

Der *Berechnet*-Datentyp ist bereits in Tabellen in der Lage, aus einer Formel einen Wert dynamisch zu berechnen.

> **ACHTUNG** Berechnete Felder sind eigentlich völliger Unfug in einer relationalen Datenbank, denn sie widersprechen der zweiten Normalform (Redundanz vermeiden). Die Aufgabe, neue Werte aus vorhandenen Daten zu berechnen, gehört unzweifelhaft in eine Abfrage. Der Grund für die Einführung eines solchen Datentyps ist die Kompatibilität zu Microsoft SharePoint, welches immer enger mit Access verzahnt wird. Daher muss Access dessen Datentypen nachbilden können, zu denen eben auch ein berechnetes Feld gehört.

Ein typischer Fall für ein berechnetes Feld ist die Zusammenführung von getrennt gespeicherten Vor- und Nachnamen in einem einzigen Feld. Sobald Sie den Datentyp *Berechnet* wählen, öffnet sich direkt der Ausdrucks-Generator wie in Abbildung 8.16.

**Abbildg. 8.16** Der Ausdrucks-Generator ermöglicht die einfache Eingabe einer Formel

Sie können darin in der Liste *Ausdruckselemente* die aktuelle Tabelle auswählen und sehen dann in *Ausdruckskategorien* die bereits gespeicherten Feldnamen. Diese lassen sich per Doppelklick nach oben zur Formel hinzufügen.

**Abbildg. 8.17** Der entstehende Datentyp kann für ein berechnetes Feld nachträglich angegeben werden

**ACHTUNG** Um ein berechnetes Feld im Entwurf speichern zu können, muss es eine Formel enthalten. Bezieht sich diese Formel jedoch auf andere Felder dieser Tabelle, werden diese noch nicht angezeigt. Daher sollten Sie einen Tabellenentwurf bereits teilweise gespeichert haben, bevor Sie darin ein berechnetes Feld neu anlegen.

Trotz der vorhandenen *OK*-Schaltfläche erzeugt die ⏎-Taste nur eine neue Zeile. Sie müssen das Dialogfeld mit der Maus per Klick auf *OK* schließen. Danach finden Sie die Formel in der *Ausdruck*-Eigenschaft und können sie wahlweise dort oder über den Ausdrucks-Generator mit Strg+F2 ändern.

Die möglichen Formeln für ein berechnetes Feld entsprechen denen in Abfragen und werden daher in Kapitel 15 detailliert behandelt.

Abbildg. 8.18  Berechnete Felder zeigen dynamisch ihre Werte an

## Datentyp *Nachschlage-Assistent*

Auch der »Datentyp« *Nachschlage-Assistent* ist gar keiner, sondern ruft ein Dialogfeld auf, das Ihnen die Auswahl sinnvoller Werte für Nachschlagetabellen erleichtert. Sie haben diesen im Zusammenhang mit der Erstellung der ersten Datenbank in Kapitel 2 bereits kennengelernt.

## Mehrwertige Felder

Seit der Version 2007 gibt es eine Besonderheit unter den Felddatentypen, nämlich mehrwertige Felder. Diese Einstellung erlaubt es, in einem Feld mehrere Inhalte zu speichern und in einer speziellen Auswahl gezielt auszuwählen.

**HINWEIS** Selbstverständlich wäre die Speicherung mehrerer Inhalte in einem einzigen Feld ein klarer Verstoß gegen die erste Normalform (Atomisierung). In Wirklichkeit verwaltet Access die Daten in versteckten m:n-Beziehungen, sodass es datenbanktechnisch korrekt ist.

1. Um ein mehrwertiges Feld einzurichten, wählen Sie in der Felddatentypliste den Datentyp *Text* oder *Zahl* aus.
2. Dann wechseln Sie unten auf die Registerkarte *Nachschlagen* und stellen die *Steuerelement anzeigen*-Eigenschaft auf *Kombinationsfeld*.

3. Da derzeit keine Nachschlage-Tabelle zur Verfügung steht, werden die angezeigten Daten einer Wertliste entnommen. Stellen Sie den *Herkunftstyp* auf *Wertliste* und tragen bei *Datensatzherkunft* den Text *rot;gelb;grün;blau* ein.
4. Damit es ein mehrwertiges Feld wird, wählen Sie für die *Mehrere Werte zulassen*-Eigenschaft den Eintrag *Ja*. Die Eigenschaften für dieses Feld sollten jetzt so eingerichtet sein wie in Abbildung 8.19.

**Abbildg. 8.19**  Die Eigenschaften auf der Registerkarte *Nachschlagen* für ein mehrwertiges Feld

5. Nachdem Sie den Tabellenentwurf gespeichert haben, können Sie in der Datenblattansicht diese Liste über den Dropdownpfeil ausklappen.

**Abbildg. 8.20**  So präsentiert sich das mehrwertige Feld

6. Solange die *Wertlistenbearbeitung zulassen*-Eigenschaft auf *Ja* steht, erscheint das kleine Symbol (siehe Mauszeiger in Abbildung 8.20). Ein Klick darauf öffnet das integrierte Dialogfeld aus Abbildung 8.21, mit dem die Liste nachträglich auch von Benutzern verändert werden kann.

Abbildg. 8.21    Dieses integrierte Dialogfeld erlaubt die einfache Bearbeitung der Liste

Wenn Sie nicht dieses einfache Bearbeitungsdialogfeld, sondern ein eigenes Formular nutzen wollen, können Sie dieses in der *Bearbeitungsformular für Listenelemente*-Eigenschaft auswählen.

# Zusammenfassung

In diesem Kapitel haben Sie die verschiedenen Felddatentypen kennengelernt, die später bei der Planung und Erstellung einer Datenbank wichtig sind.

- Die unterschiedlichen *Datentypen* (Seite 132) verbrauchen mehr oder weniger Platz. Daher schränkt ein bestimmter Datentyp nicht nur den zulässigen Wertebereich ein, sondern beeinflusst auch die Größe der gesamten Datenbank sehr deutlich.
- Es wurden Ihnen einige *allgemeine Einstellungen* (Seite 133) vorgestellt, die für alle Felder identisch sind.
    - Die gezeigten *Zahlenformate* (Seite 136) ermöglichen die einheitliche Darstellung der in den Feldern enthaltenen Daten. Sie können dafür eigene, benutzerdefinierte Formate erstellen.
    - *Eingabeformate* (Seite 134) können die Eingabe vereinfachen, weil beispielsweise die Trennzeichen für ein Datum entfallen können.
- Die einfachsten Felddatentypen sind die *Text-Felder*, weil dort jeder beliebige Inhalt als Mischung aus Buchstaben und Ziffern möglich ist.
    - Der einfache *Text*-Datentyp erlaubt bis zu 255 Zeichen ohne weitere Einschränkungen (Seite 138).
    - Der *Memo*-Datentyp (Seite 138) kann mit bis zu 63.999 Zeichen nicht nur erheblich mehr Inhalt speichern, sondern kann in zwei Unterdatentypen formatierten Text als *Rich-Text* enthalten beziehungsweise dank der *Nur anfügen*-Eigenschaft auch Änderungen protokollieren.
    - Der *Hyperlink*-Datentyp (Seite 141) ermöglicht den direkten Zugriff auf Internet- oder E-Mail-Adressen.

- Die *ganzzahligen Datentypen* dienen der Speicherung von Zahlen ohne Nachkommastellen (Seite 142).
  - Der kleinste dieser Datentypen ist *Ja/Nein* (Seite 143), welcher nur die Entscheidungen *Ja* und *Nein* beziehungsweise deren Zahlenwerte *−1* und *0* speichert.
  - Kleine ganzzahlige Werte werden in *Integer* (Seite 143) gespeichert, dessen Wertebereich etwa +/−32.000 abdeckt.
  - Größere ganzzahlige Werte benötigen den *Long*-Datentyp mit einem Wertebereich von +/− 2,1 Milliarden (Seite 144). Dieser Datentyp wird oft für Fremdschlüssel eingesetzt, deren zugehöriger Primärschlüssel ein *AutoWert* ist.
  - Der Datentyp *Währung* (Seite 144) hat einen Wertebereich von etwa +/−1 *Billiarde* und speichert trotz der Auflistung innerhalb der ganzzahligen Zahl-Datentypen vier Nachkommastellen.
  - Ein selten benutzter Datentyp ist die *Replikations-ID* (Seite 144), die eigentlich nur für spezielle Anwendungen im Zusammenhang mit *AutoWert*-Felder eingesetzt wird.
- Für Dezimalzahlen habe ich Ihnen die verschiedenen *Dezimal-Datentypen* (Seite 145) vorgestellt. Diese sind systembedingt manchmal in den Nachkommastellen ungenau und geben daher an, wie viele davon garantiert richtig sind:
  - Der *Single*-Datentyp (Seite 145) hat einen Wertebereich von etwa +/− $10^{38}$ und eine Genauigkeit von 7 Nachkommastellen.
  - Für noch größere Dezimalzahlen benötigen Sie den *Double*-Datentyp (Seite 146) mit einem Wertebereich von etwa +/− $10^{308}$ mit einer Genauigkeit von 15 Nachkommastellen.
  - Der *Dezimal*-Datentyp (Seite 146) ist ein Datentyp für große Dezimalzahlen und umfasst den Bereich von etwa +/− $10^{28}$ mit einer Genauigkeit von 28 Nachkommastellen. Er ist nur aus Gründen der Kompatibilität zu anderen Datenbanken vorhanden.
  - Auch *Datum/Uhrzeit* (Seite 146) ist ein ganzzahliger Datentyp. Er umfasst den Bereich vom Jahr *100* bis zum Jahr *9999*, wobei er vor dem Komma die Anzahl der Tage seit Neujahr 1900 und nach dem Komma den Anteil an den laufenden 24 Stunden enthält.
  - Dazu passend habe ich Ihnen die vordefinierten und die *benutzerdefinierten Datum/Zeit-Formate* (Seite 147) vorgestellt.
- *Weitere Datentypen* (Seite 149) sind ebenfalls für die Erstellung von Tabellen wichtig:
  - Der *AutoWert* (Seite 149) ist eigentlich gar kein Datentyp, sondern meist ein *Long*-Wert, der vor allem für jeden neuen Datensatz automatisch hochgezählt wird. Daher eignet er sich ideal als Primärschlüssel.
  - Der *OLE-Objekt*-Datentyp (Seite 149) ermöglicht es, beliebige Daten wie Dateien oder Bilder in Access zu speichern. Inzwischen ist der *Anlage*-Datentyp geeigneter.
  - Der *Anlage*-Datentyp (Seite 150) ermöglicht es, übersichtlich Dateien in einem Datensatz zu speichern.
  - Ein ungewöhnlicher Datentyp *Berechnet* (Seite 151) ist nur aus Kompatibilitätsgründen zu SharePoint vorhanden.
  - Der *Nachschlage-Assistent* (Seite 153) ist ebenfalls kein echter Datentyp und wurde bereits in Kapitel 2 vorgestellt.
- Eine Besonderheit der meisten Text- und Zahl-Datentypen ist die Möglichkeit, dort *mehrwertige Felder* (Seite 153) einzurichten. So lassen sich mehrere Inhalte strukturiert in einem Feld speichern.

# Kapitel 9

# Datenbank entwerfen

**In diesem Kapitel:**

| | |
|---|---|
| Entwurf einer Datenbank | 158 |
| Storming | 158 |
| So bereiten Sie die Datenbank vor | 159 |
| Norming | 161 |
| So entwerfen Sie die Hotel-Tabelle | 161 |
| So entwerfen Sie die Mitarbeiter-Tabelle | 166 |
| So entwerfen Sie die Extra-Tabelle | 176 |
| So entwerfen Sie die Kategorie-Tabelle | 177 |
| So entwerfen Sie die Farben-Tabelle | 178 |
| So entwerfen Sie die Bestellungen-Tabelle | 183 |
| Performing | 185 |
| Zusammenfassung | 186 |

Die Versuchung mag groß sein, direkt am Computer schon mal ein paar Tabellen einzutippen und ein paar Formulare zu gestalten. Das erhöht den Arbeitsaufwand aber beträchtlich, denn jede Änderung zieht immer gleich mehrere Anpassungen an anderen Stellen nach sich. Machen Sie es lieber ein Mal ordentlich als drei Mal gepfuscht.

# Entwurf einer Datenbank

Nachdem Sie bei der Grundschulbücherei gesehen haben, wie viele Fehler sich in eine Datenbank einschleichen können, sollten wir die nächste Datenbank etwas sorgfältiger planen. Die notwendigen Schritte heißen im Englischen sehr plakativ *Storming, Norming, Performing*:

- **Storming**  Meint das freie Sammeln der Bestandteile der Datenbank, sowohl als zu speichernde Inhalte als auch für die Benutzerführung, die Gestaltung der Berichte oder Ähnliches. Sie kennen diese Technik sicherlich als Brainstorming.

- **Norming**  Bezeichnet die Gliederung und Zusammenfassung der gesammelten Ideen. Felder werden zu Tabellen gruppiert, Auswertungen sinnvoll zusammengefasst und Formulare bzw. Berichte einheitlich gestaltet.

- **Performing**  Findet erst statt, wenn die Datenbank funktioniert. Dann können Sie versuchen, sie noch schneller und besser zu machen, sodass auch sehr große Datenmengen kein Problem mehr darstellen.

Diese drei Schritte sind für alle Datenbanken gleich und sollten unbedingt vorher auf Papier erledigt werden. Dort können Sie nach Herzenslust kritzeln, durchstreichen, skizzieren, umkringeln und wegwerfen. Am Rechner hingegen legen Sie sich nicht nur allzu früh auf unnötige Exaktheit fest, sondern scheuen wegen des Aufwands auch spätere Korrekturen.

# Storming

Beginnen wir also mit einer Ideensammlung, was die Beispieldatenbank für das Hotel-Bestellsystem leisten soll:

- Alle eingetragenen Personen können über die Datenbank Geräte und Verbrauchsmaterial bestellen, jede Bestellung ist dabei immer an konkrete Personen gebunden.

- Alle bestellten Artikel werden monatlich gegenüber dem Hotel des Mitarbeiters abgerechnet.

- Es gibt eine Liste aller Nutzer mit Angabe des Hotels, für das sie tätig sind. Dieser Teil der Datenbank dient gleichzeitig als Telefonliste, ist also für alle öffentlich. Zu jeder Person wird außerdem gespeichert, was und für welche Summe sie monatlich bestellen darf, was jedoch nicht für jeden einsehbar ist.

- Analysen der meistbestellten, der umsatzstärksten und aller nicht verkauften Artikel helfen, das Warenangebot zu optimieren.

Dies mag als eine erste Auflistung der Funktionen dieser Datenbank reichen, auch wenn so etwas in Wirklichkeit natürlich viel umfangreicher ist.

Darauf aufbauend sammeln wir schon mal in loser Reihenfolge alle Informationen, die dafür gespeichert werden müssen:

- Name des Mitarbeiters
- Zugehörigkeit zum Hotel
- Maximaler Bestellwert je Monat für den Mitarbeiter
- Telefonnummer des Mitarbeiters, Durchwahl
- Name des Hotels
- Anschrift des Hotels
- Artikel-Nummer
- Hotel-Logo
- Telefonnummer des Hotels, zentrale Rufnummer
- Bestelldatum
- Bestellmenge
- Artikelpreis
- Wann die Bestellung geliefert wurde
- Artikelkategorie
- Foto des Artikels
- Fotos des Mitarbeiters (optional)
- Mitarbeiter, der den Artikel bestellt
- Angabe, ob der Mitarbeiter Möbel bestellen darf
- Angabe, ob der Mitarbeiter Küchengeräte bestellen darf

Auch diese Liste wird im wirklichen Leben bedeutend länger sein, hier soll es aber vor allem übersichtlich bleiben.

# So bereiten Sie die Datenbank vor

Auch wenn das eigentliche *Norming*, also die Aufteilung der Ideen in konkrete Datenbankobjekte, noch nicht stattgefunden hat, können Sie die zugehörige Datenbank jetzt ruhig schon einmal vorbereiten:

1. Starten Sie Access und geben Sie auf dem Startbildschirm den Namen *K_und_L* für unsere *Kosten&Logistik*-Datenbank ein (Abbildung 9.1). Die Dateiendung wird automatisch ergänzt.
2. Nachdem Sie auf *Erstellen* geklickt haben, wird die neue Datenbank direkt mit einer leeren Tabelle in der Datenblattansicht wie in Abbildung 9.2 angezeigt.

## Kapitel 9   Datenbank entwerfen

**Abbildg. 9.1**   Geben Sie im Access-Startbildschirm den neuen Dateinamen an

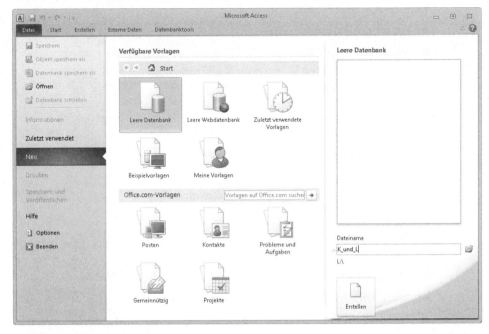

**Abbildg. 9.2**   Löschen Sie diese erste Tabelle

3. Diese Tabelle können Sie durch Klick auf deren *X* am rechten Bildschirmrand schließen, denn sie wird nicht benötigt.
4. Außerdem sollten Sie sicherstellen, dass der Navigationsbereich alle demnächst erstellten Objekte brauchbar anzeigt. In dessen Dropdownmenü sollte *Objekttyp* und *Alle Access-Objekte* ausgewählt sein.

Die bisher leere Datenbank ist damit vorbereitet für die jetzt noch zu erstellenden Tabellen.

# Norming

Damit kommen wir zum *Norming*, der Strukturierung dieser Ideen. Sie müssen jetzt jede Ihrer vorhin erstellten Notizen daraufhin untersuchen, ob sie eine Eigenschaft eines Objektes darstellen soll und wenn ja, von welchem Objekt.

Manche sind sehr einfach zu erkennen, etwa die *Artikel-Nummer* als *Nummer*-Eigenschaft des *Artikel*-Objekts. Andere sind nicht so offensichtlich, denn beispielsweise die *Zugehörigkeit zum Hotel* ist gerade keine Eigenschaft eines *Hotel*-Objekts, sondern eines *Mitarbeiter*-Objekts.

Aus den Eigenschaften eines Objekts werden in einer Datenbank anschließend die Felder einer Tabelle. Die Tabelle bildet das Objekt ab und die Felder deren Eigenschaften. Dabei müssen Sie immer auch darauf achten, ob Sie wirklich genau *eine* Eigenschaft notiert haben, sonst würden Sie die erste Normalform (»Atomisierung«) verletzen.

Am einfachsten ist es, wenn Sie sich ein zweites Blatt Papier nehmen und alle Informationen gruppenweise notieren, das heißt, Felder einer Tabelle benennen.

# So entwerfen Sie die Hotel-Tabelle

Am sichersten als gemeinsam zu erkennen sind alle Begriffe, in denen das gleiche Wort vorkommt, beispielsweise *Hotel*:

| Hotel-Tabelle |
|---|
| Eindeutige ID |
| Name des Hotels |
| Anschrift des Hotels (Straße, PLZ, Ort) |
| Hotel-Logo |
| Telefonnummer des Hotels |

Die bisher nur insgesamt als *Anschrift des Hotels* bezeichnete Information sollte allerdings atomisiert (erste Normalform!) werden, damit danach sortiert und gefiltert werden kann. Daher sind in Klammern bereits die Detailinformationen benannt. Beispielsweise könnte es mal mehrere Hotels in Berlin geben, die gemeinsam gruppiert werden sollen, dann ist der getrennte Zugriff auf den Ort wichtig.

**HINWEIS** Dass Postleitzahl und Ort zusammen ein Verstoß gegen die zweite Normalform (Redundanz) sind, ist Ihnen sicherlich aufgefallen. Da hier derzeit aber nur vier Hotel-Adressen enthalten sein werden, sollte es trotzdem möglich sein, diese fehlerfrei einzutragen. Das erspart die Nachschlagetabelle für so wenige Daten.

Damit können Sie aus dieser provisorischen Feldliste eine solche mit vernünftiger Ungarischer Notation machen:

**Tabelle 9.1** Tabelle *tblHotels* mit Feldliste

| tblHotels | |
|---|---|
| htlID | AutoWert |
| htlName | Text 255 |
| htlPLZ | Text 10 |
| htlOrt | Text 50 |
| htlStrasse | Text 50 |
| htlTelefon | Text 50 |
| htlLogo | OLE-Objekt |

Zu der Benennung der Felder kommt jetzt die Entscheidung über die Felddatentypen. Für die *htlID* lassen Sie Access einfach per *AutoWert* eine eindeutige Nummer erzeugen und daraus wird auch gleich der Primärschlüssel.

Der Name des Hotels wird in einem Textfeld gespeichert, dessen Länge Sie ohne Bedenken auf dem Standard von 255 Zeichen stehen lassen können. In dieser Tabelle stehen bescheidene vier Datensätze, da kommt es auf den Platzbedarf wirklich nicht an!

**HINWEIS** Tatsächlich belegt Access für ein Textfeld nur die wirklich eingetragenen Zeichen und füllt den Rest nicht mit Leerzeichen auf. Bei der Größenangabe für Textfelder geht es also nur um den maximalen Platzbedarf. Zahlenfelder hingegen verbrauchen den dort angegebenen Platz auch für kleine Zahlen.

Die Postleitzahl wird ebenfalls ein Textfeld. Ein Textfeld für eine Postleit*zahl*? Ja, denn nur in Deutschland handelt es sich wirklich um eine Zahl. Sobald das erste Hotel in den Niederlanden oder Großbritannien hinzukommt, haben Sie es plötzlich mit Angaben wie *SL41NJ* (*Windsor Castle*) oder *1012 RJ Amsterdam* (*Koninklijk Paleis*) zu tun. Wegen der möglichen Buchstaben darin muss es also ein Textfeld sein, was der Sortierung deutscher Postleitzahlen übrigens keinen Abbruch tut.

Der Ort ist erwartungsgemäß ein Textfeld, dessen Länge wegen der geringen Anzahl der Datensätze ebenfalls ziemlich egal ist.

Für das Logo, also die Speicherung von Bildern, gibt es verschiedene Lösungen. Sie können es in der Tabelle speichern, per Hyperlink darauf verweisen oder dieses per VBA einbinden. Sie werden in dieser Datenbank alle Varianten kennenlernen.

Hier wird das Hotel-Logo direkt in der Tabelle enthalten sein. Diese Speicherung eines Bildes in der Datenbank ist gleichzeitig am bequemsten und doch am wenigsten zu empfehlen. Zwar sind Sie auf diese Weise sicher, dass es im Gegensatz zu externen Bildern immer vorhanden ist und mit der Datenbank kopiert wird. Aber gleichzeitig vergrößert diese Technik Ihre Datenbank enorm und erschwert es außerdem, die Bilder mit einem Grafikprogramm noch zu bearbeiten.

Im Falle der Hotel-Logos lässt sich die Größenzunahme der Datenbank noch verschmerzen, weil es die kleinste Tabelle mit dementsprechend wenigen Bildern ist. Im Übrigen werden sich diese Logos auch nicht so oft ändern, sodass sie regelmäßig nachbearbeitet werden müssten.

Daher wird das Logo den Felddatentyp *OLE-Objekt* erhalten. Darin können Sie alles speichern, was nicht in die übrigen Typen wie Texte und Zahlen passt.

**HINWEIS** Aus Access-Sicht ist das ein unbekanntes Objekt, bei dem vermerkt ist, wer dafür zuständig ist. Access selber kann die Inhalte nicht verarbeiten. Sie können darin daher bei Bedarf auch ganze Excel-, Word- oder PowerPoint-Dateien speichern. Ein »Öffnen« des Feldinhalts führt dazu, dass Access das Programm sucht, welches darin als sogenannter Server für die Bearbeitung eingetragen ist. Für eine so gespeicherte Word-Datei muss deshalb auf dem Rechner Word installiert sein, damit deren Inhalt angezeigt werden kann.

Auch wenn Pixelbilder wie das Logo kein Zusatzprogramm zur Darstellung benötigen, weil Windows das bereits integriert hat, sehen Sie in einer Tabelle nichts von deren Inhalt. In einem Formular jedoch ist die Grafik schon als Vorschau zu sehen.

## So erstellen Sie die Tabelle *tblHotels*

Eigentlich sollte das komplette Datenbankdesign zuerst auf Papier fertig sein, bevor Sie anfangen, einzelne Tabellen einzutragen. Damit Sie aber nicht so lange warten müssen, können Sie dies schon Mal parallel zu unseren Überlegungen vornehmen:

1. Um den Entwurf der Tabelle *tblHotels* nun tatsächlich in der Datenbank anzulegen, erzeugen Sie mit *Erstellen/Tabellen/Tabellenentwurf* bitte den Entwurf einer leeren Tabelle.
2. Tragen Sie dort die Feldnamen und Felddatentypen entsprechend der Tabelle 9.1 auf Seite 162 ein. Klicken Sie für das Feld *htlID* auf *Tabellentools/Entwurf/Tools/Primärschlüssel*, sodass vor dessen Name ein kleiner Schlüssel sichtbar wird.

**Abbildg. 9.3** Entwurf der Tabelle *tblHotels*

**Kapitel 9** Datenbank entwerfen

3. Speichern Sie die Tabelle nun unter dem Namen *tblHotels* und wechseln Sie mit *Start/Ansichten/Datenblattansicht* in die Datenblattansicht.

**TIPP** Ich benenne alle Tabellen im Plural (also *tblHotels* statt *tblHotel*), weil dort viele Daten enthalten sind. Feldnamen hingegen belasse ich im Singular, weil dort nur jeweils ein Inhalt hineingehört. Dadurch gibt es kein Durcheinander mit den Namen, wie ich es in vielen anderen Datenbanken finde, deren Felder in einer Tabelle *Bemerkung* oder in einer anderen Tabelle *Bemerkungen* heißen.

4. Geben Sie die in Tabelle 9.2 genannten Daten in der Tabelle ein.

Die Angaben für die Hotels sind natürlich fiktiv und dienen nur als Testdaten.

**Tabelle 9.2** Daten für die Tabelle *tblHotels*

| htlID | htlName | htlPLZ | htlOrt | htlStrasse | htlTelefon |
|---|---|---|---|---|---|
| 1 | Hotel Domblick | 52999 | Aachen | Kaiserallee 100 | 0241/11223344 |
| 2 | Zum Goldenen Hornochsen | 80111 | München | Sackgasse 25 | 089/9876543 |
| 3 | Hotel Elbpanorama | 22678 | Hamburg | Hafenchaussee 1 | 040/1234567 |
| 4 | Bettenpalast | 10111 | Berlin | Unter den Pappeln 18a | 030/8070605 |

## So fügen Sie Daten zu OLE-Objekt-Feldern hinzu

In den Beispieldaten für die Hotel-Tabelle fehlt noch das Logo. Das Feld ist zwar bereits vorhanden, hat aber noch keinen Inhalt. Zuerst müssen Sie die passenden Bilddateien vorbereiten. In Abbildung 9.4 sehen Sie die hier benutzten Beispiele.

**Abbildg. 9.4** Überblick über die verschiedenen Hotel-Logos

**CD-ROM** Um Ihnen das Nachvollziehen der Schritte in diesem Kapitel zu erleichtern, finden Sie innerhalb der Beispieldateien zu diesem Buch im Ordner "Kap09" die fiktiven Hotel-Logos als *.jpg*-Dateien.

## So entwerfen Sie die Hotel-Tabelle

Um das Bild in das Feld einfügen zu können, brauchen Sie jetzt ein beliebiges Bildbearbeitungsprogramm.

1. Öffnen Sie das gewünschte Logo im Bildbearbeitungsprogramm. In Abbildung 9.5 wird dies beispielhaft in Microsoft Paint gezeigt. Dort wählen Sie *Start/Bild/Auswählen/Alle auswählen* (oder Strg+A), um das gesamte Bild zu markieren. Mit dem Befehl *Start/Zwischenablage/Kopieren* (oder Strg+C) steht es anschließend für Access zur Verfügung.

**Abbildg. 9.5** Das Bild wird in Paint geöffnet, markiert und in die Zwischenablage kopiert

2. In der Tabelle *tblHotels* klicken Sie dann mit der rechten Maustaste in der passenden Zeile auf das Feld *htlLogo* und wählen den Eintrag *Einfügen* (Abbildung 9.6).

**Abbildg. 9.6** Fügen Sie das Bild aus der Zwischenablage ein

3. Das Bild selber ist jetzt zwar vorhanden, wird aber in Tabellen nicht angezeigt (siehe Abbildung 9.7), da es sich um binäre Daten handelt.

**Kapitel 9    Datenbank entwerfen**

**Abbildg. 9.7**    Bilder erhalten in der Tabelle nur einen Hinweistext als Anzeige

4. Kopieren Sie nun die anderen Bilder entsprechend in die übrigen Zeilen.

# So entwerfen Sie die Mitarbeitertabelle

In einer weiteren Tabelle sind die Informationen zu den jeweiligen Mitarbeitern gespeichert. Aus der ursprünglichen Liste sind diese Felder relevant:

| Mitarbeitertabelle |
|---|
| Eindeutige ID |
| Zugehörigkeit zum Hotel |
| Name |
| Telefonnummer |
| Foto |
| Maximaler Bestellwert |
| Darf Küchengeräte bestellen |
| Darf Möbel bestellen |

Allerdings soll ein Teil dieser Angaben vertraulich (*maximaler Bestellwert*) oder nicht jeder Person zugeordnet (*darf ... bestellen*) sein. Dazu trennen Sie die Tabelle in zwei Teile auf, die dann unterschiedlich behandelt werden können.

Der öffentliche Teil wird die Felder bis einschließlich dem Foto beinhalten. Unter Berücksichtigung der Ungarischen Notation schlage ich die folgenden Feldnamen vor:

**Tabelle 9.3**    Tabelle *tblMitarbeiter* mit Feldliste

| tblMitarbeiter | |
|---|---|
| mitID | AutoWert |
| mithtlIDRef | Zahl Long |
| mitVorname | Text 20 |

**Tabelle 9.3** Tabelle *tblMitarbeiter* mit Feldliste *(Fortsetzung)*

| tblMitarbeiter | |
|---|---|
| mitNachname | Text 30 |
| mitTelefon | Text 50 |
| mitFoto | Hyperlink |

Auch hier ist jeder Datensatz über einen Primärschlüssel mit eindeutiger ID zu identifizieren, die von Access als AutoWert erzeugt wird. Das Fremdschlüsselfeld *mithtlIDRef* gibt an, in welchem Hotel diese Person arbeitet und bezieht sich damit auf den Primärschlüssel der Tabelle *tblHotels*.

Diese Festlegung im Datendesign hat zwei Konsequenzen:

- Eine Historie ist nicht möglich. Sollte ein Mitarbeiter mal zu einem anderen Hotel wechseln, werden zwangsläufig auch vorherige Bestellungen ab jetzt diesem Hotel zugerechnet.
- Eine Mehrfachbeschäftigung als »Springer« ist auch ausgeschlossen, denn jeder Mitarbeiter kann so nur genau einem Hotel zugeordnet werden. Andernfalls müsste eine m:n-Beziehung wie zwischen Autoren und Büchern eingerichtet werden.

Beide Einschränkungen nehme ich bewusst im Sinne eines einfacheren Datenbankdesigns hin, ich möchte dabei nur deutlich auf die Auswirkungen hinweisen. Hier versteckt sich sonst eine häufige Quelle für dauerhafte Fehler im Datenbankdesign.

**HINWEIS**   Der vorgeschlagene Feldname *mithtlIDRef* ist funktional, aber bestimmt nicht schön. In vielen Büchern werden Fremd- und Primärschlüssel einfach gleich benannt. Das wäre aber ein Verstoß gegen die erweiterte Ungarische Notation, dass nämlich jedes Tabellenfeld das Tabellenkürzel als Präfix erhält.

Außerdem habe ich oft bemerkt, dass sogar vielen Entwicklern unklar ist, was in welchem Feld eingetragen werden kann. Hier lässt es sich so formulieren: die ID erfindet Nummern, die Referenz darf sie benutzen.

Eine *htlID* gibt also die möglichen Nummern vor, sie ist der Primärschlüssel. In der *Mitarbeiter*-Tabelle existiert auf diese *htlID* eine *Referenz* (nämlich das Feld *mithtlIDRef*), welche nur Nummern enthalten darf, die in *htlID* auch schon vorhanden sind. Das ist der Fremdschlüssel.

Der Name des Mitarbeiters ist in Vor- und Nachnamen getrennt gespeichert, weil es immer einfacher ist, Daten zu verbinden als sie später an der richtigen Stelle zu trennen. Das wurde bereits oben zum Thema erste Normalform (Atomisierung) diskutiert.

Das Foto wird hier die angekündigte zweite Möglichkeit zeigen, ein Bild in einer Access-Datenbank zu »speichern«. In Wirklichkeit ist es nicht in der Datenbank enthalten, sondern liegt als normale Datei im Dateisystem. Im *Hyperlink*-Feld sind lediglich Pfad und Dateiname gespeichert. Bei einem Klick darauf wird dann von Access die passende Datei geöffnet.

Da es bedeutend mehr Mitarbeiter als Hotels gibt, ist die geringere Größe der Datenbankdatei schon ein wichtiges Argument für diese Auslagerung. Aber auch die leichtere Möglichkeit, einzelne Bilder jederzeit austauschen zu können, spricht für diese Version.

**PROFITIPP**   Wenn ein Foto fehlt, ist der Link dazu normalerweise noch nicht eingetragen. Aber falls eine Bilddatei später mal entfernt würde, führt der Link zu einem Laufzeitfehler. Das lässt sich nur mit Programmierung beheben, indem der Code vorher das Vorhandensein der Datei überprüft.

Mit solchem Code können Sie auf die Angabe von Pfad und Datei im Hyperlink sogar ganz verzichten, wenn die Dateinamen in einem sinnvollen Zusammenhang mit dem Inhalt des jeweiligen Datensatzes stehen.

Beispielsweise könnten alle Bilder die Namen der Mitarbeiter verwenden und jeweils als *<VornameNachname>.jpg* (also beispielsweise *AndreaWichert.jpg*) gespeichert werden. Dann würde der Makrocode die Anzeige der Fotos übernehmen. Sie finden ein entsprechendes Beispiel für die Artikelfotos in Kapitel 31.

Die Telefonnummer ist entgegen der üblichen Erwartung kein Zahlenfeld, sondern ein Textfeld. Das hat inhaltliche Gründe, denn viele Firmen haben keine einheitlichen Festnetznummern mehr, sondern nennen für die mobilen Mitarbeiter direkt deren Handynummer. Deren Schreibweisen sind aber so unterschiedlich, dass nur noch ein Textfeld ohne Eingabeformat möglich ist, vor allem wegen des Schrägstrichs nach der mehr oder weniger langen Vorwahl.

## So erstellen Sie die Tabelle *tblMitarbeiter*

Für diese zweite Tabelle mit den Mitarbeiterdaten beginnen Sie wie vorher mit dem Anlegen eines neuen Tabellenentwurfs durch *Erstellen/Tabellen/Tabellenentwurf*. Geben Sie die Feldnamen und Felddatentypen entsprechend der Tabelle 9.3 auf Seite 166 in diesem Tabellenentwurf ein.

**Abbildg. 9.8**   Der Entwurf der Tabelle *tblMitarbeiter*

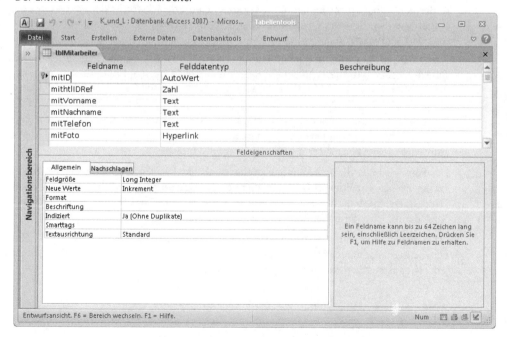

Da die Hotelmitarbeiter über die *mithtlIDRef* direkt einem Hotel zugeordnet werden, wäre es lästig, wenn Sie nun dessen Nummer im Kopf haben müssten. Das geht eleganter, indem Sie ein Nachschlagefeld daraus machen:

1. Markieren Sie im Tabellenentwurf oben das Feld *mithtlIDRef* und wechseln Sie unten auf die Registerkarte *Nachschlagen*.
2. Diese ist anfangs noch ziemlich leer. Dies ändert sich erst, wenn Sie dort für die *Steuerelement anzeigen*-Eigenschaft den Wert *Kombinationsfeld* auswählen.
3. Für die *Datensatzherkunft*-Eigenschaft wählen Sie aus der Dropdownliste (deren Pfeil erst erscheint, wenn Sie in das Feld hinein klicken) die Tabelle *tblHotels* aus. Nachdem Sie den Tabellenentwurf gespeichert haben, können Sie in der Datenblattansicht zwischendurch immer mal wieder nachprüfen, ob alles wie geplant aussieht.

**Abbildg. 9.9**   Der Fremdschlüssel zeigt bereits eine Liste der Hotel-IDs an

4. Wie Sie in Abbildung 9.9 sehen können, lässt sich im Feld *mithtlIDRef* zwar schon eine Liste ausklappen, die auch korrekt alle Hotel-IDs anzeigt. Aber schön und benutzerfreundlich ist das nicht!
5. Wechseln Sie daher bitte mit *Start/Ansichten/Entwurfsansicht* wieder zurück in den Tabellenentwurf und ergänzen weitere Eigenschaften auf der Registerkarte *Nachschlagen*.
6. Um die Namen der Hotels sehen zu können, muss das Kombinationsfeld wenigstens zwei Spalten anzeigen. Für eventuell gleichnamige Hotels in unterschiedlichen Städten soll aber außerdem noch der Ortsname aus der vierten Hotelspalte sichtbar sein. Stellen Sie daher bitte die *Spaltenanzahl*-Eigenschaft auf den Wert 4.

**Abbildg. 9.10**   Die Liste ist schon mehrspaltig

7. Ein Blick auf das fertige Kombinationsfeld wie in Abbildung 9.10 macht deutlich, dass da noch optischer Verbesserungsbedarf besteht: Die Spalten sind zu schmal und die Postleitzahl sollte eigentlich gar nicht erscheinen. Geben Sie daher in der *Spaltenbreiten*-Eigenschaft alle gewünschten Spaltenbreiten durch Semikolon getrennt ein: *0,6cm;4cm;0cm;2cm*.

**HINWEIS** Sie können die Spaltenbreiten ohne *cm* als Einheit eingeben, dies wird beim Verlassen des Feldes ergänzt. Falls Sie statt *0,6* den Wert *0,5* benutzen, werden Sie einen Rundungsfehler von Access sehen, der daraus dann *0,501* macht.

Unabhängig davon haben Sie sicherlich bemerkt, wie Spalten ausgeblendet werden können, indem Sie deren Spaltenbreite einfach auf *0cm* stellen.

Abbildg. 9.11    Die Spaltenbreiten sind besser, aber noch nicht optimal

8. Damit Sie diese Liste mit den schon angepassten Spaltenbreiten besser lesen können, gäbe es natürlich die Möglichkeit, die *mithtlIDRef*-Spalte insgesamt breiter zu ziehen. Da der eigentliche Wert jedoch nur aus einer Zahl besteht, sollte nicht die Spalte, sondern das ganze Kombinationsfeld breiter werden.

9. Ändern Sie dazu im Entwurf die *Listenbreite*-Eigenschaft von *Automatisch* auf einen konkreten Wert. Dieser ergibt sich sinnvollerweise aus der Summe der einzelnen Spaltenbreiten, hier also (0,6+4+0+2 = 6,6) aufgerundet *7cm*. Jetzt ist die Liste wesentlich benutzerfreundlicher, wie die Abbildung 9.12 zeigt.

Abbildg. 9.12    So passt die Listenbreite zu den Spalten

Sie können nun Testdaten eingeben, wie sie in Tabelle 9.4 zu sehen sind. Denken Sie bitte daran, dass *mitID* ein *AutoWert*-Feld ist und dessen Inhalt automatisch erzeugt wird.

## So entwerfen Sie die Mitarbeitertabelle

**CD-ROM** Um Ihnen das Nachvollziehen der weiteren Schritte in diesem Kapitel zu erleichtern, finden Sie innerhalb der Beispieldateien zu diesem Buch im Ordner *Kap09* eine Datenbank, die bereits die Änderungen bis hierhin enthält. Laden Sie einfach die betreffende Datenbank, um mit der Arbeit in diesem Kapitel zu beginnen.

Tabelle 9.4   Daten für die Tabelle *tblMitarbeiter*

| mitID | mithtlIDRef | mitVorname | mitNachname | mitTelefon |
|---|---|---|---|---|
| 1 | 1 | Andrea | Wichert | 2199 |
| 2 | 1 | Andreas | Viebranz | 2458 |
| 3 | 4 | Axel | Thimm | 3369 |
| 4 | 4 | Christian | Stolp | 4567 |
| 5 | 4 | Claudia | Steinweger | 3469 |
| 6 | 3 | Claudia | Schorsch | 4568 |
| 7 | 1 | Cornelia | Schmitz | 7412 |
| 8 | 2 | Detlev | Schäfer | 1129 |
| 9 | 2 | Fritz | Pfaff | 3458 |
| 10 | 2 | Dieter | Pawlowsky | 4658 |
| 11 | 3 | Henry | Niebuhr | 4456 |
| 12 | 2 | Gabriele | Neubauer | 3444 |
| 13 | 2 | Inge | Mönks | 1198 |
| 14 | 4 | Ingo | Mauer | 6840 |
| 15 | 2 | Joachim | Maier-Schwendlein | 1358 |
| 16 | 3 | Klaus | Mahnke | 2440 |
| 17 | 2 | Lorenz | Lang | 3496 |
| 18 | 3 | Marina | Landhuis | 6613 |
| 19 | 3 | Marion | Lackner | 1354 |
| 20 | 2 | Mathias | Krebs | 4671 |
| 21 | 3 | Michael | Koch | 1120 |
| 22 | 4 | Michael | Karcher | 4055 |
| 23 | 1 | Olgo | Horrich | 3800 |
| 24 | 1 | Ralf | Horrich | 3801 |
| 25 | 3 | Ralf | Heyden | 4656 |
| 26 | 2 | Rebecca | Hertlein | 4459 |
| 27 | 2 | Renate | Hedler | 3477 |
| 28 | 4 | Renate | Götzki | 1004 |

## Kapitel 9  Datenbank entwerfen

**Tabelle 9.4**  Daten für die Tabelle *tblMitarbeiter* (Fortsetzung)

| mitID | mithtlIDRef | mitVorname | mitNachname | mitTelefon |
|---|---|---|---|---|
| 29 | 4 | Rüdiger | Geissler | 1348 |
| 30 | 4 | Sigmar | Fritsch | 4335 |
| 31 | 4 | Udo | Förster | 4685 |
| 32 | 2 | Ulrike | Breustedt | 4357 |
| 33 | 3 | Ute | Badberg | 6604 |
| 34 | 1 | Wolf-Michael | Angerhausen | 3012 |

**HINWEIS**  Selbstverständlich handelt es sich sowohl bei den Namen als auch den Fotos um fiktive Personen. Die *mitID* geben Sie nicht ein, sie wird ja automatisch erzeugt.

## So legen Sie den Hyperlink zum Foto an

Auch in dieser Tabelle fehlen noch die Bilder. Es gibt deutlich mehr Datensätze als bei den Hotels und möglicherweise auch häufigere Änderungen an den Fotos, daher ist es sinnvoll, die Bilder extern zu speichern.

Wenn Sie VBA-Programmierung vermeiden wollen, können Sie die Bilder wie hier als Hyperlink hinterlegen, dann wird beim Anklicken die Datei samt passendem Programm geladen:

1. Nach einem Klick mit der rechten Maustaste in das Feld *mitFoto* rufen Sie im Kontextmenü den Befehl *Hyperlink/Hyperlink bearbeiten* auf und sehen dann das Dialogfeld aus Abbildung 9.13.

**Abbildg. 9.13**  In diesem Dialogfeld wählen Sie die Datei für den Hyperlink aus

2. Wählen Sie die gewünschte Datei (im Unterverzeichnis *Mitarbeiter* der Beispieldateien) aus und bestätigen Sie das Dialogfeld mit *OK*.
3. Sie finden nun den Dateinamen inklusive Pfad im *Hyperlink*-Feld *mitFoto* gespeichert. Wenn die Datei sich wie hier in einem Unterverzeichnis der Datenbank befindet, steht darin ein relativer Pfad, sodass die Datenbank samt Bildern auch woanders hinkopiert werden könnte.

## So entwerfen Sie die Mitarbeitertabelle

Abbildg. 9.14    Die Dateien sind samt Pfad im Hyperlink-Feld gespeichert

Um später ein Foto zu sehen, müssen Sie lediglich mit der Maus auf den Hyperlink klicken. Da Hyperlinks, also letztlich das Öffnen einer unbekannten Datei, ein Sicherheitsrisiko darstellen, erfolgt dabei von Access eine Warnung ähnlich der in Abbildung 9.15. Sie müssen diese mit *Ja* bestätigen, damit das Bild angezeigt wird.

Abbildg. 9.15    Beim Öffnen eines Hyperlinks erfolgt ein Warnhinweis

Danach startet das Programm, welches in Windows für die angegebene Dateiendung eingetragen ist. In diesem Fall ist es für *.jpg*-Dateien der Internet Explorer.

Abbildg. 9.16    Der Internet Explorer zeigt das Bild an

# So fügen Sie mehrere Fotos ein

Mit diesem *Hyperlink*-Feld können Sie der Person maximal ein Foto zuordnen. Was aber tun Sie, wenn mehrere Bilder vorliegen und diese auch verfügbar sein sollen? Dann richten Sie ein Feld mit dem *Anlage*-Datentyp ein.

**ACHTUNG** Felder mit dem Datentyp *Anlage* können nachträglich nicht mehr im Entwurf geändert werden, um daraus einen anderen Datentyp zu machen.

1. Ergänzen Sie den Tabellenentwurf von *tblMitarbeiter* um ein neues Feld *mitWeitereFotos* und wählen den Felddatentyp *Anlage* aus.
2. Tragen Sie als *Beschriftung*-Eigenschaft *mitWeitereFotos* ein, weil ein *Anlage*-Feld ja sonst nur die Büroklammer als Titel hat. Damit sind überall noch die echten Feldnamen zu sehen.
3. Wechseln Sie in die Datenblattansicht und ergänzen Sie nach Belieben für wenigstens einen Datensatz mehrere Fotos, indem Sie in dessen Kontextmenü *Anlagen verwalten* anklicken, wie es in Abbildung 9.17 zu sehen ist.

Abbildg. 9.17   Im Feld *mitWeitereFotos* sind nun zusätzliche Bilder gespeichert

Sie werden später bei den Formularen sehen, dass dieses Feld dort schon alle Fähigkeiten des »Weiterblätterns« zum nächsten Foto besitzt.

**HINWEIS** Sie können selbstverständlich alle Arten von Dateien speichern. Es liegt zufällig an den hier benutzten Fotos, dass es alles *.jpg*-Dateien sind.

Auch Dateien, die in einem *Anlage*-Feld enthalten sind, lassen sich mit dem Originalprogramm weiterverarbeiten:

1. Öffnen Sie dazu für dieses Feld das Dialogfeld zum Kontextmenübefehl *Anlagen verwalten* (das geht übrigens auch per Doppelklick auf das Feld).
2. Markieren Sie die gewünschte Datei in der Liste und klicken Sie auf die Schaltfläche *Öffnen*.
3. Sollte dabei die Datei mit der Windows-Fotoanzeige angezeigt werden, welche keine Bearbeitung zulässt, können Sie dort das Menü *Öffnen/Paint* aufrufen (siehe Abbildung 9.18).

**Abbildg. 9.18**  Von der Windows-Fotoanzeige aus lässt sich Paint starten

4. Daraufhin wird das Bild zusätzlich mit Paint zum Bearbeiten geöffnet. Hier können Sie wie in Abbildung 9.19 alle Änderungen vornehmen und die Datei wie gewohnt speichern.

**Abbildg. 9.19**  Bearbeiten Sie das Bild wie gewohnt in Paint

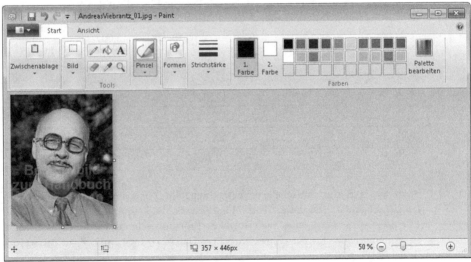

5. Erst wenn Sie sowohl Paint als auch die Fotoanzeige und schließlich das Dialogfeld zur Verwaltung der Anlagen geschlossen haben, erscheint eine Rückfrage von Access, ob diese so geänderte Datei nun auch in der Datenbank gespeichert werden soll.

**Abbildg. 9.20** Diese Rückfrage erscheint, wenn Sie eine Datei des *Anlage*-Feldes geändert haben

Damit ist das geänderte Bild in der Datenbank enthalten.

# So entwerfen Sie die Extratabelle

Ein Teil der Informationen zu den Mitarbeitern soll nicht für jeden erreichbar sein und existiert vor allem nicht für jeden Mitarbeiter. Stünden diese Daten nun in der gleichen Tabelle, wären differenzierte Zugriffsrechte nicht möglich.

**ACHTUNG** Seit Access 2007 fehlt eine früher enthaltene Funktionalität der Software: die Zugriffsrechte. Wer eine ernsthafte Rechteverwaltung benötigt, muss die Tabellen als Backend in Microsoft SQL Server speichern, dessen Zugriffsschutz nutzen und dann mit einem Access-Frontend verknüpfen.

Daher gibt es hier eine eigene Tabelle, welche nur die verbliebenen Informationen enthält zum maximalen Bestellwert und der Erlaubnis, auch Möbel beziehungsweise Küchengeräte zu bestellen. So gesehen ist sie auch nur eine Tabelle mit Fremdschlüssel auf den Primärschlüssel *mitID*, aber sie wird etwas anders funktionieren.

**Tabelle 9.5** Tabelle *tblExtras* mit Feldliste

| tblExtras | |
|---|---|
| xtrmitIDRef | Zahl Long |
| xtrMaxBestellwert | Währung |
| xtrMoebel | Ja/Nein |
| xtrKuechengeraete | Ja/Nein |

Wenn Sie die Feldliste in Tabelle 9.5 betrachten, fällt Ihnen als Unterschied zu den bisherigen Tabellen sicherlich auf, dass der Primärschlüssel dieses Mal kein *AutoWert*, sondern ein einfacher *Long*-Datentyp ist. Sie könnten es auch umgekehrt formulieren: der Fremdschlüssel zur anderen Tabelle ist gleichzeitig der Primärschlüssel für diese Daten. Das wird später wichtig werden, wenn es um Beziehungen geht.

Eigentlich müssten Sie jetzt auch in dieser Tabelle Daten eintragen, indem Sie passend zur *mitID* des Mitarbeiters Werte eintragen. Das geht aber (in Kapitel 18) viel eleganter, wenn die richtige Beziehung angelegt ist, deswegen verzichten wir erst einmal darauf.

# So entwerfen Sie die Kategorietabelle

Bevor Sie nun für das eigentliche Bestellsystem eine Liste der zur Auswahl stehenden Artikel anlegen, sollten Sie vorbereiten, dass diese in Kategorien zusammengefasst werden.

Das erleichtert nicht nur dem Benutzer später die Vorauswahl, sondern Ihnen auch die Angabe, ob der betreffende Artikel eventuell als Küchengerät oder Möbelstück bestimmten Bestelleinschränkungen unterliegt. Diese Angabe wird nicht an den einzelnen Artikel, sondern an die Kategorie gebunden und muss daher viel seltener angegeben werden.

**HINWEIS**   Natürlich arbeitet eine echte Artikeldatenbank nicht mit einer einzigen Kategorie, sondern mit mehrstufigen Unterkategorien wie »Gläser, Geschirr, Besteck«, »Geschirr«, »Teller«, »Teller flach«, »Herstellername« und darin erst dem eigentlichen Artikel »Teller 28cm«. Außerdem ist es dort oft möglich, Artikel (dank m:n-Beziehungen) verschiedenen Kategorien zuzuordnen, also sowohl als »Teller« wie auch als »Restaurantbedarf« oder als »Sonderaktion«.

Das hätte aber nur den Schreibaufwand erheblich erhöht und keine neuen Erkenntnisse gebracht, daher bleibt die Kategorien-Hierarchie hier so flach.

Die Kategorie muss, abgesehen von einer eindeutigen ID, eigentlich nur einen Namen haben und zwei Felder, in denen festgehalten wird, ob diese Kategorie von der Bestelleinschränkung für manche Mitarbeiter betroffen ist.

| Kategorie-Tabelle |
| --- |
| Eindeutige ID |
| Name der Kategorie |
| Relevanz für Möbelbestellung |
| Relevanz für Küchengerätebestellung |

Daher lässt sich diese Liste praktisch sofort umsetzen in die Feldnamen der Tabelle.

Inzwischen können Sie den Tabellenentwurf so gut erstellen, dass ich auf die detaillierten Angaben verzichten kann und Sie einfach den Vorgaben der Tabelle 9.6 folgen.

**Tabelle 9.6**   Tabelle *tblKategorien* mit Feldliste

| tblKategorien | |
| --- | --- |
| katID | AutoWert |
| katName | Text 30 |
| katIstMoebel | Ja/Nein |
| katIstKuechengeraet | Ja/Nein |

Wie Sie sehen werden, ist der Standardwert der beiden *Ja/Nein*-Felder mit *0* (das entspricht *Nein*) vorbesetzt, sodass dieser für die meisten Kategorien bereits richtig ist.

**Abbildg. 9.21** So sieht der Tabellenentwurf für *tblKategorien* aus

Wenn Sie fertig sind, sollte Ihr Tabellenentwurf der Abbildung 9.21 entsprechen, den Sie unter *tblKategorien* speichern. Geben Sie in der Datenblattansicht anschließend die in Tabelle 9.7 enthaltenen Werte ein.

**Tabelle 9.7** Daten für die Tabelle *tblKategorien*

| katID | katName | katIstMoebel | katIstKuechengeraet |
|---|---|---|---|
| 1 | Gläser, Geschirr, Besteck | Nein | Nein |
| 2 | Pizza-Zubehör | Nein | Ja |
| 3 | Zubehör, Kleinteile | Nein | Nein |
| 4 | Möbel | Ja | Nein |
| 5 | Bad-Accessoires | Nein | Nein |
| 6 | Bad-Möbel | Ja | Nein |
| 7 | Sonstiges | Nein | Nein |
| 8 | Küchengeräte | Nein | Ja |

Die Sortierung der Kategorie-Namen ist in der Tabelle uninteressant, das ist später eine Aufgabe für eine Abfrage.

# So entwerfen Sie die Farbentabelle

Im Vorgriff auf die gleich noch zu erstellende Artikeltabelle wird dort eine Liste der möglichen Farben gebraucht. Anstatt ein solches mehrwertiges Feld wie in Kapitel 8 nur mit einer Wertliste zu füllen, soll hier eine »ordentliche« Tabelle die Daten liefern.

## So entwerfen Sie die Farbentabelle

Das ist eine typische Nachschlagetabelle, wie sie im Laufe eines Datenbank-Entwurfs immer wieder benötigt wird. Solche Tabellen bestehen wie auch hier meistens nur aus einer ID und einer Bezeichnung. Daher können Sie direkt die Feldliste wie in Tabelle 9.8 vorgeben.

**Tabelle 9.8** Tabelle *tblFarben* mit Feldliste

| tblFarben | |
|---|---|
| frbID | AutoWert |
| frbName | Text 30 |

In Abbildung 9.22 sehen Sie die dort enthaltenen Daten.

**Abbildg. 9.22** Die Tabelle *tblFarben* enthält nur wenige Werte

Nachdem die Kategorien und die Farben zur Verfügung stehen, können Sie sich mit der Artikeltabelle beschäftigen. Auch diese wird stark vereinfacht sein. So können beispielsweise zu allen Artikeln die gleichen Farbvarianten ausgewählt werden, obwohl in Wirklichkeit manche Artikel nur silbern oder golden und andere vielleicht nur buntfarbig angeboten werden.

Zu den Artikeln sollen diese Informationen gespeichert werden:

| Artikel-Tabelle |
|---|
| Eindeutige ID |
| Artikel-Name |
| Gehört zur Kategorie ... |
| Preis |
| Farbe |

**ACHTUNG** Dass die Speicherung des Artikelpreises in dieser Tabelle ein zwar häufiger, aber dennoch krasser Verstoß gegen die dritte Normalform (Historie) ist, ist Ihnen hoffentlich aufgefallen. Der Preis bleibt trotzdem hier im Datensatz, weil ich ja in Kapitel 7 versprochen hatte, dafür eine praxisnahe Lösung zu zeigen. In dieser Datenbank sollen also gleichzeitig aktuelle Preise geändert werden dürfen und trotzdem die alten Verkaufspreise ermittelbar sein.

## Kapitel 9  Datenbank entwerfen

Die obigen Überlegungen führen zu den entsprechenden Feldern in Tabelle 9.9, wobei ich immer die Reihenfolge *Primärschlüssel-Fremdschlüssel-Sonstige* einhalte, weshalb die Zuordnung zur Kategorie eine Position nach oben wandert.

**Tabelle 9.9**  Tabelle *tblArtikel* mit Feldliste

| tblArtikel | |
|---|---|
| artID | AutoWert |
| artkatIDRef | Zahl Long |
| artName | Text 30 |
| artPreis | Währung |
| artFarbe | Zahl Long mehrwertig |

Der Tabellenentwurf bis hin zum *artPreis*-Feld sollte inzwischen ohne Probleme erfolgen. Denken Sie bitte daran, auf der Registerkarte *Nachschlagen* für *artkatIDRef* ein Kombinationsfeld anzulegen, was die Auswahl der Kategorie später erleichtert. Die weiteren Einstellungen zu *artkatIDRef* entnehmen Sie bitte Abbildung 9.23.

**Abbildg. 9.23**  Der Tabellenentwurf für *tblArtikel* ist fast fertig

Für das *artFarbe*-Feld ist bereits ein *Long*-Feld angelegt, weil die Farben in *tblFarben* mit einem *AutoWert*-Primärschlüssel gespeichert wurden. Damit es ein mehrwertiges Feld wird, braucht es noch ein paar Einstellungen:

1. Wechseln Sie für das Feld bitte auf die Registerkarte *Nachschlagen* und wählen Sie dort als *Steuerelement anzeigen*-Eigenschaft den Eintrag *Kombinationsfeld* aus.
2. In der *Datensatzherkunft* wählen Sie aus der Liste die Tabelle *tblFarben*.

## So entwerfen Sie die Farbentabelle

3. Damit der Farbname zu sehen ist, benötigen Sie als *Spaltenanzahl* den Wert *2*, verstecken aber die erste Spalte in *Spaltenbreiten* mit *0cm;3cm*. Die gesamte *Listenbreite* sollte noch passend auf *3cm* eingestellt werden.

> **PROFITIPP** Falls eine importierte oder verknüpfte Tabelle mal ihren Primärschlüssel nicht in der ersten Spalte hat, ändern Sie die *Gebundene Spalte*-Eigenschaft. Diese gibt an, welche Spalte aus der Liste tatsächlich an die zugrunde liegende Tabelle zurückgegeben wird. Ich organisiere meine Tabellen aber immer so, dass der Primärschlüssel in der ersten Spalte steht.

4. Die Eingabe eigener Farbnamen ist so nicht möglich, weil zu dem Namen ein neuer *frbID*-Auto-Wert erzeugt werden müsste. Daher können Sie die Eigenschaft *Nur Listeneinträge* auf *Ja* einstellen. Dadurch erscheint bei manuellen Eingaben, die nicht in der Liste stehen, die Meldung aus Abbildung 9.24.

**Abbildg. 9.24** Diese Fehlermeldung erscheint wegen der *Nur Listeneinträge*-Eigenschaft

5. Bis dahin entsprechen die Einstellungen weitgehend einem »normalen« Kombinationsfeld. Setzen Sie nun bitte die Eigenschaft *Mehrere Werte zulassen* auf *Ja* um.
6. Nachdem Sie die Tabelle gespeichert haben, sollte in der Datenblattansicht eine Auswahl wie in Abbildung 9.25 möglich sein.

**Abbildg. 9.25** Es lassen sich mehrere Farben gleichzeitig auswählen

Sie können anschließend die Daten aus Tabelle 9.10 eingeben, wobei die Kategoriebezeichnungen in *artkatIDRef* aus Platzgründen gekürzt wurden.

> **CD-ROM** Um Ihnen das Nachvollziehen der weiteren Schritte in diesem Kapitel zu erleichtern, finden Sie innerhalb der Beispieldateien zu diesem Buch im Ordner "Kap09" eine Datenbank, die bereits die Änderungen bis hierhin enthält. Laden Sie einfach die betreffende Datenbank, um mit der Arbeit in diesem Kapitel fortzufahren.

**Tabelle 9.10**  Daten für die Tabelle *tblArtikel*

| artID | artkatIDRef | artName | artPreis | artFarbe |
|---|---|---|---|---|
| 1 | Gläser, ... | Kinderlöffel | 0,98 € | silbern/messing |
| 2 | Gläser, ... | Kindergabel | 1,03 € | silbern/messing |
| 3 | Gläser, ... | Kindermesser | 1,03 € | silbern/messing |
| 4 | Gläser, ... | Fischmesser | 2,30 € | silbern/messing |
| 5 | Gläser, ... | Tafelmesser | 1,87 € | silbern/messing |
| 6 | Gläser, ... | Menümesser | 1,68 € | silbern/messing |
| 7 | Gläser, ... | Menügabel | 1,68 € | silbern/messing |
| 8 | Gläser, ... | Menülöffel | 1,24 € | silbern/messing |
| 9 | Gläser, ... | Kuchengabel | 0,76 € | silbern/messing |
| 10 | Gläser, ... | Rotweinglas | 3,20 € | |
| 11 | Gläser, ... | Weißweinglas | 3,20 € | |
| 12 | Gläser, ... | Blumenvase klein | 6,90 € | |
| 13 | Gläser, ... | Blumenvase mittel | 8,10 € | |
| 14 | Gläser, ... | Blumenvase groß | 13,24 € | |
| 15 | Zubehör, ... | Rezeptionsglocke Ganzmetall | 5,46 € | |
| 16 | Zubehör, ... | Rezeptionsglocke mit Holzfuß | 4,99 € | |
| 17 | Zubehör, ... | Klemmbrett | 1,22 € | |
| 18 | Zubehör, ... | Stift-Box | 0,88 € | |
| 19 | Zubehör, ... | Besen | 4,80 € | |
| 20 | Zubehör, ... | Grabegabel | 7,20 € | |
| 21 | Zubehör, ... | Schaufel | 6,20 € | |
| 22 | Zubehör, ... | Rechen | 4,99 € | |
| 23 | Küchengeräte | Aufschnittmaschine | 328,00 € | |
| 24 | Küchengeräte | Fleischwolf | 294,00 € | |
| 25 | Küchengeräte | Kartoffelschälmaschine | 183,50 € | |
| 26 | Pizza-Zub... | Pizzablechstapler | 82,15 € | |
| 27 | Pizza-Zub... | Pizzaofen | 792,36 € | |
| 28 | Möbel | Stehtisch Bistro | 48,13 € | |
| 29 | Möbel | Stapelsessel Toskana | 73,56 € | |
| 30 | Möbel | Hochlehnersessel Toskana | 102,77 € | |
| 31 | Möbel | Tisch Toskana | 288,00 € | |
| 32 | Möbel | Klapptisch Toskana | 78,44 € | |

Tabelle 9.10   Daten für die Tabelle *tblArtikel* (Fortsetzung)

| artID | artkatIDRef | artName | artPreis | artFarbe |
|---|---|---|---|---|
| 33 | Bad-Acc... | Halterung für Seifenspender | 2,78 € | |
| 34 | Bad-Acc... | Kosmetiktücher | 0,38 € | |
| 35 | Bad-Acc... | Papierhandtücher | 14,03 € | |
| 36 | Bad-Acc... | Spender für Papierhandtücher | 28,40 € | |
| 37 | Bad-Möbel | Badezimmer-Hocker | 25,19 € | |
| 38 | Bad-Möbel | Badezimmer-Stuhl | 41,90 € | |
| 39 | Sonstiges | Gepäckkarre | 456,00 € | |
| 40 | Küchengeräte | Gläserspülmaschine | 792,30 € | |
| 41 | Küchengeräte | Spültisch | 485,21 € | |
| 42 | Küchengeräte | Eiswürfelbereiter | 849,50 € | |

Ihnen ist vielleicht schon aufgefallen, dass ein Foto des Artikels gar nicht gespeichert wird, weder als *Anlage*-Feld noch als *Hyperlink*. Das fehlt absichtlich, denn bei dieser Tabelle möchte ich Ihnen zeigen, wie externe Bilder automatisch hinzugeladen werden können. Dies benötigt allerdings außer einem Formular auch noch ein wenig VBA-Programmierung und wird daher erst später in Kapitel 37 erneut aufgegriffen.

# So entwerfen Sie die Bestellungentabelle

Als letzte Tabelle bleibt noch die eigentliche Bestellung übrig. Die folgende Liste zeigt alle Informationen, die in der Tabelle gespeichert werden sollen.

| Bestellungentabelle |
|---|
| Eindeutige ID |
| Mitarbeiter, der den Artikel bestellt |
| bestellter Artikel |
| Bestelldatum |
| Bestellmenge |
| Ob und wann die Bestellung geliefert wurde |

Die eindeutige ID als Primärschlüssel wird zwar nirgends von einem Fremdschlüssel benötigt, trotzdem sollte auch hier jeder Datensatz eindeutig identifizierbar sein.

Die Angabe, ob ein Artikel geliefert wurde, lässt sich am einfachsten darüber klären, ob ein Lieferdatum gespeichert wird. Weitergehende Feinheiten, ob das Lieferdatum eingehalten oder die Lieferung angenommen oder zurückgesendet und erneut ausgeliefert wurde, lassen sich mit so einer einfachen Struktur nicht ermitteln. Es soll ja auch noch übersichtlich bleiben.

Damit können wir eigentlich auch schon die Felder und deren Datentypen wie in Tabelle 9.11 festlegen.

**Tabelle 9.11**   Tabelle *tblBestellungen* mit Feldliste

| tblBestellungen | |
|---|---|
| bstID | AutoWert |
| bstmitIDRef | Zahl Long |
| bstartIDRef | Zahl Long |
| bstBestelldatum | Datum |
| bstMenge | Zahl Integer |
| bstLieferdatum | Datum |
| bstPreis | Währung |

Die Entscheidung, den Datentyp von *bstMenge* auf *Integer* festzulegen, ist fast beliebig. Die »Einschränkung« besteht darin, dass ein Mitarbeiter maximal rund 32.000 Messer oder Pizzaöfen pro Datensatz bestellen kann. Wenn Sie Platz sparen wollen, können Sie das mit *Byte* auf 255 beschränken, das dürfte wohl auch noch reichen.

Haben Sie bemerkt, dass sich ein *bstPreis* in die Feldliste geschlichen hat, der in der ursprünglichen Planung gar nicht vorkam? Das ist die Lösung zum Historienproblem, weil der Artikelpreis ja unerlaubterweise beim Artikel steht und damit die dritte Normalform verletzt.

Bei jeder Bestellung wird einfach der aktuelle Artikelpreis von *artPreis* in das *bstPreis*-Feld kopiert, entweder mit einer später noch zu erläuternden Aktualisierungsabfrage (Kapitel 21) oder per Datenmakro (Kapitel 31). Damit kann auch bei zukünftigen Preisänderungen in *artPreis* jederzeit der damalige Verkaufspreis, nämlich in *bstPreis*, ermittelt werden.

Mit dieser Lösung wird in der größten Tabelle durch ein zusätzliches Feld Platz verbraucht. Allerdings sind Festplatten inzwischen so preiswert und schnell, dass der Platzverbrauch kein wirkliches Gegenargument ist.

Dafür wird das Datenbankdesign viel übersichtlicher, weil es keine zusätzliche Tabelle für die datumsabhängigen Preise gibt. Der Zugriff wird außerdem schneller, weil nicht zu einem Datum erst der nächst kleinere Wert mit dem Preis gefunden werden muss, sondern die Daten im gleichen Datensatz stehen.

**HINWEIS**   Wenn Sie diese Lösung ganz genau betrachten, werden Sie feststellen, dass damit die damaligen Preise nur von Artikeln ermittelt werden können, die auch verkauft wurden. Die Preise damals nicht verkaufter Artikel sind so nicht rekonstruierbar. Das sollte aber normalerweise kein Problem sein.

Für die beiden Fremdschlüssel *bstmitIDRef* und *bstartIDRef* stellen Sie auf der Registerkarte *Nachschlagen* bitte noch die passenden Kombinationsfelder ein, sodass die Daten aus den Tabellen *tblMitarbeiter* beziehungsweise *tblArtikel* sinnvoll angezeigt werden.

Sie sehen in Abbildung 9.26 die Einstellungen für das *bstmitIDRef*-Feld zum Nachschlagen der Mitarbeiter. Aus Platzgründen ist dort die Datensatzherkunft gekürzt, damit Sie den kompletten Inhalt sehen können. Statt *tblMitarbeiter.mitID* ist dort nur das Feld *mitID* genannt, was funktionsgleich ist.

**Abbildg. 9.26** Die Einstellungen für das *bstmitIDRef*-Feld

| Allgemein | Nachschlagen | |
|---|---|---|
| Steuerelement anzeigen | Kombinationsfeld | |
| Herkunftstyp | Tabelle/Abfrage | |
| Datensatzherkunft | SELECT mitID, mitNachname, mitVorname FROM tblMitarbeiter ORDER BY mitNachname, mitVorname; | |
| Gebundene Spalte | 1 | |
| Spaltenanzahl | 3 | Ein Feldname kann bis zu 64 Zeichen lang |
| Spaltenüberschriften | Nein | sein, einschließlich Leerzeichen. Drücken Sie |
| Spaltenbreiten | 0cm;5cm;3cm | F1, um Hilfe zu Feldnamen zu erhalten. |
| Zeilenanzahl | 16 | |
| Listenbreite | 8cm | |
| Nur Listeneinträge | Ja | |
| Mehrere Werte zulassen | Nein | |
| Wertlistenbearbeitung zulas: | Nein | |
| Bearbeitungsformular für Lis | | |
| Nur Datensatzherkunftswert | Nein | |

Die Einstellungen für das *bstartIDRef*-Feld sind sehr ähnlich, wie Sie in Abbildung 9.27 sehen können.

**Abbildg. 9.27** Die Einstellungen für das *bstartIDRef*-Feld

| Allgemein | Nachschlagen | |
|---|---|---|
| Steuerelement anzeigen | Kombinationsfeld | |
| Herkunftstyp | Tabelle/Abfrage | |
| Datensatzherkunft | SELECT tblArtikel.artID, tblArtikel.artName FROM tblArtikel ORDER BY tblArtikel.artName; | |
| Gebundene Spalte | 1 | |
| Spaltenanzahl | 2 | Ein Feldname kann bis zu 64 Zeichen lang |
| Spaltenüberschriften | Nein | sein, einschließlich Leerzeichen. Drücken Sie |
| Spaltenbreiten | 0cm;5cm | F1, um Hilfe zu Feldnamen zu erhalten. |
| Zeilenanzahl | 16 | |
| Listenbreite | 5cm | |
| Nur Listeneinträge | Ja | |
| Mehrere Werte zulassen | Nein | |
| Wertlistenbearbeitung zulas: | Nein | |
| Bearbeitungsformular für Lis | | |
| Nur Datensatzherkunftswert | Nein | |

# Performing

Für ein wirkliches Performing ist es noch ein wenig früh, aber einiges ist schon berücksichtigt worden. Beispielsweise beschleunigt der Trick mit dem *bstPreis* den Zugriff in großen Tabellen ebenso wie die Auslagerung vieler Mitarbeiterfotos in externe Dateien. Dadurch wird die Datenbank kleiner und kann entsprechend schneller gelesen werden.

> **PROFITIPP** Um ein Gefühl für die ungefähre Größe der Datenbank zu bekommen, sollten Sie wenigstens die umfangreichen Tabellen kurz nachrechnen. Für die Tabelle *tblBestellungen* wären das 38 Bytes je Datensatz (*AutoWert + Long + Long + Datum/Uhrzeit + Integer + Datum/Uhrzeit + Währung*, also 4 + 4 + 4 + 8 + 2+ 8 + 8) . Bestellt jedes Hotel (beziehungsweise deren Mitarbeiter) wöchentlich 30 Artikel etwa als Verbrauchsmaterial, dann ergibt das 6.240 Datensätze pro Jahr (30 Artikel * 4 Hotels * 52 Wochen). Das entspricht einem Speicherplatzbedarf von etwa 237 KB (0,038 KB * 6.240) plus noch ein paar internen Verwaltungsbytes für diese Tabelle.

Das Beschleunigen einer Datenbank wird oftmals in »gefühlter Zeit« gemessen. Sehr beliebt ist es beispielsweise, auf jedem Formular und Bericht das Firmen-Logo abzubilden.

Wenn das aber nicht vorher in einem Bildbearbeitungsprogramm vernünftig verkleinert worden ist, sondern etwa frisch aus dem Scanner als riesige TIFF-Datei eingefügt wurde, macht das nicht nur jedes Formular und jeden Bericht um einige Megabyte größer, sondern erzeugt schmerzhaft lange Ladezeiten. Da ist keineswegs der Datenzugriff das Problem, sondern das optische Überfrachten von Formularen oder Berichten.

Mindestens so langsam und vor allem überflüssig ist das oft gesehene Zwischenspeichern von berechneten Daten in Hilfstabellen, anstatt diese direkt aus Abfragen zu liefern. Das macht nicht nur mit jedem Löschen/Neuspeichern die Datenbank erheblich größer, sondern das physische Schreiben auf eine Festplatte ist auch mit Abstand die langsamste Aktion in Access.

Damit ist auch der nächste Punkt schon erwähnt: das Komprimieren. Falls in der Datenbank regelmäßig viele Daten gelöscht werden, muss ebenso regelmäßig komprimiert werden. Wie schon in den Kapiteln 6 und 8 erwähnt, finden Sie diese Funktion in der Backstage-Ansicht als Befehl *Datei/ Informationen/Datenbank komprimieren und reparieren*.

Das übrige Beschleunigungspotential steckt in der konkreten Organisation von Formular/Bericht-Steuerelementen oder den aufgerufenen Makros/VBA-Prozeduren und wird daher in den zugehörigen Kapiteln besprochen.

# Zusammenfassung

In diesem Kapitel haben wir uns den Entwurf einer konkreten Datenbank angesehen, um deren Datenbankdesign zu diskutieren:

- Die Entwicklung einer Datenbank erfolgt in den drei Schritten *Storming*, *Norming* und *Performing* (Seite 158).
- Für die Sammlung der benötigten Informationen, also dem *Storming* (Seite 158), werden alle Ideen relativ unsortiert aufgeschrieben.
- Erst mit dem *Norming* (Seite 161) werden diese strukturiert und als konkrete Felder in Tabellen zusammengefasst.
- Die *Hoteltabelle* (Seite 161) ist eine Tabelle, welche zu den Stammdaten des Hotels vor allem eine eindeutige ID liefert, auf die sich die Mitarbeitertabelle beziehen kann.
- Das *Hotellogo* (Seite 164) kann in dieser Tabelle wegen der geringen Menge an Datensätzen ausnahmsweise mal direkt als OLE-Objekt gespeichert werden.
- Die *Mitarbeiterdaten* (Seite 166) werden tatsächlich auf zwei Tabellen verteilt, damit ein Teil davon vertraulich behandelt werden kann:
    - Die »öffentlichen« Daten stehen in *tblMitarbeiter* (Seite 166), wobei das zugehörige Foto als Hyperlink erreichbar und außerhalb der Datenbank gespeichert ist. Weitere Fotos sind in einem *Anlage*-Feld gespeichert.
    - Die Tabelle *tblExtras* (Seite 176) enthält die vertraulichen Informationen zum Mitarbeiter.
- Die aufgelisteten Artikel sollen in *Kategorien* (Seite 177) zusammengefasst werden, welche in einer Tabelle beschrieben sind. Das ist zwar gegenüber einer echten Artikeldatenbank stark vereinfacht, reicht aber für unsere Zwecke.
- Ebenfalls als Vorbereitung für die Artikeltabelle sollen deren mögliche Farben nicht aus einer Wertliste stammen, sondern aus der erstellten Tabelle *tblFarben* (Seite 178).
- Die *Artikeltabelle* (Seite 178) enthält sowohl eine Referenz auf die Kategorien als auch die Farben. Ein Feld für ein Artikelfoto ist nicht enthalten, da dies später per VBA programmiert wird.
- Insgesamt die größte Tabelle wird *tblBestellungen* (Seite 183) sein. Dort ist der Artikelpreis ein zweites Mal enthalten, damit das Problem der Artikelpreishistorie gelöst werden kann. Das tatsächliche Kopieren des korrekten Preises aus der Artikeltabelle ist noch nicht gelöst.
- Der dritte Schritt des Datenbankdesigns, das *Performing* (Seite 185), ist teilweise schon geschehen. Andere Möglichkeiten der Beschleunigung hängen von Details in Formularen/Berichten oder der Programmierung ab und werden dort besprochen.

# Teil C
# Tabellen

| | | |
|---|---|---|
| Kapitel 10 | Tabellen entwerfen | 189 |
| Kapitel 11 | Umgang mit Datensätzen | 203 |
| Kapitel 12 | Beziehungen zwischen Tabellen | 215 |
| Kapitel 13 | Umgang mit Datenquellen | 227 |

# Kapitel 10

# Tabellen entwerfen

**In diesem Kapitel:**

| | |
|---|---:|
| Tabelle ändern | 190 |
| Felder ändern | 192 |
| Index | 197 |
| Zusammenfassung | 201 |

Nachdem wir im vorherigen Kapitel schon die Tabellen einer Beispieldatenbank angelegt haben, gibt es doch noch ein paar Möglichkeiten mehr, die in Tabellen beziehungsweise deren Feldern stecken und bisher nicht erwähnt wurden. Damit wird sich dieses Kapitel ausführlich beschäftigen.

# Tabelle ändern

Selbst wenn Sie den Tabellenentwurf sorgfältig vorher geplant haben, ändert sich während der Erstellung einer Datenbank doch schon mal etwas. Daher können Sie auch nachträglich Änderungen an Tabellen vornehmen.

## Tabelle löschen

Eine Tabelle löschen Sie so, wie es zu erwarten ist: Sie markieren den Namen im Navigationsbereich und drücken die `Entf`-Taste. Alternativ können Sie per Rechtsklick das Kontextmenü anzeigen lassen und dort *Löschen* anklicken. Im Menüband ist der Befehl etwas eigenwillig unter *Start/Datensätze/Löschen* einsortiert.

## Tabelle umbenennen

Damit Sie eine Tabelle umbenennen dürfen, muss sie sowohl selber geschlossen sein (Entwurf ebenso wie Datenblattansicht) als auch alle abhängigen Objekte wie Abfragen, Formulare oder Berichte, die auf ihre Daten zugreifen.

Sie können auf den Tabellennamen im Navigationsbereich einen Rechtsklick ausführen und im Kontextmenü *Umbenennen* auswählen. Alternativ funktioniert auch die `F2`-Taste.

## Tabelle kopieren

Eigentlich ist das Kopieren von Tabellen unnötig. Grundsätzlich sollte es in einem Datenbankdesign nämlich keine ähnlichen Tabellen geben, denn dann wären die Daten besser in einer gemeinsamen Tabelle mit Unterscheidungsspalte enthalten.

Technisch funktioniert das Kopieren ganzer Tabellen aber so wie auch mit Dateien: Sie können bei gedrückt gehaltener `Strg`-Taste mit der ebenfalls gedrückt gehaltenen Maus den Namen über einen anderen Tabellennamen ziehen (nicht in den weißen Bereich unterhalb). Dann entsteht aus *tblBeispiele* automatisch eine Tabelle mit dem Namen *Kopie von tblBeispiele* mit allen Daten.

## Tabelle ausblenden

Tabellen lassen sich per Rechtsklick im Kontextmenü über den Befehl *In dieser Gruppe ausblenden* temporär aus dem Navigationsbereich entfernen und werden dann nicht mehr angezeigt.

Um sie wieder einzublenden, müssen allerdings die ausgeblendeten Objekte sichtbar gemacht werden. Dies geschieht über das Kontextmenü des Navigationsbereichs (rechter Mausklick auf den Fenstertitel *Alle Access-Objekte*) und dort den Eintrag *Navigationsoptionen*. Aktivieren Sie im Dialogfeld das Kontrollkästchen *Ausgeblendete Objekte anzeigen*.

Dann erst wird eine ausgeblendete Tabelle hellgrau angezeigt und Sie können wiederum per Rechtsklick im Kontextmenü den Befehl *In dieser Gruppe einblenden* anklicken.

## Tabellenentwurf öffnen

Um den Entwurf einer bereits vorhandenen Tabelle wieder zu öffnen, gibt es die in Abbildung 10.1 gezeigte Möglichkeit, per Rechtsklick auf den Namen ein Kontextmenü zu öffnen und dort auf *Entwurfsansicht* zu klicken.

**Abbildg. 10.1**  Wechseln Sie per Kontextmenü in die Entwurfsansicht

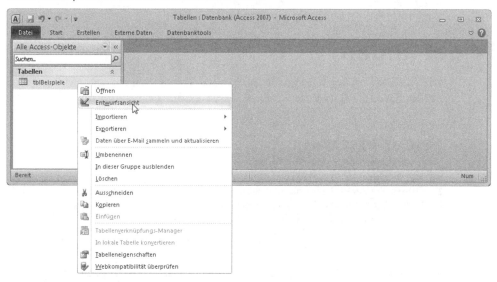

Ist der Tabellenname im Navigationsbereich markiert, können Sie die Entwurfsansicht auch mit `Strg`+`↵` öffnen. Die einfache `↵`-Taste hingegen öffnet immer die Datenblattansicht.

**ACHTUNG**  Der früher mögliche Doppelklick auf den Namen bei gleichzeitig gedrückter `Strg`-Taste führt leider nicht mehr zum Entwurfsfenster.

Ist die Tabelle bereits in der Datenblattansicht geöffnet, führt der offizielle Weg über den Befehl *Start/Ansichten/Entwurfsansicht*. Schneller, vor allem bei ausgeblendetem Menüband, ist ein Rechtsklick auf die Registerkarte des Dokumentregisters wie in Abbildung 10.2. Dort wählen Sie im Kontextmenü dann die *Entwurfsansicht*.

**Abbildg. 10.2** Nutzen Sie das Kontextmenü auf der Registerkarte

**PROFITIPP** Zum schnellen Wechsel zwischen verschiedenen Tabellenansichten kann auch die Tastenkombination `Strg`+`.` genutzt werden.

# Felder ändern

Wie Sie Felder anlegen, haben Sie im vorigen Kapitel schon ausführlich gesehen. In diesem Abschnitt wird gezeigt, wie Sie bestehende Felder nachträglich bearbeiten können.

## Felder löschen

Selbstverständlich können Sie Felder auch wieder löschen, wenn Sie deren Inhalt nicht mehr benötigen:

1. Öffnen Sie den Tabellenentwurf der jeweiligen Tabelle. Achten Sie darauf, dass keine anderen Fenster beziehungsweise Dokumentregister offen sind. Während diese auf die Tabelle zugreifen, können Änderungen nicht gespeichert werden.

2. Klicken Sie auf den Zeilenkopf links vom Feldnamen. Der Mauszeiger erscheint dort als ein nach rechts zeigender, schwarzer Pfeil.

3. Nachdem die Zeile mit dem Feldnamen orange markiert ist, können Sie das Feld einfach mit der `Entf`-Taste oder dem Befehl *Tabellentools/Entwurf/Tools/Zeilen löschen* entfernen.

Access prüft dabei, ob in der Tabelle bereits Daten enthalten sind, denn alle Inhalte der jeweiligen Spalte werden durch das Löschen des Feldes ebenfalls entfernt. Sie müssen dann die Warnmeldung aus Abbildung 10.3 bestätigen.

**Abbildg. 10.3** Beim Löschen von Feldern erscheint diese Warnmeldung

## Felder verschieben

Auch die Reihenfolge der Felder lässt sich anpassen, indem Sie diese einfach verschieben:

1. Markieren Sie im Tabellenentwurf das Feld wie eben durch Klick auf seinen Zeilenkopf links. Lassen Sie die Maus wieder los.
2. Halten Sie danach auf dem Zeilenkopf die Maus gedrückt und verschieben Sie das Feld an die neue Position. Während des Verschiebens sehen Sie einen dicken schwarzen Strich für die zukünftige Einfügeposition und einen speziellen Mauszeiger wie in Abbildung 10.4.

**Abbildg. 10.4** Ein spezieller Mauszeiger zeigt das Verschieben an

## Felder umbenennen

Haben Sie sich bei einem Feldnamen vertippt, können Sie den Namen einfach anklicken und direkt im Entwurf ändern. Das Tastenkürzel [F2] wechselt ebenfalls in den Änderungsmodus für Feldnamen.

**ACHTUNG** Wenn Sie Feldnamen ändern, aber bereits Abfragen, Formulare oder Berichte auf dieser Tabelle basieren, müssen Sie diese ebenfalls anpassen. Zumindest dann, wenn Sie in den Datenbankoptionen das Kontrollkästchen *Objektnamenautokorrektur ausführen*, wie in Kapitel 6 empfohlen, deaktiviert haben.

## Felder kopieren

Manchmal gibt es Felder, die sich in ihren Eigenschaften sehr ähnlich sind. Dann ist es am praktischsten, diese einfach zu kopieren:

1. Klicken Sie im Entwurf auf den Zeilenkopf, öffnen per Rechtsklick das Kontextmenü und wählen dort *Kopieren* (siehe Abbildung 10.5).

Abbildg. 10.5   Kopieren Sie Felder über das Kontextmenü

2. Anschließend markieren Sie den Zeilenkopf eines (leeren!) Feldes und wählen dort im Kontextmenü den Befehl *Einfügen*.

Sie können statt der Kontextmenüs auch jeweils die Tastenkürzel [Strg]+[C] zum Kopieren und [Strg]+[V] zum Einfügen nutzen. Das Windows-übliche Verschieben bei gedrückter [Strg]-Taste funktioniert leider nicht.

Denken Sie anschließend immer daran, dass ein kopiertes Feld auch umbenannt werden muss, damit keine gleichnamigen Felder in einer Tabelle enthalten sind.

## Felder nachträglich hinzufügen

Ein neues Feld fügen Sie dem Entwurf einfach hinzu, indem Sie den Namen in der nächsten freien Entwurfszeile eintippen. Danach lässt es sich verschieben.
Alternativ können Sie mit dem Befehl *Tabellentools/Entwurf/Tools/Zeilen einfügen* vor der markierten Zeile eine leere Zeile einfügen.

> **HINWEIS**   Fügen Sie ein Feld nachträglich in einer Tabelle ein, die bereits Daten enthält, wird kein Standardwert dieses neuen Feldes für die schon vorhandenen Datensätze erstellt. Standardwerte gelten immer nur für neue Datensätze. Um auch alte Datensätze mit dem Standardwert zu füllen, brauchen Sie eine Aktualisierungsabfrage, wie Sie sie in Kapitel 21 kennenlernen werden.

## Felddatentyp ändern

Das Ändern des Felddatentyps kann ähnlich katastrophale Folgen haben wie die Verringerung der Feldgröße. Daher sollten Sie vorher immer eine Kopie der Datenbankdatei anlegen.

Access akzeptiert für die meisten Felddatentypen eine Änderung (aber nicht für *Anlage*- und mehrwertige Felder), bei einer Verkleinerung werden Sie jedoch möglicherweise Daten verlieren. Daher weist Sie Access mit der Warnmeldung aus Abbildung 10.6 darauf hin. Allerdings erst beim Speichern des Entwurfs.

**Abbildg. 10.6**  Diese Warnmeldung erscheint bei Änderung der Feldgröße oder des Felddatentyps

**HINWEIS**  Stellen Sie ein *Long*-Feld beispielsweise auf *Integer* um, werden alle Daten, die größer als 32.767 oder kleiner als –32.768 sind, durch NULL-Werte ersetzt. Sie sollten also vor einer solchen Änderung am besten mittels einer sortierten Abfrage herausfinden, ob solche problematischen Daten in der Tabelle enthalten sind. Ein Beispiel, wie sich die Länge enthaltener Texte feststellen lässt, finden Sie in Kapitel 15.

## Benutzerdefinierte Felder

Manche Felder werden in vielen Datenbanken immer wieder gebraucht, etwa für Adressen, die eine typische Kombination aus Vor-, Nachname, Postleitzahl, Ort und Straße enthalten. Solche Felder können Sie vorbereiten und bei Bedarf in Tabellen einfügen lassen.

**ACHTUNG**  Obwohl es sich dabei ganz klar um Änderungen am Tabellenentwurf handelt, sind die Befehle eigenartigerweise nur in der Datenblattansicht in der Registerkarte *Tabellentools/Felder* zu sehen. Damit der Befehl aktiv wird, müssen Sie in den Optionen in der Kategorie *Aktuelle Datenbank* in der Gruppe *Anwendungsoptionen* das Kontrollkästchen *Entwurfsänderungen für Tabellen in der Datenblattansicht aktivieren* angekreuzt haben.

1. Öffnen Sie dazu eine Tabelle mit den gewünschten Feldern in der Datenblattansicht. Hier benutze ich eine fiktive Kundentabelle wie in Abbildung 10.7.
2. Markieren Sie dort die Spalten *kndVorname* bis *kndStrasse*, indem Sie mit der Maus gedrückt von der Mitte des ersten Spaltenkopfs bis zum letzten ziehen (alternativ können Sie auch die erste Spalte anklicken und dann mit gedrückter ⇧-Taste die letzte zu markierende Spalte anklicken).

**Abbildg. 10.7**  Eine fiktive Kundentabelle mit Beispieldaten

3. Klicken Sie dann in *Tabellentools/Felder/Hinzufügen und Löschen* auf die Dropdownschaltfläche *Weitere Felder*. Im dort erscheinenden Menü wählen Sie den Befehl *Auswahl als neuen Datentyp speichern*.

**Abbildg. 10.8**  Beschreiben Sie mit diesem Dialogfeld die neuen Felder

4. Geben Sie im anschließend geöffneten Dialogfeld wie in Abbildung 10.8 den Namen und die Beschreibung für diesen Satz von Feldern an. Nach der Bestätigung mit *OK* nennt Access Ihnen noch wie in Abbildung 10.9 den Ort, an dem diese gespeichert werden.

**Abbildg. 10.9**  Die neuen Felder werden als *.accft*-Datei gespeichert

5. Um diese später in einer anderen Tabelle einzufügen, öffnen Sie die neue Tabelle wiederum in der Datenblattansicht und finden die Felder bei *Tabellentools/Hinzufügen und Löschen/Weitere Felder* im Menü ganz unten im Abschnitt *Benutzerdefinierte Typen* wie in Abbildung 10.10.

**Abbildg. 10.10** Diese Felder stehen bei *Benutzerdefinierte Typen* im (hier gekürzten) Menü

6. Klicken Sie darin *Komplette Adresse* an, werden die Felder in den Entwurf der aktuellen Tabelle eingefügt.

**ACHTUNG** Entgegen Windows-üblicher Gepflogenheit sind die so in der Tabelle eingefügten Felder bereits gespeichert, es gibt also beim Schließen des Fensters keine erneute Rückfrage.

# Index

Ein Index für ein Datenbankfeld ist eine (interne) Liste, bei der die Inhalte dieses Feldes vorsortiert sind. Dadurch ist ein erheblich schnellerer Zugriff auf den richtigen Datensatz möglich, wenn dieser gesucht, sortiert oder gefiltert werden soll.

**PROFITIPP** Die Größenordnung für die mögliche Beschleunigung zwischen indiziertem und nicht indiziertem Feld ist locker das Hundertfache. Sie können diese Beschleunigung bei Ihren Datenbanken nicht nachvollziehen? Das liegt daran, dass diese zu klein sind.

Bei heute üblichen Speichergrößen passen die meisten Hobbydatenbanken problemlos in den Hauptspeicher, und dann ist der Unterschied kaum zu bemerken. Werden die Tabellen aber so groß, dass sie von Festplatte oder gar aus dem Netzwerk nachgeladen werden müssen, bricht die Performance ohne Index spürbar ein.

Sie können in Access grundsätzlich (fast) jedes Feld indizieren, indem Sie die *Indiziert*-Eigenschaft von *Nein* auf *Ja (Duplikate möglich)* oder *Ja (Ohne Duplikate)* ändern. Die Einstellung *Ja (Duplikate möglich)* sorgt für das schnellere Auffinden von Datensätzen.

Stellen Sie den Index auf *Ja (Ohne Duplikate)*, kann in diesem Feld kein Wert mehrfach gespeichert werden. Das erste Auftreten eines doppelten Wertes verhindert die Speicherung des neuen Datensatzes. Natürlich gibt es auch Gelegenheiten, wo Sie das Speichern von Duplikaten zulassen müssen, etwa bei Adressen, wo mehrmals der gleiche Nachname oder die Straße einschließlich Hausnummer auftreten kann.

**HINWEIS** Nicht indizierbare Felder sind *OLE-Objekt*, *Anlage* und der *Berechnet*-Felddatentyp. Sobald Sie ein mehrwertiges Feld einrichten, ist es ebenfalls nicht mehr indizierbar.

Um einen Index einzurichten, markieren Sie im Tabellenentwurf einen Feldnamen und stellen unten auf der Registerkarte *Allgemein* die *Indiziert*-Eigenschaft auf den gewünschten Wert.

Einen Index bemerken Sie weder an der irgendwie zunehmenden Größe der Datenbank noch können Sie ihn irgendwo als eigenes Objekt sehen. Er ist nur als Eigenschaft eines oder mehrerer Felder zu erkennen.

**PROFITIPP** So sinnvoll Indizes (der Plural von Index) sein mögen, gibt es doch eventuell ein Problem beim Einfügen von neuen Datensätzen. Schließlich müssen für jeden neuen Datensatz alle Indizes der Tabelle aktualisiert werden.

Richtig problematisch wird es dabei vor allem, wenn schnell viele neue Daten eingefügt werden, wie es beim Import geschieht. Dort ist es manchmal sinnvoll, den Index vorher auszuschalten, alles zu importieren und danach den Index genau ein Mal wieder zu aktualisieren, wenn er wieder auf *Ja* (mit und ohne Duplikate) gestellt wird.

# Primärschlüssel

Der Primärschlüssel ist ein besonders gekennzeichneter, eindeutiger Index. Access »weiß« dann, dass dieses Feld jeden Datensatz der Tabelle immer identifizieren kann. Ein Primärschlüssel ist zwingend mit der *Indiziert*-Eigenschaft auf *Ja (Ohne Duplikate)* eingestellt und ändert das auch selbstständig:

1. Um einen Primärschlüssel zu erstellen, markieren Sie im Tabellenentwurf das Feld und rufen den Befehl *Tabellentools/Entwurf/Tools/Primärschlüssel* auf.
2. Alternativ können Sie mit einem Rechtsklick auf das Feld im Kontextmenü den Befehl *Primärschlüssel* anklicken.

Beim erstmaligen Speichern eines Tabellenentwurfs prüft Access, ob diese Tabelle bereits einen Primärschlüssel besitzt. Ist das nicht der Fall, erscheint die Rückfrage wie in Abbildung 10.11.

**Abbildg. 10.11** Access prüft beim erstmaligen Speichern, ob ein Primärschlüssel vorhanden ist

Wenn Sie das Dialogfeld mit *Ja* bestätigen, sucht Access ein eventuell vorhandenes *AutoWert*-Feld (es kann pro Tabelle sowieso nur eines geben) und legt dieses als Primärschlüssel fest. Fehlt ein solcher Felddatentyp, legt Access ein neues Feld namens *ID* als *AutoWert* mit Primärschlüssel an.

**TIPP** Sie erkennen den Primärschlüssel später im *Beziehungen*-Fenster (siehe Kapitel 12) daran, dass davor ebenfalls das Schlüsselsymbol sichtbar ist.

## Mehrfachindex

Bisher war es leicht, einen Datensatz zu identifizieren, weil dieser dank eines *AutoWert*-Feldes einen idealen Primärschlüssel hatte. Was ist aber, wenn Sie vorhandene Daten ohne solch ein Feld nicht verändern dürfen und trotzdem eindeutig zuordnen müssen?

Sie finden in *Tabellentools/Entwurf/Einblenden/Ausblenden* den Befehl *Indizes*, der Ihnen alle notwendigen Einstellungen bietet. Auch ein Primärschlüssel ist ja nur ein Indexeintrag in der Liste, wie das Indizes-Fenster in Abbildung 10.12 zeigt.

**Abbildg. 10.12** Ein Primärschlüssel erscheint ebenfalls in der Liste der Indizes

Für den Fall einer Tabelle mit einem Index, dessen Eindeutigkeit sich erst aus mehreren Feldern ergibt, nutze ich einen fiktiven Tabellenentwurf, wie Sie ihn in Abbildung 10.13 sehen:

1. Um einen Index aus mehreren Feldern zu erstellen, rufen Sie das *Indizes*-Fenster mit dem Befehl *Tabellentools/Entwurf/Einblenden/Ausblenden/Indizes* auf.
2. Geben Sie in der Spalte *Indexname* ein beliebiges Wort (aber nicht *PrimaryKey*) ein, hier im Beispiel `NichtsDoppelt`.
3. Wählen Sie in der mittleren Spalte *Feldname* die gewünschten Felder untereinander in den Zeilen aus. In Abbildung 10.13 umfasst der Index die vier Felder *kndVorname* bis *kndStrasse*.
4. Anschließend müssen Sie die erste Zeile (die hier *NichtsDoppelt* enthält) markieren, denn nur dort lassen sich die Indexeigenschaften im unteren Teil des Fensters einstellen. Sie gelten für diesen kompletten Vierfelderindex.

**Abbildg. 10.13**  Ein Mehrfachindex für die Beispieltabelle *tblKunden*

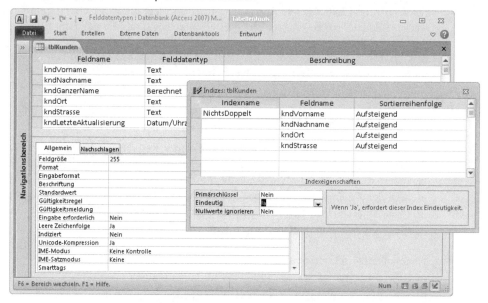

5. Stellen Sie dort die *Eindeutig*-Eigenschaft auf *Ja*, damit keine Kombination dieser vier Feldinhalte doppelt vorkommen kann. Danach können Sie das Fenster einfach schließen, denn es gibt keine *OK*-Schaltfläche.

**ACHTUNG**   Als Beispiel ist ein Mehrfachindex aus Vorname, Nachname, Ort und Straße durchaus sinnvoll, weil häufig so benutzt. Inhaltlich ist ein eindeutiger Index aus diesen vier Feldern aber höchst riskant. Mit einem häufigen Namen wie »Michael Müller« in einer großen Stadt wie Berlin oder Hamburg können Sie nicht sicher sein, dass nicht doch zwei unterschiedliche Personen in der gleichen Straße wohnen. Mal abgesehen davon, dass ein Index auf Nachnamen ohnehin nicht empfehlenswert ist, weil Nachnamen sich gelegentlich durch Heirat oder Scheidung ändern.

Brauchen Sie noch einen zweiten Index in der gleichen Tabelle, können Sie ihn für einzelne Felder wie gewohnt als *Indiziert*-Eigenschaft einstellen. Dann erscheint unterhalb Ihres Vierfelderindex eine neue Zeile mit einem neuen Namen (normalerweise dem Feldnamen selber) in der *Indexname*-Spalte, wie Sie es auch manuell dort hätten eintragen können.

Jeder Index umfasst immer alle Felder von seinem Namen an und allen folgenden Zeilen bis zum nächsten *Indexname*-Eintrag.

# Zusammenfassung

In diesem Kapitel haben Sie alle Möglichkeiten bei der Bearbeitung von Tabellen und Feldern kennen gelernt, die in anderen Kapiteln noch nicht erwähnt wurden:

- Sie können *Tabellen* (Seite 190) löschen, umbenennen, kopieren und ein-/ausblenden. Dazu stehen Ihnen sowohl Tastenkürzel als auch Befehle im Menüband oder im Kontextmenü zur Verfügung.
- Für *Felder* (Seite 192) stehen Ihnen ähnliche Änderungsmöglichkeiten zur Verfügung, auch diese lassen sich löschen, umbenennen oder kopieren. Zusätzlich können Sie noch deren Reihenfolge ändern und den Datentyp anpassen.
- Neu in Access 2010 ist die Möglichkeit, *benutzerdefinierte Felder* (Seite 195) als Standard zu speichern und in anderen Tabellen einzufügen.
- Um den Datenzugriff für Suchen, Sortieren und Filtern zu beschleunigen, lassen sich einzelne oder mehrere Felder indizieren. Außerdem haben Sie als speziellen *Index* (Seite 198) den Primärschlüssel kennen gelernt.

# Kapitel 11

# Umgang mit Datensätzen

**In diesem Kapitel:**

| | |
|---|---|
| Datensätze bearbeiten | 204 |
| Ansicht verändern | 207 |
| Daten finden | 209 |
| Tastenkombinationen für Datensätze | 214 |
| Zusammenfassung | 214 |

Nachdem nun der Tabellenentwurf fertig ist, geben Sie typischerweise Daten ein. Auch bei der Dateneingabe beziehungsweise bei der Navigation durch die Datensätze gibt es noch einige Hinweise, die bisher nicht genannt wurden.

# Datensätze bearbeiten

Jede Zeile in einer Datenblattansicht wird als Datensatz bezeichnet. Ein wesentlicher Teil der Arbeit in einer Datenbank besteht auch darin, Datensätze zu bearbeiten. Neben den offensichtlichen Bedienungselementen möchte ich Ihnen hier die zusätzlichen Möglichkeiten zeigen, effektiv mit Datensätzen umzugehen.

## Neuen Datensatz anlegen

In der Datenblattansicht enthält die unterste Zeile immer ein Sternchen als Kennzeichnung, dass es sich hierbei um eine Eingabezeile und nicht schon um einen echten Datensatz handelt.

Abbildg. 11.1   Hier können Sie einen neuen Datensatz anlegen

Innerhalb der Navigationsschaltflächen existiert zudem eine Schaltfläche wie in Abbildung 11.1, mit der ebenfalls ein neuer Datensatz angelegt werden kann. Diese ist vor allem hilfreich in umfangreichen Tabellen, bei denen die Eingabezeile mit dem Sternchen nicht zu sehen ist. Alternativ können Sie das Tastenkürzel [Strg]+[+] nutzen.

## Datensätze eingeben

Die Eingabe von Datensätzen ist so intuitiv, dass Sie das bereits gemacht haben, ohne dass Sie auf zusätzliche Hinweise angewiesen waren. Sie klicken in der Datenblattansicht in eine Zelle und tippen los.

Anstatt anschließend aber wiederum mit der Maus in die nächste Zelle zu klicken, geht es auch mit der Tastatur weiter. Wechseln Sie nach Belieben mit der [↹]-Taste oder mit der [↵]-Taste in die jeweils folgende Zelle. Von der letzten Zelle aus gelangen Sie automatisch in die erste Zelle der nächsten Zeile.

## Datensatz speichern

Access unterscheidet sich von praktisch allen anderen Programmen darin, dass Daten automatisch gespeichert werden. Sobald Sie einen Datensatz verlassen, wird er gespeichert, falls das möglich ist. Access verhindert dies allerdings, sobald eine Gültigkeitsregel oder ein eindeutiger Index dem widerspricht. In diesem Fall erhalten Sie eine Fehlermeldung wie beispielsweise in Abbildung 11.2 angezeigt.

**Abbildg. 11.2**  Diese Fehlermeldung weist darauf hin, dass der Datensatz nicht gespeichert werden kann

Das Verlassen eines Datensatzes kann übrigens auch anders erfolgen als nur durch den Wechsel zu einem anderen Datensatz. Das Schließen des Fensters und auch das Beenden von Access führt vorher immer ein Speichern des Datensatzes aus. Da auch die folgende Aktion (Schließen oder Beenden) damit verhindert wird, bietet Access wie in Abbildung 11.3 inzwischen an, die Änderungen an diesem Datensatz zu verwerfen, damit Sie wenigstens das Programm beenden können.

**Abbildg. 11.3**  Beim Beenden des Programms bietet Access an, die unzulässigen Änderungen zu verwerfen

Wollen Sie einen Datensatz ohne Speichern verlassen, müssen Sie die `Esc`-Taste drücken, manchmal zwei Mal (zuerst für die letzte Feldänderung, dann für die Datensatzänderung).

**HINWEIS**    Viele Benutzer haben sich angewöhnt, einen Datensatz zu »speichern«, indem sie auf das Diskettensymbol oben links in der Symbolleiste für den Schnellzugriff (siehe auch Abbildung 11.5) klicken. Dabei wird allerdings nur der Tabellenentwurf gespeichert, nicht der Datensatz. Dieser wird erst beim Verlassen automatisch gespeichert, daher fällt den meisten der Fehler gar nicht auf.

Wollen Sie tatsächlich mal zwischendurch den Datensatz speichern, nutzen Sie die Tastenkombination `⇧`+`↵` oder *Start/Datensätze/Speichern*. Das ist weniger jetzt in Tabellen interessant als eher später in Formularen.

## Datensätze löschen

Um einen Datensatz komplett zu löschen, klicken Sie auf seinen Zeilenkopf, sodass er komplett orange umrandet ist. Drücken Sie dann die `Entf`-Taste. Alternativ können Sie das Tastenkürzel `Strg`+`-` nutzen. Nach Bestätigung der Rückfrage wie in Abbildung 11.4 ist der Datensatz endgültig gelöscht.

**Abbildg. 11.4**  Access fragt beim Löschen von Datensätzen sicherheitshalber noch einmal nach

> **ACHTUNG**  Den *Rückgängig*-Befehl (der sich ganz oben in der Symbolleiste für den Schnellzugriff befindet, siehe Abbildung 11.5) gibt es in Access für Daten nicht ernsthaft, denn Datenänderungen sind oft so umfangreich, dass sie beim besten Willen nicht zwischengespeichert werden könnten. Bevor Sie also Daten löschen, machen Sie besser eine Kopie der Datenbank.

**Abbildg. 11.5**  Der *Rückgängig*-Befehl ist nur selten aktiviert

# Navigation in Datensätzen

Bisher haben wir es mit recht wenigen Datensätzen in einer Tabelle zu tun gehabt. Bei umfangreichen Tabellen ist es aber manchmal hilfreich, mit den entsprechenden Tastenkombinationen zu arbeiten. Sie finden diese in Tabelle 11.1.

**Tabelle 11.1**  Tastenkombinationen für die Navigation in Datensätzen

| Tastenkombination | Aktion |
|---|---|
| ⇥ oder → | Wechseln zum nächsten Feld |
| Ende | Wechseln zum letzten Feld im aktuellen Datensatz |
| ⇧ + ⇥ oder ← | Wechseln zum vorherigen Feld |
| Pos1 | Wechseln zum ersten Feld im aktuellen Datensatz |
| ↓ | Wechseln zum aktuellen Feld im nächsten Datensatz |
| Strg + ↓ | Wechseln zum aktuellen Feld im letzten Datensatz im Navigationsmodus |
| Strg + Ende | Wechseln zum letzten Feld im letzten Datensatz |
| ↑ | Wechseln zum aktuellen Feld im vorherigen Datensatz |
| Strg + ↑ | Wechseln zum aktuellen Feld im ersten Datensatz im Navigationsmodus |
| Strg + Pos1 | Wechseln zum ersten Feld im ersten Datensatz |

# Ansicht verändern

Die Darstellung der Datenblattansicht lässt sich Ihren Wünschen anpassen, sowohl generell als Voreinstellung als auch für einzelne Tabellen.

## Voreinstellungen anpassen

Die grundsätzliche Darstellung einer Datenblattansicht können Sie mit dem Dialogfeld *Access-Optionen* über *Datei/Optionen* und dort in der Kategorie *Datenblatt* vorgeben (siehe Abbildung 11.6).

Abbildg. 11.6   In den Access-Optionen lassen sich Voreinstellungen für die Datenblattansicht einstellen

Bereits geöffnete Datenblattansichten müssen geschlossen werden, um die neue Darstellung anzuzeigen.

## Spalten ein- und ausblenden

Etwas lästig bei der Dateneingabe sind vor allem Spalten wie ein *AutoWert*-Primärschlüssel, der eigentlich jedes Mal übersprungen werden müsste. Sie können daher in der Datenblattansicht einen Rechtsklick auf den jeweiligen Spaltenkopf (der den Feldnamen anzeigt) machen und im Kontextmenü *Felder ausblenden* wählen.

**PROFITIPP**   Bei einer Tabelle werden Felder eigentlich nicht aus der Datenblattansicht heraus mal nebenbei hinzugefügt, sondern entstehen immer mit ausdrücklicher Angabe des Datentyps und aller Eigenschaften im Tabellenentwurf. Daher ist die Spalte *Zum Hinzufügen klicken* für eine »richtige« Datenbank überflüssig. Sie können diese wie hier beschrieben ausblenden.

**ACHTUNG** Soll die Spalte *Zum Hinzufügen klicken* in einer Datenbank dauerhaft ausgeblendet bleiben, entfernen Sie in den Access-Optionen in der Kategorie *Aktuelle Datenbank* in der Gruppe *Anwendungsoptionen* das Häkchen im Kontrollkästchen *Entwurfsänderungen für Tabellen in der Datenblattansicht aktivieren*. Dies verhindert aber gleichzeitig, dass benutzerdefinierte Felddatentypen (siehe Kapitel 10) gespeichert werden können!

Diese Option wird erst wirksam, nachdem die Datenbank geschlossen und erneut geöffnet wurde.

Um die ausgeblendeten Spalten wieder sichtbar zu machen, finden Sie in *Start/Datensätze/Weitere* ein Menü mit dem Befehl *Felder wieder einblenden* wie in Abbildung 11.7. Alternativ können Sie das Dialogfeld auch mit einem Rechtsklick auf einen Spaltentitel und der Auswahl des Befehls *Felder wieder einblenden* öffnen.

**Abbildg. 11.7**  Das Dialogfeld *Spalten einblenden* ermöglicht das erneute Einblenden von Spalten

## Spalten fixieren

Bei Tabellen mit sehr vielen oder sehr breiten Feldern stehen oft am linken Rand die wichtigen Felder, anhand deren Inhalts sich ein Datensatz identifizieren lässt, etwa eine Projektbezeichnung oder ein Artikelname. Daher ist es praktisch, diese Felder immer sichtbar zu lassen.

1. Markieren Sie dazu eine oder mehrere Spalten und klicken Sie mit der rechten Maustaste auf einen der Spaltenköpfe, um das Kontextmenü anzuzeigen.
2. Klicken Sie dort auf den Eintrag *Felder einfrieren*. Jetzt können Sie die Anzeige mit der horizontalen Bildlaufleiste bis an das rechte Ende des Datensatzes bewegen, ohne die so fixierten Felder aus den Augen zu verlieren.

**ACHTUNG** Die fixierten Felder liegen zwingend immer am linken Rand. Fixieren Sie also beispielsweise nur das dritte Feld, wird dieses anschließend ganz links als erstes angezeigt.

3. Wollen Sie die Spalten wieder freigeben, finden Sie dort im Kontextmenü den entsprechenden Befehl *Einfrierung aller Felder aufheben*.

## Spaltenbreite und Spaltenhöhe anpassen

Wer Excel kennt, findet sich in der Bedienung der Access-Tabellen sofort zurecht, da vieles genauso gelöst ist:

1. Um die Spaltenbreite zu ändern, fahren Sie mit der Maus auf die Grenzlinie zwischen zwei Spaltenköpfen. Dort verändert sich der Mauszeiger zu einem horizontalen Doppelpfeil.
2. Sie können nun mit gedrückter Maustaste die Breite der links davon liegenden Spalte verändern.
3. Ein Doppelklick an dieser Stelle setzt die Spalte auf die optimale Breite. Dabei werden nicht nur die Daten, sondern leider auch die Breite der Überschrift berücksichtigt.

**HINWEIS**  Anders als in Excel werden nicht alle Zeilen berücksichtigt, um die optimale Breite zu finden, denn das könnten fast unbegrenzt viele sein, die zudem eventuell erst über ein Netzwerk nachgeladen werden müssten. Daher werden nur diejenigen Datensätze als Maßstab für die optimale Breite genutzt, die im Fenster tatsächlich zu sehen sind.

Die Zeilenhöhe passen Sie entsprechend an, indem Sie an der Grenzlinie zwischen zwei Zeilenköpfen das Umschalten zum Mauszeiger mit vertikalem Doppelpfeil abwarten und dann mit gedrückter Maustaste zum Vergrößern nach unten ziehen.

**ACHTUNG**  Wer Excel kennt, ist jetzt etwas überrascht, denn es wird nicht nur diese eine Zeile in der Höhe verändert, sondern immer alle gleichzeitig. Auch gibt es keine optimale Zeilenhöhe, der Doppelklick hier hat also keine Auswirkung.

Es gibt dafür keine Rückgängig-Funktion! Will man wieder zur Standardhöhe zurück, muss man per Klick mit der rechten Maustaste auf den Zeilenkopf den Kontextmenübefehl *Zeilenhöhe* wählen und im zugehörigen Dialogfeld das Kontrollkästchen *Standardhöhe* aktivieren.

## Schriftart ändern

Sie haben möglicherweise bei den Voreinstellungen für die Datenblattansicht (siehe Seite 207) vermisst, dass auch die Schriftart geändert werden kann. Diese wird über die Befehle in *Start/Textformatierung* gewählt.

**ACHTUNG**  Ebenso wie die Zeilenhöhe gelten diese (anders als bei Excel) immer für die komplette Datenblattansicht. Eine Formatierung einzelner Felder ist nur in Formularen und Berichten möglich, eine Formatierung einzelner Zeichen nur in Rich-Text-Feldern.

# Daten finden

Obwohl es technisch möglich ist, Daten in Tabellen zu sortieren und zu filtern, ist dies die eigentliche Aufgabe von Abfragen. Ich zeige Ihnen hier trotzdem die Möglichkeiten, weil sie in Abfragen entsprechend zu nutzen sind.

**Kapitel 11  Umgang mit Datensätzen**

> **ACHTUNG**  Bedenklich finde ich beim Sortieren und Filtern in Tabellen vor allem, dass Sie damit (meist unbewusst) den Entwurf der Tabelle verändern. Sie merken das daran, dass Sie beim Verlassen wie in Abbildung 11.8 bestätigen müssen, dass Sie Änderungen am Entwurf speichern wollen.

**Abbildg. 11.8**  Sortieren und Filtern führt zu Entwurfsänderungen

Sie finden alle zugehörigen Befehle im Menüband auf der Registerkarte *Start* in der Gruppe *Sortieren und Filtern* beziehungsweise *Suchen*.

## Datensätze sortieren

Zum Sortieren klicken Sie in der betreffenden Spalte im Kontextmenü wahlweise auf *Von A bis Z sortieren* oder umgekehrt auf *Von Z bis A sortieren*.

> **HINWEIS**  *Hyperlink-*, *Anlage-* und mehrwertige Felder lassen sich nicht sortieren.

## Datensätze filtern

Ohne dass Sie jetzt schon eine Abfrage erstellen müssten, lassen sich die Daten in Tabellen sehr vielseitig filtern:

1. Klicken Sie auf den kleinen Dropdownpfeil, der an jedem Spaltenkopf rechts zu sehen ist, öffnet sich ein Filterfenster entsprechend der Abbildung 11.9.

**Abbildg. 11.9**  Im Dropdownpfeil am Spaltenkopf steckt eine Filterauswahl

2. Entfernen Sie darin die Häkchen aus allen Kontrollkästchen, deren Datensätze Sie nicht sehen wollen, und bestätigen Sie mit *OK*.
3. Sie sehen nun nicht nur die entsprechend gefilterten Datensätze, sondern unten in den Navigationsschaltflächen die geringere Gesamtmenge (hier *1 von 6* statt *1 von 42*), daneben die orange gefärbte Schaltfläche *Gefiltert* und im Spaltenkopf das Symbol für den aktiven Filter.

Abbildg. 11.10   Die Tabellendaten sind gefiltert

4. Um den Filter auszuschalten, klicken Sie entweder unten auf die *Gefiltert*-Schaltfläche oder wählen im Filtersymbol neben dem Spaltenkopf aus dem Menü den Eintrag *Filter löschen aus (Feldname)*.

**HINWEIS**   *Anlage*- und mehrwertige Felder lassen sich nicht filtern.

Zusätzlich zu dem Filterfenster des Dropdownpfeils enthält jede Spalte in einem beliebigen Datensatz ein Kontextmenü wie in Abbildung 11.11, welches in Abhängigkeit sowohl vom Datentyp als auch vom konkreten Dateninhalt passende Filtereinstellungen anbietet.

Abbildg. 11.11   Das Kontextmenü passt sich an Spalte und Dateninhalt an

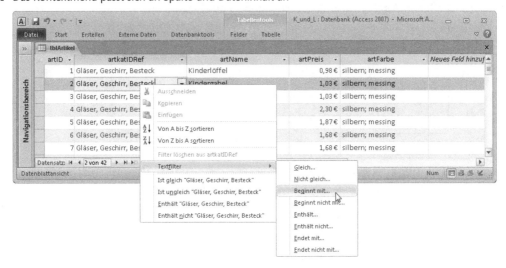

Wählen Sie darin *Textfilter/Beginnt mit*, fordert Access Sie auf, den Filter im Dialogfeld aus Abbildung 11.12 zu vervollständigen.

**Abbildg. 11.12** Geben Sie hier den Anfang des Filters an

Auch diese Filter werden aufgehoben wie oben beschrieben. Der Eintrag *Filter löschen aus (Feldname)* ist ebenfalls im Kontextmenü enthalten und dort vermutlich am schnellsten zu erreichen.

> **HINWEIS** Im Kontextmenü finden sich immer auch die auswahlbasierten Filter *Ist gleich (Feldinhalt)* und *Ist ungleich (Feldinhalt)*. Diese ermöglichen es, beispielsweise nur die Artikel einer Kategorie schnell zu filtern.

## Datensätze suchen

In Kapitel 2 haben Sie bereits gesehen, wie einfach die Suche in Datenblättern in Access funktioniert: Sie geben unten neben den Navigationsschaltflächen im *Suchen*-Feld einen Teil des gesuchten Dateninhalts ein und mit jeder Eingabe eines Zeichens springt Access zum ersten passenden Eintrag.

Wollen Sie den folgenden passenden Eintrag sehen, drücken Sie die ⏎-Taste. Um die Suche zu beenden, löschen Sie den Inhalt des *Suchen*-Felds.

Mehr aus historischen Gründen gibt es auch noch ein Dialogfeld (siehe Abbildung 11.13) zum Suchen, das Sie mit dem Befehl *Start/Suchen/Suchen* oder dem Tastenkürzel Strg+F aufrufen.

**Abbildg. 11.13** Achten Sie im Dialogfeld *Suchen und Ersetzen* vor allem auf die *Suchen in*-Auswahl

> **ACHTUNG** Wenn Sie darin für *Suchen in* den Eintrag *Aktuelles Feld* auswählen, müssen Sie beachten, dass Sie vorher(!) das Dialogfeld vom richtigen Feld aus aufgerufen hatten.

Jeder Klick auf die *Weitersuchen*-Schaltfläche macht den nächsten Treffer zum aktuellen Datensatz. Das ist in Tabellen noch einigermaßen gut zu sehen, hinterlässt später in Formularen aber oftmals das Gefühl, das gar nichts passiert sei. Insgesamt ist daher die Suche über das *Suchen*-Feld unten neben den Navigationsschaltflächen deutlich effektiver.

## Dateninhalte ersetzen

Das Gegenstück zum *Suchen*-Dialogfeld ist das Ersetzen von Dateninhalten, aufgerufen entweder über den Befehl *Start/Suchen/Ersetzen* oder das Tastenkürzel [Strg]+[H] (siehe Abbildung 11.14).

**Abbildg. 11.14** Der *Ersetzen*-Dialogfeld entspricht dem *Suchen*-Dialogfeld

> **PROFITIPP** Umfangreiche oder komplexere Datenänderungen werden natürlich nicht mit diesem Dialogfeld durchgeführt, sondern über eine Aktualisierungsabfrage, die Sie in Kapitel 21 näher kennen lernen werden.

Da auch hier kein *Rückgängig* möglich ist, müssen Sie das Ersetzen von Daten in einer Rückfrage von Access (siehe Abbildung 11.15) ausdrücklich bestätigen.

**Abbildg. 11.15** Das Ersetzen muss ausdrücklich bestätigt werden

# Tastenkombinationen für Datensätze

Einige weitere Tastenkombinationen im Umgang mit Datensätzen wurden noch nicht genannt, sie sollen hier zusammengefasst werden. Sie finden in Tabelle 11.2 eine Übersicht.

**Tabelle 11.2** Weitere Tastenkombinationen für die Bearbeitung von Datensätzen

| Tastenkombination | Aktion |
| --- | --- |
| Strg + ; | Einfügen des aktuellen Datums |
| Strg + : | Einfügen der aktuellen Uhrzeit |
| Strg + Alt + Leertaste | Einfügen des Standardwerts für ein Feld |
| Strg + # | Einfügen des Werts aus demselben Feld im vorherigen Datensatz |
| Strg + + | Hinzufügen eines neuen Datensatzes |
| Strg + - | Löschen des aktuellen Datensatzes |
| ⇧ + ↵ | Speichern der Änderungen am aktuellen Datensatz |

**HINWEIS** Die Tastenkombination Strg + # für die Übernahme eines Werts aus demselben Feld des vorherigen Datensatzes wird gelegentlich auch als Strg + ' angegeben. Das ist auf der gleichen Taste das Hochkomma, kein Akzentzeichen, und liegt neben dem Ä auf der Tastatur.

# Zusammenfassung

In diesem Kapitel haben Sie die verschiedenen Möglichkeiten kennen gelernt, mit Daten in Tabellen zu arbeiten:

- Es wurden verschiedene Möglichkeiten beschrieben, neue *Datensätze* anzulegen, Daten einzugeben und zu speichern sowie Datensätze zu löschen (Seite 204).

- Für die *Navigation* (Seite 206) in größeren Tabellen wurden die wichtigsten Tastenkombinationen zusammengefasst.

- Die *Darstellung der Datenblattansicht* lässt sich Ihren Wünschen entsprechend anpassen (Seite 207), sowohl als Voreinstellung in den Access-Optionen als auch für einzelne Tabellen. Sie können Spalten ein- und ausblenden oder fixieren, deren Breite und Höhe anpassen und die Schriftart ändern.

- Zum *Sortieren und Filtern* (Seite 209) stellt Access leistungsfähige Hilfsmittel bereit.

- Zusätzlich ermöglicht eine einfache und schnelle *Suche* (Seite 212) das Auffinden der gewünschten Daten.

# Kapitel 12

# Beziehungen zwischen Tabellen

**In diesem Kapitel:**

| | |
|---|---:|
| Beziehungen | 216 |
| Unterdatenblätter | 224 |
| Zusammenfassung | 226 |

Die Tabellen für die *Kosten&Logistik*-Datenbank in Kapitel 9 sind in sich stimmig erstellt, haben jedoch – abgesehen von einigen Kombinationsfeldern – keinen festgelegten Zusammenhang miteinander. Das aber macht eine relationale Datenbank ja gerade aus: Die Tabellen haben miteinander Beziehungen.

In diesem Kapitel finden Sie daher einen wesentlichen Teil für eine Access-Datenbank beschrieben: wie Sie und vor allem warum Sie welche Beziehungen festlegen.

**CD-ROM** Um Ihnen das Nachvollziehen der Schritte in diesem Kapitel zu erleichtern, finden Sie innerhalb der Beispieldateien zu diesem Buch im Ordner *Kap11* eine Datenbank, die bereits die Änderungen aus Kapitel 11 enthält. Laden Sie einfach die betreffende Datenbank, um mit der Arbeit in diesem Kapitel zu beginnen.

Sie können also jederzeit ein Kapitel überspringen und trotzdem auf den aktuellen Stand der Datenbank zugreifen.

# Beziehungen

Der Zusammenhang zwischen einem Fremdschlüssel und seinem Primärschlüssel wird in relationalen Datenbanken wie Access als Beziehung bezeichnet. Die bisher in allen Fremdschlüsselfeldern (beispielsweise für *artkatIDRef* in *tblArtikel*) ausgewählte Darstellung als Kombinationsfeld mit Nennung einer anderen Tabelle (*tblKategorien*) als Datenquelle ist nett, aber völlig unverbindlich.

Das muss grundlegender und verbindlicher angegeben werden. Für relationale Datenbanken gibt es drei mögliche Arten von Beziehungen:

- **1:n-Beziehung**  Ist die mit Abstand häufigste Beziehung zwischen zwei Tabellen
- **1:1-Beziehung**  Ist sehr selten und dient vor allem der Trennung einer Tabelle in zwei Tabellen mit unterschiedlichem Zugriff
- **m:n-Beziehung**  Kann in Access nicht direkt abgebildet werden, sondern wird immer aus zwei 1:n-Beziehungen erzeugt

Es ist insgesamt sehr unwahrscheinlich, dass eine der Tabellen aus einer Datenbank gar keine Beziehung zu irgendeiner anderen Tabelle hat. In einem solchen Fall besteht eher der dringende Verdacht, dass sie gar nicht in die Datenbank hineingehört.

## 1:n-Beziehung

Tabellen mit einer 1:n-Beziehung sind im Grunde hierarchisch miteinander verbunden, weil es zu einem Datensatz der Mastertabelle (diejenige auf der 1er-Seite) eventuell mehrere Datensätze in der Detailtabelle (diejenige auf der n-Seite) gibt. Genau formuliert müsste man feststellen, dass zu einem Masterdatensatz gar keine, genau einer oder mehrere Detaildatensätze existieren.

Damit bildet die Mastertabelle so etwas wie eine übergeordnete Gruppierung für die Detailtabelle. Typische 1:n-Zusammenhänge in Datenbanken bestehen zwischen Kunden und deren Rechnungen, Mitarbeitern und deren E-Mail-Adressen, Konten und deren Zahlungsbewegungen, Rechnungen und deren Artikeln.

> **TIPP** Sie erkennen eine 1:n-Beziehung daran, dass Sie sich bei der Zuordnung der Felder zu den Tabellen in der *Norming*-Phase immer fragen: Gibt es mehr als einen möglichen Inhalt in diesem Feld? Sobald Sie die Frage mit Ja beantworten müssen, verletzen Sie die erste Normalform (Atomisierung) und müssen aus diesem Feld eine untergeordnete Tabelle mit 1:n-Beziehung machen.

Fast sicher können Sie in einer Datenbank auch eine Kaskade von 1:n-Beziehungen erwarten, etwa von Firmen zu Mitarbeitern zu Projekten zu Rechnungen zu Rechnungsdetails.

Zu jeder der zehn Firmen kann es dann also beispielsweise zehn Mitarbeiter geben, zu jedem dieser Mitarbeiter zehn Projekte, deren jedes wiederum mit zehn Rechnungen belastet wurde, die durchschnittlich zehn Details aufweisen. Wer mitgerechnet hat, kommt am unteren Ende der Kaskade, nämlich in der Rechnungsdetailtabelle, hier bereits auf 100.000 Datensätze.

> **TIPP** Für 1:n-Beziehungen können Sie sich die einfache Regel merken: Nur das Kind kennt sein Elternteil. Nur der (Detail-)Fremdschlüssel enthält den Hinweis auf den (Master-)Primärschlüssel.

Bei der *Kosten&Logistik*-Beispieldatenbank ist das etwas einfacher organisiert, dort gibt es nur eine »kleine Kaskade« von Hotels zu Mitarbeitern zu Bestellungen.

# 1:1-Beziehung

Die 1:1-Beziehung ist sozusagen ein Sonderfall der 1:n-Beziehung, denn zu einem Datensatz in der Mastertabelle gibt es keinen oder maximal einen Datensatz in der Detailtabelle. Mehrere Detaildatensätze zu einem Masterdatensatz kann und darf es nicht geben.

Diese Beziehung wird zu drei möglichen Anlässen gebraucht:

- Ein Teil der Daten der ursprünglichen Tabelle soll mit abweichendem Zugriffsschutz versehen werden, daher müssen diese getrennt werden.
- Einige Spalten der ursprünglichen Tabelle sind nur für ganz wenige Zeilen überhaupt mit Daten zu befüllen, daher spart diese Trennung Speicherplatz.
- Sie benötigen mehr als die zulässigen 255 Spalten in einer Tabelle.

Bei der Beispieldatenbank werden Sie eine solche 1:1-Beziehung zwischen Mitarbeitern und der Tabelle *tblExtras* sehen.

# m:n-Beziehung

Eine m:n-Beziehung (auch als »many-to-many« bezeichnet) beschreibt, dass viele Datensätze in einer Tabelle zu vielen Datensätzen in einer anderen Tabelle gehören. Das tritt beispielsweise auf, wenn Sie für einen Sportverein Mitglieder und Sportarten verbinden wollen: Jeder Sportler kann mehrere Sportarten machen und jede Sportart hat mehrere Mitglieder.

Im Beispiel der *Kosten&Logistik*-Datenbank haben Mitarbeiter und Artikel eine m:n-Beziehung zueinander. Jeder Mitarbeiter darf viele Artikel bestellen und jeder Artikel darf von vielen Mitarbeitern bestellt werden.

Jeder Datensatz in der einen Tabelle hat keinen, einen oder viele zugehörige Datensätze in der anderen Tabelle. Aber in der entgegengesetzten Richtung gilt ebenfalls, dass jeder Datensatz der anderen Tabelle keinen, einen oder viele zugehörige Datensätze in der einen Tabelle hat.

Da eine m:n-Beziehung nie direkt abgebildet werden kann, ist eine zusätzliche Verbindungstabelle zwischen beiden notwendig, welche daraus zwei 1:n-Beziehungen macht.

**HINWEIS**  Manchmal hat eine solche Verbindungstabelle einen sinnvollen Namen wie »Bestellungen« für Artikel zu Mitarbeiter oder wie »Teilnahme« für Mitglieder zu Sportarten, aber oft fehlt in der Wirklichkeit auch eine passende Bezeichnung.

Bei einer m:n-Beziehung zwischen Kunden und Konten (jeder Kunde hat mehrere Konten, aber auch Konten dürfen gleichzeitig mehreren zeichnungsberechtigten Kunden zugeordnet werden) etwa gibt es keinen üblichen Namen für das, was die Zwischentabelle beschreibt. Dann wird oft eine technische Bezeichnung wie *tblKnd2Knt* (lies *Kunden-zu-Konten* wegen des im Englischen lautmalerischen »to« für die *2*) gewählt.

Bei einfachen m:n-Beziehungen können Sie mehrwertige Felder einsetzen, denn diese bilden das scheinbare Speichern mehrerer Inhalte in einem Feld tatsächlich über zwei interne 1:n-Beziehungen in versteckten Systemtabellen ab. Diese sind allerdings immer etwas mühsam mit Abfragen zu bearbeiten. Daher können Sie auch direkt eine »ehrliche«, weil sichtbare m:n-Beziehung mit eigenen Tabellen anlegen.

## Beziehungen anlegen

Sie haben im ersten Beispiel mit der Grundschulbücherei schon einmal Beziehungen in einer Access-Datenbank angelegt, daher können wir die konkrete Umsetzung für die zweite Datenbank kurz fassen:

1. Schließen Sie alle eventuell geöffneten Tabellen und klicken Sie auf *Datenbanktools/Beziehungen/Beziehungen*.
2. Beim ersten Mal sehen Sie direkt das Dialogfeld *Tabelle anzeigen* wie in Abbildung 12.1, ansonsten können Sie es später auch mit *Beziehungstools/Entwurf/Beziehungen/Tabelle anzeigen* erneut aufrufen.

**Abbildg. 12.1**  Fügen Sie alle fehlenden Tabellen mit diesem Dialogfeld ein

3. Markieren Sie alle darin angezeigten Tabellen (Mausklick auf den ersten Namen und bei gedrückter ⇧-Taste Mausklick auf den letzten Namen) und lassen diese mit der *Hinzufügen*-Schaltfläche übernehmen. Dann schließen Sie das Dialogfeld.

**Abbildg. 12.2**   Die Tabellen sind komplett, aber unübersichtlich eingefügt

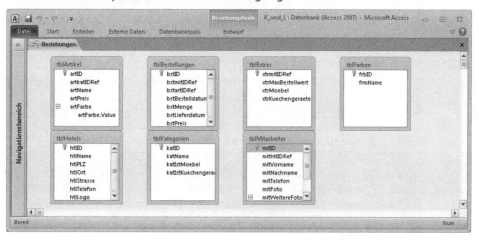

4. Da alle Tabellen nun zwar komplett, aber ziemlich unübersichtlich im *Beziehungen*-Fenster enthalten sind, sollten Sie diese sinnvoll anordnen (siehe Abbildung 12.2). Sie können die einzelnen Tabellen jeweils an der Titelleiste des Tabellenfensters mit gedrückter Maustaste verschieben.
5. Anschließend ziehen Sie von allen Primärschlüsselfeldern deren Namen mit gedrückter Maustaste auf das zugehörige Fremdschlüsselfeld. In Abbildung 12.3 wurde gerade der Primärschlüssel *htlID* auf den Fremdschlüssel *mithtlID* gezogen.

**Abbildg. 12.3**   Beim Loslassen der Maustaste erscheint automatisch das Dialogfeld *Beziehungen bearbeiten*

6. In dem automatisch erscheinenden Dialogfeld *Beziehungen bearbeiten* aktivieren Sie das Kontrollkästchen *Mit referentieller Integrität* und bestätigen mit der *Erstellen*-Schaltfläche.
7. Der *Beziehungstyp* für fast alle diese Beziehungen steht dabei auf *1:n*, weil es sich um typische Masterdetailtabellen handelt. Nur für die Verbindung zwischen *mitID* zu *xtrmitIDRef* wird dort direkt *1:1* angezeigt, weil auch *xtrmitIDRef* ein Primärschlüssel ist.

Alle Beziehungen sollten sich wie in Abbildung 12.4 ohne Fehlermeldung erstellen lassen, weil weder falsche Datentypen gewählt noch ungültige Daten enthalten sind.

**Abbildg. 12.4**  So sehen die Beziehungen derzeit aus

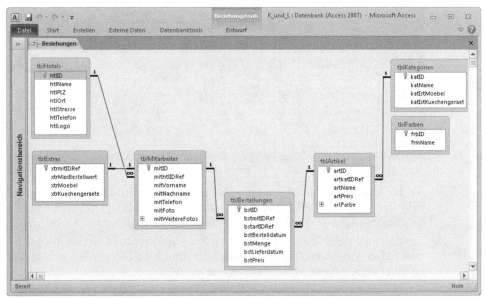

**HINWEIS** Auch das *Beziehungen*-Fenster können Sie mit dem üblichen Befehl ganz oben links in der Symbolleiste für den Schnellzugriff speichern. Da aber die Beziehungen schon mit der *Erstellen*-Schaltfläche des Dialogfeldes längst gespeichert waren, gilt das »nur« noch für die optische Anordnung der Tabellen auf dem Bildschirm.

## Verknüpfungstyp ändern

Die Beziehung zwischen den Tabellen *tblMitarbeiter* und *tblExtras* ist aber nicht nur wegen der 1:1-Beziehung besonders, sondern damit zusammenhängend auch wegen ihres Verknüpfungstyps:

1. Um eine vorhandene Beziehung nachträglich zu verändern, klicken Sie bitte doppelt auf die Verbindungslinie zwischen den Tabellen.

**ACHTUNG** Der Doppelklick auf die Verbindungslinie muss auf den mittleren Teil erfolgen, nicht auf eines der Endstücke, die mit *1* oder ∞ gekennzeichnet sind. Zwar wird inzwischen – anders als bei früheren Versionen – dann wenigstens das Dialogfeld *Beziehungen bearbeiten* angezeigt, aber das ist in dem Fall leer und enthält keineswegs die Eigenschaften der angeklickten Beziehung.

2. Klicken Sie im Dialogfeld auf die *Verknüpfungstyp*-Schaltfläche, um das zusätzliche Dialogfeld aus Abbildung 12.5 anzuzeigen.

Abbildg. 12.5   Im Dialogfeld *Verknüpfungseigenschaften* ändern Sie den Typ der Beziehung

3. Wenn Sie nichts ändern, ist dort immer die erste Option ausgewählt. Diese entspricht dem *INNER JOIN*, wie Sie ihn in Kapitel 20 für Abfragen detailliert sehen werden. Hier wollen Sie aber auch dann Datensätze der Tabelle *tblMitarbeiter* sehen, wenn es keine zugehörigen Datensätze in *tblExtras* gibt. Dazu müssen Sie die zweite Option wählen, bei der alle Mitarbeiter, aber nur passende Extras angezeigt werden.

**ACHTUNG**   Lesen Sie die Texte in diesem Dialogfeld immer gut durch! Je nach Richtung der verknüpften Felder kann die Reihenfolge für die zweite und dritte Option durchaus einmal wechseln.

4. Bestätigen Sie beide Dialogfelder mit *OK*. Anschließend sehen Sie, dass statt der einfachen Verbindungslinie ein Pfeil die Richtung der Beziehung angibt.

Abbildg. 12.6   Diese Beziehung hat eine Richtung

Damit haben Sie alle Beziehungen für diese Datenbank eingerichtet. Eine davon ist durch einen Pfeil als *Outer Join* (das Gegenstück zum *Inner Join*, siehe Kapitel 20) gekennzeichnet. Für eine andere, nämlich die Farbe, ist die Beziehung hier nicht zu sehen, weil sie nur indirekt über die *Mehrere Werte zulassen*-Eigenschaft im Tabellenentwurf erzeugt wird.

**PROFITIPP**   Sie könnten natürlich die Tabelle *tblFarbe* einfach im *Beziehungen*-Fenster weglassen, aber ich finde es wichtig, dass jede Tabelle hier zu sehen ist. Nur dann ist klar, dass nicht versehentlich eine Beziehung vergessen wurde.

# Reflexiv-Verknüpfung

Es gibt noch einen Sonderfall für eine Verknüpfung, die zwar auch eine 1:n-Beziehung ist, aber nicht zwischen Tabellen. Genauer gesagt, nicht zwischen unterschiedlichen Tabellen.

Stellen Sie sich vor, Sie wollen zu jedem Mitarbeiter notieren, wer sein Vorgesetzter ist. Würden Sie also eine Tabelle *tblVorgesetzte* erstellen und in *tblMitarbeiter* einen Fremdschlüssel auf deren Primärschlüssel eintragen? Und was ist mit den Vorgesetzten der Vorgesetzten?

Es ist mehrfach unpraktisch, wenn Sie Vorgesetzte und Mitarbeiter trennen. Zum einen hätten Sie dann zwei praktisch identische Feldlisten für Mitarbeiter und Vorgesetzte. Zum anderen müssten Sie sich auf eine Hierarchietiefe festlegen, denn für zweistufige Hierarchien bräuchten Sie *tblChefsHoch*, *tblChefsNiedrig* und *tblMitarbeiter*. Bei dreistufigen Hierarchien käme noch die Tabelle *tblChefsMittel* dazwischen. Vollends scheitern würde das Konzept, wenn in unserem Beispiel kleine Hotels eine flache Hierarchie und andere eine mehrstufige Hierarchie hätten, die in der gleichen Datenbank abgebildet werden sollen.

Es muss also anders gehen. Die Lösung dazu heißt Reflexiv-Verknüpfung, also eine Tabelle, die mit sich selbst verknüpft ist. Auch hier gilt die oben schon erwähnte Regel in Abwandlung: Jeder Mitarbeiter kennt seinen Chef, da er nur einem davon untergeordnet sein kann.

1. Um diese Reflexiv-Verknüpfung aufzunehmen, müssen Sie in der schon vorhandenen Tabelle *tblMitarbeiter* ein neues Feld *mitmitIDRef* einrichten. Der Feldname ist sicherlich gewöhnungsbedürftig, aber er zeigt deutlich, dass es ein Feld für eine Reflexiv-Verknüpfung ist. Daher muss es auch den Datentyp *Long* haben, denn es verweist wie gewohnt auf ein *AutoWert*-Feld als Primärschlüssel.

**Abbildg. 12.7**  Fügen Sie ein neues Feld *mitmitIDRef* hinzu

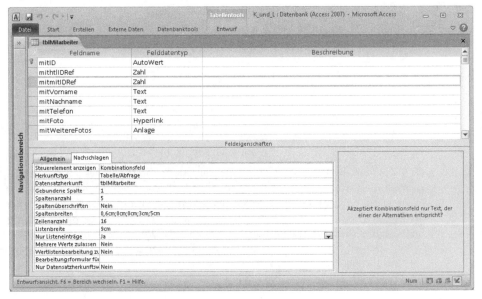

2. Damit es gut zu benutzen ist, sollten Sie auf der *Nachschlagen*-Registerkarte auch die passenden Einstellungen für das Kombinationsfeld vornehmen, die Sie in Abbildung 12.7 finden.
3. Achten Sie vor allem darauf, dass sich durch dieses neue Feld die Reihenfolge der vorhandenen Felder auch verschiebt. Daher muss die *Spaltenanzahl* auf *5* gesetzt und die Spaltenbreiten der zweiten und dritten Spalte auf *0* gesetzt werden, sodass der Vor- und Nachname im Kombinationsfeld zu lesen ist.
4. Sie können in der Datenblattansicht in dieser Spalte wie in Abbildung 12.8 jeweils den direkten Vorgesetzten zu einem Mitarbeiter auswählen. Wegen der besseren Übersicht sind die Daten dort auf das Hotel mit der *mithtlIDRef* mit dem Wert *1* beschränkt.

**ACHTUNG** Da es sich derzeit um fiktive Daten handelt, müssen Sie selbst aufpassen, dass kein Chef eines Mitarbeiters gleichzeitig sein Untergebener wird, auch nicht über andere Personen hinweg.

**Abbildg. 12.8** Tragen Sie in dem neuen Feld den direkten Vorgesetzten des Mitarbeiters ein

5. Wenn ein Mitarbeiter keinen Vorgesetzten hat, bleibt die *mitmitIDRef*-Spalte mit einem NULL-Wert leer. In einer typischen Hierarchie gibt es genau einen Chef oben an der Spitze, der als einziger keinen Vorgesetzten hat. Das ist in Abbildung 12.8 der Mitarbeiter *Olgo Horrich*.

Als einzigen Chef kann man in der Tabelle denjenigen erkennen, der keinen mehr über sich hat und daher einen NULL-Wert in der *mitmitIDRef* (wenn er allerdings einziger Mitarbeiter ist und niemanden unter sich hat, träfe das auch zu).

Für alle anderen müssen Sie (per Abfrage, wie Sie später sehen werden) herausfinden, ob seine ID irgendwo als *mitmitIDRef* eingetragen ist. Dann hat er Untergebene und ist also Chef.

Manuell übertragen in ein PowerPoint-Organigramm würde sich die Organisationsstruktur für diese Daten so wie in Abbildung 12.9 präsentieren.

**Abbildg. 12.9**  Die Organisationsstruktur dieser Mitarbeiter

> **ACHTUNG**  Da die Tabelle *tblMitarbeiter* nachträglich am Anfang eine Spalte mehr erhalten hat, sind alle Kombinationsfelder in deren Fremdschlüsseln betroffen. Dank der Beziehungen (siehe Abbildung 12.4) können Sie schnell feststellen, dass das nur in *tblBestellungen* vorkommt. Dort hatten Sie am Ende von Kapitel 9 für *bstmitIDRef* eine SQL-Anweisung mit vorgegebenen Feldnamen eingesetzt, daher ist darin keine Änderung nötig.

Wegen der reflexiven Verknüpfung ist die Hierarchietiefe nun egal. Wann immer jemand einen Chef hat, tragen Sie dessen *mitID* in *mitmitIDRef* ein. Damit ist das Datenbankmodell flexibel genug, auch in unterschiedlichen Organisationen zu funktionieren.

> **PROFITIPP**  Natürlich können Sie referentielle Integrität auch für Reflexiv-Verknüpfungen einfordern. Wechseln Sie dazu in das *Beziehungen*-Fenster und fügen mit *Beziehungstools/Entwurf/Beziehungen/Tabelle anzeigen* die Tabelle *tblMitarbeiter* ein zweites Mal hinzu. Sie erhält dabei automatisch den Namen *tblMitarbeiter_1*. Verbinden Sie *tblMitarbeiter_1.mitID* durch Ziehen mit *tblMitarbeiter.mitmitIDRef* und aktivieren Sie im Dialogfeld *Beziehungen bearbeiten* wie gewohnt die referentielle Integrität.

# Unterdatenblätter

Mit der Einrichtung einer 1:n-Beziehung zwischen zwei Tabellen hat Access ganz unauffällig auch etwas in der Datenblattansicht der Tabelle geändert. Das betrifft alle Mastertabellen, die nun ihre Detailtabelle als sogenanntes Unterdatenblatt anzeigen:

1. Öffnen Sie beispielhaft die Tabelle *tblHotels* in der Datenblattansicht.
2. Vor allen Zeilen steht ein kleines Plus, welches durch Anklicken eine weitere Tabelle mit den Details zu genau diesem Masterdatensatz anzeigt, wie Sie in Abbildung 12.10 sehen können.

**Abbildg. 12.10**  Die Tabelle enthält ein Unterdatenblatt

**PROFITIPP**   Falls Sie zu einer Mastertabelle einmal mehrere Detailtabellen mit 1:n-Beziehung haben (etwa zwischen Kunden und deren Rechnungen oder deren Kontos oder deren Adressen), können Sie diese besser selbst auswählen, anstatt Access das automatisch machen zu lassen. Wechseln Sie in die Entwurfsansicht der Mastertabelle und zeigen Sie mit *Tabellentools/Entwurf/Einblenden/Ausblenden/Eigenschaftenblatt* die Eigenschaften der ganzen Tabelle an. Dort können Sie die *Unterdatenblattname*-Eigenschaft von *[Automatisch]* auf den Namen der Detailtabelle umsetzen.

**Abbildg. 12.11**  Wählen Sie den Unterdatenblattnamen im Eigenschaftenfenster aus

# Zusammenfassung

In diesem Kapitel haben wir uns mit den Beziehungen zwischen Tabellen befasst. Diese sind gerade in einer relationalen Datenbank wichtig, weil sonst fehlerhafte Inhalte möglich sind.

- Es gibt drei verschiedene Arten von *Beziehungen* zwischen zwei Tabellen:
    - *1:n-Beziehungen* (Seite 216) mit einem hierarchischen Zusammenhang zwischen den Daten. Zu jedem Datensatz in der Mastertabelle gibt es keinen, einen oder viele Datensätze in der Detailtabelle.
    - *1:1-Beziehungen* (Seite 217), die vor allem der Trennung von Daten eines ursprünglich einzigen Datensatzes dienen. Zu jedem Datensatz in der Mastertabelle gibt es keinen oder maximal einen Datensatz in der Detailtabelle.
    - *m:n-Beziehungen* (Seite 217), die sich in Access gar nicht direkt abbilden lassen, sondern in zwei 1:n-Beziehungen zerlegt werden. Zu jedem Datensatz in der einen Tabelle gibt es keinen, einen oder viele Datensätze in der anderen Tabelle und umgekehrt.
- Außerdem wurde Ihnen gezeigt, wie Sie *Beziehungen* (Seite 218) in Access anlegen und eventuell auch deren Verknüpfungstyp ändern.
- Eine besondere Beziehung ist die *Reflexiv-Verknüpfung* (Seite 222), bei der ein Feld einer Tabelle eine Beziehung mit einem anderen Feld der gleichen Tabelle einrichtet.
- Nach der Einrichtung einer 1:n-Beziehung zeigt Access in der Mastertabelle automatisch *Unterdatenblätter* (Seite 224) für die Detailtabelle an.

# Kapitel 13

# Umgang mit Datenquellen

**In diesem Kapitel:**

| | |
|---|---|
| Externe Access-Tabellen | 228 |
| Externe Datenquellen | 231 |
| Analyse | 241 |
| Zusammenfassung | 249 |

Bisher war es ganz selbstverständlich, dass sich die Tabellen in der gleichen Datenbank befinden, in der später auch die Auswertung mit Abfragen, Formularen und Berichten steht. Das wird aber nicht so bleiben, denn Access ist eine offene Datenbank, die auf viele fremde Daten zugreifen kann.

**CD-ROM** Um Ihnen das Nachvollziehen der Schritte in diesem Kapitel zu erleichtern, finden Sie innerhalb der Beispieldateien zu diesem Buch im Ordner *Kap12* eine Datenbank, die bereits die Änderungen aus Kapitel 12 enthält. Laden Sie einfach die betreffende Datenbank, um mit der Arbeit in diesem Kapitel zu beginnen.

Sie können also jederzeit ein Kapitel überspringen und trotzdem auf den aktuellen Stand der Datenbank zugreifen.

# Externe Access-Tabellen

Es scheint erst einmal sehr praktisch, alle Objekte in der einzigen Access-Datenbankdatei zu speichern. Sie nehmen genau diese eine Datei mit zum Kunden, kopieren Sie dort auf ein Netzlaufwerk und sind fertig. Da Access ja automatisch netzwerkfähig ist, kann jeder Mitarbeiter dort einfach die *.accdb*-Datei starten und parallel mit anderen arbeiten.

Das böse Erwachen kommt, sobald Sie beispielsweise nachträglich Abfragen verändern oder Formulare/Berichte hinzufügen sollen. Sie haben dann folgende Möglichkeiten:

- Sie fahren zum Kunden und arbeiten dort live an der Datenbank, am besten während der Nachtstunden, damit diese nicht in Benutzung ist und für Ihre Änderungen gesperrt wäre.
- Sie lassen sich die Datenbankdatei mit den aktuellen Kundendaten zuschicken und ändern alles in Ruhe. Allerdings darf während dieser Zeit beim Kunden niemand damit arbeiten, weil Sie ja die aktuellen Daten besitzen.

Beides ist im Grunde indiskutabel, vor allem dürfen Sie bei manchen Kunden nicht einmal deren spätere Echtdaten sehen, nachdem Ihre Testphase vorbei ist.

Die Lösung besteht darin, dass Sie die Daten von allem anderen trennen. Selbst bei kleinen Datenbanken (die Beispieldatei *Kosten&Logistik* gilt als klein) ist eine solche Trennung selbstverständlich.

## Automatische Datenbankaufteilung

Access stellt einen Assistenten für die Datenbankaufteilung zur Verfügung, der das vollautomatisch für Sie macht. Sie werden anschließend zwei Datenbankdateien besitzen:

- das Frontend mit allem, was für die Bedienung nötig ist. Hier ist alles außer den Tabellen enthalten.
- das Backend mit nur den Tabellen, die vorher in der Datenbank enthalten waren.

**HINWEIS** Da es zu diesem frühen Zeitpunkt, nämlich bevor Abfragen, Formulare und Berichte enthalten sind, eher lästig ist, immer mit zwei Datenbanken zu arbeiten, werde ich das mit einer Kopie der Datenbank durchführen. Diese Kopie habe ich im Windows-Explorer als *K_und_L_fe.accdb* (*_fe* für das zukünftige Frontend) umbenannt.

1. Rufen Sie den Assistenten mit dem Befehl *Datenbanktools/Daten verschieben/Access-Datenbank* auf. Er beginnt mit einer ausführlichen Erläuterung wie in Abbildung 13.1.

Abbildg. 13.1   Der erste Schritt des Assistenten enthält Erläuterungen

2. Sobald Sie auf *Datenbank aufteilen* klicken, erscheint das Dialogfeld *Backend-Datenbank erstellen*, um den Dateinamen für die Backend-Datei anzugeben. Access hängt an den aktuellen Datenbanknamen einfach _be an, Sie sollten das hier besser auf *K_und_L_be.accdb* kürzen. Klicken Sie dann auf die *Aufteilen*-Schaltfläche.
3. Im letzten Schritt bestätigt der Assistent, dass die Aufteilung der Datenbank erfolgreich war (Abbildung 13.2).

Abbildg. 13.2   Der Assistent bestätigt die erfolgreiche Aufteilung

Auf den ersten Blick scheint nichts passiert zu sein, aber wenn Sie den Navigationsbereich mit den Tabellennamen öffnen, sehen Sie vor allen Symbolen einen kleinen Pfeil.

Abbildg. 13.3   Alle Tabellen sind mit externen Datenquellen verknüpft

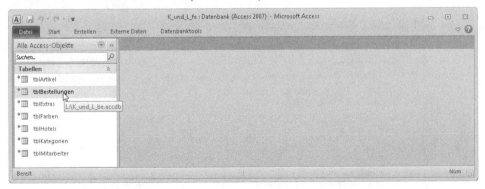

Dieser Pfeil weist darauf hin, dass es sich hier um eine Verknüpfung mit einer externen Tabelle handelt. Lassen Sie die Maus wie in Abbildung 13.3 über einem solchen Tabellennamen ruhen, zeigt die SchnellInfo auch an, aus welcher Datei die Daten kommen.

Es existiert nun eine zweite Datei *K_und_L_be.accdb*, in der ausschließlich die Tabellen mit allen Daten enthalten sind. Sie können die Tabellen im Frontend aber immer noch so behandeln, als seien sie in der Datei enthalten und ganz normal darauf zugreifen.

**HINWEIS** Einen wesentlichen Unterschied gibt es beim Umgang mit derart verknüpften Tabellen, denn deren Entwurfsansicht ist zu großen Teilen gegen Änderungen gesperrt. Beim Versuch, diese zu öffnen, erscheint die Meldung aus Abbildung 13.4 und fast alle Eigenschaften enthalten den Hinweis »Diese Eigenschaft kann in verknüpften Tabellen nicht geändert werden«.

Abbildg. 13.4    Verknüpfte Tabellen können im Entwurf kaum geändert werden

Falls Sie eine solche Eigenschaft doch verändert haben, zeigt Access erst beim Speichern der Tabelle den Hinweis »Operation wird für diesen Objekttyp nicht unterstützt« und verhindert die Speicherung. Um die Eigenschaften einer verknüpften Tabelle zu bearbeiten, müssen Sie stattdessen einfach nur die Backend-Datei öffnen, dort funktioniert alles wie gewohnt.

## Verknüpfte Daten korrigieren

Der Pfad zur Backend-Datei ist in den verknüpften Tabellen allerdings komplett gespeichert. Kopieren Sie also ein solches Frontend-/Backend-Paar auf einen anderen Pfad, kann das Frontend nicht mehr auf die Backend-Tabellen zugreifen. Um das bequem zu korrigieren, stellt Access einen eigenen Tabellenverknüpfungs-Manager bereit:

1. Klicken Sie im Frontend auf den Befehl *Externe Daten/Importieren und Verknüpfen/Tabellenverknüpfungs-Manager*, sodass ein Dialogfeld entsprechend der Abbildung 13.5 erscheint.

Abbildg. 13.5    Der Tabellenverknüpfungs-Manager ändert automatisch die Pfade

2. Mit der Schaltfläche *Alle auswählen* können Sie alle verknüpften Tabellen gleichzeitig markieren. Dies ist sinnvoll, wenn die Tabellen alle aus der gleichen Datenbankdatei stammen.
3. Sicherheitshalber sollten Sie auch das Kontrollkästchen *Immer zur Eingabe eines neuen Speicherorts auffordern* aktivieren. Wirklich wichtig ist das aber nur, falls der alte Pfad zufällig auch noch gültig ist, denn dann würde Access ohne Rückfrage keine Angaben ändern.
4. Nach dem Klick auf *OK* erscheint das Dialogfeld *Auswahl der neuen Position von <Tabelle>*, in dem Sie die *K_und_L_be.accdb*-Datei an Ihrem neuen Pfad auswählen.
5. Abhängig von der Menge der verknüpften Tabellen zeigt der Assistent anschließend nach einiger Zeit die Meldung aus Abbildung 13.6 an, dass alle Tabellen aus der neuen Backend-Datei wieder verknüpft werden konnten. Danach können Sie den Assistenten schließen.

**Abbildg. 13.6**   Die Verknüpfung mit der neuen Datei war erfolgreich

**PROFITIPP**   Natürlich müssen nicht alle Tabellen aus einer einzigen externen Datenquelle kommen. Bei größeren Datenbanken ist es durchaus üblich, dass beispielsweise die Mitarbeiterinformationen von vorhandenen SQL Server-Tabellen geliefert werden, während die Bestellungen in einer zentralen Access-Datenbank nur für diese Anwendung gespeichert sind.

**HINWEIS**   Die weiteren Beispiele erfolgen wieder mit der ursprünglichen Datenbank ohne Backend und Frontend, da so nachträgliche Änderungen leichter vorzunehmen sind. Außerdem ist die zwischenzeitliche Sicherung mit einer einzigen Datenbankdatei einfacher, weil so das Backend nicht vergessen werden kann.

# Externe Datenquellen

Daten aus externen Datenquellen lassen sich bequem benutzen, weil Access sehr viele andere Dateiformate öffnen kann.

## Excel-Tabellen

Da Excel-Dateien in vielen Firmen ohnehin das beliebteste Datenaustauschformat darstellen, ist es keine Überraschung, dass Access auch diese Daten lesen kann. Hier soll beispielhaft eine Excel-Liste eingebunden werden, die von einem Lieferanten regelmäßig als Hinweis auf seine Dekorationsideen verschickt wird.

**ACHTUNG**   Sie können für solche externen Datenquellen natürlich keine referentielle Integrität sicherstellen, falls dort beispielsweise Fremdschlüssel enthalten wären, die sich auf Primärschlüssel in Ihren Access-Tabellen beziehen. Schließlich kann Access solche externen Daten nicht zuverlässig überwachen, um ein unzulässiges Löschen oder Anfügen der Schlüsselwerte zu verhindern.

Da die Liste immer den gleichen Dateinamen hat und nach dem Zusenden nur in das gleiche Verzeichnis kopiert werden muss, gibt es keine weiteren Vorbereitungen:

1. Starten Sie Excel und erstellen Sie eine Liste (die Sie auch als Beispieldatei finden) wie in Abbildung 13.7 mit einem fast beliebigen Inhalt.

**Abbildg. 13.7**   So sieht die Excel-Beispieltabelle aus

2. Speichern Sie die Datei als *DekoEmpfehlung.xlsx* und schließen Sie Excel.

3. Klicken Sie in Access auf *Externe Daten/Importieren und Verknüpfen/Excel*, sodass der Assistent zum Einbinden einer Excel-Tabelle wie in Abbildung 13.8 erscheint.
4. Geben Sie über die *Durchsuchen*-Schaltfläche an, wo die Excel-Datei liegt und wie sie heißt. Damit später die Excel-Datei nur ausgetauscht werden muss, wählen Sie die dritte Option mit der Verknüpfung.
5. Nach Bestätigung der *OK*-Schaltfläche sehen Sie im zweiten Schritt schon eine korrekte Vorschau der Daten wie in Abbildung 13.9.

**Abbildg. 13.8**  Wählen Sie im Assistenten den Dateinamen und die Einbindungsart aus

**Abbildg. 13.9**  Die Vorschau der Daten ist in Ordnung

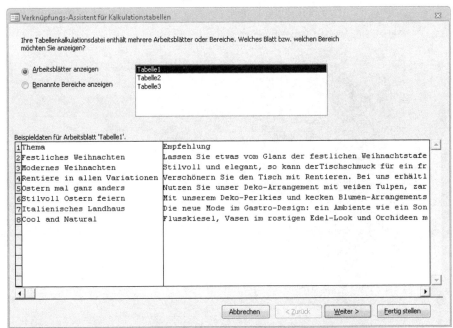

6. Wechseln Sie mit *Weiter* zum nächsten Schritt des Assistenten wie in Abbildung 13.10, um die erste Zeile mit Spaltenüberschriften zu berücksichtigen.

**Abbildg. 13.10** Die Daten enthalten Spaltenüberschriften

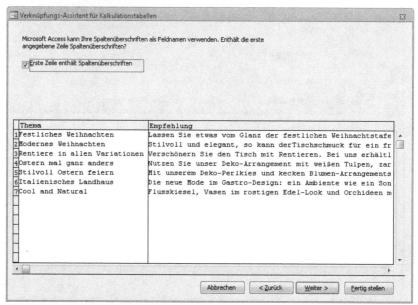

7. Wechseln Sie mit *Weiter* zum letzten Schritt des Assistenten wie in Abbildung 13.11, um den Namen der verknüpften Tabelle anzugeben.

**Abbildg. 13.11** Geben Sie hier den Tabellennamen an

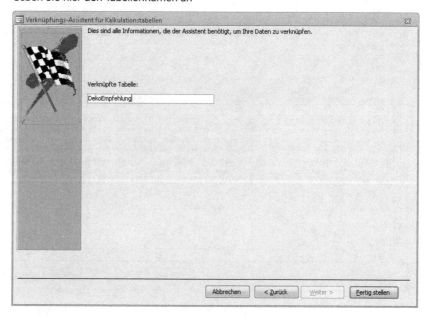

8. Mit *Fertig stellen* beenden Sie den Assistenten, der wie in Abbildung 13.12 mit einer Meldung bestätigt, dass alles geklappt hat.

Abbildg. 13.12    Am Ende bestätigt der Assistent, dass die Verknüpfung funktioniert

9. Sie finden nun im Navigationsbereich eine neue Tabelle mit Excel-Symbol und Pfeil davor, die auf eine verknüpfte Excel-Tabelle hinweist. Sie können diese wie in Abbildung 13.13 ganz normal per Doppelklick öffnen und deren Daten lesen.

Abbildg. 13.13    In Access lassen sich die Excel-Daten jetzt lesen

Sie haben sicherlich bemerkt, dass die in Excel absichtlich unterschiedlich formatierte Spalte *A* hier nur als Text angekommen ist. Das ist so in Ordnung, denn Access liest ja immer nur die Daten und nie die Formate.

## Access-Tabellen

Viel häufiger dürfte die Einbindung von externen Access-Tabellen vorkommen. Dies schon allein deswegen, weil das bereits gezeigte Frontend-/Backend-Zusammenspiel genau das beinhaltet. So gesehen hat der Assistent die Verknüpfung zu einer externen Access-Tabelle bereits für Sie angelegt. Bei wenigen Tabellen geht das aber auch »zu Fuß«, wie Sie im Folgenden erfahren werden:

1. Erstellen Sie in einer anderen Datenbank, die hier *Tipps_und_Tricks.accdb* heißt (und als Beispieldatenbank vorliegt), eine beliebige Tabelle.
2. Für dieses Beispiel brauchen Sie eine Tabelle *tblTastenkuerzel* wie in Abbildung 13.14, welche eine Auflistung der beliebtesten Tastenkürzel enthält. Weil diese Informationen in vielen Datenbanken angezeigt werden könnten, sind sie in einer gemeinsamen Datenbank gespeichert und werden von allen anderen mitgenutzt.

**Abbildg. 13.14**  Diese Tabelle soll in vielen Access-Datenbanken zur Verfügung stehen

3. Schließen Sie die Datenbank *Tipps_und_Tricks.accdb* und öffnen Sie unsere Datenbank für *Kosten&Logistik*.
4. Starten Sie den passenden Assistenten mit dem Befehl *Externe Daten/Importieren und Verknüpfen/Access*, sodass der erste Schritt zur Auswahl der Datenquelle wie in Abbildung 13.15 angezeigt wird.

**Abbildg. 13.15**  Wählen Sie die andere Datenbank als Verknüpfung aus

5. Markieren Sie nach Bestätigung durch *OK* im nächsten Schritt die angezeigte(n) Tabelle(n) wie in Abbildung 13.16 und klicken Sie auch hier auf *OK*.

**Abbildg. 13.16** Übernehmen Sie die gewünschte(n) Tabelle(n)

6. Sie finden anschließend im Navigationsbereich die neue Tabelle mit dem Access-Tabellensymbol wie die übrigen auch. Sie ist aber durch den zusätzlichen Pfeil als extern verknüpfte Tabelle gekennzeichnet.

**Abbildg. 13.17** Verknüpfte Access-Tabellen werden durch einen Pfeil kenntlich gemacht

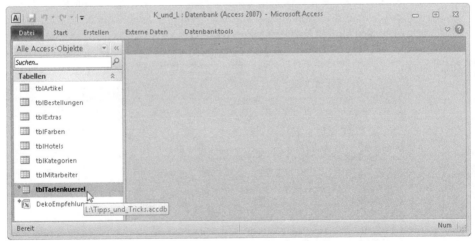

Auch diese manuell verknüpfte Tabelle können Sie ohne Probleme mit dem Tabellenverknüpfungs-Assistenten bearbeiten.

## Outlook-Kontakte

Einige der Informationen zu den Mitarbeitern haben Sie als Benutzer vielleicht schon in Ihren Outlook-Kontakten gespeichert. Da wäre es doch praktisch, direkt von Access aus darauf zugreifen zu können, oder?

1. Öffnen Sie Outlook und erstellen Sie dort ein paar Kontakte wie in Abbildung 13.18. Die Namen müssen nicht denjenigen aus der Datenbank entsprechen, aber für spätere Aufgaben wäre es hilfreich, wenn einige davon namensgleich sind.

Abbildg. 13.18   Outlook enthält nun ein paar Beispielkontakte

2. Wechseln Sie zur Access-Datenbank und klicken Sie dort in *Externe Daten/Importieren und Verknüpfen* auf die Dropdownschaltfläche *Weitere* wie in Abbildung 13.19. Wählen Sie dort im Menü den Eintrag *Outlook-Ordner* aus.

Abbildg. 13.19   Hier findet sich die Verknüpfung mit Outlook-Kontakten

3. Auch hier startet wieder ein Assistent, in dessen erstem Schritt Sie die Verknüpfung als Verbindungstyp wählen wie in Abbildung 13.20.

**Abbildg. 13.20**  Erstellen Sie eine Verknüpfung zu den Outlook-Kontakten

4. Nach Bestätigung durch *OK* bietet Ihnen der Assistent entsprechend Abbildung 13.21 eine Übersicht der Daten an, auf die Sie in Outlook zugreifen können.

**Abbildg. 13.21**  Auswahl der Daten aus Outlook

5. Öffnen Sie den Knoten *Outlook-Datendatei*, markieren Sie darin den *Kontakte*-Ordner (siehe Abbildung 13.21) und gehen Sie mit *Weiter* zum letzten Schritt.
6. Hier ist wie immer nur die Angabe des Namens für die verknüpfte Tabelle nötig. Tragen Sie hier beispielsweise `Outlook-Kontakte` ein und schließen den Assistenten mit der Schaltfläche *Fertig stellen*.
7. Nach der Bestätigungsmeldung, dass alles geklappt hat, können Sie anschließend im Navigationsbereich die Tabelle *Outlook-Kontakte* öffnen und deren Daten wie in Abbildung 13.22 sehen.

**Abbildg. 13.22**   Sie können jetzt via Access auf die Outlook-Kontakte zugreifen

**HINWEIS**   Anders als bei einer verknüpften Excel-Tabelle können Sie verknüpfte Outlook-Daten nicht nur lesen, sondern auch von Access aus schreiben.

**CD-ROM**   Da die Outlook-Verknüpfung nur funktioniert, wenn auch wirklich Outlook installiert ist, wurde diese Tabelle in den Beispieldatenbanken schon in eine lokale Access-Tabelle konvertiert. Die Verknüpfung mit einer Excel-Tabelle hingegen ist auch ohne installiertes Excel möglich.

## SharePoint

Da Sie vermutlich im Moment keine geeigneten Tabellen für den Microsoft SharePoint-Server zur Verfügung haben, werde ich die Verknüpfung dieser Daten im Kapitel 30 zeigen, nachdem dort eine Access-Tabelle exportiert wurde.

## Importieren statt verknüpfen

Wenn Sie wie bisher Daten verknüpfen, greifen Sie weiterhin auf die Originaldaten zu. Das klappt nur, wenn diese auch erreichbar sind.

Im ersten Schritt des jeweiligen Import-Assistenten (siehe Abbildung 13.23) können Sie daher statt der dritten Option für die Verknüpfung auch die erste Option zum Importieren auswählen. Die folgenden Schritte unterscheiden sich nicht.

**Abbildg. 13.23** Der erste Schritt des Assistenten entscheidet über Import oder Verknüpfung

Damit legt Access eine Kopie der importieren Daten als echte Access-Tabelle an. Anschließend können Sie diese (auch im Entwurf) ändern, ohne dass die Originaldaten betroffen sind.

# Analyse

Access stellt einige Werkzeuge zur Verfügung, mit denen Sie Ihre Datenbank auf Probleme untersuchen oder einfach nur den aktuellen Stand dokumentieren können.

## Datenbankdokumentierer

Mit dem Befehl *Datenbanktools/Analysieren/Datenbankdokumentierer* können Sie einen speziellen Bericht erzeugen. In einem Dialogfeld geben Sie an, welche Objekte dokumentiert werden sollen. In Abbildung 13.24 ist dabei auch bereits das zugehörige Dialogfeld mit den Einstellungen für die Tabellendefinitionen zu sehen.

## Kapitel 13  Umgang mit Datenquellen

**Abbildg. 13.24**  Wählen Sie hier Objekte und Optionen für den Datenbankdokumentierer aus

Je nach Menge der ausgewählten Objekte dauert die Erstellung dieses speziellen Berichts mehrere Minuten. Wie Sie in Abbildung 13.25 sehen können, entsteht dabei viel Text. Sogar sehr viel Text: Diese Datenbank füllt über 100 Seiten!

**Abbildg. 13.25**  So sieht der Bericht zur Datenbankdokumentation aus

**HINWEIS**   Wirklich hilfreich kann ich diesen Bericht nicht finden. Natürlich stehen dort schön sämtliche Eigenschaften aller Objekte aufgelistet, aber das ist durch einen Blick in die Datenbank auch herauszufinden.

## *Beziehungen*-Fenster dokumentieren

Der »Geist« einer Datenbank wird eigentlich von den Beziehungen zwischen den Tabellen beschrieben. Daher ist es wichtig, diese gut dokumentieren zu können:

1. Wechseln Sie mit dem Befehl *Datenbanktools/Beziehungen/Beziehungen* in das entsprechende Fenster zur Anzeige der Beziehungen.
2. Dort finden Sie mit dem Befehl *Beziehungstools/Entwurf/Tools/Beziehungsbericht* die Möglichkeit, das grafisch gestaltete *Beziehungen*-Fenster in einem Bericht (siehe Abbildung 13.26) abzubilden.

Abbildg. 13.26    Der Beziehungsbericht entspricht weitgehend der Darstellung des Fensters

Dieser Bericht ist deutlich praktischer als die Dokumentation der Beziehungen mit Screenshots.

## Leistung analysieren

Ein weiterer Assistent untersucht die Datenbankobjekte auf mögliche Leistungsverbesserungen. Das betrifft in Tabellen beispielsweise sinnvolle Datentypen mit möglichst wenig Platzverbrauch oder in VBA-Modulen die Aktivierung von `Option Explicit` (siehe Kapitel 33).

Mit dem Befehl *Datenbanktools/Analysieren/Leistung wird analysiert* zeigen Sie das Dialogfeld aus Abbildung 13.27 zur Auswahl der untersuchten Objekte an.

**Abbildg. 13.27** Wählen Sie hier die zu untersuchenden Objekte aus

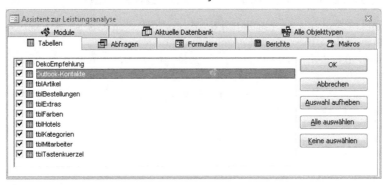

Je nach Menge der gewählten Objekte kann es auch hier einige Zeit dauern, bis die Meldung entsprechend Abbildung 13.28 erscheint.

**Abbildg. 13.28** Die Leistungsanalyse ist ziemlich zufrieden mit den Tabellen

**HINWEIS** Es schadet nichts, diese Leistungsanalyse mal für eine Datenbank laufen zu lassen, um vielleicht Fehler zu finden. Allzu viel sollten Sie aber auch nicht erwarten. Für Makros beispielsweise empfiehlt der Assistent immer, diese in VBA-Module zu konvertieren.

Wenn es keine Verbesserungsvorschläge gab, erscheint die Meldung wie in Abbildung 13.29.

**Abbildg. 13.29** Die ausgewählten Datenbankobjekte sind in Ordnung

# Tabellen analysieren

Der Tabellenanalyse-Assistent prüft eine angegebene Tabelle auf die Einhaltung der Normalformen. Da die *Kosten&Logistik*-Datenbank vollständig normalisiert ist, gibt es dort nichts zu sehen. Daher muss die Analyse das erste Beispiel mit der Schulbücherei betreffen:

1. Öffnen Sie die Datenbank *Schulbücherei.accdb* und starten Sie mit dem Befehl *Datenbanktools/Analysieren/Tabelle analysieren* den Assistenten.

**HINWEIS** Dieser Assistent zeigt anfangs noch zwei zusätzliche Schritte mit Erläuterungen und Beispielen. Diese können Sie mit dem Kontrollkästchen *Einführungsseiten anzeigen?* (siehe Abbildung 13.30) ausschalten.

2. Geben Sie wie in Abbildung 13.30 im ersten Schritt die Tabelle *Ausleihen* zur Analyse an und klicken auf *Weiter*.

Abbildg. 13.30    Wählen Sie die Tabelle *Ausleihen*

3. Belassen Sie im zweiten Schritt des Assistenten die Auswahl auf *Dem Assistenten die Entscheidung überlassen* (siehe Abbildung 13.31) und klicken erneut auf *Weiter*.

**Abbildg. 13.31**  Überlassen Sie dem Assistenten die Entscheidung

4. Im nächsten Schritt wie in Abbildung 13.32 schlägt der Assistent vor, wie diese Tabelle besser aufgeteilt werden kann. Da hier die Namen der Ausleiher mehrfach vorkommen, ist es tatsächlich sinnvoller, diese in eine Nachschlagetabelle auszulagern.

**Abbildg. 13.32**  So könnte die Tabelle *Ausleihen* aufgeteilt werden

5. Markieren Sie im Assistenten jeweils eine der Tabellen durch Anklicken und ändern Sie über das Schreibsymbol oben rechts die Namen auf *AusleihenNeu* und *Ausleiher*. Klicken Sie wieder auf *Weiter*, um zum nächsten Schritt zu gelangen.

**Abbildg. 13.33** Ändern Sie die Namen der zukünftigen Tabellen

6. Im folgenden Schritt wie in Abbildung 13.34 hat der Assistent bereits einen neuen *AutoWert* als ID eingerichtet. Da es keinen anderen geeigneten und vor allem eindeutigen Wert in dieser Nachschlagetabelle gibt, können Sie das so belassen und mit *Weiter* zum nächsten Schritt weitergehen.

**HINWEIS** Der Feldname wird nachher nicht *Generierte eindeutige ID* heißen, sondern einfach nur *ID*.

**Abbildg. 13.34** Die Nachschlagetabelle *Ausleiher* enthält eine ID

7. Im vorletzten Schritt (siehe Abbildung 13.35) lassen Sie noch Zuordnungsfehler korrigieren, was hier aber nicht nötig ist. Bei den ursprünglichen Daten hätten ja Schreibfehler auftauchen können wie *Robert Schmidt* statt *Robert Schmitt*, das könnten Sie hier direkt bereinigen.

**Abbildg. 13.35** Hier lassen sich Schreibfehler korrigieren

8. Mit einem Klick auf *Weiter* sind Sie endlich im letzten Schritt (siehe Abbildung 13.36) angekommen. Nach der Aufteilung der einen Tabelle in zwei bietet der Assistent direkt an, mit einer verbindenden Abfrage diese Daten zusammenzufassen. Dies ist sinnvoll, weil dann die Datenbank sofort wieder funktionsfähig ist.

**Abbildg. 13.36** Aus den getrennten Daten wird wieder eine zusammenfassende Abfrage gemacht

Der Assistent ist zwar recht umfangreich zu klicken, liefert aber eine saubere Lösung für nicht normalisierte Tabellen. Sie werden bemerkt haben, dass es trotzdem deutlich weniger Aufwand ist, gleich ein ordentliches Datenbankdesign zu entwerfen. Für Datenbanken, die Sie übernehmen und weiterpflegen sollen, ist das hingegen eine praktische Sache.

> **ACHTUNG** Der Assistent hat die Tabelle *Ausleihen* (die jetzt übrigens *Ausleihen_ALT* heißt) fehlerhaft kopiert: Das Feld *zurückgegeben* hat zwar immer noch den *Ja/Nein*-Datentyp, in der Anzeige erscheinen aber die Werte *–1* und *0*. Wechseln Sie daher in den Entwurf von *Ausleihen-Neu*, markieren dort das Feld *zurückgegeben* und geben unten auf der *Nachschlagen*-Registerkarte für *Steuerelement anzeigen* wieder *Kontrollkästchen* an.

# Zusammenfassung

In diesem Kapitel haben wir uns damit befasst, wie Access externe Datenquellen nutzen kann, wahlweise importiert oder verknüpft.

- Durch die *Aufteilung in Backend und Frontend* (Seite 228) sind in ziemlich jeder Datenbank sogar die eigenen Tabellen in eine externe Datei ausgelagert. Das ist unbedingt notwendig, damit im Mehrbenutzerzugriff später noch Änderungen an der Oberfläche möglich sind.

- *Excel-Dateien* (Seite 231) sind die beliebtesten Austauschformate für Daten und helfen Benutzern ohne Datenbankkenntnisse, trotzdem einen Teil der Daten pflegen zu können.

- Der dynamische Zugriff auf *Outlook-Kontaktordner* (Seite 238) ist sehr einfach machbar, um Personendaten nicht doppelt pflegen zu müssen.

- Die Verknüpfung mit *SharePoint-Listen* (Seite 240) ist ebenfalls möglich und wird ausführlich in Kapitel 30 besprochen.

- Verschiedene Analyse- und Dokumentationswerkzeuge (Seite 241) helfen Ihnen, Ihre Datenbank zu verbessern.

# Teil D
# Abfragen

| | | |
|---|---|---|
| Kapitel 14 | Abfragen sortieren | 253 |
| Kapitel 15 | Abfragefelder berechnen | 269 |
| Kapitel 16 | Abfragen filtern | 291 |
| Kapitel 17 | Abfragesprache SQL | 309 |
| Kapitel 18 | Umgang mit Abfragen | 323 |
| Kapitel 19 | Spezielle Auswahlabfragen | 337 |
| Kapitel 20 | Abfragen mit besonderen Verknüpfungen | 377 |
| Kapitel 21 | Aktionsabfragen | 393 |

# Kapitel 14

# Abfragen sortieren

**In diesem Kapitel:**

| | |
|---|---:|
| Einfache Auswahlabfragen | 257 |
| Sortieren | 258 |
| Mehrfache Sortierung | 259 |
| Sortierung und Anzeige trennen | 262 |
| Spitzenwerte | 265 |
| Abfragen umbenennen und löschen | 267 |
| Zusammenfassung | 268 |

## Kapitel 14  Abfragen sortieren

Nachdem Sie ausführlich alles gesehen haben, was Sie über Tabellen wissen müssen, kommen wir zum eigentlichen Kern einer Datenbank: zu den Abfragen. Diese liefern Ihnen die Daten strukturiert und übersichtlich, lassen Unwichtiges weg oder fassen Gleiches zusammen.

**CD-ROM**  Um Ihnen das Nachvollziehen der Schritte in diesem Kapitel zu erleichtern, finden Sie innerhalb der Beispieldateien zu diesem Buch im Ordner *Kap13* eine Datenbank, die bereits die Änderungen aus Kapitel 13 enthält. Laden Sie einfach die betreffende Datenbank, um mit der Arbeit in diesem Kapitel zu beginnen.

Sie können also jederzeit ein Kapitel überspringen und trotzdem auf den aktuellen Stand der Datenbank zugreifen.

Abfragen werden in Access in zwei große Gruppen unterteilt:

- **Auswahlabfragen**  Zeigen nur die Daten an. Dazu gehören auch Gruppierungsabfragen und Kreuztabellenabfragen, die Sie in Kapitel 19 noch kennenlernen werden.
- **Aktionsabfragen**  Verändern die Daten. Diese werden wir in Kapitel 21 betrachten.

Da die Auswahlabfragen die »ungefährlicheren« sind, stelle ich Ihnen diese zuerst vor. Um damit überhaupt eine Auswertung vornehmen zu können, benötigen wir in der langfristig längsten Tabelle *tblBestellungen* zunächst einige Beispieldaten.

**CD-ROM**  Um Ihnen das Eintippen der Daten für die Tabelle *tblBestellungen* zu ersparen, finden Sie innerhalb der Beispieldateien zu diesem Buch im Ordner *Kap14* eine Datenbank, die bereits die gefüllte Tabelle *tblBestellungen* enthält.

Bitte tragen Sie dort die Werte aus Tabelle 14.1 ein, die so gewählt sind, dass später für alle Abfragetypen ausreichend Beispiele vorhanden sind.

**HINWEIS**  Da die Spalte mit den Preisen derzeit ohnehin noch leer ist, habe ich sie in der Tabelle 14.1 weggelassen. Die *bstID* wird automatisch erzeugt.

**Tabelle 14.1**  Beispieldaten für die Tabelle *tblBestellungen*

| bstID | bstmitIDRef | bstartIDRef | bstBestell-datum | bst-Menge | bstLiefer-datum |
|---|---|---|---|---|---|
| 1 | Detlev Schäfer | Blumenvase klein | 05.05.2010 | 3 | 15.05.2010 |
| 2 | Fritz Pfaff | Kindermesser | 08.03.2010 | 20 | |
| 3 | Fritz Pfaff | Kinderlöffel | 08.03.2010 | 20 | |
| 4 | Fritz Pfaff | Kindergabel | 08.03.2010 | 20 | |
| 5 | Rüdiger Geissler | Blumenvase klein | 12.05.2010 | 2 | 15.05.2009 |
| 6 | Joachim Maier-Schwendlein | Papierhandtücher | 08.05.2010 | 50 | 10.05.2010 |
| 7 | Ulrike Breustedt | Gepäckkarre | 01.06.2010 | 1 | 02.06.2010 |
| 8 | Ulrike Breustedt | Rotweinglas | 05.03.2010 | 120 | 10.03.2010 |
| 9 | Ulrike Breustedt | Weissweinglas | 05.03.2010 | 70 | 12.03.2009 |
| 10 | Marion Lackner | Weissweinglas | 30.12.2009 | 50 | 02.01.2010 |

**Tabelle 14.1** Beispieldaten für die Tabelle *tblBestellungen* (Fortsetzung)

| bstID | bstmitIDRef | bstartIDRef | bstBestell-datum | bst-Menge | bstLiefer-datum |
|---|---|---|---|---|---|
| 11 | Rüdiger Geissler | Badezimmer-Stuhl | 24.12.2009 | 3 | 28.12.2009 |
| 12 | Sigmar Fritsch | Fischmesser | 01.11.2008 | 250 | 24.11.2008 |
| 13 | Renate Hedler | Rezeptionsglocke Ganzmetall | 02.06.2008 | 1 | 15.08.2008 |
| 14 | Renate Hedler | Rezeptionsglocke mit Holzfuß | 02.06.2008 | 1 | 15.06.2008 |
| 15 | Joachim Maier-Schwendlein | Besen | 05.03.2011 | 2 | |
| 16 | Joachim Maier-Schwendlein | Grabegabel | 05.03.2011 | 2 | |
| 17 | Joachim Maier-Schwendlein | Schaufel | 05.03.2011 | 2 | |
| 18 | Joachim Maier-Schwendlein | Rechen | 05.03.2011 | 2 | |
| 19 | Rebecca Hertlein | Pizzaofen | 02.03.2010 | 1 | 14.04.2010 |
| 20 | Rebecca Hertlein | Pizzablechstapler | 02.03.2010 | 3 | 14.04.2010 |
| 21 | Axel Thimm | Aufschnittmaschine | 05.03.2009 | 1 | 06.03.2009 |
| 22 | Axel Thimm | Fleischwolf | 05.03.2009 | 2 | 12.03.2009 |
| 23 | Axel Thimm | Kartoffelschälmaschine | 06.03.2009 | 1 | 10.03.2009 |
| 24 | Andrea Wichert | Stapelsessel Toskana | 15.04.2010 | 25 | 22.04.2010 |
| 25 | Andrea Wichert | Klapptisch Toskana | 17.04.2010 | 5 | 22.04.2010 |
| 26 | Andrea Wichert | Tisch Toskana | 15.04.2010 | 5 | 22.04.2010 |
| 27 | Andrea Wichert | Badezimmer-Hocker | 26.06.2010 | 35 | 24.07.2010 |
| 28 | Andrea Wichert | Badezimmer-Stuhl | 26.06.2010 | 35 | 24.07.2010 |
| 29 | Andreas Viebranz | Papierhandtücher | 31.12.2009 | 200 | 07.01.2010 |
| 30 | Andreas Viebranz | Kosmetiktücher | 31.12.2009 | 200 | 07.01.2010 |
| 31 | Andreas Viebranz | Halterung für Seifenspender | 31.12.2009 | 3 | 12.02.2010 |
| 32 | Wolf-Michael Angerhausen | Eiswürfelbereiter | 26.11.2007 | 1 | 23.12.2007 |
| 33 | Ute Badberg | Spültisch | 26.11.2007 | 3 | 13.12.2007 |
| 34 | Ingo Mauer | Kosmetiktücher | 01.05.2008 | 10 | 28.05.2008 |
| 35 | Ingo Mauer | Kosmetiktücher | 01.06.2008 | 15 | 23.06.2008 |
| 36 | Ingo Mauer | Kosmetiktücher | 01.07.2008 | 10 | 22.07.2008 |
| 37 | Ingo Mauer | Kosmetiktücher | 01.08.2008 | 20 | 13.08.2008 |
| 38 | Ingo Mauer | Kosmetiktücher | 01.09.2008 | 10 | 25.09.2008 |
| 39 | Ingo Mauer | Kosmetiktücher | 02.10.2008 | 10 | 23.10.2008 |
| 40 | Ingo Mauer | Kosmetiktücher | 01.11.2008 | 12 | 24.11.2008 |

Tabelle 14.1  Beispieldaten für die Tabelle *tblBestellungen* (Fortsetzung)

| bstID | bstmitIDRef | bstartIDRef | bstBestell-datum | bst-Menge | bstLiefer-datum |
|---|---|---|---|---|---|
| 41 | Ingo Mauer | Kosmetiktücher | 05.12.2008 | 10 | 24.12.2008 |
| 42 | Lorenz Lang | Kosmetiktücher | 23.10.2009 | 120 | 03.12.2009 |
| 43 | Ralf Heyden | Klemmbrett | 01.08.2010 | 3 | 02.08.2010 |
| 44 | Ralf Heyden | Stift-Box | 01.08.2010 | 5 | 05.08.2010 |
| 45 | Sigmar Fritsch | Fischmesser | 31.10.2008 | 120 | 28.11.2008 |
| 46 | Sigmar Fritsch | Menümesser | 31.10.2008 | 120 | 28.11.2008 |
| 47 | Sigmar Fritsch | Menügabel | 31.10.2008 | 120 | 28.11.2008 |
| 48 | Sigmar Fritsch | Menülöffel | 31.10.2008 | 120 | 28.11.2008 |
| 49 | Sigmar Fritsch | Rotweinglas | 31.10.2008 | 120 | 03.12.2008 |
| 50 | Sigmar Fritsch | Weissweinglas | 31.10.2008 | 120 | 05.12.2008 |
| 51 | Dieter Pawlowsky | Blumenvase mittel | 14.04.2007 | 12 | 29.05.2007 |
| 52 | Dieter Pawlowsky | Blumenvase klein | 14.04.2007 | 20 | 29.05.2007 |
| 53 | Dieter Pawlowsky | Blumenvase groß | 14.04.2007 | 5 | 07.06.2007 |
| 54 | Klaus Mahnke | Pizzaofen | 12.10.2010 | 1 | |
| 55 | Klaus Mahnke | Pizzablechstapler | 15.10.2010 | 7 | |
| 56 | Klaus Mahnke | Fleischwolf | 15.10.2010 | 1 | 22.10.2010 |
| 57 | Detlev Schäfer | Besen | 28.03.2007 | 3 | 12.04.2007 |
| 58 | Fritz Pfaff | Besen | 28.03.2007 | 2 | 12.04.2007 |
| 59 | Rüdiger Geissler | Besen | 30.05.2008 | 1 | 15.06.2008 |
| 60 | Detlev Schäfer | Kosmetiktücher | 22.11.2010 | 200 | |
| 61 | Renate Götzki | Hochlehnersessel Toskana | 03.08.2009 | 3 | 12.09.2009 |
| 62 | Detlev Schäfer | Blumenvase klein | 05.05.2010 | 3 | 15.05.2010 |

**ACHTUNG** Gerade zu Testzwecken werden gerne langweilige Daten benutzt, die bequem einzugeben sind, etwa *4711* als Nummer, *Test* als Bezeichnung oder *01.01.2010* als Datum. Das ist schlecht, weil Sie bestimmte Fehler gar nicht finden. Prüfen Sie besser die Grenzen des jeweiligen Datentyps und nehmen Sie Beispiele aus dem Grenzbereich, also für *Integer*-Werte mal *32.767*, für einen Text ganz lange und ganz kurze Worte, für ein Datum den *29.02.2010* (den es ja mangels Schaltjahr nicht gibt) sowie gültige Datumswerte aus anderen Jahren.

Sorgen Sie auch dafür, dass manche Datenzeilen mehrfach vorkommen, wenn Ihr Index das zulässt. Dann können Sie später überprüfen, ob Ihre Abfragen auch korrekt mit Duplikaten umgehen.

# Einfache Auswahlabfragen

Sie haben in Kapitel 3 bereits einen ersten Einblick in Abfragen erhalten, daher können wir direkt mit der Arbeit beginnen. Eine Auswahlabfrage dient dazu, Daten in irgendeiner Form aufzubereiten.

Im einfachsten Fall beschränken Sie in einer Abfrage die angezeigten Spalten auf diejenigen, welche für Sie interessant sind und lassen die übrigen weg.

1. Klicken Sie auf *Erstellen/Abfragen/Abfrageentwurf*, um eine neue Abfrage vorzubereiten.
2. Dabei erscheint automatisch das Dialogfeld *Tabelle anzeigen*, in dem Sie *tblMitarbeiter* markieren und mit *Hinzufügen* übernehmen. Dann können Sie das Dialogfeld schließen.
3. Doppelklicken Sie auf das Feld *mitNachname* in der Feldliste (das kleine Fenster im oberen Bereich), sodass es unten im Zielbereich aufgenommen wird.
4. Wenn Sie jedoch ein neues Feld nicht einfach ganz hinten anfügen wollen, wie jetzt den Vornamen, nehmen Sie in der Feldliste den Feldnamen *mitVorname* und ziehen ihn mit gedrückter Maustaste unten mitten auf die erste Spalte, in der sich schon das Zielfeld *mitNachname* befindet. Dieses wird dadurch nach hinten verdrängt.
5. Sie können den Platzbedarf für die Feldliste oder die Zielfelder wie in Abbildung 14.1 durch Ziehen mit der Maus an der waagerechten Trennlinie anpassen.

**Abbildg. 14.1** Die Trennlinie zwischen Feldliste und Zielfeldern lässt sich hier mit der Maus verschieben

> **HINWEIS** Die Höhe der Aufteilung im Abfrageentwurf zwischen Feldliste oben und Zielfeldern unten lässt sich leider nicht als Standard für eine neue Abfrage festlegen.

6. Abfragen lassen sich (im Gegensatz zu Tabellen) auch schon ungespeichert in der Datenblattansicht ansehen, klicken Sie dazu bitte auf *Start/Ansichten/Datenblattansicht*. Sie sehen jetzt die Vor- und Nachnamen in der gleichen Reihenfolge und Anzahl wie schon in der Tabelle (siehe Abbildung 14.2).

**Abbildg. 14.2**  Ein Ausschnitt der Datenblattansicht

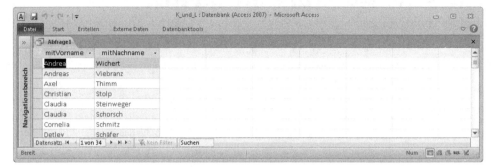

Sie haben mit dieser Abfrage im Grunde auch schon gefiltert, aber nicht so, wie es meistens verstanden wird, nämlich nicht zeilenweise, sondern spaltenweise. Wie Sie zwischen den Navigationsschaltflächen sehen können, sind es aber immer noch 34 Datensätze, so wie in der Tabelle auch.

# Sortieren

Bei den Tabellen hatte ich bereits darauf hingewiesen, dass es keineswegs sinnvoll ist, diese zu sortieren, weil das die ureigene Aufgabe von Abfragen ist. Lassen Sie uns also diese Abfrage sortieren, und zwar, wie es üblich ist, nach Nachnamen.

1. Wechseln Sie zurück in den Abfrageentwurf und speichern Sie diesen schon mal als *qryMitarbeiterSortiert*.

   **HINWEIS**  Zur Erinnerung: Das im Sinne der Ungarischen Notation benutzte Präfix *qry* ist die Kurzform des englischen *query*, also Abfrage.

2. Klicken Sie unterhalb des Zielfelds *mitNachname* in die Zeile, die links mit *Sortierung* bezeichnet ist. Dort erscheint ein Dropdownpfeil mit einer Liste, aus der Sie wie in Abbildung 14.3 *Aufsteigend* auswählen.

**Abbildg. 14.3**  Die Abfrage wird anhand der Nachnamen sortiert

3. Lassen Sie wieder die Datenblattansicht anzeigen, in der nun alle Datensätze wie in Abbildung 14.4 anhand der Nachnamen sortiert sind.

**TIPP** Anstatt jedes Mal den Befehl aus dem Menü zu wählen, um zwischen Datenblattansicht und Entwurfsansicht zu wechseln, können Sie auch das Symbol in *Start/Ansichten* direkt anklicken. Es ändert sich automatisch, sodass es in beiden Richtungen immer richtig steht.

Abbildg. 14.4   Die Sortierreihenfolge basiert auf den Nachnamen

# Mehrfache Sortierung

Natürlich können Sie in einer Abfrage auch nach mehr als einem Feld sortieren lassen. Hier gibt es etwa den Nachnamen *Horrich* doppelt und die zugehörigen Vornamen sind nicht alphabetisch sortiert, wie Sie in Abbildung 14.4 sehen können.

1. Wechseln Sie in der Abfrage *qryMitarbeiterSortiert* wieder in die Entwurfsansicht und stellen Sie auch für *mitVorname* die *Sortierung* auf *Aufsteigend*.
2. Betrachten Sie nun die Datenblattansicht, die wie in Abbildung 14.5 aussieht.

Abbildg. 14.5   Diese Abfrage soll erst Nachnamen und dann Vornamen sortieren

Haben Sie es bemerkt? Das ist falsch! Eigentlich sollte zuerst nach Nachnamen und anschließend, nämlich nur bei gleichen Nachnamen, nach Vornamen sortiert werden. Was aber tatsächlich sortiert wurde, sind zuerst die Vornamen und dann die Nachnamen, wie Sie schon beim ersten Datensatz sehen können.

**WICHTIG** Abfragen werden nicht in der zeitlichen Reihenfolge der eingefügten Sortierung sortiert, sondern immer von links nach rechts!

Damit diese Abfrage so wie gewünscht sortiert wird, müssen Sie von links die Sortierungen zuerst für Nachnamen und dann für Vornamen anordnen.

Eine der Möglichkeiten, die Reihenfolge der Sortierung zu beeinflussen, besteht darin, die Reihenfolge der Zielfelder zu ändern:

1. Um ein Zielfeld zu verschieben, muss dessen Spalte markiert sein. Das geschieht über einen (ziemlich klein geratenen) Spaltenkopf, der oberhalb des Feldnamens als grauer Bereich sichtbar ist. Sie müssen die Maus so halten, dass dort wie in Abbildung 14.6 ein kleiner schwarzer, nach unten gerichteter Pfeil zu sehen ist.

Abbildg. 14.6   Die Maus ändert sich auf dem Spaltenkopf in einen schwarzen Pfeil

2. Klicken Sie mit dem schwarzen Pfeil einmal auf den Spaltenkopf und lassen Sie dann die Maus wieder los. Die nun schwarz markierte Spalte können Sie mit gedrückter Maus aufnehmen und weiter nach links schieben, in diesem Fall vor die Spalte *mitVorname*, wie es in Abbildung 14.7 zu sehen ist. Beim Verschieben läuft ein dicker schwarzer Strich für die zukünftige Position mit.

## Mehrfache Sortierung

**Abbildg. 14.7**    Schieben Sie Spalte ganz nach links

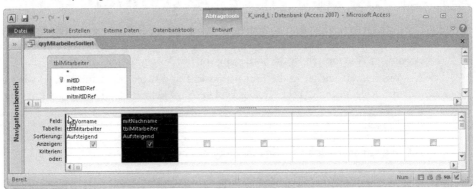

3. Wenn die Zielfelder in umgekehrter Reihenfolge stehen, sehen Sie in der Datenblattansicht (siehe Abbildung 14.8), dass so tatsächlich zuerst nach Nachname und anschließend nach Vorname sortiert wird, wie es geplant war.

**Abbildg. 14.8**    Die Sortierreihenfolge ist nun korrekt

# Sortierung und Anzeige trennen

Die sortierte Anzeige ist jetzt zwar korrekt, aber nicht sonderlich ansprechend. Schließlich sollte ja der Vorname vor dem Nachnamen stehen, doch die Abfragesortierung hat diese umgekehrte Reihenfolge erzwungen. Also müssen Sie die Sortierung von der Anzeige trennen:

1. Wechseln Sie wieder in die Entwurfsansicht und fügen Sie (zum Beispiel per Doppelklick auf *mitNachname* in der Feldliste) das Feld *mitNachname* ein zweites Mal am Ende hinzu.

**ACHTUNG** Mehrere gleichnamige Felder sind in Abfragen nicht erlaubt. Wenn Sie eine solche Abfrage in der Datenblattansicht ansehen, stellen Sie wie in Abbildung 14.9 fest, dass solche Felder automatisch mit Feldnamen wie *Expr1000* versehen werden.

Abbildg. 14.9  Doppelte Feldnamen erzeugen merkwürdige Überschriften

2. Damit das Feld *mitNachname* nicht doppelt angezeigt wird, entfernen Sie für die erste Spalte den Haken im Kontrollkästchen der Zeile *Anzeigen*. Dadurch wird zwar nach diesem Feld sortiert, aber es wird nicht angezeigt, wie Sie in Abbildung 14.10 sehen können.

Abbildg. 14.10  Jetzt sind Sortierung und Feldreihenfolge korrekt

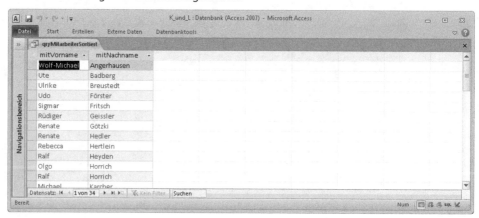

# Andere Datentypen sortieren

Beim Erstellen der Tabelle *tblHotels* hatte ich zum Feld *htlPLZ* bereits darauf hingewiesen, dass es für deren Sortierung unerheblich ist, ob es den Datentyp *Zahl* oder *Text* hat, solange die Textinhalte gleich lang sind.

1. Bereiten Sie mit *Erstellen/Abfragen/Abfrageentwurf* eine neue Abfrage vor, für die Sie die Tabelle *tblHotels* als Quelle übernehmen.
2. Wählen Sie die Felder *htlName*, *htlPLZ* und *htlOrt* aus und stellen Sie die *Sortierung* von *htlPLZ* auf *Aufsteigend*.
3. Speichern Sie diese Abfrage als *qryHotelsNachPLZSortiert* und lassen Sie sich die Datenblattansicht wie in Abbildung 14.11 anzeigen.

**Abbildg. 14.11**   Auch die Postleitzahl wird korrekt sortiert

Wie Sie sehen, ist die Sortierung auch für die Postleitzahlen als Text korrekt. Das funktioniert ebenso für Datumswerte, wie Sie bei den Bestellungen überprüfen können:

1. Erstellen Sie eine neue Abfrage, die auf der Tabelle *tblBestellungen* basiert und wählen Sie als Zielfelder *bstmitIDRef*, *bstartIDRef* und *bstBestelldatum*. Lassen Sie das Bestelldatum aufsteigend sortieren. Der Abfrageentwurf sieht dann aus wie in Abbildung 14.12.

**Abbildg. 14.12**   Das Datum soll sortiert werden

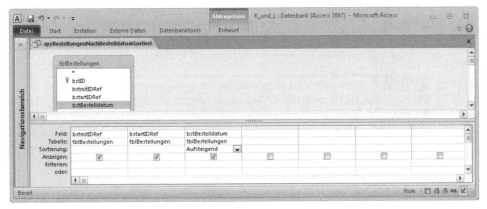

2. Speichern Sie diese als *qryBestellungenNachBestelldatumSortiert* und wechseln Sie in die Datenblattansicht.
3. In Abbildung 14.13 sehen Sie einen mittleren Ausschnitt der Datensätze, der zeigt, dass korrekt zuerst das Jahr, dann der Monat und zuletzt der Tag für die Datumssortierung berücksichtigt werden.

Abbildg. 14.13   Das Datum funktioniert als Sortierkriterium

**HINWEIS**   Sie erinnern sich an die Anmerkung zum Datentyp *Datum*, dass dahinter ein »serielles Datum« steht? Genau genommen steht in dem Feld ja gar kein Datum, sondern vor dem Komma die Anzahl der Tage seit dem 01.01.1900. Das ist eine schlichte Zahl, die ganz einfach sortierbar ist und Ihnen lediglich als Datum angezeigt wird.

## Feldnamen austauschen

Um zu sehen, dass die Sortierung auch noch für den dritten wesentlichen Felddatentyp funktioniert (nach *Text* und *Datum* also noch *Zahl*), sollen die Bestellungen nach deren Menge sortiert werden:

1. Wechseln Sie wieder in die Entwurfsansicht der Abfrage *qryBestellungenNachBestelldatumSortiert* und speichern Sie diese als *qryBestellungenNachMengeSortiert*.

**ACHTUNG**   Um eine bereits benannte Abfrage auf einen neuen Namen zu speichern, dürfen Sie nicht das Diskettensymbol ganz oben benutzen, sondern müssen den Befehl *Datei/Objekt speichern als* aufrufen. Dann erscheint das Dialogfeld *Speichern unter* entsprechend der Abbildung 14.14.

**Abbildg. 14.14** In diesem Dialogfeld können Sie einen neuen Namen zum Speichern eingeben

2. Klicken Sie dort im Zielfeld in den Feldnamen *bstBestelldatum*, sodass der Dropdownpfeil wie in Abbildung 14.15 erscheint.

**Abbildg. 14.15** So tauschen Sie den Feldnamen einer Entwurfsspalte aus

3. An diesem lässt sich eine Liste der Feldnamen ausklappen, für den Sie jetzt auf *bstMenge* wechseln. Die Sortierung bleibt dabei aktiviert.
4. Nachdem Sie die Abfrage wegen dieser Änderung nochmals gespeichert haben, sehen Sie in deren Datenblattansicht, dass auch die Sortierung nach einem *Zahl*-Datentyp ohne Probleme funktioniert.

# Spitzenwerte

Sie müssen für eine Abfrage gar nicht immer alle Ergebnisse sehen. Wenn Sie mal Wettkampfzeiten auswerten, brauchen Sie möglicherweise nur die drei ersten Plätze, und wenn Sie die Länge der Texte einer Spalte wissen wollen, interessiert eigentlich auch nur der längste Inhalt auf dem ersten Platz.

1. Hier sollen die zehn Bestellungen mit den größten Mengen ermittelt werden, aber die weiteren kleineren Bestellungen sind uninteressant. Speichern Sie daher die Abfrage *qryBestellungenNachMengeSortiert* unter dem neuen Namen *qryBestellungen10GroessteMengen*.

## Kapitel 14  Abfragen sortieren

> **TIPP**  Anstatt vom Abfrageentwurf aus den Befehl *Datei/Objekt speichern unter* zu nutzen, können Sie auch direkt im Navigationsbereich kopieren. Markieren Sie dort den Namen der Abfrage und kopieren diese mit [Strg]+[C] in die Zwischenablage. Dann drücken Sie [Strg]+[V] und sehen das Dialogfeld aus Abbildung 14.16, in das Sie den neuen Namen der Kopie eingeben können.

**Abbildg. 14.16**  Geben Sie hier den neuen Namen der Kopie ein

2. Ändern Sie dann die Sortierung für das Feld *bstMenge* auf *Absteigend*, damit die größten Mengen oben am Anfang des Datenblatts stehen.

3. Jetzt benötigen Sie die Eigenschaften der Abfrage, für die Sie mit *Abfragetools/Entwurf/Einblenden/Ausblenden/Eigenschaftenblatt* oder dem Tastenkürzel [Alt]+[↵] das Eigenschaftenblatt wie in Abbildung 14.17 anzeigen lassen.

**Abbildg. 14.17**  Geben Sie im Eigenschaftenblatt *10* für die *Spitzenwerte* ein

4. Achten Sie vor allem darauf, dass Sie kein Zielfeld markiert haben, sondern irgendwo im oberen hellgrauen Bereich neben der Feldliste klicken. Nur dann sehen Sie im Eigenschaftenblatt auch *Auswahltyp: Abfrageeigenschaften*.
5. Stellen Sie darin die Eigenschaft *Spitzenwerte* auf den Wert *10*, um nur die ersten zehn Datensätze angezeigt zu bekommen.

**Abbildg. 14.18**  Dies sind die ersten »10« Datensätze

6. In der Datenblattansicht wie in Abbildung 14.18 werden Sie übrigens feststellen, dass die »10« Spitzendatensätze tatsächlich 12 Zeilen füllen. Das ist aber konsequent, denn die Menge *120* gilt für alle ab der fünften Zeile, sodass keiner der folgenden Datensätze ausgeschlossen werden darf.

**HINWEIS**   Es ist übrigens keineswegs sicher, dass die Beschränkung auf ein paar Spitzenwert-Datensätze die Ausführung der Abfrage beschleunigt. Das gilt nur, wenn das sortierte Feld auch indiziert ist, denn ansonsten muss ja die komplette Abfrage sortiert werden, bevor die Spitzenwerte ermittelt sind.

Sie können als Angabe für *Spitzenwerte* auch einen Prozentsatz angeben, um beispielsweise mit *50%* die erste Hälfte der Datensätze zu sehen.

# Abfragen umbenennen und löschen

Der Unterschied im Namen der Abfrage und deren tatsächlichem Inhalt könnte ein Anlass sein, diese anders zu benennen:

1. Schließen Sie die Abfrage (egal, ob in der Entwurfsansicht oder der Datenblattansicht), da sie sich sonst nicht umbenennen lässt.
2. Markieren Sie den Namen im Navigationsbereich und wählen Sie per Rechtsklick darauf im Kontextmenü den Befehl *Umbenennen* oder benutzen Sie das Tastenkürzel [F2], damit Sie anschließend den Abfragenamen ändern können.

**Abbildg. 14.19** Schreiben Sie hier den geänderten Abfragenamen hinein

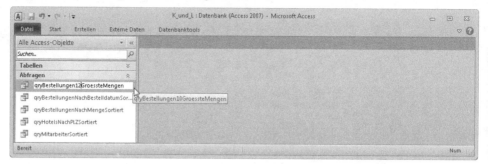

3. Bestätigen Sie die Änderung mit der ⏎-Taste oder per Mausklick auf einen anderen Namen

Sie können Abfragen entsprechend löschen, indem Sie in deren Kontextmenü den Befehl *Löschen* auswählen oder für einen markierten Abfragenamen die `Entf`-Taste drücken.

# Zusammenfassung

In diesem Kapitel wurde Ihnen der Umgang mit einfachen Abfragen zur Sortierung erläutert:

- Sie haben verschiedene Techniken kennen gelernt, um die Felder von der Feldliste in den *Zielbereich* aufzunehmen (Seite 257).
- Daten werden typischerweise durch Abfragen *sortiert* (Seite 258).
- Dabei wird die Sortierung immer von links nach rechts durchgeführt, sodass Sie manchmal die *Anzeige und die Sortierung der Felder trennen* (Seite 262) müssen.
- Die Anzeige der Ergebnisse lässt sich auf eine bestimmte Anzahl *Spitzenwerte* (Seite 265) begrenzen.

# Kapitel 15

# Abfragefelder berechnen

**In diesem Kapitel:**

| | |
|---|---|
| Formeln eingeben | 270 |
| Berechnungen mit Funktionen | 273 |
| Funktionen nutzen | 276 |
| Zusammenfassung | 290 |

**Kapitel 15** Abfragefelder berechnen

Wenn Sie Daten sortieren (und später filtern) wollen, muss es sich gar nicht um die Originaldaten handeln, wie sie in den Tabellen gespeichert sind. Abfragen sind auch das geeignete Werkzeug, um aus den vorhandenen Daten neue Inhalte zu berechnen.

**CD-ROM** Um Ihnen das Nachvollziehen der Schritte in diesem Kapitel zu erleichtern, finden Sie innerhalb der Beispieldateien zu diesem Buch im Ordner "Kap14" eine Datenbank, die bereits die Änderungen aus Kapitel 14 enthält. Laden Sie einfach die betreffende Datenbank, um mit der Arbeit in diesem Kapitel zu beginnen.

Sie können also jederzeit ein Kapitel überspringen und trotzdem auf den aktuellen Stand der Datenbank zugreifen.

# Formeln eingeben

In der Tabelle *tblBestellungen* gibt es ein Kombinationsfeld, durch das die *mitID* des bestellenden Mitarbeiters ausgewählt wird. Dort stehen in mehreren Spalten die ID, der Vorname und der Nachname des Mitarbeiters. Das ist ziemlich sperrig zu benutzen, besser wäre es, den Vor- und Nachnamen in einer Spalte zu finden. Obwohl es sich dabei um Text handelt, lässt sich dieser komplette Name »berechnen«:

1. Erstellen Sie einen neuen Abfrageentwurf auf Basis der Tabelle *tblMitarbeiter* und übernehmen Sie dort die *mitID* als erstes Feld in den Zielbereich.

2. Klicken Sie dann in die erste Zeile der nächsten Spalte, wo normalerweise der folgende Feldname aufgenommen würde. Sie können wahlweise direkt darin schreiben oder bequemer mit ⇧+F2 das Zoom-Fenster aufrufen, um diesen Bereich vergrößert zu bearbeiten.

3. Tragen Sie dort die Formel `GanzerName: mitVorname & " " & mitNachname` ein, wie in Abbildung 15.1 gezeigt.

**HINWEIS** Eine Berechnung in Abfragefeldern hat die Syntax `NeuerFeldname: Formel`, wobei `Formel` auch Funktionen enthalten kann. Ein neuer Feldname ist einer, der in dieser Abfrage weder links des berechneten Feldes noch oben in der Feldliste vorkommt.

Abbildg. 15.1 Geben Sie die Formel im Zoom-Fenster ein

4. Bestätigen Sie das Zoom-Fenster mit *OK*, sodass die Formel im Abfrageentwurf angezeigt wird.
5. Nehmen Sie zusätzlich die Felder *mitNachname* und *mitVorname* auf und lassen Sie sie in dieser Reihenfolge aufsteigend sortieren, wie es in Abbildung 15.2 zu erkennen ist. Bei beiden wird das Kontrollkästchen in der Zeile *Anzeigen* deaktiviert.

**Abbildg. 15.2**  Fügen Sie zwei Sortierfelder hinzu

6. Speichern Sie diese Abfrage als *qryMitarbeiterNamenSortiert* und wechseln Sie in die Datenblattansicht.
7. Sie sehen nun die Namen in üblicher Schreibweise und korrekter Sortierung als zweite Spalte neben den *mitID*-Werten wie in Abbildung 15.3.

**Abbildg. 15.3**  So sehen jetzt die sortierten Mitarbeiterdaten aus

Eine solche Standardsortierung werden Sie in Datenbanken praktisch für alle Tabellen brauchen. Es lohnt sich also, diese direkt für jede Tabelle vorzubereiten.

Die eben erstellte Abfrage sollte überall dort eingesetzt werden, wo Sie die *mitID* auswählen wollen, also in allen Fremdschlüsseln, in diesem Fall nur in der Tabelle *tblBestellungen*. Daher war schon die *mitID* als erste Spalte enthalten.

1. Öffnen Sie die Entwurfsansicht von *tblBestellungen*, markieren dort das Feld *bstmitIDRef* und wechseln unten auf die Registerkarte *Nachschlagen*.
2. Die *Datensatzherkunft* ändern Sie von der bisherigen Tabelle *tblMitarbeiter* auf die neue Abfrage *qryMitarbeiterNamenSortiert*.
3. Deren *Spaltenanzahl* besteht nur noch aus übersichtlichen 2 Spalten. Daher passen Sie die *Spaltenbreiten* auf *0cm;6cm* wie in Abbildung 15.4 an.

**Abbildg. 15.4**     Die Eigenschaften für *bstmitIDRef* sehen nun so aus

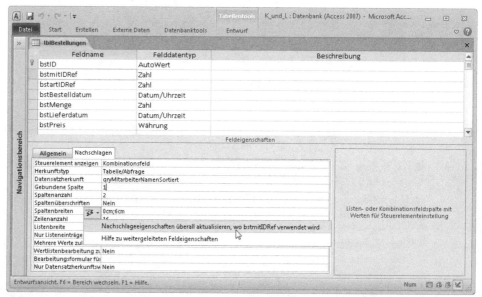

**HINWEIS**     Das dabei erscheinende »Smarttag«, ein kleines Symbol mit Blitz daran wie in Abbildung 15.4, ermöglicht es, diese Änderung an allen entsprechenden Stellen vorzunehmen. Das wären vor allem Formulare, die auf dieser Tabelle basieren, das lohnt sich also derzeit mangels Formularen nicht.

4. Die Datenblattansicht hat sich nun für die Auswahl der Mitarbeiter bedeutend verbessert, wie in Abbildung 15.5 zu sehen ist. Da Vor- und Nachname in einem einzigen Feld enthalten sind, bleiben sie auch für die übrigen Datensätze immer lesbar.

Abbildg. 15.5    Die Auswahl der Mitarbeiter ist übersichtlicher

# Berechnungen mit Funktionen

In der Tabelle *tblBestellungen* gibt es eine zweite Fremdschlüsselspalte mit Kombinationsfeld, die ebenfalls verbessert werden könnte. Dort sollen außer dem Artikelnamen auch der Preis und die Kategorie erkennbar sein:

1. Bereiten Sie mit *Erstellen/Abfragen/Abfrageentwurf* eine Abfrage vor, deren Datenquellen *tblKategorien* und *tblArtikel* sind. Wegen der bereits angelegten zentralen Beziehungen wird die Verbindungslinie zwischen beiden automatisch angezeigt.
2. Als erstes Feld übernehmen Sie *artID*, weil das als Schlüssel benötigt wird.
3. In der zweiten Spalte geben Sie eine Formel ein, die alle gewünschten Daten enthält:

```
Artikel: [artName] & " (" & [artPreis] & ", " & [katName] & ")"
```

4. Die Artikel sollen nach ihrer Bezeichnung sortiert sein, also fügen Sie noch das Feld *artName* mit aufsteigender Sortierung ein, welches aber nicht angezeigt wird.

## Kapitel 15  Abfragefelder berechnen

**Abbildg. 15.6**   Geben Sie diese Formel ein

5. Speichern Sie diese Abfrage als *qryArtikelMitInfoSortiert* und wechseln Sie in die Datenblattansicht. Wie Sie in Abbildung 15.7 sehen können, sind in der Ergebnisspalte zwar alle Daten zu sehen, aber nicht besonders übersichtlich. Der Preis ist unformatiert und die Kategoriebezeichnung viel zu lang.

**Abbildg. 15.7**   Das Ergebnis der Berechnung ist richtig, aber unansehnlich

Es gibt eine Menge integrierter Funktionen, um das zu verbessern. Eine davon (nämlich *Format()*) kann eine Zahl formatieren, eine andere (*Links()*) von einem Text nur den Anfang ermitteln. Ich werde Ihnen die etwa 25 wichtigsten Funktionen im Kapitel 15 ausführlich vorstellen, aber an diesem Beispiel können Sie schon einmal sehen, wie solche Funktionen eingesetzt werden:

1. Wechseln Sie zur Entwurfsansicht und verändern Sie dort die Formel wie folgt:

```
Artikel: [artName] & " (" & Format([artPreis];"0,00 ?") & ", " & Links([katName];10) &
"...)"
```

2. Achten Sie dabei vor allem auf das richtige Setzen der Klammern und auf das Semikolon als Trennzeichen zwischen zwei Argumenten einer Funktion.

## Berechnungen mit Funktionen

> **PROFITIPP** Weil die Feldnamen ohne Leerzeichen oder Sonderzeichen benannt wurden, können Sie die eckigen Klammern bei der Eingabe einfach weglassen. Access ergänzt sie beim Verlassen der Spalte oder beim Speichern automatisch.
>
> Dank der erweiterten Ungarischen Notation müssen Sie auch die Tabellennamen nicht nennen, weil beide Namensfelder eindeutig sind. Sonst müssten Sie immer ausführlich [tblArtikel].[Name] und [tblKategorien].[Name] schreiben.

3. In der Datenblattansicht finden Sie in dem berechneten Feld nun wie geplant den Preis mit zwei Nachkommastellen und der abgekürzten, aber noch eindeutig zu erkennenden Kategorie.

Abbildg. 15.8   So sieht das Feld besser aus

Auch diese sortierte Abfrage für die Artikel eignet sich für ein Kombinationsfeld zur Auswahl und kann direkt in der Tabelle *tblBestellungen* für die *bstartIDRef* genutzt werden, wie die Abbildung 15.9 zeigt.

Abbildg. 15.9   Nutzen Sie die sortierte Abfrage für die Tabelle *tblBestellungen*

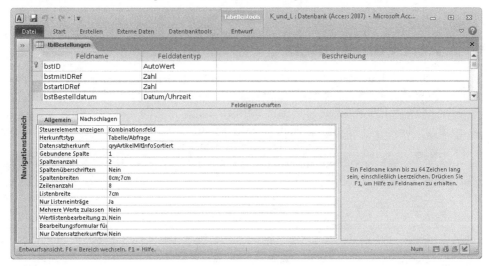

# Funktionen nutzen

Sie haben eben schon beispielhaft zwei Funktionen gesehen, die Access für berechnete Felder zur Verfügung stellt. Davon gibt es eine Menge mehr, welche die Berechnungen erheblich erleichtern. Keine Angst, Sie müssen sich nicht besonders viele merken, denn mit knapp 25 Funktionen können Sie eigentlich alle Aufgaben lösen, die typischerweise so anfallen.

> **HINWEIS** Die in Abfragen benutzten Funktionen sind identisch mit denjenigen, die Sie auch später bei der Programmierung mit VBA nutzen können. In Abfragen sind die Namen deutsch und das Trennzeichen zwischen Argumenten ein Semikolon, in VBA müssen Sie deren englische Namen und ein Komma als Trennzeichen benutzen. Daher werde ich bei allen Übersichten zusätzlich die englischen Namen mit angeben. Sie können übrigens in Abfragen auch die englischen Funktionsnamen im deutschen Access eintippen, sie werden sofort »zurückübersetzt«.

Damit Sie auch konkret sehen, wie und wofür die Funktionen benutzt werden, erstellen Sie sich am besten in einer eigenen Datenbank (die Sie als *Funktionen.accdb* im Unterordner *Kap15* der Beispiele finden) eine Tabelle *tblBeispiele* wie in Tabelle 15.1 mit den dort genannten Beispieldaten.

**Tabelle 15.1**   Diese Daten werden für die Beispiele benutzt

| bspName | bspGeburtstag |
|---|---|
| Theo Testinghoff | 24.11.1960 |
| Mechthild Meier | 24.10.1975 |
| Bernhard Victor Christoph Carl von Bülow | 12.11.1923 |
| Loriot | 12.11.1923 |
| Herbert von Karajan | 05.04.1908 |
| Joannes Chrysostomus Wolfgangus Theophilus Mozart | 27.01.1756 |
| Karl-Heinz Rummenigge | 25.09.1955 |

## Text-Funktionen

Auch wenn Texte »gefühlt« nicht berechnet werden können, gibt es doch viele Funktionen, die Texte umwandeln können und wie Berechnungen behandelt werden. In Tabelle 15.2 finden Sie eine Auswahl der wichtigsten Funktionen für Texte.

**Tabelle 15.2**   Die wichtigsten Funktionen für Text

| Funktion | Englischer Name | Beschreibung |
|---|---|---|
| Links(*Text*; *n*) | Left(...) | Gibt die ersten *n* Zeichen des Textes zurück |
| Rechts(*Text*; *n*) | Right(...) | Gibt die letzten *n* Zeichen des Textes zurück |
| Teil(*Text*; *n*; *m*) | Mid(...) | Gibt ab Position *n* die *m* Zeichen des Textes zurück. Fehlt *m*, dann gilt es bis zum Ende des Textes. |

**Tabelle 15.2** Die wichtigsten Funktionen für Text *(Fortsetzung)*

| Funktion | Englischer Name | Beschreibung |
|---|---|---|
| Länge(*Text*) | Len(...) | Gibt die Anzahl Zeichen des Textes zurück |
| InStr(*Text*; *Suchtext*) | InStr(...) | Gibt die Position des ersten Zeichens von *Suchtext* zurück oder *0*, wenn Suchtext nicht enthalten ist |
| InStrRev(*Text*; *Suchtext*) | InStrRev(...) | Gibt die Position des letzten Zeichens von *Suchtext* zurück oder *0*, wenn Suchtext nicht enthalten ist |
| Glätten(*Text*) | Trim(...) | Gibt den *Text* ohne führende und endende Leerzeichen zurück |
| Kleinbst(*Text*) | LCase(...) | Gibt den *Text* in Kleinbuchstaben zurück |
| Grossbst(*Text*) | UCase(...) | Gibt den *Text* in Großbuchstaben zurück |
| Ersetzen(*Text*; *Suchtext*; *Ersatztext*; ...) | Replace(...) | Gibt den *Text* zurück, in dem alle *Suchtext*-Elemente durch *Ersatztext* ausgetauscht wurden |

**HINWEIS** Wegen der Übersichtlichkeit habe ich die optionalen Argumente weggelassen. Bitte lesen Sie bei Bedarf die Hilfe zur jeweiligen Funktion. Dort finden Sie auch weitere Bedingungen und Besonderheiten, die eventuell berücksichtigt werden müssen. Diese Liste dient vor allem als Anregung, was möglich ist und wie die passende Funktion heißt.

Leider ist es recht schwierig, in der Access-Hilfe die einzelnen Funktionen zu finden. Sie müssen dort zuerst neben der *Suchen*-Schaltfläche an dem Dropdown-Pfeil die *Hilfe für Entwickler* einschalten, wie es in Abbildung 15.10 zu sehen ist.

**Abbildg. 15.10** Die Voreinstellungen der Hilfe müssen korrekt sein

# Kapitel 15  Abfragefelder berechnen

Dann geben Sie im Suchfeld den Begriff **Funktionen** ein und klicken auf *Suchen*. In der angezeigten Ergebnisliste können Sie dann dem Link *Funktionen (alphabetische Liste)* folgen. Dort stehen dann die Links zu allen Funktionen.

Sie können grundsätzlich auch den englischen(!) Namen einer Funktion im Suchfeld eingeben. Oft führt dies aber zur (ebenfalls englischen) VBA-Bezeichnung einer Eigenschaft, die oft gleichnamig ist, wie bei der *Left*-Eigenschaft von Steuerelementen statt der *Left()*-Funktion.

Sie werden feststellen, dass viele der Funktionen oft gemeinsam genutzt werden. Wenn Sie wie in den Beispieldaten den Vor- und Nachnamen zusammen in einem Feld vorfinden, müssen Sie ihn irgendwie trennen.

Grundsätzlich können Sie festhalten, dass das erste Wort der Vorname ist und alles Folgende der Nachname. Damit müssen Sie nur noch das Leerzeichen finden und wissen dann, wo der Inhalt getrennt werden muss:

1. Erstellen Sie eine neue Abfrage auf Basis der Tabelle *tblBeispiele*. Nur zum Vergleich mit den Originaldaten wird auch das Feld *bspName* angezeigt.
2. In einem zweiten Feld soll die Position des Leerzeichens ermittelt werden, daher der (möglichst kurze) Feldname *WoLeer*. Die Formel dazu heißt:

```
WoLeer: InStr([bspName]; " ")
```

3. Nachdem Sie diese Abfrage als *qryNamenTrennen* gespeichert haben, sehen Sie eine Datenblattansicht wie in Abbildung 15.11.

**Abbildg. 15.11**  Die Position des Leerzeichens ist ermittelt

Die Zahl in *WoLeer* gibt an, an welcher Position innerhalb von *bspName* das Leerzeichen gefunden wurde. War gar kein Leerzeichen vorhanden, wie bei Loriot, gibt die *InStr()*-Funktion allerdings den Wert *0* zurück.

## Funktionen nutzen

1. Im nächsten Schritt soll alles vor dem Leerzeichen als Vorname angezeigt werden. Dazu brauchen Sie die *Links()*-Funktion in der folgenden Spalte mit dieser Formel:

```
Vorname: Links([bspName];[WoLeer]-1)
```

> **HINWEIS** Im Hinweis auf Seite 270 hatte ich bereits erwähnt, dass ein neuer Feldname einer ist, der weder links von meiner Formel noch oberhalb vorkommt. Hier sehen Sie den umgekehrten Fall: Sie können auf alle vorhandenen Feldnamen zugreifen, auch auf bereits berechnete. Diese berechneten Felder müssen allerdings links von der Formel stehen, damit sie zuerst berechnet werden (und deren Spalte muss sichtbar sein).

2. Die *Links()*-Funktion erhält als zweites Argument die Anzahl der anzuzeigenden Buchstaben. Da das Leerzeichen selber nicht mehr dazugehört, können Sie von diesem Wert die Zahl *1* abziehen. Das sieht insgesamt richtig aus, aber für *Loriot* gibt es eine Fehlermeldung, wie Sie in Abbildung 15.12 sehen.

**Abbildg. 15.12** Fast alles ist richtig, nur für *Loriot* klappt es nicht

3. Dort versucht die *Links()*-Funktion nämlich, –1 Zeichen darzustellen, weil ohne Leerzeichen dessen Position schon *0* ist. Da hilft ein kleiner Trick, indem an jeden untersuchten Text immer ein Leerzeichen angehängt wird. Ist schon eines im Text vorhanden, findet *InStr()* das erste, ansonsten wenigstens dieses angehängte Leerzeichen. Inhalte mit nur einem Wort (und ohne Leerzeichen) werden also damit als Vorname betrachtet.
4. Ändern Sie die Formel für *WoLeer* so (zwischen beiden Anführungszeichen steht jeweils ein Leerzeichen!):

```
WoLeer: InStr([bspName] & " "; " ")
```

5. Damit ist das Problem behoben, wie Sie in Abbildung 15.13 erkennen.

**Abbildg. 15.13**  Jetzt ist auch *Loriot* korrekt

Die Nachnamen wiederum sind relativ einfach als restlicher Text zu ermitteln, weil die dabei benutzte *Teil()*-Funktion auch Zeichenketten der Länge *0* akzeptiert.

**HINWEIS**  Warum nehme ich für den rechten Teil des Textes nicht die *Rechts()*-Funktion? Diese zählt von rechts, die Position der *InStr()*-Funktion, wird aber von links ermittelt. Daher passt die *Teil()*-Funktion besser, weil auch sie von links aus zählt.

Die *Rechts()*-Funktion ist geeignet, um beispielsweise von einer Datei die Endung zu ermitteln, wenn Sie sicher sind, dass es sich dabei genau um die letzten drei Zeichen handelt. In Kapitel 33 finden Sie passenden VBA-Code, um jede Dateiendung korrekt zu ermitteln.

1. Erweitern Sie den Entwurf von *qryNamenTrennen* um ein weiteres Feld für den Nachnamen wie in Abbildung 15.14 mit der folgenden Formel:

```
Nachname: Teil([bspName];[WoLeer]+1)
```

**Abbildg. 15.14**  Fügen Sie das berechnete *Nachname*-Feld hinzu

2. Auch hier soll das Leerzeichen selbst unberücksichtigt bleiben, daher muss auf die *WoLeer*-Position noch *1* addiert werden. Für *Loriot* beginnt dadurch der Nachname hinter dem Ende des ursprünglichen Textes, aber das führt nicht zu einem Fehler.

**Abbildg. 15.15**  Die Nachnamen sind der restliche Text nach dem ersten Leerzeichen

3. In Abbildung 15.15 können Sie sehen, dass alle Nachnamen so wie geplant ermittelt werden können.

**HINWEIS**  Sind die Nachnamen wirklich so in Ordnung? Ja und nein. Technisch erfüllen sie zweifellos unsere Vorgabe, dass alles ab dem ersten Leerzeichen als Nachname behandelt wird. Inhaltlich werden Sie aber mit dem Ergebnis unzufrieden sein, denn mehrere Vornamen wie bei *Mozart* (der übrigens offiziell wirklich so hieß, sich allerdings *Wolfgang Amadé Mozart* nannte) werden damit automatisch dem Nachnamen zugeschlagen.

Für *Karajan* (dessen Familien-Adelstitel seit der Abschaffung des Adels in Österreich von ihm als Künstlername geführt wurde) wird zwar korrekt *von Karajan* ermittelt, für eine Sortierung würde er aber eher unter *K* wie *Karajan, von* erwartet.

Das ließe sich noch verbessern, allerdings muss man ehrlich einräumen, dass der Aufwand der fehlerfreien Trennung von Vor- und Nachnamen gigantisch ist. Dafür kann Access nichts, es liegt einfach an den vielen Möglichkeiten: Titel, die wie bei *Graf Alexander Faber-Castell* oder *Wernher Freiherr von Braun* mal davor und mal dazwischen stehen, oder Namenszusätze wie bei *Lothar de Maizière* und *Leonardo da Vinci* oder die spanische Konstruktion mit den Nachnamen der Eltern wie bei *María Picasso y López*. Da bietet jedes Land noch ein paar Besonderheiten, die Sie alle irgendwie abfangen müssten.

Kurz gesagt: Für die »normale« Version mit einem Vornamen, der wie gesehen auch ein Doppelname mit Bindestrich sein darf, und einem Nachnamen ist die gezeigte Abfrage in Ordnung. Der Rest ist viel manuelle Nacharbeit.

In Kapitel 8 hatte ich bereits darauf hingewiesen, dass Sie vor dem Verkürzen eines Textfeldes besser mal prüfen, wie lang der längste Eintrag darin ist. Das geht mit der *Länge()*-Funktion optimal:

4. Erstellen Sie eine neue Abfrage basierend auf der Tabelle *tblBeispiele* und tragen als erstes Feld im Zielbereich nur eine Formel ein:

```
Namenslaenge: Länge([bspName])
```

5. Stellen Sie die *Sortierung* dafür auf *Absteigend*, speichern die Abfrage als *qryLaengsterName* und wechseln in die Datenblattansicht.
6. Dort müssen Sie nur noch den ersten Datensatz ansehen, der eine Länge des Artikelnamens von 49 Zeichen anzeigt. Damit wissen Sie, dass die Größe dieses Feldes mindestens 49 Zeichen betragen muss.

Wenn Sie nicht so viele Werte sehen wollen, können Sie die *Spitzenwerte*-Eigenschaft im Eigenschaftenblatt der Abfrage auf *1* stellen. Das Eigenschaftenblatt können Sie übrigens ganz schnell über die Tastenkombination [Alt]+[↵] ein- und wieder ausblenden.

**ACHTUNG** Die *Spitzenwerte*-Eigenschaft bietet eine Vorschlagsliste mit einigen Werten. Wenn Sie eine *1* eingeben, ergänzt Access das sofort als *100*. Sie müssen also die beiden überflüssigen Nullen dahinter ausdrücklich löschen.

## Datum-Funktionen

Für die Berechnung oder meist eher Zerteilung eines Datums stehen einige spezialisierte Funktionen zur Verfügung, die Sie in der Tabelle 15.3 finden.

**Tabelle 15.3** Die wichtigsten Funktionen für Datumswerte

| Funktion | Englischer Name | Beschreibung |
| --- | --- | --- |
| Tag(*Datum*) | Day(...) | Gibt von *Datum* den Tag als Zahl zurück |
| Monat(*Datum*) | Month(...) | Gibt von *Datum* den Monat als Zahl zurück |
| Jahr(*Datum*) | Year(...) | Gibt von *Datum* das Jahr als Zahl zurück |
| DatAdd(*Intervall*; *Zahl*; *Datum*) | DateAdd(...) | Gibt einen *Long*-Wert zurück, der die Anzahl der Intervalle zwischen *Datum1* und *Datum2* angibt |
| DatDiff(*Intervall*; *Datum1*; *Datum2*; ...) | DateDiff(...) | Ermittelt die Differenz zwischen zwei Datumswerten |
| DatWert(*Datumstext*) | DateValue(...) | Wandelt eine Zeichenkette in den zugehörigen Datumswert um |
| Jetzt() | Now() | Gibt Datum einschließlich Uhrzeit anhand der Systemuhr zurück |
| Datum() | Date() | Gibt das Systemdatum zurück |
| Zeit() | Time() | Gibt die Systemzeit zurück |

**ACHTUNG** In der Hilfe werden als Argumente für das *Intervall* der *DatDiff()*-Funktion die englischen Formatangaben wie *yyyy* (Jahr) genannt. In Access-Abfragen müssen Sie aber die deutschen Formatangaben wie *jjjj* benutzen, die Hilfe bezieht sich auf (englisches) VBA.

Auch das Trennzeichen zwischen Argumenten unterscheidet sich je nach Aufruf. Es ist in Abfragen ein Semikolon, in VBA jedoch ein Komma.

Es gibt noch einige weitere spezialisierte Funktionen wie etwa *Wochentagsname()*, die aber durch die sehr vielseitige *Format()*-Funktion gut zu ersetzen sind.

# Funktionen nutzen

**TIPP**   Wenn Sie eine spezielle Funktion suchen, können Sie diese in einer Alternative zum Zoom-Fenster (Tastenkürzel `⇧`+`F2`) besser finden. Rufen Sie mit dem Tastenkürzel `Strg`+`F2` den Ausdrucks-Generator wie in Abbildung 15.16 auf.

**Abbildg. 15.16**   Der Ausdrucks-Generator liefert übersichtlich Funktionen und Inhalte der Datenbank

Dieser enthält nicht nur alle integrierten Funktionen, wie sie hier besprochen werden, nach Ausdruckskategorien gruppiert, sondern kann auch Felder und Steuerelemente von allen Objekten der aktuellen Datenbank anzeigen.

Da die Geburtstage in der Beispieltabelle als Tagesdaten in einem gemeinsamen Datum/Uhrzeit-Feld gespeichert sind, müssen diese früher oder später in Tag, Monat und Jahr zerlegt werden.

1. Erstellen Sie eine neue Abfrage auf Basis von *tblBeispiele*, in die Sie schon einmal das Vergleichsfeld *bspGeburtstag* aufnehmen können. Speichern Sie diese Abfrage als *qryGeburtstage*.

**Abbildg. 15.17**   Tag, Monat und Jahr werden mit diesen Funktionen aus dem Datum extrahiert

2. Fügen Sie wie in Abbildung 15.17 drei weitere berechnete Felder hinzu, mit denen das Datum in seine Bestandteile zerlegt werden kann. Die Formeln lauten:

```
GebTag: Tag([bspGeburtstag])
GebMonat: Monat([bspGeburtstag])
GebJahr: Jahr([bspGeburtstag])
```

3. Wenn Sie die Datenblattansicht (siehe Abbildung 15.18) dazu betrachten, können Sie sehen, dass alle Datumswerte korrekt zerlegt worden sind.

**Abbildg. 15.18**   Das Tagesdatum ist in seine Einzelteile zerlegt worden

Diese Aufteilung eines Tagesdatums in seine Bestandteile werden Sie beim Filtern noch benötigen. Der Vollständigkeit halber möchte ich diese Datumswerte noch so sortieren, wie es für die beliebte Geburtstagsliste benötigt wird. Dort müssen die Daten ohne Berücksichtigung des Jahrs sortiert werden.

1. Wechseln Sie in den Entwurf der Abfrage und löschen Sie die Spalte mit dem berechneten Feld *GebJahr*.
2. Ziehen Sie dann das Feld *GebMonat* vor das Feld *GebTag*, sodass es anschließend also links davon liegt.
3. Lassen Sie beide Felder *GebMonat* und *GebTag* aufsteigend sortieren. Wie in Abbildung 15.19 sehen Sie in der Datenblattansicht nun die fertige Geburtstagsliste.

**Abbildg. 15.19**   Das ist die fertige Geburtstagsliste

Damit Sie auch sehen, wie die übrigen Datumsfunktionen eingesetzt werden, können wir mit einer zweiten Abfrage das theoretische Alter aller Beispielpersonen ausrechnen.

1. Erstellen Sie einen neuen Abfrageentwurf mit den beiden Feldern *bspName* und *bspGeburtstag* und speichern Sie diesen als *qryAlterHeute*.
2. Fügen Sie in der nächsten freien Spalte die Formel hinzu, um das heutige Alter in Jahren zu ermitteln:

```
AlterJahre: DatDiff("jjjj";[bspGeburtstag];Datum())
```

3. Abgesehen davon, dass einige der Personen gar nicht mehr leben, finden Sie in der Spalte *AlterJahre* das Alter im Jahre 2010 (siehe Abbildung 15.20).

**Abbildg. 15.20**   So alt sind/wären die Personen im Jahre 2010

**ACHTUNG**   Die *DatDiff()*-Funktion rechnet eher ungenau, wie schon in der Hilfe dokumentiert ist! Es werden einfach nur die Jahre gezählt, unabhängig davon, ob der tatsächliche Geburtstag vor oder hinter dem aktuellen Datum liegt.

## Zahl-Funktionen

Auch für den Umgang mit Zahlen gibt es ein paar Funktionen. Die meisten davon sind eher in der VBA-Programmierung (siehe Kapitel 37) einsetzbar, die wichtigsten für Abfragen finden Sie in Tabelle 15.4.

**Tabelle 15.4**   Die wichtigsten Funktionen für Zahlen

| Funktion | Englischer Name | Beschreibung |
|---|---|---|
| Format(*Zahl*, *Format*) | Format(...) | Verwandelt die *Zahl* anhand von *Format* in einen Text |
| Wert(*Text*) | Val(...) | Verwandelt den *Text* bestmöglich in eine Zahl |
| Runden(*Zahl*, *Anzahl*) | Round(...) | Gibt eine Zahl zurück, die auf die entsprechende *Anzahl* an Dezimalstellen gerundet wurde |

# Kapitel 15  Abfragefelder berechnen

Am vielseitigsten ist dabei die *Format()*-Funktion, die eine Zahl in einen formatierten Text umwandelt. Dabei kann die Zahl auch ein Datum sein, wie das folgende Beispiel zeigt.

1. Erstellen Sie eine neue Abfrage basierend auf *tblBeispiele*, übernehmen Sie das Feld *bspGeburtstag* und speichern Sie alles als *qryGeburtstagFormat*.
2. Fügen Sie als zweites Feld die folgende Formel ein:

```
GebFormat: Format([bspGeburtstag];"tt. mmmm jj")
```

3. Mit den Möglichkeiten der Datumszahlenformate können Sie das Datum bedeutend vielseitiger anzeigen lassen (siehe Abbildung 15.21) als nur mit den Datumsfunktionen.

**Abbildg. 15.21**     Das Datum kann vielseitig formatiert werden

Die *Wert()*-Funktion ist wichtig, wenn Sie Texte und Zahlen gemischt vorfinden, wie das bei Datenimporten gelegentlich vorkommt. Dabei versucht diese Funktion, vom Anfang des Textes aus so viele Zahlen wie möglich zu erkennen, gibt aber keinen Fehler zurück, sondern wenigstens immer eine *0* als Wert.

1. Ergänzen Sie die Tabelle um einen neuen Eintrag für den Rapper *50 Cent*, der am *6.7.1975* geboren wurde.
2. Erstellen Sie dann eine neue Abfrage mit dem Feld *bspName* als Zielfeld und speichern Sie diese als *qryNamenswerte*. Zu Testzwecken sollen die Namen in Zahlen umgewandelt werden, soweit das möglich ist.
3. Ergänzen Sie als zweites Feld diese Formel:

```
Namenswert: Wert([bspName])
```

4. Die Abbildung 15.22 zeigt, dass die *Wert()*-Funktion immerhin die Zahl *50* im Namen extrahieren konnte.

**Abbildg. 15.22** Wenigstens in einem Namen steckte eine Zahl

Natürlich ist dieses Beispiel etwas mühsam konstruiert, im »wirklichen Leben« wird diese Funktion beispielsweise benötigt, um Benutzereingaben wie *50 kg* oder *3 m* von ihren Einheiten zu trennen.

## Sonstige Funktionen

Schließlich bleiben noch ein paar Funktionen übrig, die keiner Gruppe zuzuordnen sind, wie in Tabelle 15.5.

**Tabelle 15.5** Die wichtigsten sonstigen Funktionen

| Funktion | Englischer Name | Beschreibung |
| --- | --- | --- |
| Wenn(*Ausdruck; Wahrwert; Sonstwert*) | IIf(...) | Gibt *Wahrwert* oder *Sonstwert* zurück abhängig von der Auswertung von *Ausdruck* |
| Nz(*Wert; Ersatzwert*) | Nz(...) | Gibt *Wert* zurück oder *Ersatzwert*, falls *Wert* NULL ist |

Die *Wenn()*-Funktion entspricht derjenigen, die Sie vielleicht schon aus Excel kennen, und könnte hier eingesetzt werden, um das Alter der Beispielpersonen einzuschätzen.

1. Erstellen Sie eine neue Abfrage namens *qryAlterEinschaetzen* mit den Feldern *bspName* und *bspGeburtstag*.
2. Fügen Sie als drittes Feld die folgende Formel hinzu:

   ```
   Einschaetzung: Wenn([bspGeburtstag]<#01.01.1950#;"alt";"jung")
   ```

3. In Abbildung 15.23 sehen Sie das Ergebnis dieser Abfrage.

**Abbildg. 15.23** Das ist das Ergebnis der ersten Einschätzung

Alle Funktionen können Sie schachteln, also das Ergebnis einer Funktion als Argument für eine andere nutzen. Das bietet sich hier an, um eine dritte Entscheidung aufnehmen zu können:

1. Erweitern Sie die Berechnung in der Abfrage *qryAlterEinschaetzn* wie in der folgenden Formel:

```
Einschaetzung: Wenn([bspGeburtstag]<#01.01.1950#;Wenn([bspGeburtstag]<#01.01.1900#;
"steinalt";"alt");"jung")
```

2. Der ursprüngliche *Wahrwert* der äußeren *Wenn()*-Funktion wurde dabei ersetzt durch eine komplette eigene *Wenn()*-Funktion, die im obigen Listing fett markiert ist.
3. Wie Sie in Abbildung 15.24 sehen, gibt es nun drei mögliche Ergebnisse.

**Abbildg. 15.24** Das ist das Ergebnis der erweiterten Einschätzung

# Fehlerträchtige Feldnamen

Ich habe immer wieder darauf hingewiesen, dass innerhalb von Feldnamen die durchaus erlaubten Zeichen wie Minuszeichen, Schrägstriche oder Leerzeichen vermieden werden sollen. Schauen Sie zum Abschluss dieses Kapitels mal an einem Beispiel in der *Kosten&Logistik*-Datenbank, wann das schief läuft und wie:

1. Schließen Sie die aktuelle Datenbank und öffnen *K_und_L.accdb*.
2. Erstellen Sie eine neue Abfrage auf Basis von *tblMitarbeiter*, die dazu dienen soll, die deutschen Feldnamen für den internationalen Gebrauch zu übersetzen.
3. Fügen Sie im Zielbereich zwei neue Formeln wie in Abbildung 15.25 ein, welche die ID und den kompletten Namen beispielhaft als englische Feldnamen umbenennen:

```
Staff-No: mitID
Staff-Name: [mitNachname] & ", " & [mitVorname]
```

**Abbildg. 15.25** Diese Abfrage benennt die Feldnamen um

4. Speichern Sie diese Abfrage als *qryStaff* und prüfen Sie die Funktionsfähigkeit der Formeln in der Datenblattansicht. So weit ist alles in Ordnung und Sie können diese Abfrage schließen.
5. Jetzt erstellen Sie bitte eine weitere Abfrage, die auf dieser basiert und ein Feld berechnet. Die Formel dazu ist:

```
Info: Staff-Name & "(" & Staff-No & ")"
```

6. Wenn Sie wie bisher die Feldnamen ohne Klammern schreiben, versucht Access zu erraten, was ein Feldname ist, und das kommt dabei heraus:

```
Info: [Staff]-[Name] & " (" & [Staff]-Nein & ")"
```

**HINWEIS**   Natürlich ist das Ganze so nicht lauffähig. Sie erhalten beim Versuch, die Datenblattansicht anzusehen, eine Fehlermeldung wie in Abbildung 15.26, der Sie in Kapitel 19 als Parameterabfrage wieder begegnen werden. Hier weist sie nur auf falsch geschriebene Feldnamen hin.

**Abbildg. 15.26**   Diese Fehlermeldung erscheint bei unbekannten Feldnamen

7. Der klassische Fehler besteht darin, dass die Sonderzeichen als Rechenzeichen betrachtet werden und daher aus dem eigentlich gemeinten *[Staff-Name]* die Formel *[Staff]-[Name]* entsteht.
8. Mein persönlicher Lieblingsfehler ist aber die doppelte Umwandlung von *[Staff-No]* (mit *No* als der üblichen amerikanischen Abkürzung für »Nummer«) in zwei Felder plus der allzu eifrigen Übersetzung von *No* in *Nein*.

Natürlich können Sie diese Fehler manuell korrigieren oder gleich die passenden eckigen Klammern eingeben. Gerade diese sind aber mühsam über die Tastatur zu erreichen und insgesamt erhöht das den Arbeitsaufwand erheblich. Daher plädiere ich dringend dafür, keine so fehleranfälligen Feldnamen zu nutzen.

# Zusammenfassung

In diesem Kapitel haben wir uns damit beschäftigt, wie neue Felder in Abfragen berechnet werden können:

- Die Eingabe folgt der Syntax NeuerName: Formel, wobei als Formel sowohl vorhandene Felder als auch *Funktionen* (Seite 270) möglich sind.
- Oftmals brauchen Sie in Abfragen *sortierte Tabellen-Daten* (Seite 272). Sie haben gesehen, wie Sie sich eine solche Datenquelle vor allem für Kombinationsfelder von Fremdschlüsseln bereitstellen.
- Mit etwa 25 *Funktionen* (Seite 276) lassen sich eigentlich alle anfallenden Aufgaben in einer Abfrage lösen:
  - Am umfangreichsten sind dabei die *Textfunktionen* (Seite 276), die Teile von Texten, darin enthaltene Zeichenketten oder deren Länge ermitteln können.
  - Die *Datumsfunktionen* (Seite 282) ermöglichen es vor allem, Tagesdatumswerte in Tag, Monat oder Jahr zu zerlegen oder die Differenz von zwei Datumswerten zu errechnen.
  - Die *Zahlfunktionen* (Seite 285) bieten Umwandlungen und Formatierungen von Zahlen.
  - Schließlich bleiben noch ein paar *sonstige Funktionen* (Seite 287), mit denen Prüfungen durchgeführt oder NULL-Werte abgefangen werden können.

# Kapitel 16

# Abfragen filtern

**In diesem Kapitel:**

| | |
|---|---|
| Filterkriterien | 292 |
| Operatoren | 294 |
| Mehrere Filterkriterien | 301 |
| Zusammenfassung | 307 |

Abfragen dienen nicht nur dem Sortieren, sondern sollen oft auch überflüssige Daten filtern. Das geschieht durch Angabe eines Filterkriteriums oder eventuell eine logische Verknüpfung zwischen mehreren Kriterien.

> **CD-ROM** Um Ihnen das Nachvollziehen der Schritte in diesem Kapitel zu erleichtern, finden Sie innerhalb der Beispieldateien zu diesem Buch im Ordner *Kap15* eine Datenbank, die bereits die Änderungen aus Kapitel 15 enthält. Laden Sie einfach die betreffende Datenbank, um mit der Arbeit in diesem Kapitel zu beginnen.
>
> Sie können also jederzeit ein Kapitel überspringen und trotzdem auf den aktuellen Stand der Datenbank zugreifen.

# Filterkriterien

Für die Beispiele in diesem Kapitel können Sie wieder die Datenbank *K_und_L.accdb* öffnen, da dort ausreichend Daten mit unterschiedlichen Datentypen zur Verfügung stehen.

## Einfache Filter

Zuerst möchten wir herausfinden, welche Mitarbeiter im Aachener *Hotel Domblick* arbeiten. Ein Blick in die Tabelle *tblHotels* hat uns schon verraten, dass dieses Hotel die *htlID 1* hat. Das wird gleich besser gelöst, aber bis dahin reicht ein solches manuelles Nachschlagen.

1. Erstellen Sie bitte eine neue Abfrage, die auf der Tabelle *tblMitarbeiter* basiert.
2. Anstatt nun alle Felder einzeln als Zielfelder aufzunehmen, können Sie viel einfacher das Sternchen aus der Feldliste per Doppelklick wählen. Es sorgt dafür, dass alle gerade vorhandenen Felder der Datenquelle in der Datenblattansicht angezeigt werden.

> **HINWEIS** Das Sternchen (welches offiziell eigentlich »Asterisk« heißt) zeigt die zum Zeitpunkt der Ausführung vorhandenen Felder der Datenquelle an. Das ist vor allem dann wichtig, wenn zwischenzeitlich darin Felder umbenannt, gelöscht oder hinzugefügt wurden. Auch diese nachträglichen Änderungen sind immer berücksichtigt. Daher sollten Sie es bevorzugt einsetzen.

3. Da ein Sternchen nie gefiltert werden kann, weil unklar ist, für welches echte Feld das gelten soll, müssen Sie zusätzlich das Feld *mithtlIDRef* anfügen.
4. Entfernen Sie bitte das Häkchen in der *Anzeigen*-Zeile von *mithtlIDRef*, damit dieses Feld in der Datenblattansicht nicht doppelt erscheint. Sie hätten dort sonst so merkwürdige Feldbezeichnungen wie *Expr1003* oder *Feld0*.
5. Tragen Sie unterhalb des Feldes *mithtlIDRef* die 1 in der Zeile ein, die vorne mit *Kriterien* beschriftet ist (siehe Abbildung 16.1) und speichern Sie die Abfrage als *qryMitarbeiterAachen*.

## Filterkriterien

Abbildg. 16.1    Geben Sie das Kriterium unterhalb des zugehörigen Feldes ein

6. Wenn Sie nun in die Datenblattansicht wechseln, sehen Sie nicht mehr alle ursprünglichen 34 Mitarbeiter, sondern wie in Abbildung 16.2 nur noch die sechs Mitarbeiter, welche im Aachener Hotel beschäftigt sind.

Abbildg. 16.2    Die Abfrage zeigt nur noch die Aachener Mitarbeiter an

**ACHTUNG**    In Abbildung 16.2 sehen Sie eine Merkwürdigkeit in der Datensatzzählung von Access, denn es ist dort die Eingabezeile unterhalb der sechs echten Datensätze markiert. Dann steht unten zwischen den Navigationsschaltflächen nicht so etwas wie »7 von 6«, sondern ein wenig voreilig schon »7 von 7« Datensätzen, obwohl der siebte noch gar nicht existiert.

## Filtern mit mehreren Tabellen

Ein bisschen unschön war bei dieser Abfrage die Tatsache, dass ich vorher in einer anderen Tabelle die passende ID des Aachener Hotels nachschlagen musste. Das kann Access natürlich besser.

1. Kopieren Sie diese Abfrage auf den Namen *qryMitarbeiterAachenBesser* und wechseln Sie in deren Entwurfsansicht.
2. Damit Sie den Namen des Hotels statt seiner ID nennen können, muss noch die zugehörige Tabelle aufgenommen werden. Mit dem Befehl *Abfragetools/Entwurf/Abfragesetup/Tabelle anzeigen* zeigt Access Ihnen wieder das Dialogfeld zum Hinzufügen neuer Tabellen oder Abfragen an.
3. Wählen Sie dort die Tabelle *tblHotels*, klicken auf *Hinzufügen* und schließen das Dialogfeld wieder. Da es zwischen *tblMitarbeiter* und *tblHotels* bereits eine zentrale Beziehung (sogar mit referentieller Integrität) gibt, zeigt die Abfrage das sofort mit der Verbindungslinie an.
4. Löschen Sie nun unten die Spalte *mithtlIDRef* und fügen stattdessen das Feld *htlName* hinzu. Ob Sie dessen *Anzeigen*-Kontrollkästchen ausschalten oder nicht, ist egal, da dieses Feld bisher im Zielbereich noch nicht vorkam.
5. Tragen Sie unterhalb von *htlName* das Kriterium Hotel Domblick ein und bestätigen Sie die Eingabe mit der ⏎-Taste. Access ergänzt dann sofort die fehlenden Anführungszeichen wie in Abbildung 16.3.

**Abbildg. 16.3**  Filtern Sie so direkt den Hotelnamen

Das Ergebnis ist selbstverständlich identisch mit demjenigen aus Abbildung 16.2, aber die Formulierung der Filterkriterien ist einfacher, weil Sie direkt das Hotel im Klartext angeben können.

# Operatoren

Bisher hat die Abfrage über das Filterkriterium auf Gleichheit geprüft, auch wenn Sie das Gleichheitszeichen nicht explizit gesehen haben. Daher möchte ich Ihnen nun die übrigen Filter-Operatoren vorstellen.

# Arithmetische Operatoren

Selbstverständlich kennt Access alle üblichen Vergleichsoperatoren, wie Sie in Tabelle 16.1 sehen.

Tabelle 16.1   Arithmetische Vergleichsoperatoren für Filterkriterien

| Operator | Bedeutung |
|---|---|
| = | Gleich |
| < | Kleiner als |
| <= | Kleiner als oder gleich |
| > | Größer als |
| >= | Größer als oder gleich |
| <> | Ungleich |

## Zahlen vergleichen

Nehmen wir als Beispiel mal die Bestellmenge, weil das eine der wenigen Zahlen in unserem Datenmodell ist, die kein Fremdschlüssel ist:

1. Erstellen Sie eine Abfrage basierend auf *tblBestellungen*, lassen mit dem Sternchen alle Felder anzeigen und speichern diese als *qryGrosseBestellungen*.
2. Übernehmen Sie außerdem das Feld *bstMenge*, machen es aber unsichtbar, damit der Feldname nicht doppelt erscheint.
3. Geben Sie als Kriterium dafür >=50 ein, um alle Bestellungen zu sehen, deren Menge größer oder gleich 50 ist.

Abbildg. 16.4   Diese Abfrage zeigt alle Bestellmengen über 50 an

Das funktioniert einwandfrei (siehe Abbildung 16.4), auch wenn mir natürlich bewusst ist, dass wir hier Äpfel mit Birnen beziehungsweise Fischmesser mit Kosmetiktüchern vergleichen.

Access prüft schon beim Entwurf den Datentyp des gefilterten Feldes. Sie merken dies daran, dass Ihre Eingabe möglicherweise direkt angepasst wird.

1. Erstellen Sie dazu eine neue Abfrage mit *tblArtikel* als Datenquelle, doppelklicken erneut auf das Sternchen und speichern sie als *qryNurFischmesser*.
2. Fügen Sie außerdem das Feld *artName* hinzu, blenden es aus und geben als Kriterium Fischmesser ein.

**Abbildg. 16.5**  Access ergänzt beim Kriterium Anführungszeichen

3. Wie Sie in Abbildung 16.5 sehen, ergänzt Access beim Verlassen des Feldes sofort die Anführungszeichen, weil *artName* ein Textfeld ist.
4. Als Ergebnis finden Sie einen einzigen Datensatz mit der *artID 4*, auf den dieses Kriterium zutrifft.

**HINWEIS**  Hier ist die Unterscheidung der Schreibweisen für die verschiedenen Datentypen wichtig, wie ich sie bereits in Kapitel 8 genannt habe.

## Texte vergleichen

Etwas überraschend mag sein, dass auch für Texte ein Größer/Kleiner-Vergleich möglich ist. Hinter jedem Buchstaben steht ja eine Zahl, nämlich seine Position innerhalb der Schrift (früher als ASCII/ANSI normiert, heute als Unicode), daher können auch Buchstaben sortiert und verglichen werden:

1. Um alle Artikel aufzulisten, die mit dem Buchstaben *M* oder höher beginnen, erstellen Sie eine neue Abfrage, die von *tblArtikel* bereits das Sternchen übernimmt und als *qryArtikelAbM* gespeichert wird.
2. Fügen Sie das Feld *artName* hinzu, lassen es aber nicht anzeigen und tragen als Kriterium dort >"M" ein.

**ACHTUNG**  Access hat in dieser Version nochmals eine Menge »Intelligenz« hinzugewonnen und versucht Ihnen hier mehr zu helfen, als Ihnen lieb ist. Wenn Sie wie bisher einfach >M ohne Anführungszeichen eingeben, vermutet Access, dass Sie eine mit *M* beginnende Funktion benötigen und zeigt wie in Abbildung 16.6 eine Liste an.

**Abbildg. 16.6** Access bietet bei der Eingabe passende Funktionen an

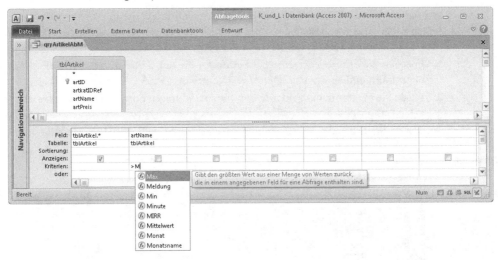

Es ist hier deutlich bequemer, direkt >"M" mit den Anführungszeichen einzugeben, weil Access sonst ungefragt immer den ersten Listeneintrag übernimmt.

3. Für dieses Filterkriterium sehen Sie in der Datenblattansicht alle 19 Artikel, deren Name mit *M* oder einem im Alphabet später einsortierten Buchstaben beginnt.

**PROFITIPP** Wenn Sie die Anzahl der Datensätze einfach halbieren wollen, ist dieses Kriterium nicht geeignet, auch wenn der Buchstabe *M* ungefähr in der Mitte des Alphabets liegen mag. Schließlich kann es überproportional viele Artikel geben, die beispielsweise mit *P* (Pizzaofen, Pizzablech, Pizzablechstapler, Pizzamesser, Pizzateller, …) beginnen.

Die tatsächliche Hälfte der Datensätze erhalten Sie mit der *Spitzenwerte*-Eigenschaft, wenn Sie diese im Eigenschaftenblatt ([Alt]+[↵]) auf *50%* stellen, wie es in Kapitel 14 erläutert wurde.

## Weitere Operatoren

Access bietet noch weitere Operatoren, die für nicht-arithmetische Vergleiche notwendig sind. Sie finden einen Überblick in Tabelle 16.2

**Tabelle 16.2** Weitere Vergleichsoperatoren für Filterkriterien

| Operator | Bedeutung |
|---|---|
| Wie | Ähnlichkeit von Texten mit Platzhaltern |
| Ist Null | NULL-Wert erkennen |
| Nicht | gegenteilige Bedingung erzeugen |

## Ähnlichkeitsvergleich

Wir haben vorhin in einer Abfrage alle Datensätze ermittelt, die in *artName* den Wert *Fischmesser* stehen haben. Das war bestenfalls von akademischem Interesse, im wirklichen Leben brauchen Sie eher eine Liste aller Messer:

1. Erstellen Sie dazu wieder eine neue Abfrage, die auf *tblArtikel* basiert sowie deren Sternchen übernimmt und als *qryArtikelNurMesser* gespeichert wird.
2. Fügen Sie wiederum das Feld *artName* hinzu und tragen dort als Kriterium *Messer* ein.
3. Sobald Sie die Eingabezelle verlassen, ergänzt Access das zu *Wie "\*Messer\*"* (siehe Abbildung 16.7), weil die Sternchen den *Wie*-Operator verlangen, damit sie als Platzhalter funktionieren.

Abbildg. 16.7   Access hat den *Wie*-Operator und die Anführungszeichen ergänzt

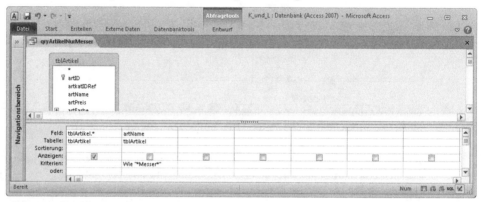

4. Die Datenblattansicht wie in Abbildung 16.8 zeigt nun wie gewünscht alle vier Messer. Dabei ist es egal, ob der Text am Anfang, am Ende oder in der Mitte im Namen enthalten ist.

Abbildg. 16.8   So werden alle Messer gefiltert

Sie haben für die Platzhalterzeichen mehrere Varianten zur Verfügung, wie Sie in Tabelle 16.3 sehen können.

**Tabelle 16.3** Mögliche Platzhalterzeichen

| Platzhalter | Bedeutung | |
|---|---|---|
| * | Dieses Zeichen entspricht einer beliebigen Anzahl an Zeichen | `Wie "M*er"` findet *Müller*, *Meier*, *Mer* oder *Miltenberger* |
| ? | Dieses Zeichen entspricht einem einzelnen alphabetischen Zeichen | `Wie "M?ller"` findet *Müller* oder *Möller* |
| # | Dieses Zeichen entspricht einer einzelnen Ziffer | `Wie "#ung"` findet *8ung*, aber nicht *Achtung* |
| [ ] | Jedes Zeichen innerhalb der Klammern darf an dieser Stelle vorkommen | `Wie "M[ae][iy]er"` findet *Maier*, *Meyer*, *Meier* oder *Mayer* |
| ! | Das folgende Zeichen wird ausgeschlossen | `Wie "Me[!iy]er"` findet *Meter*, aber nicht *Meier* oder *Meyer* |
| - | Gibt einen Suchbereich in aufsteigender Reihenfolge an | `Wie "M[a-d]?er"` findet *Mayer* und *Maier*, aber nicht *Meier* |

**ACHTUNG** Während beim Sternchen und beim Fragezeichen mit dem Verlassen des Eingabefeldes automatisch der *Wie*-Operator ergänzt wird, müssen Sie das für die anderen Platzhalter selber schreiben.

Andernfalls finden Sie keine Datensätze, weil die Platzhalter ohne *Wie* als Literal (das ist der Buchstabe selber) behandelt werden. Sie werden aber vermutlich keinen Namen wie *M[ae][iy]er* in Ihrer Datenbank haben, der ja dann gesucht würde.

Die Platzhalterzeichen dürfen auch kombiniert werden, sodass Sie etwa alle Namen suchen können, deren vorletzter Buchstabe ein *e* ist: `Wie "*e?"` wäre das geeignete Kriterium.

## NULL-Werte erkennen

In einer Datenbank ist ein leeres Feld immer anders als andere Inhalte zu behandeln, es enthält nämlich gerade keinen Wert. Daher dürfen Sie auch nicht einfach mit einem Wert vergleichen, sondern müssen ausdrücklich nach leeren Inhalten suchen.

Den zugehörigen Begriff haben Sie schon ein paar Mal gelesen: NULL meint, dass in diesem Feld kein Wert steht. Dabei ist es egal, ob dort keine Zahl oder kein Text enthalten ist.

**HINWEIS** Weil es keinen Inhalt gibt, dürfen Sie auch keinen arithmetischen Operator anwenden, der nur vorhandene Daten vergleicht. Das Kriterium für die NULL-Suche heißt immer ausdrücklich *Ist Null*, vergleicht also einen Zustand und keinen Wert.

In der *Kosten&Logistik*-Datenbank ist diese Suche notwendig, um bei den Bestellungen herauszufinden, welche noch nicht geliefert wurden. Diese haben dann in *bstLieferdatum* keinen Eintrag:

1. Erstellen Sie eine neue Abfrage auf der Basis von *tblBestellungen* mit dem Sternchen und speichern Sie diese als *qryBestellungenNichtGeliefert*.
2. Fügen Sie das Feld *bstLieferdatum* hinzu und geben als Kriterium dafür Null an. Mit dem Verlassen des Feldes korrigiert Access das sofort in *Ist Null*.
3. Die Datenblattansicht zeigt wie in Abbildung 16.9 anschließend alle 10 Datensätze, deren Lieferdatum noch leer ist.

Abbildg. 16.9    Alle Datensätze ohne Lieferdatum

## Der Nicht-Operator

Während bei den arithmetischen Operatoren einfach der <>-Operator für die Verneinung gilt (um alle Datensätze zu finden, die einem Wert gerade nicht entsprechen), gibt es hier einen *Nicht*-Operator, der zusätzlich genannt wird:

1. Kopieren Sie dazu die Abfrage *qryBestellungenNichtGeliefert* auf den neuen Namen *qryBestellungenSchonGeliefert*.
2. Ändern Sie das Kriterium auf Ist Nicht Null und wechseln in die Datenblattansicht.
3. Sie sehen nun wie in Abbildung 16.10 alle übrigen Datensätze, bei denen ein Lieferdatum eingetragen war.

Abbildg. 16.10   Alle übrigen Datensätze mit Lieferdatum

# Mehrere Filterkriterien

Bisher wurde immer genau ein Kriterium für ein Feld benutzt. Das wird aber nicht reichen, wenn Ihre Bedingungen komplizierter werden. Die Zeile mit der Beschriftung *oder* weist schon darauf hin, dass Access mehr kann.

## Kriterien in verschiedenen Feldern

Wie Sie gleich sehen, ist es dabei wichtig, ob die Kriterien neben- oder untereinander geschrieben werden. Durch die tabellarische Schreibweise bleibt es aber immer sehr übersichtlich.

### Und-Verknüpfung zwischen Kriterien

Um beispielsweise in den Bestellungen alle Messer zu finden, die noch nicht geliefert wurden, müssen Sie zwei Kriterien nennen:

1. Erstellen Sie eine neue Abfrage mit den beiden Tabellen *tblBestellungen* und *tblArtikel* als Datenquelle und übernehmen Sie nur das Sternchen von *tblBestellungen* in den Zielbereich.
2. Speichern Sie die Abfrage als *qryBestellungenUngelieferteMesser*.

**HINWEIS** Die Tabelle *tblArtikel* wird als Datenquelle benötigt, damit die Artikelnamen im Klartext gefiltert werden können.

3. Fügen Sie die beiden Felder *artName* und *bstLieferdatum* hinzu, blenden Sie sie in der Anzeige aus und geben Sie jeweils als Kriterium `Wie *messer*` beziehungsweise `Ist Null` an (siehe Abbildung 16.11).

**HINWEIS** Access unterscheidet bei den Kriterien nicht zwischen Groß- und Kleinschreibung.

Abbildg. 16.11    So sehen die Kriterien für noch nicht gelieferte Messer aus

4. Wechseln Sie anschließend in die Datenblattansicht, sehen Sie, dass lediglich ein Satz Messer noch nicht ausgeliefert wurde (siehe Abbildung 16.12).

**Abbildg. 16.12**   Nur ein Satz Messer wurde nicht ausgeliefert

Da die Bedingungen im Abfrageentwurf in der gleichen Zeile genannt sind, werden sie durch ein (nicht sichtbares) logisches UND verbunden. Sie müssen also alle gleichzeitig erfüllt sein.

## Oder-Verknüpfung zwischen Kriterien

In einer anderen Abfrage soll ermittelt werden, welche Messer, Gabel, Löffel überhaupt bestellt wurden. Die Kategorie fasst diese Artikel eigentlich schön zusammen, aber leider auch noch die Gläser und Vasen:

1. Erstellen Sie wieder eine neue Abfrage mit den Tabellen *tblBestellungen* und *tblArtikel* und übernehmen das Sternchen von *tblBestellungen*. Speichern Sie die Abfrage als *qryBestellungenBesteck*.
2. Fügen Sie das Feld *artName* hinzu und tragen als Kriterium Wie "*messer*" ein.
3. Geben Sie eine Zeile tiefer (diejenige, die vorne mit *oder* beschriftet ist) als zweites Kriterium Wie "*gabel*" ein und darunter Wie "*löffel*", wie es in Abbildung 16.13 zu sehen ist.

**Abbildg. 16.13**   So sehen mehrere mit *Oder* verknüpfte Kriterien aus

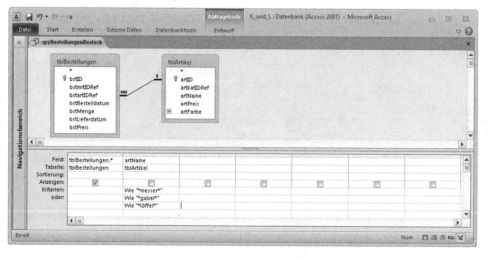

4. Die Datenblattansicht zeigt wie in Abbildung 16.14 alle neun Datensätze, die diesen Suchkriterien entsprechen. Die *Grabegabel* mag da etwas exotisch wirken, ist aber im Sinne der Suche korrekt.

**Abbildg. 16.14**  Das ist das Besteck, wie es derzeit aufgelistet wird

## Und- und Oder-Verknüpfung kombiniert

Um in der vorigen Abfrage die *Grabegabel* aus dem Besteck herauszufiltern, müssen die Suchkriterien noch etwas exakter gefasst werden:

1. Kopieren Sie die Abfrage *qryBestellungenBesteck* auf den neuen Namen *qryBestellungenBesteckBesser* und wechseln in deren Entwurfsansicht.
2. Fügen Sie mit *Abfragetools/Entwurf/Abfragesetup/Tabelle anzeigen* noch die Tabelle *tblKategorien* hinzu.
3. Übernehmen Sie deren Feld *katName* und schalten Sie dessen Anzeige aus.
4. Damit die Gabeln nur aus der richtigen Kategorie stammen, tragen Sie wie in Abbildung 16.15 neben dem Kriterium für Gabeln Wie "*besteck*" ein. Da diese beiden Suchkriterien nebeneinander stehen, werden sie durch ein logisches *Oder* verbunden.

**Abbildg. 16.15**  Diese Kriterien berücksichtigen nur »richtige« Gabeln

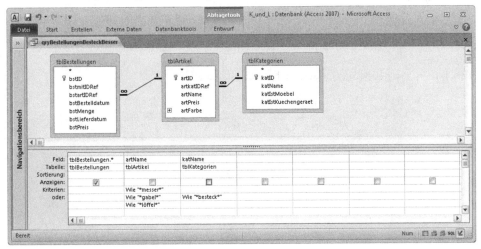

5. Damit sehen Sie in der Datenblattansicht wie in Abbildung 16.16 auch nur noch echte Essbesteck-Teile ohne die *Grabegabel*.

**Abbildg. 16.16**  Jetzt ist die *Grabegabel* weggefiltert

> **ACHTUNG**  In Abbildung 16.15 bezieht sich der *Besteck*-Filter ausschließlich auf die Gabeln! Alle anderen Suchkriterien wie Messer oder Löffel gelten noch für beliebige Kategorien. Sollen auch diese eingeschränkt werden, müssen Sie den *Besteck*-Filter ebenfalls drei Mal eintragen.

## Bereiche

Bisher haben Sie die Filterkriterien einzeln genannt, aber Access kann auch mit verschiedenen Methoden größere Bereiche filtern.

### In-Operator

Es ist technisch kein Problem, die *Oder*-Verknüpfung wie eben im Beispiel mit noch viel mehr Kriterien zu schreiben, aber es wird furchtbar lang und unübersichtlich. Daher können Sie in Abfragen noch einen *In*-Operator einsetzen, dem eine Liste von Begriffen folgt:

1. Erstellen Sie dazu bitte eine neue Abfrage mit *tblBestellungen* und *tblArtikel* als Datenquellen, übernehmen Sie das Sternchen von *tblBestellungen* und speichern Sie die Abfrage als *qryBestellungenBesteckInListe*.

**Abbildg. 16.17**  So geben Sie eine Auswahl von Suchkriterien an

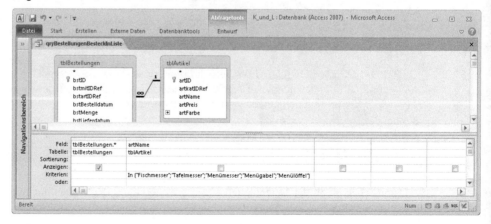

**Mehrere Filterkriterien**

2. Fügen Sie das Feld *artName* hinzu und tragen das Suchkriterium entsprechend der Abbildung 16.17 ein:

```
In ("Fischmesser";"Tafelmesser";"Menümesser";"Menügabel";"Menülöffel")
```

3. Da es sich um Texte handelt, müssen sie in Anführungszeichen gesetzt werden. Die verschiedenen Argumente der Liste werden durch Semikolon getrennt.
4. In Abbildung 16.18 sehen Sie, dass damit alle bestellten Artikel aus dieser Liste gefunden werden.

**Abbildg. 16.18**   Damit finden Sie eine flexible Liste von Artikeln

In Kapitel 18 werden Sie dem *In*-Operator beim Thema »Unterabfragen« erneut begegnen, wo er seine Leistungsfähigkeit noch besser zeigen kann.

## Zwischen-Operator

Der *Zwischen*-Operator bietet eine Alternative, um Bereiche für Filterkriterien einzugrenzen. So gesehen könnte man ihn auch zu den arithmetischen Operatoren zählen. Mit ihm lassen sich beispielsweise alle Bestellungen zwischen 20 und 50 Teilen herausfiltern:

1. Erstellen Sie eine neue Abfrage auf Basis von *tblBestellungen*, fügen dem Zielbereich das Sternchen hinzu und speichern die Abfrage als *qryBestellungenVon20Bis50*.
2. Nehmen Sie außerdem das Feld *bstMenge* auf, blenden es aus und geben als Kriterium ein:

```
Zwischen 20 und 50
```

3. Sie erhalten dann erwartungsgemäß die Artikel wie in Abbildung 16.19 angezeigt.

**ACHTUNG**   Ehrlich, haben Sie diese Bestellungen erwartet? Der *Zwischen*-Operator und mein Sprachgebrauch unterscheiden sich hier ganz deutlich. Wenn Sie die Arme wie zum Klatschen halten, was befindet sich dann zwischen Ihren Händen? Luft!

Der *Zwischen*-Operator allerdings meint, dazwischen befänden sich die linke Hand, die Luft und die rechte Hand. Sein »zwischen« schließt nämlich die beiden Grenzwerte mit ein.

**Abbildg. 16.19**  Diese Artikel haben eine Bestellmenge zwischen 20 und 50

Auf den ersten Blick wirkt der *Zwischen*-Operator ganz attraktiv, gerade für Datumswerte. Damit könnten Sie alle Bestellungen des Jahres 2008 wie im folgenden Beispiel finden.

1. Erstellen Sie eine neue Abfrage auf Basis von *tblBestellungen* mit dem Sternchen und speichern Sie diese als *qryBestellungen2008*.
2. Fügen Sie *bstBestelldatum* hinzu, blenden es aus und tragen dort als Kriterium ein:

```
Zwischen #01.01.2008# Und #31.12.2008#
```

3. Sie können das Datum auch ohne Doppelkreuze und führende Nullen eingeben, Access korrigiert das in diese vorgegebene Schreibweise.
4. Die Datenblattansicht zeigt Ihnen alle 18 Datensätze aus dem Jahr 2008.

Warum der *Zwischen*-Operator doch nicht so praktisch ist, fragen Sie sich jetzt? Dann filtern Sie doch bitte mal alle Bestellungen vom Februar 2008 heraus! Falls 2008 ein Schaltjahr war, heißt es:

```
Zwischen #01.02.2008# Und #29.02.2008#
```

War es kein Schaltjahr, dann müssen Sie es so schreiben:

```
Zwischen #01.02.2008# Und #28.02.2008#
```

**HINWEIS**  2008 war ein Schaltjahr, die erste Bedingung ist also richtig.

Sie brauchen zusätzliches Wissen, um die Bedingung richtig formulieren zu können. Für das Gesamtjahr konnten Sie sich noch darauf verlassen, dass Silvester immer am 31. Dezember stattfindet. Für einen beliebigen Monat müssen Sie schon herausbekommen, ob er am 30. oder am 31. endet, aber für den Februar ist außerdem noch das Schaltjahr wichtig.

Ganz ehrlich, da ist die arithmetische Schreibweise viel sinnvoller, weil sie nämlich die begrenzenden Werte bei Bedarf ausschließen kann. Jedem Jahres- oder Monatsletzten folgt immer ein Erster, egal, wie lang der Monat war. Anstatt also mühsam den Monatsletzten zu ermitteln, filtern Sie alles bis *vor* den folgenden Ersten, hier für den Februar:

```
>=#01.02.2008# Und <#01.03.2008#
```

Für das ganze Jahr heißt es entsprechend:

```
>=#01.01.2008# Und <#01.01.2009#
```

Beachten Sie bitte, dass der beginnende Erste des Bereichs eingeschlossen ist (daher >=), der beendende Erste aber nicht (daher nur <). Das ginge mit dem *Zwischen*-Operator gar nicht.

> **HINWEIS**   Bei der manuellen Eingabe der Datumsgrenzen mag es nur lästig sein, den jeweiligen Letzten herauszufinden. Wenn Sie solche Bedingungen jedoch mit VBA formulieren, müssten Sie alle möglichen Sonderfälle berücksichtigen. Auch da ist es mit dem folgenden Ersten viel einfacher, denn der einzige Sonderfall ist der Dezember.

# Zusammenfassung

In diesem Kapitel haben Sie die verschiedenen Möglichkeiten kennen gelernt, wie sich Abfragen filtern lassen. Meistens ist es dabei am praktischsten, alle Felder der Datenquelle durch Übernahme des Sternchens anzeigen zu lassen und das Filterfeld zusätzlich ohne Anzeigen auszuwählen.

- Für einfache *Filter* (Seite 292) tragen Sie den gesuchten Wert unterhalb der passenden Spalte im Zielbereich ein.
- Manchmal ist es dabei hilfreich, eine *Nachschlagetabelle* (Seite 294) zusätzlich aufzunehmen, damit Sie Filterkriterien im Klartext eingeben können und nicht erst deren Primärschlüssel heraussuchen müssen.
- *Arithmetische Operatoren* (Seite 295) werden meistens für Zahlenvergleiche eingesetzt. Da Buchstaben sortierbar sind, lassen sich damit aber auch Texte filtern.
- *Verschiedene Platzhalter* (Seite 298) sind im Zusammenhang mit dem Wie-Operator geeignet, »unscharfe« Kriterien zu formulieren.
- Der Vergleich mit dem *NULL-Wert* (Seite 299) erfordert einen eigenen Operator, weil sich ein leeres Feld von anderen unterscheidet.
- Der *Nicht*-Operator (Seite 300) schließlich kann eine beliebige Bedingung in ihr Gegenteil verkehren, was vor allem für die Suche nach gefüllten Feldern wichtig ist.
- Selbstverständlich können Sie in Access auch mehrere Kriterien gleichzeitig einsetzen. Diese werden entweder durch ein logisches *Und* verknüpft (Seite 301), weil sie in der gleichen Kriterienzeile stehen, oder durch ein logisches *Oder* (Seite 302) in unterschiedlichen Zeilen.
- Sie können *Und*- und *Oder*-Kriterien auch mischen (Seite 303), müssen dann aber besonders auf die richtige Formulierung achten.
- Der *In*-Operator (Seite 304) ermöglicht es, eine beliebige Liste von Filterkriterien zu übergeben. Das ist oft übersichtlicher als viele *Oder*-Bedingungen.
- Der Vollständigkeit halber habe ich den *Zwischen*-Operator (Seite 305) vorgestellt, der allerdings meist besser durch arithmetische Operatoren ersetzt werden kann.

# Kapitel 17

# Abfragesprache SQL

**In diesem Kapitel:**

| | |
|---|---|
| SQL, die Sprache für Datenbanken | 310 |
| SQL-Schlüsselwörter | 311 |
| SQL-Befehle einsetzen | 319 |
| Zusammenfassung | 322 |

Sie haben sich möglicherweise schon Gedanken gemacht, ob diese vielen Abfragen, die wir die ganze Zeit erstellt haben, nicht zu viel Platz verbrauchen. Daher sollten wir uns mal damit beschäftigen, was da eigentlich gespeichert wird.

Nehmen Sie einfach eine beliebige Abfrage (hier ist es *qryArtikelAbM*) und lassen sich eine andere Entwurfsansicht als die übliche anzeigen, nämlich die sogenannte SQL-Ansicht, die Sie mit *Start/Ansichten/SQL-Ansicht* erreichen.

```
SELECT tblArtikel.*
FROM tblArtikel
WHERE (((tblArtikel.artName)>"M"));
```

Auch wenn es bisher so schien, ist nicht die (grafische) Entwurfsansicht die entscheidende Version einer Abfrage, sondern dieser SQL-Entwurf. Daher wird es Zeit, sich mal mit der Sprache zu beschäftigen, die dahinter steckt.

# SQL, die Sprache für Datenbanken

Der Name *SQL* ist eine Abkürzung für *Structured Query Language* (strukturierte Abfragesprache) und eigentlich die Kurzform von SEQUEL, einer von IBM in den 1970ern entworfenen Datenbanksprache.

Diese Sprache besteht grundsätzlich aus drei Teilen:

- **DDL** (*Data Definition Language*)    Beschreibt, verändert und erzeugt die Struktur der Datenbank selber, also etwa das Erstellen von Tabellen mit Feldern
- **DML** (*Data Manipulation Language*)    Enthält die Befehle zum Verändern, Hinzufügen oder Löschen von Daten
- **DCL** (*Data Control Language*)    Regelt die Rechteverwaltung für die Objekte einer Datenbank

Für uns ist nur der DML-Bereich von SQL interessant, denn die Struktur der Datenbank können Sie viel übersichtlicher aus der Access-Oberfläche heraus bearbeiten. Auch die Rechteverwaltung wird nicht mehr von Access übernommen, sondern wie erwähnt von einer Backend-Datenbank wie dem Microsoft SQL Server.

> **HINWEIS**    Der Name *SQL Server* (sprich: Sequel Server) weist schon darauf hin, dass Access nicht die einzige Datenbank ist, die SQL interpretiert. Genau das ist ein wesentlicher Vorteil. Wenn Access später mal wegen der Anzahl der Daten oder der Nutzer nicht mehr leistungsfähig genug sein sollte, können Sie die Daten einfach in eine andere SQL-fähige Datenbank als Backend auslagern, ohne wesentliche Änderungen vornehmen zu müssen.

Alles, was Sie bisher im Abfrageentwurf erstellt haben, ist als SQL-Befehl enthalten. Damit ist auch in doppelter Hinsicht klar, was bei Abfragen eigentlich gespeichert wird:

- Gespeichert wird ein Text, keine aufwändige Grafik.
- Gespeichert wird die Frage, nicht die Antwort.

Daraus können Sie zwei Schlussfolgerungen ziehen:

- Der gespeicherte Text ist so klein, dass Sie für einzelne Abfragen kaum eine Größenänderung in der Datenbank wahrnehmen können. Im obigen Beispiel für die Abfrage *qryArtikelAbM* waren es gerade mal 71 Zeichen, also 71 Bytes (nicht Megabytes!). Das bedeutet, Sie können massenhaft Abfragen speichern, ohne dass diese merklich Speicherplatz belegen.
- Die Frage ist nicht nur kürzer als die Antwort (ein paar Bytes gegen möglicherweise mehrere Millionen Datensätze), sondern wird auch mit jedem Aufruf der Abfrage immer aktuell beantwortet.

**ACHTUNG** Access benutzt kein Standard-SQL, sondern einen Dialekt, der sich zwar nicht wesentlich, aber doch an zwei entscheidenden Stellen unterscheidet: den Platzhaltern. Während es bei Access-SQL * und ? sind, benutzt das Standard-SQL an deren Stelle % und _. Daher darf in einer Bedingung übrigens auch kein Prozentzeichen vorkommen, denn das gäbe einen Konflikt mit den beiden SQL-Versionen.

Das Hauptproblem bei vielen Abfragen ist nicht der Platzbedarf, wie Sie eben gesehen haben, sondern der Überblick. Daher wähle ich durchaus lange Namen, damit ich in der Menge der Abfragen noch weiß, wozu die gut sind.

# SQL-Schlüsselwörter

SQL ist eine grundsätzlich wunderbar einfache Sprache, die leicht zu erlernen ist. Auch wenn Sie jetzt einwenden, dass doch alles in der grafischen Oberfläche zu machen sei: Erstens ist das leider nicht richtig, denn wichtige Fähigkeiten müssen Sie tatsächlich selbst in SQL schreiben, und zweitens sehen Sie sowieso an vielen Stellen SQL-Code. Daher lohnt es sich, die Sprache wenigstens lesen zu können.

## Auswählen

Die Minimalanforderungen an einen SQL-Befehl für Abfragen lauten:

```
SELECT Feldname(n)
FROM Tabellenname(n);
```

**HINWEIS** Die Großschreibung von SQL-Befehlen ist keineswegs zwingend, erhöht aber die Lesbarkeit der Anweisung. Auch der Zeilenumbruch und die Anzahl der Leerzeichen sind beliebig und dienen vor allem der übersichtlichen Darstellung.

Hinter dem *SELECT*-Befehl werden entweder ein oder mehrere Feldnamen oder das Sternchen angegeben. Auch wenn die Feldnamen normalerweise in der Schreibweise *Tabellenname.Feldname* notiert sind, müssen trotzdem hinter *FROM* alle beteiligten Tabellen genannt werden. Ganz am Ende steht offiziell immer ein Semikolon, aber Access ist bei dessen Fehlen recht kulant.

Eine typische Abfrage haben Sie oben bereits gesehen:

```
SELECT tblArtikel.*
FROM tblArtikel;
```

Diese kürzere Fassung ist auch erlaubt:

```
SELECT *
FROM tblArtikel;
```

Dieser SQL-Code zeigt die Daten ungefiltert und unsortiert, so als ob Sie die Tabelle *tblArtikel* direkt geöffnet hätten. Um bestimmte Felder herauszugreifen, nennen Sie diese statt des Sternchens:

```
SELECT artID, artFarbe, artName, artPreis
FROM tblArtikel;
```

Die Reihenfolge der Nennung gibt an, wie die Felder anschließend in der Datenblattansicht angezeigt werden.

## Filtern

Wie bereits in den letzten Kapiteln mit der grafischen Oberfläche gezeigt, lassen sich Abfragen filtern, was dem SQL-Schlüsselwort *WHERE* entspricht. Die *WHERE*-Klausel muss immer an dritter Stelle stehen, die allgemeine Syntax heißt daher:

```
SELECT Feldname(n)
FROM Tabellenname(n)
WHERE Bedingung(en);
```

Der im anfänglichen Beispiel gesehene exzessive Gebrauch von runden Klammern durch den grafischen Abfrageentwurf ist nicht nötig. Ein konkretes Beispiel für alle Artikel, deren Preis über 50 Cent liegt, sieht so aus:

```
SELECT *
FROM tblArtikel
WHERE artPreis > 0.5;
```

**ACHTUNG** Selbst wenn der grafische Abfrageentwurf Ihnen sowohl Funktionsnamen als auch Zahlen und Datumswerte in deutscher Schreibweise präsentiert, ist der SQL-Befehl doch immer in Englisch. Achten Sie daher auf den Dezimalpunkt statt des deutschen Kommas für Dezimalzahlen!

Mehrere Bedingungen werden durch die Schlüsselwörter *AND* beziehungsweise *OR* verknüpft, die im grafischen Entwurf ja durch die Anordnung in den Zeilen nebeneinander und untereinander abgebildet werden.

Erweitern Sie die obige Abfrage so, dass alle Messer mit einem Preis über 50 Cent gefunden werden sollen, dann heißt es:

```
SELECT *
FROM tblArtikel
WHERE artPreis > 0.5 AND artName Like "*messer*";
```

Wie Sie richtig vermuten, ist *LIKE* der entsprechende Operator, der im deutschen Entwurf *Wie* heißt. Das geht auch mit einer *Oder*-Verknüpfung, wenn Sie beispielsweise *Menümesser* oder *Menülöffel* herausfiltern wollen.

```
SELECT *
FROM tblArtikel
WHERE artName = "Menümesser" OR artName = "Menülöffel";
```

Dieses Schlüsselwort *Oder* dürfen Sie im grafischen Abfrageentwurf übrigens auch direkt in einer Zelle der Suchkriterien eintragen, wie die Abbildung 17.1 zeigt. Dies ist oft bedeutend übersichtlicher, als alle Wörter untereinander in einzelnen Zellen zu schreiben.

**Abbildg. 17.1**  Der grafische Abfrageentwurf erlaubt auch ein *Oder* im Eingabefeld

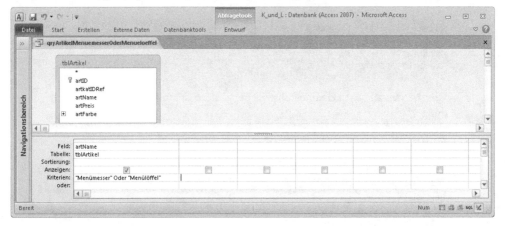

## Sortieren

Die vierte mögliche »Vokabel« von SQL betrifft die Sortierung, heißt *ORDER BY* und wird von einem oder mehreren Feldnamen gefolgt:

```
SELECT Feldname(n)
FROM Tabellenname(n)
ORDER BY Feldname(n);
```

Für das Beispiel mit der Tabelle *tblArtikel* sähe die (aufsteigende) Sortierung nach den Artikelnamen also so aus:

```
SELECT *
FROM tblArtikel
ORDER BY artName;
```

Sie könnten den Zusatz *ASC* (*ascending*, engl.: aufsteigend) hinzufügen, aber es handelt sich dabei sowieso um die Standardsortierung. Für eine absteigende (*DESC*, engl. *descending*) Sortierung heißt der SQL-Code:

```
SELECT *
FROM tblArtikel
ORDER BY artName DESC;
```

## Sortieren und Filtern

Natürlich können Sie auch gleichzeitig sortieren und filtern. Dabei muss die *WHERE*-Klausel vor dem *ORDER BY* stehen:

```
SELECT *
FROM tblArtikel
WHERE artPreis > 0.5
ORDER BY artName DESC;
```

Hier werden alle Artikelnamen absteigend sortiert, deren Preise über 50 Cent liegen (siehe Abbildung 17.2).

**Abbildg. 17.2** Artikelnamen absteigend sortiert für Preise über 50 Cent

## Weitere Schlüsselwörter

Damit haben Sie SQL verstanden, jedenfalls den Teil, dem Sie in den hier bisher behandelten Auswahlabfragen begegnen werden! Das war doch einfach, oder? Es gibt natürlich noch ein paar Schlüsselwörter mehr, aber die Struktur des SQL-Codes wird sich nicht mehr ändern.

Sie erinnern sich vielleicht noch an die *Spitzenwerte*-Eigenschaft, um nur die erste Hälfte der gefundenen Datensätze anzuzeigen. Diese entspricht dem SQL-Schlüsselwort *TOP* wie im folgenden Beispiel

```
SELECT TOP 50 PERCENT *
FROM tblArtikel;
```

Anstatt die Datensätze auf die oberen 50 % zu beschränken, können Sie auch die ersten drei Treffer anzeigen lassen:

```
SELECT TOP 3 *
FROM tblArtikel;
```

In beiden Fällen wäre es allerdings ratsam, die Ergebnisse ausdrücklich mit einer *ORDER BY*-Klausel sortieren zu lassen, weil die übrig bleibenden Datensätze sonst eher zufällig (nämlich in der Reihenfolge der *artID*) sortiert sind.

Außerdem werden Sie in Kapitel 18 noch Gruppierungsabfragen kennen lernen, deren Schlüsselwort *GROUP BY* heißen wird. Dieses wird zwischen den jeweils optionalen *WHERE*- und *ORDER BY*-Klauseln einsortiert. Damit lautet die allgemeine Syntax des *SELECT*-Befehls wie folgt:

```
SELECT [ALL|DISTINCT] [TOP Zahl [PERCENT]] [Alias.]Feld1[, [Alias.]Feld2[, ...]|*]
FROM Tabelle1 [AS Alias1][INNER|LEFT|RIGHT JOIN Tabelle2 [AS Alias2][, ...] ON Feld1
[=|<|<=|>|>=|<>|LIKE] Feld2]
[WHERE Bedingung1 [AND|OR Bedingung2 [...]]]
[GROUP BY Feld1[, Feld2, ...]]]
[HAVING Bedingung1 [AND|OR Bedingung2 [...]]]
[ORDER BY Feld1 [ASC|DESC][, Feld2 [ASC|DESC][, ...]]];
```

Alles, was in eckigen Klammern genannt ist, gilt als optional und kann also weggelassen werden. Der senkrechte Strich dazwischen gibt eine Alternative an, also beispielsweise entweder *AND* oder *OR*. Die *DISTINCT*-Anweisung schließt doppelte Datensätze aus und wird Ihnen in Kapitel 18 ausführlicher begegnen.

Im Zusammenhang mit Gruppierungsabfragen gibt es auch eine zweite Version einer Filterbedingung, wie Sie in der Syntax sehen. Sie heißt nicht *WHERE*, sondern *HAVING* und wird nachträglich auf bereits zusammengefasste Daten angewandt. Details dazu erfahren Sie, wenn wir in Kapitel 18 die Gruppierungsabfragen besprechen.

## Alias-Namen

Ein Tabellen-*Alias* ist eine lokale Umbenennung einer Tabelle innerhalb der Abfrage. Dies dient nicht nur der Verkürzung langer Tabellennamen, sondern ist vor allem dann notwendig, wenn Sie die gleiche Datenquelle mehrfach einbinden.

Die gleiche Datenquelle mehrfach? Warum sollten Sie das tun? Ganz einfach: um beispielsweise die Vorgesetzten zu einem Mitarbeiter zu finden, denn dort war ja eine Reflexiv-Verknüpfung von *mitmitIDRef* auf *mitID* gespeichert.

1. Erstellen Sie eine neue Abfrage, in die Sie zwei Mal die Tabelle *tblMitarbeiter* aufnehmen. Eine davon wird automatisch als *tblMitarbeiter_1* bezeichnet.

2. Übernehmen Sie aus beiden Datenquellen die Felder *mitNachname* und *mitVorname* und speichern Sie die Abfrage als *qryMitarbeiterMitVorgesetzten*.
3. Verbinden Sie außerdem das (rechte) Feld *tblMitarbeiter_1.mitID* mit dem (linken) Feld *tblMitarbeiter.mitmitIDRef*, wie es in Abbildung 17.3 zu sehen ist.

**Abbildg. 17.3** Die Tabelle *tblMitarbeiter* ist doppelt enthalten

4. In Abbildung 17.4 zeigt die Datenblattansicht dann alle Mitarbeiter mit Vorgesetzten. Allerdings wirklich nur Mitarbeiter, die auch Vorgesetzte haben, deren *mitmitIDRef*-Feld also nicht NULL ist.

**Abbildg. 17.4** Die Datenblattansicht zeigt alle Mitarbeiter mit Vorgesetzten

5. Der zugehörige SQL-Befehl wird von Access automatisch so erzeugt, wie Sie in der SQL-Ansicht sehen können:

```
SELECT tblMitarbeiter.mitNachname, tblMitarbeiter.mitVorname,
tblMitarbeiter_1.mitNachname, tblMitarbeiter_1.mitVorname
FROM tblMitarbeiter AS tblMitarbeiter_1 INNER JOIN tblMitarbeiter ON
tblMitarbeiter_1.mitID = tblMitarbeiter.mitmitIDRef;
```

6. Dort können Sie den Tabellen-Alias durch eine prägnantere Version ersetzen und statt *tblMitarbeiter_1* etwa *tblChef* schreiben:

```
SELECT tblMitarbeiter.mitNachname, tblMitarbeiter.mitVorname,
tblChef.mitNachname, tblChef.mitVorname
FROM tblMitarbeiter AS tblChef INNER JOIN tblMitarbeiter ON
tblChef.mitID = tblMitarbeiter.mitmitIDRef;
```

**PROFITIPP** In der SQL-Ansicht von Access gibt es bedauerlicherweise immer noch keinen Bearbeiten/Ersetzen-Befehl. Für längere SQL-Codes ist es daher durchaus sinnvoll, deren Inhalt in einen Texteditor oder ein leeres Word-Dokument zu kopieren, dort eventuell erforderliche Ersetzungen automatisiert vorzunehmen und das Ergebnis anschließend wieder zurückzukopieren.

7. Damit sind Chefs und einfache Mitarbeiter besser zu unterscheiden, wie die Abbildung 17.5 zeigt.

Abbildg. 17.5    Mit dem neuen Alias sind Chef und Untergebene besser zu unterscheiden

# JOIN

Bei diesem Beispiel bietet es sich an, bereits kurz auf den *JOIN*-Befehl einzugehen, der die Verknüpfung von Tabellen beschreibt. Sie sehen nämlich nur diejenigen Mitarbeiter, die auch tatsächlich einen Vorgesetzten eingetragen haben. Alle anderen sind ausgeblendet. Wir werden uns damit ausführlich in Kapitel 20 befassen, aber bis dahin können Sie die »führungslosen« Mitarbeiter schon einmal sichtbar machen:

1. Klicken Sie in der Entwurfsansicht doppelt auf die Verbindungslinie zwischen den beiden Feldern. Wählen Sie im daraufhin geöffneten Dialogfeld die Option *3* aus, bei der alle Mitarbeiter angezeigt werden (siehe Abbildung 17.6), und bestätigen Sie mit *OK*. Die einfache Linie wird durch einen Pfeil ersetzt.

**Abbildg. 17.6** Lassen Sie durch die Verknüpfungseigenschaften alle Mitarbeiter anzeigen

2. Die Datenblattansicht (siehe Abbildung 17.7) zeigt nun auch solche Mitarbeiter an, die keinen Vorgesetzten eingetragen haben.

**Abbildg. 17.7** Die geänderten Verknüpfungseigenschaften zeigen nun auch Mitarbeiter ohne Chef an

3. Der SQL-Code enthält statt der bisher immer vorhandenen *INNER JOIN*-Anweisung ein *RIGHT JOIN* wie im folgenden Code:

```
SELECT tblMitarbeiter.mitNachname, tblMitarbeiter.mitVorname,
tblChef.mitNachname, tblChef.mitVorname
FROM tblMitarbeiter AS tblChef RIGHT JOIN tblMitarbeiter ON
tblChef.mitID = tblMitarbeiter.mitmitIDRef;
```

Weitere Details zu diesen asymmetrischen Verknüpfungen mit *RIGHT JOIN* oder *LEFT JOIN* sehen wir uns in Kapitel 20 an.

## Aktionsabfragen

Schließlich werden wir uns in Kapitel 21 mit Aktionsabfragen beschäftigen, die im Gegensatz zu den bisherigen Auswahlabfragen auch Daten verändern werden. Immerhin heißt »unser« Bereich der SQL-Sprache ja *DML*, also Datenmanipulationssprache, aber *SELECT* verändert gar keine Daten.

Dafür wird *SELECT* am Anfang des SQL-Codes dann ausgetauscht werden gegen vier verschiedene andere Schlüsselwörter:

- **INSERT**   Für Anfügeabfragen, die neue Datensätze an vorhandene anfügen
- **UPDATE**   Für Aktualisierungsabfragen, die bestehende Daten verändern
- **DELETE**   Für Löschabfragen, die Datensätze löschen
- **SELECT ... INTO**   Für Tabellenerstellungsabfragen, die Datensätze in neue Tabellen schreiben

Sie werden sehen, dass es dabei zwar ein paar neue Schlüsselwörter, aber keine neuen Erkenntnisse zur Sprache SQL gibt.

# SQL-Befehle einsetzen

Ich hatte Ihnen bereits versprochen, dass Sie an manchen Stellen mehr oder weniger unfreiwillig SQL-Code sehen werden. Das gilt etwa für die Kombinationsfelder in den Tabellen, die für einen Fremdschlüssel die möglichen Primärschlüssel und Klartextfelder der Nachschlagetabelle anzeigen.

> **HINWEIS**   Ich betrachte nur die Kombinationsfelder in Tabellen, weil mehr in der Datenbank noch nicht vorhanden ist. Das gilt aber ebenso für Listenfelder. Und es gilt nicht nur in Tabellen, sondern auch in Formularen und Berichten, dort zum Beispiel auch für Unterformulare und Unterberichte.

1. Betrachten Sie dazu die Tabelle *tblMitarbeiter* in der Entwurfsansicht und markieren dort das Feld *mithtlIDRef*, welches ja ein Fremdschlüssel ist, der das Hotel nennt, zu dem dieser Mitarbeiter gehört.
2. Wechseln Sie unten auf die Registerkarte *Nachschlagen*, wo in der Eigenschaft *Datensatzherkunft* noch die Tabelle *tblHotels* eingetragen ist. Wie Sie in Abbildung 17.8 sehen, werden deswegen die Hotels in der Datenblattansicht unsortiert angezeigt.

Abbildg. 17.8   Die Hotels im Kombinationsfeld sind in der Datenblattansicht noch unsortiert

3. Nun ist der Überblick bei vier Hotels auch unsortiert ausreichend, aber es geht hier ja darum, wie Sie das auch bei größeren Listen lösen können. Daher soll die *Datensatzherkunft*-Eigenschaft verbessert werden.
4. Dort erscheinen am Ende des Eingabefelds ein Dropdownpfeil und eine Schaltfläche mit drei Pünktchen. Diese Schaltfläche klicken Sie bitte an, um den Inhalt der Eigenschaft zu ändern. Daraufhin erscheint sofort eine Rückfrage, ob Sie wirklich eine (neue) Abfrage statt der vorhandenen Tabelle nutzen wollen, wie in Abbildung 17.9 zu sehen ist.

**Abbildg. 17.9**  Eine Warnmeldung weist Sie darauf hin, dass Sie die Datenquelle wechseln

5. Bestätigen Sie das mit *Ja*, sodass anschließend die Entwurfsansicht einer neuen Abfrage sichtbar wird. Fügen Sie als erstes Feld die *htlID* hinzu.

**HINWEIS**   Dieses Fenster sieht nur aus wie ein normaler Abfrageentwurf. Anders als bei anderen Abfragen ist dieses Fenster aber modal, was bedeutet, dass Sie zwischendurch nicht woandershin wechseln können. Das ist kein wirkliches Problem, da ein Wechsel normalerweise nicht nötig ist, irritiert aber manchmal.

6. Hier können Sie die Abfrage optimiert erstellen, also alle bisher ausgeblendeten Spalten einfach weglassen und andere Felder berechnen. Damit es übersichtlicher wird, fassen Sie Hotelname und Ort am besten in einem neuen Feld zusammen:

```
Hotelbezeichnung: htlName & " in " & htlOrt
```

7. Außerdem soll die Abfrage nach den Hotelnamen aufsteigend sortiert werden, wie Abbildung 17.10 zeigt.

**Abbildg. 17.10**  Die sortierte und berechnete Hotelabfrage im Entwurf

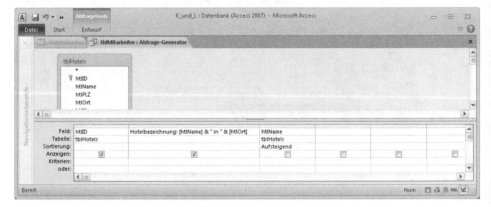

## SQL-Befehle einsetzen

**PROFITIPP** Die Sortierung basiert ausdrücklich auf dem Tabellenfeld *htlName* und nicht auf dem berechneten Feld. Dadurch könnte Access auf einen Index zurückgreifen (auch wenn dieser im konkreten Fall in der Tabelle nicht aktiviert ist) und damit um ein Vielfaches schneller sortieren.

Berechnete Felder müssen stattdessen vorher für jeden Datensatz einzeln errechnet werden und erlauben erst anschließend die Sortierung oder Filterung. Natürlich ist der Unterschied für die vier Datensätze in diesem Beispiel völlig nebensächlich, aber für große Tabellen sollten Sie das immer bedenken.

8. Anders als »normale« Abfragen wird diese Abfrage nicht extra gespeichert, da sie nur an einer einzigen Stelle in der Datenbank benötigt wird. Sie können also einfach dieses Fenster schließen (wahlweise mit dem *X* am rechten Rand oder mit dem Befehl *Abfragetools/Entwurf/Schließen/ Schließen*).
9. Access fragt Sie wie in Abbildung 17.11, ob Sie die Eigenschaft tatsächlich ändern wollen, also den vorher enthaltenen Tabellennamen durch diese Abfrage ersetzen wollen.

**Abbildg. 17.11** Rückfrage, ob Sie die Eigenschaftsänderung durchführen wollen

10. Das sollten Sie mit *Ja* bestätigen und sehen anschließend wieder den Entwurf der Tabelle *tblMitarbeiter* mit der geänderten Eigenschaft *Datensatzherkunft*.
11. Da die Anzahl der Felder im Kombinationsfeld angepasst wurde, müssen Sie jetzt ebenfalls die *Spaltenanzahl* auf *2* reduzieren und die *Spaltenbreiten* auf zwei Werte wie in Abbildung 17.12 ändern.

**Abbildg. 17.12** Diese Eigenschaften passen zum neuen Kombinationsfeld

Sie können überall dort, wo Access den Namen einer Tabelle oder Abfrage erwartet, immer auch wie in diesem Beispiel direkt einen SQL-Befehl schreiben. Dabei ist es egal, ob Sie diesen direkt dort eintippen oder wie eben gezeigt mit dem Abfrage-Generator erzeugen.

Nachträgliche Änderungen nehmen Sie am besten mit einem erneuten Klick auf die Schaltfläche mit den drei Pünktchen vor, dann befinden Sie sich wieder im grafischen Abfrageentwurf für den in der Eigenschaft angegebenen SQL-Befehl.

Es gibt noch mehr Möglichkeiten von SQL, die Sie auch in den weiteren Kapiteln kennenlernen werden. Dort werde ich dann jeweils zum Thema nicht nur den grafischen Entwurf zeigen, sondern auch den passenden SQL-Befehl nennen. Einige Themen lassen sich allerdings gar nicht im grafischen Entwurf lösen, sondern ausschließlich durch die manuelle Eingabe der SQL-Befehle.

# Zusammenfassung

In diesem Kapitel haben Sie einen ersten Einblick in die Sprache SQL erhalten, die hinter allen Abfragen von Access steht:

- SQL besteht aus den drei Bereichen *Datendefinition*, *Datenmanipulation* und *Datenrechteverwaltung* (Seite 310), von denen für uns nur die Befehle zur Datenmanipulation wichtig sind.
- SQL kann entweder indirekt über den grafischen Abfrageentwurf erstellt werden oder indem Sie den Code direkt im SQL-Entwurf angeben:
    - Ein gültiges SQL-Statement muss mindestens die beiden SQL-Schlüsselwörter *SELECT* und *FROM* (Seite 311) enthalten.
    - Dazu kommt eventuell die *WHERE*-Klausel (Seite 312) zum Filtern der Daten mit einer folgenden Bedingung.
    - Ebenfalls optional ist *ORDER BY* zum Sortieren (Seite 313). Der Zusatz *ASC* oder *DESC* sortiert aufsteigend oder absteigend.
- Ein paar weitere Schlüsselwörter wie *TOP*, *GROUP BY* und *HAVING* (Seite 314) werden Sie im Laufe der nächsten Kapitel noch detaillierter sehen.
- Außer den bisher eingesetzten Auswahlabfragen werden Sie später noch Aktionsabfragen kennenlernen, für die sich das *SELECT*-Schlüsselwort zu *INSERT*, *UPDATE*, *DELETE* oder *SELECT ... INTO* (Seite 315) ändern wird.
- Auch wenn Sie SQL nicht manuell schreiben oder in der SQL-Ansicht explizit betrachten, wird Ihnen *SQL-Code* überall in Access (Seite 319) begegnen.

# Kapitel 18

# Umgang mit Abfragen

**In diesem Kapitel:**

| | |
|---|---|
| Abfragen von Abfragen | 324 |
| Abfrage mit 1:1-Beziehung | 325 |
| Abfragen ausdrucken | 328 |
| Daten exportieren | 332 |
| Zusammenfassung | 335 |

**Kapitel 18** Umgang mit Abfragen

In größeren Datenbanken geht es oft nicht nur darum, überhaupt Abfragen zu erstellen, sondern vor allem darum, diese auch brauchbar zu organisieren. Sie werden in diesem Kapitel daher über den Tellerrand der SQL-Befehle hinausschauen, welche Arbeitserleichterungen mit Abfragen außerdem noch möglich sind.

**CD-ROM** Um Ihnen das Nachvollziehen der Schritte in diesem Kapitel zu erleichtern, finden Sie innerhalb der Beispieldateien zu diesem Buch im Ordner *Kap17* eine Datenbank, die bereits die Änderungen aus Kapitel 17 enthält. Laden Sie einfach die betreffende Datenbank, um mit der Arbeit in diesem Kapitel zu beginnen.

Sie können also jederzeit ein Kapitel überspringen und trotzdem auf den aktuellen Stand der Datenbank zugreifen.

# Abfragen von Abfragen

Wir werden im weiteren Verlauf immer wieder die gleichen Daten analysieren: Es geht um die Bestellungen, die beteiligten Mitarbeiter, deren Hotels und die Artikel mit ihren Kategorien. Dazu werden noch einige berechnete Felder wie der Gesamtpreis, der Monat und Ähnliche kommen, die ebenfalls immer wieder benötigt werden.

Anstatt nun also jedes Mal die Felder aus den beteiligten Tabellen zusammenzutragen und auch noch mehrfach zu berechnen, legen wir am besten eine zentrale Abfrage an, die das alles einmalig erledigt:

1. Erstellen Sie eine neue Abfrage in der Entwurfsansicht und nehmen Sie darin die Tabellen *tblHotels*, *tblMitarbeiter*, *tblBestellungen*, *tblArtikel* und *tblKategorien* auf.
2. Übernehmen Sie von jeder der Tabellen das Sternchen per Doppelklick in den Zielbereich und speichern dies als *qryALLE_BESTELLUNGEN_MIT_INFO* wie in Abbildung 18.1.

**Abbildg. 18.1** Der Entwurf der zentralen Abfrage *qryALLE_BESTELLUNGEN_MIT_INFO*

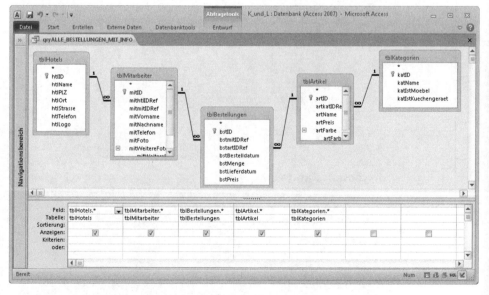

> **TIPP** Diese Abfrage nimmt eine zentrale Stellung ein, wird aber in allen Auswahllisten wie jede andere eingereiht. Daher ist die einzige Chance auf Hervorhebung die Schreibweise mit den Großbuchstaben. Da so die sonst benutzte »Kamel-Schreibweise« (Großbuchstaben zwischendurch am Wortbeginn, die »Höcker«) nicht mehr funktioniert, enthält dieser Name auch mal Unterstriche, um ihn lesbar zu machen.

3. Außerdem wird diese Abfrage später Grundlage weiterer Abfragen, daher können Sie sie direkt um ein paar berechnete Felder ergänzen:

```
Gesamtpreis: [bstMenge] * [artPreis]
BestellMonat: Monat([bstBestelldatum])
BestellJahr: Jahr([bstBestelldatum])
```

4. Speichern Sie den Abfrageentwurf erneut und schließen Sie die Entwurfsansicht.

Die Datenblattansicht enthält nun 34 Spalten und ist ziemlich unhandlich. Sie soll aber gar nicht zur Bearbeitung dienen, sondern lediglich als Datenquelle für weitere Abfragen.

> **ACHTUNG** Da das Feld *bstPreis* noch keine Daten enthält, muss sich die Berechnung bis dahin auf das Feld *artPreis* beziehen. Das ist aber langfristig fehlerhaft, weil dort eben nur die aktuellen und nicht die bei der Bestellung tatsächlich gültigen Preise stehen. Sobald (ab Kapitel 21) in *bstPreis* die passenden Inhalte gespeichert sind, müssen wir diese Berechnung korrigieren. Genau da liegt auch ein Vorteil einer solch zentralen Abfrage, weil anschließend alle darauf basierenden Abfragen wieder korrekt sind.

# Abfrage mit 1:1-Beziehung

Im Datenbankkonzept gibt es zwei Tabellen, die durch eine 1:1-Beziehung miteinander verbunden sind: *tblMitarbeiter* und *tblExtras*. Diese habe ich inhaltlich bisher eher ignoriert, weil sie mit einer Abfrage besser auszufüllen sind als direkt in der Tabelle.

> **HINWEIS** Abfragen zeigen Daten immer nur, sie können diese aber nie speichern! Deren englische Bezeichnung *view* in anderen Datenbanken sagt das ein wenig deutlicher. Trotzdem werden Sie nachher das Gefühl haben, Sie könnten doch darin speichern…

1. Erstellen Sie eine neue Abfrage mit den beiden Tabellen *tblMitarbeiter* und *tblExtras* als Datenquelle. Da für diese bereits eine Beziehung definiert war, sehen Sie automatisch einen Pfeil mit je einer *1* an beiden Enden.

2. Damit es übersichtlicher wird, möchte ich wie in Abbildung 18.2 nur die Felder *mitVorname*, *mitNachname*, *xtrMaxBestellwert*, *xtrMoebel* und *xtrKuechengeraete* hinzufügen. Speichern Sie diese Abfrage dann als *qryMitarbeiterMitExtras*.

## Kapitel 18  Umgang mit Abfragen

**Abbildg. 18.2**  Der Entwurf der Abfrage *qryMitarbeiterMitExtras*

3. An diesem Abfrageentwurf ist nichts Neues, sodass Sie direkt in die Datenblattansicht wechseln können.

**HINWEIS**  Angesichts der Tatsache, dass wir in der Tabelle *tblExtras* bisher definitiv keine Daten eingetragen haben, mögen Sie überrascht sein, dass hier die letzten drei Spalten aus jener Tabelle Kontrollkästchen anzeigen. Tatsächlich existieren dort gar keine Inhalte und die Kontrollkästchen enthalten noch NULL-Werte, was an deren dunkelblauer Färbung zu sehen ist.

Das war der Grund, warum in der zentralen Beziehung zwischen den beiden Tabellen kein *Inner Join*, sondern ein *Left Join* eingesetzt wurde. Sonst würde kein Datensatz angezeigt, weil in der Tabelle *tblExtras* eben nur NULL-Werte enthalten sind.

4. In der Datenblattansicht werden zu jedem Mitarbeiter wie in Abbildung 18.3 scheinbar Daten aus der Tabelle *tblExtras* angezeigt. Es sind jedoch leere Eingabezellen und keine vorhandenen Datensätze.

**Abbildg. 18.3**  Die Datenblattansicht zeigt zu jedem Mitarbeiter scheinbar Extra-Daten

5. Sie können dort nun die Daten eingeben, wie sie in Tabelle 18.1 genannt sind und anschließend die Abfrage schließen.

Tabelle 18.1  Beispielwerte für die Tabelle *tblExtras*

| mitVorname | mitNachname | xtrMaxBestellwert | xtrMoebel | xtrKuechen-geraete |
|---|---|---|---|---|
| Andrea | Wichert | 100,00 € | Ja | Nein |
| Axel | Thimm | 500,00 € | Ja | Nein |
| Klaus | Mahnke | 500,00 € | Nein | Ja |
| Rebecca | Hertlein | 200,00 € | Nein | Ja |
| Renate | Götzki | 100,00 € | Ja | Nein |
| Rüdiger | Geissler | 100,00 € | Ja | Nein |
| Ute | Badberg | 350,00 € | Nein | Ja |
| Wolf-Michael | Angerhausen | 100,00 € | Nein | Ja |

6. Öffnen Sie als Nächstes die Tabelle *tblExtras*, werden Sie feststellen, dass dort wie in Abbildung 18.4 die entsprechenden Eintragungen jetzt enthalten sind, allerdings nur für die Datensätze, in denen Sie auch wirklich etwas eingetragen haben.

Abbildg. 18.4  Die Daten sind jetzt in der Tabelle *tblExtras* enthalten

**HINWEIS**   Spätestens jetzt möchte ich nochmals daran erinnern, dass Abfragen selbst niemals Daten speichern. Sie können höchstens Daten an die passende Tabelle weiterreichen, in welcher sie dann tatsächlich gespeichert werden. Genau das ist eben passiert, und zwar unabhängig davon, dass es sich hier gerade um eine eher seltene 1:1-Beziehung handelte.

Für Tabellen mit 1:n-Beziehung müssen Sie typischerweise ein Kombinationsfeld für den Fremdschlüssel vorbereiten, der die Liste der möglichen Primärschlüssel anbietet.

Da es bei einer 1:1-Beziehung nur maximal einen Eintrag geben kann, ist diese Technik mit den verknüpften Tabellen viel praktischer bei der Eingabe. Damit überhaupt Daten angezeigt werden, darf allerdings kein *Inner Join* benutzt werden, weil in einer Tabelle ja noch gar keine Daten enthalten sind.

# Abfragen ausdrucken

Eigentlich sind in Access für den Ausdruck die Berichte vorgesehen, aber wenn es mal schnell gehen soll, können Sie auch eine Abfrage ausdrucken. Sie haben dort nur viel weniger Gestaltungsmöglichkeiten als im Bericht.

**HINWEIS** Alles, was hier für Abfragen gezeigt wird, funktioniert ohne Einschränkung auch bei Tabellen, die Sie ebenso ausdrucken können.

Sowohl der Druck als auch die Seitenansicht (die früher Druckvorschau hieß) stehen konsequenterweise auf der *Datei*-Registerkarte zur Verfügung. Da der Weg dorthin aber eher umständlich ist, können Sie beispielsweise den *Seitenansicht*-Befehl direkt in die Symbolleiste für den Schnellzugriff legen.

**TIPP** Sie können die Symbolleiste für den Schnellzugriff auch per XML-Code ändern, wie in Kapitel 39 ausführlich erläutert wird.

1. Klicken Sie auf den Dropdownpfeil rechts neben der Symbolleiste für den Schnellzugriff, sodass wie in Abbildung 18.5 ein Menü erscheint.

*Abbildg. 18.5* Passen Sie hier die Symbolleiste für den Schnellzugriff an

2. Wählen Sie darin den Befehl *Seitenansicht* aus.
3. Anschließend steht Ihnen das neue Symbol in der Symbolleiste für den Schnellzugriff zur Verfügung, wie Abbildung 18.6 zeigt.

*Abbildg. 18.6* Die Seitenansicht lässt sich nun direkt aufrufen

Der »offizielle« Aufruf erfolgt über den Befehl *Datei/Drucken/Seitenansicht*, wie es in Abbildung 18.7 zu sehen ist.

**Abbildg. 18.7** Die Seitenansicht finden Sie unter *Datei/Drucken*

Für das markierte Objekt (hier ist es *qryArtikelAbM*) sehen Sie anschließend, wie es ausgedruckt würde. In der Seitenansicht steht Ihnen auch der aus anderen Office 2010-Anwendungen bereits bekannte Zoom-Schieber am rechten unteren Rand zur Verfügung (siehe Abbildung 18.8).

**Abbildg. 18.8** Die Ansicht lässt sich mit dem Zoom-Schieber vergrößern

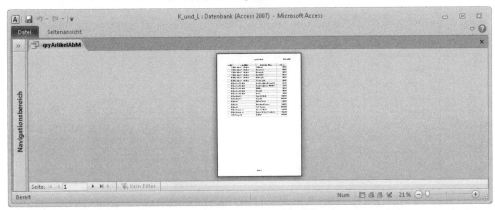

Die Seitenansicht zeigt wie in Abbildung 18.9 eine eigene Registerkarte an, welche sonst nie zu sehen ist. Dort können Sie alle notwendigen Einstellungen für die Seitenansicht beziehungsweise den Ausdruck vornehmen.

**ACHTUNG** Anders als später beim Bericht werden die hier gewählten Einstellungen nicht mit der Abfrage gespeichert! Sie bleiben nur so lange erhalten, wie die jeweilige Abfrage noch geöffnet ist.

**Abbildg. 18.9** Diese Registerkarte ist nur in der Seitenansicht zu sehen

Das umfassendste Dialogfeld für alle Einstellungen wie in Abbildung 18.10 ist über den Befehl *Seitenansicht/Seitenlayout/Seite einrichten* zu erreichen.

**Abbildg. 18.10** Die meisten Einstellungen sind in diesem Dialogfeld möglich

Dort können Sie mit dem Kontrollkästchen *Überschriften drucken* die in Abbildung 18.9 sichtbare Kopfzeile ausschalten. Eine weitergehende inhaltliche Beeinflussung dieser Zeile ist nicht möglich.

**ACHTUNG** In Kapitel 6 hatte ich bereits darauf hingewiesen, dass in *Datei/Optionen* in der Kategorie *Clienteinstellungen* in der Gruppe *Drucken* endlich die Standardwerte für die Ränder auf *0,635 cm* gesetzt worden sind. Leider gelten diese nur für Formulare und Berichte. Die Ränder für Tabellen und Abfragen stehen immer noch auf ziemlich breite *25,4 mm*.

Die übrigen Einstellungen dieses Dialogfelds können Sie schneller (und manchmal auch besser) direkt über das Menüband erreichen. Mit dem Befehl *Seitenansicht/Seitengröße/Seitenränder* steht Ihnen beispielsweise eine Auswahl an verschiedenen Seitenrändern zur Verfügung. In Abbildung 18.11 ist dort außerdem der Eintrag *Benutzerdefinierte Seitenränder* sichtbar, weil keine der ersten drei Varianten in den aktuellen Seitenrändern eingetragen ist.

**Abbildg. 18.11** Wählen Sie hier unter verschiedenen vorgegebenen Seitenrändern

In der Befehlsgruppe *Seitenansicht/Seitenlayout* können Sie die Papierausrichtung auf Querformat stellen. Das ist oft sinnvoll, weil sonst die Spalten nicht alle auf eine Seite passen.

**HINWEIS** Die Spaltenbreite selbst sowie die Schriftart und -größe stellen Sie nicht in der Seitenansicht ein, sondern in der Datenblattansicht innerhalb der Befehlsgruppe *Start/Textformatierung*.

 Sie schließen die Seitenansicht entweder über den Befehl *Seitenansicht/Vorschau schließen/Seitenansicht schließen* oder mit der Esc-Taste.

# Daten exportieren

Sie haben wahrscheinlich auf der Registerkarte *Seitenansicht* gesehen, dass dort in der Befehlsgruppe *Daten* die Möglichkeit des Exports bestand. Dafür gibt es aber viel mehr Dateitypen, wenn Sie direkt von der Datenblattansicht aus exportieren.

Schließen Sie die Seitenansicht und klicken Sie auf die Registerkarte *Externe Daten*, um in der Gruppe *Exportieren* einen Überblick über alle Exporttypen zu erhalten (siehe Abbildung 18.12).

**Abbildg. 18.12** Hier können Sie verschiedene Exporttypen auswählen

Auch der Export lässt sich für Berichte detaillierter als für Abfragen gestalten. Ich möchte Ihnen aber hier für den durchaus häufigen und sinnvollen Export der Daten in ein Excel-Arbeitsblatt schon mal zeigen, wie es funktioniert:

1. Öffnen Sie eine beliebige Tabelle oder Abfrage, hier ist es die Abfrage *qryGrosseBestellungen*.
2. Klicken Sie auf *Externe Daten/Exportieren/Excel*, um den entsprechenden Assistenten wie in Abbildung 18.13 zu starten.
3. Geben Sie dort mit der *Durchsuchen*-Schaltfläche einen Pfad und Dateinamen für die Excel-Arbeitsmappe an. Als Standard ist der Name der Datenquelle vorgegeben.
4. Wenn Sie Formatierungen, wie in diesem Fall das *Euro*-Format übernehmen wollen, aktivieren Sie das Kontrollkästchen *Exportieren von Daten mit Formatierung und Layout*.
5. Um das Ergebnis direkt begutachten zu können, ist hier auch das Kontrollkästchen *Öffnen der Zieldatei nach Abschluss des Exportvorgangs* ausgewählt. Sie können die Excel-Arbeitsmappe natürlich auch später wie jede andere Datei öffnen.
6. Nach Bestätigung mit *OK* öffnet sich Excel wie in Abbildung 18.14 mit der exportierten Datei.

**Abbildg. 18.13** Der erste Schritt des Export-Assistenten für Excel-Tabellen

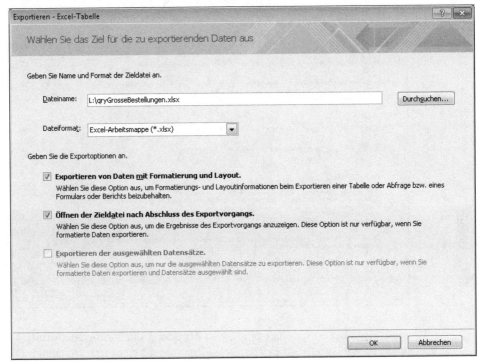

**Abbildg. 18.14** So sieht die exportierte Datei in Excel aus

7. Alle Export-Assistenten melden sich anschließend noch mit einem letzten Schritt wie in Abbildung 18.15, um die Einstellungen dieses Exports zu speichern.

**Abbildg. 18.15** Jeder Assistent bietet an, seine Schritte dauerhaft zu speichern

Wenn Sie einen Export speichern, wie das in Abbildung 18.15 vorbereitet wurde, sehen Sie diesen anschließend mit dem Befehl *Externe Daten/Exportieren/Gespeicherte Exporte* im Dialogfeld wie in Abbildung 18.16 zur erneuten Ausführung.

**Abbildg. 18.16** Das Dialogfeld *Datentasks verwalten* zeigt alle gespeicherten (Importe und) Exporte an

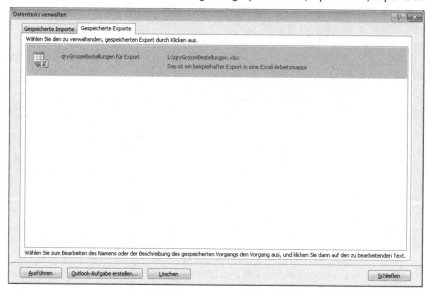

In Kapitel 30 werden wir uns ausführlicher mit dem Export von Daten befassen.

# Zusammenfassung

In diesem Kapitel haben Sie verschiedene Techniken für den verbesserten Umgang mit Abfragen kennen gelernt:

- Anstatt alle Tabellen immer wieder gemeinsam zu nennen und die benötigten Daten erneut zu berechnen, ist es sinnvoll, eine *zentrale Abfrage* (Seite 324) zu erstellen, in welcher das alles bereitgestellt wird. Auf diese Abfrage greifen möglichst viele andere Abfragen dann zu und nutzen deren Berechnungen.

- *Tabellen mit 1:1-Beziehung* (Seite 325) sind am einfachsten auszufüllen, wenn Sie diese beiden in einer Abfrage zusammenfassen und als Verknüpfungstyp einen *Right Join* oder *Left Join* wählen. Sie haben gesehen, dass dann die passenden Datensätze beim Ausfüllen automatisch erzeugt werden.

- Obwohl für den Ausdruck in Access eigentlich die Berichte vorgesehen sind, gab es schon einen ersten Einblick in die Möglichkeiten der *Seitenansicht* (Seite 328). Alles, was Sie dort einstellen, gilt dann auch für den Druck.

- Abfragedaten lassen sich mit einem Assistenten *exportieren* (Seite 332), dessen Schritte speichern und später wieder aufrufen.

# Kapitel 19

# Spezielle Auswahlabfragen

**In diesem Kapitel:**

| | |
|---|---|
| Gruppierungsabfragen | 338 |
| Kreuztabellenabfragen | 346 |
| Parameterabfragen | 358 |
| Unterabfragen | 363 |
| Domänenfunktionen | 372 |
| Zusammenfassung | 374 |

Einige Aufgaben sind mit den bisherigen Techniken noch nicht lösbar, darunter vor allem die Zusammenfassung von Daten oder flexiblere Filterkriterien. Dieses Kapitel beschäftigt sich daher mit solchen speziellen Auswahlabfragen.

**CD-ROM** Um Ihnen das Nachvollziehen der Schritte in diesem Kapitel zu erleichtern, finden Sie innerhalb der Beispieldateien zu diesem Buch im Ordner *Kap18* eine Datenbank, die bereits die Änderungen aus Kapitel 18 enthält. Laden Sie einfach die betreffende Datenbank, um mit der Arbeit in diesem Kapitel zu beginnen.

Sie können also jederzeit ein Kapitel überspringen und trotzdem auf den aktuellen Stand der Datenbank zugreifen.

# Gruppierungsabfragen

Können Sie herausfinden, wie viel Umsatz Sie in der *Kosten&Logistik*-Datenbank im Jahre 2010 gespeichert haben? Nicht mit den bisherigen Methoden. Denn dort konnten Sie für berechnete Felder (wie eben beim *Gesamtpreis*) zwar zeilenweise Daten zusammenfassen, aber nicht spaltenweise für eine Summe.

## Standard-Gruppierungsabfragen

Für diesen Zweck gibt es Gruppierungsabfragen, die nicht nur Summen bilden können, sondern auch mit anderen Aggregatfunktionen wie Mittelwert, Minimum, Maximum oder Ähnlichen arbeiten:

1. Erstellen Sie eine neue Abfrage, die aber nicht auf einer Tabelle, sondern auf der vorhin erstellten Abfrage *qryALLE_BESTELLUNGEN_MIT_INFO* basiert. Dazu müssen Sie wie in Abbildung 19.1 die zweite Registerkarte *Abfragen* im Dialogfeld *Tabelle anzeigen* aktivieren.

**Abbildg. 19.1** Auch Abfragen können als Datenquelle für Abfragen dienen

2. Wie Sie nach dem *Hinzufügen* dieser Abfrage sehen, gibt es keinen Unterschied zwischen Tabellen oder Abfragen als Datenquelle. Die Feldliste stellt berechnete Felder so dar wie gespeicherte Tabellenfelder und Sie können ebenso darauf zugreifen.

3. Da der Jahresumsatz einfach die Summe der Gesamtpreise pro Jahr ist, übernehmen Sie nur die beiden berechneten Felder *BestellJahr* und *Gesamtpreis* in den Zielbereich.
4. Damit diese »normale« Auswahlabfrage zu einer Gruppierungsabfrage wird, müssen Sie den Befehl *Abfragetools/Entwurf/Einblenden/Ausblenden/Summen* anklicken, wie es in Abbildung 19.2 bereits geschehen ist.

**Abbildg. 19.2** Der *Summen*-Befehl dient als Umschalter zu einer Auswahlabfrage

5. Obwohl der Befehl mit *Summen* beschriftet ist, wird tatsächlich nur im Zielbereich eine neue Zeile *Funktion* sichtbar, die zudem als Standardwert nicht *Summe*, sondern *Gruppierung* enthält.
6. Eine typische Gruppierungsabfrage enthält eine Summe, die innerhalb einer Gruppierung gebildet wird. Hier ist die Gruppierung das *Bestelljahr*, daher klicken Sie bitte auf den Eintrag *Gruppierung* unterhalb von *Gesamtpreis* und ändern diesen auf *Summe*.
7. Speichern Sie diese Abfrage als *qryJaehrlicheSummenVonGesamtpreis* und wechseln in die Datenblattansicht. Entsprechend der Abbildung 19.3 sehen Sie zu jedem Jahr die Summe der Gesamtpreise.

**Abbildg. 19.3** Die Datenblattansicht zeigt die jährliche Summe der Gesamtpreise

**HINWEIS** Wie Sie vielleicht bemerkt haben, erzeugt Access dabei automatisch ein neues Feld *SummevonGesamtpreis*. Das geschieht für alle Felder, die nicht gruppiert sind.

Der zugehörige SQL-Code dieser Abfrage enthält das bereits angesprochene *GROUP BY*-Schlüsselwort, wie Sie sehen können:

```
SELECT qryALLE_BESTELLUNGEN_MIT_INFO.BestellJahr,
Sum(qryALLE_BESTELLUNGEN_MIT_INFO.Gesamtpreis) AS SummevonGesamtpreis
FROM qryALLE_BESTELLUNGEN_MIT_INFO
GROUP BY qryALLE_BESTELLUNGEN_MIT_INFO.BestellJahr;
```

Allerdings ist es übersichtlicher, wenn Sie den Namen der Datenquelle entfernen, was dank unserer datenbankweit eindeutigen Namen immer erlaubt ist:

```
SELECT BestellJahr,
Sum(Gesamtpreis) AS SummevonGesamtpreis
FROM qryALLE_BESTELLUNGEN_MIT_INFO
GROUP BY BestellJahr;
```

Hier ist außerdem zu sehen, dass die »deutsche« Schreibweise des grafischen Abfrageentwurfs für eine Berechnung im englischen Original umgekehrt notiert wird und ein *AS* vorangestellt bekommt. Ändern Sie einfach mal den Namen *SummevonGesamtpreis* in einen beliebigen anderen wie *JahresSumme*:

```
SELECT BestellJahr,
Sum(Gesamtpreis) AS JahresSumme
FROM qryALLE_BESTELLUNGEN_MIT_INFO
GROUP BY BestellJahr;
```

Wenn Sie anschließend in den grafischen Abfrageentwurf wechseln, sehen Sie die übliche Schreibweise *NeuerName: Formel* für berechnete Felder wie in Abbildung 19.4.

**Abbildg. 19.4** So lassen sich auch Felder in Gruppierungsabfragen umbenennen

Diese Technik können Sie einsetzen, wenn Ihnen der automatisch erzeugte Name eines berechneten Feldes in einer Gruppierungsabfrage nicht gefällt. Vor allem würde dieser bei der nächsten Gruppierungsabfrage, die auf dieser basiert, noch einmal verlängert zu *SummevonSummevonGesamtpreis*.

## Aggregat-Funktionen

Gruppierungsabfragen enthalten eine vorgegebene Menge an Funktionen, die als sogenannte Aggregate (zusammenfassende Berechnungen) eingesetzt werden können. Sie finden einen Überblick in Tabelle 19.1.

**Tabelle 19.1** Überblick über die Aggregatfunktionen

| Name (deutsch) | Name (englisch) | Bedeutung |
|---|---|---|
| Summe | Sum(...) | Alle Werte werden addiert ohne Berücksichtigung von NULL-Werten |
| Mittelwert | Avg(...) | Berechnet wird der arithmetische Durchschnitt (die Summe der Werte dividiert durch die Anzahl der Werte) ohne Berücksichtigung von NULL-Werten |
| Min | Min(...) | Der kleinste Wert für *Feld* wird ermittelt |
| Max | Max(...) | Der größte Wert für *Feld* wird ermittelt |
| Anzahl | Count(...) | Die Anzahl aller Datensätze wird ermittelt ohne Berücksichtigung von NULL-Werten. Nur *Count(\*)* zählt auch Datensätze mit NULL-Werten mit. |
| StAbw | StDev(...) | Gibt geschätzte Werte für die Standardabweichung in *Feld* zurück, bei weniger als zwei Datensätzen einen NULL-Wert |
| Varianz | Var(...) | Gibt geschätzte Werte für die Varianz in *Feld* zurück, bei weniger als zwei Datensätzen einen NULL-Wert |
| ErsterWert | First(...) | Gibt den ersten Wert der zugrunde liegenden Tabelle zurück |
| LetzterWert | Last(...) | Gibt den letzten Wert der zugrunde liegenden Tabelle zurück |

**ACHTUNG** Die Aggregatfunktionen *ErsterWert()* und *LetzterWert()* funktionieren nicht wie erwartet oder wie in der Hilfe beschrieben! Sie geben immer den ersten oder letzten Eintrag des zugrunde liegenden Tabellenfeldes zurück. Sie können soviel sortieren wie Sie wollen, das wird einfach ignoriert. Die Behauptung der Hilfe, diese gäben »den ersten oder letzten Datensatz des Resultsets einer Abfrage zurück« ist seit Jahren falsch.

Sie werden den Aggregatfunktionen wieder im Zusammenhang mit berechneten Feldern in Formularen in Kapitel 27 oder Berichten in Kapitel 28 begegnen.

## Mehr Gruppierungen

Auch wenn die oben gezeigte *Gruppierung/Summe*-Kombination durchaus typisch für Gruppierungsabfragen ist, ist es keineswegs Bedingung. Wenn Sie beispielsweise die monatlichen Summen sehen wollen, darf das nicht ohne Berücksichtigung des Jahres geschehen, weil Sie sonst April 2009 und April 2010 addieren. Daher brauchen Sie zwei Gruppierungen für eine Summe:

1. Kopieren Sie diese Abfrage auf *qryMonatlicheSummenVonGesamtpreis* als neuen Namen.
2. Ziehen Sie das Feld *BestellMonat* aus der Feldliste auf *Gesamtpreis* im Zielbereich, sodass es die mittlere Spalte bildet.

3. Deren Funktion steht bereits auf *Gruppierung*, sodass Sie nach erneutem Speichern schon fertig sind und in die Datenblattansicht wechseln können.
4. Wie in Abbildung 19.5 sehen Sie dort die Summen der Gesamtpreise diesmal nach Jahr und Monat addiert.

**Abbildg. 19.5**  Monatliche Summen unter Berücksichtigung der Jahre

> **HINWEIS**  Vielleicht haben Sie schon bemerkt, dass hier keine Sortierung notwendig ist. Damit Access die Daten überhaupt innerhalb ihrer Gruppierung addieren kann, müssen sie intern bereits sortiert werden. Gruppierte Felder sind also immer automatisch aufsteigend sortiert. Eine eigene Sortierung ist daher erst dann nötig, wenn Sie davon abweichen wollen.

Wenn Sie mehr Gruppierungen nutzen, haben Sie praktisch immer zusätzliche Ergebniszeilen im Datenblatt. Das gilt nur dann nicht, wenn mehrere Gruppierungen parallele Inhalte haben, etwa bei *artID* und *artName* (falls *artName* eindeutig ist).

## Mehr Aggregate

Sie können es auch andersherum organisieren, dass nicht mehr Gruppierungen, sondern mehr Aggregatfelder (Summe, Mittelwert, etc.) enthalten sind. So können Sie in der gleichen Abfrage anzeigen lassen, wie viele Bestellungen zu diesem Umsatz geführt haben.

1. Kopieren Sie die eben erstellte Abfrage auf den neuen Namen *qryJaehrlicheSummenUndAnzahlVonGesamtpreis* und wechseln Sie in die Entwurfsansicht.

## Gruppierungsabfragen

2. Entfernen Sie *BestellMonat*, lassen Sie als einzige Zielfelder *BestellJahr* auf *Gruppierung* und *Gesamtpreis* auf *Summe* stehen und fügen Sie das Feld *bstID* dem Zielbereich hinzu. Stellen Sie dessen *Funktion* auf *Anzahl*.

**PROFITIPP** Für die *Anzahl* von Datensätzen ist es als einzige Aggregatfunktion egal, welches Feld Sie dafür nehmen. Schließlich wird dabei nur das Auftreten des Datensatzes gezählt und nicht das Feld berechnet.

3. Die Datenblattansicht wie in Abbildung 19.6 zeigt alle fünf Datensätze, sowohl mit ihrem addierten Gesamtpreis als auch der Anzahl der zugehörigen Datensätze.

Abbildg. 19.6   Auch mehrere Aggregatfelder sind möglich

**ACHTUNG** Eigentlich ist es für die *Anzahl*-Funktion ja egal, welches Feld Sie benutzen. So ganz egal aber auch nicht, denn diese Funktion berücksichtigt nur Datensätze, in denen dieses Feld nicht NULL ist (es sei denn, Sie schreiben `Count(*)`)! Daher nehme ich immer ein *AutoWert*-Feld, welches garantiert Werte enthält. Sie können den Unterschied in Abbildung 19.7 sehen, wenn Sie für die Abfrage *qryJaehrlicheSummenUndAnzahlVonGesamtpreis* mal *bstLieferdatum* zusätzlich zu *bstID* benutzen.

Abbildg. 19.7   Die *Anzahl* unterscheidet sich bei Feldern mit NULL-Werten

Bei mehr Aggregatfunktionen in einer Gruppierungsabfrage werden nie mehr Datenzeilen in der Datenblattansicht erscheinen, denn nur die Gruppierung gibt die Anzahl der Ergebnisse vor.

## Ohne Gruppierung

Es gibt übrigens auch Gruppierungsabfragen ohne Gruppierung. Das klingt erst einmal merkwürdig und ist auch nicht ganz korrekt, denn tatsächlich bildet die einzige Ergebniszeile eine eigene Gruppe.

1. Erstellen Sie auf Basis von *qryALLE_BESTELLUNGEN_MIT_INFO* eine neue Abfrage und übernehmen Sie nur das Feld *Gesamtpreis*.
2. Stellen Sie auf Gruppierungsabfrage um, indem Sie den Befehl *Abfragetools/Entwurf/Einblenden/Ausblenden/Summen* anklicken.
3. Stellen Sie die *Funktion* für den *Gesamtpreis* auf *Summe* und speichern Sie diese Abfrage als *qrySummeGesamtpreis* wie in Abbildung 19.8.

Abbildg. 19.8    Der Abfrageentwurf für den Gesamtumsatz

4. Wechseln Sie dann in die Datenblattansicht wie in Abbildung 19.9, so wird immer nur eine einzige Ergebniszelle angezeigt, da es ja mangels Gruppierung insgesamt nur eine Gruppe gibt.

Abbildg. 19.9    Eine Gruppierungsabfrage ohne Gruppierung zeigt nur eine einzige Zelle als Ergebnis an

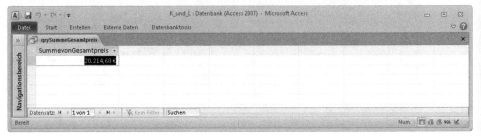

## Ohne Aggregat-Funktion

Auch das Gegenteil zu einer Gruppierungsabfrage ohne Gruppe gibt es, nämlich die Gruppierungsabfrage ganz ohne Aggregat-Funktionen:

1. Erstellen Sie auf Basis von *qryALLE_BESTELLUNGEN_MIT_INFO* eine neue Abfrage und übernehmen nur das Feld *BestellJahr*.
2. Ändern Sie diese auch in eine Gruppierungsabfrage, indem Sie den Befehl *Abfragetools/Entwurf/Einblenden/Ausblenden/Summen* anklicken.
3. Belassen Sie die *Funktion* für das *BestellJahr* als *Gruppierung* und speichern Sie die Abfrage als *qryBestellJahre* wie in Abbildung 19.10.

Abbildg. 19.10  Der Entwurf enthält nur eine *Gruppierung*-Funktion

4. Wie in Abbildung 19.11 erhalten Sie in der Datenblattansicht dazu eine Liste aller vorkommenden Jahre, von denen jedes genau einmal genannt wird.

Abbildg. 19.11  Die Gruppierung liefert eine eindeutige Liste vorkommender Inhalte

## Alternative mit DISTINCT

Sie erhalten so tatsächlich jeden enthaltenen Dateninhalt genau einmal in einer eindeutigen Liste. Allerdings ist das unnötig aufwändig, denn es gibt einen eigenen SQL-Befehl DISTINCT dazu:

1. Kopieren Sie die Abfrage *qryBestellJahre* auf den Namen *qryBestellJahreBesser* und wechseln Sie in die Entwurfsansicht.
2. Machen Sie dort durch einen erneuten Klick auf den Befehl *Abfragetools/Entwurf/Einblenden/ Ausblenden/Summen* aus der Gruppierungsabfrage wieder eine normale Abfrage.
3. Klicken Sie in den grauen Hintergrundbereich neben der Feldliste, damit kein Zielfeld, sondern die Abfrage insgesamt markiert ist.

4. Zeigen Sie mit *Abfragetools/Entwurf/Einblenden/Ausblenden/Eigenschaftenblatt* (oder dem Tastenkürzel [Alt]+[↵]) die Eigenschaften der Abfrage an wie in Abbildung 19.12. Stellen Sie darin die Eigenschaft *Keine Duplikate* auf *Ja*.

**Abbildg. 19.12**   So sehen Sie nur eindeutige Dateninhalte

Auch diese Abfrage zeigt in der zugehörigen Datenblattansicht die vorkommenden Dateninhalte genau wie schon in Abbildung 19.11 eindeutig an.

# Kreuztabellenabfragen

Eine Gruppierungsabfrage ist optimal geeignet, um Daten zusammenzufassen. Allerdings wird es mit mehreren Gruppierungen schon mal unübersichtlich, vor allem, wenn diese keine Untergruppen bilden wie Jahre und Monate. Sehen Sie sich mal an, wie das aussieht, wenn Sie nach Jahren, Monaten und Artikeln die Gesamtpreise addieren wollen:

1. Kopieren Sie die Abfrage *qryMonatlicheSummenVonGesamtpreis* auf den neuen Namen *qryMonatlicheMitarbeiterSummenVonGesamtpreis* und wechseln in deren Entwurfsansicht.
2. Ziehen Sie aus der Feldliste den Feldnamen *mitID* auf das Feld *Gesamtpreis*, sodass es anschließend wie in Abbildung 19.13 an dritter Stelle im Zielbereich steht.

## Kreuztabellenabfragen

Abbildg. 19.13   Die Gruppierungsabfrage enthält drei Gruppierungen

**ACHTUNG**   Natürlich ist der Inhalt des Feldnamens *mitID* noch nicht besonders lesefreundlich. Aber weder der Vorname noch der Nachname des Mitarbeiters wären eindeutig, es würden dann also die Bestellungen zweier Mitarbeiter unfreiwillig addiert.

3. In der Datenblattansicht wie in Abbildung 19.14 sehen Sie, dass aus den ursprünglich 62 Bestellungen immer noch 36 Zeilen verblieben sind.

Abbildg. 19.14   So ist die Gruppierungsabfrage nicht sehr übersichtlich

**HINWEIS**   Diese Darstellung ähnelt einer Pivot-Tabelle in Excel, allerdings wären dort die umfassenden Gruppierungen (wie in Abbildung 19.14 beim Jahr *2007* für die ersten fünf Zeilen) in einer verbundenen Zelle leichter erkennbar. Das kann Access so nicht darstellen.

Eine Kreuztabelle löst dieses Problem, indem eine der Gruppierungen von den Zeilen links in Spalten nach oben verlagert wird. Dadurch »kreuzen« Sie links eine (oder mehrere) Gruppierungen mit einer Gruppierung oben und finden an deren Schnittpunkt die Aggregatfunktion.

1. Klicken Sie in der Entwurfsansicht auf *Abfragetools/Entwurf/Abfragetyp/Kreuztabelle* in der Entwurfsansicht, sodass eine zusätzliche Zeile *Kreuztabelle* im Zielbereich sichtbar wird.

## Kapitel 19  Spezielle Auswahlabfragen

2. Wählen Sie in dieser Zeile für die Spalten *BestellJahr* und *BestellMonat* den Wert *Zeilenüberschrift*, für *mitID* die *Spaltenüberschrift* und für *Gesamtpreis* den *Wert* aus, wie es in Abbildung 19.15 zu sehen ist. Mehr ist für eine Kreuztabelle nicht nötig.

**Abbildg. 19.15**   Der Entwurf der Kreuztabelle enthält alle notwendigen Angaben

3. Wechseln Sie anschließend in die Datenblattansicht wie in Abbildung 19.16, sehen Sie die gleichen Daten anders organisiert.

**Abbildg. 19.16**   Die Kreuztabelle ist fertig

| BestellJahr | BestellMonat | 1 | 2 | 3 | 8 | 9 | 10 | 14 | 15 | 16 | 17 |
|---|---|---|---|---|---|---|---|---|---|---|---|
| 2007 | 3 | | | | 14,40 € | 9,60 € | | | | | |
| 2007 | 4 | | | | | | 301,40 € | | | | |
| 2007 | 11 | | | | | | | | | | |
| 2008 | 5 | | | | | | | 3,80 € | | | |
| 2008 | 6 | | | | | | | 5,70 € | | | |
| 2008 | 7 | | | | | | | 3,80 € | | | |
| 2008 | 8 | | | | | | | 7,60 € | | | |
| 2008 | 9 | | | | | | | 3,80 € | | | |
| 2008 | 10 | | | | | | | 3,80 € | | | |
| 2008 | 11 | | | | | | | 4,56 € | | | |
| 2008 | 12 | | | | | | | 3,80 € | | | |
| 2009 | 3 | | | 1.099,50 € | | | | | | | |
| 2009 | 8 | | | | | | | | | | |
| 2009 | 10 | | | | | | | | | | 45, |
| 2009 | 12 | | 2.890,34 € | | | | | | | | |
| 2010 | 3 | | | | | 60,80 € | | | | | |
| 2010 | 4 | 3.671,20 € | | | | | | | | | |
| 2010 | 5 | | | | 41,40 € | | | | 701,50 € | | |
| 2010 | 6 | 2.348,15 € | | | | | | | | | |
| 2010 | 8 | | | | | | | | | | |
| 2010 | 10 | | | | | | | | | 1.661,41 € | |
| 2010 | 11 | | | 76,00 € | | | | | | | |
| 2011 | 3 | | | | | | | | 46,38 € | | |

Wie Sie schon auf Anhieb (im markierten Bereich der Abbildung 19.16) sehen, hat der Mitarbeiter mit der ID *14* offenbar sehr häufig im Jahr 2008 bestellt. Das wird so viel offensichtlicher als bei der vorherigen Darstellung.

**HINWEIS** Auf dem Bildschirm ist es kein Problem, mit der horizontalen Bildlaufleiste nach rechts zu fahren, um die übrigen Spalten zu sehen, aber als Ausdruck im Buch ist es unpraktisch. Daher werde ich die Monate jetzt wieder weglassen, damit alle Ergebnisse auf einen Blick sichtbar sind.

## Kreuztabellenabfragen verbessern

Ich möchte jetzt die Daten noch ein wenig lesbarer machen und insbesondere die *mitID* durch den Namen des Mitarbeiters ersetzen. Wegen der Trennung des Namens in Vor- und Nachnamen wären das jedoch zwei Spaltenüberschriften, die in Kreuztabellenabfragen nicht möglich sind.

Da die Spalten wegen der langen Namen zudem sehr breit würden, tauschen wir besser Spalten und Zeilen aus. Dann sind die langen Namen in den Zeilenüberschriften und die kurzen Jahreszahlen in den Spaltenüberschriften enthalten.

Trotzdem sollten die Namen in einem Feld zusammengefasst werden, weil das übersichtlicher ist. Da Sie das auch später in anderen Abfragen, Formularen oder Berichten gebrauchen können, findet die Änderung direkt in der zentralen Abfrage *qryALLE_BESTELLUNGEN_MIT_INFO* statt:

1. Schließen Sie alle Abfragen, wechseln Sie dann in die Entwurfsansicht von *qryALLE_BESTELLUNGEN_MIT_INFO* und fügen hinter der letzten Spalte ein neues berechnetes Feld hinzu.
2. Darin soll der zusammengesetzte Name mit dem vorangestellten Nachnamen enthalten sein anhand der folgenden Formel:

```
GanzerName: [mitNachname] & ", " & [mitVorname]
```

3. Prüfen Sie das Ergebnis in der Datenblattansicht, speichern diese Abfrage und schließen sie.
4. Kopieren Sie *qryMonatlicheMitarbeiterSummenVonGesamtpreis* auf den neuen Namen *qryJaehrlicheMitarbeiterSummenVonGesamtpreis* und wechseln Sie in deren Entwurfsansicht.
5. Löschen Sie darin im Zielbereich *BestellMonat* und ändern Sie den Feldnamen *mitID* auf *GanzerName*.
6. Damit die langen Namen in der Zeile erscheinen, stellen Sie das Feld *GanzerName* auf *Zeilenüberschrift* und *BestellJahr* auf *Spaltenüberschrift* wie in Abbildung 19.17.

**Abbildg. 19.17** So wechseln Sie Spalten und Zeilen in der Kreuztabelle

7. Nachdem Sie die Abfrage gespeichert haben, können Sie wie in Abbildung 19.18 die Datenblattansicht mit den jährlichen Summen je Mitarbeiter anzeigen.

Abbildg. 19.18    Die Kreuztabelle zeigt jährliche Summen der Mitarbeiter übersichtlich an

| GanzerName | 2007 | 2008 | 2009 | 2010 | 2011 |
|---|---|---|---|---|---|
| Angerhausen, Wolf-Mich: | 849,50 € | | | | |
| Badberg, Ute | 1.455,63 € | | | | |
| Breustedt, Ulrike | | | | 1.064,00 € | |
| Fritsch, Sigmar | | 2.171,00 € | | | |
| Geissler, Rüdiger | | 4,80 € | 125,70 € | 13,80 € | |
| Götzki, Renate | | | 308,31 € | | |
| Hedler, Renate | | 10,45 € | | | |
| Hertlein, Rebecca | | | | 1.038,81 € | |
| Heyden, Ralf | | | | 8,06 € | |
| Lackner, Marion | | | 160,00 € | | |
| Lang, Lorenz | | | 45,60 € | | |
| Mahnke, Klaus | | | | 1.661,41 € | |
| Maier-Schwendlein, Joacl | | | | 701,50 € | 46,38 € |
| Mauer, Ingo | | 36,86 € | | | |
| Pawlowsky, Dieter | 301,40 € | | | | |
| Pfaff, Fritz | 9,60 € | | | 60,80 € | |
| Schäfer, Detlev | 14,40 € | | | 117,40 € | |
| Thimm, Axel | | | 1.099,50 € | | |
| Viebranz, Andreas | | | 2.890,34 € | | |
| Wichert, Andrea | | | | 6.019,35 € | |

**HINWEIS**    Die Spaltenbreiten sind vermutlich zu großzügig für die inzwischen eher kurzen Zahlen darin. Sie können mehrere Spalten gleichzeitig markieren, indem Sie mit dem Mauszeiger in die erste Spalte fahren, sodass dort ein nach unten gerichteter schwarzer Pfeil erscheint. Halten Sie dann die Maus gedrückt und fahren Sie weiter nach rechts über die übrigen Spalten, die dabei hellblau hinterlegt und markiert werden.

Nachdem Sie die Maus losgelassen haben, können Sie am Trennstrich im Spaltenkopf einer beliebigen markierten Spalte deren Breite einstellen. Alle markierten Spalten erhalten anschließend die gleiche Breite.

Ähnlich wie bei Pivot-Tabellen in Excel können Sie auch Summen anzeigen lassen. Allerdings bietet Access nur eine Spalte mit Zeilensummen, nicht jedoch wie Excel noch eine Zeile mit Spaltensummen oder gar eine Gesamtsumme über alles.

1. Wechseln Sie wieder in die Entwurfsansicht, fügen Sie den *Gesamtpreis* ein zweites Mal an und stellen ihn wie in Abbildung 19.19 auf *Summe* und *Zeilenüberschrift*.
2. Damit wird die Summe für die jeweilige Zeile gebildet, wie Sie in Abbildung 19.20 als Markierung sehen können.

# Kreuztabellenabfragen

**Abbildg. 19.19**  Fügen Sie ein zweites Mal den *Gesamtpreis* ein

**Abbildg. 19.20**  Die Kreuztabelle enthält nun die Zeilensummen

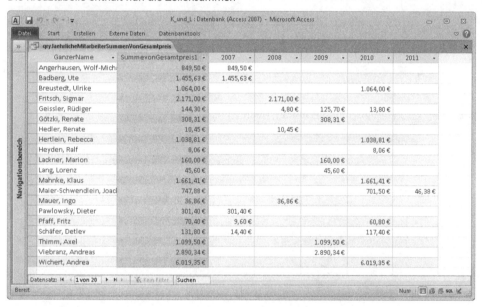

**HINWEIS**  Die Position der Zeilensumme können Sie in einer Kreuztabellenabfrage nicht beeinflussen, sie steht immer zwischen den echten Zeilenüberschriften und den Daten. In Abfragen, Formularen oder Berichten, die auf dieser basieren, können Sie dann jedoch die Reihenfolge nach Belieben wieder ändern.

Bei dieser Gelegenheit sind übrigens zwei noch nicht erwähnte Schlüsselwörter TRANSFORM und PIVOT benutzt worden, wie Sie im SQL-Code sehen können:

```
TRANSFORM Sum(Gesamtpreis) AS SummevonGesamtpreis
SELECT GanzerName,
Sum(Gesamtpreis) AS SummevonGesamtpreis1
FROM qryALLE_BESTELLUNGEN_MIT_INFO
GROUP BY GanzerName
PIVOT BestellJahr;
```

**ACHTUNG**  Die TRANSFORM-Anweisung gehört nicht zu Standard-SQL. Das ist aber erst problematisch, wenn Sie aus dieser Abfrage beispielsweise eine *view* in älteren Oracle-Datenbanken machen wollen.

## Kreuztabellenabfrage-Assistenten nutzen

Die Kreuztabellenabfragen werden Sie vermutlich nie direkt in SQL schreiben, weil dies in der grafischen Oberfläche viel einfacher ist. Im Gegenteil, es gibt dafür einen Assistenten, der Sie durch diese Aufgabenstellung führt.

1. Klicken Sie auf *Erstellen/Abfragen/Abfrage-Assistent*, um den Assistenten wie in Abbildung 19.21 zu starten. Wählen Sie darin *Kreuztabellenabfrage-Assistent* und bestätigen Sie mit *OK*.

Abbildg. 19.21    Der erste Schritt des Abfrage-Assistenten

2. Im zweiten Schritt des Assistenten ändern Sie die *Ansicht* auf *Abfragen* und wählen dort die zentrale Abfrage *qryALLE_BESTELLUNGEN_MIT_INFO* wie in Abbildung 19.22 aus.

# Kreuztabellenabfragen

**Abbildg. 19.22**  Wählen Sie hier die zentrale Abfrage als Datenquelle aus

3. Nach einem Klick auf *Weiter* wählen Sie im dritten Schritt des Assistenten die gewünschten Zeilenüberschriften aus, indem Sie diese markieren und auf die >-Schaltfläche klicken oder diese direkt doppelklicken.
4. Übernehmen Sie in dieser Reihenfolge die Felder *mitNachname* und *mitVorname*, wie es in Abbildung 19.23 zu sehen ist, da das berechnete Feld *GanzerName* nicht angeboten wird.

**Abbildg. 19.23**  Diese beiden Felder sind als Zeilenüberschriften ausgewählt

**ACHTUNG** Ein Fehler im Kreuztabellenabfrage-Assistenten sorgt dafür, dass nur 36 verfügbare Felder angezeigt werden, obwohl Access selbst 255 Felder in Tabellen erlaubt. Daher müssten Sie die Reihenfolge der Felder in der zentralen Abfrage verändern oder auf den Assistenten verzichten.

5. Klicken Sie auf *Weiter*, um im nächsten Schritt die Spaltenüberschriften auszuwählen. Da das *BestellJahr* im Assistenten nicht verfügbar ist, können Sie hier den *BestellMonat* markieren wie in Abbildung 19.24.

Abbildg. 19.24    Der *BestellMonat* wird die Spaltenüberschrift

6. Nach einem erneuten Klick auf *Weiter* können Sie im vorletzten Schritt des Assistenten das Feld und seine Funktion auswählen, welches als Wert berechnet werden soll. Markieren Sie hier *Gesamtpreis* und *Summe* wie in Abbildung 19.25 zu sehen.

Abbildg. 19.25    Das Feld *Gesamtpreis* wird so als *Summe* berechnet

7. Die Gesamtsumme ist bereits als *Gesamtsumme jeder Zeile berechnen* aktiviert, sodass Sie mit einem erneuten Klick auf *Weiter* im letzten Schritt des Assistenten noch den Namen der zukünftigen Abfrage eingeben können.
8. Tragen Sie als Namen *qryMitarbeiterMonatsSummeGesamtpreis* ein wie in Abbildung 19.26 und schließen Sie den Assistenten mit Klick auf *Fertig stellen* ab.

**Abbildg. 19.26** Schließen Sie den Assistenten nach Eingabe eines Namens ab

9. Damit erhalten Sie die Datenblattansicht der Kreuztabellenabfrage wie in Abbildung 19.27.

**Abbildg. 19.27** So sieht die automatisch erzeugte Kreuztabellenabfrage aus

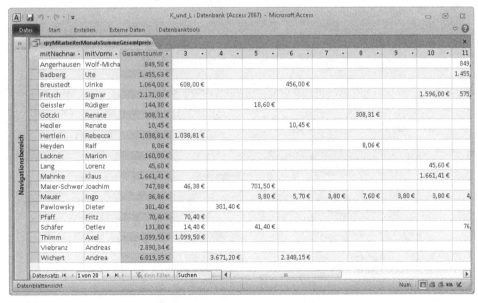

## Assistenten-Ergebnis nachbessern

Das sieht alles schon ganz nett aus, was der Assistent da erstellt hat, lässt sich aber manuell noch deutlich verbessern, etwa indem ohne *Euro*-Format weniger Platz verbraucht wird.

1. Wechseln Sie in die Entwurfsansicht (siehe Abbildung 19.28) dieser Abfrage, so sehen Sie inhaltlich nichts Neues gegenüber der manuell erstellten Version vorher.

**Abbildg. 19.28**   Der vom Assistenten erstellte Entwurf der Kreuztabellenabfrage

2. Abgesehen von der unschönen Länge des automatischen neuen Feldnamens *Gesamtsumme von Gesamtpreis* sprechen auch die darin enthaltenen Leerzeichen dagegen. Sie sind zwar im Namen erlaubt, aber immer wieder lästig. Verbessern Sie das also in *MonatsSumme*.
3. Außerdem können Sie hier endlich die im Assistenten nicht mehr sichtbaren, hinteren Felder benutzen. Statt Nachname und Vorname getrennt zu zeigen, wählen Sie bitte für ein einziges *Zeilenüberschrift*-Feld *GanzerName*.
4. Schließlich verbraucht das *Euro*-Format für die Werte viel zu viel Platz. Markieren Sie daher das Feld *Gesamtpreis* wie in Abbildung 19.29, lassen das Eigenschaftenblatt anzeigen und ändern dort das *Format* auf *Standardzahl* und die *Dezimalstellenanzeige* auf 0.

**Abbildg. 19.29**   So lässt sich der Entwurf des Assistenten verbessern

5. Die *MonatsSumme*-Spalte können Sie ruhig weiterhin in Euro anzeigen lassen, weil sie nur einmalig vorkommt, wie es in Abbildung 19.30 zu sehen ist.

Abbildg. 19.30   Die Kreuztabellenabfrage ist nun viel kompakter

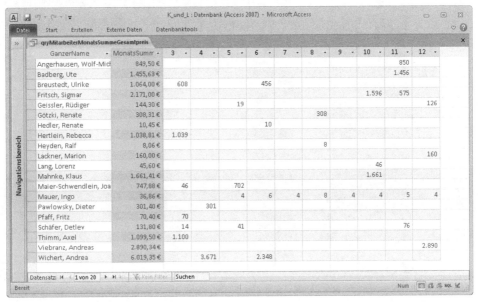

Jetzt passen alle Daten übersichtlich auch auf einen kleinen Bildschirm, ohne dass die Schrift verkleinert werden müsste.

## Spalten fixieren

Wenn Sie die Kreuztabellenabfrage in Abbildung 19.30 genau betrachten, werden Sie feststellen, dass die Monate *1* und *2* gar nicht vorkommen. Es werden nämlich nur genau die Spaltentitel erzeugt, die auch in den Daten enthalten sind.

Das mag in den meisten Fällen kein Problem sein, lässt sich aber beheben. Das dient einerseits der üblichen Darstellung eines Jahres mit allen Monaten, andererseits ist es zwingend notwendig, wenn später ein Formular oder Bericht auf dieser Abfrage basiert und je nach Filter sonst namentlich erwartete Spalten fehlen würden.

1. Wechseln Sie wieder in die Entwurfsansicht und lassen Sie das Eigenschaftsblatt der Abfrage anzeigen. Dort gibt es eine (noch leere) Eigenschaft namens *Fixierte Spaltenüberschriften*.
2. Tragen Sie darin mit "1";"2";"3";"4";"5";"6";"7";"8";"9";"10";"11";"12" alle gewünschten Spaltenüberschriften durch Semikolon getrennt ein.

**ACHTUNG**   Die Monatsnummern mögen sich wie Zahlen »anfühlen«, aber natürlich bestehen Feldnamen immer aus Zeichenketten. Daher sollten Sie diese Spaltenüberschriften immer in Anführungszeichen setzen, auch wenn es hier zufällig anders funktionieren würde.

3. In der Datenblattansicht (siehe Abbildung 19.31) werden nun alle Monate als Spalten angezeigt, auch wenn gar keine Daten dafür vorhanden sind.

Abbildg. 19.31    So werden auch fehlende Monate angezeigt

Diese Technik können Sie übrigens auch umgekehrt nutzen, wenn Sie eine der vorkommenden Spaltenüberschriften explizit nicht in dieser Eigenschaft nennen. Diese Spalte wird dann in der Datenblattansicht nicht angezeigt.

# Parameterabfragen

Es gibt immer wieder furchtbare Sachen, die in fertigen Datenbanken erkennbar sind. Einer der beliebtesten Fehler ist eine Gruppe von Abfragen, die *AbfrageJanuar*, *AbfrageFebruar*, *AbfrageMärz* usw. heißt. Zwölf Abfragen, die sich lediglich in einem einzigen Filterkriterium unterscheiden!

Ganz sicher finden Sie in einer solchen Datenbank auch Abfragen wie *UmsatzMüller*, *UmsatzMeier*, *UmsatzSchmitz*, usw. Das ist nicht einmal beschränkt auf zwölf Monate, sondern erzeugt mit einem größeren Kundenstamm locker einige hundert überflüssige Abfragen. Ich hatte zwar schon darauf hingewiesen, dass eine Abfrage nicht viel Platz kostet, aber so war es wirklich nicht gemeint.

Stellen Sie sich vor, in *AbfrageJanuar* entdecken Sie einen kleinen Fehler. Dann dürfen Sie diesen anschließend noch elf Mal in den übrigen Abfragen beheben. Ganz zu schweigen von einer Änderung in *UmsatzMeier* und den weiteren hundert Umsatzabfragen ...

Für solche Abfragen, die sich nur in einem Kriterium unterscheiden, gibt es Parameterabfragen. Diesen sind Sie sicherlich schon einmal unfreiwillig begegnet, denn ein Schreibfehler in einem Feldnamen verhält sich genauso wie ein solcher Parameter.

1. Erstellen Sie eine Abfrage, die auf *qryALLE_BESTELLUNGEN_MIT_INFO* basiert, damit wir dort auf den berechneten Monat zurückgreifen können.
2. Der Einfachheit halber können Sie das Sternchen übernehmen sowie zum Filtern zusätzlich das Feld *BestellMonat*. Damit der *BestellMonat* nicht doppelt angezeigt wird, entfernen Sie das Häkchen aus dem *Anzeigen*-Kontrollkästchen.
3. Als Kriterium unterhalb von *BestellMonat* schreiben Sie folgenden Text inklusive der eckigen Klammern wie in Abbildung 19.32:

```
[Bitte Monatsziffer eingeben]
```

Abbildg. 19.32   Das Kriterium enthält dieses Mal eckige Klammern

4. Speichern Sie die Abfrage als *qryBestellungenVonMonat*. Sobald Sie in die Datenblattansicht umschalten wollen, erscheint automatisch das Dialogfeld aus Abbildung 19.33, mit dem der Inhalt des Parameters erfragt wird.

Abbildg. 19.33   Diese Meldung erfragt die Parameter

**HINWEIS**   Wie Sie sehen, erscheint der zwischen den eckigen Klammern geschriebene Text als Meldungstext, daher ist er eher sprachlich schön formuliert. Eigentlich handelt es sich dabei um einen Feldnamen, der zwar nirgends existiert, aber alle Regeln für Feldnamen einhalten muss.

Da er nie als Feldname in einer darauf basierenden Abfrage benutzt werden könnte, müssen Sie hierfür die ganzen problematischen Sonderzeichen nicht mehr vermeiden. Dafür darf er ein wenig lesefreundlicher geschrieben werden.

5. Wenn Sie eine Zahl für den Parameter eingeben, zeigt die Datenblattansicht wie in Abbildung 19.34 nur noch die so gefilterten Daten an.

Abbildg. 19.34    Die Datenblattansicht berücksichtigt den Parameter

Parameterabfragen sind also im Grunde alle Abfragen, bei denen ein Feldname absichtlich oder versehentlich falsch geschrieben wurde. Jedes Mal, wenn die Abfrage aufgerufen wird, fragt Access erneut nach dem Inhalt des Parameters.

Deswegen sind die schon erwähnten Abfragen à la *AbfrageJanuar* und *AbfrageFebruar* überflüssig, weil Sie stattdessen eine einzige Abfrage mit Parameter für den Monat erstellen können.

**PROFITIPP**    In Kapitel 27 werden Sie sehen, dass sich diese Technik noch deutlich verbessern lässt. Dann wird der Benutzer nicht immer wieder den gleichen Parameter befüllen müssen, sondern kann seine Daten bequem via Formular auswählen.

## Datentypen für Parameter

Wenn ein Benutzer im vorigen Beispiel statt einer Zahl einen Text eingibt, akzeptiert Access das ohne Bedenken und zeigt dementsprechend keine Ergebnisse an. Das können Sie verbessern, indem Sie der Abfrage mitteilen, welchen Datentyp Sie für einen Parameter erwarten.

1. Wechseln Sie in die Entwurfsansicht der Abfrage *qryBestellungenVonMonat* und klicken dort auf den Befehl *Abfragetools/Entwurf/Einblenden/Ausblenden/Abfrageparameter*.
2. Im dann erscheinenden Dialogfeld *Abfrageparameter* tragen Sie den Namen des Parameters (ohne die eckigen Klammern!) ein und wählen in der zweiten Spalte einen Datentyp wie in Abbildung 19.35.
3. Nachdem Sie das Dialogfeld mit *OK* bestätigt haben, ist die Parameterabfrage fertig.
4. Wenn Sie so den Datentyp explizit festlegen, wäre es bequemer, erst danach den Eintrag bei den Kriterien vorzunehmen, da dieser exakt gleich geschrieben sein muss. Wie Sie in Abbildung 19.36 sehen, wird ein im Dialogfeld vereinbarter Parameter mit Datentyp bei den Kriterien angeboten.

**Abbildg. 19.35**  Geben Sie hier den Datentyp der Parameter an

**Abbildg. 19.36**  Der Kriterienbereich erkennt explizite Parameter, wie sie im Dialogfeld vereinbart wurden

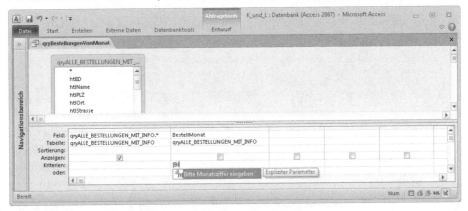

5. Im Unterschied zur Ausführung ohne Datentypprüfung meldet Access nun bei dem Versuch, als Parameter einen Text einzugeben, einen Fehler wie in Abbildung 19.37.

**Abbildg. 19.37**  Diese Fehlermeldung erscheint bei einem unpassenden Parametertyp

Eine weitergehende Prüfung, hier etwa eingeschränkt auf die möglichen Zahlen für Monate von *1* bis *12*, ist so nicht machbar. Das lässt sich aber über die bereits erwähnte Auswahl mittels Kombinationsfeld in einem Popup-Formular organisieren, wie Sie diese in Kapitel 27 kennen lernen werden.

# Flexiblere Parameter

Ein bisschen mehr Flexibilität ist aber machbar, vor allem beim Umgang mit Texten. Schließlich möchten Ihre Benutzer für einen Filter etwa zum Mitarbeiternamen nicht jedes Mal den kompletten Namen eingeben müssen.

1. Erstellen Sie eine neue Abfrage basierend auf der zentralen Abfrage *qryALLE_BESTEL-LUNGEN_MIT_INFO* und übernehmen Sie der Einfachheit halber wieder mit dem Sternchen alle Felder.
2. Speichern Sie die Abfrage als *qryBestellungenVonMitarbeiter* und fügen Sie außerdem noch das Feld *GanzerName* hinzu, aber lassen es nicht anzeigen.
3. Geben Sie als Kriterium *[Name oder Namensteil?]* ein, wie es in Abbildung 19.38 zu sehen ist.

**Abbildg. 19.38**   Die Parameterabfrage für ein Text-Kriterium

Es funktioniert perfekt, wenn Sie beim Wechsel in die Datenblattansicht einen vollständigen Namen wie **Pfaff, Fritz** eingeben (Groß-/Kleinschreibung ist dabei egal). Es funktioniert erstaunlicherweise aber überhaupt nicht, wenn Sie als Benutzer stattdessen *\*Pfaff\** eingeben.

**ACHTUNG**   Ist es wirklich so erstaunlich, dass *\*Pfaff\** nicht funktioniert? Wenn Sie sich an den Hinweis in Kapitel 16 erinnern, dass Platzhalter ohne *Wie* als Literal behandelt werden, sollte klar sein, warum es scheitert. Da das Sternchen zu spät (nämlich erst bei der Ausführung statt schon im Entwurf) kommt, kann Access nicht rechtzeitig das *Wie* einbauen.

Dort steht also eigentlich *=[Name oder Namensteil?]* und wenn der Parameter später durch den Inhalt ersetzt wird, ergibt das *="\*Pfaff\*"*. Da ist weit und breit kein *Wie* enthalten, Sie müssen es also rechtzeitig selber schreiben.

1. Um den »Fehler« zu beheben, schreiben Sie bitte im Entwurf der Abfrage vor die erste eckige Klammer ein `Wie`.
2. Da dort schlecht mit der Maus hinzuklicken ist, empfehle ich einen Klick mit der Maus irgendwohin mitten in diese Zelle. Dann springt der Cursor mit der `Pos1`-Taste an den Anfang.
3. Jetzt dürfen Platzhalter innerhalb der Parameter benutzt werden.

# Unterabfragen

**HINWEIS** Es ist übrigens völlig unproblematisch, den Parameter trotzdem ohne Platzhalter zu benutzen. Das ergibt beispielsweise Wie *"Pfaff, Fritz"* und funktioniert ebenso gut wie mit vorangestelltem Gleichheitszeichen.

Sie können das weiter verbessern, indem Sie das Sternchen direkt in die Kriterien einbauen, sodass der Benutzer auch ohne Platzhalter nur Teile des Namens eingeben kann. Schreiben Sie folgendes Kriterium, wie es auch in Abbildung 19.39 zu sehen ist:

```
Wie "*" & [Name oder Namensteil?] & "*"
```

**Abbildg. 19.39** So ist die Parameterabfrage flexibler

Dadurch wird in jedem vom Benutzer eingegebenen Parametertext direkt vorher und nachher ein Platzhalter eingefügt.

**PROFITIPP** Diese »Verbesserung« kann auch nachteilig sein. Gibt Ihr Benutzer beispielsweise **Müller** als Parameter ein, erscheinen dann ebenso die Datensätze für *Müller-Lüdenscheid*, ohne dass er das verhindern kann.

# Unterabfragen

In Kapitel 16 haben Sie bereits den *In*-Operator kennengelernt, der in Klammern eine Liste von Filter-Kriterien übergeben bekommt. Das war ganz nett, zeigt aber noch nicht die Leistungsfähigkeit dieses Operators. Sie können statt einer Liste nämlich auch eine SELECT-Anweisung benutzen, deren Ergebnis als Filter dient.

Bisher war der Aufwand nicht nötig, weil wir die mit Abfragen ermittelten Daten nur angesehen und nicht verändert haben. Sie werden aber sehr schnell feststellen, dass Daten in manchen Abfragen schreibgeschützt sind. Bei Gruppierungsabfragen ist das selbstverständlich, denn dabei handelt es sich um zusammengefasste Daten, die keinem einzelnen Datensatz mehr zuzuordnen sind.

# Doppelte Datensätze finden

Aber auch in scheinbar harmlosen Abfragen setzt Access plötzlich einen Schreibschutz, wie Sie im folgenden Beispiel sehen werden. Es gibt beispielsweise in der Tabelle *tblBestellungen* eine doppelte Bestellung. Da liegt es nahe, sich alle solchen Duplikate anzeigen zu lassen und eventuell direkt zu korrigieren, wenn es wirklich ein Versehen war.

1. Um doppelte Bestellungen zu finden, brauchen Sie eine Gruppierungsabfrage sowie die Definition, was eigentlich als »doppelt« gilt. Hier soll es ausreichen, wenn derselbe Mitarbeiter denselben Artikel am selben Datum mehrfach bestellt hat.
2. Erstellen Sie eine neue Abfrage mit der Tabelle *tblBestellungen* als Basis und übernehmen die Felder *bstmitIDRef* (derselbe Mitarbeiter), *bstartIDRef* (derselbe Artikel) und *bstBestelldatum* (dasselbe Datum).
3. Ändern Sie mit *Abfragetools/Entwurf/Einblenden/Ausblenden/Summen* den Typ der Abfrage auf Gruppierungsabfrage. Alle Felder können die *Funktion* auf *Gruppierung* belassen.
4. Fügen Sie außerdem das Feld *bstID* hinzu, dessen *Funktion* Sie auf *Anzahl* stellen und für dessen *Kriterium* Sie >1 eintragen. Speichern Sie diese Abfrage (siehe Abbildung 19.40) als *qryBestellungenDoppelt*.

**Abbildg. 19.40** Mit diesem Abfrageentwurf finden Sie doppelte Bestellungen

5. Die Datenblattansicht dazu zeigt einen (gruppierten) Datensatz wie in Abbildung 19.41, dessen Daten innerhalb der Bestellungen doppelt vorkommen.

**Abbildg. 19.41** Diese Daten sind doppelt enthalten

## Unterabfragen

Das war aber nur die Vorbereitung, denn jetzt wissen Sie erst, dass und welche Daten doppelt vorkommen. Wenn Sie diese bearbeiten wollen, müssen Sie auf nicht gruppierte Daten zugreifen, am besten direkt auf die Tabelle:

1. Erstellen Sie eine neue Abfrage mit der Tabelle *tblBestellungen* und der eben erstellten Abfrage *qryBestellungenDoppelt* als Datenquellen.
2. Verbinden Sie in beiden Tabellen die drei Felder *bstmitIDRef*, *bstartIDRef* und *bstBestelldatum* miteinander, weil von der Tabelle *tblBestellungen* ja nur diejenigen angezeigt werden sollen, die in *qryBestellungenDoppelt* vorkommen.
3. Fügen Sie dem Zielbereich das Sternchen der Tabelle *tblBestellungen* hinzu, damit alle Felder davon angezeigt werden, und speichern Sie die Abfrage (siehe Abbildung 19.42) als *qryBestellungenDoppeltAendernVerboten*.

**Abbildg. 19.42** Dieser Abfrageentwurf ermittelt die Datensätze zu doppelten Bestellungen

4. Wenn Sie jetzt in die Datenblattansicht wie in Abbildung 19.43 sehen, finden Sie dort korrekt die beiden betroffenen Datensätze angezeigt. Allerdings können Sie diese nicht ändern (daher der von mir gewählte Abfragename), weil Access diese gegen Änderungen gesperrt hat, wie Sie unten in der Statusleiste (siehe Abbildung 19.43) lesen können.

**Abbildg. 19.43** Die korrekten Datensätze sind zu sehen, lassen sich aber nicht bearbeiten

Das wird Ihnen öfters passieren, wenn Sie zwei Tabellen verknüpfen, von denen eine gruppiert und damit schreibgeschützt ist. Wir brauchen also eine Lösung, die ohne Verknüpfung trotzdem die passenden Daten berücksichtigt. Und genau da helfen der *In*-Operator und eine SELECT-Anweisung.

# Manuell erstellte Unterabfrage

Damit Sie genau sehen, welche Daten wohin weitergereicht werden, ist der folgende Weg ein wenig umständlicher, als es nötig wäre. Sie werden nachher sehen, dass ein spezieller Assistent dies viel eleganter formulieren und vor allem in einer einzigen Abfrage erstellen kann. Mir geht es hier aber darum, dass Sie sehen, wie solche Unterabfragen genau funktionieren.

1. Zuerst brauchen wir eine Liste aller *mitID*-Werte, die als Duplikat betroffen sind. Die bisherige Abfrage *qryBestellungenDoppelt* liefert zwar die doppelten Daten, aber keineswegs deren IDs.
2. Kopieren Sie einfach die Abfrage *qryBestellungenDoppeltAendernVerboten* auf den neuen Namen *qryBestellungenDoppelteIDs* und tauschen im Zielbereich das allgemeine Sternchen gegen das konkrete Feld *bstID* aus.
3. Als Ergebnis erhalten Sie wie in Abbildung 19.43 die beiden *mitID*-Werte *1* und *62*, dieses Mal allerdings ohne die übrigen Spalten. Auch diese Abfrage ist fertig, Sie können sie speichern und schließen.

Diese Abfrage wird gleich an den *In-Operator* eine Liste der zu berücksichtigenden IDs liefern.

1. Erstellen Sie eine neue Abfrage mit der Tabelle *tblBestellungen* als Basis und übernehmen Sie das Sternchen in den Zielbereich. Speichern Sie die Abfrage auf den Namen *qryBestellungenDoppeltAendernErlaubt*.
2. Fügen Sie dann das Feld *bstID* hinzu, lassen es aber nicht anzeigen.
3. Die wesentliche Änderung besteht nun im Kriterium, welches wie folgt formuliert wird:

```
In (SELECT [bstID] FROM [qryBestellungenDoppelteIDs])
```

**HINWEIS** Sie werden beim Tippen feststellen, dass Access 2010 bei der Eingabe von Kriterien deutliche Verbesserungen gegenüber den Vorversionen erfahren hat. Wie die Abbildung 19.44 zeigt, wird Ihnen schon bei teilweiser Eingabe eine Liste der möglichen Werte angeboten. Das reduziert mögliche Fehlerquellen durch Schreibfehler enorm.

**Abbildg. 19.44** Access bietet in einer Liste mögliche Werte an

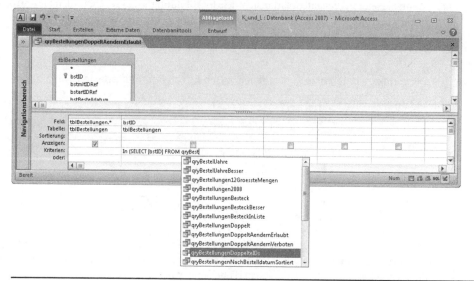

4. Der Abfrageentwurf enthält nun wie in Abbildung 19.45 eine einzige Tabelle sowie ein Kriterium, welches selbst aus einer SELECT-Anweisung besteht.

Abbildg. 19.45   Der Filter ist nicht als Verknüpfung, sondern als Kriterium realisiert

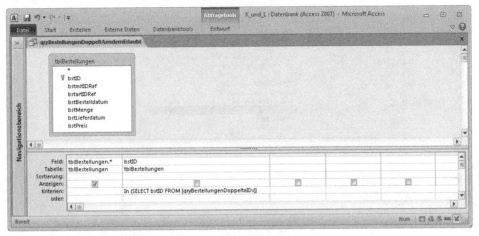

Wie Sie in der Datenblattansicht prüfen können, erlaubt diese Konstruktion mit einer Unterabfrage nun auch das Editieren der Datensätze.

## Unterabfrage mit Assistenten

Ich hatte bereits darauf hingewiesen, dass diese mehrstufige Konstruktion aus Gruppierungsabfragen natürlich »einfacher« zu lösen ist. Ehrlicherweise muss ich dazu erwähnen, dass es zwar im Aufwand einfacher ist, aber nicht unbedingt im Verständnis. Es gibt nämlich einen Assistenten, der Ihnen die Arbeit abnimmt und die komplizierten SQL-Codes erstellt.

1. Starten Sie den Assistenten mit *Erstellen/Makros und Code/Abfrage-Assistent*, sodass Sie dessen ersten Schritt wie in Abbildung 19.46 sehen. Wählen Sie dort den Eintrag *Abfrage-Assistent zur Duplikatsuche* aus.

Abbildg. 19.46   Der erste Schritt des Assistenten zur Duplikatsuche

2. Nach Bestätigung mit *OK* geben Sie im zweiten Schritt (siehe Abbildung 19.47) die gewünschte Tabelle *tblBestellungen* an und klicken auf *Weiter*.

Abbildg. 19.47  Wählen Sie hier die Tabelle mit den möglichen Duplikaten aus

3. Um ein vergleichbares Ergebnis zu erhalten, wählen Sie im nächsten Schritt wie in Abbildung 19.48 per Doppelklick die Felder *bstmitIDRef*, *bstartIDRef* und *bstBestelldatum* aus, deren gleiche Inhalte auf Duplikate hinweisen sollen. Bestätigen Sie auch dies mit Klick auf *Weiter*.

Abbildg. 19.48  Diese drei Felder weisen auf mögliche Duplikate hin

## Unterabfragen

4. Im folgenden Schritt (siehe Abbildung 19.49) können Sie durch Klick auf die >>-Schaltfläche alle übrigen Felder der Tabelle aufnehmen, damit bei Bedarf alle änderbar sind.

**Abbildg. 19.49**    Übernehmen Sie alle übrigen Felder

5. Im letzten Schritt geben Sie wie in Abbildung 19.50 noch einen Namen (hier *qryBestellungen-DoppeltMitAssistent*) ein und klicken auf die *Fertig stellen*-Schaltfläche.

**Abbildg. 19.50**    Geben Sie einen Namen für die Abfrage ein

Auch die beiden Datensätze dieser Abfrage sind wunschgemäß editierbar, wie Sie probieren können. Die Unterabfrage ist gegenüber der manuellen Version allerdings so lang geworden, dass sie auf dem Bildschirm nicht mehr ordentlich darstellbar ist. Sie lautet:

```
In (SELECT [bstmitIDRef] FROM [tblBestellungen] As Tmp
GROUP BY [bstmitIDRef], [bstartIDRef], [bstBestelldatum]
HAVING Count(*)>1 And
[bstartIDRef] = [tblBestellungen].[bstartIDRef] And
[bstBestelldatum] = [tblBestellungen].[bstBestelldatum])
```

Sie können immerhin die vielen einzeln genannten Felder der »normalen« Abfrage im Entwurf durch das Sternchen ersetzen und das Bedingungsfeld *bstmitIDRef* nicht anzeigen lassen, wie es in Abbildung 19.51 zu sehen ist.

**Abbildg. 19.51** So ist der Abfrageentwurf kürzer

Der unbestreitbare Vorteil ist allerdings, dass die Erstellung dieser Abfrage dank Assistenten deutlich schneller ist und ohne zwischengeschaltete Gruppierungsabfragen läuft.

## Datensätze nummerieren

Eine solche Unterabfrage ist unverzichtbar, um Datensätze in Abfragen zu nummerieren. Die *Auto-Wert*-Felder mögen den Eindruck vermitteln, die Datensätze seien doch bereits nummeriert, aber das gilt nur, weil es bisher noch keine Lücken in den Datensätzen gab. Sobald ein Datensatz gelöscht oder nicht beendet wurde, fehlt seine fortlaufende Nummer im *AutoWert*-Feld. Das ist technisch so gewollt, aber nicht geeignet für eine durchlaufende Nummerierung.

**PROFITIPP**    In Berichten können Sie das mit der *LaufendeSumme*-Eigenschaft einfacher und schneller lösen, wie Sie in Kapitel 29 sehen werden.

Für die Nummerierung steht die Unterabfrage nicht im Kriterienbereich als Filter, sondern dort, wo neue Felder berechnet werden.

1. Erstellen Sie eine neue Abfrage, dieses Mal auf Basis der verknüpften Tabelle *tblTastenkuerzel*, weil diese keinen *AutoWert* enthält und trotzdem nummeriert werden soll.
2. Schreiben Sie in das erste Feld des Zielbereichs die folgende Formel:

```
Nr: (SELECT COUNT(*) FROM tblTastenkuerzel AS tblTK
WHERE tblTK.Taste < tblTastenkuerzel.Taste)+1
```

3. Übernehmen Sie außerdem die beiden Felder *Taste* und *Beschreibung*, lassen nach *Taste* sortieren und speichern die Abfrage als *qryTastenkuerzelNummeriert* wie Abbildung 19.52.

Abbildg. 19.52    Die Unterabfrage steht hier im berechneten Feld

4. In der Datenblattansicht wie in Abbildung 19.53 sehen Sie, dass die Datensätze nun korrekt nummeriert sind.

Abbildg. 19.53    So lassen sich Datensätze nummerieren

Es ist wichtig, dass die Sortierung und das berechnete Feld auf das gleiche eindeutige Feld (hier *Taste*) zurückgreifen, denn die Unterabfrage zählt einfach, wie viele Datensätze bis zu dessen erstem Auftreten zu finden sind.

**PROFITIPP**   Diese Methode ist die einzige, die auch wirklich funktioniert. Alternative Tricks mit VBA-Funktionen sind zum Scheitern verurteilt, weil sie beim Hin- und Herblättern im Datenblattfenster mehrfach weiterzählen. Die SQL-Lösung hat zudem den Vorteil, dass sie auch in anderen (großen) Datenbanken wie Microsoft SQL Server läuft.

Allerdings hat sie einen nicht zu unterschätzenden Nachteil: Sie ist langsam! Für drei Datensätze ist das egal, für zwanzig auch noch, aber die Unterabfrage muss für jeden Datensatz einzeln ausgeführt werden. Daher vervielfacht sich die Laufzeit mit der Anzahl der Datensätze und das wird bald merklich langsam.

## Weitere Operatoren

Für Unterabfragen gibt es noch einige weitere Operatoren, die Sie in Tabelle 19.1 finden. Sie lassen sich immer dann einsetzen, wenn ein Vergleich durchgeführt wird.

Tabelle 19.2   Zusätzliche Operatoren für Unterabfragen

| Operator | Erläuterung |
| --- | --- |
| ALL | Alle Werte im Feld der Unterabfrage müssen die Bedingung erfüllen, dann ist der Vergleich **Wahr**, sonst **Falsch**. Ist keiner der Vergleiche **Wahr** und einer der Werte NULL, wird auch das Ergebnis NULL. |
| ANY | Wenigstens ein Wert im Feld der Unterabfrage muss die Bedingung erfüllen, dann ist der Vergleich **Wahr**, sonst **Falsch**. Ist keiner der Vergleiche **Wahr** und einer der Werte NULL, wird auch das Ergebnis NULL. |
| EXISTS | Die Unterabfrage muss ein Ergebnis liefern, dann ist der Vergleich **Wahr**, sonst **Falsch**. |

Diese Operatoren werden eher selten eingesetzt und sind hier auch nur der Vollständigkeit halber eingesetzt.

# Domänenfunktionen

Es gibt eine spezielle Gruppe von Funktionen, die ähnlich wie Gruppierungsabfragen Werte zusammenfassen kann. Sie können mit diesen aber auch Daten aus Tabellen ermitteln, die in dieser Abfrage als Datenquelle gar nicht vorkommen.

1. Erstellen Sie eine neue Abfrage auf Basis der Tabelle *tblHotels* und übernehmen das Feld *htlName* in den Zielbereich.
2. Schreiben Sie die folgende Formel in die nächste Spalte als berechnetes Feld:

```
AnzahlMitarbeiter: DomAnzahl("mitID";"tblMitarbeiter";"mithtlIDRef=" & [htlID])
```

3. Speichern Sie die Abfrage auf den Namen *qryHotelsMitAnzahlMitarbeiter* (siehe Abbildung 19.54).

## Domänenfunktionen

**Abbildg. 19.54**  So lautet die Formel für das berechnete Feld

4. Beachten Sie bitte, dass beim dritten Argument der erste Teil aus einer Zeichenkette besteht und diese mit dem Feldnamen *htlID* (sprich: seinem Inhalt) verknüpft ist.
5. Anhand dieser Formel ermittelt Access aus der Tabelle *tblMitarbeiter* die Anzahl des Feldes *mitID* mit der Bedingung, dass der Fremdschlüssel der jeweils pro Zeile wechselnden *htlID* entspricht. In Abbildung 19.55 sehen Sie die Datenblattansicht der Abfrage.

**Abbildg. 19.55**  Die Berechnung liefert Teilsummen

**TIPP**  Wie bei der Aggregatfunktion *Count()* können Sie auch bei *DomAnzahl()* statt eines konkreten Feldnamens ein Sternchen einsetzen. Das ist schneller, was allerdings bei unseren wenigen Datensätzen sowieso nicht auffällt.

Oft können Sie die Domänenfunktionen auch durch Gruppierungsabfragen ersetzen, aber manchmal ist es damit einfacher. In Tabelle 19.3 finden Sie die Übersicht über die Domänenfunktionen.

Tabelle 19.3   Überblick über die Domänenfunktionen

| Name | Bedeutung |
|---|---|
| DomSumme(*Feld*) | Alle Werte werden addiert ohne Berücksichtigung von NULL-Werten |
| DomMittelwert(*Feld*) | Berechnet wird der arithmetische Durchschnitt (die Summe der Werte dividiert durch die Anzahl der Werte) ohne Berücksichtigung von NULL-Werten |
| DomMin(*Feld*) | Der kleinste Wert für *Feld* wird ermittelt |
| DomMax(*Feld*) | Der größte Wert für *Feld* wird ermittelt |
| DomAnzahl(*Feld*) | Die Anzahl aller Datensätze wird ermittelt ohne Berücksichtigung von NULL-Werten. Nur *DomAnzahl(\*)* zählt auch Datensätze mit NULL-Werten mit. |
| DomStAbw(*Feld*) | Gibt geschätzte Werte für die Standardabweichung in *Feld* zurück, bei weniger als zwei Datensätzen einen NULL-Wert |
| DomVarianz(*Feld*) | Gibt geschätzte Werte für die Varianz in *Feld* zurück, bei weniger als zwei Datensätzen einen NULL-Wert |
| DomErsterWert(*Feld*) | Gibt den ersten Wert der zugrunde liegenden Tabelle zurück |
| DomLetzterWert(*Feld*) | Gibt den letzten Wert der zugrunde liegenden Tabelle zurück |

Sie werden feststellen, dass es zu allen Aggregatfunktionen aus Gruppierungsabfragen eine entsprechende Domänenfunktion gibt. Domänenfunktionen haben immer die Parameter *Feldname*, *Tabellenname* (die sogenannte Domäne) und optional eine *Bedingung*. Eine SELECT-Klausel als Tabellenname ist hier ausnahmsweise nicht möglich.

**ACHTUNG**   Domänenfunktionen sind langsamer als verknüpfte Abfragen. Sie sollten also bei großen Datenmengen besser Gruppierungsabfragen einsetzen und deren Ergebnisse als Datenquelle für eine Abfrage benutzen.

# Zusammenfassung

In diesem Kapitel wurden Ihnen verschiedene spezielle Auswahlabfragen vorgestellt, mit denen besondere Probleme gelöst werden können:

- Die *Gruppierungsabfrage* (Seite 338) kann spaltenweise zusammenfassen und dabei vorgegebene Aggregatfunktionen einsetzen:
    - Der »Normalfall« dabei ist eine Gruppierungsabfrage mit *einer Gruppierung und einer Summe* (Seite 338), wie sie häufig verwendet wird.
    - Ich haben Ihnen einen Überblick über die *Aggregatfunktionen* (Seite 341) gegeben und wofür sie eingesetzt werden.
    - Die Anzahl der Datensätze im Ergebnis nimmt typischerweise zu, wenn Sie *mehr Gruppierungen* (Seite 341 ) anlegen.
    - Bei *mehreren parallel eingesetzten Aggregatfunktionen* (Seite 342) werden es hingegen nicht mehr Datensätze im Ergebnis.

## Zusammenfassung

- Es gibt sogar *Gruppierungsabfragen ganz ohne Gruppierung* (Seite 344), bei denen nur ein einziger Gesamtwert ermittelt werden soll.
- *Gruppierungsabfragen ohne Aggregatfunktionen* (Seite 345) dienen oft der Ermittlung eindeutiger Datensätze, was jedoch auch mit dem DISTINCT-Schlüsselwort möglich ist.

- Mit *Kreuztabellenabfragen* (Seite 346) entstehen aus Dateninhalten neue Spalten. Dadurch lassen sich komplizierte Gruppierungsabfragen oft lesefreundlicher darstellen:
  - Zur Erstellung der Kreuztabellenabfragen gibt es einen *Assistenten* (Seite 356), der allerdings ein paar Einschränkungen hat.
  - Wenn in Kreuztabellenabfragen einige Spalten mangels Daten fehlen, können Sie diese als *fixierte Spalten* erzwingen (Seite 357).

- Flexiblere Kriterien für Abfragen sind mit *Parameterabfragen* (Seite 358) möglich, bei denen der Filter bei jedem Aufruf erneut gesetzt wird.

- Schließlich wurde Ihnen mit *Unterabfragen* (Seite 363) eine Möglichkeit vorgestellt, zu filtern, ohne Tabellen verknüpfen zu müssen. Dadurch werden die Ergebnisdatensätze wieder editierbar, was sonst nicht immer der Fall ist.

- Für die *fortlaufende Nummerierung von Datensätzen* (Seite 370) haben Sie gesehen, wie sich das mit einer Unterabfrage durchführen lässt.

- Spezielle *Domänenfunktionen* (Seite 372) ermöglichen die Ermittlung zusammengefasster Werte, auch wenn die Datenquelle nicht die passende Tabelle enthält.

# Kapitel 20

# Abfragen mit besonderen Verknüpfungen

**In diesem Kapitel:**

| | |
|---|---|
| Kreuzprodukt | 378 |
| UNION-Abfragen | 380 |
| Inner Join und Outer Join | 385 |
| Zusammenfassung | 391 |

Auch wenn Sie jetzt (hoffentlich) schon einen Eindruck davon haben, wie unglaublich leistungsfähig Access-Abfragen sind, gibt es noch weitere Techniken, die Sie in Ihren Datenbanken früher oder später benötigen werden.

Stellen Sie sich vor, die Betreiber der *Kosten&Logistik*-Datenbank wollen ein paar Weihnachtsgrüße versenden. Da liegt es auf der Hand, die Adressen der Datenbank dafür zu nutzen. Aber welche? Sie haben einerseits die Liste aller Mitarbeiter und andererseits (seit Kapitel 13) auch eingebundene Kontakte aus Outlook.

> **HINWEIS** Die Tatsache, dass für die Mitarbeiter nur deren Hoteladressen zu ermitteln wären und in Outlook aus Bequemlichkeit vielleicht noch gar keine Adressen eingetragen sind, können wir hier geflissentlich ignorieren. Es reicht, Vor- und Nachnamen zu ermitteln, alles andere würde auch mit der kompletten Anschrift funktionieren.

> **CD-ROM** Um Ihnen das Nachvollziehen der Schritte in diesem Kapitel zu erleichtern, finden Sie innerhalb der Beispieldateien zu diesem Buch im Ordner *Kap19* eine Datenbank, die bereits die Änderungen aus Kapitel 19 enthält. Laden Sie einfach die betreffende Datenbank, um mit der Arbeit in diesem Kapitel zu beginnen.

Sie können also jederzeit ein Kapitel überspringen und trotzdem auf den aktuellen Stand der Datenbank zugreifen.

# Kreuzprodukt

Das Hauptproblem kommt ganz unscheinbar daher: Die gesuchten Daten stehen in zwei unabhängigen Tabellen, die nichts miteinander zu tun haben. Schauen Sie mal, was passiert, wenn Sie diese beiden Tabellen einfach so übernehmen:

1. Erstellen Sie eine neue Abfrage auf Basis der beiden Tabellen *tblMitarbeiter* und *Outlook-Kontakte*.
2. Übernehmen Sie *mitVorname* und *mitNachname* in den Zielbereich. Speichern Sie die Abfrage als *qryMitarbeiterUndOutlookKontakte* wie in Abbildung 20.1.

Abbildg. 20.1    So sieht der erste Entwurf der Adressenliste aus

3. Bevor Sie in die Datenblattansicht wechseln, überlegen Sie bitte, wie viele Datensätze Sie ungefähr in jeder der beiden Ausgangstabellen haben.

**HINWEIS** Es sind derzeit 34 Mitarbeiter und (durch ein paar zwischenzeitliche Ergänzungen) 7 Outlook-Kontakte.

4. Dann werfen Sie bitte mal einen Blick auf die Datenblattansicht wie in Abbildung 20.2.

Abbildg. 20.2    Das sind erstaunlich viele Ergebnisse!

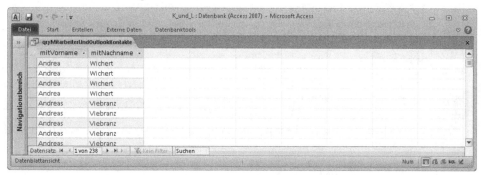

Da stimmt doch etwas nicht, oder? Nicht nur das vielfache Auftreten der gleichen Namen ist auffällig, sondern vor allem die zwischen den Navigationsschaltflächen erkennbare Anzahl der Datensätze: 238!

**HINWEIS** Die Anzahl der Datensätze ist leicht nachzurechnen: 34 * 7 = 238.

Was wir hier gerade erzeugt haben, ist das Kreuzprodukt (nicht zu verwechseln mit Kreuztabellenabfragen), manchmal auch als »Kartesisches Produkt« bezeichnet. Wenn Sie in einer Abfrage Tabellen aufnehmen, die darin mit keiner anderen Tabelle verknüpft sind, verbindet Access jeden Datensatz der einen Tabelle mit jedem Datensatz der anderen Tabelle.

Das ist praktisch immer fehlerhaft und liegt vor allem in der Anzahl der Ergebnisse so um ein Vielfaches über der erwarteten Menge, dass es sofort auffallen sollte. Eigentlich hätten es ja (34 + 7 =) 41 Datensätze werden sollen.

**PROFITIPP** Daher ist es sehr hilfreich, wenigstens so ungefähr für jede Tabelle im Kopf zu haben, wie viele Datensätze darin stehen. Dabei kommt es gar nicht auf Details an, hier hätte es gereicht, die Größenordnung von »unter 50« für die Tabelle *tblMitarbeiter* und »unter 20« für die *Outlook-Kontakte* zu wissen. Keine der Datenquellen jedenfalls hatte »über 200« Datensätze.

Bei echten Datenbanken haben Sie in den beteiligten Tabellen (oder immer auch Abfragen als Datenquellen) meistens eher Größenordnungen von 1.000 Datensätzen, deren Kreuzprodukt dann locker die Millionengrenze sprengt.

Kurz gesagt: Alle Datenquellen einer Abfrage müssen in irgendeiner Form wenigstens mit einer der anderen Datenquellen verbunden sein. Ist das nicht der Fall, taugt das Ergebnis nichts.

# UNION-Abfragen

Es muss also eine andere Lösung geben, um die Inhalte zweier Tabellen zusammenzubringen, die so nicht verknüpft werden können. Das SQL-Schlüsselwort dazu heißt UNION und sorgt dafür, dass die Datensätze einfach nacheinander ausgegeben werden.

Dafür müssen Sie (wenigstens teilweise) eigenhändig SQL schreiben, denn der grafische Abfrageentwurf in Access kann UNION-Abfragen nicht darstellen. Sie können aber wenigstens den ersten Teil noch grafisch erstellen.

1. Kopieren Sie die Abfrage *qryMitarbeiterUndOutlookKontakte* auf den neuen Namen *qryMitarbeiterUndOutlookKontakteRichtig* und wechseln Sie in deren Entwurfsansicht. Dort sind im Zielbereich die beiden Felder *mitVorname* und *mitNachname* enthalten.

**ACHTUNG** Klicken Sie auf keinen Fall auf den Befehl *Abfragetools/Entwurf/Abfragetyp/Union*, sobald bereits Teile der Abfrage erstellt wurden! Dieser Befehl löscht überflüssigerweise und ohne Vorwarnung den bereits vorhandenen Entwurf.

2. Wechseln Sie dann in die SQL-Ansicht der Abfrage. Wegen der Übersichtlichkeit können Sie den SQL-Code wie folgt kürzen:

```
SELECT mitVorname, mitNachname
FROM tblMitarbeiter;
```

3. Eine UNION-Abfrage ist nun nichts anderes als mehrere aufeinanderfolgende SELECT-Statements, die durch das Schlüsselwort UNION verknüpft sind. Da es in der SQL-Ansicht leider keine Unterstützung durch Auswahllisten gibt, müssen Sie die Namen der Felder und Tabellen auswendig wissen:

```
SELECT mitVorname, mitNachname
FROM tblMitarbeiter
UNION
SELECT Vorname, Nachname
FROM [Outlook-Kontakte];
```

**ACHTUNG** Leider hat Access 2010 hier einen Fehler, denn syntaktisch ist das völlig in Ordnung (die eckigen Klammern sind notwendig wegen des Bindestrich-Sonderzeichens im Namen *Outlook-Kontakte*). Aber ein direkter Zugriff auf Outlook in einer UNION-Abfrage scheitert, er muss offenbar in einer Abfrage gekapselt sein, sonst erscheint die Fehlermeldung wie in Abbildung 20.3.

**Abbildg. 20.3** Diese Fehlermeldung erscheint beim direkten Outlook-Zugriff

4. Damit diese UNION-Abfrage funktioniert, müssen Sie indirekt per Abfrage auf die Outlook-Kontakte zugreifen. Erstellen Sie eine neue Abfrage, welche *Outlook-Kontakte* als Datenquelle nutzt und die beiden Felder *Vorname* und *Nachname* anzeigt.
5. Speichern Sie diese Abfrage als *qryOutlookKontakte* und prüfen Sie, dass deren Daten korrekt angezeigt werden. Danach können Sie sie schließen.
6. Ändern Sie nun das SQL-Statement in der vorhin begonnenen Abfrage *qryMitarbeiterUndOutlookKontakteRichtig* wie folgt:

```
SELECT mitVorname, mitNachname
FROM tblMitarbeiter
UNION
SELECT Vorname, Nachname
FROM qryOutlookKontakte;
```

7. Jetzt funktioniert die Abfrage und Sie sehen in der Datenblattansicht ein paar neue Namen, die nur in den Outlook-Kontakten existieren, wie *Andreas Meesmann* und *Fabian Eisenburger* (siehe Abbildung 20.4).

**Abbildg. 20.4**  Diese Abfrage zeigt Namen aus beiden Datenquellen nacheinander

## Weitere Schlüsselwörter

Sie haben sich hoffentlich gewundert über die Anzahl der angezeigten Datensätze, denn aus den ursprünglich 34 plus 7 Datensätzen sind keineswegs 41, sondern nur noch 38 Zeilen geworden, wie Abbildung 20.4 zeigt.

Wo sind die übrigen geblieben und warum sind sie nicht dabei? Vier der acht Kontakte in Outlook sind identisch mit den Namen in der Tabelle *tblMitarbeiter* und werden daher automatisch entfernt. Wollen Sie das nicht, müssen Sie statt UNION ausdrücklich UNION ALL benutzen:

```
SELECT mitVorname, mitNachname
FROM tblMitarbeiter
UNION ALL
SELECT Vorname, Nachname
FROM qryOutlookKontakte;
```

# Kapitel 20  Abfragen mit besonderen Verknüpfungen

In Abbildung 20.5 sehen Sie anhand der markierten *qryOutlookKontakte*-Daten, dass dann die Ergebnisse in der Reihenfolge der Tabellen ohne weitere Sortierung und vor allem ohne Berücksichtigung eventueller Duplikate angezeigt werden.

**Abbildg. 20.5**  Mit *UNION ALL* werden alle Daten ungefiltert und unsortiert angezeigt

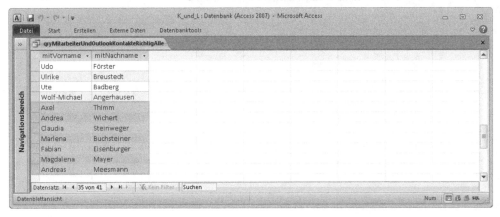

**PROFITIPP**   Grundsätzlich sollten Sie UNION ALL bevorzugen, vor allem bei großen Datenmengen. Da die Suche nach Duplikaten entfällt und deswegen keine Sortierung nötig ist, kann Access die Ergebnisse erheblich schneller ermitteln.

## Sortieren

Auch UNION-Abfragen lassen sich sortieren, es gelten dabei die gleichen Schreibweisen wie für einfache SELECT-Anweisungen. Wichtig ist dabei, dass der Feldname der ersten Abfrage für die ganze Spalte gilt. Wenn Sie diese Abfrage also sortieren wollen, müssen Sie sich auf *mitVorname* oder *mitNachname* beziehen:

```
SELECT mitVorname, mitNachname
FROM tblMitarbeiter
UNION ALL
SELECT Vorname, Nachname
FROM qryOutlookKontakte
ORDER BY mitNachname, mitVorname;
```

Sie sehen in Abbildung 20.6 anhand der markierten Datensätze, dass diese zwei Outlook-Kontakte korrekt zwischen die Mitarbeiter-Namen einsortiert wurden.

**Abbildg. 20.6** Die Sortierung ist auch für *UNION*-Abfragen erlaubt

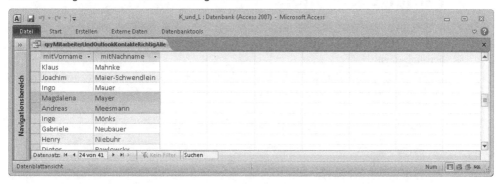

Die Namen der Spalten werden bei Bedarf wie sonst auch über einen AS-Befehl in üblicher SQL-Syntax umbenannt, also beispielsweise so:

```
SELECT mitVorname AS Vorname, mitNachname AS Nachname
FROM tblMitarbeiter
UNION ALL
SELECT Vorname, Nachname
FROM qryOutlookKontakte
ORDER BY Nachname, Vorname;
```

**ACHTUNG** Achten Sie dann darauf, dass auch die Sortierung entsprechend angepasst werden muss. Die ORDER BY-Klausel bezieht sich in diesem Beispiel nicht auf die zufällig gleichnamigen Felder von *qryOutlookKontakte*, sondern auf die umbenannten Felder von *tblMitarbeiter*!

**Abbildg. 20.7** Sie können die Spaltenüberschriften frei vorgeben

# Felder berechnen

Anders als andere SQL-Datenbanken ist Access recht großzügig, was die Datentypen in einer Spalte einer UNION-Abfrage angeht. Sie können dort alles durcheinander mischen, wie Sie im nächsten Beispiel sehen:

1. Wechseln Sie wieder in die SQL-Ansicht von der Abfrage *qryMitarbeiterUndOutlookKontakteRichtigAlle* und ergänzen Sie dort den fett markierten SQL-Code:

```
SELECT mitVorname AS Vorname, mitNachname AS Nachname, mitID AS ID
FROM tblMitarbeiter
UNION ALL
SELECT Vorname, Nachname, "<ohne>" AS Nummer
FROM qryOutlookKontakte
ORDER BY Nachname, Vorname;
```

2. Die zugehörige Datenblattansicht (siehe Abbildung 20.8) zeigt, dass sowohl die ursprünglichen *Long-/AutoWert*-Inhalte aus *mitID* als auch ein berechnetes Textfeld in der gleichen Spalte angezeigt werden.

**Abbildg. 20.8** Auch verschiedene Datentypen in einer Spalte sind möglich

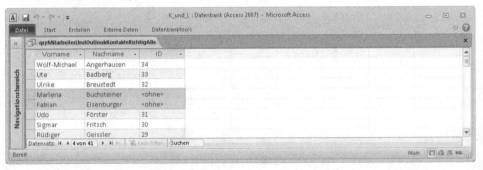

Tatsächlich verwandelt Access bei solchen Datentypkonflikten die gesamte Spalte einfach in einen *Text*-Datentyp. Sie erkennen das an der linksbündigen Ausrichtung der Inhalte, wie sie für Texte typisch sind.

**ACHTUNG** Andere SQL-Datenbanken wie Oracle akzeptieren solche unterschiedlichen Datentypen in UNION-Abfragen nicht. Diese Abfrage ließe sich daher dort nicht als sogenannter *view* speichern.

# Inner Join und Outer Join

Auch wenn die Bezeichnungen *Left Join* und *Right Join* schon ein paar Mal aufgetaucht sind, sollten wir uns doch noch einmal ausführlich mit ihnen beschäftigen. Beide zusammen werden gelegentlich als *Outer Join* bezeichnet, im Gegensatz zum *Inner Join*, der ja auch ein SQL-Schlüsselwort ist.

An dieser Stelle ist auch ein Blick in die Mengenlehre hilfreich, denn so lässt sich grafisch sehr anschaulich beschreiben, welche Daten gerade angezeigt werden. Die beiden beteiligten Tabellen können Sie sehr allgemein als *Tabelle A* und *Tabelle B* wie in Abbildung 20.9 bezeichnen.

**Abbildg. 20.9** Die beiden Kreise symbolisieren die Tabellendaten

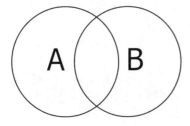

Die beiden Tabellen enthalten teilweise Werte in einem Feld, welche für beide Tabellen identisch sind. Das ist in der Mengenlehre die sogenannte Schnittmenge und für eine Datenbank klassischerweise ein Fremdschlüssel-/Primärschlüsselpaar. Eine Schnittmenge wird von einem *Inner Join* abgebildet.

**Abbildg. 20.10** Die Schnittmenge

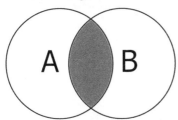

Außerdem gibt es in der *Tabelle A* Daten, die nicht in *Tabelle B* vorkommen, wie es in Abbildung 20.11 als Teilmenge *A ohne B* dargestellt wird.

**Abbildg. 20.11** Die Teilmenge A ohne B

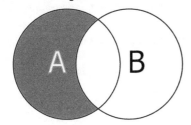

Das gibt es grundsätzlich auch in umgekehrter Richtung, also wie in Abbildung 20.12 als Teilmenge *B ohne A*. Wie Sie gleich sehen werden, müssen aber nicht beide Teilmengen vorhanden sein.

**Abbildg. 20.12**  Die Teilmenge B ohne A

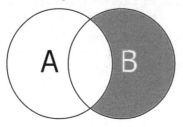

Die beiden Teilmengen entsprechen den *Outer Joins*, daher gibt es einen *Left Join* und einen *Right Join*, je nachdem, welche Teilmenge gesucht wird.

Schließlich fehlt noch die sogenannte Vereinigungsmenge, also alle Daten aus *A* und *B* zusammen. Die dürfte Ihnen bekannt vorkommen, nämlich unter dem Namen UNION-Abfrage.

**Abbildg. 20.13**  Die Vereinigungsmenge

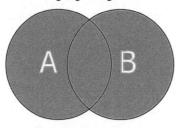

Es gibt noch einige weitere Fälle in der Mengenlehre (etwa alle Werte außerhalb von A und B), die aber für Datenbanken nicht von Interesse sind.

## Verkaufte Artikel finden

Den *Inner Join* brauchen Sie, wenn Sie herausfinden wollen, welche Artikel überhaupt verkauft wurden. Dahinter steckt keine neue Technik, dieses Beispiel dient vor allem der Verdeutlichung, wann wo welche Datensätze angezeigt werden:

1. Erstellen Sie eine neue Abfrage mit den beiden Tabellen *tblArtikel* und *tblBestellungen* als Datenquellen.
2. Fügen Sie nur das Feld *artName* hinzu und lassen Sie es wie in Abbildung 20.14 gruppieren, damit keine Duplikate angezeigt werden.

**Abbildg. 20.14**  Mit diesem Abfrageentwurf finden Sie verkaufte Artikel

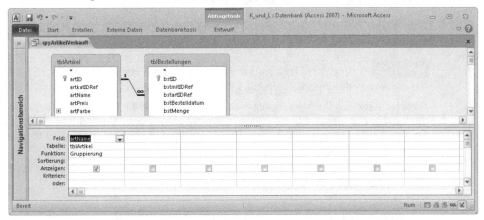

3. Die Abbildung 20.14 zeigt, dass offensichtlich 37 der insgesamt 42 angebotenen Artikel auch schon verkauft wurden.

**Abbildg. 20.15**  37 der 42 Artikel wurden bereits verkauft

Sie mögen sich jetzt fragen, warum ich eigentlich die Tabelle *tblBestellungen* mit aufgenommen habe, obwohl doch gar kein Feld daraus nötig war? Sie ist ein impliziter Filter, auch wenn das selten so wahrgenommen wird.

**HINWEIS**  Sie können ja die scheinbar überflüssige Tabelle *tblBestellungen* aus dem Entwurf entfernen. Dann sehen Sie in der Datenblattansicht keineswegs nur die verkauften Artikel, sondern einfach alle Artikel.

Die Verbindungslinie zwischen *artID* und *bstartIDRef* ist ein *Inner Join* (wie Sie im SQL-Code nachlesen können), der dafür sorgt, dass nur noch Datensätze übrig bleiben, deren *artID* und *bstartIDRef* identisch ist. Ich nenne so etwas auch eine symmetrische Verknüpfung, weil die verknüpften Felder rechts und links gleich sind.

# Unverkaufte Artikel finden

Ganz harmlos scheint die Frage nach den Ladenhütern: Welche Artikel wurden nicht verkauft? Obwohl es inhaltlich nur die umgekehrte Frage ist, brauchen Sie doch ganz andere Techniken.

**HINWEIS** An dieser Stelle wird immer wieder gerne vorgeschlagen, einen Filter einzubauen, der die Anzahl der Bestellungen auf *0* prüft. Das seien ja dann die unverkauften Artikel.

Dahinter steckt ein Denkfehler, weil in der obigen Abfrage die unverkauften Artikel schon gar nicht mehr angezeigt werden. Diese können Sie nicht mehr filtern, sie sind längst weg! Das Wichtigste für die nächste Abfrage ist also, diese verschwundenen Artikel erst einmal sichtbar zu machen.

1. Kopieren Sie die eben erstellte Abfrage *qryArtikelVerkauft* auf den neuen Namen *qryArtikelNichtVerkauft* und wechseln Sie in die Entwurfsansicht.
2. Lassen Sie mit einem Doppelklick auf den mittleren Teil der Verbindungslinie das Dialogfeld *Verknüpfungseigenschaften* anzeigen. Dieses enthält drei Optionen, die den SQL-Befehlen Inner Join, Left Join und Right Join entsprechen. Wählen Sie diejenige Option, die alle Datensätze aus *tblArtikel* beinhaltet, sehr wahrscheinlich die Nummer 2 wie in Abbildung 20.16.

**Abbildg. 20.16** Diese Option entspricht dem *Left Join*

3. Aus der Verbindungslinie ist dadurch ein Pfeil geworden, um diese Änderung anzuzeigen. Sie können vorbereitend schon mal ein beliebiges Feld aus der Tabelle *tblBestellungen* in den Zielbereich aufnehmen. Wenn irgend möglich, wähle ich dazu eines, welches in allen Datensätzen einen Wert enthält, optimal ist also ein *AutoWert*-Feld wie *bstID*.
4. Die Gruppierung ist inzwischen überflüssig, Sie können diese also wie in Abbildung 20.17 entfernen.

**Abbildg. 20.17**  So sieht der Abfrageentwurf inzwischen aus

5. In Abbildung 20.18 können Sie nun sehen, dass nicht für alle Datensätze eine *bstID* existiert, dort stehen also NULL-Werte. Das sind die Artikel, zu denen es keine Bestellung gibt, sie sind also erstmalig in dieser Auflistung enthalten.

**Abbildg. 20.18**  In der Datenblattansicht finden sich NULL-Werte

6. Jetzt müssen Sie diese gesuchten Datensätze nur noch herausfiltern, dann ist die Aufgabe gelöst. Schreiben Sie als Kriterium für das *bstID*-Feld Ist Null, sehen Sie wie in Abbildung 20.19, welche Artikel noch nie bestellt wurden.

**Abbildg. 20.19**  Diese Artikel sind noch nie bestellt worden

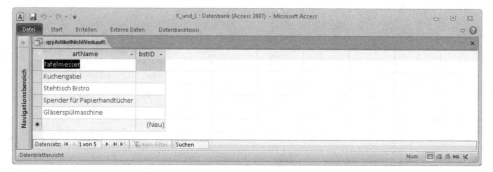

Die entsprechende SQL-Anweisung sieht (vereinfacht) so aus:

```
SELECT artName, bstID
FROM tblArtikel Left Join tblBestellungen ON artID = bstartIDRef
WHERE bstID Is Null;
```

## Bestellungen ohne Artikel finden

Die unverkauften Artikel sind aus Datenbanksicht diejenigen Artikel, zu denen es keine Bestellung gibt, also die Teilmenge *A ohne B*. Formal gibt es dazu ja ein Gegenstück, nämlich die Bestellungen ohne Artikel (Teilmenge *B ohne A*).

Sie können sich aber die Mühe sparen, diese Abfrage zu erstellen, deren SQL-Code sich beispielsweise so lesen würde:

```
SELECT artID, bstID
FROM tblArtikel Right Join tblBestellungen ON artID = bstartIDRef
WHERE artID Is Null;
```

Die Ergebnisse in der Datenblattansicht sind auf jedem Fall leer! Warum? Weil *bstartIDRef* ein Fremdschlüssel auf *artID* ist und wir mit der referentiellen Integrität sichergestellt haben, dass es gerade keine Bestellungen ohne passenden Artikel geben kann.

**PROFITIPP**  Wenn Sie allerdings fertige Datenbanken prüfen wollen, bei denen niemand die referentielle Integrität aktiviert hat, werden Sie mit dieser Art Abfrage genau die »Datensatzleichen« finden, die es eigentlich nicht geben soll.

# Zusammenfassung

In diesem Kapitel haben Sie erfahren, welche Auswirkungen die verschiedenen Arten von Verknüpfung auf die Ergebnisse haben:

- Die Nichtverknüpfung von Datenquellen in einer Abfrage führt zum sogenannten *Kreuzprodukt* (Seite 378), bei dem alle Datensätze der einen Datenquelle mit allen Datensätzen der anderen Datenquelle verbunden werden. Das erhöht die Anzahl der Ergebnisse explosionsartig.

- Um die Inhalte mehrerer Tabellen untereinander (statt nebeneinander wie sonst) darzustellen, braucht es die *UNION-Abfrage* (Seite 380). Sie kann nicht in der grafischen Abfrageansicht bearbeitet, sondern muss manuell in der SQL-Ansicht geschrieben werden.

- Schließlich wurde Ihnen gezeigt, wie Sie mit verschiedenen *Outer Join*-Befehlen (Seite 385) bestimmte Datensätze finden:
  - Ein *Left Join* (Seite 388) zwischen Artikeln und Bestellungen mit einem Filter auf NULL-Werte in den Bestellungen findet alle Artikel, die noch nicht bestellt wurden.
  - Ein *Right Join* (Seite 390) würde nur dann Bestellungen ohne zugehörigen Artikeldatensatz finden, wenn keine referentielle Integrität für diese Verknüpfung angelegt worden wäre.

# Kapitel 21

# Aktionsabfragen

**In diesem Kapitel:**

| | |
|---|---:|
| Aktualisierungsabfragen | 394 |
| Tabellenerstellungsabfragen | 400 |
| Anfügeabfragen | 403 |
| Löschabfragen | 409 |
| Zusammenfassung | 411 |

Wie bereits in Kapitel 17 erwähnt, gibt es außer den bisher gezeigten Auswahlabfragen noch Aktionsabfragen. Damit verändern Sie Datensätze, indem Sie anfügen, löschen, aktualisieren oder sogar ganze Tabellen neu anlegen.

Es gibt vier verschiedene Typen von Aktionsabfragen:

- **Aktualisierungsabfragen**   Die bestehende Daten verändern
- **Tabellenerstellungsabfragen**   Die Datensätze in neue Tabellen schreiben
- **Anfügeabfragen**   Die neue Datensätze an vorhandene anfügen
- **Löschabfragen**   Die komplette Datensätze löschen

Alle vier Typen sind im Navigationsbereich auch an einem eigenen Symbol zu erkennen.

**CD-ROM**   Um Ihnen das Nachvollziehen der Schritte in diesem Kapitel zu erleichtern, finden Sie innerhalb der Beispieldateien zu diesem Buch im Ordner *Kap20* eine Datenbank, die bereits die Änderungen aus Kapitel 20 enthält. Laden Sie einfach die betreffende Datenbank, um mit der Arbeit in diesem Kapitel zu beginnen.

Sie können also jederzeit ein Kapitel überspringen und trotzdem auf den aktuellen Stand der Datenbank zugreifen.

# Aktualisierungsabfragen

Der dringendste Anlass für eine Aktualisierungsabfrage besteht in der Tabelle *tblBestellungen*, denn dort ist das Feld *bstPreis* noch leer. Eigentlich soll darin der *artPreis* des Artikels zum Zeitpunkt der Bestellung notiert werden, damit das Historienproblem gelöst ist. Dafür gibt es sogar drei Lösungen:

- Eine **Aktualisierungsabfrage** überträgt alle benötigten *artPreis*-Inhalte in das *bstPreis*-Feld.
- Ein **Makro** oder eine **VBA-Prozedur** überträgt genau den einen Preis des aktuell veränderten *tblBestellungen*-Datensatzes.
- Ein **Datenmakro** überträgt genau den einen Preis des aktuell veränderten *tblBestellungen*-Datensatzes (das klingt sehr ähnlich wie der vorherige Punkt, dahinter steckt aber ein anderes Konzept, siehe Kapitel 31).

Die Aktualisierungsabfrage ist gut geeignet für größere Datenmengen, das (Daten-)Makro oder die VBA-Prozedur für einzelne Werte.

## Daten von Tabelle zu Tabelle schreiben

Da die Preise aus der Tabelle *tblArtikel* gelesen und in *tblBestellungen* geschrieben werden sollen, müssen beide Tabellen in einer Abfrage gemeinsame Datenquelle sein. Das ist nichts Neues, ohnehin fangen viele Aktionsabfragen erst einmal als normale Auswahlabfragen an:

# Aktualisierungsabfragen

1. Erstellen Sie eine neue Abfrage mit den Tabellen *tblArtikel* und *tblBestellungen* als Datenquellen. Übernehmen Sie das Sternchen von *tblBestellungen* und außerdem das Feld *artPreis*.
2. Auch wenn es noch keine Aktionsabfrage ist, können Sie schon den passenden Namen vergeben, indem Sie sie als *qryBestellungenPreiseSchreiben* benennen.
3. In der Datenblattansicht sehen Sie jetzt schon neben der leeren Spalte *bstPreis* die zugehörigen *artPreis*-Werte. Wegen der vorhandenen Verknüpfung zwischen *bstartIDRef* und *artID* sind die Preise auch der richtigen Bestellung zugeordnet.

**Abbildg. 21.1**   Zu den Bestellungen ist schon der Artikelpreis zu sehen

4. Es geht nur noch darum, den Inhalt in dieser Abfrage von einer Spalte in eine andere zu schreiben. Wechseln Sie daher wieder zurück in die Entwurfsansicht und löschen Sie den kompletten Inhalt des Zielbereichs.
5. Fügen Sie dort nur das Feld *bstPreis* ein. Ändern Sie den Typ der Abfrage mit dem Befehl *Abfragetools/Entwurf/Abfragetyp/Aktualisieren*, sodass im Zielbereich neu die Zeile *Aktualisieren* erscheint.

**ACHTUNG**   Hier gibt es die einzige Stelle, an der statt eckiger Klammern automatisch Anführungszeichen eingefügt werden. Die Konsequenz ist, dass dann nicht der Inhalt des Feldes *[artPreis]*, sondern die Buchstaben der Zeichenkette "artPreis" geschrieben werden. Hier wäre das mit einer Meldung zur Datentypverletzung abgelehnt worden, aber *Text*-Felder haben dabei schnell einige Tausend Inhalte kaputt geschrieben.

6. Tragen Sie dort den Namen des Feldes mit eckigen Klammern ein, aus dem die Daten kommen sollen, also [artPreis]. Speichern Sie die Abfrage erneut.
7. Anders als Auswahlabfragen starten Sie Aktionsabfragen ausdrücklich mit dem Befehl *Abfragetools/Entwurf/Ergebnisse/Ausführen*. Sie können auch bei Aktionsabfragen eine Datenblattansicht ansehen, dabei wird jedoch keine Aktion ausgelöst, sondern lediglich die bisherigen Daten angezeigt.

8. Access weist Sie mit dem Dialogfeld aus Abbildung 21.2 darauf hin, dass und wie viele Datensätze geändert werden. Erst wenn Sie diesen mit *Ja* bestätigen, findet die Aktion wirklich statt.

**Abbildg. 21.2**  Aktionsabfragen nennen vorher die Anzahl der zu ändernden Datensätze

**ACHTUNG**  Nach einer Aktionsabfrage passiert ... nichts. Viele Benutzer sind angesichts der ausbleibenden Rückmeldung irritiert und klicken noch mehrmals auf die *Ausführen*-Schaltfläche. Davon wird es nicht besser, im Gegenteil. Mit jedem Klick wird die Aktion erneut ausgeführt, falls Sie beispielsweise Datensätze anfügen, haben Sie diese nun mehrfach in der Zieltabelle.

Da Sie in Aktionsabfragen mit deren eigener Datenblattansicht praktisch nie brauchbar nachprüfen können, ob die Aktion korrekt ausgeführt wurde, können Sie diese nun schließen und stattdessen direkt die Tabelle *tblBestellungen* öffnen. Dort finden Sie jetzt das Feld *bstPreis* mit den passenden Artikelpreisen.

**PROFITIPP**  Gerade bei Aktionsabfragen sollten Sie sich vor Ausführung immer überlegen, wie viele Datensätze voraussichtlich geändert werden. Hier enthielt die Tabelle *tblBestellungen* 62 Datensätze, die aktualisiert werden mussten, also stimmte die Ankündigung in der Meldung (siehe Abbildung 21.2) mit Ihrer Erwartung überein.

Jetzt scheint alles in Ordnung zu sein, denn die Preise stehen ja in der Tabelle korrekt drin. Wir werden diese Abfrage aber im Auge behalten und bei Gelegenheit noch verbessern müssen...

## Felder in der gleichen Tabelle aktualisieren

Es ist inzwischen ein wenig Zeit ins Land gegangen und die Betreiber der *Kosten&Logistik*-Datenbank möchten ihre Preise anpassen, sprich: erhöhen. Wo geschieht das? Genau, in den Stammdaten der Artikel, also der Tabelle *tblArtikel*.

Jetzt tritt theoretisch das Historienproblem auf, denn wir verlieren damit die früheren Preise der Artikel. Das macht aber nichts, denn die relevanten Preise stehen ja bereits in der Tabelle *tblBestellungen*. Also mutig ran an die Preiserhöhungen!

1. Erstellen Sie eine neue Abfrage auf Basis von *tblArtikel* und übernehmen Sie das Feld *artPreis* in den Zielbereich.
2. Fügen Sie daneben ein berechnetes Feld mit der folgenden Formel hinzu:

```
NeuerPreis: [artPreis] * 1,1
```

**Aktualisierungsabfragen**

3. Speichern Sie diese Abfrage als *qryArtikelPreisPlus10Prozent*. Da es sich noch um eine Auswahlabfrage handelt, können Sie sich die alten und die neuen Daten nebeneinander ansehen wie in Abbildung 21.3.

Abbildg. 21.3    In der Auswahlabfrage sehen Sie alte und neue Artikel

4. Jetzt können Sie wieder in die Entwurfsansicht wechseln und mit dem Befehl *Abfragetools/Entwurf/Abfragetyp/Aktualisieren* auf eine Aktualisierungsabfrage umstellen.
5. Löschen Sie das berechnete Feld und tragen Sie in der *Aktualisieren*-Zeile für *artPreis* die folgende Formel ein:

```
[artPreis] * 1,1
```

**ACHTUNG**    Die Liste für sinnvolle Eingabewerte bietet nicht immer alle Felder dieser Tabelle an und ich habe noch nicht herausfinden können, wovon das abhängig ist. Wenn *artPreis* darin nicht genannt ist, wird die Formel wieder wie früher fehlerhaft mit Anführungszeichen versehen!

6. Nachdem Sie die Abfrage nochmals gespeichert haben, lassen Sie die Datensätze mit *Abfragetools/Entwurf/Ergebnisse/Ausführen* aktualisieren. Auch hier erscheint wieder der Hinweis auf die Anzahl der zu verändernden Datensätze wie in Abbildung 21.4.

Abbildg. 21.4    Alle 42 Artikel erhalten neue Preise

7. Schließen Sie die Aktionsabfrage wieder und prüfen Sie durch Öffnen der Tabelle *tblArtikel* nach, dass alle Preise wie geplant um zehn Prozent erhöht wurden.

**Abbildg. 21.5**     Die Tabelle *tblArtikel* enthält jetzt erhöhte Preise

**HINWEIS**     Wenn Sie sich die Datenblattansicht wie in Abbildung 21.5 genau ansehen, werden Sie per Klick in einen Preis feststellen, dass dort wegen des *Euro*-Formats nur die gerundeten Werte angezeigt werden. Wirklich gespeichert sind natürlich exakt berechnete Zahlen, die auch schon mal mehr Nachkommastellen enthalten.

Wollen Sie wirklich nur ganze Cent-Beträge als Ergebnis erhalten, müssen Sie die in Kapitel 15 genannte *Runden()*-Funktion einsetzen. Schreiben Sie in der *Aktualisieren*-Zeile stattdessen Runden([artPreis] * 1,1;2), um einen Wert mit zwei Nachkommastellen zu ermitteln.

## Gefilterte Aktionsabfragen

Unsere Preiserhöhung hat wie geplant funktioniert und wir sollten das anschließend mal mit einem neuen Datensatz testen:

1. Öffnen Sie die Tabelle *tblBestellungen* und fügen Sie am Ende einen neuen Datensatz hinzu.
2. Der Mitarbeiter *Olgo Horrich* bestellt am *6.5.2010* noch eine kleine Blumenvase, wie in Abbildung 21.6 schon zu sehen ist.

**Abbildg. 21.6**     Der letzte Datensatz ist neu

3. Da hier noch der passende Preis fehlt, schließen Sie die Tabelle, und starten stattdessen die Aktualisierungsabfrage *qryBestellungenPreiseSchreiben*.
4. Sie können diese ausführen, indem Sie direkt im Navigationsbereich einen Doppelklick auf deren Namen ausführen. Access warnt Sie zunächst mit einer Extrameldung, dass es sich um eine Aktualisierungsabfrage handelt und diese Daten verändert werden (siehe Abbildung 21.7).

**Abbildg. 21.7**   Diese Extrawarnung erscheint beim Start von Aktionsabfragen aus dem Navigationsbereich

5. Nach der Bestätigung mit *Ja* erscheint die zweite Meldung, dass nun 63 Zeilen aktualisiert werden.

Halt! Stopp! Wie viele Datensätze? 63 Zeilen?? Sie hatten sich hoffentlich vorher überlegt, dass genau ein Datensatz zu aktualisieren ist, weil nur eine neue Bestellung noch ohne Preis ist. Was glauben Sie, was passiert, wenn Sie diese Aktualisierungsabfrage tatsächlich laufen lassen? Genau, alle alten Preise in den Bestellungen werden durch die erhöhten Preise aus der Artikel-Tabelle ersetzt.

**ACHTUNG**   Nach dieser Beinahekatastrophe möchte ich nochmals daran erinnern, dass Access für Daten keine *Rückgängig*-Funktion besitzt! Hätten Sie nicht vorher eine Sicherungskopie der Datenbankdatei angelegt, auf die Sie nun zurückgreifen könnten, wären Ihre Bestellungsdaten unrettbar zerstört gewesen, sobald die Abfrage aktualisiert hätte. Das möge Ihnen ein dringender Hinweis sein, lieber einmal zu viel die Datenbankdatei zu kopieren!

Die erste Aktualisierungsabfrage *qryBestellungenPreiseSchreiben* darf nicht wirklich alle Preise übernehmen, sondern nur für neue Bestellungen. Diese unterscheiden sich von anderen praktischerweise dadurch, dass in deren *bstPreis*-Feld nichts, also ein NULL-Wert drin steht.

1. Wechseln Sie in *qryBestellungenPreiseSchreiben* wieder in die Entwurfsansicht. Da es sich ja nicht mehr um eine Auswahlabfrage handelt, empfiehlt sich der Rechtsklick auf den Namen im Navigationsbereich und der Klick auf *Entwurfsansicht* im dann erscheinenden Kontextmenü.
2. Schreiben Sie für das einzige Feld *bstPreis* im Zielbereich als Kriterium den Filter `Ist Null` hinzu.
3. Nachdem Sie die Abfrage erneut gespeichert haben, können Sie sie ausführen. Dieses Mal erscheint als Hinweis, dass Access nur eine einzige Zeile aktualisieren wird. Das ist in Ordnung.
4. Sie können diese Abfrage schließen und sich in der nun wieder geöffneten Tabelle *tblBestellungen* davon überzeugen, dass wie in Abbildung 21.8 nur der neue Datensatz einen neuen Preis erhalten hat.

**Abbildg. 21.8**   Der letzte Datensatz hat jetzt den richtigen Preis erhalten

Damit ist auch diese Abfrage so »ungefährlich«, dass Sie sie im Grunde jederzeit aufrufen können. Solange kein (neuer) Datensatz mit einem NULL-Wert in *bstPreis* existiert, werden gar keine Preise geschrieben.

**ACHTUNG** Sie erinnern sich hoffentlich noch an meinen Hinweis in Kapitel 18, dass die zentrale Abfrage *qryALLE_BESTELLUNGEN_MIT_INFO* noch die falschen Preise aus der Artikel-Tabelle benutzt, bis die *bstPreis*-Spalte mit Daten gefüllt ist? Jetzt ist der Zeitpunkt, das zu verbessern! Ändern Sie dort bitte die Formel für den Gesamtpreis wie folgt:

```
Gesamtpreis: [bstMenge] * [bstPreis]
```

Damit sind alle anderen Abfragen, die ja auf dieser basieren, automatisch auch schon korrigiert.

# Tabellenerstellungsabfragen

Eigentlich sind Tabellenerstellungsabfragen die mit Abstand am seltensten gebrauchten Aktionsabfragen und Sie werden nachher sehen, warum das so ist. Bis dahin sind sie aber sehr praktisch, um möglichst wenige Daten zu verlieren.

Abgesehen davon, dass Sie hoffentlich Kopien Ihrer gesamten Datenbank anlegen, ist es manchmal ganz praktisch, bestimmte Datensätze regelmäßig in eine Archivtabelle auszulagern.

Beispielsweise müssen nicht mehr alle Bestellungen der letzten hundert Jahre in allen Details nachvollziehbar sein. Meist reicht es, monatlich oder jährlich kumulierte Daten für Vergleiche nutzen zu können.

## Einfache Tabellenerstellungsabfrage

Fangen wir zuerst mit der grundsätzlichen Technik an, per Abfrage eine neue Tabelle mit Daten zu füllen:

1. Erstellen Sie eine neue Abfrage auf der Basis von *tblBestellungen*, die wie bei allen Aktionsabfragen zuerst noch eine Auswahlabfrage ist.
2. Markieren Sie alle Felder außer dem Sternchen und ziehen Sie diese in den Zielbereich hinein (der Doppelklick auf mehrere markierte Felder klappt nicht!). Das Sternchen ist für Tabellenerstellungsabfragen nicht zulässig.

**PROFITIPP** Wenn Sie wie hier statt des Sternchens alle Felder einer Datenquelle einzeln in den Zielbereich einfügen müssen, können Sie diese markieren und dann den orangefarbenen Block mit gedrückter Maustaste in den Zielbereich schieben.

Der Trick liegt in der Markierung aller Felder. Anstatt den ersten Feldnamen und den letzten mit gedrückter ⇧-Taste anzuklicken (was Windows-üblich auch funktioniert), geht es hier noch einfacher: mit einem Doppelklick auf die Titelzeile der Feldliste. Dann sind direkt alle Feldnamen ohne das Sternchen markiert.

3. Wechseln Sie mit *Abfragetools/Entwurf/Abfragetyp/Tabelle erstellen* den Typ der Abfrage, woraufhin sofort das Dialogfeld aus Abbildung 21.9 erscheint. Tippen Sie dort hinter *Tabellenname* den gewünschten Namen der neuen Tabelle ein, hier ist es *tblBestellungenArchiv*.

**Abbildg. 21.9** Geben Sie in diesem Dialogfeld den Namen der neuen Tabelle aus

**HINWEIS** Eine Dropdownliste für den Namen einer neuen Tabelle ist nicht sehr hilfreich und sollte Sie nicht verleiten, dort eine bestehende auszuwählen. Diese würde dann von der Tabellenerstellungsabfrage durch Überschreiben zerstört! Das gleiche Dialogfeld wird aber auch für eine Anfügeabfrage benutzt, wo die Auswahl bedeutend sinnvoller ist.

4. Bestätigen Sie das Dialogfeld mit *OK* und speichern Sie die Abfrage als *qryBestellungenArchivAnlegen*.
5. Wenn Sie anschließend mit *Abfragetools/Entwurf/Ergebnisse/Ausführen* diese Aktionsabfrage ausführen, weist Access Sie noch mit der Meldung wie in Abbildung 21.10 darauf hin, wie viele Datensätze geschrieben werden. Das können Sie auch mit *Ja* bestätigen.

**Abbildg. 21.10** Diese Meldung informiert Sie über die Anzahl der zu schreibenden Datensätze

Damit können Sie die Abfrage schließen und im Navigationsbereich nachsehen, dass es eine neue Tabelle *tblBestellungenArchiv* gibt. Deren Inhalt ist derzeit identisch mit *tblBestellungen*, weil wir ja ungefiltert alles dort hineingeschrieben haben.

Wenn Sie allerdings später diese Abfrage erneut ausführen, weil Sie vielleicht den aktuellen Stand der Bestellungen archivieren wollen, gibt es noch eine Warnung mehr wie in Abbildung 21.11. Jede Tabellenerstellungsabfrage löscht immer vorher eine gleichnamige Tabelle, selbst wenn die gleichen Felder enthalten sind.

**Abbildg. 21.11** Access warnt extra vor dem Löschen der Tabelle

Damit haben Sie schon den ersten und wesentlichen Nachteil einer Tabellenerstellungsabfrage kennengelernt: die vorherigen Daten verschwinden.

Der zweite Nachteil ist noch nicht so auffällig. Er besteht darin, dass Sie die Eigenschaften der Felder kaum vorgeben können. Hier basieren die Datensätze direkt auf einer Tabelle, sodass deren Feldeigenschaften praktisch unverändert übernommen wurden. Das wird gleich anders sein.

## Kumulierte Tabellenerstellungsabfrage

Damit die Bestellungen aus den letzten Jahren nicht so viel Platz verbrauchen, sollen sie kumuliert werden. Es reicht eine monatliche Summierung ohne Details wie Artikelnummer oder Mitarbeiter-ID.

1. Erstellen Sie eine neue Abfrage mit *tblBestellungen* als Datenquelle. Im Zielbereich werden nur berechnete Felder stehen, die alle als Präfix *arc...* für das Archiv erhalten.
2. Fügen Sie die in Abbildung 21.12 sichtbaren berechneten Felder ein oder geben Sie in der SQL-Ansicht diesen Code ein und speichern Sie die Abfrage als *qryBestellungenMonatlicheSumme*:

```
SELECT Year([bstBestelldatum]) AS arcJahr,
Month([bstBestelldatum]) AS arcMonat,
Sum(bstMenge) AS arcMenge,
Sum([bstMenge]*[bstPreis]) AS arcGesamtpreis
FROM tblBestellungen
GROUP BY Year([bstBestelldatum]), Month([bstBestelldatum])
HAVING Year([bstBestelldatum])<2010;
```

**Abbildg. 21.12** Diese Abfrage fasst die Bestellungen monatlich zusammen

3. Durch den Filter werden nur diejenigen Datensätze in das Archiv geschrieben, deren Bestelldatum vor 2010 liegt.
4. Da es sich noch um eine Auswahlabfrage handelt, können Sie wie in Abbildung 21.13 schon mal in der Datenblattansicht sehen, welche Daten später in der Tabelle gespeichert werden.

**Abbildg. 21.13** Diese Daten werden archiviert

5. Jetzt machen Sie mit *Abfragetools/Entwurf/Abfragetyp/Tabelle erstellen* daraus eine Tabellenerstellungsabfrage und geben im folgenden Dialogfeld wie in Abbildung 21.14 den neuen Tabellennamen *tblBestellungenMonatsarchiv* an.

**Abbildg. 21.14** Der neue Tabellenname lautet *tblBestellungenMonatsarchiv*

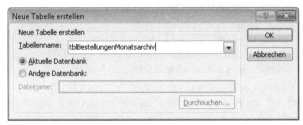

6. Dann können Sie diese Abfrage ausführen und finden anschließend die gewünschte neue Tabelle *tblBestellungenMonatsarchiv* im Navigationsbereich.

Alle Datensätze wurden einwandfrei geschrieben, aber leider lassen sich die Eigenschaften der dort entstehenden Felder nicht vorgeben. Daher ist es viel sinnvoller, eine solche Tabelle ganz normal in der Entwurfsansicht wie alle anderen auch zu erstellen. Die Daten werden anschließend über eine Anfügeabfrage geschrieben, wie sie folgend beschrieben ist.

# Anfügeabfragen

Anfügeabfragen dienen dazu, neue Datensätze ganz oder wenigstens teilweise zu erzeugen. Anders als bei Tabellenerstellungsabfragen muss die Zieltabelle bereits vorhanden sein und die darin eventuell enthaltenen Datensätze werden nicht verändert oder gar gelöscht.

> **ACHTUNG**   *AutoWert*-Felder werden auch von Anfügeabfragen nicht extra gefüllt, sie entstehen automatisch durch die neuen Datensätze. Daher ist es mir wichtig, schon an den speziellen Feldnamen (*...ID* statt *...Nr*) erkennen zu können, ob dahinter ein *AutoWert* oder ein manuell vergebener Primärschlüssel steckt.

## Daten von einer Tabelle an die andere anfügen

Der typische Archivierungsfall tritt also eher so auf, dass die Archivtabelle bereits vorhanden ist und Sie nur regelmäßig neue Daten anhängen. Da Access Sie nicht daran hindern wird, bereits archivierte Daten erneut anzuhängen, möchte ich das Datum der letzten Archivierung festhalten.

Um Platz zu sparen, können Sie eine eigene Tabelle pflegen, in welcher dieses letzte Archivierungsdatum gespeichert wird. Da wir hier aber nur sehr wenige Datensätze archivieren, schreibe ich das direkt in jeden Datensatz. Das kostet zwar minimal mehr Platz (weil das Datum unnötig oft wiederholt wird), aber dafür bin ich sicher, dass es immer stimmt.

1. Diese Archivierung nutzt ebenfalls die Tabelle *tblBestellungenMonatsarchiv*, daher müssen Sie dort ein zusätzliches Feld bereitstellen.
2. Wechseln Sie bitte in deren Entwurfsansicht und ergänzen Sie das Feld *arcArchivdatum* mit dem Datentyp *Datum/Uhrzeit*. Dann können Sie die Tabelle speichern und schließen.
3. Kopieren Sie die Tabellenerstellungsabfrage *qryBestellungenMonatlicheSumme* auf den neuen Namen *qryBestellungenMonatlichArchivieren* und wechseln Sie in deren Entwurfsansicht.
4. Wechseln Sie mit dem Befehl *Abfragetools/Entwurf/Abfragetyp/Anfügen* deren Typ in eine Anfügeabfrage. Im automatisch erscheinenden Dialogfeld belassen Sie den Tabellennamen auf *tblBestellungenMonatsarchiv* (siehe auch Abbildung 21.14).
5. Ändern Sie die beiden Filter so, dass das laufende Jahr (=Jahr(Datum())) und dessen Vormonat (=Monat(Datum())+1) berücksichtigt wird, wie Abbildung 21.15 zeigt.
6. Außerdem benötigen Sie noch ein weiteres berechnetes Feld, welches die aktuelle Uhrzeit und das Datum mit X5: Jetzt() ermittelt. Wählen Sie zu diesem in der *Anfügen an*-Zeile das passende Zielfeld *arcArchivdatum*.

**Abbildg. 21.15**   Die *Anfügen an*-Zeile zeigt alle Felder der Zieltabelle

**7.** Der komplette SQL-Code zu dieser Abfrage entspricht der Abbildung 21.15 und sieht aus wie folgt:

```
INSERT INTO tblBestellungenMonatsarchiv (arcJahr, arcMonat, arcMenge,
arcGesamtpreis, arcArchivdatum )
SELECT Year([bstBestelldatum]) AS X1, Month([bstBestelldatum]) AS X2,
Sum(tblBestellungen.bstMenge) AS X3, Sum([bstMenge]*[bstPreis]) AS X4,
Now() AS X5
FROM tblBestellungen
GROUP BY Year([bstBestelldatum]), Month([bstBestelldatum])
HAVING (Year([bstBestelldatum]) = Year(Date())) AND
(Month([bstBestelldatum])=Month(Date())-1);
```

> **PROFITIPP**  Da die Feldnamen von berechneten Feldern bei Anfügeabfragen völlig belanglos sind, habe ich hier diese kurzen Versionen wie *X1* gewählt. Der endgültige Feldname wird nämlich von der Zieltabelle bestimmt und steht in der *Anfügen an*-Zeile.

Je nach aktuellem Tagesdatum sehen Sie in der Datenblattansicht eventuell keine Daten, weil im passenden Vormonat nichts bestellt wurde. Sie können aber zu Testzwecken statt der *Datum()*-Funktion ein beliebiges Tagesdatum und statt *Jetzt()* das gleiche Tagesdatum samt Uhrzeit eintragen (siehe Abbildung 21.16).

**Abbildg. 21.16**  So geben Sie ein Datum zu Testzwecken vor

Wenn Sie diese Anfügeabfrage ausführen, meldet Access einen anzufügenden Datensatz. Diesen erkennen Sie wie in Abbildung 21.17 anschließend in der Tabelle *tblBestellungenMonatsarchiv* als einzigen mit einem Datum-/Zeiteintrag.

**Abbildg. 21.17** Der neue Datensatz trägt ein Archivierungsdatum

Bevor Sie also demnächst die Bestellungen archivieren, würden Sie vorher in dieser Tabelle nachsehen, wann die letzte Anfügeabfrage ausgeführt wurde.

**HINWEIS** In diesem Fall können Sie natürlich auch einfach prüfen, ob der vorige Monat schon archiviert wurde. Das ist aber nicht bei allen angefügten Daten so einfach, daher empfehle ich immer so einen Datum-/Zeitstempel.

## Daten an die gleiche Tabelle anfügen

Mehr der Vollständigkeit halber sei darauf hingewiesen, dass Access nicht nur Daten zwischen Tabellen hin- und herkopieren, sondern auch Datensätze an die eigene Tabelle anfügen kann.

Wir möchten diese Möglichkeit hier einsetzen, um ein paar zusätzliche Artikel aufzunehmen. Zur Möbelserie »Toskana« sollen in der *Kosten&Logistik*-Datenbank neuerdings besonders haltbare Ausführungen unter dem Namen »Toskana XL« angeboten werden. Natürlich hat so viel Stabilität auch ihren Preis, nämlich den doppelten.

Mit einer Anfügeabfrage können Sie die Daten der bisherigen Artikel übernehmen und gleich für die neuen Datensätze anpassen:

1. Erstellen Sie eine neue Abfrage mit der Tabelle *tblArtikel* als Datenquelle. Übernehmen Sie das Feld *artkatIDRef* in den Zielbereich und speichern Sie die Abfrage als *qryArtikelToskanaXLHinzufuegen*.
2. Fügen Sie zwei berechnete Felder mit den folgenden Formeln hinzu:

```
NeuerName: [artName] & " XL"
NeuerPreis: [artPreis] * 2
```

**ACHTUNG** Gelegentlich sollten Sie mal einen Blick auf Ihren Tabellenentwurf werfen. Für das *Text*-Feld *artName* war in *tblArtikel* eine Länge von nur 30 Zeichen vereinbart worden. Hier entsteht gerade ein um weitere drei Zeichen verlängerter Artikelname, der für den *Hochlehnersessel Toskana XL* mit seinen 27 Zeichen schon bedenklich nahe an diese Grenze kommt. Das wäre ein Anlass, dieses Feld auf 50 Zeichen zu verlängern.

3. Wandeln Sie die bisherige Auswahlabfrage mit *Abfragetools/Entwurf/Abfragetyp/Anfügen* in eine Anfügeabfrage um, die in die Tabelle *tblArtikel* schreibt.
4. Setzen Sie für das zusätzliche Feld *artName* den Filter Wie "*toskana*", wie es in Abbildung 21.18 zu sehen ist.

**Abbildg. 21.18**   Diese Anfügeabfrage kopiert einen Teil der Artikel

5. Die vollständige SQL-Anweisung lautet so:

```
INSERT INTO tblArtikel ( artkatIDRef, artName, artPreis )
SELECT artkatIDRef, [artName] & " XL" AS NeuerName, [artPreis]*2 AS NeuerPreis
FROM tblArtikel
WHERE artName Like "*toskana*";
```

6. Wenn Sie diese Abfrage nun ausführen, werden vier neue Zeilen angefügt, wie Sie anschließend in der Tabelle *tblArtikel* (siehe Abbildung 21.19) nachprüfen können.

**Abbildg. 21.19**   Die neuen Artikel wurden hinzugefügt

> **ACHTUNG** Access meldet manchmal bei der Ausführung einer solchen Abfrage, die Datensätze könnten wegen einer Schlüsselverletzung nicht angefügt werden. Das liegt aber gar nicht unbedingt an der Abfrage, sondern an einem dann fehlerhaften *AutoWert* in *tblArtikel*, der auch beim manuellen Hinzufügen eines Datensatzes eine viel zu kleine und daher bereits vorhandene Zahl in *artID* hineinschreiben möchte. Wenn Ihnen das ebenfalls mal passieren sollte, müssen Sie die Datenbank nur reparieren und komprimieren lassen, dabei werden auch alle *AutoWert*-Zähler zurückgesetzt.

## Einzelwerte an eine Tabelle anfügen

Wie Sie eben bemerkt haben werden, wurden zwei Felder gar nicht geschrieben. Beim Primärschlüssel *artID* hatte ich schon darauf hingewiesen, dass es sich ja um einen *AutoWert* handelt, der sich selber weiterzählt.

Bei der Farbe ist es ganz anders: mehrwertige Felder lassen sich so nicht mit Anfügeabfragen bearbeiten. Dahinter steckt intern zwar eine m:n-Beziehung, da diese jedoch in der Datenbank versteckt ist, kommen Sie mit dem grafischen Abfrageentwurf nicht weiter, sondern nur mit handgeschriebenem SQL!

Die folgende Abfrage wird eigentlich eher in der VBA-Programmierung eingesetzt, weil darin statische Werte enthalten sind, die geschrieben werden. Diese könnten Sie schließlich auch direkt in der Tabelle eintragen. Die zugehörige SQL-Syntax wird uns aber hier weiterhelfen:

1. Erstellen Sie eine neue Abfrage auf der Basis von *tblArtikel* und wechseln Sie in deren SQL-Ansicht.
2. Ersetzen Sie den rudimentär vorhandenen SQL-Code darin durch die folgenden Anweisungen:

```
INSERT INTO tblArtikel (artkatIDRef, artName, artPreis)
VALUES (1, "Beispiel-Besteck", 9.99);
```

3. Speichern Sie die Abfrage als *qryArtikelEinzelnHinzufuegen* und lassen sie ausführen, sodass ein Datensatz geschrieben wird. Dann können Sie die Tabelle *tblArtikel* öffnen wie in Abbildung 21.20 und sehen, dass der neue Datensatz hinzugefügt wurde.

Abbildg. 21.20   Der Beispieldatensatz wurde angefügt

Diese neue Version des INSERT INTO-Codes ermöglicht das Hinzufügen von einzelnen Werten mit dem Schlüsselwort VALUES und ist die Chance, um auch in mehrwertige Felder zu schreiben.

# Löschabfragen

1. Erstellen Sie eine neue Abfrage auf der Basis von *tblArtikel*, wechseln Sie in die SQL-Ansicht und schreiben folgenden Code:

```
INSERT INTO tblArtikel (artFarbe.Value)
VALUES (2)
WHERE artName LIKE "*toskana xl*";
```

2. Speichern Sie die Abfrage als *qryArtikelToskanaXLFarben* und führen Sie sie aus.

Da *golden* die zweite Farbe in der Auswahl des mehrwertigen Feldes war, erhielt sie auch intern den Wert *2*. Entsprechend sehen Sie in Abbildung 21.21 (dort schon mit manuell ausgeklapptem Auswahlfeld), dass für diese Möbelserie die Farbe ausgewählt wurde.

**Abbildg. 21.21**   Die »Toskana XL«-Möbel gibt es in goldener Farbe

Wollen Sie zusätzlich noch *silbern* hinzufügen, müssen Sie die gleiche Abfrage noch einmal mit VALUES (1) laufen lassen.

**HINWEIS**   Bei Anfügeabfragen müssen Sie darauf achten, dass die Datentypen der Felder zueinander passen. Die Feldnamen müssen jedoch nicht gleich sein, wie Sie gesehen haben.

# Löschabfragen

Falls Sie die Archivierung der Bestellungen monatlich ausführen, um Platz zu sparen, haben wir noch nichts gewonnen. Zwar werden die Daten kumuliert und damit auch komprimiert geschrieben, denn aus zehn Detaildatensätzen wird nur ein Monatsdatensatz. Aber die Originaldatensätze sind ja immer noch vorhanden.

Normalerweise würden Sie nach der Anfügeabfrage gleich eine Löschabfrage starten, um die nun archivierten Daten aus der aktuellen Tabelle auch zu entfernen. Da wir hier aber ohnehin nur sehr wenige Daten zur Verfügung haben, möchte ich stattdessen in der Tabelle *tblBestellungenArchiv* löschen.

**ACHTUNG**   Wirklichen Platz sparen Sie nur, wenn Sie nach dem Löschen von Daten oder gar ganzen Tabellen auch die Datenbank komprimieren. Sonst sind die Daten zwar nicht mehr erreichbar (es gibt nämlich kein *Undelete*), belegen aber immer noch Dateiplatz.

Denken Sie dabei nicht nur an Löschabfragen, sondern auch an Tabellenerstellungsabfragen, die ja ab dem zweiten Aufruf immer zuerst eine bestehende Tabelle komplett löschen.

Eine Löschabfrage löscht immer den kompletten Datensatz, daher braucht sie eigentlich nur eine Bedingung, welche Datensätze betroffen sind.

**HINWEIS**   Möchten Sie statt des ganzen Datensatzes nur einen einzelnen Wert löschen, schreiben Sie per Aktualisierungsabfrage dort den Wert *NULL* hinein.

1. Erstellen Sie eine neue Abfrage auf der Basis von *tblBestellungenArchiv* und fügen Sie das Feld *bstmitIDRef* hinzu, weil alle Bestellungen eines Mitarbeiters gelöscht werden sollen.
2. Geben Sie als Filter für das Feld *bstmitIDRef* dann 9 an, um alle Datensätze von *Fritz Pfaff* zu entfernen. Davon sind nachher vier Datensätze betroffen.
3. Bis jetzt ist es noch eine Auswahlabfrage, mit *Abfragetools/Entwurf/Abfragetyp/Löschen* verwandeln Sie diese in eine Löschabfrage. Speichern Sie diese unter dem Namen *qryBestellungenArchivOhneID9*. Der SQL-Code dazu heißt:

```
DELETE bstmitIDRef
FROM tblBestellungenArchiv
WHERE bstmitIDRef = 9;
```

**Abbildg. 21.22**   Dieser Abfrageentwurf löscht alle Datensätze des Mitarbeiters *Fritz Pfaff*

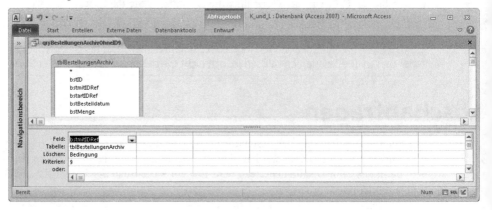

4. Wenn Sie diese Abfrage nun ausführen, fehlen erwartungsgemäß anschließend alle vier Datensätze mit der *bstmitIDRef* 9 in der Tabelle *tblBestellungenArchiv*.

So eine Löschabfrage ist natürlich auch geeignet, um alle Datensätze einer Tabelle zu löschen. Schreiben Sie dann einfach keine Bedingung wie im folgenden Code:

```
DELETE *
FROM tblBestellungenArchiv
```

> **HINWEIS** Access erzeugt aus der Entwurfsansicht auch für Löschabfragen immer so etwas wie DELETE *Feldname*, was aber überflüssig ist. Da sowieso der ganze Datensatz gelöscht wird, können Sie immer die »offizielle« Version mit DELETE * schreiben.

# Zusammenfassung

In diesem Kapitel wurden Ihnen die vier Typen von Aktionsabfragen vorgestellt, mit denen in Access umfangreiche Änderungen an Datensätzen möglich sind:

- Die *Aktualisierungsabfragen* (Seite 394) ermöglichen die nachträgliche Änderung bestehender Datensätze. Sie können dabei sowohl Datensätze in der gleichen Tabelle überschreiben als auch von einer in eine andere Tabelle kopieren.
- *Tabellenerstellungsabfragen* (Seite 400) werden eher selten eingesetzt, weil sie anhand der Daten immer eine neue Tabelle erstellen und die Datensätze dort anfügen. Eine gleichnamige Tabelle wird vorher immer gelöscht, was im Echteinsatz eher lästig ist.
- Das Problem des vorherigen Löschens lösen *Anfügeabfragen* (Seite 403), welche in eine bestehende Tabelle zusätzliche Datensätze hineinschreiben.
- *Löschabfragen* (Seite 409) dienen, wie der Name schon verrät, zum Löschen von kompletten Datensätzen, wahlweise mit oder ohne einschränkende Bedingung.

Damit haben Sie alles kennen gelernt, was in Access mit Auswahl- oder Aktionsabfragen möglich ist.

# Teil E

# Formulare

| | | |
|---|---|---|
| Kapitel 22 | Verschiedene Formulare | 415 |
| Kapitel 23 | Pivot- und Diagramm-Formulare | 443 |
| Kapitel 24 | Umgang mit Steuerelementen | 465 |
| Kapitel 25 | Allgemeine Steuerelement-Eigenschaften | 485 |
| Kapitel 26 | Steuerelementtypen | 507 |
| Kapitel 27 | Mehrere Formulare | 573 |

# Kapitel 22

# Verschiedene Formulare

**In diesem Kapitel:**

| | |
|---|---|
| AutoFormular erstellen | 416 |
| Formularansichten nutzen | 417 |
| Formulare gestalten | 418 |
| Endlosformular | 428 |
| Datenblatt-Ansicht | 430 |
| Geteiltes Formular | 433 |
| Modales Dialogfeld | 435 |
| Popup-Dialogfeld | 437 |
| Zusammenfassung | 441 |

Der typische Benutzer sieht von Ihrer Datenbank weder Tabellen noch Abfragen, sondern nur Formulare (und später auch Berichte). Während Abfragen für die umfangreiche Arbeit »hinter den Kulissen« zuständig sind, sorgen Formulare für die ansprechende Optik und Bedienungsoberfläche, bei Bedarf auch mit Programmierung.

Daher sollten Sie auf eine durchdachte Gestaltung dieser Schnittstelle zu Ihrem Benutzer sehr viel Wert legen, denn – ob Sie das wollen oder nicht – die Qualität Ihrer Datenbank wird nicht an feinsinnigen Optimierungen in Abfragen gemessen, sondern daran, ob die Bedienungselemente einen guten Eindruck hinterlassen.

Access unterstützt Sie mit verschiedenen Ansichten und Assistenten dabei, viele der anfallenden Standardaufgaben bei der Gestaltung von Formularen bequem zu erledigen.

**CD-ROM** Um Ihnen das Nachvollziehen der Schritte in diesem Kapitel zu erleichtern, finden Sie innerhalb der Beispieldateien zu diesem Buch im Ordner *Kap21* eine Datenbank, die bereits die Änderungen aus Kapitel 21 enthält. Laden Sie einfach die betreffende Datenbank, um mit der Arbeit in diesem Kapitel zu beginnen.

Sie können also jederzeit ein Kapitel überspringen und trotzdem auf den aktuellen Stand der Datenbank zugreifen.

# AutoFormular erstellen

Am einfachsten zu erstellen sind die AutoFormulare im einspaltigen Standardlayout, wie Sie diese anfangs schon am Beispiel der Schulbücherei-Datenbank kennengelernt haben. Von ziemlich jeder Tabelle werden Sie in Ihren Datenbanken ein solches automatisch erstelltes Formular benötigen, damit die Benutzer dort Daten eingeben können:

1. Hier möchten wir für die Artikel ein solches Standardformular bereitstellen. Markieren Sie also die Tabelle *tblArtikel* im Navigationsbereich und klicken Sie auf den Befehl *Erstellen/Formulare/Formular*.
2. Nach einer kurzen Wartezeit erscheint das Formular in der Layoutansicht, wie Sie es auch in Abbildung 22.1 sehen können.
3. Da der vorgeschlagene Name nicht der Ungarischen Notation entspricht, sollten Sie es beim Speichern besser *frmArtikel* benennen.

**HINWEIS** Auch wenn hier alle Formulare direkt auf Tabellen basieren, können und sollten Sie selbstverständlich auch Abfragen als Basis benutzen.

**Abbildg. 22.1**  So sieht das automatisch erstellte Formular für die Tabelle *tblArtikel* aus

# Formularansichten nutzen

Formulare haben verschiedene Ansichten für unterschiedliche Aufgaben:

- **Formularansicht**   In dieser Ansicht lässt sich das Formular mit allen seinen Daten und eventuellen Programmierungen benutzen. So stellt es sich auch für den typischen Benutzer dar.
- **Entwurfsansicht**   Diese Ansicht erlaubt umfangreiche Änderungen an allen Eigenschaften. Sie zeigt das Formular sozusagen im »Rohzustand«, also ohne Daten.
- **Layoutansicht**   Diese Ansicht ist eine Mischung aus Formular- und Entwurfsansicht. Sie zeigt zwar schon Daten, erlaubt aber trotzdem noch die Änderung einiger Eigenschaften. Sie wird vor allem eingesetzt, um die Anordnung der Kontrollelemente zu verbessern.

**HINWEIS**   Die Layoutansicht erlaubt nur den Zugriff auf einige Eigenschaften und es ist immer wieder lästig, dann ausgebremst zu werden. Daher werden wir bevorzugt in der Entwurfsansicht arbeiten, weil es dort diese Einschränkung nicht gibt.

# Formulare gestalten

Bevor Sie die verschiedenen Formulartypen kennen lernen, sollen Sie erfahren, wie Sie ein solches Formular gestalten können. Diese Formatierung lässt sich natürlich auf alle Formulartypen anwenden, aber viele Ihrer Formulare werden so wie dieses automatisch erstellt werden.

## Designs ändern

Access 2010 hat gerade im Zusammenhang mit der Formatierung von Formularen und Berichten einiges verbessert, indem die Designs (früher als AutoFormate bezeichnet) jetzt noch umfangreicher die Gestaltung beeinflussen können.

**ACHTUNG**  Gegen alle Windows-üblichen Regeln und ohne Warnung werden mit der Auswahl eines Designs per Mausklick alle anderen Formulare und Berichte ebenfalls auf dieses Design umgestellt! Das ist gut, wenn Sie mal das Aussehen einer ganzen Datenbank anpassen müssen, weil sich dies mit einem einzigen Mausklick umsetzen lässt. Es ist aber katastrophal, wenn Sie glauben, dass wie immer nur das geöffnete Objekt verändert wird und Sie das Speichern anschließend noch bestätigen können.

Statt eines Mausklicks können Sie auch wie in Abbildung 22.2 per Rechtsklick auf das Design im Kontextmenü einschränken, für welche Objekte das Design gelten soll.

**Abbildg. 22.2**  So wenden Sie das Design nicht unfreiwillig auf alle Objekte an

1. Im einfachsten Fall rufen Sie eines der integrierten Designs auf, die Sie mit dem Befehl *Formularlayouttools/Entwurf/Designs/Designs* als Katalog anzeigen können.
2. Wenn Sie mit der Maus über ein bestehendes Design fahren, sehen Sie im Formular bereits die Änderungen. So können Sie sich leichter einen Eindruck davon machen, wie es später wirkt.
3. Wählen Sie das in Abbildung 22.3 bereits markierte Design *Raster* aus.

**PROFITIPP** Wenn Sie aus Performancegründen die sofortige Vorschau auf die zukünftigen Änderungen abschalten wollen, finden Sie das mit dem Befehl *Datei/Optionen* in der Kategorie *Allgemein* in der Gruppe *Benutzeroberflächenoptionen* als Kontrollkästchen *Livevorschau aktivieren*.

Zu einem Design gehören immer eine Farbpalette und zwei Schriftarten. Diese sind normalerweise gleichnamig, das ist aber nicht zwingend. Diese werden vom Design gleichzeitig ausgewählt, wie Sie in Abbildung 22.3 sehen.

**Abbildg. 22.3** Zum Design *Raster* gehört eine Farbpalette namens *Raster*

**HINWEIS** Während für ein Design die Livevorschau aktiv ist und das Formular direkt neu formatiert, ohne dass Sie mit der Maus klicken müssen, gilt das für Farben und Schriftarten nicht. Diese brauchen einen Mausklick, bis sie wirksam werden.

Entsprechend ist auch das zugehörige Schriftartenpaar wie in Abbildung 22.4 bereits aktiv.

**Abbildg. 22.4** Diese beiden Schriftarten gehören zum Design *Raster*

Sie können nach(!) Auswahl eines Designs aber sowohl die Farben als auch die Schriftarten ändern oder Ihre Änderungen als eigenes Design speichern.

## Designfarben zusammenstellen

Obwohl sich die Zusammenstellung eines Designs nicht auf ein konkretes Formular bezieht, muss irgendein Formular im Entwurf (Layout- oder Entwurfsansicht) geöffnet sein, damit der entsprechende Befehl erreichbar ist:

1. Klicken Sie auf den Befehl *Formularlayouttools/Entwurf/Designs/Farben*, um den Farbenkatalog anzuzeigen. Dort finden Sie wie in Abbildung 22.3 ganz unten den Befehl *Neue Designfarben erstellen*.

2. Nachdem Sie dies angeklickt haben, öffnet sich das Dialogfeld *Neue Designfarben erstellen* (siehe Abbildung 22.5), mit dem Sie für eine vorgegebene Auswahl an Einträgen die gewünschten Farben auswählen können.

## Formulare gestalten

**Abbildg. 22.5**   In diesem Dialogfeld können Sie die Farben des zukünftigen Designs einstellen

3. Die Bezeichnungen wie *Akzent 1* oder *Text 1* werden Sie später in den Eigenschaften der Kontrollelemente wiederfinden. Sie können für jede Farbe wie in Abbildung 22.6 per Klick auf den Dropdownpfeil aus verschiedenen Farbpaletten auswählen oder mit *Weitere Farben* eine beliebige Farbe angeben.

**Abbildg. 22.6**   Ändern Sie die Farben und speichern Sie sie unter einem neuen Namen

4. Geben Sie dann bei *Name* einen Namen wie Kosten&Logistik ein und klicken Sie auf *Speichern*.

**HINWEIS** Diese Designfarben werden als XML-Datei auf Ihrem Rechner im Pfad *C:\Users\ <Benutzername>\AppData\Roaming\Microsoft\Template\Document Themes\Theme Colors\* gespeichert. Sie müssen sich daher bei der Zuweisung des Namens an die Regeln für Dateinamen halten.

Sie haben nun eine eigene Farbpalette erstellt und als Datei gespeichert. Diese Farben sind für das aktuell geöffnete Formular auch bereits ausgewählt, wie Sie beim erneuten Öffnen des Farbpalettenkatalogs feststellen können.

Der Katalog zeigt ganz am Anfang eine neue Gruppe *Benutzerdefiniert*, in der alle solche selbst erstellten Farbpaletten wie diese *Kosten&Logistik* angezeigt werden. In Abbildung 22.7 sehen Sie, dass Sie per Rechtsklick auf Ihre Farbpalette im Kontextmenü die Möglichkeit des nachträglichen Bearbeitens und Löschens haben.

Abbildg. 22.7   Per Rechtsklick auf den Namen können Sie benutzerdefinierte Farbpaletten bearbeiten

**PROFITIPP**   Wenn Sie Farbpaletten mit der hier beschriebenen Methode erstellen, werden diese immer als *Benutzerdefiniert* einsortiert. Das liegt aber lediglich am Pfad. Sie können die Datei einfach in den Pfad *C:\Program Files\Microsoft Office\Document Themes 14\Theme Colors\* verschieben, dann gilt diese Farbpalette als *Integriert* und lässt sich damit von Benutzern per Rechtsklick weder löschen noch bearbeiten.

Damit ist der eine Teil Ihres zukünftigen Designs fertig, unabhängig davon können Sie noch die Schriften beeinflussen.

### Designschriftarten zusammenstellen

Die Vorgabe der Schriftarten funktioniert sehr ähnlich wie bei den Farbpaletten, nur das Dialogfeld ist etwas kleiner:

1. Öffnen Sie ein beliebiges Formular im Entwurf und klicken Sie auf den Befehl *Formularentwurfstools/Entwurf/Designs/Schriftarten*, wie es in Abbildung 22.4 auf Seite 420 zu sehen ist.
2. Dort finden Sie ganz unten den Befehl *Neue Designschriftarten erstellen*, den Sie ebenfalls anklicken. Das Dialogfeld *Neue Designschriftarten erstellen* (siehe Abbildung 22.8) erscheint und gibt Ihnen die Möglichkeit, zwei Schriftarten auszuwählen.

**Abbildg. 22.8**  Geben Sie hier die Standardschriften vor

3. Wählen Sie hier einen Namen (sinnvollerweise ebenfalls *Kosten&Logistik*) und speichern Sie diese Einstellungen.

**HINWEIS**  Die Designschriftarten verhalten sich wie die Farbpaletten, sie sind ebenfalls eine XML-Datei und liegen fast im gleichen Pfad, nämlich unter *C:\Users\<Benutzername>\AppData\Roaming\Microsoft\Template\Document Themes\Theme Fonts\*. Auch diese können in den Pfad *C:\Program Files\Microsoft Office\Document Themes 14\Theme Fonts\* verschoben werden. Sie gelten dann als integriert und sind vom Benutzer nicht mehr änderbar.

Die *Schriftart für Überschriften* wird für Steuerelemente im Formularkopf benutzt und die *Schriftart für den Textkörper* für solche im Detailbereich und im Formularfuß.

**HINWEIS**  Die etwas eigenwillige Auswahl zweier Schriften *für Überschriften* und *für Textkörper* hängt damit zusammen, dass diese Designs keineswegs auf das jeweilige Programm beschränkt sind. Ohne weitere Handgriffe stehen Ihnen schon jetzt diese Farbpaletten und Designschriften (und nachher das komplette Design) auch in Word, Excel oder PowerPoint zur Verfügung. Dadurch können Sie das Corporate Design einheitlich in allen Microsoft Office-Programmen vorgeben.

Damit haben Sie den zweiten Teil des Designs fertig gestellt.

### Eigenes Design speichern

Jetzt müssen Sie diese einzelnen Elemente des zukünftigen Designs nur noch zusammenfassen, sodass spätere Benutzer mit einer einzigen Auswahl alles erledigt haben:

1. Solange Sie immer noch in einem Formularentwurf sind, sollten Sie sicherstellen, dass sowohl Ihre Farbpalette als auch Ihre Designschriften ausgewählt sind.
2. Klicken Sie dann auf *Formularentwurfstools/Entwurf/Designs/Designs* und dort ganz unten (siehe auch die Abbildung 22.2 auf Seite 418) auf den Befehl *Aktuelles Design speichern*.
3. Geben Sie im Dialogfeld einen passenden Dateinamen wie *Kosten&Logistik* an, der dann als *.thmx*-Datei gespeichert wird.

**HINWEIS**  Diese Designdatei steht sozusagen über den einzelnen Themen, nämlich im Pfad *C:\Users\<Benutzername>\AppData\Roaming\Microsoft\Template\Document Themes\*. Sie ist außerdem nicht mehr abhängig von den beiden XML-Dateien für die Farben oder Schriftarten. Wenn Sie in diesen beiden etwas ändern, müssen Sie also das Design wieder neu speichern.

Jetzt steht Ihnen in allen Formularen dieser (und übrigens auch jeder anderen) Datenbank ein einheitliches Design zur Verfügung.

## Anordnen

Was in diesem Formular noch nicht so gut gelöst ist, ist die Anordnung der Steuerelemente. Das tabellarische Unterformular braucht zwar für seine Spalten relativ viel Breite, aber die Steuerelemente darüber könnten viel schmaler sein.

Langfristig soll oben rechts noch ein Foto des Artikels erscheinen, aber dafür braucht es ein paar Zeilen VBA, daher wird vorübergehend das tabellarische Unterformular dort platziert.

1. Wechseln Sie in die Entwurfsansicht des Formulars *frmArtikel* und markieren Sie das Unterformular, also das mit *Tabelle.tblBestellungen* bezeichnete weiße Rechteck im unteren Teil des Formulars.

2. Mit dem Befehl *Formularentwurfstools/Anordnen/Tabelle/Layout entfernen* nehmen Sie dieses Steuerelement aus der verbindenden Tabelle heraus.

**ACHTUNG** Obwohl die Layoutansicht des Formulars eigentlich gerade dafür gedacht ist, die Anordnungen der Steuerelemente zu bearbeiten, fehlt genau dieser Befehl im Menüband zum Entfernen des Layouts während der Layoutansicht.

3. Anschließend können Sie eines der oberen Steuerelemente anklicken und an seinem orangefarbenen Rahmen rechts verkürzen, wie es in Abbildung 22.9 zu sehen ist.

**Abbildg. 22.9** So lassen sich die Steuerelemente verkürzen

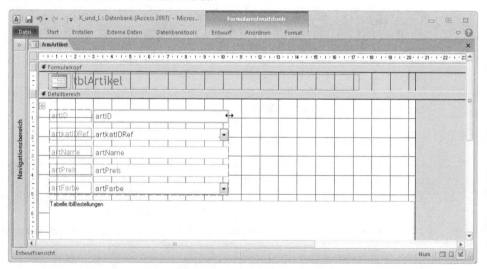

4. Klicken Sie wieder das Unterformular an, um es zuerst an seinen Anfassern in der Breite und Höhe zu verringern. Dann können Sie es wie in Abbildung 22.10 rechts neben die übrigen Steuerelemente schieben.

**TIPP** Da das Unterformular derzeit genau bis zum rechten Ende des Detailbereichs geht, ist der dortige Anfasser kaum zu finden. Machen Sie zuerst den Detailbereich breiter, indem Sie dessen Kante gedrückt nach rechts ziehen.

5. Der Detailbereich ist dadurch erheblich zu groß. Nehmen Sie wie in Abbildung 22.10 seine Unterkante auf (der Mauszeiger ändert sich dann zu einem vertikalen Doppelpfeil) und verkürzen Sie ihn.

Abbildg. 22.10   An dieser Stelle lässt sich die Höhe des Detailbereichs anpassen

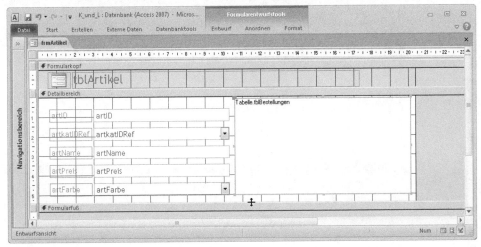

## Objekte verankern

Das Formular ist durch diese Umsortierung erheblich kompakter geworden. Auf großen Bildschirmen entsteht damit leider vor allem viel ungenutzter Platz, weil Steuerelemente grundsätzlich links oben angezeigt werden.

In früheren Access-Versionen war das ein sehr ärgerliches Problem, denn wegen kleiner Laptop-Bildschirme durften Formulare oft nur wenig Platz nutzen. Auf Desktop-PCs mit ihren hochauflösenden Bildschirmen bestand der größte Teil des Formulars dann nur aus Hintergrundfläche.

Dies ist inzwischen dank der Verankerung von Steuerelementen gelöst. Sie können (ganz ohne VBA-Programmierung) festlegen, dass bestimmte Steuerelemente ihre Größe oder Position ändern, sobald die Größe des Formulars verändert wird. In unserem Beispielformular soll das Unterformular allen Platz erhalten, der neben den anderen Steuerelementen noch zur Verfügung steht.

1. Markieren Sie in der Entwurfsansicht des Formulars *frmArtikel* wieder das Unterformular. Achten Sie darauf, dass unten und rechts ein wenig Abstand zum jeweiligen Rand des Detailbereichs vorhanden ist.
2. Lassen Sie sich mit *Formularentwurfstools/Entwurf/Tools/Eigenschaftenblatt* (oder alternativ (Alt)+(↵)) das Eigenschaftenblatt anzeigen.
3. Legen Sie dort die beiden Eigenschaften *Horizontaler Anker* und *Vertikaler Anker* auf den Wert *Beide* fest und speichern Sie das Formular.
4. Wechseln Sie in die Formularansicht, um das neue Verhalten des Unterformulars zu testen. In Abbildung 22.11 ist das Access-Fenster so klein wie möglich gezogen, ohne dass Bildlaufleisten erscheinen.

## Kapitel 22　Verschiedene Formulare

**Abbildg. 22.11**　Das Unterformular wird kleiner ...

5. Je größer das Fenster ist, desto mehr Inhalt zeigt das Unterformular, wie Abbildung 22.12 im Vergleich zeigt.

**Abbildg. 22.12**　... oder größer, wenn sich die Fenstergröße ändert

**PROFITIPP**　Der zugehörige Befehl für die Layoutansicht im Menüband heißt *Formularentwurfstools/Anordnen/Position/Anker* und entspricht darin der Auswahl *Nach unten und quer dehnen*. Allerdings ändert Access ungefragt die Größe des Steuerelements, sobald Sie ihn doch einmal anklicken können. Daher bevorzuge ich die Änderung im Eigenschaftenblatt.

## Abstand verringern

Technisch ist alles in Ordnung, aber eigentlich ist das Unterformular doch zu breit für die Restfläche neben den übrigen Steuerelementen. Weil dort ja ohnehin langfristig ein Artikelfoto erscheinen soll, können wir es auch gleich an seine endgültige Position am unteren Rand verschieben:

1. Wechseln Sie in die Entwurfsansicht des Formulars *frmArtikel* und verkleinern Sie das Unterformular deutlich, damit es sich einfacher verschieben lässt.
2. Zum Verschieben nehmen Sie das Unterformular mit gedrückter Maustaste so an seiner Kante, dass Sie wie in Abbildung 22.13 einen Vierfachpfeil an der Maus sehen.

Abbildg. 22.13    Steuerelemente können Sie verschieben, sobald Sie den Vierfachpfeil-Cursor sehen

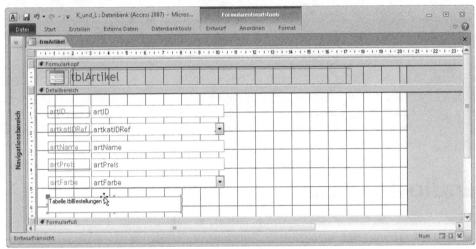

3. Sie können es so flach wie in Abbildung 22.13 belassen, verbreitern es aber bitte bis an den rechten Rand des Detailbereichs.
4. Die Steuerelemente oberhalb verbrauchen jetzt enorm viel Platz durch den überflüssigen Abstand dazwischen. Klicken Sie eines davon an, damit Sie das Auswahl-Steuerelement für die Tabelle an deren linker oberer Ecke sehen. Wenn Sie darauf klicken, ist die gesamte Tabelle markiert.

> **TIPP**    Anstatt das Auswahl-Steuerelement für die Tabelle anzuklicken, gibt es alternativ den Befehl *Formularentwurfstools/Anordnen/Zeilen und Spalten/Layout auswählen*.

5. Mit dem Befehl *Formularentwurfstools/Anordnen/Position/Textabstand bestimmen* und dem Menüeintrag *Kein* können Sie die Steuerelemente sehr dicht aneinander positionieren. In diesem Menü stehen verschiedene Abstände zur Auswahl.
6. Schieben Sie jetzt das Unterformular wieder nach oben an die übrigen Steuerelemente. Da die Einstellungen für die Anker immer noch enthalten sind, wird es sich von hier aus ausdehnen, wie Sie in Abbildung 22.14 sehen können.

**Abbildg. 22.14**   Das Unterformular passt sich immer noch automatisch an die Fenstergröße an

Damit haben Sie dieses Formular gleichzeitig kompakt und sinnvoll vergrößerbar gestaltet. Für das Foto braucht es VBA-Programmierung, daher bleibt der Platz vorerst frei. In Kapitel 37 wird dort automatisch ein Bild eingeblendet werden, falls ein passendes gespeichert ist.

# Endlosformular

Einige der Tabellen werden wenige Datensätze enthalten, weil sie sich auf der Masterseite einer 1:n-Beziehung befinden (sogenannte Stammdaten). Da lässt es sich vertreten, wie im vorigen Beispiel relativ viel Platz für jeden einzelnen Datensatz zu verbrauchen. Dort ist nämlich genau ein Datensatz pro Bildschirmseite sichtbar.

Für die meisten Tabellen wäre das unpraktisch, da geht es eher um die übersichtliche Bearbeitung von vielen Datensätzen. Daher bietet Access auch in Formularen die Möglichkeit, viele Datensätze gleichzeitig auf dem Bildschirm anzuzeigen.

1. Markieren Sie die Tabelle *tblBestellungen* im Navigationsbereich und rufen Sie dann den Befehl *Erstellen/Formulare/Weitere Formulare/Mehrere Elemente* auf, wie in Abbildung 22.15 gezeigt.

**Abbildg. 22.15**   Basierend auf *tblBestellungen* wird ein Endlosformular erstellt

2. Nach kurzer Wartezeit sehen Sie wieder die Layoutansicht des fertiggestellten Formulars wie in Abbildung 22.16.

Abbildg. 22.16   Die Layoutansicht des Endlosformulars

3. Sie können darin jeweils eine Spalte anklicken und an den orangefarbenen Markierungen die Spaltenbreite anpassen, sodass die Daten wie in Abbildung 22.17 gut zu lesen sind.

Abbildg. 22.17   Passen Sie die Spaltenbreiten an der orangefarbenen Markierung an

4. Speichern Sie dieses Formular unter dem Namen *frmBestellungen*.

Im Gegensatz zum ersten Formular sehen Sie hier nicht pro Seite einen Datensatz, sondern so viele, wie in das Fenster passen. Die Feld-Eigenschaften aus der Tabelle hat der Assistent übernommen, wie an den Kombinationsfeldern für die Felder *bstmitIDRef* und *bstartIDRef* zu sehen ist.

**HINWEIS**   Sie können die Eigenschaften der Kombinationsfelder wie *Spaltenbreiten* oder *Spaltenanzahl* hier jederzeit ändern. Diese sind nach der Erstellung des Formulars unabhängig von denjenigen der Tabellenfelder.

Das Formular mit dem einzelnen Datensatz und dieses in der Endlosdarstellung unterscheiden sich übrigens viel weniger, als es auf den ersten Blick scheint. Abgesehen davon, dass die Felder anders angeordnet sind (was mit ein wenig Fleißarbeit anzupassen wäre), ist vor allem eine Eigenschaft anders:

1. Wechseln Sie wieder in die Entwurfsansicht und lassen mit [Alt]+[↵] das Eigenschaftenblatt anzeigen.
2. Markieren Sie das Formular selber, indem Sie im Eigenschaftenblatt ganz oben in der Liste *Formular* auswählen.
3. Ändern Sie dann die *Standardansicht*-Eigenschaft von *Endlosformular* auf *Einzelnes Formular* wie in Abbildung 22.18.

**Abbildg. 22.18**   Ändern Sie hier die Standardansicht des Formulars

Das war's schon. Aus diesem Formular mit vielen Datensätzen ist jetzt eines geworden, welches wie vorher nur einen Datensatz je Seite anzeigt. Da dies nur zum Probieren gedacht war, stellen Sie die *Standardansicht*-Eigenschaft bitte wieder zurück auf *Endlosformular*.

# Datenblattansicht

Es geht sogar noch kompakter als mit der Endlosformular-Ansicht, nämlich als scheinbare Tabelle in der Datenblattansicht. Das Formular sieht dann zwar aus wie eine Tabelle oder Abfrage, aber alle eventuell darauf vorhandenen Programmierungen werden trotzdem ausgeführt.

Es gibt zwei Möglichkeiten, diese Datenblattansicht anzuzeigen:

- Sie legen die Datenblattansicht bereits im Entwurf fest.
- Der Benutzer wechselt von der Formularansicht zur Datenblattansicht.

Sie können ein solches Formular ebenfalls automatisch erstellen lassen, wie wir es nachfolgend beispielhaft mit der Tabelle *tblTastenkuerzel* erledigen werden:

1. Markieren Sie im Navigationsbereich die Tabelle *tblTastenkuerzel* und klicken Sie dann auf den Befehl *Erstellen/Formulare/Weitere Formulare/Datenblatt* (Abbildung 22.19).

**Abbildg. 22.19**  So erstellen Sie ein Formular in der Datenblattansicht

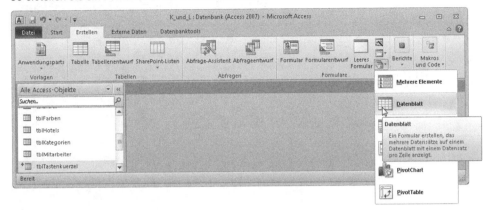

2. Das dadurch entstandene Formular wird direkt in der Datenblattansicht (siehe Abbildung 22.20) angezeigt und sollte zur Vermeidung von Verwechslungen am besten direkt als *frmTastenkuerzel* gespeichert werden, wie es die Ungarische Notation vorsieht.

**Abbildg. 22.20**  Das Formular ist optisch von einer Tabelle oder Abfrage nicht zu unterscheiden

Dieses Formular wird später direkt beim Öffnen in dieser Datenblattansicht angezeigt, weil es im Entwurf so eingestellt wurde.

**PROFITIPP**   Wenn das Formular wie eine Tabelle oder Abfrage aussieht, wo ist dann der Vorteil des Formulars? Es kann Ereignisse auslösen, etwa beim Ändern eines Datensatzes oder beim Klick in ein Feld, und es lassen sich sogar einzelne Spalten deaktivieren.

Abfragen hingegen können prinzipiell keine Programmierung enthalten und Tabellen erst seit dieser Access-Version als Datenmakros mit eingeschränkten Möglichkeiten. Die Deaktivierung einzelner Spalten ist weder bei Tabellen noch bei Abfragen möglich.

Die zweite Variante bestand darin, dass ein Benutzer ein beliebiges Formular erst zur Laufzeit auf die Datenblattansicht umschaltet. Dafür bietet sich die Tabelle *tblHotels* an:

1. Markieren Sie die Tabelle *tblHotels* im Navigationsbereich und klicken Sie auf den Befehl *Erstellen/Formulare/Weitere Formulare/Mehrere Elemente*, um diese Daten in einem Endlosformular darzustellen.

2. Speichern Sie das Formular als *frmHotels* und wechseln Sie in die Formularansicht wie in Abbildung 22.21.

**Abbildg. 22.21**    Wo ist die Datenblattansicht?

3. Klicken Sie dann auf *Start/Ansichten/Ansicht*, um wie versprochen als Benutzer zur *Datenblattansicht* zu wechseln.

   Sie finden dort keine Datenblattansicht? Stimmt, die fehlt dort! Während frühere Versionen von Access diesen Wechsel direkt zuließen, müssen Sie es inzwischen explizit erlauben.

4. Wechseln Sie also wieder zurück in die Entwurfsansicht, lassen das Eigenschaftenblatt anzeigen, wählen darin für das Formular die Eigenschaft *Datenblattansicht zulassen* und stellen diese auf *Ja*.

5. Jetzt sehen Sie in der Formularansicht wie in Abbildung 22.22 auch die Datenblattansicht, mit der ein »normaler« Benutzer wechseln könnte.

**Abbildg. 22.22**    Jetzt ist die Datenblattansicht erlaubt

**PROFITIPP**    Es gibt eine entsprechende Eigenschaft *Formularansicht zulassen*, mit der Sie bei Bedarf den Wechsel in die Formularansicht verhindern können, wenn es nur die Datenblattansicht sein soll.

# Geteiltes Formular

Das Hauptproblem bei solchen Formularen mit (endlos) vielen Daten besteht oft darin, diese zu finden. Eine durchaus geeignete Lösung ist das Suchfeld unten neben den Navigationsschaltflächen, wie Sie es in Kapitel 2 schon kennengelernt haben, oder der formularbasierte Filter aus Kapitel 4.

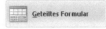

Seit Access 2007 gibt es eine Alternative dazu, mit der die Benutzer ebenfalls schnell den gesuchten Datensatz auswählen können: geteilte Formulare. Sie sind eine Mischung aus Datenblattansicht zur Auswahl und Formular zur Bearbeitung der Daten, die automatisch miteinander synchronisiert werden:

1. Markieren Sie die Tabelle *tblMitarbeiter* im Navigationsbereich und klicken Sie auf *Erstellen/Formulare/Weitere Formulare* und wählen darin den Befehl *Geteiltes Formular*.
2. Access erstellt daraufhin ein Formular, wie Sie es in Abbildung 22.23 in der Layoutansicht sehen.

**Abbildg. 22.23** So präsentiert sich ein frisch erstelltes geteiltes Formular

3. Da das Datenblatt im unteren Teil des Formulars als Auswahlliste dient, ist es nicht so praktisch, dass dort viele Spalten, aber wenige Zeilen zu sehen sind. Es gibt einige Eigenschaften, mit denen Sie das Aussehen eines solchen geteilten Formulars beeinflussen können.
4. Diese Eigenschaften können nur in der Entwurfsansicht geändert werden, daher wechseln Sie bitte dorthin.
5. Zeigen Sie das Eigenschaftenblatt mit dem Befehl *Formularlayouttools/Entwurf/Tools/Eigenschaftenblatt* und wählen Sie das Formular in der darin enthaltenen Auswahlliste.

**HINWEIS** Anstatt das Formular nur im Eigenschaftenblatt in der Liste auszuwählen, können Sie es in der Entwurfsansicht auch an zwei anderen Stellen als Ganzes markieren:
- Sie klicken auf den hellblauen Hintergrund unterhalb des Formularfußes oder rechts vom Detailbereich.
- Sie klicken auf die kleine Schaltfläche im Schnittpunkt der Lineale, auf die der Mauszeiger in Abbildung 22.24 gerade zeigt. Das dunkelblaue Viereck erscheint dort, wenn das Formular markiert ist.

**Abbildg. 22.24** Hier können Sie das ganze Formular markieren

6. Damit das Datenblatt im Hochformat angezeigt wird, stellen Sie die Eigenschaft *Ausrichtung des geteilten Formulars* auf den Wert *Datenblatt links*.
7. Jetzt können Sie in der Layoutansicht (siehe Abbildung 22.25) mehr Zeilen des Datenblatts sehen und mit dem Teiler in der Bildmitte das Verhältnis zwischen den beiden Teilen verändern.

**Abbildg. 22.25**    Am Teiler lässt sich die Größe des Datenblatts einstellen

Auch wenn es jetzt noch nicht perfekt aussieht, ist das Konzept doch schon gut zu erkennen. Im linken Teil kann der Benutzer viele Datensätze sehen und mit einem Klick auf einen davon auswählen, welcher im rechten Teil detailliert dargestellt wird.

Das in Kapitel 2 vorgestellte Suchfeld lässt sich hier weiterhin benutzen und auch die Filtertechniken funktionieren wie gewohnt. Nur die Übersichtlichkeit dieses Datenblatts ließe sich noch verbessern, denn für eine Datensatzauswahl können Sie auf manche der Felder verzichten:

1. Zeigen Sie das Formular *frmMitarbeiter* in der Formularansicht an und klicken Sie mit der rechten Maustaste auf eine beliebige Spaltenüberschrift.
2. Wählen Sie im Kontextmenü den Befehl *Felder wieder einblenden* und beschränken Sie die Anzeige im Dialogfeld (siehe Abbildung 22.26) auf wenige aussagekräftige Spalten.

**Abbildg. 22.26**    Zeigen Sie nur die nötigsten Spalten

3. Damit ist die Auswahl eines Datensatzes wie in Abbildung 22.27 deutlich übersichtlicher geworden.

**Abbildg. 22.27** So lässt sich das Formular besser benutzen

Insgesamt gibt es an diesem Formular, vor allem im Detailbereich rechts, natürlich optisch noch einiges zu verbessern. Damit werden wir uns in Kapitel 25 im Zusammenhang mit der Formatierung von Steuerelementen beschäftigen.

# Modales Dialogfeld

Im Grunde ist ein »modales Dialogfeld« ein Pleonasmus wie »schwarzer Rabe« oder »alter Opa«, also (etwas volkstümlicher formuliert) doppelt gemoppelt. Der wesentliche Unterschied zwischen einem Fenster und einem Dialogfeld besteht nämlich genau darin, dass ein Dialogfeld modal ist.

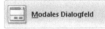

**HINWEIS** Ja, Sie haben Recht, diese Unterscheidung ist nicht ganz hundertprozentig. Es gibt tatsächlich auch in Access einige wenige nicht modale Dialogfelder wie das Dialogfeld *Suchen und Ersetzen*. Obwohl dieses geöffnet ist, können Sie die dahinter liegende Tabelle anklicken und darin arbeiten.

**Abbildg. 22.28** Das Dialogfeld *Suchen und Ersetzen* ist nicht modal

Sie werden diese Besonderheit später als *PopUp*-Eigenschaft kennenlernen, dass ein Dialogfeld zwar vor anderen Fenstern liegt, aber nicht zwingend den Fokus behält. Das Fenster mit dem Fokus hat eine mittelblaue Titelleiste, während die übrigen ohne Fokus eher hellgrau sind (was hier im schwarzweißen Druck nicht zu unterscheiden ist).

»Modal« bedeutet, dass ein Benutzer das Dialogfeld nicht durch einfaches Klicken in die Umgebung verlassen kann. Das Dialogfeld muss in irgendeiner Weise geschlossen werden, bevor ein Zugriff auf die übrigen Bedienungselemente des Programms möglich ist. Fehlermeldungen, ein *Ja/Nein*-Meldungsfeld oder *Speichern unter*-Eingaben sind klassische modale Dialogfeld.

Der Normalfall in Access sind (nicht modale) Fenster, auch wenn diese nicht mehr unbedingt als Fenster zu erkennen sind, sondern inzwischen das Registerkarten-Aussehen erhalten haben.

**PROFITIPP** Sie können die Darstellung als Fenster oder Registerkarten für Access ändern. Klicken Sie auf *Datei/Optionen* und wählen Sie im Dialogfeld *Access-Optionen* die Kategorie *Aktuelle Datenbank*. Darin finden Sie in der Gruppe *Anwendungsoptionen* die *Dokumentfensteroptionen*, bei denen Sie *Überlappende Fenster* oder *Dokumente im Registerkartenformat* auswählen können. Für beide Optionen muss die aktuelle Datenbank geschlossen und erneut geöffnet werden, damit sich die Darstellung ändert.

**Abbildg. 22.29** Die Tabelle *tblFarben* ist in einem Fenster geöffnet

Sie sehen den Unterschied zwischen Abbildung 22.29 als Fensterdarstellung und Abbildung 22.30 als Registerkartendarstellung. Das Fenster ist dort nur in der *Wiederherstellen*-Größe gezeigt, als Vollbild wäre der Rahmen nicht so auffällig.

**Abbildg. 22.30** Die Tabelle *tblFarben* ist in einer Registerkarte geöffnet

Probieren Sie einfach mal aus, was Access hier als modales Dialogfeld erstellt:

1. Markieren Sie die Tabelle *tblFarben* im Navigationsbereich und klicken Sie auf den Befehl *Erstellen/Formulare/Weitere Formulare/Modales Dialogfeld*.
2. Sie sehen anschließend die Entwurfsansicht des neuen Formulars, wie es in Abbildung 22.31 (dort aber in der Höhe schon verkürzt) zu sehen ist.

Abbildg. 22.31   So sieht das automatisch erstellte modale Dialogfeld aus

Wenn Sie sich jetzt wundern, wo dieses Mal die Datensätze mit den Feldern geblieben sind: Unabhängig davon, was Sie vorher als Datenquelle markieren, bleibt dieses Formular ein datenfreies Dialogfeld.

Grundsätzlich können Sie auch darin Daten anzeigen, aber dieser Befehl erzeugt nur ein leeres Dialogfeld. Nein, es ist nicht ganz leer. Dort sind nämlich nicht nur bereits zwei Schaltflächen angeordnet, sondern diese enthalten auch schon die passenden eingebetteten Makros (siehe Kapitel 31).

**TIPP**   Wenn Sie die Makros schon mal sehen wollen, müssen Sie eine der Schaltflächen markieren und deren *Beim Klicken*-Eigenschaft suchen. Dort steht *[Eingebettetes Makro]* und Sie können dessen Inhalt durch Klick auf die Schaltfläche mit den drei Pünktchen ansehen.

Ein solches Formular ohne Daten hilft uns im Moment aber nicht. Sie können es als *frmTest* speichern und erst einmal schließen. Es ist eher für die Programmierung von Steuerelementen geeignet, mit der wir uns in Kapitel 37 beschäftigen.

# Popup-Dialogfeld

Ein solches modales Dialogfeld mit Datenanbindung wäre aber durchaus sinnvoll, wenn ein Benutzer aus einem Formular heraus ein paar Werte ändern will. Das Ergebnis ist dabei eine Mischung aus Standardformular und modalem Dialogfeld:

1. Markieren Sie wiederum die Tabelle *tblFarben* im Navigationsbereich und lassen Sie mit dem Befehl *Erstellen/Formulare/Weitere Formulare/Mehrere Elemente* ein Endlosformular erstellen.
2. Speichern Sie das Formular als *frmFarben* und schließen es.

**Abbildg. 22.32** Die Tabelle *tblFarben* ist Grundlage dieses Endlosformulars

Bis dahin gibt es keinen Unterschied zu einem Endlosformular, wie es vorhin bereits einmal erstellt wurde. Bevor wir es jedoch verändern, sollen Sie erfahren, wo es warum eingesetzt wird.

Sehen Sie sich das Formular *frmArtikel* an, wie es in Abbildung 22.33 zu sehen ist. Dort gibt es ein mehrwertiges Feld *artFarbe* mit einer Farbauswahl, die auf der Tabelle *tblFarben* basiert.

**Abbildg. 22.33** So sieht die Auswahl für das mehrwertige Feld bisher aus

Access bietet dort schon eine automatische Eingabemöglichkeit an, wie Benutzer diese Daten auswählen können, ohne dass Sie etwas vorbereiten mussten. So weit ist das schon sehr gut. Es geht aber noch besser, denn Sie können an dieser Stelle auch Ihre eigenen Formulare einklinken:

1. Wechseln Sie in die Entwurfsansicht des Formulars *frmArtikel* und markieren dort das Feld *artFarbe*.
2. Wählen Sie für dessen *Bearbeitungsformular für Listenelemente*-Eigenschaft aus der Liste das eben erstellte Formular *frmFarben* aus.
3. Wechseln Sie zurück in die Formularansicht und klappen Sie wiederum für das *artFarbe*-Feld die Dropdownliste aus wie schon in Abbildung 22.33. Etwas unscheinbar unterhalb der Liste (und erst beim Überfahren mit der Maus deutlicher zu sehen wie in Abbildung 22.34) bietet eine Schaltfläche die Bearbeitung der Listenelemente an.

## Popup-Dialogfeld

Abbildg. 22.34   Eine zusätzliche Schaltfläche bietet die Bearbeitung der Listenelemente an

4. Wenn Sie diese Schaltfläche anklicken, wird das von Ihnen angegebene Formular *frmFarben* in einer zusätzlichen Registerkarte geöffnet, wie Sie in Abbildung 22.35 sehen können.

Abbildg. 22.35   Ihr Formular *frmFarben* ermöglicht die Bearbeitung der Liste

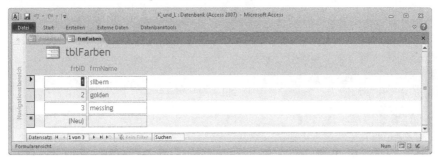

5. Ein Benutzer kann jetzt wahlweise die Farbbezeichnungen ändern, Datensätze löschen oder auch neue hinzufügen.
6. Danach wird das Formular *frmFarben* mit dem *X* am rechten Rand geschlossen, sodass der Benutzer mit der Bearbeitung in *frmArtikel* weiterfahren kann.

Das hat alles so funktioniert, wie es geplant war. Aber meine Erfahrungen sagen mir, dass die meisten Benutzer damit nicht klarkommen. Das hat zwei Gründe:

- Das neue Formular belegt den kompletten Bildschirm. Viele fragen sich dann, wo ihr Ursprungsformular geblieben ist und wie sie dort wieder hinkommen.
- Vielleicht ist es Ihnen gar nicht aufgefallen: Das neue Formular wurde zwangsweise modal geöffnet. In Abbildung 22.35 können Sie sehen, dass sowohl der Navigationsbereich links als auch die andere(n) Registerkarte(n) grau und deaktiviert sind. Das ist völlig ungewöhnlich in Access und irritiert viele.

Wenn man es genau betrachtet, ist das ein Fehler in der Benutzerführung. Schließlich sehen modale Auswahlfenster sonst immer wie ein Dialogfeld aus, warum nicht hier? Es bleibt nur eine Kleinigkeit zu ändern und schon ist es viel intuitiver:

1. Wechseln Sie in die Entwurfsansicht des Formulars *frmFarben* und zeigen Sie das Eigenschaftenblatt für das gesamte Formular an.

**ACHTUNG**   Aus der modalen Ansicht des Formulars *frmFarben* heraus können Sie trotz aktivem Kontextmenübefehl nicht in die Entwurfsansicht wechseln. Merkwürdigerweise lässt es sich in der Layoutansicht anzeigen, aber dort können Sie die gewünschte *PopUp*-Eigenschaft nicht ändern. Am sichersten ist es, das Formular vorher zu schließen.

2. Stellen Sie die *PopUp*-Eigenschaft auf *Ja*. Dadurch wird dieses Formular in einem eigenen Fenster angezeigt, auch wenn alle anderen Formulare im Vollbild und als Registerkarten erscheinen.

3. Damit dieses Fenster nicht am linken Rand »klebt«, stellen Sie auch die *Automatisch zentrieren*-Eigenschaft auf *Ja*.
4. Mehr aus optischen Gründen können Sie für die *Rahmenart* noch den Wert *Dialog* auswählen. Jetzt sieht es so aus wie in Abbildung 22.36.

Abbildg. 22.36    So ist das Formular *frmFarben* viel intuitiver zu benutzen

Sehen Sie den Unterschied? Das Änderungsdialogfeld steht offensichtlich vor den anderen Daten, sodass ein Benutzer immer sieht, wo sein Ausgangsformular ist. Gleichzeitig wird das modale Verhalten durch das passende Aussehen als Dialogfeld unterstützt, wie es in Windows üblich ist.

Sie können dieses Formular *frmFarben* einem echten Dialogfeld noch ähnlicher machen:

1. Wechseln Sie wieder in die Entwurfsansicht von *frmFarben* und passen dort noch weitere Eigenschaften im Eigenschaftenblatt an.
2. Die *Navigationsschaltflächen* und die *Bildlaufleisten* können Sie beide auf *Nein* stellen.
3. Etwas schwieriger wird es, die tatsächliche Höhe des Formulars einzustellen, vor allem, weil es in der üblichen Registerkartendarstellung kein Fenster mehr gibt. Sie müssen als Erstes die *Rahmenart* auf *Veränderbar* stellen.
4. Dann wechseln Sie in die Formularansicht und ziehen die Fenstergröße am unteren Rand auf die gewünschte Größe wie in Abbildung 22.37.

Abbildg. 22.37    Verändern Sie hier die Größe des Formularfensters

5. Per Rechtsklick im Formulartitel können Sie anschließend wieder in die Entwurfsansicht wechseln. Dort stellen Sie die *Rahmenart* wieder auf *Dialog* und speichern das Formular.

Natürlich können Sie auch die Gestaltung des *frmFarben*-Dialogfeldes noch weiter verbessern, aber das ist ein Thema für die Kapitel 24 und 25.

# Zusammenfassung

In diesem Kapitel haben Sie die verschiedenen Typen von Formularen kennen gelernt:

- Das *Standard-Formular* (Seite 416) mit seinem einspaltigen Layout wird sicherlich am häufigsten eingesetzt und lässt sich entsprechend einfach per Mausklick erstellen.
- Die verschiedenen *Ansichten* (Seite 417) dienen der Bearbeitung des Formulars. Sie zeigen in der Formularansicht die Daten, in der Entwurfsansicht nur die Steuerelemente oder in der Layoutansicht eine Mischung aus beiden.
- Um Formulare zu gestalten, können Sie auf *Designs* (Seite 418) zurückgreifen. Dabei handelt es sich um eine Zusammenstellung einer Farbpalette und zweier Schriften, die auf Formulare angewendet werden.
- Access stellt verschiedene Optionen bereit, um die Steuerelemente *anzuordnen* (Seite 424). Durch die *Verankerung* (Seite 425) wird deren Größe zudem automatisch an das umgebende Fenster angepasst.
- *Endlosformulare* (Seite 428) zeigen viele Datensätze gleichzeitig auf dem Bildschirm und sind daher optimal für umfangreiche Datenmengen.
- Die *Datenblattansicht* (Seite 430) sieht aus wie eine Tabelle oder Abfrage, verhält sich aber in Bezug auf Programmierung oder Deaktivierung von Spalten wie ein Formular.
- *Geteilte Formulare* (Seite 433) bestehen aus einer Mischung von Datenblatt und Detailformular, sodass schnell Datensätze ausgewählt und bearbeitet werden können.
- Ein *modales Dialogfeld* (Seite 435) ist erst im Zusammenhang mit der Programmierung brauchbar, denn es enthält bereits statt Datenfeldern Schaltflächen inklusive eingebetteter Makros.
- Durch die Änderung einiger Eigenschaften können Sie einem »normalen« Formular ein ähnliches Verhalten wie ein modales Dialogfeld beibringen und damit spezielle *Popup-Dialogfelder* (Seite 437) erzeugen. Diese sind die optimale Ergänzung für die Datenbearbeitung mehrwertiger Felder.

# Kapitel 23

# Pivot- und Diagramm-Formulare

**In diesem Kapitel:**

| | |
|---|---|
| PivotTable | 444 |
| PivotChart | 453 |
| Diagramme | 458 |
| Zusammenfassung | 463 |

Das Wort »Pivot« kommt aus dem Französischen und bezeichnet ursprünglich eine Konstruktion vorher unbeweglicher Geschütze in Festungen, die nun auch horizontal drehbar gebaut wurden. Dabei konnte die Unterkonstruktion dank zweier Räder um eine senkrechte Achse, den »Pivotbolzen«, gedreht werden.

In Access ist das weniger martialisch und meint eine tabellarische Darstellung, die nicht ganz zufällig Ähnlichkeiten mit einer Kreuztabellenabfrage hat. Es ist sozusagen die bessere Kreuztabellenabfrage, denn in der PivotTable-Ansicht lassen sich die Zeilen- und Spaltenfelder um einen fiktiven Drehpunkt herum verschieben.

**HINWEIS**  Wenn Sie Pivot-Tabellen schon aus Excel kennen, wird Ihnen hier – abgesehen vom Aufruf – vieles sehr bekannt vorkommen. Die eigentliche Bearbeitung von PivotTable und PivotChart ist identisch.

**CD-ROM**  Um Ihnen das Nachvollziehen der Schritte in diesem Kapitel zu erleichtern, finden Sie innerhalb der Beispieldateien zu diesem Buch im Ordner *Kap22* eine Datenbank, die bereits die Änderungen aus Kapitel 22 enthält. Laden Sie einfach die betreffende Datenbank, um mit der Arbeit in diesem Kapitel zu beginnen.

Sie können also jederzeit ein Kapitel überspringen und trotzdem auf den aktuellen Stand der Datenbank zugreifen.

# PivotTable

Da PivotTable-Formulare ideal geeignet sind, um umfangreiche Daten kompakt zu präsentieren, ist die zentrale Abfrage *qryALLE_BESTELLUNGEN_MIT_INFO* eine sinnvolle Datenquelle: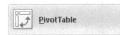

1. Markieren Sie die Abfrage *qryALLE_BESTELLUNGEN_MIT_INFO* im Navigationsbereich und klicken Sie dann auf *Erstellen/Formulare/Weitere Formulare/PivotTable*.
2. Access erstellt ein fast leeres Formular mit ein paar hellgrauen Hinweisen wie in Abbildung 23.1, aber noch ohne die dort schon sichtbare Feldliste.
3. Um die Feldliste anzuzeigen, müssen Sie mit der Maus mitten in das Formular hineinklicken.

**PROFITIPP**  Die Feldliste wird manchmal nicht sichtbar, obwohl Sie in den PivotTable-Bereich hineinklicken. Nutzen Sie dann per Rechtsklick darauf das Kontextmenü, in dem Sie ganz unten den Befehl *Feldliste* finden. Alternativ können Sie auch im Menüband den Befehl *PivotTable-Tools/Entwurf/Einblenden/Ausblenden/Feldliste* nutzen.

# PivotTable

**Abbildg. 23.1**  So beginnt ein PivotTable-Formular

4. Anstatt nun wie bei der Kreuztabellenabfrage in einer Entwurfsansicht die Zeilen und Spalten zu benennen, können Sie dies in der PivotTable-Ansicht grafisch durch Ziehen erledigen.
5. Nehmen Sie in der Feldliste den Feldnamen *katName* und legen Sie ihn mit gedrückter Maustaste auf den Zeilen-Dropbereich links mit dem Hinweis »Zeilenfelder hier ziehen«, wie es in Abbildung 23.2 zu sehen ist. Der Bereich erhält einen blauen Umriss, wenn Sie ihn mit der Maus erreicht haben.

**Abbildg. 23.2**  Ziehen Sie das Feld *katName* in den Zeilen-Dropbereich

6. Sobald Sie die Maus loslassen, sehen Sie wie in Abbildung 23.3 die Kategorienamen in den Zeilen. Außerdem sind Felder, die in der PivotTable-Ansicht angezeigt werden, in der Feldliste fett markiert.

## Kapitel 23 Pivot- und Diagramm-Formulare

**Abbildg. 23.3**   Die Kategorienamen werden in der Zeile aufgelistet

7. Ziehen Sie das Feld *htlName* in den Spalten-Dropbereich und das berechnete Feld *Gesamtpreis* in den Detail-Dropbereich (wo bisher der Text »Gesamtsummen oder Detailfelder hierher ziehen« steht).
8. Speichern Sie die Abfrage nun als *frmPivotKategorienHotelsGesamtpreise* (siehe Abbildung 23.4).

**Abbildg. 23.4**   Die PivotTable-Ansicht ist vorläufig fertig

**HINWEIS**   Während Sie normalerweise im Formularentwurf ändern und notfalls das Formular ohne Speichern verlassen können, ist das hier anders. Sie befinden sich nicht in einem Entwurf, alle Änderungen an dem PivotTable-Objekt sind sofort aktiv. Das merken Sie auch daran, dass Sie beim Schließen des Formulars nicht mehr gefragt werden, ob noch etwas gespeichert werden soll.

Sie können die Details jeweils durch Klick auf die +/–-Schaltflächen neben den Kategorienamen in den Zeilen ein- und ausblenden.

## PivotTable

> **ACHTUNG**  Gelegentlich werden Sie bei PivotTable-Ansichten mit der Meldung »Die Abfrage konnte nicht ausgeführt werden: Dateisystemfehler: Fehler beim Öffnen der lokalen Cubedatei ...« konfrontiert werden.

**Abbildg. 23.5**  Diese Meldung erscheint häufiger

Meistens hilft es, nur das Formular zu schließen und erneut zu öffnen. Manchmal müssen Sie aber auch die ganze Datenbank vorübergehend schließen.

Hier sind aber noch zu viele Details überhaupt zu sehen, während die zugehörigen Summen fehlen:

1. Lassen Sie mit einem Rechtsklick auf *Gesamtpreis* im Detail-Dropbereich wie in Abbildung 23.6 das Kontextmenü anzeigen und klicken dort auf *AutoBerechnen/Summe*.

> **HINWEIS**  Alternativ können Sie auch im Detail-Dropbereich das Feld *Gesamtpreis* markieren und den Befehl *PivotTable-Tools/Entwurf/Tools/AutoBerechnen* im Menüband anklicken, der dann die Auswahl für die *Summe* anzeigt.

**Abbildg. 23.6**  Fügen Sie ein berechnetes Feld hinzu

**2.** Dadurch wird die Feldliste (siehe Abbildung 23.7) um ein berechnetes Feld *Summe Gesamtpreis* erweitert, wie Sie auch an dessen Symbol erkennen können.

**Abbildg. 23.7**  Berechnete Felder werden in der Feldliste angezeigt

**3.** Sie können anschließend alle Details ausblenden, indem Sie die Minuszeichen neben den Kategorien anklicken. In Abbildung 23.8 finden Sie nur die Details für *Bad-Möbel* noch eingeblendet und markiert, jeweils darunter ist die Summe sichtbar. So können Sie sehen, dass dort andernfalls noch Details und Summe gleichzeitig sichtbar sind.

**Abbildg. 23.8**  Die meisten Details sind zugunsten der Summen ausgeblendet

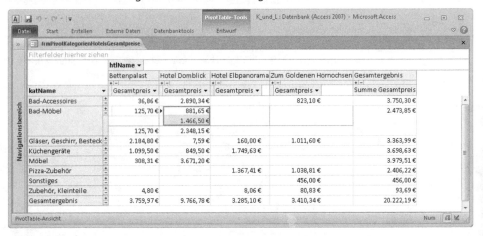

**PROFITIPP**  Anstatt alle Details einzeln mit den recht kleinen +/--Schaltflächen auszublenden, geht das auch über einen Befehl im Menüband. Markieren Sie dazu den Feldnamen (nicht die Inhalte, hier also *katName*) und klicken dann auf den Befehl *PivotTable-Tools/Entwurf/Einblenden/Ausblenden/Details ausblenden*.

Auch für das erneute Anzeigen aller Details gibt es einen Befehl im Menüband, der entsprechend eingesetzt wird. Sie finden ihn dort als Befehl *PivotTable-Tools/Entwurf/Einblenden/Ausblenden/Details anzeigen*.

# Felder hinzufügen

Sie fügen Felder am einfachsten so hinzu, wie Sie es eben schon gemacht haben, indem Sie den Feldnamen aus der Feldliste in den gewünschten Bereich hineinziehen und dort fallen lassen.

Sie können Felder auch zwischen den Bereichen hin- und herschieben, denn genau das macht ja die Pivot-Fähigkeit aus. Dabei ändert sich nicht nur der Mauszeiger passend zum Bereich (die blaue Füllung am Mauszeiger wechselt!), sondern eine blaue Klammer wie in Abbildung 23.9 zeigt an, wo das Feld anschließend eingefügt werden wird.

**Abbildg. 23.9** Mauszeiger und Klammer geben an, wo das Feld gleich eingefügt wird

Die in Abbildung 23.9 gezeigte, einer Kreuztabellenabfrage ähnelnde Ansicht verändert sich eher zu einer Art Bericht, wenn Sie das Feld *htlName* wie dort gezeigt links neben das Feld *katName* ziehen. Sie sehen das Ergebnis in Abbildung 23.10.

Die PivotTable-Ansicht wird dadurch deutlich länger, aber eben nicht so breit. Das ist durchaus praktisch, wenn die Daten der (bisherigen) Spalte sehr lange Texte enthalten, wie das beim Hotel *Zum Goldenen Hornochsen* der Fall ist.

**PROFITIPP** Die Berichtsform ist auch dann sinnvoll, wenn es als Kreuztabelle sehr viele Lücken gibt. In Abbildung 23.9 sehen Sie beispielsweise, dass für die Kategorie *Sonstiges* nur beim Hotel *Zum Goldenen Hornochsen* ein Eintrag existiert. Daneben sind drei leere Zellen. Für die Spalte zum *Hotel Elbpanorama* sind entsprechend vier von acht Zellen unbenutzt.

Als Kreuztabellendarstellung benötigt die PivotTable insgesamt (8 Kategorien * 4 Hotels =) 32 Zellen, während die Berichtsform nur die wirklich ausgefüllten Zellen anzeigt und mit 20 Zellen (jeweils plus Summen) auskommt.

**Kapitel 23** Pivot- und Diagramm-Formulare

**Abbildg. 23.10** Diese Darstellung entspricht eher einem Bericht

## Felder entfernen

Es gibt drei verschiedene Techniken, um ein Feld aus einer PivotTable-Ansicht zu entfernen. In allen drei Fällen muss es in der Ansicht markiert sein.

- Sie drücken die `Entf`-Taste.
- Sie klicken auf den Befehl *PivotTable-Tools/Entwurf/Aktives Feld/Feld entfernen*.
- Sie nehmen es dort mit gedrückter Maustaste, ziehen es außerhalb der PivotTable-Bereiche, bis am Mauszeiger ein rotes *X* angezeigt wird und lassen dann los.

Wenn Sie Felder entfernen, verschwinden sie nur aus der angezeigten PivotTable-Ansicht. In der Feldliste bleiben sie nach wie vor erhalten.

## Automatische Untergruppen

Eine Besonderheit enthalten Datumsfelder aus der Datenquelle: Diese können in PivotTable-Ansichten automatisch nach untergeordneten Elementen gruppiert werden:

1. Speichern Sie das Formular *frmPivotKategorienHotelsGesamtpreise* unter dem neuen Namen *frmPivotBestelldatumHotelsGesamtpreise* und wechseln Sie in dessen PivotTable-Ansicht.
2. Löschen Sie in der PivotTable-Ansicht das Feld *katName* und ziehen Sie das Feld *htlName* wieder in den Spalten-Dropbereich.

3. Wenn Sie die Feldliste anzeigen, werden Sie sehen, dass dort das ursprüngliche Feld *bstBestelldatum* in drei Versionen aufgelistet wird. Ziehen Sie *bstBestelldatum (Monatsauflösung)* in den Zeilen-Dropbereich.

**HINWEIS** Es muss zwei unterschiedliche Auflösungen für ein Datum geben, weil Wochen keine genaue Untergruppe von Monaten bilden. Je nach Länge enthält ein Monat vier bis fünf Wochen, die teilweise zu zwei Monaten gehören.

4. Mit einem Klick auf das +-Zeichen vor einer Jahreszahl wird die nächste Ebene der Quartale angezeigt. Diese lassen sich wiederum in Monate und in einzelne Tagesdaten differenzieren (siehe Abbildung 23.11).

**Abbildg. 23.11** Datumswerte können in Untergruppen aufgegliedert werden

# Filtern

Einen der Bereiche haben wir beim Hinzufügen von Feldern noch missachtet: den Filter-Dropbereich mit der Beschriftung »Filterfelder hierher ziehen«. Sie können nicht nur in den beiden Dimensionen Zeile und Spalte mehrere Felder anfügen (was das Ergebnis meistens eher unübersichtlich macht), sondern auch in diesen Bereich ganz oben.

Da in diesem Filter-Dropbereich interaktive Felder für die PivotTable entstehen, können Sie hier sehr schön beispielsweise nach Datumswerten filtern.

1. Ziehen Sie aus der Feldliste zuerst das Feld *BestellJahr* und dann rechts daneben das Feld *BestellMonat* in den Filter-Dropbereich.
2. Wegen der Übersichtlichkeit steht der Hotelname nun wieder im Spalten-Dropbereich, sodass jetzt noch kein Unterschied zu Abbildung 23.9 zu erkennen ist.

3. Neben dem Feld *BestellJahr* erscheint wie sonst auch ein kleiner Dropdownpfeil, der die Dateninhalte mit aktivierten Kontrollkästchen anzeigt. Um nur ein einziges davon auszuwählen, entfernen Sie per Mausklick zuerst das Häkchen vor *(Alle)* und aktivieren dann *2010*, wie in Abbildung 23.12 zu sehen ist.

**Abbildg. 23.12**  Wählen Sie hier die Filterkriterien aus

4. Wenn Sie den Filter mit *OK* bestätigen, sehen Sie in der PivotTable-Ansicht nur noch die Daten des Jahres 2010.
5. Sie können dies weiter einschränken, indem Sie auch für den Bestellmonat einen Filter setzen. In Abbildung 23.13 ist das zweite Halbjahr ausgewählt, Sie können also auch mehrere Kriterien gleichzeitig aktivieren.

**Abbildg. 23.13**  Wählen Sie hier weitere Filterkriterien aus

**PROFITIPP**  Ich habe hier absichtlich nicht das Feld *bstBestelldatum (Monatsauflösung)* genommen, obwohl dieses sogar mit einem einzigen Filter auskäme. Es sind aber oft viele unterschiedliche Filter nötig, um die normalerweise viel umfangreicheren Datenmengen sinnvoll analysieren zu können. Daher wollte ich hier gleich zeigen, wie mehrere Felder eingesetzt werden.

Die Filter lassen sich jeweils wieder ausschalten, indem Sie darin jeweils den ersten Eintrag *(Alle)* anklicken. Es geht insgesamt aber vor allem bei mehreren Filtern schneller, wenn Sie den Befehl *PivotTable-Tools/Entwurf/Filtern und Sortieren/AutoFilter* anklicken. Vorher gesetzte Filter werden damit auch direkt wieder aktiviert.

**ACHTUNG** Endlich verschwindet das Filterfenster wie von vielen Benutzern erwartet auch durch einfaches Klicken außerhalb. Dabei wird aber immer abgebrochen. Haben Sie darin Einstellungen geändert, müssen Sie explizit die *OK*-Schaltfläche drücken.

## Eigenschaften

Für die Eigenschaften einer PivotTable-Ansicht können Sie den Befehl *PivotTable-Tools/Entwurf/Tools/Eigenschaftenblatt* aufrufen. Zwar lässt sich dieses Eigenschaftenblatt ebenfalls wie sonst mit `Alt`+`↵` anzeigen, es ist aber kein eingerastetes Teilfenster, sondern ein (übrigens nicht modales!) Dialogfeld wie in Abbildung 23.14.

Abbildg. 23.14  So präsentiert sich das Eigenschaftenblatt zur PivotTable-Ansicht

# PivotChart

Grundsätzlich funktioniert ein PivotChart-Formular fast genauso wie ein PivotTable-Formular. Die Dropbereiche befinden sich an anderen Stellen und es gibt ein paar mehr Einstellungen für das Diagramm, aber sonst werden Sie vieles wiedererkennen:

1. Markieren Sie die Abfrage *qryJaehrlicheSummenUndAnzahlVonGesamtpreis* und klicken Sie dann auf den Befehl *Erstellen/Formulare/Weitere Formulare/PivotChart*.
2. Access erstellt ein Formular mit einem leeren PivotChart wie in Abbildung 23.15. Speichern Sie es bitte als *frmPivotJaehrlicheSummenGesamtpreis*.

**Abbildg. 23.15**   Dieses PivotChart zeigt noch keine Daten an

3. Ziehen Sie das Feld *SummevonGesamtpreis* aus der Feldliste in den Daten-Dropbereich oberhalb des grauen Diagramms.
4. Damit nicht alle Daten nur in einer einzigen Säule dargestellt werden, braucht das Diagramm noch Rubriken. Ziehen Sie also *BestellJahr* aus der Feldliste in den Rubriken-Dropbereich am unteren Rand wie in Abbildung 23.16.

**Abbildg. 23.16**   Das Diagramm enthält Rubriken und Daten

5. Einen zeitlichen Fortschritt sollte man allerdings nicht wie hier in (statischen) Säulen darstellen, daher möchten wir den Diagrammtyp ändern. Markieren Sie dazu den grauen Diagrammbereich und klicken Sie auf *PivotChart-Tools/Entwurf/Typ/Diagrammtyp ändern* (oder wählen alternativ nach einem Rechtsklick den Kontextmenübefehl *Diagrammtyp ändern*).
6. Im nun angezeigten Eigenschaften-Dialogfeld (siehe Abbildung 23.17) wäre ein Liniendiagramm die bessere Alternative. Da es sich um ein nicht modales Dialogfeld handelt, werden die Einstellungen sofort im Diagramm sichtbar und Sie können das Dialogfeld bei Bedarf mit einem Klick auf die Schließen-Schaltfläche in dessen Titelleiste wieder schließen.

**Abbildg. 23.17**  Ändern Sie im Eigenschaftenblatt den Diagrammtyp

## PivotCharts verändern

Etwas aussagekräftiger wäre das Diagramm sicherlich, wenn der Umsatz nach den verschiedenen Hotels differenziert werden könnte:

1. Falls die Feldliste gerade nicht sichtbar ist, können Sie diese über das Kontextmenü zum Diagramm oder mit dem Befehl *PivotChart-Tools/Entwurf/Einblenden/Ausblenden/Feldliste* anzeigen.
2. Allerdings werden Sie feststellen, dass in der Datenquelle der Hotelname nicht enthalten ist. Daher müssen wir zuerst die Datenquelle erweitern, bevor das neue Feld im PivotChart aufgenommen werden kann. Speichern und schließen Sie dieses Formular.
3. Wechseln Sie in die Entwurfsansicht der zugrunde liegenden Abfrage *qryJaehrlicheSummenUndAnzahlVonGesamtpreis* und fügen Sie das gruppierte Feld *htlName* ein. Die beiden Felder *bstID* und *bstLieferdatum* können Sie löschen. Speichern Sie die Abfrage (siehe Abbildung 23.18) auf den Namen *qryJaehrlicheSummenVonGesamtpreisJeHotel* und schließen sie.

**Abbildg. 23.18**  So sieht die veränderte Abfrage im Entwurf aus

**4.** Jetzt können Sie wieder zum Formular *frmPivotJaehrlicheSummenGesamtpreis* wechseln, aber in die Entwurfsansicht, da dort für das Formular dessen Eigenschaft *Datensatzquelle* auf den Namen der neuen Abfrage *qryJaehrlicheSummenVonGesamtpreisJeHotel* geändert werden muss.

**5.** Nun stimmen natürlich die Felder im Detailbereich nicht mehr, weil ein neues Feld hinzugekommen ist und zwei Felder weggefallen sind.

> **TIPP** Access meldet solche Fehler durch kleine grüne Dreiecke am Textfeld. Wenn Sie das Textfeld anklicken, erscheint ein sogenanntes Smarttag, eine Schaltfläche mit Ausrufezeichen. Fahren Sie mit der Maus darüber, wird zusätzlich ein kleiner Dropdownpfeil sichtbar, an dem Sie wie in Abbildung 23.19 ein Menü mit Fehlerhinweisen ausklappen können.

**Abbildg. 23.19** Dieses Feld fehlt in der Datenquelle

In diesem Fall ist das Problem aber offensichtlich, denn diese Felder gibt es so nicht mehr in der veränderten Datenquelle.

> **PROFITIPP** Die Anzeige der Smarttags beziehungsweise die Fehlerprüfung lassen sich unterdrücken. Klicken Sie dazu auf den Befehl *Datei/Optionen* und markieren Sie die Kategorie *Clienteinstellungen*. Dort finden Sie in der Gruppe *Anzeigen* das Kontrollkästchen *Smarttags in Formularen und Berichten anzeigen*. Außerdem gibt es in der Kategorie *Objekt-Designer* in der Gruppe *Fehlerüberprüfung in Entwurfsansicht für Formulare/Berichte* einige Optionen zum Einstellen der Fehlerprüfung.

**6.** Markieren Sie je eines der falschen Felder und ändern Sie dafür die Eigenschaft *Steuerelementinhalt* auf *htlName* beziehungsweise *JahresSumme*. In Abbildung 23.20 sind die beiden Felder mit ihren neuen Inhalten fett formatiert.

**Abbildg. 23.20** Die beiden fetten Felder müssen sich ändern

> **ACHTUNG** Sie dürfen in der Entwurfsansicht keine Felder löschen, die Sie in der PivotTable- oder PivotChart-Ansicht noch benötigen. Sie fehlen ansonsten in der Feldliste. Falls es doch mal passiert ist, reicht es, sie später in der Entwurfsansicht wieder einzufügen.

7. Das dritte Feld können Sie markieren und mit der [Entf]-Taste löschen. Der erneute Wechsel in die PivotChart-Ansicht zeigt die korrigierten Felder in der Feldliste wie in Abbildung 23.21, allerdings ist das Diagramm leer.

**Abbildg. 23.21** Jetzt ist die Feldliste wieder aktuell

8. Ziehen Sie dann das Feld *JahresSumme* auf den Daten-Dropbereich und das Feld *htlName* auf den Reihen-Dropbereich wie in Abbildung 23.22.

> **ACHTUNG** Gelegentlich verschwinden alle Dropbereiche, nachdem Sie in Rubrik und Reihe ein Feld gezogen haben. Erfahrungsgemäß hilft es dann, in die PivotTable-Ansicht zu wechseln. Dafür müssen Sie aber zuerst in der Entwurfsansicht die Formular-Eigenschaft *PivotTable-Ansicht zulassen* auf *Ja* stellen. Beim erneuten Wechsel zurück in die PivotChart-Ansicht sind die verschwundenen Elemente wieder da.

**Abbildg. 23.22**   Die PivotChart-Ansicht ist fertig

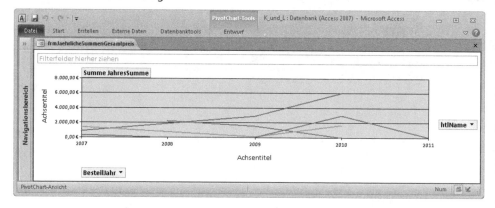

## Pivot-Ansichten wechseln

Wie Sie eben schon gelesen haben, können Sie zwischen den PivotTable- und PivotChart-Ansichten wechseln. Normalerweise ist aber die jeweils andere Pivot-Ansicht nicht erlaubt.

Sie müssen also vorher in die Entwurfsansicht wechseln und dort für das Formular die Eigenschaft *PivotTable-Ansicht zulassen* beziehungsweise *PivotChart-Ansicht zulassen* auf *Ja* stellen (auch beide gleichzeitig).

Beide Pivot-Ansichten sind von der Datenquelle der Entwurfsansicht abhängig und auch miteinander synchronisiert. Wenn Sie also in der PivotTable-Ansicht einen Filter setzen, werden Sie diesen ebenso in der PivotChart-Ansicht wiederfinden.

# Diagramme

Obwohl Diagramme technisch ganz anders funktionieren, sind sie den PivotCharts doch optisch und von der Anwendung her so ähnlich, dass ich sie Ihnen hier in diesem Zusammenhang vorstellen möchte.

Eigentlich sind Diagramme aber einzelne Steuerelemente, um die es detailliert in Kapitel 26 gehen wird. Daher werden wir uns auf die speziellen Eigenschaften für die Darstellung eines Diagramms beschränken und Allgemeineres im Umgang mit solchen Steuerelementen später besprechen.

1. Markieren Sie bitte im Navigationsbereich die vorhin erstellte Abfrage *qryJaehrlicheSummenVonGesamtpreisJeHotel* und klicken Sie anschließend auf den Befehl *Erstellen/Formulare/Formular*.
2. Wechseln Sie in die Entwurfsansicht, markieren alle Felder im Detailbereich und löschen diese. Sie können auch die *Datensatzquelle*-Eigenschaft des Formulars leeren, denn das Diagramm benutzt eine eigene Datenquelle.

> **TIPP**   Sie mögen sich wundern, warum ein Standardformular erstellt wird, wenn anschließend doch wieder vieles gelöscht wird? Die Befehle *Formularentwurf* und *Leeres Formular* erzeugen beide ein Formular, welches noch keine Überschrift enthält. Die hier überflüssigen Felder im Detailbereich sind viel schneller gelöscht als eine neue Überschrift hineinkopiert werden kann.

# Diagramme

3. Achten Sie darauf, dass vor dem Befehl *Formularentwurfstools/Entwurf/Steuerelemente/Steuerelement-Assistenten verwenden* das Symbol orangefarben markiert ist. Dann ist der Assistent aktiviert.

4. Klicken Sie auf *Formularentwurfstools/Entwurf/Steuerelemente/Diagramm* und ziehen Sie mit der Maus im Detailbereich ein großes Viereck auf. Der Mauszeiger zeigt dabei schon ein kleines Diagramm an.

5. Nachdem Sie die Maus losgelassen haben, startet automatisch der Diagramm-Assistent wie in Abbildung 23.23. Stellen Sie darin die *Ansicht* auf *Abfragen* und wählen Sie die Abfrage *qryJaehrlicheSummenVonGesamtpreisJeHotel*.

**Abbildg. 23.23**  Wählen Sie die Datenquelle im ersten Schritt des Assistenten

6. Nachdem Sie auf *Weiter* geklickt haben, geben Sie im zweiten Schritt die verfügbaren Felder an. Sie können mit der >>-Schaltfläche einfach alle Felder übernehmen, da diese Abfrage ja speziell für ein Diagramm vorbereitet war.

**Abbildg. 23.24**  Übernehmen Sie alle verfügbaren Felder im zweiten Schritt des Assistenten

7. Nach erneutem Klick auf *Weiter* wählen Sie anhand der Bilder den Diagrammtyp aus. Ich habe hier ein *3D-Liniendiagramm* markiert, wie am Erläuterungstext rechts (siehe Abbildung 23.25) zu sehen ist.

**Abbildg. 23.25**    Zu jedem Diagrammtyp gibt es eine kurze Erläuterung

8. Im folgenden Schritt, den Sie nach einem Klick auf *Weiter* erreichen, können Sie die vorhandenen Felder den entsprechenden Bereichen zuordnen. Nehmen Sie dazu die schattierten Rechtecke mit den Feldnamen und schieben Sie diese in die vertieften weißen Markierungen.

**TIPP**    Um eine falsche Zuordnung wie hier die automatisch eingestellte *SummeVonBestellJahr* aus *Daten* zu entfernen, können Sie den Feldnamen einfach wieder nach rechts auf die (schattierten) Feldnamen zurückschieben.

**Abbildg. 23.26**    So sind die Zuordnungen korrekt

9. Legen Sie die *JahresSumme* auf die *Daten*, *htlName* auf *Datenreihen* und *BestellJahr* auf *Achsen*, wie es in Abbildung 23.26 zu sehen ist.
10. Nach einem erneuten Klick auf *Weiter* vergeben Sie im letzten Schritt noch einen Titel für das Diagramm und lassen es mit der entsprechenden Schaltfläche fertig stellen.

Abbildg. 23.27   Das Diagramm ist fast fertig

Sie werden angesichts des vorherigen Verhaltens der PivotChart-Ansicht etwas überrascht sein, dass auf dem erstellten Diagramm außer in der Überschrift nichts mehr von Ihren soeben ausgewählten Hoteldaten zu sehen ist (siehe Abbildung 23.28).

Abbildg. 23.28   Das Diagramm zeigt im Entwurf fiktive Daten

Sie müssen es erst in die Formularansicht umschalten, damit es wie in Abbildung 23.29 die tatsächlichen Daten anzeigt.

**Abbildg. 23.29**  Nur in der Formularansicht zeigt das Diagramm die tatsächlichen Inhalte

Um ein solches Diagramm nachträglich zu verändern, gibt es wieder einen eigenen Modus. Es handelt sich nämlich um ein eingebettetes Objekt, welches weder im Entwurf noch in einer Access-Ansicht bearbeitet wird.

**HINWEIS**   Es gibt inzwischen sehr viele solcher eingebetteten Objekte in allen Office-Programmen, etwa eine Tabelle in PowerPoint, eine WordArt-Grafik in Word oder ein Bild in Excel. Manchmal lesen Sie in dem Zusammenhang auch die eher technisch orientierte Bezeichnung *OLE-Objekt*. OLE ist die Abkürzung für *Object Linking and Embedding*, was übersetzt so etwas bedeutet wie Objekt-Verknüpfung und -Einbettung.

OLE-Objekte verhalten sich wie ein Fenster zu einem Gastprogramm innerhalb ihrer Umgebung. Sobald Sie einen Doppelklick darauf ausführen, öffnet sich der Inhalt zur Bearbeitung. Dadurch erscheinen in der Oberfläche des Wirts (hier Access) die Elemente des Gastprogramms (hier Excel-Diagramm-Modul). Ein späterer Klick außerhalb der gestrichelten OLE-Umrahmung lässt diese wieder verschwinden.

1. Doppelklicken Sie in der Formularansicht auf das Diagramm. Dadurch verschwinden die Menübänder von Access 2010 und es erscheinen stattdessen die Menüs und Symbolleisten des zugehörigen Excel-Diagramm-Moduls (siehe Abbildung 23.30).

**Abbildg. 23.30**   Nach dem Doppelklick können Sie das Diagramm detailliert bearbeiten

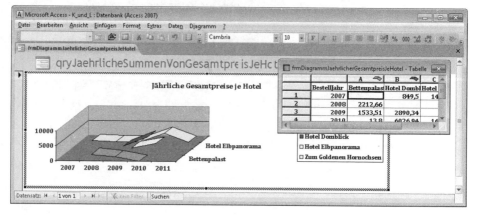

2. Um ein Objekt innerhalb des Diagramms zu verändern, muss es zuerst markiert sein. Klicken Sie es an, bis es einen Markierungsrahmen anzeigt.
3. In Abbildung 23.31 ist der Diagrammtitel markiert und über die Auswahl in der Symbolleiste in einer anderen Schriftart dargestellt.

Abbildg. 23.31    Verändern Sie hier die Schriftart für den markierten Diagrammtitel

4. Die komplette Formatierung eines markierten Objekts können Sie auch anhand des Menüs *Format/<Objekt> formatieren* (statt *<Objekt>* steht der Name des markierten Objekts) oder mit Tastenkürzel [Strg]+[1] im Dialogfeld vornehmen.
5. Um auch hier den Diagrammtyp nachträglich zu ändern, klicken Sie entweder auf den Menübefehl *Diagramm/Diagrammtyp* oder finden das zugehörige Dialogfeld über den Kontextmenübefehl *Diagrammtyp* irgendwo im Diagramm.

Wenn Sie alles wie gewünscht formatiert haben, klicken Sie einfach außerhalb der gestrichelten Umrahmung des eingebetteten Diagramms. Dann verschwinden die vorübergehend aktivierten Bedienungselemente des OLE-Objekts und Sie sehen wieder alle Access 2010-Menübänder.

# Zusammenfassung

In diesem Kapitel wurden Ihnen die verschiedenen Typen von Pivot- und Diagramm-Ansichten vorgestellt:

- Die *PivotTable-Ansicht* (Seite 444) ist vergleichbar mit einer Kreuztabellenabfrage gut geeignet, um umfangreiche Daten kompakt zu präsentieren, allerdings ist sie viel interaktiver zu bedienen.
- In der Bedienung ist die *PivotChart-Ansicht* (Seite 453) ähnlich, zeigt jedoch ein Diagramm der ermittelten Daten.
- Sie können zwischen diesen beiden, miteinander *synchronisierten Ansichten* (Seite 458) hin- und herwechseln, vorausgesetzt, in der Entwurfsansicht stehen die entsprechenden Eigenschaften auf *Ja*.
- Obwohl *Diagramme* (Seite 458) technisch gesehen keine Ansicht, sondern eingebettete Steuerelemente sind, passen sie inhaltlich und optisch zu PivotChart-Ansichten.

# Kapitel 24

# Umgang mit Steuerelementen

**In diesem Kapitel:**

| | |
|---|---|
| Leeres Formular erstellen | 466 |
| Steuerelemente hinzufügen | 469 |
| Steuerelemente markieren und verändern | 472 |
| Steuerelementgröße ändern | 475 |
| Steuerelemente verschieben | 476 |
| Steuerelement-Layouts | 481 |
| Steuerelemente verankern | 483 |
| Steuerelemente löschen | 483 |
| Zusammenfassung | 483 |

**Kapitel 24** Umgang mit Steuerelementen

Bisher wurden weite Teile eines Formulars automatisch erstellt. Das ist natürlich ungemein praktisch, wird aber nicht alle Ihre Wünsche erfüllen. Daher sollten wir uns in diesem Kapitel ausführlich damit beschäftigen, wie Sie mit Steuerelementen umgehen und was an diesen eventuell zu verbessern ist. Die Details zu den verschiedenen Typen von Steuerelementen finden Sie in Kapitel 25.

**CD-ROM** Um Ihnen das Nachvollziehen der Schritte in diesem Kapitel zu erleichtern, finden Sie innerhalb der Beispieldateien zu diesem Buch im Ordner *Kap23* eine Datenbank, die bereits die Änderungen aus Kapitel 23 enthält. Laden Sie einfach die betreffende Datenbank, um mit der Arbeit in diesem Kapitel zu beginnen.

Sie können also jederzeit ein Kapitel überspringen und trotzdem auf den aktuellen Stand der Datenbank zugreifen.

# Leeres Formular erstellen

Beginnen Sie am besten mit einem leeren Formular, in dem wirklich alles manuell eingefügt werden muss. Nur dann sehen Sie, was womit verändert wird.

1. Klicken Sie auf den Befehl *Erstellen/Formulare/Formularentwurf*, sodass ein leeres Formular in der Entwurfsansicht angezeigt wird.

2. Lassen Sie mit *Formularentwurfstools/Entwurf/Tools/Eigenschaftenblatt* oder dem Tastenkürzel [Alt]+[↵] das Eigenschaftenblatt anzeigen.
3. Wählen Sie darin für die *Formular*-Eigenschaft *Datensatzquelle* in der dort angezeigten Liste die Tabelle *tblArtikel* aus.
4. Speichern Sie das Formular unter dem Namen *frmArtikelSteuerelemente*. Es sieht jetzt aus wie in Abbildung 24.1, wobei dort der Detailbereich aus Platzgründen schon gekürzt wurde.

**Abbildg. 24.1** Das Formular enthält eine Datensatzquelle, aber keine Steuerelemente

Dieses leere Formular werden wir gleich mit Steuerelementen bestücken und dabei die verschiedenen Typen besprechen. Dabei zeigt es vor allem deren Möglichkeiten und wird nicht besonders hübsch werden. Aber dafür gibt es ja noch das echte Formular *frmArtikel* …

# Formular und Bereiche markieren

Das unauffälligste am ganzen Formular ist das Formular selbst. Es hat keinen sichtbaren Bereich und wird daher oft nicht als eigenständiges Objekt wahrgenommen. Es gibt drei Varianten, um das Formular zu markieren:

- Sie klicken außerhalb der Bereiche auf den (hellblauen) Hintergrund.
- Sie klicken auf die kleine Schaltfläche am Schnittpunkt der Lineale, wie es in Abbildung 24.2 zu sehen ist. Wenn das Formular markiert ist, erscheint dort ein schwarzes Quadrat.

Abbildg. 24.2   Hier markieren Sie das Formular

- Sie wählen es im Eigenschaftenblatt über die Dropdownliste aus (siehe Abbildung 24.3).

Abbildg. 24.3   Hier können Sie das Formular auch auswählen

Die Bereiche selbst sind offensichtlicher, weil sie in der Entwurfsansicht eine eigene Markierungsleiste haben. Auch hier gibt es drei Varianten, einen Bereich zu markieren:

- Sie klicken auf die (derzeit weiße) Fläche des Bereichs.
- Sie klicken auf den schmalen Bereich oberhalb der Fläche mit dessen Beschriftung (in Abbildung 24.4 steht dort *Detailbereich*)
- Sie wählen ihn im Eigenschaftenblatt über die Dropdownliste aus (siehe Abbildung 24.4).

Abbildg. 24.4   Hier ist der Detailbereich markiert

## Kapitel 24  Umgang mit Steuerelementen

> **TIPP**  Sie können die Lineale mit *Formularentwurfstools/Anordnen/Anpassung* und *Anordnung/Größe/Abstand/Lineal* ein- und ausblenden.

## Bereiche ein-/ausblenden

Bei einem leeren Formular ist nur der Detailbereich sichtbar. Sie haben aber bei anderen Formularen schon gesehen, dass es noch einen Formularkopf beziehungsweise einen Formularfuß gibt.

> **HINWEIS**  Außer dem Formularkopf/-fuß gibt es einen Seitenkopf/-fuß. Dieser wird zum Drucken benutzt, während der Formularkopf/-fuß auf dem Bildschirm erscheint.

Den Formularkopf/-fuß können Sie über ein Kontextmenü auf dem Formular sichtbar machen, wie es in Abbildung 24.5 zu sehen ist.

**Abbildg. 24.5**  Mit diesem Kontextmenü lassen sich die Kopf-/Fußbereiche umschalten

Beide Bereiche sind nur gemeinsam (Kopf und Fuß) ein- oder auszuschalten. Wenn in vielen automatisch erzeugten Formularen trotzdem scheinbar kein Fußbereich vorhanden ist, dann ist lediglich dessen Höhe auf *0 cm* reduziert.

Das können Sie wahlweise in dessen *Höhe*-Eigenschaft ändern oder wie in Abbildung 24.6 aus der Unterkante des Formularfuß-Markierers mit dem Mauszeiger (der dann als Nord-Süd-Doppelpfeil erscheint) herausziehen.

Wenn Sie einen Kopf-/Fußbereich tatsächlich wieder ausblenden wollen, wird dieser komplett gelöscht. Daher erhalten Sie dann auch eine Rückfrage wie in Abbildung 24.7 mit dem Hinweis, dass vorher alle darin enthaltenen Steuerelemente gelöscht werden.

**Abbildg. 24.6**  Mit der Maus können Sie den Formularfuß größer ziehen

**Abbildg. 24.7**  Access warnt beim Entfernen der Kopf-/Fußbereiche, dass alle darin enthaltenen Steuerelemente gelöscht werden

**PROFITIPP**  Wollen Sie die Steuerelemente auf einem Formularkopf/-fuß nicht löschen, können Sie alternativ auch die *Sichtbar*-Eigenschaft eines Bereichs auf *Nein* stellen. Dann sehen Sie weiterhin alles im Entwurf, aber in der Formularansicht fehlt der Bereich.

# Steuerelemente hinzufügen

Access kennt im Wesentlichen zwei Arten von Steuerelementen:

- Datengebundene Steuerelemente, die automatisch die Inhalte eines Feldes aus dem aktuellen Datensatz anzeigen, und
- ungebundene Steuerelemente, die unabhängig vom konkreten Datensatz sind.

Damit ein Formular ein datengebundenes Steuerelement nutzen kann, ist Voraussetzung, dass seine *Datensatzquelle*-Eigenschaft eine Tabelle oder Abfrage enthält. Es gibt nämlich auch Formulare, die gar keine Datenbindung enthalten. Für dieses Beispielformular ist die Voraussetzung bereits erfüllt.

1. An der gleichen Position wie das Eigenschaftenblatt lässt sich alternativ auch eine Feldliste anzeigen, die alle Felder der zugrunde liegenden Datenquelle auflistet.
2. Sie können diese Feldliste in der Entwurfsansicht mit dem Tastenkürzel Alt+F8 oder dem Befehl *Formularentwurfstools/Entwurf/Tools/Vorhandene Felder hinzufügen* anzeigen lassen.

**Abbildg. 24.8**    Die Feldliste zeigt alle Felder der Datenquelle an

3. Ziehen Sie aus der Feldliste einen Feldnamen in den Detailbereich wie in Abbildung 24.9 für das Feld *artID* und lassen Sie ihn dort los.

> **TIPP**    Alternativ können Sie einen Feldnamen auch in der Feldliste doppelklicken oder ihn dort markieren und dann mit der ⏎-Taste einfügen.

**Abbildg. 24.9**    Ziehen Sie einen Feldnamen in den Detailbereich

> **TIPP**    Ziehen Sie den Feldnamen nicht zu weit links in das Formular. Wie Sie in Abbildung 24.9 sehen, positionieren Sie die linke obere Ecke des Textfeldes. Noch weiter links wird aber das zugehörige Bezeichnungsfeld angeordnet, falls noch Platz ist. Andernfalls überdecken sich die beiden, sodass Sie die wieder auseinanderschieben müssen.

4. Bereits in Abbildung 24.9 sichtbar sind die beiden Steuerelemente, die durch dieses Ziehen eingefügt werden. Eigentlich haben Sie das (rechte) Textfeld mit der Bindung an das Feld *artID* eingefügt, aber es bringt beim Einfügen immer ein (linkes) Bezeichnungsfeld mit der erläuternden Beschriftung mit.

## Steuerelemente hinzufügen

**PROFITIPP** Im Bezeichnungsfeld steht einfach der Name des Feldes. Wenn Sie in der Tabelle die *Beschriftung*-Eigenschaft für das Feld ausgefüllt haben, wird diese benutzt. Das ist nicht dynamisch, eine nachträgliche Anpassung ist also überflüssig.

Ich verzichte lieber auf die *Beschriftung*-Eigenschaft, weil sie auch die Spaltenüberschriften in Abfragen verändert, wo ich gerne den echten Feldnamen sehe. Der Arbeitsaufwand, im Formular oder in der Tabelle einmalig anzupassen, ist ohnehin gleich.

Technisch ist jetzt alles schon in Ordnung. Sie können dieses Formular in die Formularansicht umschalten und sehen die ID des ersten Artikels.

1. Ziehen Sie in der Entwurfsansicht nun das nächste Feld, nämlich *artkatIDRef*, aus der Feldliste in den Detailbereich, erzeugen Sie damit einen anderen Typ von Steuerelement.

Abbildg. 24.10    Das Feld *artkatIDRef* erzeugt ein Kombinationsfeld

2. Da *artkatIDRef* im Tabellenentwurf bereits als Nachschlagefeld vom Typ *Kombinationsfeld* definiert war, wird dieses beim Hineinziehen in den Formularentwurf übernommen.

Abbildg. 24.11    Beide Felder sind bereits funktionsfähig

Sie können wieder in die Formularansicht wechseln und finden auch das Kombinationsfeld voll funktionsfähig, wie Abbildung 24.11 zeigt.

# Steuerelemente markieren und verändern

Wenn Sie ein Steuerelement bearbeiten oder dessen Eigenschaften ändern wollen, müssen Sie es zuerst markieren. Das geschieht, indem Sie einfach draufklicken. Das Steuerelement erhält eine orangefarbene Umrahmung und acht Anfasser.

Allerdings sehen Sie häufig noch ein zweites Steuerelement mitmarkiert, wie es auch in Abbildung 24.12 zu erkennen ist, nachdem das Kombinationsfeld *artkatIDRef* angeklickt wurde. Typischerweise sind in Access immer zwei Steuerelemente verbunden: ein *Bezeichnungsfeld* und ein *Textfeld* (beziehungsweise ein passender Typ für Daten wie hier das *Kombinationsfeld*).

**Abbildg. 24.12** Anfasser an einem markierten Steuerelement

Eines von den beiden ist »mehr markiert« als das andere und zeigt die acht Anfasser, das andere hat nur einen einzigen, größeren Anfasser. Fast alle Änderungen an Eigenschaften oder Formatierungen betreffen nur das orange markierte Steuerelement mit den vielen Anfassern.

**ACHTUNG** Wenn Sie das *Textfeld* löschen, wird auch das anhängende *Bezeichnungsfeld* entfernt. Umgekehrt können Sie aber das *Bezeichnungsfeld* einzeln löschen, ohne dass das *Textfeld* entfernt wird.

## Mehrere Steuerelemente markieren

Um mehrere Steuerelemente gemeinsam zu markieren, klicken Sie das erste wie beschrieben an. Jedes weitere wird mit Mausklick bei gedrückter `Strg`-Taste zusätzlich in die Markierung aufgenommen.

**ACHTUNG** Die Windows-übliche Alternative, mehrere Steuerelemente in einem Bereich aufzunehmen, indem Sie das linke obere mit einfachem Mausklick und das rechte untere mit Mausklick bei gedrückter `⇧`-Taste markieren, funktioniert in Access nicht. Es sind dann keineswegs alle dazwischen markiert, sondern lediglich diese beiden wie bei der `Strg`-Taste.

Durch erneuten Klick auf ein bereits markiertes Steuerelement bei gleichzeitig gedrückter `Strg`-Taste wird es auch wieder aus der Markierung entfernt.

Für die Markierung vieler Steuerelemente gibt es außerdem die Möglichkeit, diese aus dem Lineal heraus spalten- oder zeilenweise zu markieren. Im Lineal verändert sich der Mauszeiger zu einem kleinen schwarzen Pfeil und halten Sie dort gedrückt, zeigt Access eine Linie an. Alle Steuerelemente, die von dieser Linie getroffen werden, sind markiert.

Sie können wie in Abbildung 24.13 auch die Maus weiter gedrückt halten und den Markierungsbereich durch Ziehen erweitern. Alle Steuerelemente zwischen den beiden schwarzen Linien werden beim Loslassen markiert.

**Abbildg. 24.13** Markieren Sie aus dem Lineal heraus

Schließlich funktioniert auch die aus vielen Grafikprogrammen bekannte Variante des Markierungsrahmens. Dabei beginnen Sie mit der Maus links oben außerhalb der zu markierenden Steuerelemente, sozusagen »im Nichts«. Dort halten Sie die linke Maustaste gedrückt und ziehen so weit, dass alle gewünschten Steuerelemente von diesem Markierungsrahmen wenigstens berührt (siehe Abbildung 24.14) werden.

**Abbildg. 24.14** Ziehen Sie einen Markierungsrahmen

Trotz des Markierungsrahmens können Sie anschließend einzelne Objekte auch mit der `Strg`-Taste wieder aus der Markierung entfernen.

**TIPP** Dieses Markierungsverhalten können Sie umstellen. Mit dem Befehl *Datei/Optionen* wählen Sie im Dialogfeld die Kategorie *Objekt-Designer* und finden dort in der Gruppe *Entwurfsansicht für Formular/Berichte* die Optionen *Teilweise eingerahmt* oder *Voll eingerahmt*.

# Raster

Die Entwurfsansicht für Formulare kann ein Raster aktivieren. Dabei werden oft vier unterschiedliche Befehle miteinander verwechselt:

- Das *Raster* sorgt dafür, dass ein regelmäßiges Punkt- und Linienmuster auf dem Formularentwurf überhaupt dargestellt wird (siehe Abbildung 24.10) oder eben nicht (siehe Abbildung 24.14).

- *Am Raster ausrichten* ist eine Art Magnetismus zum nächsten Rasterpunkt. Das merken Sie, sobald Sie ein Steuerelement verschieben, vergrößern oder verkleinern. Der Befehl ist ein Umschalter und macht nichts aktiv.

- Die beiden Befehle *Formularentwurfstools/Anordnen/Anpassung und Anordnung/Größe/Abstand/Am Raster* und *Formularentwurfstools/Anordnen/Anpassung und Anordnung/Ausrichten/Am Raster* hingegen sind zwei Aktionen, die ein markiertes Steuerelement selbstständig bewegen beziehungsweise in der Größe ändern, sodass seine Ecken auf einem Rasterpunkt liegen.

Sinnvollerweise bleibt in einer Entwurfsansicht sowohl das *Raster* als auch *Am Raster ausrichten* eingeschaltet, damit Steuerelemente beim Verändern immer noch im Raster bleiben.

Sie schalten die Sichtbarkeit des Rasters mit *Formularentwurfstools/Anordnen/Anpassung und Anordnung/Größe/Abstand/Raster* um. Der Abstand zwischen den Rasterpunkten sind zwei *Formular*-Eigenschaften *Raster X* und *Raster Y*, die standardmäßig auf *10* stehen. Das meint Zehntel von Zentimetern, hier also 1 mm.

Da ein Punktabstand von lediglich 1 mm zu einer fast geschlossenen schwarzen Fläche führen würde, wird nur ein Zentimeter-Strichmuster angezeigt. Ändern Sie für beide Eigenschaften *Raster X* und *Raster Y* den Wert auf *5* (also 2 mm, was sich in der Praxis bewährt hat), sehen Sie wie in Abbildung 24.15 tatsächlich die Punkte.

**Abbildg. 24.15** Erst ein gröberes Raster wird auch dargestellt

**HINWEIS** Sie müssen beide Eigenschaften für das Raster wirklich bestätigt (also mit der Einfügemarke verlassen oder per ↵-Taste) haben, bevor es im Formular sichtbar wird. Das gilt eigentlich für alle Eigenschaften, fällt aber sonst nicht so auf.

Auch das (magnetische) Ausrichten am Raster ist ein Umschalter, den Sie mit *Formularentwurfstools/Anordnen/Anpassung und Anordnung/Größe/Abstand/Am Raster ausrichten* anklicken können. Seine Wirkung merken Sie erst, wenn Sie Steuerelemente verschieben oder in der Größe ändern. Dann »ruckelt« es ein wenig, weil die Eckpunkte jeweils zum nächsten Rasterpunkt springen.

Damit ein Steuerelement aktiv seine Größe beziehungsweise seine Position an das Raster anpasst, gibt es je einen Befehl. Für die angepasste Größe wählen Sie *Formularentwurfstools/Anordnen/Anpassung und Anordnung/Größe/Abstand/Am Raster* und für die Positionsänderung auf den nächsten Rasterpunkt klicken Sie auf *Formularentwurfstools/Anordnen/Anpassung und Anordnung/Ausrichten/Am Raster*.

# Steuerelementgröße ändern

Wollen Sie die Größe eines Steuerelements verändern, ziehen Sie an einem der kleineren Anfasser, wie es in Abbildung 24.16 zu sehen ist. Der Mauszeiger verändert sich dabei zu einem Doppelpfeil in der entsprechenden Richtung.

**Abbildg. 24.16** Dieser Mauszeiger erlaubt Größenänderungen

An den kleinen Eckanfassern können Sie beide Dimensionen gleichzeitig verändern, an den mittleren nur waagerecht oder senkrecht.

> **PROFITIPP** Mit einem Doppelklick auf die kleinen Anfasser eines Bezeichnungsfeldes wird dessen Größe automatisch so eingestellt, dass der enthaltene Text hineinpasst. Für die übrigen Steuerelement-Typen ist das nicht möglich, weil die Inhalte ja aus den Daten gebildet werden und im Entwurf unbekannt sind. Dort wird manchmal auf die nächste ganzzeilige Höhe korrigiert, aber wirklich hilfreich ist das nicht.

Auch die Größe kann Access automatisch einstellen, sowohl abhängig vom darin enthaltenen Text als auch einheitlich anhand mehrerer Steuerelemente. Die Anpassung an die Textgröße entspricht dem Doppelklick auf einen Anfasser und funktioniert nur bei Bezeichnungsfeldern brauchbar. Sie finden den Befehl im Menüband als *Formularentwurfstools/Anordnen/Anpassung und Anordnung/ Größe/Abstand/An Textgröße*.

Haben Sie mehrere Steuerelemente markiert, erlauben die Befehle im Menü *Formularentwurfstools/ Anordnen/Anpassung und Anordnung/Größe/Abstand* die Angleichung an den jeweils kleinsten oder größten innerhalb der Markierung. In Abbildung 24.17 sind diese Befehle bereits hervorgehoben (Access zeigt sie so nicht an).

**Abbildg. 24.17**  Diese Befehle im Menü *Größe/Abstand* passen die Größe an

Sie finden diese Befehle auch im Kontextmenü eines markierten Steuerelements unter *Größe anpassen*.

# Steuerelemente verschieben

Sie können Steuerelemente beliebig verschieben, sobald der Mauszeiger als Vierfachpfeil (siehe Abbildung 24.18) angezeigt wird. Das ist überall dort an den Kanten eines Steuerelements der Fall, wo gerade *keine* Anfasser sind.

**Abbildg. 24.18**  Mit diesem Mauszeiger verschieben Sie das Steuerelement (bei verbundenen auch beide)

Sie werden feststellen, dass sich dabei immer beide Steuerelemente bewegen, wenn sie pärchenweise verbunden sind. Natürlich ist es kein ungewöhnlicher Wunsch, das Bezeichnungsfeld oberhalb des Textfeldes anordnen zu wollen.

Dazu müssen Sie jeweils den größeren Anfasser oben links nehmen, auf dem der Mauszeiger ebenfalls als Vierfachpfeil erscheint. Dann lassen sich wie in Abbildung 24.19 auch die verbundenen Steuerelemente zueinander verschieben.

**Abbildg. 24.19**  Mit diesem Anfasser verschieben Sie nur ein Steuerelement

Mehrere markierte Steuerelemente können automatisch ausgerichtet werden durch die Befehle im Menü *Formularentwurfstools/Anordnen/Anpassung und Anordnung/Ausrichten*, wie sie in Abbildung 24.20 bereits hervorgehoben sind (Access zeigt sie so nicht an).

**Abbildg. 24.20** Diese Befehle im Menü *Ausrichten* verschieben die Steuerelemente zueinander

Innerhalb einer Markierung bestimmt immer das extremste Steuerelement die Position aller anderen. Wenn also linksbündig ausgerichtet wird, werden alle anderen zu demjenigen verschoben, welches am weitesten links steht.

> **ACHTUNG**  Access verhält sich beim Ausrichten anders, als Sie es vielleicht von einem Grafikprogramm gewohnt sind. Manchmal stehen die markierten Steuerelemente bereits in einer Reihe wie in Abbildung 24.21.

**Abbildg. 24.21** Die markierten Steuerelemente stehen zufällig in einer Reihe

Dann müssten eigentlich alle Steuerelemente auf dem ersten Bezeichnungsfeld ganz links platziert sein, wenn sie links ausgerichtet werden. Tatsächlich werden sie aber nahtlos aneinander geschoben (siehe Abbildung 24.22).

**Abbildg. 24.22** So stehen die Steuerelemente nach der linksbündigen Ausrichtung

## Steuerelemente automatisch anordnen

Grundsätzlich ist es am einfachsten, das Raster zu aktivieren, sodass alle Steuerelemente bereits ordentlich angeordnet sind. Müssen Sie dennoch unabhängig davon mehrere Steuerelemente gleichmäßig verteilen, stehen Ihnen die Befehle im Menü *Formularentwurfstools/Anordnen/Anpassung und Anordnung/Größe/Abstand* zur Verfügung, wie sie in Abbildung 24.23 bereits hervorgehoben sind (Access zeigt sie so nicht an).

Abbildg. 24.23  Diese Befehle im Menü *Größe/Abstand* passen den Abstand an

Anders als bei der Ausrichtung werden hier verbundene Steuerelemente als eine Einheit bewegt. Typisch für eine solche Situation sind Steuerelemente wie in Abbildung 24.24, die »wie Kraut und Rüben« auf dem Formular verteilt sind.

Abbildg. 24.24  Diese Steuerelemente sind noch ungleichmäßig verteilt

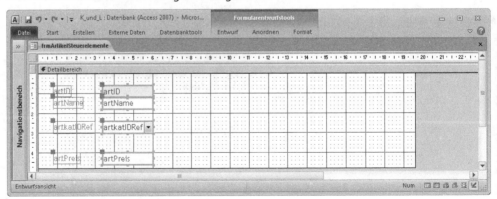

Markieren Sie diese und rufen dann den Befehl *Formularentwurfstools/Anordnen/Anpassung und Anordnung/Größe/Abstand/Identisch vertikal* auf, bleiben die beiden äußeren Steuerelemente oben und unten an ihrer Position. Alle übrigen werden mit gleichen Abständen dazwischen verteilt (siehe Abbildung 24.25).

**Abbildg. 24.25** Jetzt sind alle Abstände dazwischen gleich

**ACHTUNG** Fast zwangsläufig liegen die mittleren Steuerelemente nicht mehr auf Rasterpunkten. Diese Anpassung des Abstands sollte also als letzte Aktion ausgeführt werden, damit Sie die Steuerelemente nicht anschließend nochmals verschieben müssen (und diese dann wieder auf nahe gelegene Rasterpunkte springen).

## Steuerelemente trennen und verbinden

In Endlosformularen sind die beiden verbundenen »Hälften« eines Steuerelement-Pärchens ohnehin schon getrennt, aber das geht in beliebigen Formularen.

1. Sie können einfach das Bezeichnungsfeld markieren und mit [Strg]+[X] oder dem Kontextmenü-Befehl *Ausschneiden* in die Zwischenablage ausschneiden.
2. Mit [Strg]+[V] oder dem Kontextmenübefehl *Einfügen* fügen Sie das Bezeichnungsfeld direkt wieder ein (soll es in einen anderen Bereich eingefügt werden, müssen Sie diesen vorher angeklickt haben).

**HINWEIS** Access-typisch werden eingefügte Steuerelemente immer links oben im jeweiligen Bereich eingefügt, es sei denn, Sie hatten mehrere Steuerelemente in verschiedenen Bereichen kopiert und wieder eingefügt.

3. Access meldet mit einem Smarttag wie in Abbildung 24.26, dass zu diesem Bezeichnungsfeld kein weiteres Steuerelement gehört. Wählen Sie im zugehörigen Dropdownmenü *Fehler ignorieren*, wenn es Absicht ist.

**Abbildg. 24.26**   Im Formularentwurf erscheint ein Hinweis auf ein nicht verbundenes Bezeichnungsfeld

**PROFITIPP**   Sie können diese ganzen Hinweise auf problematische Steuerelemente im Formular- und Berichtsentwurf ausschalten. Sie finden mit dem Befehl *Datei/Optionen* in der Kategorie *Objekt-Designer* in der Gruppe *Fehlerüberprüfung in Entwurfsansicht für Formulare/Berichte* die entsprechenden Optionen.

Um zwei nicht miteinander verbundene Steuerelemente wieder zu verbinden, können Sie den Menübefehl *Steuerelement mit Bezeichnungsfeld assoziieren* (siehe Abbildung 24.26) des Smarttags nutzen. Access zeigt dann in einem Dialogfeld wie in Abbildung 24.27 alle unverbundenen Steuerelemente an.

**Abbildg. 24.27**   Access zeigt die unverbundenen Steuerelemente an

**PROFITIPP**   Sobald die Fehlerüberprüfung in den Optionen ausgeschaltet ist, fehlt das Smarttag und damit die Möglichkeit, diesen Menübefehl zu erreichen. Dann können Sie alternativ das Bezeichnungsfeld mit [Strg]+[X] ausschneiden, das Textfeld markieren (wichtig!) und dann erst den Inhalt der Zwischenablage mit [Strg]+[V] wieder einfügen. Dann sind die beiden auch miteinander verbunden.

# Steuerelement-Layouts

## Steuerelemente gruppieren

Sind mehrere Steuerelemente in der Entwurfsansicht markiert, lassen sich diese als Gruppe zusammenfassen. Klicken Sie dazu auf den Befehl *Formularentwurfstools/Anordnen/Anpassung und Anordnung/Größe/Abstand/Gruppieren*. Klicken Sie später eines der Steuerelemente an, werden alle Steuerelemente dieser Gruppe immer direkt mitmarkiert.

Es ist auch nicht möglich, mit gedrückter `Strg`-Taste einzelne Steuerelemente aus der Markierung herauszulösen, solange die Gruppe besteht.

Bevor Sie wieder einzelne Steuerelemente bearbeiten können, müssen Sie mit dem gegenteiligen Befehl *Formularentwurfstools/Anordnen/Anpassung und Anordnung/Größe/Abstand/Gruppierung aufheben* diese Gruppierung wieder auflösen.

> **HINWEIS** Der bis Access 2007 noch übliche Rahmen um eine Markierungsgruppe ist in Access 2010 nicht mehr zu sehen.

# Steuerelement-Layouts

Anstatt die Steuerelemente immer wieder manuell oder per Befehl auszurichten, können Sie diese auch in ein Layout integrieren. Dieses sorgt dann dafür, dass die Steuerelemente in passender Größe und Ausrichtung bleiben.

Sie können die benötigten Steuerelemente vorher beliebig auf dem Formularentwurf verteilen, wie es in Abbildung 24.28 zu sehen ist.

**Abbildg. 24.28** So sehen die Steuerelemente vorher aus

Es gibt zwei verschiedene Anordnungen für Layouts: gestapelt oder tabellarisch. Mit dem Befehl *Formularentwurfstools/Anordnen/Tabelle/Gestapelt* werden diese Steuerelemente mit den Bezeichnungsfeldern links und den datengebundenen Feldern rechts (siehe Abbildung 24.29) in einem Layout zusammengefasst.

**Abbildg. 24.29**  Diese Steuerelemente liegen im Layout *Gestapelt*

 Alternativ lassen sich die Steuerelemente mit dem Befehl *Formularentwurfstools/Anordnen/Tabelle/Tabelle* als Tabellenlayout zusammenfassen, wie in Abbildung 24.30 gezeigt. Dabei werden die Bezeichnungsfelder automatisch in den Formularkopf verschoben.

**Abbildg. 24.30**  Diese Steuerelemente liegen im Layout *Tabelle*

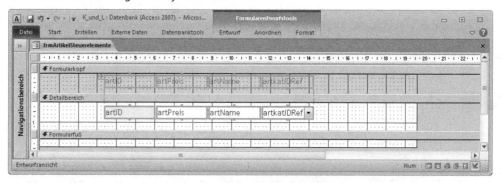

Für die anschließende Anpassung der Spaltenbreiten des Layouts ist die Layoutansicht besser geeignet, in die Sie mit dem Befehl *Formularentwurfstools/Entwurf/Ansicht/Layoutansicht* wechseln können.

**ACHTUNG**  Wenn Sie Steuerelemente in verschiedenen Bereichen markieren, kann das entstehende Layout nur wie *Tabelle* aussehen, auch wenn Sie *Gestapelt* anklicken. Das hängt damit zusammen, dass die beiden »Hälften« des Steuerelementpaares in verschiedenen Ebenen nicht verbunden sein können.

 Sie können (einzelne oder alle) Steuerelemente markieren, um sie aus der Layout-Bindung herauszunehmen. Klicken Sie dazu auf den Befehl *Formularentwurfstools/Anordnen/Tabelle/Layout entfernen*.

Um ein Steuerelement wieder einem bereits vorhandenen Layout zuzuordnen, verschieben Sie es bei gedrückter ⇧-Taste dort hinein. Eine kleine orangefarbene Markierung zeigt, wo es eingepasst werden wird.

# Steuerelemente verankern

Bereits in Kapitel 22 wurde gezeigt, wie Sie Steuerelemente verankern können, sodass deren Größe abhängig von der jeweiligen Fenstergröße angepasst wird.

# Steuerelemente löschen

Sie löschen Steuerelemente so, wie es zu erwarten ist: Markieren Sie es und drücken Sie dann die `Entf`-Taste. Wie schon erwähnt, lässt sich in einem verbundenen Steuerelementpaar das Bezeichnungsfeld alleine löschen, nicht jedoch das datengebundene Feld.

Wenn Sie Steuerelemente in einem Formularentwurf löschen, stehen sie Ihnen weiterhin in der Feldliste zur Verfügung, sie verschwinden also nicht aus der Datenquelle.

**ACHTUNG** Denken Sie bitte daran, dass Sie bei PivotTable- und PivotChart-Ansichten unbedingt die Steuerelemente in der Entwurfsansicht benötigen, damit sie in der Pivot-Feldliste zur Verfügung stehen.

# Zusammenfassung

In diesem Kapitel haben Sie den Umgang mit Steuerelementen auf einem Formular kennengelernt:

- Das *Formular* (Seite 467) selbst können Sie an einer kleinen Schaltfläche im Schnittpunkt der Lineale markieren, um dessen Eigenschaften einzustellen. Die Bereiche haben jeweils eigene Markierungsleisten.
- Die verschiedenen *Kopf-/Fußbereiche* (Seite 468) eines Formulars lassen sich bei Bedarf löschen oder ausblenden.
- Bevor Sie *datengebundene Steuerelemente* (Seite 469) auf einem Formular hinzufügen können, muss das Formular eine Tabelle oder Abfrage als Datensatzquelle enthalten. Beim Einfügen der Felder aus der Feldliste übernehmen diese die Einstellungen aus dem Tabellenentwurf.
- Sie können Steuerelemente auf vielfältige Weise *markieren* (Seite 472), durch direktes Anklicken, einen Markierungsrahmen oder über das Lineal.
- Ein *Raster* (Seite 474) hilft dabei, deren Position oder Größe einheitlich zu halten.
- Mit verschiedenen Befehlen auf der *Anordnen*-Registerkarte (Seite 475) können Sie auch nachträglich noch Steuerelemente in ihrer Ausrichtung oder Größe korrigieren.
- *Steuerelement-Layouts* (Seite 481) vereinfachen das noch mehr, indem Access deren Position oder Größe jederzeit einheitlich zusammenfasst.
- Die Verankerung von Steuerelementen war bereits ausführlich Thema in Kapitel 22. Sie sorgt dafür, dass solche Steuerelemente variablen Platz in unterschiedlich großen Fenstern erhalten.

Kapitel 25

# Allgemeine Steuerelement-Eigenschaften

**In diesem Kapitel:**

| | |
|---|---|
| Aktivierreihenfolge | 486 |
| Tastenkürzel | 487 |
| Steuerelemente deaktivieren | 489 |
| Steuerelementtyp ändern | 491 |
| Steuerelemente formatieren | 493 |
| Bedingte Formatierung | 497 |
| Zusammenfassung | 505 |

# Kapitel 25  Allgemeine Steuerelement-Eigenschaften

Anders als bei Tabellen oder Abfragen haben Sie für Steuerelemente in Formularen weitreichende Gestaltungsmöglichkeiten. Deren Umsetzung gibt Ihren Benutzern Hinweise zur Bedienung, verhindert Falscheingaben oder verbessert das Aussehen Ihrer Formulare. Sie gehen damit weit über die Möglichkeiten hinaus, welche die Designs (siehe Kapitel 22) bieten.

Einige der Eigenschaften gelten für alle oder fast alle Steuerelemente, daher möchten wir Ihnen diese gesammelt vorstellen, um später doppelte Beschreibungen zu vermeiden.

**CD-ROM**   Um Ihnen das Nachvollziehen der Schritte in diesem Kapitel zu erleichtern, finden Sie innerhalb der Beispieldateien zu diesem Buch im Ordner *Kap24* eine Datenbank, die bereits die Änderungen aus Kapitel 24 enthält. Laden Sie einfach die betreffende Datenbank, um mit der Arbeit in diesem Kapitel zu beginnen.

Sie können also jederzeit ein Kapitel überspringen und trotzdem auf den aktuellen Stand der Datenbank zugreifen.

# Aktivierreihenfolge

Solange ein Benutzer in einem Formular per Maus in die Eingabefelder wechselt, ist die interne Reihenfolge unerheblich. Beim Weitergehen per ⇧- oder ↵-Taste jedoch fällt oft auf, dass nachträglich eingefügte Felder nicht in der optisch erwarteten Reihenfolge angesprungen werden.

Mit dem Befehl *Formularentwurfstools/Entwurf/Tools/Aktivierreihenfolge* zeigt Access im Formularentwurf zu *frmArtikelSteuerelemente* ein Dialogfeld wie in Abbildung 25.1 an, mit dem Sie diese Reihenfolge beeinflussen können.

**Abbildg. 25.1**   Geben Sie hier die Aktivierreihenfolge vor

Bei vielen Formularen können Sie einfach die *Automatisch*-Schaltfläche anklicken, dann werden alle Elemente entsprechend ihrer Anordnung im Formular sortiert. Wollen Sie jedoch eine eigene Reihenfolge vorgeben, klicken Sie jeweils auf den Zeilenkopf des Steuerelementnamens, lassen die Maustaste kurz los und verschieben ihn dann an die gewünschte Position.

Dieses Dialogfeld verändert die *Reihenfolgenposition*-Eigenschaft aller Steuerelemente, die Sie auch direkt im Eigenschaftenblatt angeben könnten. Access sorgt dann dafür, dass der Wert innerhalb des Formularbereichs eindeutig ist, und passt die übrigen immer direkt an.

# Tastenkürzel

Jede gute Benutzeroberfläche ist auch dann funktionsfähig, wenn mal keine Maus eingesetzt wird. Sie können dort alles mit der Tastatur durchführen, wobei die [⇥]-Taste für den Wechsel zum nächsten Eingabefeld oder [⇧]+[⇥] für den Wechsel zum vorigen Eingabefeld sicherlich die wichtigsten Tastenkürzel sind.

Bei größeren Dialogfeldern wie beispielsweise dem Dialogfeld *Drucken* (siehe Abbildung 25.2) wäre das unpraktisch, um eine Eingabe ganz am Ende zu erreichen. Daher sind dort immer auch Tastenkürzel für die direkte Auswahl enthalten, die durch unterstrichene Buchstaben gekennzeichnet werden.

**Abbildg. 25.2**  Das Dialogfeld *Drucken* als Beispiel einer Benutzeroberfläche

**ACHTUNG**  Seit Windows Vista sind die unterstrichenen Buchstaben dort erst dann zu sehen, wenn die [Alt]-Taste gedrückt wird.

Das gleiche Prinzip lässt sich auch in jedem Access-Formular verwirklichen. Voraussetzung ist dafür, dass es sich um verbundene Steuerelemente handelt.

1. Markieren Sie ein beliebiges Bezeichnungsfeld (hier dasjenige zu *artkatIDRef*). Technisch ist es nicht nötig, es sieht aber lesefreundlicher aus, wenn die *Beschriftung*-Eigenschaft einen verständlichen Text wie *Kategorie* enthält.

**TIPP** Sie müssen die Eigenschaft verlassen oder mit der ⏎-Taste bestätigen, bevor das Ergebnis im Formularentwurf sichtbar wird. Alternativ können Sie auch direkt in der Entwurfsansicht schreiben, nachdem Sie ein zweites Mal in dieses Bezeichnungsfeld geklickt haben. In diesem Fall passt sich auch die Breite direkt an.

2. Vor einen beliebigen Buchstaben, der dann als unterstrichenes Tastenkürzel fungiert, setzen Sie ein Kaufmanns-Und (&). Am besten wählen Sie einen Buchstaben, der typisch ist für das Wort, meistens der Anfangsbuchstabe. Hier steht also in der Beschriftung &Kategorie.
3. Sie können nun in die Formularansicht umschalten, dort ein beliebiges anderes Feld anklicken und mit Alt+K in das Kombinationsfeld für die Kategorie springen.

**ACHTUNG** Eine Schreibweise wie Alt+K bedeutet, dass die Alt-Taste noch gedrückt bleibt, während Sie K antippen. Müssten Sie erst Alt antippen, dieses loslassen und dann K drücken, wäre es als Alt, K notiert.

Innerhalb eines Formulars müssen die Tastenkürzel eindeutig sein, sonst sind die Benutzer irritiert, weil die Markierung beim gleichen Tastenkürzel zwischen mehreren Steuerelementen wechselt.

Access warnt Sie mit einem Smarttag wie in Abbildung 25.3, dass eine doppelte Tastenkombination vergeben wurde.

**Abbildg. 25.3** Das Smarttag weist darauf hin, dass eine doppelte Tastenkombination zugewiesen wurde

**TIPP** Diese Warnung erscheint nur, wenn Sie in *Datei/Optionen* in der Kategorie *Objekt-Designer* in der Gruppe *Fehlerüberprüfung in Entwurfsansicht für Formulare/Berichte* die entsprechenden Kontrollkästchen aktiviert hatten.

Das Formular mit den Tastenkürzeln sieht so aus wie in Abbildung 25.4, sodass also nun beispielsweise die Farbe mit Alt+F markiert werden kann.

**Abbildg. 25.4**  Das Formular zeigt nun seine Tastenkürzel an

> **PROFITIPP**   Wenn Sie das Formular nun per Tastatur bedienen können, fehlt nach dem Markieren des *Farbe*-Feldes noch das Anzeigen der Auswahlliste. Kombinationsfelder wie dieses lassen sich mit [Alt]+[↓] aus- und einklappen.
>
> Kontrollkästchen werden mit [Leertaste] angekreuzt, sowohl im Formular als auch in Tabellen/Abfragen und sogar beliebigen Windows-Dialogfeldern.

Dass die *artID* kein Tastenkürzel erhalten hat, hängt mit der als Nächstes vorgestellten Deaktivierung zusammen. Ein zukünftig inaktives Eingabefeld braucht einfach kein Tastenkürzel.

Der Übersichtlichkeit halber beschränken sich die folgenden Beispiele auch nur auf die ursprünglichen beiden Felder *artID* und *artkatIDRef*.

# Steuerelemente deaktivieren

Geben Sie doch mal in der Formularansicht von *frmArtikelSteuerelemente* in das *artID*-Feld eine andere Nummer ein! Schließlich erfüllt es alle Voraussetzungen für eine Eingabe:

- Der Mauszeiger erscheint innerhalb des Feldes als römisches *I*, was in einem Windows-Programm der Hinweis auf ein änderbares Eingabefeld ist.
- Der Inhalt lässt sich markieren, wie es für Eingabefelder typisch ist.
- Der Hintergrund ist weiß (was allerdings nur in den normalerweise hellgrauen Dialogfeldern ein guter Anhaltspunkt ist).

> **PROFITIPP**   Sie würden nie auf die Idee kommen, dort eine Zahl einzutippen? Dann beobachten Sie mal, was ein normaler Benutzer mit Access-Formularen macht! Er ist es inzwischen gewohnt, dass überall auf Internetformularen der Wert einfach in ein Suchfeld eingegeben und mit [↵] bestätigt wird. Genau das erwartet er hier auch.

Sie werden bemerkt haben, dass eine Eingabe in *artID* unmöglich ist. Aber haben Sie auch bemerkt, dass Access eine Warnmeldung angezeigt hat? Nämlich ganz unten in der Statusleiste (falls diese überhaupt sichtbar ist), wie Abbildung 25.5 zeigt.

**Abbildg. 25.5**  Die Warnmeldung steht in der Statuszeile

Das entspricht nicht einmal bescheidenen Ansprüchen an eine intuitive Benutzerführung:

- Die Meldung erscheint weit entfernt von der auslösenden Aktion.
- Mit dunkelblauer Schrift auf graublauem Untergrund kann sie kaum als besonders auffällig beschrieben werden.
- Über die Aussagekraft dieser Meldung für einen normalen Benutzer (was ist denn eigentlich ein *AutoWert*-Feld?) ließe sich wohl auch noch diskutieren.

Wenn schon eine nachträgliche Meldung erscheint, sollte sie entweder wie eine Windows-Meldung mitten auf dem Bildschirm erscheinen und per *OK*-Schaltfläche bestätigt werden müssen oder wenigstens wie die QuickInfos direkt am Mauszeiger auf gelbem Viereck präsentiert werden.

Bevor wir aber anfangen, das hier nachzuprogrammieren, können wir das Problem von einer anderen Seite her lösen. Was hier praktiziert wird, bezeichne ich als die »ätsch«-Philosophie: Sie lassen den Benutzer in sein Unglück rennen und sagen hinterher Bescheid.

Da können Sie stattdessen besser vorher verhindern, dass unzulässige Felder (oder Schaltflächen oder Menüs etc.) überhaupt angeklickt werden können. Das ist gängige Windows-Praxis in fast allen Programmen wie auch Access, wo Sie regelmäßig Befehle im Menüband deaktiviert sehen. Das ist die »vorbeugende« Philosophie.

**PROFITIPP**  Beide Philosophien der Benutzerführung haben ihre Vor- und Nachteile. Wenn Sie den Benutzer vorbeugend am Klick auf eine deaktivierte Schaltfläche hindern, kann er nicht herausfinden, was er hätte anders machen sollen, weil es ja keine Meldung gibt. In der »ätsch«-Variante sollte in der Meldung also wenigstens ein Hinweis auf eventuell fehlende Vorbedingungen folgen.

Im Menüband hat Access einen Kompromiss zwischen diesen beiden Philosophien gefunden. Selbst wenn die Befehle situationsbedingt deaktiviert sind, erscheint trotzdem ein sogenannter ScreenTip wie in Abbildung 25.6. Dort wären Hinweise möglich, was zur Aktivierung des Befehls getan werden müsste.

**Abbildg. 25.6**  Der ScreenTip erscheint, obwohl der Befehl *Neu* deaktiviert ist

Langer Rede kurzer Sinn: die Benutzerführung wird einheitlich, wenn Sie dafür sorgen, dass das *artID*-Feld als nicht änderbar erkannt und behandelt wird:

1. Markieren Sie in der Entwurfsansicht das Textfeld *artID* und lassen Sie dessen Eigenschaften anzeigen.
2. Ändern Sie die *Aktiviert*-Eigenschaft auf *Nein*. Dadurch wird das Eingabefeld grau hinterlegt und die zugehörige Beschriftung noch etwas heller grau.
3. Das wäre technisch und im Sinne der erkennbaren Deaktivierung in Ordnung. Wenn Sie jedoch abweichende Farben einsetzen, hält sich ein so deaktiviertes Steuerelement nicht an Ihre Optik. Sie können daher zusätzlich die *Gesperrt*-Eigenschaft auf *Ja* stellen. Dann gelten wieder Ihre vereinbarten Farben.

4. Nun steht allerdings erneut ein weißer Hintergrund im Eingabefeld. Wählen Sie in *Formularentwurfstools/Format/Schriftart/Hintergrundfarbe* wieder ein helles Grau (siehe Abbildung 25.7) aus.

**Abbildg. 25.7**  Das deaktivierte Eingabefeld wirkt nun auch optisch so

**HINWEIS**  Obwohl diese Befehlsgruppe *Schriftart* heißt, sind dort tatsächlich auch *Hintergrundfarbe* und *Textausrichtung* enthalten. Alternativ können Sie den Befehl *Start/Textformatierung/Hintergrundfarbe* benutzen. Oder den Befehl *Formularentwurfstools/Format/Steuerelementformatierung/Fülleffekt*. Oder Sie wählen per Rechtsklick auf das Steuerelement im PopUp-Menü den Befehl *Füll-/Hintergrundfarbe*. Oder Sie nutzen die *Hintergrundfarbe*-Eigenschaft im Eigenschaftenblatt. Warum sollte der Befehl auch überall gleich benannt sein?

# Steuerelementtyp ändern

Natürlich lässt sich der Typ des eingefügten Steuerelements auch ändern, sowohl vorher als auch nachher:

1. Das *artkatIDRef*-Feld soll ein zweites Mal in dieses Formular eingefügt werden, aber als Textfeld. Ein doppeltes Feld ist eher selten, aber durchaus möglich.

2. Klicken Sie zuerst auf *Formularentwurfstools/Entwurf/Steuerelemente/Textfeld*, sodass der Mauszeiger das Symbol für ein Textfeld-Steuerelement anzeigt.
3. Erst dann fügen Sie das Feld *artkatIDRef*, etwa mit Doppelklick auf dessen Namen in der Feldliste, in den Detailbereich ein (siehe Abbildung 25.8).

**Abbildg. 25.8**   Das *artkatIDRef*-Feld wird mit zwei unterschiedlichen Steuerelementen angezeigt

**HINWEIS**   Diese Situation doppelter Steuerelemente zeigt eine Besonderheit, die sonst oft nicht bemerkt wird. Die Eigenschaften *Name* und *Steuerelementinhalt* sind für gebundene Steuerelemente in Access normalerweise identisch: Der Feldname bildet den Steuerelementnamen. Da aber der Name eines Steuerelements innerhalb eines Formulars immer eindeutig sein muss, heißt das doppelte Steuerelement hier ganz banal *Text7* (je nach Anzahl bereits eingefügter Steuerelemente kann die Nummer auch abweichen).

Mit dieser Methode haben Sie den Typ des Steuerelements direkt beim Einfügen vorgegeben. Um dieses Textfeld nun doch noch nachträglich in ein Kombinationsfeld zu verwandeln, gehen Sie so vor:

1. Markieren Sie das gerade eingefügte Textfeld *Text7* und lassen Sie per Rechtsklick dessen Kontextmenü anzeigen.
2. Dort finden Sie wie in Abbildung 25.9 den Befehl *Ändern zu* mit einem Untermenü von teilweise aktivierten Steuerelementtypen. Deren Auswahl ist abhängig vom Typ des markierten Steuerelements.

**Abbildg. 25.9**   Das Kontextmenü für das markierte Feld ist hier gekürzt dargestellt

3. Wenn Sie im Untermenü *Kombinationsfeld* anklicken, ändert sich der Typ vom Textfeld *Text7* in ein Kombinationsfeld, wie Sie sowohl an seinem Aussehen als auch an der Angabe *Auswahltyp: Kombinationsfeld* ganz oben im Eigenschaftenblatt erkennen können.

> **ACHTUNG** Sie haben jetzt zwar den Steuerelementtyp geändert, aber mehr auch nicht. Alle anderen Eigenschaften, die beim Neueinfügen aus dem Tabellenentwurf ausgelesen werden, fehlen jetzt. Dazu gehören beispielsweise die *Spaltenanzahl*, die *Spaltenbreiten* oder sogar die *Datensatzherkunft* selber.

Da es jetzt seinen Demonstrationszweck erfüllt hat, können Sie das doppelte Steuerelement mit dem Namen *Text7* wieder entfernen.

# Steuerelemente formatieren

Sie können jedes Steuerelement einzeln (bei verbundenen Steuerelementen beide »Hälften« getrennt) formatieren, jedoch immer nur komplette Steuerelemente. Die aus Excel bekannte Möglichkeit, einzelne Zeichen zu formatieren, muss in Access entfallen, weil ja unterschiedliche Daten im gleichen Steuerelement angezeigt werden.

## Farben und Schriften

Am offensichtlichsten für die Formatierung sind die Einstellungen für Farben und Schriften. Sie sind sogar mehrfach vorhanden, einmal in der Registerkarte *Start* in der Befehlsgruppe *Textformatierung* und zum anderen bei *Formularentwurfstools/Format* und dort in den beiden Befehlsgruppen *Schriftart* und *Steuerelementformatierung*.

Abbildg. 25.10  In der Befehlsgruppe *Schriftart* lassen sich Formatierungen ändern

> **HINWEIS** Formulare werden nicht besser, wenn sie knallbunt sind. Es ist schön, dass sich in Access so viel an den Farben einstellen lässt, aber es wird für datengebundene Elemente eher die Ausnahme bleiben. Schwarze Schrift auf weißem Hintergrund ist am besten zu lesen, wie eigentlich schon seit Jahrzehnten bekannt ist. Selbst die Standards in Access-Formularen haben sich in den letzten Versionen vom grauen über hellblauen bis hin zum jetzigen weißen Hintergrund verbessert.

Zu jedem Steuerelement lassen sich grundsätzlich drei Bereiche formatieren:

- Die *Schrift* mit Schriftart, -farbe, -größe und -auszeichnung sowie Textausrichtung.

- Die *Hintergrundfarbe* (aber ohne Farbverläufe, Muster und Grafiken, wie es in PowerPoint möglich ist).

- Der Umriss oder die Linien, die hier im Befehl als *Formkontur* bezeichnet werden.

## Farben auswählen

Die Auswahlmöglichkeiten für die Farben von Schriften, Hintergrund oder Linie sind sich sehr ähnlich. Sie sehen in Abbildung 25.11 beispielhaft die Farbauswahl für Linien, welche im Vergleich am umfangreichsten ist.

**Abbildg. 25.11** Die Auswahlmöglichkeit für eine Linienfarbe

Typischerweise finden Sie darin mehrere Bereiche, deren Auswahl sonst in den jeweiligen Eigenschaften *Textfarbe*, *Hintergrundfarbe* oder *Rahmenfarbe* gespeichert wird:

- Ganz oben steht die Farbe *Auto(matisch)*, die der originalen Designfarbe dieses Steuerelements entspricht.

- Darunter folgt der Bereich *Designfarben*, dessen erste Zeile der Farbpalette aus dem gewählten Design entspricht. Darunter sind diese Farben immer in verschiedenen Helligkeitsstufen auswählbar. Ein hier ausgewählter Farbeintrag wird nicht als konkrete Farbe, sondern als Position in der Palette gespeichert, also beispielsweise als *Akzent 1, Heller 80%* für den Eintrag unterhalb der fünften Designfarbe von links. Ein Designwechsel zeigt an gleicher Position in der neuen Farbpalette also eine andere Farbe an, was sich auf diese Steuerelemente auswirkt.

**HINWEIS** Nur Steuerelemente mit *Auto*-Farbe oder Designfarben verändern sich bei einem Wechsel des Designs.

- Den größten Bereich der Auswahl nehmen die *Standardfarben* ein. Sie bestehen aus einer vorgegebenen und unveränderlichen Farbpalette von 70 Farben und werden in der Eigenschaft als Hexadezimal-Werte (z.B. *#FFF200* für gelb) gespeichert. Sie verändern sich bei Designwechsel nicht.

**HINWEIS**  Die Hexadezimal-Schreibweise ist auch für HTML-Code im Internet üblich. Sie besteht aus 16 »Ziffern« (0–9, A–F) je Position, die zweistellig Werte bis 255 abbilden können.

Jede Farbe enthält drei Werte für Rot, Grün und Blau und ist daher sechs »Ziffern« lang. Das Beispiel für die Farbe Gelb liest sich dann #(hexadezimale Zahl folgt) *FF* (Rot 255) *F2* (Grün 242) *00* (Blau 0). Schwarz hat den Farbwert *#000000* und Weiß *#FFFFFF*.

- Sobald Sie verschiedene Farben ausgewählt haben, führt Access darunter eine Liste *Zuletzt verwendete Farben* als Merkhilfe. Diese Liste ist mit dem Beenden des Programms vergessen.
- Eine besondere »Farbe« ist *Transparent*, denn es ist gar keine Farbe, sondern entspricht der Eigenschaft *Hintergrundart* beziehungsweise *Rahmenart* (Schriften können nicht transparent sein).

**ACHTUNG**  Anders als bei bisherigen Access-Versionen bleibt die eigentliche Farbe bei *Transparent* nicht mehr erhalten, sie wird dabei auf *Keine Farbe* umgestellt.

- Über *Weitere Farben* öffnen Sie das Dialogfeld aus Abbildung 25.12, mit dem Sie eine Farbe aus einer größeren Auswahl an Standardfarben wählen oder (auf der Registerkarte *Benutzerdefiniert*) diese selbst mischen können.

**Abbildg. 25.12**  Stellen Sie in diesem Dialogfeld weitere Farben ein

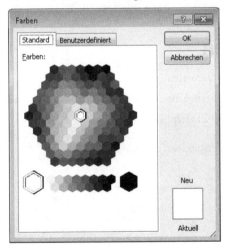

- Nur für Umrisse gibt es darunter noch die Untermenüs zu *Linienstärke* und *Linienart*, die jeweils den Eigenschaften *Rahmenbreite* und *Rahmenart* entsprechen.

Für den Detailbereich existiert zusätzlich die Eigenschaft *Alternative Hintergrundfarbe*, die in Endlosformularen dafür sorgt, dass die Daten durch die zeilenweise wechselnde Hintergrundfarbe besser zu lesen sind.

# Mehrere Steuerelemente formatieren

In der Befehlsgruppe *Formularentwurfstools/Format/Schriftart* finden Sie das Symbol *Format übertragen*, wie Sie es vielleicht schon aus anderen Microsoft Office-Programmen kennen.

1. Markieren Sie ein Steuerelement, dessen Formatierung Sie übernehmen möchten.

2. Klicken Sie auf *Formularentwurfstools/Format/Schriftart/Format übertragen*, sodass am Mauszeiger ein Pinsel angezeigt wird, sobald dieser über einem Steuerelement liegt. In unzulässigen Bereichen ist dieser Pinsel durchgestrichen.
3. Klicken Sie das andere Steuerelement an, welches die Formatierungen übernehmen soll.

Obwohl der *Format übertragen*-Befehl in einer Befehlsgruppe namens *Schriftart* steht, werden alle drei Formatierungen für Schrift, Hintergrund und Umriss übertragen. Die übrigen Eigenschaften (beispielsweise *Aktiviert* oder *Gesperrt*) bleiben davon jedoch unbeeinflusst.

> **PROFITIPP** Wollen Sie das Format auf mehrere Steuerelemente übertragen, können Sie statt eines einfachen Klicks einen Doppelklick auf das *Format übertragen*-Symbol machen. Dann bleibt die Funktion so lange aktiv, bis Sie diese mit einem einfachen Klick auf das Symbol oder durch Drücken von `Esc` wieder beenden.

Alternativ können Sie auch direkt mehrere Steuerelemente gemeinsam markieren und dann deren Einstellungen ändern. Das Eigenschaftenblatt zeigt dann oben *Auswahltyp: Mehrfachauswahl* an und enthält nur noch gemeinsame Eigenschaften.

Haben deren gemeinsame Eigenschaften unterschiedliche Werte, bleibt die Einstellung dort leer. Sobald Sie dort etwas eintragen, gilt der neue Wert für alle markierten Steuerelemente.

# Standardeigenschaften

Es gibt zwei Möglichkeiten, das zukünftige Verhalten eines neuen Steuerelements vorzugeben:

- Sie markieren ein Steuerelement und übernehmen dessen Formatierung als Standard.
- Sie stellen Standardwerte über das Eigenschaftenblatt ein.

Abbildg. 25.13   Hier finden Sie den Eintrag *Steuerelementvorgaben festlegen*

Markieren Sie für die erste Variante das jeweilige Steuerelement und klicken Sie dann auf *Formularentwurfstools/Entwurf/Steuerelemente/Steuerelementvorgaben festlegen*. Dadurch werden nur die *Format*-Einstellungen als Standard definiert.

Wollen Sie weitere Eigenschaften festlegen, müssen Sie die zweite Variante wählen:

1. Lassen Sie das Eigenschaftenblatt anzeigen, wobei es unerheblich ist, was gerade markiert ist.
2. Klicken Sie auf *Formularentwurfstools/Entwurf/Steuerelemente* und dort im Katalog auf den Steuerelementtyp, dessen Standard Sie ändern wollen.
3. Fügen Sie den ausgewählten Steuerelementtyp nicht(!) per Klick in das Formular ein. Stattdessen sehen Sie im Eigenschaftenblatt ganz oben eine Angabe wie *Auswahl: Standard: Textfeld*.
4. Jetzt können Sie im Eigenschaftenblatt alle noch angezeigten Eigenschaften einstellen, deren Auswahl für diese Standardisierung etwas eingeschränkt ist.

5. Sind Sie fertig mit allen Einstellungen, können Sie wieder auf *Formularentwurfstools/Entwurf/Steuerelemente/Auswählen* klicken.

# Bedingte Formatierung

Eines der Highlights der neuen Access-Version besteht sicherlich in den Verbesserungen der bedingten Formatierung. Die bedingte Formatierung macht die Optik eines datengebundenen Steuerelements von seinem Inhalt abhängig und bietet Ihnen nun erheblich mehr Möglichkeiten. Da die Auswirkungen am besten in einem Endlosformular zu sehen sind, sollten wir uns schnell ein minimales Beispiel zusammenstellen:

1. Markieren Sie im Navigationsbereich die Tabelle *tblBestellungen*.
2. Klicken Sie dann auf den Befehl *Erstellen/Formulare/Weitere Formulare/Mehrere Elemente*, um automatisch ein Endlosformular erstellen zu lassen.
3. Speichern Sie das Formular als *frmBestellungenSteuerelemente*.

Wegen der Übersichtlichkeit für dieses Beispiel können Sie in der Entwurfsansicht alle Felder bis auf *bstID* und *bstMenge* entfernen, wie es in Abbildung 25.14 zu sehen ist.

Abbildg. 25.14  Das Endlosformular ist auf die wesentlichen Felder reduziert

## Datenbalken

Normalerweise zeigt ein datengebundenes Feld wie *bstMenge* den Wert als Zahl an, wie Sie es aus allen bisher erstellten Formularen kennen. Mithilfe der bedingten Formatierung lassen sich diese Daten fast so wie in einem Diagramm darstellen:

1. Markieren Sie in der Entwurfsansicht von *frmBestellungenSteuerelemente* das Feld *bstMenge*.
2. Klicken Sie auf den Befehl *Formularentwurfstools/Format/Steuerelementformatierung/Bedingte Formatierung*, um das Dialogfeld aus Abbildung 25.15 anzuzeigen.

**Abbildg. 25.15**     Geben Sie hier Regeln für die bedingte Formatierung vor

3. Klicken Sie darin auf die Schaltfläche *Neue Regel*, die das nächste Dialogfeld (siehe Abbildung 25.16) anzeigt.

**Abbildg. 25.16**     Wählen Sie hier eine neue Formatierungsregel aus

4. In diesem Dialogfeld für eine neue Formatierungsregel klicken Sie in der oberen Liste *Regeltyp auswählen* auf den zweiten Eintrag *Mit anderen Datensätzen vergleichen*. Alle übrigen Einstellungen können Sie unverändert lassen.
5. Bestätigen Sie beide Dialogfelder mit *OK* und wechseln Sie in die Formularansicht, die jetzt wie in Abbildung 25.17 aussieht.

**Abbildg. 25.17**  Das Feld *bstMenge* enthält eine bedingte Formatierung

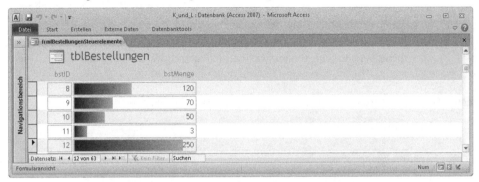

Abhängig vom größten Eintrag ergibt sich die Länge der Balken vom jeweiligen Wert im Feld und lässt sich damit optisch viel schneller erfassen.

## FeldwertIst-Regel

Es sind auch mehrere verschiedene Formatierungen möglich. Während deren Anzahl bisher auf drei beschränkt war, sind nun 50 Formatierungen erlaubt. Das folgende Beispiel wird eine Art »Ampel« anzeigen, bei welcher die Bestellungen mit einer kleineren Menge rot, diejenigen im Mittelfeld gelb und die Mengen im oberen Drittel dunkelgrün hinterlegt sind.

1. Wechseln Sie in die Entwurfsansicht von *frmBestellungenSteuerelemente* und markieren Sie wieder das Feld *bstMenge*.
2. Klicken Sie auf *Formularentwurfstools/Format/Steuerelementformatierung/Bedingte Formatierung*, um das Dialogfeld anzuzeigen.
3. Entfernen Sie die vorhin erstellte Regel per Klick auf die Schaltfläche *Regel löschen*.
4. Fügen Sie eine neue Regel hinzu, bei welcher Sie im nächsten Dialogfeld die *Werte im aktuellen Datensatz prüfen oder einen Ausdruck verwenden*. Eine solche Regel kann den Wert auch berechnen.
5. Geben Sie als untere Grenze 0 ein, wie es in Abbildung 25.18 schon zu sehen ist.

**Abbildg. 25.18**  Diese Regel wird mit den Werten rechnen

## Kapitel 25  Allgemeine Steuerelement-Eigenschaften

6. Die obere Grenze wird als 30 % von der höchsten Mengenangabe beschrieben und muss also berechnet werden. Dazu klicken Sie auf die Schaltfläche mit den drei Pünktchen ganz rechts neben dem zweiten Eingabefeld.
7. Der dann erscheinende Ausdruckseditor bietet (auch das ist eine der deutlichen Verbesserungen dieser Version) eine umfangreiche Unterstützung bei der Eingabe. Beginnen Sie mit der Eingabe von 0,3*Max im Eingabefeld (siehe Abbildung 25.19).

**Abbildg. 25.19**  Der Ausdrucks-Generator bietet alle passenden Funktionen mit Erläuterung

8. Während der Eingabe zeigt der Ausdrucks-Generator eine ständig aktualisierte Liste aller passenden Funktionen an. Sobald Sie die öffnende Klammer nach dem Funktionsnamen geschrieben haben, stehen dort die Felder dieses Formulars zur Auswahl bereit, wie Abbildung 25.20 zeigt.

**Abbildg. 25.20**  Access zeigt automatisch die Felder dieses Formulars als Parameter an

9. Wählen Sie das passende Feld mit den ↓- und ↑-Tasten aus und übernehmen Sie es mit der ⇥-Taste.
10. Fügen Sie noch eine schließende runde Klammer hinzu, um die Formel zu 0,3*Max([bstMenge]) zu vervollständigen, und schließen Sie das Dialogfeld mit der *OK*-Schaltfläche. Sie sehen nun wieder das Dialogfeld zur Bearbeitung einer Formatierungsregel wie in Abbildung 25.21.

**Abbildg. 25.21**  Wählen Sie ein passenden Format zur Regel

11. Im Dialogfeld *Formatierungsregel bearbeiten* können Sie nach Belieben die Hintergrundfarbe, Schriftart und Schriftfarbe verändern, die zur Darstellung genutzt wird, sobald die Regel zutrifft. In diesem Fall steht die Hintergrundfarbe auf Rot. Bestätigen Sie auch dieses Dialogfeld mit *OK* und Sie befinden sich wieder im ersten Dialogfeld wie in Abbildung 25.15 auf Seite 498.
12. Erstellen Sie mit der Schaltfläche *Neue Regel* nun noch zwei ähnliche Regeln, deren Bedingungen Sie in Abbildung 25.22 lesen können.

**Abbildg. 25.22**  Die drei Regeln sind vollständig

**13.** Nachdem Sie auch das Dialogfeld für den Regel-Manager mit *OK* bestätigt haben, können Sie in die Formularansicht wechseln. Die Abbildung 25.23 zeigt, dass nun die Werte je nach Größe farblich unterschiedlich hinterlegt sind.

Abbildg. 25.23  Die Werte werden farblich unterschieden

## HatFokus-Regel

Eine besondere Fähigkeit ist noch in den Regeln der Bedingten Formatierung versteckt, nämlich die Reaktion auf den Fokus, also wenn ein Benutzer in ein Eingabefeld klickt.

**1.** Fügen Sie im Dialogfeld *Manager für Regeln zur bedingten Formatierung* mit der Schaltfläche eine neue Regel hinzu.

**2.** Wählen Sie dort wie in Abbildung 25.24 als Bedingung *Feld hat Fokus* aus und formatieren Sie das Feld nach Belieben. Hier ist es vor allem optisch möglichst abweichend, damit es auch im Schwarzweißdruck dieses Buchs noch zu erkennen ist.

Abbildg. 25.24  Diese Regel ist nicht datenabhängig

**3.** Nachdem Sie das Dialogfeld mit *OK* bestätigt haben, gibt es für das Feld *bstMenge* eine vierte Regel (siehe Abbildung 25.25).

## Bedingte Formatierung

**Abbildg. 25.25** Zu den Regeln ist eine vierte hinzugekommen

4. Wechseln Sie nun wieder in die Formularansicht und klicken Sie in das Feld *bstMenge*, wie es in Abbildung 25.26 bereits geschehen ist.

**Abbildg. 25.26** Die HatFokus-Regel wird offensichtlich nicht umgesetzt

5. Wie Sie sehen, sehen Sie nichts? Richtig, denn diese HatFokus-Regel wird offensichtlich gar nicht umgesetzt. Access weist nämlich leider nirgends darauf hin, dass eine HatFokus-Regel immer an erster Position stehen muss.

6. Öffnen Sie also in der Entwurfsansicht wieder das Dialogfeld des Managers für die bedingte Formatierung, markieren die *HatFokus*-Regel und verschieben sie mit der *Nach oben*-Schaltfläche in die erste Zeile. Jetzt sehen Sie beim Hineinklicken in das Feld *bstMenge* die passende Formatierung wie in Abbildung 25.27.

**Abbildg. 25.27** An erster Position funktioniert die HatFokus-Regel

## AusdruckIst-Regel

Bei den Regeln gibt es zudem noch die Möglichkeit, eine Berechnung durchzuführen. Um das Beispiel möglichst einfach zu halten, soll jede zweite Mengenangabe fett formatiert werden.

**PROFITIPP** Die Berechnung für »jeden zweiten« Datensatz ist dank einer fortlaufenden ID sehr einfach. Der *Mod*-Operator liefert den Rest einer Division, für 10 Mod 3 lautet das Ergebnis *1*, weil nur *9* ganzzahlig durch *3* teilbar ist. Eine ganze Zahl erkennt man also daran, dass bstID Mod 2 das Ergebnis *0* hat.

1. Wechseln Sie in die Entwurfsansicht des Formulars und markieren Sie wieder das Feld *bstMenge*.
2. Rufen Sie mit dem Befehl *Formularentwurfstools/Format/Steuerelementformatierung/Bedingte Formatierung* das Dialogfeld auf und löschen Sie darin alle bisherigen Regeln, damit es übersichtlicher wird.
3. Fügen Sie wie in Abbildung 25.28 eine Regel mit einer AusdruckIst-Bedingung hinzu, deren Formel [bstID] Mod 2 = 0 lautet.

**Abbildg. 25.28**   Diese Regel markiert jeden zweiten Wert

4. Die Formularansicht (siehe Abbildung 25.29) zeigt, dass tatsächlich abhängig vom Feld *bstID* das Feld *bstMenge* abwechselnd fett und mager formatiert ist.

**Abbildg. 25.29**   Jede zweite Zeile ist fett markiert

An diesem Beispiel haben Sie vor allem gesehen, dass die Formel für eine AusdruckIst-Regel auch auf andere Felder (des gleichen Datensatzes) zurückgreifen kann.

**ACHTUNG** Regeln für die bedingte Formatierung gelten in der Reihenfolge, wie sie im Dialogfeld aufgeführt sind. Dabei »gewinnt« die erste Regel, deren Bedingung zutrifft. Tatsächlich wurden nämlich keineswegs die übrigen Regeln gelöscht, sondern lediglich davor eine Regel gesetzt, deren Bedingung immer wahr ist, wie sie in Abbildung 25.30 markiert ist.

Abbildg. 25.30   Die markierte Regel setzt die folgenden außer Kraft

Achten Sie also bei Regeln darauf, dass Sie die umfassendste Bedingung immer nach hinten in der Reihenfolge setzen.

# Zusammenfassung

In diesem Kapitel ging es um allgemeine Eigenschaften, die für (fast) alle Steuerelemente zur Verfügung stehen:

- Die *Aktivierreihenfolge* (Seite 486) stimmt normalerweise mit der Reihenfolge des Einfügens von Steuerelementen überein und gibt vor, in welches nächste Feld der Benutzer später per ⇥ - oder ↵ -Taste kommt. Für nachträglich eingefügte Felder lässt sich die Aktivierreihenfolge anpassen.

- Für eine benutzerfreundliche Formularoberfläche können bei verbundenen Steuerelementen *Tastenkürzel* vereinbart werden, die als unterstrichene Buchstaben im zugehörigen Bezeichnungsfeld zu sehen sind (Seite 487).

- Wenn ein Benutzer einen Wert zwar sehen, aber nicht verändern darf, können Sie in Formularen einzelne *Felder deaktivieren*.

- Verändern Sie bei einem bereits eingefügten Steuerelement dessen *Typ* (Seite 491), bleiben die übrigen Eigenschaften weitestgehend erhalten.

- Steuerelemente lassen sich in Schrift, Hintergrund und Umriss umfangreich *formatieren* (Seite 493), wobei zwischen Designfarben, Standardfarben und selbst definierten Farben gewählt werden kann.

- Sie können für die bequeme Arbeit mit dem Formularentwurf diese Formatierungen von einem Steuerelement per *Format übertragen-Pinsel* (Seite 496) auf ein anderes übertragen oder gleich *Standardwerte* für die Eigenschaften einstellen (Seite 496).

- Schließlich bietet die *bedingte Formatierung* (Seite 497) in Access 2010 erheblich umfangreichere Möglichkeiten, um Daten zu visualisieren.

# Kapitel 26

# Steuerelementtypen

**In diesem Kapitel:**

| | |
|---|---|
| Allgemeine Steuerelemente | 508 |
| Auswahlsteuerelemente | 520 |
| Grafische Elemente | 548 |
| Verknüpfungssteuerelemente | 559 |
| ActiveX-Steuerelemente | 567 |
| Zusammenfassung | 570 |

# Kapitel 26  Steuerelementtypen

In diesem Kapitel finden Sie die Beschreibungen zu den verschiedenen Steuerelementtypen, die in Formularen eingesetzt werden können. Einige von ihnen sind so umfangreich, dass sie eigene Teilkapitel erhalten wie das Unterformular (Kapitel 27) oder das Diagramm (Kapitel 23).

**CD-ROM**   Um Ihnen das Nachvollziehen der Schritte in diesem Kapitel zu erleichtern, finden Sie innerhalb der Beispieldateien zu diesem Buch im Ordner *Kap25* eine Datenbank, die bereits die Änderungen aus Kapitel 25 enthält. Laden Sie einfach die betreffende Datenbank, um mit der Arbeit in diesem Kapitel zu beginnen.

Sie können also jederzeit ein Kapitel überspringen und trotzdem auf den aktuellen Stand der Datenbank zugreifen.

Die Steuerelemente werden in diesem Kapitel in inhaltlichen Gruppen zusammengefasst, die Sie so in Access nirgends wiederfinden werden, die aber dem besseren Verständnis ihrer Funktionalität dienen.

Damit möglichst viele Datentypen zur Verfügung stehen, basieren die gezeigten Beispiele weitgehend auf einem einzigen Formular mit der Abfrage *qryALLE_BESTELLUNGEN_MIT_INFO* als Datenquelle:

1. Klicken Sie auf den Befehl *Erstellen/Formulare/Formularentwurf*, um ein neues leeres Formular zu erhalten.
2. Wählen Sie als *Datensatzquelle*-Eigenschaft für das Formular die Abfrage *qryALLE_BESTELLUNGEN_MIT_INFO* aus.
3. Speichern Sie das Formular (noch ohne Steuerelemente) unter dem Namen *frmSteuerelementTypen* (Abbildung 26.1).

**Abbildg. 26.1**   Mit diesem Formular lassen sich alle Steuerelemente testen

Jeweils das beschriebene Steuerelement wird hier nach Bedarf eingefügt.

# Allgemeine Steuerelemente

Die drei Steuerelement-Typen *Textfeld*, *Bezeichnungsfeld* und *Schaltfläche* sind sozusagen die Klassiker unter den Steuerelementen. Sie befinden sich auf jedem Formular, wobei die Schaltfläche erst dann sinnvoll ist, wenn Programmierung dahinter steckt.

# Textfeld

Das *Textfeld* hat bei Access in der deutschen Übersetzung eine etwas unglückliche Benennung erhalten, denn es ist keineswegs auf *Text*-Datentypen beschränkt. Vielmehr weist der englische Originalname *Edit control* besser darauf hin, dass es sich hier um ein Eingabefeld handelt.

## Textfeld einfügen

Mit dem Befehl *Formularentwurfstools/Entwurf/Steuerelemente/Textfeld* und einem Klick in einen Bereich des Formularentwurfs können Sie ein leeres (ungebundenes) Textfeld inklusive zugehörigem Bezeichnungsfeld einfügen.

Sehr viel häufiger werden Sie aber ein datengebundenes Textfeld benötigen. Lassen Sie dazu mit [Alt]+[F8] die Feldliste anzeigen und ziehen Sie einen Feldnamen einfach mit gedrückter Maustaste in den Formularentwurf. Ein Doppelklick auf einen Feldnamen in der Feldliste funktioniert ebenso.

Welche Eingabe ein Textfeld akzeptiert, hängt vom Datentyp des gebundenen Tabellenfeldes ab. Wie Sie in Abbildung 26.2 sehen, werden Texte (Feld *artName*) linksbündig und Zahlen (Felder *bstMenge* und *bstLieferdatum*) rechtsbündig angeordnet, wenn Sie es nicht ausdrücklich anders formatieren.

**Abbildg. 26.2**  Drei Textfeld-Steuerelemente mit unterschiedlichen Datentypen

Mit den Befehlen *Linksbündig*, *Zentriert* und *Rechtsbündig*, die Sie in der Befehlsgruppe *Formularentwurfstools/Format/Schriftart* (oder bei *Start/Textformatierung*) finden, ändern Sie die Textausrichtung der Daten innerhalb des Steuerelements.

> **TIPP** Um die ursprüngliche automatische Ausrichtung (Text ist linksbündig, Zahl/Datum ist rechtsbündig) wieder herzustellen, klicken Sie erneut auf eine bereits ausgewählte Textausrichtung, sodass dann keines der drei Symbole aktiviert ist.

Bezieht sich ein *Textfeld*-Steuerelement auf ein *Datum/Uhrzeit*-Tabellenfeld, erscheint automatisch eine Datumsauswahl. Sie können das über die Eigenschaft *Datumsauswahl anzeigen* beeinflussen, die normalerweise den Wert *Für Datumsangaben* aufweist.

Die häufig eingesetzte Möglichkeit, Textfelder zu deaktivieren, habe ich Ihnen bereits in Kapitel 25 vorgestellt. Damit sind diese vor Benutzereingaben geschützt, zeigen aber trotzdem automatisch den jeweiligen Dateninhalt an.

## Berechnungen

Zur Verdeutlichung unterscheide ich Textfelder und Bezeichnungsfelder (die ja auch Text enthalten) immer in »lebende« und »tote« Texte. Bezeichnungsfelder enthalten die »toten« Inhalte wie Überschriften, weil diese sich in der Formularansicht nicht mehr ändern.

Textfelder hingegen »leben«, weil dort wechselnde Inhalte drin stehen. Das müssen keineswegs nur Daten aus Tabellen/Abfragen sein, sondern können auch beliebige Berechnungen mit Formeln und Funktionen sein.

Wir haben ja in der zugrunde liegenden Abfrage ein Feld *GanzerName* berechnet, welches Nachnamen und Vornamen des Mitarbeiters verkettet hat. Das ist grundsätzlich die beste Konstruktion, denn Berechnungen gehören vornehmlich in Abfragen.

> **HINWEIS** Haben Sie Felder in Abfragen berechnet, können andere Abfragen, Formulare und Berichte darauf zugreifen. Bei berechneten Feldern in Formularen (oder Berichten) geht das nicht.

Manchmal brauchen Sie aber doch in einem einzelnen Formular mal einen Wert oder (wie Sie in Kapitel 27 sehen werden) in einer Fußzeile eine Berechnung, die nicht in einer Abfrage erstellt werden kann.

1. Wechseln Sie in den Entwurf des Formulars *frmSteuerelementTypen* und löschen Sie darin alle Felder.
2. Fügen Sie die Felder *mitVorname*, *mitNachname* und *GanzerName* aus der Feldliste ein, wie es in Abbildung 26.3 zu sehen ist.

**Abbildg. 26.3**   Diese Felder entstammen der Abfrage

3. Zusätzlich soll hier der Name mit abgekürztem Vornamen sichtbar sein und im Formular berechnet werden. Klicken Sie in *Formularentwurfstools/Entwurf/Steuerelemente* auf das *Textfeld* und anschließend in den Detailbereich.
4. Dort ist nun ein verbundenes Steuerelement mit Bezeichnungsfeld und Textfeld zu sehen. Im Textfeld ist der Eintrag *Ungebunden* zu lesen (siehe Abbildung 26.4).

Abbildg. 26.4    Das ungebundene Textfeld ist noch ohne Berechnung

5. Sie können zwar nach einem zweiten Klick darauf direkt im Formularentwurf im Feldinhalt schreiben, aber der Ausdrucks-Generator bietet Ihnen viel mehr Hilfe an. Lassen Sie daher das Eigenschaftsblatt anzeigen und klicken Sie in der Eigenschaft *Steuerelementinhalt* zu diesem Textfeld auf die Schaltfläche mit den drei Pünktchen.
6. Geben Sie dort die nachstehende Formel ein:

```
=[mitNachname] & ", " & Links([mitVorname];1) & "."
```

7. Nachdem Sie den Ausdrucks-Generator mit *OK* bestätigt haben, steht die Formel auch im Textfeld wie in Abbildung 26.5.

Abbildg. 26.5    Das ungebundene Textfeld enthält jetzt eine Berechnung

8. Das Ergebnis (siehe Abbildung 26.6) wirkt wie ein in der Abfrage berechnetes Feld.

Abbildg. 26.6    Das Ergebnis des berechneten Textfeldes

**TIPP** Beide Steuerelemente (in unserem Beispiel *GanzerName* und *Text7*) sind wegen der darin enthaltenen Berechnung vom Benutzer sowieso nicht mehr änderbar und sollten daher auf einem echten Formular jetzt noch deaktiviert werden.

## Vertikal anzeigen

Für Überschriften in umfangreichen Tabellen ist es sehr praktisch, dass Access Texte auch senkrecht stellen kann. Am Beispiel dieses berechneten Textfelds *Text7* können Sie das sehen, es funktioniert aber auch mit Bezeichnungsfeldern.

Verschieben Sie es beispielsweise an den linken Rand und löschen Sie sein Bezeichnungsfeld, wie es in Abbildung 26.7 zu sehen ist. Stellen Sie dann seine *Vertikal*-Eigenschaft auf *Ja*.

**Abbildg. 26.7** Das Textfeld ist verschoben und vertikal orientiert

Jetzt werden in der Formularansicht die abgekürzten Namen der Mitarbeiter senkrecht vor dem Datensatz angezeigt (siehe Abbildung 26.8).

**Abbildg. 26.8** Die Daten werden senkrecht angezeigt

So praktisch, wie diese Fähigkeit der senkrechten Texte ist, bleibt doch ein Wermutstropfen: die Richtung lässt sich nicht ändern. Alle Texte laufen also immer von oben nach unten und es gibt keine Möglichkeit (wie bei Excel in der Zellausrichtung beispielsweise), die Texte von unten nach oben zu schreiben.

## Textränder

Wenn Sie sich den Text mit seinem Rahmen genau ansehen, werden Sie feststellen, dass er direkt am Rand beginnt. Insbesondere mit farbig hinterlegten oder umrandeten Texten sieht das nicht gut aus. Seit Access 2007 gibt es einige Eigenschaften, mit denen Sie den Abstand zwischen Text und seinem Hintergrundrechteck bestimmen können.

Tragen Sie für die Eigenschaften *Oberer Rand*, *Unterer Rand*, *Linker Rand* und *Rechter Rand* einen kleinen Wert wie *0,1 cm* ein. Dadurch wird der Text wie in Abbildung 26.9 mit etwas Abstand zu seinem umgebenden Rechteck dargestellt.

**Abbildg. 26.9** Der Text hat Abstand zu seinem Rechteck (zur Verdeutlichung eingefärbt)

**ACHTUNG** Die ähnlich klingenden Eigenschaften *Textabstand oben*, *Textabstand unten*, *Textabstand links* und *Textabstand rechts* lösen nur scheinbar keine Änderungen aus. Sie gelten nämlich in Layouts als Abstand zum umgebenden Rechteck und wirken deswegen nur, wenn ein Layout aktiv ist.

## Rich-Text

Eine Besonderheit der Textfelder besteht im Umgang mit *Memo*-Feldern, von denen wir allerdings in der Datenbank bisher keines gebraucht haben. Zudem möchte ich gleich inhaltliche Änderungen an den Daten vornehmen, daher brauchen wir ausnahmsweise mal eine neue Testtabelle:

1. Bereiten Sie mit *Erstellen/Tabellenentwurf* eine Tabelle vor, welche die Felder wie in Abbildung 26.10 enthält.

**Abbildg. 26.10** Im Tabellenentwurf ist hier ein Rich-Text-Memofeld enthalten

2. Dabei ist *tstMemoNurText* ein Memo-Feld ohne weitere Änderungen, während bei *tstMemoRichText* die *Textformat*-Eigenschaft auf *Rich-Text* gestellt wurde.
3. Speichern Sie die Tabelle als *tblTest* und schließen Sie den Entwurf.
4. Lassen Sie mit *Erstellen/Formulare/Formularentwurf* ein leeres Formular erstellen und weisen Sie im Eigenschaftenblatt dessen Formular-Eigenschaft *Datensatzquelle* die Tabelle *tblTest* zu.
5. Ziehen Sie aus der Feldliste ([Alt]+[F8]) die Felder *tstText*, *tstMemoNurText* und *tstMemoRichText* in den Detailbereich und speichern Sie das Formular auf den Namen *frmTest* (ein eventuell noch vorhandenes Formular *frmTest* können Sie dabei überschreiben).
6. Wechseln Sie nun in die Formularansicht und schreiben Sie ein paar Beispielinhalte wie in Abbildung 26.11 hinein.

**Abbildg. 26.11**   Diese Texte sind beispielhaft in der Test-Tabelle enthalten

Um den Zeilenumbruch im Rich-Text-Feld (hinter »Dieser Text endet hier.«) einzugeben, können Sie dort direkt die [↵]-Taste betätigen. In einem normalen Textfeld wie *tstText* funktioniert das nicht, dort müssen Sie [Strg]+[↵] benutzen.

**HINWEIS**   In Access erfolgt der Umbruch in Textfeldern mit [Strg]+[↵], in Memofeldern nur mit [↵], in Excel-Zellen mit [Alt]+[↵], in Excel-Textboxen und in PowerPoint wieder nur mit der [↵]-Taste.

Diesen Wahnsinn mit immer wieder neuen Tastenkombinationen für eine neue Zeile oder einen neuen Absatz hat sich Microsoft selbst eingebrockt. Die [↵]-Taste ist nämlich in Windows gleichzeitig sowohl für den Wechsel zum nächsten Eingabefeld in Dialogfeldern als auch für den Zeilen-/Absatzwechsel in Texten zuständig.

Sobald ein Konflikt auftritt, weil hier sowohl eine neue Zeile eingegeben als auch ein Sprung zum nächsten Eingabefeld ausgeführt werden könnte, gibt es selbst innerhalb von Microsoft Office solche Sonderlösungen.

Immerhin können Sie in Access-Textfeldern das Verhalten der [↵]-Taste umstellen. Der »Normalfall« für die Eigenschaft *Eingabetastenverhalten* ist der Wert *Standard*. Dann erfolgt der Umbruch mit [Strg]+[↵] und der Wechsel zum nächsten Feld mit [↵].

Stellen Sie die Eigenschaft auf *Neue Zeile im Feld*, dann führt jede(!) Tastenkombination mit der [↵]-Taste zu einer neuen Zeile. Der Wechsel kann dann nur noch per Maus oder mit der [⇥]-Taste erfolgen.

**HINWEIS**   Mit der ⇥-Taste haben Sie übrigens direkt den nächsten Kandidaten, um den Benutzer vollends nervlich zu ruinieren: auch diese Taste ist funktionell doppeldeutig. Sie ist gleichzeitig zum Wechsel in das nächste Eingabefeld und zum Einfügen eines Tabulator-Zeichens zuständig. Wenigstens löst sie in Access ausschließlich einen Feldwechsel aus und das lässt sich auch nicht verändern.

Bis hierhin scheinen die Textfelder keine großen Unterschiede zu haben. Markieren Sie aber im Rich-Text-Memofeld ein paar Zeichen, so erscheint die Formatierungsleiste wie in Abbildung 26.12.

**Abbildg. 26.12**   In *Rich-Text*-Feldern gibt es Formatierungsmöglichkeiten für einzelne Zeichen

Mithilfe dieser Formatierungsleiste oder der Befehlsgruppe *Start/Textformatierung* im Menüband (die ansonsten deaktiviert wäre) können Sie wie in Abbildung 26.13 einzelne Teile eines Datenfeldes formatieren.

**Abbildg. 26.13**   Nur in *Memo*-Feldern lassen sich einzelne Textteile formatieren

Notfalls können Sie auch *Memo*-Datenfelder formatieren, deren *Textformat*-Eigenschaft für das zugrunde liegende Tabellenfeld noch auf *Nur-Text* steht. Sie erhalten beim Versuch, im Formularentwurf für *txtMemoNurText* die *Textformat*-Eigenschaft umzustellen, eine Warnung wie in Abbildung 26.14.

**Abbildg. 26.14** Warnung bei nicht zusammenpassenden *Textformat*-Eigenschaften

Danach verhält sich das Feld *tstMemoNurText* im Formular scheinbar genauso wie *tstMemoRichText* und Sie können jeden Buchstaben einzeln formatieren. Allerdings sehen Sie den Unterschied, wenn Sie wie in Abbildung 26.15 in der Tabelle *tblTest* nachsehen, was wirklich gespeichert wurde.

**Abbildg. 26.15** Das Feld *tstMemoNurText* speichert offenbar doch kein *Rich-Text*-Format

**HINWEIS** Obwohl die Bezeichnung *Rich-Text*-Format annehmen lässt, dass es dem Rich-Text-Format (RTF) von Word ähnelt, ist das keineswegs der Fall. Es handelt sich schlicht um einen eingeschränkten Befehlssatz von HTML-Formatcodes.

Ein nachträgliches Umwandeln in ein Rich-Text-Feld hilft übrigens auch nicht, die HTML-Codes bleiben in der Tabelle stehen und werden nicht formatiert dargestellt.

### Datum/Uhrzeit einfügen

Ein oder zwei Textfeld(er) mit bestimmten Voreinstellungen erhalten Sie mit dem Befehl *Formularentwurfstools/Entwurf/Kopfzeile/Fußzeile/Datum und Uhrzeit*, denn dabei werden Textfelder namens *Auto_Datum* und *Auto_Zeit* im (dadurch möglicherweise neu angelegten) Formularkopf mit einer vorgegebenen Schriftgröße erzeugt.

**PROFITIPP** Die Schriftart für diese Textfelder entspricht der *Schriftart für Textkörper*, die Sie über *Formularentwurfstools/Entwurf/Designs/Schriftarten/Neue Designschriftarten erstellen* definiert haben. Die Beschreibung zu den Designs finden Sie in Kapitel 22.

Die darin benutzten Funktionen *Datum()* beziehungsweise *Zeit()* sorgen für eine Anzeige, die beim Öffnen des Formulars aktuell ist. Sie können die Darstellung dieser Angaben über die *Format*-Eigenschaften der beiden Felder anpassen.

# Bezeichnungsfeld

Das Bezeichnungsfeld (*label*) ähnelt weitestgehend dem schon beschriebenen Textfeld mit dem wesentlichen Unterschied, dass darin keine Daten aus dem Datensatz dargestellt werden. Alle dort gezeigten Methoden und Eigenschaften gelten hier auch, allerdings fehlen *Aktiviert* und *Gesperrt*, weil es eben nicht editierbar ist.

## Bezeichnungsfeld einfügen

Bezeichnungsfelder werden oftmals automatisch gemeinsam mit einem Textfeld oder Kombinationsfeld eingefügt, lassen sich aber selbstverständlich auch einzeln anlegen:

1. Klicken Sie zuerst auf den Befehl *Formularentwurfstools/Entwurf/Steuerelemente/Bezeichnung* und dann in den Formularentwurf. Alternativ können Sie statt eines Klicks im Formular auch einen Rahmen aufziehen, um die Größe vorzugeben.
2. Sie müssen dann direkt einen Text eingeben, weil das Bezeichnungsfeld sonst sofort wieder gelöscht wird.
3. Bestätigen Sie die Eingabe mit der ⏎-Taste oder klicken Sie mit der Maus einfach außerhalb.

In Kapitel 25 hatte ich bereits darauf hingewiesen, dass Access dann je nach Optionen ein Smarttag anzeigt, weil dieses Bezeichnungsfeld unverbunden ist. Sie können im Smarttag den Menüeintrag *Fehler ignorieren* anklicken, damit das Smarttag verschwindet.

## Titel einfügen

Ein Bezeichnungsfeld mit bestimmten Voreinstellungen erhalten Sie mit dem Befehl *Formularentwurfstools/Entwurf/Kopfzeile/Fußzeile/Titel*, denn dabei wird ein Textfeld namens *Auto_Kopfzeile0* im (dadurch möglicherweise neu angelegten) Formularkopf mit einer vorgegebenen Schriftgröße erzeugt.

> **PROFITIPP** Die Schriftart für dieses Titel-Textfeld entspricht der *Schriftart für Überschriften*, die Sie über *Formularentwurfstools/Entwurf/Designs/Schriftarten/Neue Designschriftarten erstellen* definiert haben. Die Beschreibung zu den Designs finden Sie in Kapitel 22.

Der Name des Formulars steht als Inhalt im neu angelegten Bezeichnungsfeld. Es ist bereits Teil eines Layouts und kann später um ein Logo (siehe Seite 553) erweitert werden, welches passend in der zweiten Zelle des Layouts integriert wird. Die Datum/Uhrzeit-Bezeichnungsfelder hingegen stehen unabhängig davon im Formularkopf und überschneiden sich manchmal.

# Schaltfläche

Das *Schaltfläche*-Steuerelement müsste eigentlich genauer Befehlsschaltfläche (*command button* in Englisch) heißen, weil es eben auch noch *Umschaltflächen* und Optionsschaltflächen (inzwischen als *Optionsfeld* bezeichnet) gibt. Mit diesem Steuerelement werden Programme gestartet, die als Makro oder in VBA geschrieben wurden.

Daher werden wir uns ausführlicher damit befassen, sobald Sie einen Einblick in die Programmierung erhalten haben. Wenn Sie allerdings mit *Formularentwurfstools/Entwurf/Steuerelemente/Steuerelement-Assistenten verwenden* den Assistenten aktiviert haben, können Sie auch ohne Programmierkenntnisse einige vordefinierte Schaltflächen anlegen.

## Schaltfläche einfügen

Da die Navigationsschaltflächen sehr klein sind, sollen diese auf dem Formular in gut sichtbarer Größe angelegt werden:

1. Fügen Sie in der Entwurfsansicht des Formulars ein paar Felder in den Detailbereich ein, hier sind es beispielhaft *artID*, *artkatIDRef*, *artName* aus der Artikel-Tabelle.
2. Prüfen Sie, dass der Steuerelement-Assistent aktiviert ist.
3. Klicken Sie auf *Formularentwurfstools/Entwurf/Steuerelemente/Schaltfläche* und anschließend in den Formularentwurf, wo Sie die Schaltfläche einfügen wollen.
4. Der Befehlsschaltflächen-Assistent erscheint automatisch mit seinem ersten Schritt (siehe Abbildung 26.16), in dem Sie die Kategorie und Aktion auswählen können.

**Abbildg. 26.16**  Wählen Sie hier im Assistenten die Kategorie und Aktion aus

5. Belassen Sie die *Kategorie* auf *Datensatznavigation* und wählen Sie bei den *Aktionen* den Eintrag *Gehe zum nächsten Datensatz*. Klicken Sie auf *Weiter* für den zweiten Schritt.
6. Hier können Sie entsprechend der Abbildung 26.17 alle Standardwerte belassen und mit *Weiter* zum letzten Schritt wechseln.

**Abbildg. 26.17**  Belassen Sie diese Standardwerte

## Allgemeine Steuerelemente

7. Langfristig sollen gerade die Steuerelementnamen im Zusammenhang mit Programmierung entsprechend der Ungarischen Notation (siehe Kapitel 7) benannt werden. Das sollten Sie am besten schon mal berichtigen, tragen Sie also als korrekten Namen *btnWeiter* ein (siehe Abbildung 26.18).

**Abbildg. 26.18**  Geben Sie direkt einen Namen mit Ungarischer Notation vor

8. Nach dem Klick auf *Fertig stellen* enthält Ihr Formularentwurf eine neue Schaltfläche mit der gewünschten Funktionalität.

**Abbildg. 26.19**  So sieht die fertige Schaltfläche aus

In Abbildung 26.19 sehen Sie das fertige Formular in der Formularansicht mit der Schaltfläche zum Wechsel in den nächsten Datensatz. Für die übrigen Navigationsschaltflächen müssten Sie nun jeweils den Assistenten nach dem gleichen Schema starten.

**HINWEIS**  Sicher sind Sie jetzt neugierig, wo der Programmcode steckt? Markieren Sie im Formularentwurf das *Schaltflächen*-Steuerelement und suchen dessen *Beim Klicken*-Eigenschaft. Darin steht der Wert *[Eingebettetes Makro]* und Sie können auf die daneben sichtbare Schaltfläche mit den drei Pünktchen klicken.

Für den Makrocode der Schaltfläche öffnet Access eine weitere Registerkarte mit dem Inhalt wie in Abbildung 26.20. Da diese Registerkarte modal ist, müssen Sie es mit dem *X* schließen, um weiter im Formularentwurf arbeiten zu können.

**Abbildg. 26.20**  Das ist der Makrocode zur Schaltfläche

Natürlich können Sie auch *Schaltflächen*-Steuerelemente mit einem eigenen Bild und vor allem eigener Programmierung ausstatten, aber diese Details finden Sie in Kapitel 37.

# Auswahlsteuerelemente

In dieser Gruppe habe ich alle diejenigen Steuerelemente zusammengefasst, die eine Auswahl aus verschiedenen Optionen oder mehreren Zuständen erlauben. Dabei gibt es welche, die nur eine einzige Auswahl (entweder/oder) zulassen, und andere, bei denen mehrere Optionen gleichzeitig aktiv sein können:

- Zur Entweder/Oder-Kategorie gehören Kontrollkästchen, Optionsfelder, Listenfelder und Kombinationsfelder.
- Eine Mehrfachauswahl erlauben Listenfelder (wenn die *Mehrfachauswahl*-Eigenschaft aktiviert ist) und Kombinationsfelder (wenn sie auf mehrwertigen Datenfeldern basieren).

Sie werden die jeweiligen Varianten bei der Beschreibung der Steuerelemente finden.

## Kontrollkästchen

Das *Kontrollkästchen*-Steuerelement (*check box* in Englisch) zeigt meistens die Daten eines *Ja/Nein*-Datenfeldes an, kann aber auch ohne Datenbindung sinnvoll eingesetzt werden. Es ist (im Gegensatz etwa zu *Optionsfeld*-Steuerelementen) normalerweise unabhängig von anderen Elementen.

## Kontrollkästchen einfügen

Sie können ein (ungebundenes) Kontrollkästchen im Formularentwurf mit dem Befehl *Formularentwurfstools/Entwurf/Steuerelemente/Kontrollkästchen* und einem anschließenden Klick in den gewünschten Bereich einfügen. Wenn es aber eine Datenbindung haben soll, ziehen Sie es besser aus der Feldliste heraus:

1. Lassen Sie im Formularentwurf von *frmSteuerelementTypen* mit [Alt]+[F8] die Feldliste anzeigen.
2. In der Abfrage *qryALLE_BESTELLUNGEN_MIT_INFO* als Datenquelle finden Sie ein geeignetes *Ja/Nein*-Datenfeld in der enthaltenen Tabelle *tblKategorien*.
3. Ziehen Sie den Feldnamen *katIstMoebel* in den Detailbereich wie in Abbildung 26.21.

**Abbildg. 26.21**  Das Kontrollkästchen ist an das Feld *katIstMoebel* gebunden

Wie Sie sehen, werden auch Kontrollkästchen direkt mit einem verbundenen Bezeichnungsfeld eingefügt, auch wenn dieses jetzt auf der anderen Seite liegt.

**ACHTUNG**   Ein langjähriges Problem besteht leider immer noch darin, dass das Kontrollkästchen nicht vergrößerbar ist. Selbst wenn Sie die Umrahmung größer machen, bleibt das Viereck mit Häkchen gleich klein. Das ist ärgerlich, wenn die Schrift mal größer wird als 10 pt. Schon die derzeit eingestellten 11 pt in Abbildung 26.21 zeigen einen unschönen Unterschied zum etwas klein geratenen Kontrollkästchen.

Es gibt keine optisch brauchbare Lösung außer dem Wechsel zu den anderen Entweder/Oder-Steuerelementen wie Umschaltflächen, Kombinationsfeld oder Listenfeld.

## Dreifacher Status

Bisher waren *Ja/Nein*-Entscheidungen immer genau auf diese beiden Fälle beschränkt. Es gibt aber einen dritten Fall, sozusagen das Unentschieden, dann hat das Steuerelement den Wert NULL.

**HINWEIS**   Auch *Ja/Nein*-Datenfelder können diesen NULL-Wert enthalten, es gibt aber in der Datenblattansicht der Tabelle keine Möglichkeit, diesen einzugeben. Selbst wenn Sie den Standardwert leer lassen (und also für neue Datensätze korrekt ein NULL in diesem Feld sichtbar ist), wird es sofort in *Nein* umgewandelt, sobald ein Datensatz erzeugt wird. Nur über das Formular lässt sich der dritte Status anzeigen und eingeben.

# Kapitel 26  Steuerelementtypen

1. Fügen Sie mit dem Befehl *Formularentwurfstools/Entwurf/Steuerelemente/Kontrollkästchen* ein ungebundenes Kontrollkästchen in den Detailbereich ein.
2. Markieren Sie davon genau das Kontrollkästchen selber und stellen dessen Eigenschaft *Dreifacher Status* auf *Ja*.
3. Wechseln Sie in die Formularansicht wie in Abbildung 26.22, wo das Kontrollkästchen mit Dreifachstatus gerade den NULL-Wert anzeigt.

**Abbildg. 26.22**  So sieht ein Kontrollkästchen mit dreifachem Status aus

Sie können für solche Kontrollkästchen nun mit den drei Klicks jeweils drei unterschiedliche Anzeigen erzeugen.

### Kontrollkästchen-Feld

Sie können Kontrollkästchen in Optionsgruppen (siehe Seite 525) zusammenfassen, dann verhalten sie sich plötzlich wie Optionsfelder. Das widerspricht aber allen üblichen Benutzererfahrungen mit einer Windows-Oberfläche und sollte vermieden werden.

## Umschaltfläche

Eine Alternative zum Kontrollkästchen ist die *Umschaltfläche* (*shift button* oder *toggle button*), die zwar wie eine *Befehlsschaltfläche* aussehen kann, sich aber anders verhält. Während eine Befehlsschaltfläche mit dem Loslassen der Maus optisch wieder »herausspringt«, wechselt eine Umschaltfläche jeweils dauerhaft zwischen »gedrückt« und »nicht gedrückt«.

### Umschaltfläche einfügen

Grundsätzlich wird ein *Umschaltfläche*-Steuerelement wie alle anderen Steuerelemente eingefügt, allerdings fehlt anfangs seine Beschriftung.

1. Wechseln Sie in die Entwurfsansicht von *frmSteuerelementTypen* und klicken Sie auf *Formularentwurfstools/Entwurf/Steuerelemente/Umschaltfläche*.
2. Lassen Sie mit [Alt]+[F8] die Feldliste anzeigen und ziehen Sie mit gedrückter Maustaste den Feldnamen *katIstMoebel* in den Detailbereich wie in Abbildung 26.23.

## Auswahlsteuerelemente

Abbildg. 26.23   So sieht eine soeben eingefügte *Umschaltfläche* aus

3. Ziehen Sie das *Umschaltfläche*-Steuerelement an seinen Anfassern deutlich größer.
4. Tragen Sie in der noch leeren *Beschriftung*-Eigenschaft einen beliebigen Text ein, der wie *Ist Möbel* auch Umlaute enthalten darf (weil es eine Beschriftung und kein Name ist).

Abbildg. 26.24   Das *Umschaltfläche*-Steuerelement ist nun vergrößert und beschriftet

In der Formularansicht können Sie den Wert für das zugrunde liegende Datenfeld *katIstMoebel* durch Anklicken dieser *Umschaltfläche* ändern. Mit dem Wert *Nein* ist das Steuerelement gedrückt, mit *Ja* bleibt es hervorgehoben.

**PROFITIPP**   Die furchtbar grellbunte Optik liegt daran, dass Access zunehmend mehr in Richtung Internet und Webdatenbank ausgerichtet wird. Stellen Sie für das *Umschaltfläche*-Steuerelement die Eigenschaft *Design verwenden* auf *Nein*, erreichen Sie wieder eine Windows-gerechte Optik wie in Abbildung 26.25.

Abbildg. 26.25   So sieht das *Umschaltfläche*-Steuerelement ohne Design aus

Der unbestreitbare Vorteil der *Umschaltfläche* gegenüber einem Kontrollkästchen ist, dass sie normal vergrößerbar ist und die Schriftgröße den übrigen Steuerelementen angepasst werden kann.

**ACHTUNG** Ein Umschalter wie das *Umschaltfläche*-Steuerelement darf nie seine Beschriftung wechseln, wie es per Programmierung möglich wäre! Gelegentlich gibt es solche Formulare zu sehen, bei denen im gedrückten Zustand beispielsweise *Aktiv* und im ungedrückten Zustand *Nicht aktiv* als Beschriftung erscheint.

Da fragt sich ein Benutzer immer, ob die Beschriftung den jetzigen oder den durch Klicken zukünftig auswählbaren Zustand meint. Steht dort hingegen immer *Aktiv*, erläutert der Zustand der *Umschaltfläche*, ob die Auswahl an oder aus ist.

Die Befehlsgruppe *Start/Textformatierung* ist übrigens ein Beispiel im Menüband, wo Sie für *Fett*, *Kursiv*, *Unterstrichen* entsprechende Umschaltflächen sehen können.

Sie werden die Umschaltfläche gleich im Zusammenhang mit der Optionsgruppe (siehe Seite 525) erneut sehen, denn dort kann sie sich ganz anders verhalten.

### Dreifacher Status

Wie das Kontrollkästchen kennt auch die *Umschaltfläche* einen dreifachen Status. In Abbildung 26.26 und Abbildung 26.27 sehen Sie, wie das Steuerelement dann jeweils aussieht.

Abbildg. 26.26  Das *Umschaltfläche*-Steuerelement mit Design (von links: Ja, Nein, NULL)

Abbildg. 26.27  Das *Umschaltfläche*-Steuerelement ohne Design (von links: Ja, Nein, NULL)

Sowohl mit als auch ohne Design wirkt der NULL-Wert im *Umschaltfläche*-Steuerelement allerdings, als ob es deaktiviert sei, was nicht gerade intuitiv ist.

## Optionsfeld

Ein *Optionsfeld* (*option button* in Englisch, früher auch mal als *radio button* bezeichnet) erlaubt Windows-typisch in einer Gruppe die Auswahl eines der Werte. Daher wird es nachfolgend als Teil einer solchen Optionsgruppe besprochen.

Benutzen Sie es nicht als Teil eines *Optionsgruppe*-Steuerelements, sondern geben als *Steuerelementinhalt*-Eigenschaft den Namen eines *Ja/Nein*-Datenfeldes an, verhält es sich wie ein Kontrollkästchen. Geübte Windows-Benutzer werden wegen dieses »falschen« Verhaltens irritiert sein, daher sollte man darauf verzichten.

**ACHTUNG** Für die drei Steuerelemente *Kontrollkästchen*, *Umschaltfläche* und *Optionsfeld* gilt, dass sie nicht einfach nur ihr Verhalten ändern, sobald sie Teil einer *Optionsgruppe* sind. Es handelt sich dann um ganz andere Steuerelemente, obwohl sie noch die gleiche Typenbezeichnung tragen.

Während ein einzeln eingefügtes *Optionsfeld* beispielsweise die Eigenschaft *Steuerelementinhalt* besitzt, fehlt diese beim *Optionsfeld* in einer *Optionsgruppe*. Dafür gibt es dort die *Optionswert*-Eigenschaft, die im anderen Fall fehlt. Eine nachträgliche Umwandlung ist nicht möglich, Sie müssen das Steuerelement komplett neu einfügen. Es reicht auch nicht, ein einzelnes *Optionsfeld* einfach später doch in den Innenbereich der *Optionsgruppe* zu ziehen (die sich dabei auch nicht schwarz färbt).

## Optionsgruppe

Eine *Optionsgruppe* (option group) fasst verschiedene andere Steuerelemente, nämlich *Optionsfelder*, *Kontrollkästchen* oder *Umschaltflächen*, zusammen. Damit ändern diese ihr Verhalten und lassen nur noch eine einzige Auswahl innerhalb der Optionsgruppe zu.

**HINWEIS** Eine Optionsgruppe ist sozusagen die kleine Schwester von Listenfeld oder Kombinationsfeld. Alle drei bieten eine Auswahl von Möglichkeiten, aus denen eine markiert werden kann. Der Unterschied besteht vor allem im Platzbedarf und im Erstellungsaufwand.

Optionsgruppen brauchen sehr viel Platz und jede Option muss einzeln im Formularentwurf hinzugefügt werden. Listenfelder und Kombinationsfelder erzeugen die Optionen automatisch zur Laufzeit. Kombinationsfelder sind zudem noch Platz sparend eingeklappt. Brauchen Sie mehr als fünf Optionen, sollten Sie statt einer Optionsgruppe besser ein Listen-/Kombinationsfeld nehmen.

Wenn Sie die Optionsgruppe ohne Assistenten erstellen, müssen Sie zuerst das *Optionsgruppe*-Steuerelement in die Formularansicht einfügen. Danach klicken Sie auf *Formularentwurfstools/Entwurf/Steuerelemente/Optionsfeld*, um die erste Auswahlmöglichkeit einzugeben. Sobald Sie nun mit der Maus innerhalb der Optionsgruppe sind, färbt diese sich direkt schwarz und Sie können klicken.

### Optionsgruppe einfügen

Viel einfacher und schneller ist hier aber der Assistent, weil Sie dort nicht jede Option einzeln erstellen müssen:

1. Wechseln Sie in die Entwurfsansicht des Formulars *frmSteuerelementTypen* und prüfen Sie, dass der Assistent mit *Formularentwurfstools/Entwurf/Steuerelemente/Steuerelement-Assistenten* verwenden aktiv ist.

2. Klicken Sie auf den Befehl *Formularentwurfstools/Entwurf/Steuerelemente/Optionsgruppe* und führen Sie anschließend einen Klick in den Detailbereich durch. Automatisch erscheint der erste Schritt des Optionsgruppen-Assistenten (siehe Abbildung 26.28), in dem Sie die geplanten Beschriftungen eingeben können.

## Kapitel 26  Steuerelementtypen

Abbildg. 26.28   Geben Sie im ersten Schritt des Optionsgruppen-Assistenten die Beschriftungen ein

3. Klicken Sie auf *Weiter* und geben Sie im nächsten Schritt wie in Abbildung 26.29 an, dass diese Optionsgruppe den Standardwert *Einzelstück* benutzen soll. Gehen Sie dann mit *Weiter* zum folgenden Schritt.

Abbildg. 26.29   Stellen Sie *Einzelstück* als Standardwert vor

4. Da das *bstMenge*-Feld, auf das sich diese Angaben beziehen werden, als *Integer*-Datenfeld keine Texte aufnehmen kann, geben Sie wie in Abbildung 26.30 zu jeder Beschriftung einen zulässigen Wert an. Dieser wird von Access später automatisch im Datensatz eingetragen.

Abbildg. 26.30   Zu jeder Beschriftung gibt es einen Zahlenwert

526

5. Nachdem Sie wiederum auf *Weiter* geklickt haben, verbinden Sie im nächsten Schritt (siehe Abbildung 26.31) die Optionsgruppe mit dem Feld *bstMenge* des jeweiligen Datensatzes.

Abbildg. 26.31   Geben Sie hier an, in welchem Feld die Auswahl der Optionsgruppe gespeichert werden soll

6. Die Angabe des Feldnamens bestätigen Sie ebenfalls mit *Weiter* und können dann im folgenden Schritt (siehe Abbildung 26.32) die benutzten Steuerelemente und deren Stil (Rahmenart) auswählen.

**HINWEIS**   Hier bestünde die Möglichkeit, statt der Windows-üblichen Optionsfelder alternativ die Kontrollkästchen oder Umschaltflächen zu benutzen. Diese verhalten sich dann wie Optionsfelder, sodass Kontrollkästchen oder Umschaltflächen statt des gewohnten Ja/Nein-Umschalters nur eine Entweder/Oder-Auswahl zulassen. Das entspricht nicht dem üblichen Einsatz in Windows-Oberflächen und steht im Widerspruch zu einer intuitiven Benutzerführung.

Abbildg. 26.32   Wählen Sie hier die Art der Steuerelemente und deren Stil

7. Mit *Weiter* gelangen Sie dann in den letzten Schritt wie in Abbildung 26.33, in dem Sie die Beschriftung der gesamten Optionsgruppe angeben können. Es handelt sich hierbei nicht um deren Namen, sodass keine Ungarische Notation berücksichtigt werden muss.

**Abbildg. 26.33**    Tragen Sie hier eine Beschriftung für die gesamte Optionsgruppe ein

8. Damit können Sie den Assistenten fertig stellen und sehen nun im Formularentwurf die komplette Optionsgruppe wie in Abbildung 26.34 nach Ihren Angaben erstellt.

**Abbildg. 26.34**    So sieht die fertige Optionsgruppe aus

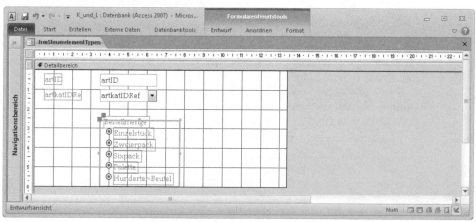

Im fertigen Formular scheint die Optionsgruppe nicht immer zu funktionieren und zeigt nur in einigen Datensätzen (siehe Abbildung 26.35) eine Auswahl an. Das liegt aber daran, dass viele der *bstMenge*-Inhalte nicht einer Auswahl dieser Optionsmenge entsprechen und Access dann konsequenterweise keine davon markieren kann.

**Abbildg. 26.35**  Die Optionsgruppe zeigt nur markierte Optionen an, wenn im Datensatz passende Werte stehen

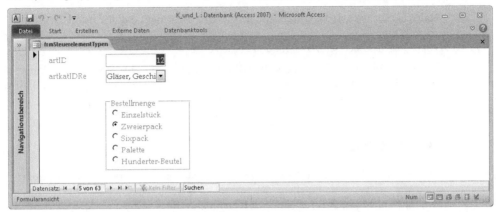

**HINWEIS**  Diese Optionsgruppe ist also nur sinnvoll, wenn die mögliche Wertemenge in irgendeiner Form eingeschränkt ist. Hier wäre wegen fast beliebiger Inhalte ein Kombinationsfeld besser geeignet.

## Eigenschaften

Da der Optionsgruppen-Assistent die eigentlichen Einstellungen verschleiert, möchte ich die wesentlichen Eigenschaften herausgreifen, falls Sie diese mal nachträglich ändern müssen.

Die Verbindung zwischen der Optionsgruppe und dem Datenfeld erfolgt wie üblich über die *Steuerelementinhalt*-Eigenschaft, aber diejenige des Rahmens. Dieser ist »durchsichtig«, Sie müssen ihn also beim Anklicken mit der Spitze des Mauszeigers gut treffen.

**TIPP**  Derzeit trägt der Rahmen (das ist abhängig von der Anzahl der bereits eingefügten Steuerelemente) den automatisch erzeugten Namen *Rahmen50*. Jetzt wäre ein guter Moment, um ihm einen Namen unter Berücksichtigung der Ungarischen Notation zu geben, etwa *grpBestellmenge*.

Die Optionsfelder hingegen haben keinen Kontakt zum Datenfeld, sie besitzen in dieser Konstruktion nicht einmal die *Steuerelementinhalt*-Eigenschaft. Sie geben ihren Wert einfach an den Rahmen weiter, nachdem sie angeklickt wurden.

Dieser Wert jedes *Optionsfeld*-Steuerelementes steht in seiner *Optionswert*-Eigenschaft, die innerhalb einer solchen Optionsgruppe eindeutig sein muss (sonst sind beide Optionen immer gleichzeitig markiert). Falls Ihre fiktiven Paletten also nicht mehr 12, sondern 24 Teile aufnehmen können, würden Sie für das Steuerelement namens *Option59* dessen *Optionswert* von *12* auf *24* ändern.

Den Text neben einer Option, also die *Beschriftung*-Eigenschaft seines Bezeichnungsfeldes, können Sie jederzeit ohne Folgen ändern.

### Hinzufügen weiter Optionen

Wollen Sie eine weitere Option hinzufügen, klicken Sie einfach auf den Befehl *Formularentwurfstools/ Entwurf/Steuerelemente/Optionsfeld*. Dann fahren Sie mit der Maus wie beschrieben in die Optionsgruppe, bis diese sich schwarz färbt und klicken dort.

Der Optionsgruppen-Rahmen erweitert sich und nimmt die neue Option auf. Achten Sie nur noch darauf, dass der *Optionswert* des neuen *Optionsfeld*-Steuerelements nicht bereits in dieser Gruppe vorkommt. Dann würden diese zwei Optionen immer gleichzeitig ausgewählt.

## Listenfeld

Das *Listenfeld* (*list box* in Englisch) erspart Ihnen die manuelle Vorgabe aller Optionen im Formularentwurf, weil es seine Inhalte in der Formularansicht automatisch zeilenweise erzeugt. Wenn der Platz dafür nicht ausreicht, zeigt es eine Bildlaufleiste an.

### Listenfeld einfügen

Sie können ein Listenfeld mithilfe des Listenfeld-Assistenten erzeugen, was vor allem den Vorteil hat, dass Sie viele der Einstellungen direkt optisch beurteilen können:

1. Wechseln Sie in die Entwurfsansicht des Formulars *frmSteuerelementTypen* und löschen Sie dort das Kombinationsfeld *artkatIDRef*, welches durch ein Listenfeld ersetzt werden soll.
2. Prüfen Sie anschließend, dass der Assistent mit *Formularentwurfstools/Entwurf/Steuerelemente/ Steuerelement-Assistenten verwenden* aktiv ist. Klicken Sie auf den Befehl *Formularentwurfstools/ Entwurf/Steuerelemente/Listenfeld* und ziehen Sie dann im Detailbereich ein Viereck auf.
3. Dadurch erscheint automatisch der Listenfeld-Assistent wie in Abbildung 26.36, für den Sie die Auswahl *Das Listenfeld soll die Werte aus einer Tabelle oder Abfrage abrufen* belassen können. Klicken Sie direkt auf *Weiter*.

Abbildg. 26.36   Belassen Sie die Auswahl im ersten Schritt des Listenfeld-Assistenten

4. Geben Sie im zweiten Schritt wie in Abbildung 26.37 die Tabelle *tblKategorien* als Datenquelle für das zukünftige Listenfeld an und klicken wieder auf *Weiter*.

Abbildg. 26.37    Wählen Sie hier *tblKategorien* als Datenquelle aus

5. Der folgende Schritt (siehe Abbildung 26.38) zeigt alle verfügbaren Felder der gewählten Tabelle. Diese ist recht übersichtlich, sodass Sie mit der >>-Schaltfläche alle vier Felder in die Liste *Ausgewählte Felder* übernehmen können.

Abbildg. 26.38    Übernehmen Sie alle verfügbaren Felder mit der >>-Schaltfläche

6. Nach einem Klick auf *Weiter* wählen Sie wie in Abbildung 26.39 als erste Sortierung das Feld *katName* aus, die übrigen lassen Sie leer und gehen mit *Weiter* zum nächsten Schritt.

**Abbildg. 26.39**   Nur das Feld *katName* wird sortiert

7. In Abbildung 26.40 sehen Sie, dass der Assistent es erlaubt, die Spaltenbreite des zukünftigen Listenfelds per Mauszeiger an der Trennlinie zwischen den Spaltenköpfen einzustellen.

**HINWEIS**   Die Angabe der Spaltenbreite im Assistenten ist gut gemeint, aber wertlos. Die Schrift, die Ihnen der Assistent anzeigt, ist eine völlig andere als später im Formular eingesetzt wird. Dort müssen Sie also sowieso nachbessern.

**Abbildg. 26.40**   Der Assistent ermöglicht die Angabe der Spaltenbreite durch Ziehen

**8.** Nach einem Klick auf *Weiter* geben Sie im Assistenten wie in Abbildung 26.41 noch an, in welchem Datenfeld der ausgewählte Wert gespeichert werden soll. Da das Listenfeld die Kategorien anzeigt, wird dessen Auswahl sinnvoll im Fremdschlüssel der Tabelle *tblArtikel* gespeichert, also dem Feld *artKatIDRef*.

Abbildg. 26.41   Geben Sie hier das gebundene Feld an

**9.** Ein erneuter Klick auf *Weiter* führt Sie zum letzten Schritt des Assistenten wie in Abbildung 26.42, in dem Sie lediglich die Beschriftung (auch hier nicht den Namen, darum kümmern sich die Assistenten nie) eintragen.

Abbildg. 26.42   Geben Sie eine passende Beschriftung ein

## Kapitel 26  Steuerelementtypen

10. Danach können Sie den Assistenten mit *Fertig stellen* beenden und sehen das entsprechende Steuerelement im Formularentwurf (siehe Abbildung 26.43).

Abbildg. 26.43    Das Listenfeld ist nun im Formularentwurf enthalten

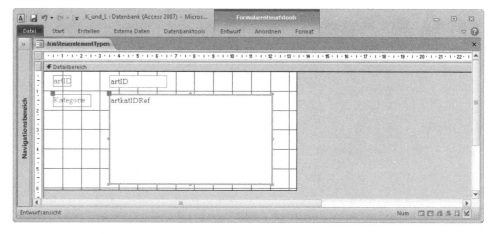

Wenn Sie in die Formularansicht (siehe Abbildung 26.44) wechseln, wird zu jedem Datensatz jetzt in diesem Listenfeld die entsprechende Kategorie angezeigt.

Abbildg. 26.44    Das Listenfeld zeigt übersichtlich alle Informationen an

### Eigenschaften

Weil auch hier der Assistent die eigentlichen Einstellungen verborgen hat, greife ich die wesentlichen Eigenschaften heraus, falls Sie diese mal nachträglich ändern müssen.

Da das vorher vorhandene Kombinationsfeld zwischenzeitlich gelöscht wurde, können Sie dem Listenfeld den üblichen Namen geben. Es ist ein datengebundenes Steuerelement, erhält also in der *Name*-Eigenschaft den Feldnamen *artkatIDRef* statt *Liste70*.

Die Spaltenbreiten konnten Sie zwar im Assistenten einstellen, sie galten aber (wie Sie für *Gläser, Geschirr, Besteck* im Vergleich mit Abbildung 26.40 auf Seite 532 sehen können) für eine andere Schriftgröße. Die Werte stellen Sie in der *Spaltenbreiten*-Eigenschaft ein, die wir bereits in Kapitel 9 für ein Kombinationsfeld eingestellt hatten. Die erste Spalte ist dort *0 cm* breit, das entspricht dem Kontrollkästchen *Schlüsselspalte ausblenden (empfohlen)* aus Abbildung 26.40.

**HINWEIS** Sollte das Listenfeld einen waagerechten Rollbalken anzeigen, passen die *Spaltenbreiten* und die *Breite* nicht zusammen. Die Summe der *Spaltenbreiten* muss kleiner sein als die *Breite* des Listenfeldes, wegen Rundungsdifferenzen sollten Sie die *Breite* immer etwas aufrunden.

Listenfelder haben nicht nur die *Steuerelementinhalt*-Eigenschaft, die angibt, in welchem Datenfeld der ausgewählte Wert im Datensatz gespeichert wird, sondern außerdem eine *Datensatzherkunft*-Eigenschaft. Diese enthält einen Tabellen/Abfrage-Namen oder eine SELECT-Anweisung, um die Daten zu ermitteln, welche in der Liste angezeigt werden. Dann muss die *Herkunftstyp*-Eigenschaft auf *Tabelle/Abfrage* stehen.

## Wertlisten

So wie bei der Optionsgruppe kann auch ein Listenfeld Werte anzeigen, die nicht einer Tabelle entstammen. Dazu dient eine Änderung bei der *Herkunftstyp*-Eigenschaft:

1. Löschen Sie im Formularentwurf von *frmSteuerelementTypen* das Listenfeld *artkatIDRef*, um Platz zu schaffen.
2. Zeigen Sie mit dem Tastenkürzel [Alt]+[F8] die Feldliste an. Klicken Sie auf den Befehl *Formularentwurfstools/Entwurf/Steuerelemente/Listenfeld* und ziehen Sie dann mit gedrückter Maustaste das Feld *bstMenge* in den Detailbereich.
3. Da der Assistent noch eingeschaltet ist, sehen Sie nun den ersten Schritt des Listenfeld-Assistenten wie in Abbildung 26.45. Wählen Sie darin die zweite Option *Ich möchte selbst Werte in die Liste eingeben*.

Abbildg. 26.45   Mit dem Listenfeld-Assistenten können Sie auch Wertlisten erstellen

4. Nach einem Klick auf *Weiter* legen Sie entsprechend der Abbildung 26.46 die *Anzahl von Spalten* auf *2* fest, damit die Werte und die Beschriftungen eingegeben werden können. Wechseln Sie anschließend mit *Weiter* zum nächsten Schritt.

**Abbildg. 26.46**    Geben Sie zwei Spalten für Werte und Beschriftungen ein

5. Da die erste Spalte die Werte passend zum Datenfeld *bstMenge* enthält, markieren Sie diese wie in Abbildung 26.47 (wo die englische Abkürzung für *column* benutzt wird statt der deutschen Spalte *Sp1* wie im Schritt vorher). Klicken Sie wieder auf *Weiter*.

**Abbildg. 26.47**    Markieren Sie hier die erste Spalte als passend zu den Daten

6. Da Sie anfangs bereits den Feldnamen *bstMenge* aus der Feldliste herausgezogen haben, schlägt der Assistent diesen schon vor (siehe Abbildung 26.48), sodass Sie direkt mit *Weiter* zum letzten Schritt wechseln können.

**Abbildg. 26.48**  Der richtige Feldname *bstMenge* ist hier bereits ausgewählt

7. Im letzten Schritt bietet der Assistent als Namen *bstMenge1* an, weil er nicht bemerkt hat, dass es sich bei dem vorgefundenen Namen *bstMenge* um das gleiche Steuerelement handelt. Sie können also die *1* wieder entfernen und alles mit *Fertig stellen* bestätigen.

**Abbildg. 26.49**  Korrigieren Sie hier den Namen

Damit haben Sie eine freie Auswahl an Daten im Listenfeld dargestellt, die funktional völlig identisch mit der Optionsgruppe ist, nur anders aussieht (siehe Abbildung 26.50).

**Abbildg. 26.50**  Das Listenfeld ist fertig

Auch hier steckt keine Zauberei dahinter, sondern vor allem die Eigenschaften *Datensatzherkunft* und *Herkunftstyp*. Sobald Sie den *Herkunftstyp* auf *Wertliste* stellen, geben Sie bei *Datensatzherkunft* einfach alle Inhalte durch Semikolon getrennt ein. Da es sich um eine zweispaltige Liste handeln soll, stehen abwechselnd Zahl und Text darin und die *Spaltenanzahl*-Eigenschaft ist *2*.

**HINWEIS**   Dass die Texte in der *Datensatzherkunft*-Eigenschaft im Gegensatz zu den Zahlenwerten in Anführungszeichen stehen, ist ebenso vorbildlich wie überflüssig. Es funktioniert auch ohne.

Wollen Sie weitere Wertezeilen hinzufügen, ergänzen Sie diese einfach in der Eigenschaft *Datensatzherkunft*. Eine automatische Sortierung ist mit solchen Wertlisten nicht möglich, diese müssen Sie manuell in der richtigen Reihenfolge schreiben.

**TIPP**   Bei *Listenfeld*- und *Kombinationsfeld*-Steuerelementen können Sie auch mehrere Werte gleichzeitig auswählen, indem Sie die *Mehrfachauswahl*-Eigenschaft auf *Ja* stellen. Deren Ergebnis muss dann per VBA ausgewertet werden.

## Kombinationsfeld

Das *Kombinationsfeld* (*combo box* in Englisch) heißt so, weil es eine Kombination aus einem Textfeld und einem Listenfeld ist. Es ist viel Platz sparender als ein Listenfeld, weil die zugehörige Liste erst ausklappt, sobald der Benutzer auf den Dropdownpfeil klickt.

Da ein *Kombinationsfeld*-Steuerelement im Gegensatz zu einem Listenfeld editierbar ist, kann ein Benutzer darin den Anfang des gesuchten Wertes eintippen und die Markierung springt sofort zum nächsten passenden Eintrag. Das nennt sich »AutoErgänzung« und erleichtert das Auffinden in langen Listen enorm.

Ansonsten sind praktisch alle Eigenschaften identisch mit dem *Listenfeld*-Steuerelement, außer der zusätzlich vorhandenen *Listenbreite*-Eigenschaft. Diese gibt, unabhängig von der eigentlichen *Breite*-Eigenschaft im eingeklappten Zustand, die Breite des ausklappenden Listenfeldes an. Entsprechend sollte sie auch größer als die Summe der *Spaltenbreiten* sein.

## Datensätze in Formularen suchen

Nachfolgend stellen wir Ihnen die dritte Möglichkeit des (Listenfeld- oder Kombinationsfeld-)Assistenten vor, nämlich eine bequeme Datensatzsuche auf einem Formular einzurichten:

1. Damit der zugehörige Datensatz zu erkennen ist, ziehen Sie bitte die Felder *bstID*, *GanzerName*, *artName* und *bstBestelldatum* auf den Detailbereich im Formularentwurf (siehe Abbildung 26.51). Vor allem die *bstID* ist ja der eindeutige Primärschlüssel für diesen Datensatz.

Abbildg. 26.51  Das Formular enthält diese Felder, um den richtigen Datensatz zu erkennen

2. Starten Sie den (noch aktivierten) Assistenten, indem Sie auf den Befehl *Formularentwurfstools/ Entwurf/Steuerelemente/Kombinationsfeld* und dann in den Detailbereich klicken. Im ersten Schritt wählen Sie wie in Abbildung 26.52 die dritte Option, um einen Datensatz zu suchen.

Abbildg. 26.52  Wählen Sie hier die Option zur Erstellung eines Suchfelds

3. Klicken Sie auf *Weiter* und doppelklicken Sie im folgenden Schritt (siehe Abbildung 26.53) links auf die Felder *bstID*, *GanzerName*, *artName* und *bstBestelldatum*, um sie in die Liste *Ausgewählte Felder* zu übernehmen. In der Reihenfolge ist vor allem *bstID* am Anfang wichtig, weil es das eindeutige Feld ist. Die übrigen sind nur der Lesefreundlichkeit wegen.

**Abbildg. 26.53** Wählen Sie diese Felder per Doppelklick aus

4. Nach einem Klick auf *Weiter* können Sie auch in diesem Assistenten die Spaltenbreiten anpassen (siehe Abbildung 26.54) und dann mit erneutem Klick auf *Weiter* zum letzten Schritt gehen.

**Abbildg. 26.54** Passen Sie die Spaltenbreiten an

## Auswahlsteuerelemente

5. Im letzten Schritt (siehe Abbildung 26.55) geben Sie wie immer die Beschriftung des Steuerelements an. Da es nicht an ein Datenfeld gebunden ist, wähle ich hier *Bestellung suchen* als Beschriftung. Beenden Sie den Assistenten mit *Fertig stellen*.

**Abbildg. 26.55** Im letzten Schritt tragen Sie die Beschriftung ein

Im Formularentwurf finden Sie nun das erstellte Kombinationsfeld wie in Abbildung 26.56.

**Abbildg. 26.56** Das Kombinationsfeld zur Datensatzsuche ist im Detailbereich enthalten

Wenn Sie in die Formularansicht umschalten, können Sie nun anhand dieses Kombinationsfeldes einen bestimmten Datensatz finden. Sobald Sie ihn in der Liste angeklickt haben, wechselt der Inhalt des Formulars entsprechend.

**Abbildg. 26.57**  Jetzt können Sie im Formular Datensätze aus einer Liste auswählen

> **TIPP**   Allerdings funktioniert das nur, weil der Assistent in der *Nach Aktualisierung*-Eigenschaft ein eingebettetes Makro erstellt hat. Wollen Sie eine derartige Suche ohne Programmierung verwirklichen, nehmen Sie stattdessen einfach ein geteiltes Formular (siehe Kapitel 22).

# Register

Das *Register*-Steuerelement (*multi page* in Englisch) erlaubt zwar auch eine Auswahl, aber nicht zwischen Datensätzen, sondern für Gruppen von Steuerelementen. Sie werden es dann gut gebrauchen können, wenn auf Ihrem Formular kein Platz mehr ist.

## Register-Steuerelement einfügen

Unser Testformular mit *qryALLE_BESTELLUNGEN_MIT_INFO* als Datenquelle ist dafür ein optimales Beispiel, denn so viele Datenfelder können Sie kaum noch vernünftig anordnen:

1. Entfernen Sie aus dem Formularentwurf von *frmSteuerelementTypen* alle Felder.
2. Klicken Sie auf den Befehl *Formularentwurfstools/Entwurf/Steuerelemente/Registersteuerelement* und ziehen Sie ein großzügiges Rechteck im Detailbereich auf. Dort erscheint das Steuerelement wie in Abbildung 26.58.

## Auswahlsteuerelemente

Abbildg. 26.58  Das leere *Register*-Steuerelement im Formularentwurf ist markiert (siehe Rahmen)

3. Damit auf den Seiten nicht so zufällige Bezeichnungen wie *Seite96* stehen, klicken Sie die erste Seite auf der Registerkarte an und lassen mit [Alt]+[↵] deren Eigenschaftenblatt anzeigen (siehe Abbildung 26.59).

Abbildg. 26.59  Jetzt ist eine einzelne Seite ausgewählt (siehe Rahmen)

4. Ändern Sie deren *Name*-Eigenschaft in *pagBestellung* (weil *Seite* auf Englisch *page* heißt) und die noch leere *Beschriftung* in *Bestellung*.
5. Dann aktivieren Sie mit [Alt]+[F8] die Feldliste, markieren darin alle zur Tabelle *tblBestellungen* gehörenden Felder (einschließlich der berechneten) und ziehen diese mit gedrückter Maustaste in den orange umrandeten Bereich der Seite. Wenn Sie mit der Maus hineinfahren, färbt er sich schwarz und Sie können loslassen (siehe Abbildung 26.60).

**PROFITIPP**  Sie können in der Feldliste ganz unten mit einem Hyperlink umschalten, ob Sie *Alle Tabellen anzeigen* oder *Nur Felder aus der aktuellen Datensatzquelle anzeigen* wollen.

**Abbildg. 26.60**  Die Felder zur Tabelle *tblBestellungen* sind hier eingefügt

6. Entsprechend verfahren Sie mit der nächsten Seite, deren *Name*-Eigenschaft Sie auf *pagHotel* ändern und bei *Beschriftung* dann *Hotel* eintragen. Ziehen Sie dort alle Felder der Tabelle *tblHotels* hinein, wie es Abbildung 26.61 zeigt.

**Abbildg. 26.61**  Die Felder zur Tabelle *tblHotels* sind hier eingefügt

Jetzt können Sie in der Formularansicht überprüfen, dass ein Klick auf die Seite jeweils nur die zugehörigen Inhalte anzeigt und so das Formular erheblich übersichtlicher macht. In Abbildung 26.62 sind dabei die Steuerelemente mit Layouts auch schon optisch verbessert worden.

**Abbildg. 26.62** Das *Register*-Steuerelement zeigt jeweils die Inhalte einer Seite

**PROFITIPP** Wollen Sie ein Steuerelement nachträglich in eine Registerseite einfügen, lässt es sich nicht einfach hineinschieben (es sei denn, die Steuerelemente auf der Registerseite sind in Layouts zusammengefasst, dann geht es doch!). Es würde dann hinter dem Register abgelegt und wäre unsichtbar.

Sie müssen es zuerst markieren und mit [Strg]+[X] in die Zwischenablage ausschneiden. Dann klicken Sie auf das Register und klicken ein zweites Mal auf die Seite, damit die orangefarbene Markierung nur im Innenbereich zu sehen ist. Wenn Sie jetzt mit [Strg]+[V] das Steuerelement aus der Zwischenablage einfügen, ist es tatsächlich Teil des Registers.

### Seiten hinzufügen oder löschen

Die Datenquelle enthält mehr als diese zwei Tabellen, daher braucht das *Register*-Steuerelement noch weitere Seiten:

1. Markieren Sie das gesamte *Register*-Steuerelement wie in Abbildung 26.63.
2. Per Rechtsklick können Sie dann das Kontextmenü anzeigen lassen und darin den Befehl *Seite einfügen* anklicken.

**Abbildg. 26.63**   Per Kontextmenü können Sie eine neue Seite hinzufügen

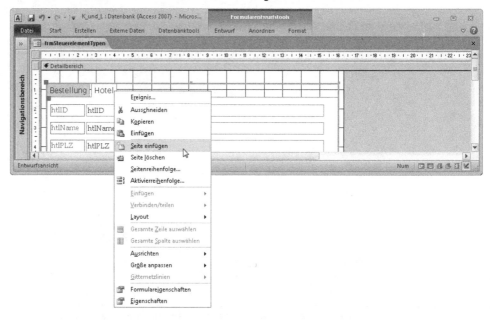

3. In Abbildung 26.64 sehen Sie, dass die neue Seite am Ende angefügt wurde.

**Abbildg. 26.64**   Die neue Seite wird am Ende angefügt

Alternativ können Sie mit markiertem *Register*-Steuerelement auch den Befehl *Formularentwurfstools/Entwurf/Steuerelemente/Seite einfügen* anklicken. Dieser ist nur sichtbar, wenn auch ein *Register*-Steuerelement markiert ist.

Um die Reihenfolge der Seiten anzupassen, ändern Sie deren *Seitenindex*-Eigenschaft. Die am weitesten links stehende Seite hat dabei den Wert *0*. Sie können im Kontextmenü des *Register*-Steuerelements auch mit dem Befehl *Seitenreihenfolge* ein Dialogfeld wie in Abbildung 26.65 anzeigen, in dem sich die Reihenfolge ebenfalls anpassen lässt.

**Abbildg. 26.65** In diesem Dialogfeld können Sie die Reihenfolge der Seiten ändern

Zum Löschen einer Seite muss diese markiert sein. Sie können dann wahlweise die `Entf`-Taste drücken oder im Kontextmenü den Eintrag *Seite löschen* anklicken. Alle Steuerelemente auf dieser Seite werden ohne weitere Rückfrage gelöscht.

## Eigenschaften

Das *Register*-Steuerelement ist vielseitiger, als es so den Anschein hat. Sie können auch hier die *Design verwenden*-Eigenschaften auf *Nein* stellen, dann ändert sich sein Aussehen etwas, wie Sie in Abbildung 26.66 sehen können.

**Abbildg. 26.66** So sieht ein *Register*-Steuerelement ohne Design aus

Diese Änderung ist aber vor allem wichtig, damit die folgende Umstellung der *Formatvorlage*-Eigenschaft von *Register* auf *Schaltflächen* überhaupt einen Erfolg (siehe Abbildung 26.67) zeigt.

**Abbildg. 26.67** So sieht das *Register*-Steuerelement mit Schaltflächen aus

**PROFITIPP** Sie können die *Formatvorlage*-Eigenschaft außerdem noch auf *Keine* stellen, dann ist ein benutzerseitiger Wechsel zu einer anderen Seite nicht mehr möglich. Das ist sinnvoll im Zusammenhang mit selbsterstellten Assistenten, bei denen nämlich der Klick auf eine *Weiter*-Schaltfläche einfach die Seite wechselt.

Tatsächlich sind übrigens die Access-Assistenten so programmiert: sie sind in einer Access-Datenbank namens acwzmain.accde (*Access Wizard Main*, engl. für Access-Hauptassistent) enthalten. Was Sie als scheinbare Dialogfelder sehen, sind in Wirklichkeit Access-Formulare, bei denen Navigationsschaltflächen und Datensatzmarkierer ausgeblendet sind und der nächste Schritt des Assistenten eine andere Seite eines Register-Steuerelements aktiviert.

Die *Hintergrundart* von *Normal* auf *Transparent* umzustellen, scheint dem eigentlichen Sinn des *Register*-Steuerelements zu widersprechen, weil dann die Steuerelemente dahinter auch sichtbar werden. Es ist jedoch dann sinnvoll, wenn per VBA-Programmierung das immer gleiche Steuerelement dahinter unterschiedliche Inhalte zugewiesen bekommt. Das kann die Anzeige der Inhalte deutlich beschleunigen.

# Grafische Elemente

Verschiedene grafisch orientierte Steuerelemente erlauben eine ansprechende optische Gestaltung des Formulars.

## Linie

Das *Linie*-Steuerelement (*line*) wird vor allem eingesetzt, um Daten optisch zu strukturieren. Sie fügen es durch einen Klick auf den Befehl *Formularentwurfstools/Entwurf/Steuerelemente/Linie* ein, indem Sie anschließend im Formularentwurf ein Rechteck aufziehen.

In Abbildung 26.68 sehen Sie eine markierte Linie, deren Strichstärke in der *Rahmenbreite*-Eigenschaft bereits auf *6 pt* geändert wurde, damit sie gut zu sehen ist. Sie können dies auch im Untermenü zum Befehl *Formularentwurfstools/Format/Steuerelementformatierung/Formkontur/Linienstärke* einstellen.

**Abbildg. 26.68** Diese Linie hat hier zur besseren Erkennung eine große Strichstärke

*Linie*-Steuerelemente verhalten sich im Grunde wie Rechtecke. Wenn Sie eine markierte Linie verschieben wollen, dürfen Sie nicht die Linie anfassen, sondern wie immer in Access nur das Markierungsrechteck. Auch der Winkel wird durch die Ausmaße des umgebenden Rechtecks bestimmt.

# Grafische Elemente

> **TIPP** Eine exakt waagerechte Linie hat keine vertikale Ausdehnung, Sie können also einfach in die *Höhe*-Eigenschaft *0 cm* eintragen und mit der ⏎-Taste bestätigen. Eine genau senkrechte Linie hat entsprechend eine *Breite* von *0 cm*.

Sie können verschiedene *Rahmenart*-Eigenschaften wie *Strichlinien*, *Punkte* oder Ähnliche auswählen. Die *Neigung*-Eigenschaft enthält wahlweise einen rechts- oder linksgeneigten Schrägstrich, der angibt, ob die Linie von links unten nach rechts oben verläuft oder von links oben nach rechts unten.

## Rechteck

Das *Rechteck*-Steuerelement (*rectangle* in Englisch) dient wie die Linie der übersichtlicheren Darstellung der Daten auf dem Formular. Die Möglichkeiten der Formatierung entsprechen den übrigen Steuerelementen.

> **HINWEIS** Auch in dieser Access-Version werden wieder viele Datenbankentwickler suchen, wo der Kreis beziehungsweise die Ellipse als Steuerelement ist. Es gibt keines, Sie müssen stattdessen eine Grafik einfügen.

Liegt ein Rechteck auf einem anderen Steuerelement, lässt sich nachträglich deren Anordnung verbessern. Markieren Sie das Rechteck (oder auch ein beliebiges anderes Steuerelement) und wählen in dessen Kontextmenü *Position/In den Hintergrund* oder *Position/In den Vordergrund*.

## Seitenumbruch

Das *Seitenumbruch*-Steuerelement (*page break* in Englisch) hat zwei Auswirkungen auf das Formular:

- In der Formularansicht kann ein Benutzer mit der ⎕Bild↓⎕-Taste ein zu großes Formular so weit verschieben, dass die Position des *Seitenumbruch*-Steuerelements die linke obere Ecke angibt.
- Beim Ausdruck des Formulars findet am *Seitenumbruch*-Steuerelement immer ein Seitenumbruch statt.

Sie fügen ein *Seitenumbruch*-Steuerelement mit dem Befehl *Formularentwurfstools/Entwurf/Steuerelemente/Seitenumbruch* ein. Wie Sie in Abbildung 26.69 erkennen können, erscheint es im Formularentwurf anschließend nur als kleine gestrichelte Linie.

**Abbildg. 26.69** Der Seitenumbruch ist nur als gestrichelte Linie (am linken Rand) zu erkennen

Das *Seitenumbruch*-Steuerelement hat praktisch keine Eigenschaften. Bei zu vielen Steuerelementen auf einem Formular ist das *Register*-Steuerelement allemal besser geeignet, weil es der Windows-typischen Benutzerführung entspricht.

## Diagramm

Das *Diagramm*-Steuerelement wurde bereits ausführlich in Kapitel 23 besprochen, sodass hier weitere Erläuterungen entfallen können.

## Bild

Für Bilder in Formularen gibt es erstaunlich viele Möglichkeiten, aber letztendlich unterscheiden sie sich nur in eingebetteten und verknüpften Varianten.

> **CD-ROM** Um Ihnen das Nachvollziehen der Schritte in diesem Kapitel zu erleichtern, finden Sie innerhalb der Beispieldateien zu diesem Buch im Unterordner *Bilder* die benötigten Bilddateien.

### Bild einfügen

Das *Bild*-Steuerelement (*image* in Englisch) ist sowohl für eingebettete als auch für verknüpfte Bilder geeignet und kann sehr weitgehend angepasst werden:

1. Löschen Sie wegen der besseren Übersichtlichkeit alle bisherigen Steuerelemente im Formular *frmSteuerelementTypen*.
2. Klicken Sie auf den Befehl *Formularentwurfstools/Entwurf/Steuerelement/Bild* und ziehen im Detailbereich ein Rechteck auf.
3. Automatisch zeigt Access ein Dialogfeld zum Öffnen einer Datei wie in Abbildung 26.70 an, über das Sie das anzuzeigende Bild auswählen können. Hier ist es beispielhaft das Logo für die *Kosten&Logistik*-Datenbank.

**Abbildg. 26.70**   Wählen Sie hier die Bild-Datei aus

4. Nachdem Sie das Dialogfeld mit *OK* bestätigt haben, wird das ausgewählte Bild im Steuerelement angezeigt (siehe Abbildung 26.71).

Abbildg. 26.71   Das Bild ist im Formularentwurf enthalten

## Eigenschaften

Viele Eigenschaften des *Bild*-Steuerelements bestimmen, wie es sich tatsächlich verhält. Derzeit ist als *Bildtyp* der Wert *Eingebettet* ausgewählt, sodass weitere Änderungen an der Datei keine Auswirkungen mehr auf das Formular haben.

Stellen Sie die *Bildtyp*-Eigenschaft auf *Verknüpft*, fragt Access, ob das Bild entfernt werden soll. Sie müssen das bejahen, damit die Eigenschaft geändert wird. Anschließend müssen Sie das Bild nach Klick auf die Schaltfläche mit den drei Pünktchen per Dialogfeld zum Öffnen einer Bilddatei auswählen und dieses Mal steht nicht nur der Dateiname, sondern der komplette Pfad in der *Bild*-Eigenschaft. Dafür wird bei jedem Öffnen des Formulars automatisch der aktuelle Inhalt der Datei nachgeladen, ohne dass Sie etwas programmieren müssen.

**PROFITIPP**   Access schreibt an dieser Stelle den kompletten Pfad hinein, das ist aber nicht nötig. Sonst wäre Ihre Datenbank nach der Auslieferung beim Kunden auf einem anderen Laufwerksbuchstaben nicht mehr lauffähig. Sind die Bilder im gleichen Verzeichnis gespeichert, können Sie auch bei verknüpftem Bildtyp in der *Bild*-Eigenschaft den Dateinamen ohne Pfad nennen.

Wenn Sie mit dem orangefarbenen Markierungsrahmen um das Bild herum dessen Größe ändern, wird es proportional darin eingepasst, weil seine *Größenanpassung*-Eigenschaft auf *Zoomen* steht. Stellen Sie diese auf *Abschneiden*, erscheint das Bild immer in seiner Originalgröße, wird aber notfalls abgeschnitten. Schließlich können Sie dafür noch *Dehnen* auswählen, womit das Bild unproportional in den Rahmen eingepasst wird.

## Transparenter Hintergrund

Wenn Sie die Abbildung 26.71 genau betrachten, enthält das Bild eine weiße Hintergrundfläche. Das mag auf diesem weißen Hintergrund später sowieso nicht auffallen und Sie benutzen ansonsten einfach keine anderen Farben? Sie nicht, aber Access, wenn Sie mal einen Formularkopf und -fuß betrachten!

Die *Hintergrundart*-Eigenschaft des Bild-Steuerelements scheint geeignet, diesen weißen Hintergrund zu entfernen. Wenn Sie dort nachschauen, werden Sie aber feststellen, dass deren Wert schon auf *Transparent* steht. Dieser Hintergrund bezieht sich auf das gesamte Steuerelement, hier also vor allem die Restfläche zwischen Bild und Rand des Steuerelements. Diese ist tatsächlich schon transparent, denn das Raster ist dort zu sehen.

Das Problem liegt in der Bilddatei selber, diese muss schon transparente Bereiche enthalten. Das hier benutzte *.jpeg*-Dateiformat kann das aber prinzipiell nicht. Speichern Sie die Datei daher mit einem Pixelgrafikprogramm wie *Photoshop*, *Paint Shop Pro* oder *IrfanView* im *.gif*- oder *.png*-Dateiformat, nachdem Sie die gewünschten Bereiche damit als transparent gekennzeichnet haben.

**HINWEIS**   Microsoft Paint ist nicht in der Lage, in Bildern transparente Bereiche anzulegen, auch wenn es sich um transparenzfähige Bildtypen wie *.gif*- oder *.png*-Dateien handelt.

Anschließend geben Sie diese überarbeitete Datei als *Bild*-Eigenschaft an und sehen in Abbildung 26.72, dass nun auch transparente Bereiche funktionieren, weil dort bereits das Raster durchscheint.

Abbildg. 26.72   So kann Access auch transparente Bereiche im Bild darstellen

**ACHTUNG**   Fügen Sie ein Bild mit transparenten Bereichen stattdessen über die Zwischenablage in den Formularentwurf ein, sind diese nicht mehr transparent.

## Bild einfügen

Mit dem Befehl *Formularentwurfstools/Entwurf/Steuerelemente/Bild einfügen* erzeugen Sie im Formular ein identisches *Bild*-Steuerelement wie eben.

Abbildg. 26.73   Der *Bild einfügen*-Befehl enthält eine Auswahl bisheriger Bilder

Der wesentliche Vorteil dieser Technik besteht darin, dass dieser Befehl die bisher eingefügten Bilder in einer *Bildergalerie* (siehe Abbildung 26.73) sammelt. Sie können dadurch häufiger benutzte Grafiken schneller in mehrere Formulare einfügen.

## Logo einfügen

Mit dem Befehl *Formularentwurfstools/Entwurf/Kopfzeile/Fußzeile/Logo* bietet Access eine weitere Möglichkeit, eine Grafik in ein Formular einzufügen. Wie der Name der Befehlsgruppe schon andeutet, wird dabei immer eine Kopfzeile angelegt und das Bild an festgelegter Stelle als Teil eines Layouts (siehe Abbildung 26.74) erzeugt.

**Abbildg. 26.74** Das Logo steht in der Kopfzeile an vordefinierter Stelle

Dieses Logo passt zum Befehl *Formularentwurfstools/Entwurf/Kopfzeile/Fußzeile/Titel* (siehe Seite 517), der in der rechten Hälfte dieses vorbereiteten Layouts eingefügt würde.

## Hintergrund

Anstatt jeweils ein eigenes Steuerelement auf dem Formular einzufügen, können Sie diesem auch direkt ein Hintergrundbild zuweisen. Dazu sollten Sie am besten ein einfaches und abgetöntes Bild nehmen, weil das oben eingesetzte Komplett-Logo jeden Text unleserlich macht.

1. Klicken Sie in die *Bild*-Eigenschaft des Formulars und wählen Sie dort über die Schaltfläche mit den drei Pünktchen eine geeignete Datei aus.
2. Stellen Sie die *Bild nebeneinander*-Eigenschaft auf *Ja*, damit das Bild auf dem gesamten Formular wiederholt wird.
3. Passen Sie die *Bildausrichtung*-Eigenschaft nach Bedarf an; hier in Abbildung 26.75 steht sie auf *Mitte*.

Insgesamt ist das aber trotzdem eine sichere Methode, um ein Formular völlig unleserlich zu machen. In Kapitel 22 hatten wir bereits ein Endlosformular *frmBestellungen* erstellt, welches ein typischer Kandidat für ein Hintergrundbild wäre. In Abbildung 26.76 sehen Sie, wie das in der Formularansicht wirkt.

**Abbildg. 26.75**  So sieht der Entwurf des Beispielformulars mit Bild im Hintergrund aus

**Abbildg. 26.76**  So sieht ein echtes Datenformular mit Hintergrundbild aus

Hingegen ist das Hintergrundbild eine gute Lösung, wenn Sie mal einen Farbverlauf im Hintergrund benötigen, was Access ja als Füllfarbe nicht selbst kann.

Um ein Hintergrundbild wieder aus dem Formular zu entfernen, markieren Sie den Eintrag *(Bild)* in der *Bild*-Eigenschaft und drücken die [Entf]-Taste. Access fragt dann wie in Abbildung 26.77 nach, ob es wirklich gelöscht werden soll.

**Abbildg. 26.77**  Access fragt nach, ob das Hintergrundbild wirklich gelöscht werden soll

Um ein Hintergrundbild einzufügen, können Sie auch den Befehl *Formularentwurfstools/Format/ Hintergrundbild* nutzen. Hier steht Ihnen wiederum eine Bildergalerie bereits vorhandener Bilder zur Verfügung (siehe Abbildung 26.78).

# Grafische Elemente

**Abbildg. 26.78** Der Befehl *Hintergrundbild* zeigt eine Bildergalerie an

## Anlage

Das *Anlage*-Steuerelement (*attachment*) haben Sie bereits als Feld-Datentyp in Kapitel 8 kennen gelernt. Es ist keineswegs auf Bilder beschränkt, sondern kann alle Dateien aufnehmen. Bilder kann es aber direkt anzeigen und bietet automatisch eine Symbolleiste zum Weiterschalten, wenn mehrere Dateien enthalten sind.

### Anlage-Steuerelement einfügen

Das *Anlage*-Steuerelement wird im Formular immer dann sinnvoll eingesetzt, wenn auch das *Anlage*-Datenfeld benutzt wurde. Hier ist das im Feld *mitWeitereFotos* der Fall.

1. Zeigen Sie die Entwurfsansicht des Formulars *frmSteuerelementTypen* an und löschen Sie darin alle bisher vorhandenen Steuerelemente und das Hintergrundbild.
2. Ziehen Sie aus der Feldliste die Felder *bstID* (nur zur Unterscheidung der Datensätze) und *mitWeitereFotos* in den Detailbereich.
3. Für das Feld *mitWeitereFotos* erzeugt Access direkt ein *Anlage*-Steuerelement, was so allerdings nur im zugehörigen Eigenschaftsblatt (siehe Abbildung 26.79) zu erkennen ist.

**Abbildg. 26.79** Das Feld *mitWeitereFotos* benutzt ein *Anlage*-Steuerelement

4. Nachdem Sie die Größe des *Anlage*-Steuerelements angepasst haben, können Sie in die Formularansicht wechseln und dort in den Bestellungen einen Datensatz suchen, dessen Mitarbeiter hier Fotos gespeichert hat.

> **TIPP** Wenn Sie die Nummer des Datensatzes (seine Position, nicht die *bstID*) wissen, können Sie unten zwischen den Navigationsschaltflächen in das Feld klicken, wo anfangs *1 von 63* steht. Geben Sie dort die 29 ein und bestätigen das mit der ⏎-Taste, springt Access direkt zu diesem 29. Datensatz.

5. Damit Sie die Symbolleiste zum *Anlage*-Steuerelement sehen, müssen Sie dieses einmal anklicken, dann wird sie darüber schwach eingeblendet. Erst wenn der Mauszeiger darin liegt, ist sie deutlich sichtbar wie in Abbildung 26.80.

**Abbildg. 26.80** Die Symbolleiste zum *Anlage*-Steuerelement wird beim Überfahren mit der Maus sichtbar

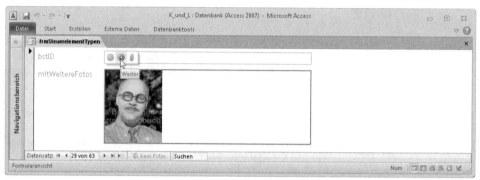

Sie können sich mit den *Zurück*- und *Weiter*-Schaltflächen durch alle enthaltenen Dateien/Bilder blättern. Wollen Sie daraus welche löschen oder hinzufügen, klicken Sie auf die Schaltfläche *Anlagen verwalten* mit der Büroklammer. Daraufhin zeigt Access das Dialogfeld aus Abbildung 26.81 zur Verwaltung der Anlagen an.

**Abbildg. 26.81** Mit diesem Dialogfeld verwalten Sie die enthaltenen Anlagen

Sie können dieses Dialogfeld auch per Doppelklick auf das *Anlage*-Steuerelement anzeigen lassen.

# Gebundenes Objektfeld

Das Steuerelement *Gebundenes Objektfeld* (*BoundObjectFrame* in Englisch) sollten Sie immer dann einsetzen, wenn die Daten in *OLE-Objekt*-Datenfeldern gespeichert sind. Auch dieses Steuerelement kann außer Bildern Dateien jeglicher Art (Word-Dokumente, Excel-Tabellen, PowerPoint-Präsentationen und alle anderen) enthalten.

## Gebundenes Objektfeld einfügen

Das Hotel-Logo ist in dieser Datenbank in einem *OLE-Objekt*-Datenfeld *htlLogo* gespeichert und eignet sich daher für dieses Steuerelement:

1. Wechseln Sie in die Entwurfsansicht des Formulars *frmSteuerelementTypen* und löschen Sie alle Steuerelemente außer *bstID*.
2. Ziehen Sie aus der Feldliste das Feld *htlLogo* in den Detailbereich und passen Sie dessen Größe an.
3. Damit das Logo nicht unproportional verzerrt wird, stellen Sie dessen *Größenanpassung*-Eigenschaft auf *Abschneiden* (siehe Abbildung 26.82).

Abbildg. 26.82   Ein *Gebundenes Objektfeld* zeigt Inhalte aus *OLE-Objekt*-Feldern an

Im Ergebnis finden Sie dann wie in Abbildung 26.83 das zugehörige Hotel-Logo des Mitarbeiters, über den in diesem Datensatz die Bestellung erfolgt ist.

Abbildg. 26.83   Das Formular zeigt das gespeicherte Bild an

Mit einem Doppelklick auf das Feld in der Formularansicht startet Access das mit diesem Dateityp verknüpfte Programm (in diesem Fall *Microsoft Paint*) zur Bearbeitung. Speichern Sie dort die Datei, sind die Änderungen direkt wieder in Access enthalten.

## Ungebundenes Objektfeld

Das Steuerelement *Ungebundenes Objektfeld* (*ObjectFrame*) unterscheidet sich vom *Gebundenen Objektfeld* dadurch, dass es keine Inhalte eines Datensatzes anzeigt.

### Ungebundenes Objektfeld einfügen

Es eignet sich dafür, beispielsweise ein Foto des Hauptlagers von *Kosten&Logistik* auf allen Bestellformularen anzuzeigen:

1. Wechseln Sie in die Entwurfsansicht des Formulars *frmSteuerelementTypen* und entfernen Sie alle Steuerelemente.
2. Klicken Sie auf den Befehl *Formularentwurfstools/Entwurf/Steuerelemente/Ungebundenes Objektfeld* und ziehen Sie im Formular ein Rechteck auf.
3. Access zeigt beim Freigeben der Maustaste automatisch das Dialogfeld aus Abbildung 26.84 an, mit dem Sie das darzustellende Objekt auswählen können. Da das Bild bereits als Datei vorliegt, wählen Sie links als Option *Aus Datei erstellen* und klicken dann auf die *Durchsuchen*-Schaltfläche, um den Dateinamen anzugeben.

**Abbildg. 26.84** Geben Sie hier das anzuzeigende Bild an

4. Soll das Bild weiterhin von der Festplatte aus änderbar sein, kreuzen Sie zusätzlich das Kontrollkästchen *Verknüpfen* an.
5. Nachdem Sie das Dialogfeld mit *OK* bestätigt haben, wird das Steuerelement im Formularentwurf angezeigt (siehe Abbildung 26.85).

**HINWEIS** Nur *.bmp*-Dateien werden tatsächlich sofort angezeigt, andere Dateiformate wie *.jpeg* oder *.gif* kann Access in diesem Steuerelement nicht darstellen. Sie sehen dort stattdessen sowohl in der Entwurfs- als auch der Formularansicht nur das zugehörige Programmsymbol. Erst ein Doppelklick darauf öffnet das passende Programm, in dem dann der Inhalt angezeigt wird.

**Abbildg. 26.85**   Dieses Bild ist im Formular gespeichert

Auch in der Formularansicht wird das Bild angezeigt (siehe Abbildung 26.86).

**Abbildg. 26.86**   Die Formularansicht zeigt das Bild ebenfalls an

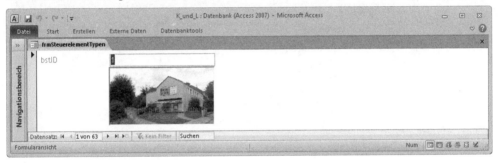

> **TIPP**   Das *Bild*-Steuerelement wird schneller geladen als dieses *Ungebundene Objektfeld* und kann mehr Inhalte anzeigen. Daher sollten Sie bevorzugt *Bild*-Steuerelemente einsetzen.

# Verknüpfungssteuerelemente

Fast jedes Steuerelement lässt sich als Hyperlink nutzen, indem Sie die *Hyperlink*-Eigenschaften ausfüllen. Da editierbare Steuerelemente wie Textfeld, Kombinationsfeld oder Listenfeld dann für Benutzer nicht mehr änderbar wären, besitzen sie eine *Ist Hyperlink*-Eigenschaft, mit der sie »anklickbar« gemacht werden.

> **ACHTUNG**   Das *Bezeichnungsfeld*-Steuerelement hat manchmal keine *Hyperlink*-Eigenschaften, nämlich als verbundenes Steuerelement. Hängt es an einem anderen Steuerelement als dessen Beschriftung, fehlen die Eigenschaften *Hyperlink-Adresse*, *Hyperlink-Unteradresse* und *Hyperlinkziel*.

# Hyperlink

Der Hyperlink ermöglicht einen gezielten Zugriff auf eine Datei oder eine Internetseite ohne weitere Programmierung.

## Hyperlink-Steuerelement einfügen

Sie können als Steuerelement auch einen Hyperlink wie im folgenden Beispiel anlegen:

1. Wechseln Sie in die Entwurfsansicht des Formulars *frmSteuerelementeTypen* und löschen Sie dort alle vorhandenen Felder.
2. Klicken Sie auf den Befehl *Formularentwurfstools/Entwurf/Steuerelemente/Hyperlink*, sodass Access sofort das Dialogfeld wie in Abbildung 26.87 anzeigt. Geben Sie darin bei *Anzuzeigender Text* die Beschriftung des Steuerelements und als *Adresse* eine URL-Angabe ein.

**Abbildg. 26.87** Geben Sie hier die Internet-Adresse ein

3. Nachdem Sie das Dialogfeld *Hyperlink einfügen* mit *OK* bestätigt haben, enthält der Formularentwurf ein neues Steuerelement mit den passenden Angaben (in Abbildung 26.88 wurde bereits ein zusätzlicher Text darüber eingefügt).

**Abbildg. 26.88** Der Hyperlink ist im Formularentwurf eingefügt

4. In der Formularansicht öffnet ein Mausklick (siehe Abbildung 26.89) darauf den Microsoft Internet Explorer mit der angegebenen Internet-Adresse.

Abbildg. 26.89    In der Formularansicht kann direkt eine Internet-Adresse aufgerufen werden

Wenn Sie das entstandene Steuerelement im Eigenschaftenblatt betrachten, werden Sie feststellen, dass es sich dabei bloß um ein ganz normales *Bezeichnungsfeld* handelt, dessen Hyperlink-Eigenschaften ausgefüllt wurden.

# Navigationssteuerelement

Ein neues und sehr praktisches Steuerelement in Access 2010 ist das *Navigationssteuerelement* (*navigation control* in Englisch).

## Navigationssteuerelement einfügen

Sie können damit ohne Programmierung sehr einfach verschiedene Formulare wechselweise anzeigen. Für eine kleinere Datenbank wäre damit die komplette Benutzerführung schon fertig:

1. Wechseln Sie in die Entwurfsansicht des Formulars *frmSteuerelementTypen* und löschen Sie darin alle Steuerelemente.

2. Entfernen Sie außerdem den Eintrag in der *Formular*-Eigenschaft *Datensatzquelle*, weil das Formular selbst gar nicht auf Daten zugreift.

3. Klicken Sie dann auf den Befehl *Formularentwurfstools/Entwurf/Steuerelemente/Navigationssteuerelement* und ziehen im Detailbereich ein breites Viereck auf.

**ACHTUNG**    Ziehen Sie dieses Viereck nur breit, aber nicht hoch. Es gibt nicht die spätere Höhe des gesamten Navigationssteuerelements an, sondern nur die Höhe der Schaltflächen am oberen Rand.

4. Wie in Abbildung 26.90 fügt Access in der Entwurfsansicht ein zweiteiliges Steuerelement ein, welches im oberen Teil den Eintrag *[Neues hinzufügen]* enthält.

**Abbildg. 26.90**   Das *Navigationssteuerelement* braucht relativ viel Platz

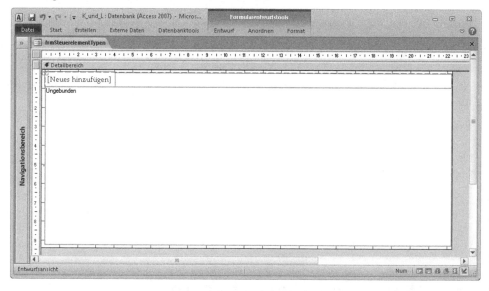

5. Sie könnten per Rechtsklick auf die Navigationsschaltfläche mit dem Eintrag *[Neues hinzufügen]* im Kontextmenü den Befehl *Navigationsschaltfläche einfügen* auswählen. Viel einfacher ist es aber, dort hineinzuklicken und direkt die Beschriftung *Hotels* der ersten Schaltfläche einzugeben.
6. Für diese Navigationsschaltfläche wählen Sie in deren Eigenschaft *Name des Navigationsziels* das Formular *frmHotels* aus.
7. Geben Sie bei *[Neues hinzufügen]* als nächsten Wert *Mitarbeiter* ein und bestätigen Sie ihn mit der ⏎-Taste. Dessen Eigenschaft *Name des Navigationsziels* ist entsprechend *frmMitarbeiter*.
8. Außerdem sollen noch gezielt nur *Aachener Mitarbeiter* angezeigt werden, also diejenigen, deren *mithtlIDRef*-Wert 1 ist. Fügen Sie eine dritte Navigationsschaltfläche mit der passenden Beschriftung hinzu und wählen Sie dort ebenso als *Name des Navigationsziels* das Formular *frmMitarbeiter* aus. Sie können diese Schaltfläche am orangefarbenen Rahmen breiter ziehen.
9. Geben Sie zusätzlich bei der Eigenschaft *WHERE-Klausel für Navigation* den Filter *mithtlIDRef = 1* ein, sodass der Formularentwurf wie in Abbildung 26.91 aussieht.

**Abbildg. 26.91**   Mehrere Navigationsschaltflächen sind vorbereitet

## Verknüpfungssteuerelemente

**ACHTUNG** Die Eigenschaft *WHERE-Klausel für Navigation* funktioniert nicht beim einfachen Wechsel von der Entwurfsansicht in die Formularansicht. Sie müssen das Formular zwischendurch speichern und vor allem schließen.

Wenn Sie das Formular nun in die Formularansicht umschalten, können Sie durch den Klick auf die jeweiligen Navigationsschaltflächen sehr bequem zwischen den verschiedenen Formularen umschalten. Abbildung 26.92 zeigt, dass auch der Filter für die Aachener Mitarbeiter funktioniert.

Abbildg. 26.92  Beliebige Unterformulare lassen sich so umschalten

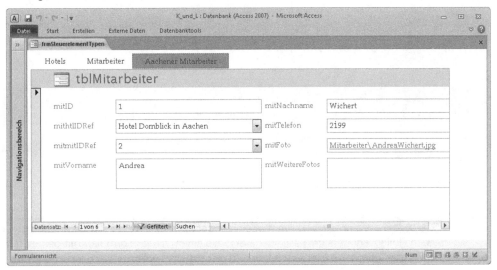

Technisch ist es kein Problem, die Schaltflächen neben dem Formular anzuzeigen:

1. Markieren Sie dazu das Navigationssteuerelement und stellen die *Bereich*-Eigenschaft auf *Vertikal*.

**ACHTUNG** Manchmal ändert sich die Höhe des Schaltflächenbereichs unfreiwillig (etwa durch Änderung der *Bereich*-Eigenschaft von *Horizontal* auf *Vertikal*). Leider fehlen dort die Anfasser für die Höhenänderung. Zeigen Sie dann mit [Alt]+[↵] das Eigenschaftenblatt an und tragen in der *Höhe*-Eigenschaft den gewünschten Wert ein.

2. Klicken Sie dann auf den Befehl *Formularentwurfstools/Anordnen/Tabelle/Layout entfernen*, um die beiden Teile voneinander zu trennen.
3. Jetzt können Sie den unteren Teil (ein *Navigationsunterformular*-Steuerelement) an seiner linken oberen Ecke einzeln verschieben.
4. Passen Sie die Größe des oberen Teils (das eigentliche *Navigationssteuerelement*) an die Breite der Schaltflächen an und achten Sie darauf, dass es nach unten länger ist, weil Sie es sonst später nicht mehr markieren können.

**5.** In Abbildung 26.93 sehen Sie, dass nun die Schaltflächen untereinander stehen und das dargestellte Formular daneben.

Abbildg. 26.93   Die Auswahl ist auch in diesem Layout möglich

Da die meisten Formulare aber vor allem in der Breite viel Platz brauchen, wird diese Anordnung wohl eher die Ausnahme bleiben.

**TIPP**   Wenn Sie wirklich mal eine andere Anordnung für das Navigationssteuerelement haben wollen, können Sie diese auch (inklusive einem neuen Formular) mit dem Befehl *Erstellen/ Formulare/Navigation* (siehe Abbildung 26.94) erstellen lassen.

Abbildg. 26.94   Sie können verschiedene Ausrichtungen für Navigationsformulare erstellen lassen

## Unterformular/-bericht

Das *Unterformular/-bericht*-Steuerelement (*subform* in Englisch) ist ein so wichtiges und vielseitig einsetzbares Steuerelement in Access, dass es in Kapitel 27 thematisch ausführlicher behandelt wird.

## Webbrowser

Das *Webbrowser*-Steuerelement (*web browser* in Englisch) ist ebenfalls eine der wichtigen Neuerungen in Access 2010.

### Webbrowser-Steuerelement einfügen

Endlich lassen sich Internetinhalte ohne Aufwand in einem Formular anzeigen, beispielsweise eine online gepflegte Hilfeseite:

1. Wechseln Sie in die Entwurfsansicht des Formulars *frmSteuerelementTypen* und löschen Sie alle noch vorhandenen Steuerelemente. Achten Sie darauf, dass der Steuerelement-Assistent noch aktiv ist.
2. Klicken Sie auf den Befehl *Formularentwurfstools/Entwurf/Steuerelemente/Webbrowsersteuerelement* und ziehen ein Rechteck im Detailbereich auf.
3. Daraufhin erscheint das Dialogfeld *Hyperlink einfügen* wie in Abbildung 26.95. Sie können eine komplette Internetadresse (wie sie dort unten mit *http://...* beginnend zu sehen ist) in das Feld *Adresse* eintragen. Beim Verlassen wird sie automatisch in die hier gezeigten Teile *Basis-URL*, *Pfade* und *Parameter* zerlegt.

Abbildg. 26.95   Geben Sie hier die Internetadresse ein

4. Nachdem Sie das Dialogfeld mit *OK* bestätigt haben, sehen Sie in der Entwurfsansicht lediglich die Adresse im Steuerelement.

**Abbildg. 26.96** Das *Webbrowser*-Steuerelement zeigt im Entwurf die Adresse an

5. In der Formularansicht (siehe Abbildung 26.97) ist eine vollwertige Ansicht der angegebenen Internetseite zu sehen.

**Abbildg. 26.97** In der Formularansicht haben Sie vollen Zugriff auf die Internetseite

## Webbrowser-Steuerelement flexibler nutzen

Es ist sehr praktisch, wenn Sie Ihren Benutzern auf einem Access-Formular etwa eine Internet-Hilfeseite zu dieser Datenbank anzeigen, ohne dass dabei ein Wechsel zu einer anderen Internet-Seite möglich ist. Wollen Sie aber doch verschiedene Inhalte zulassen, können Sie diese ohne großen Aufwand und vor allem ohne Programmierung vorbereiten:

1. Fügen Sie in der Entwurfsansicht des Formulars *frmSteuerelementTypen* ein Listenfeld hinzu, welches Sie entsprechend Ungarischer Notation als *lstURLs* benennen (das *bstID*-Feld ist jetzt aus Platzgründen gelöscht).

2. Ändern Sie die *Herkunftstyp*-Eigenschaft auf *Wertliste* und geben Sie als *Datensatzherkunft* durch Semikolon getrennt die gewünschten Internet-Adressen an.

**TIPP** Klicken Sie in der *Datensatzherkunft*-Eigenschaft auf die Schaltfläche mit den drei Pünktchen, so erleichtert ein Dialogfeld (siehe Abbildung 26.98) die Eingabe.

Abbildg. 26.98  Dieses Dialogfeld erleichtert die Eingabe der Werte

3. Für das *Webbrowser*-Steuerelement ändern Sie anschließend dessen Eigenschaft *Steuerelementinhalt* auf den Namen des Listenfeldes, also =*[lstURLs]*.
4. Wie Sie in Abbildung 26.99 sehen können, lassen sich nun anhand des Listenfeldes vom Benutzer verschiedene Internetseiten auswählen.

Abbildg. 26.99  Die im *Webbrowser*-Steuerelement angezeigte Seite lässt sich nun ändern

# ActiveX-Steuerelemente

Alle bisherigen Steuerelemente sind Teil der Access-Installation (und damit auch sicher vorhanden). Über die ActiveX-Schnittstelle können Sie aber beliebige andere Steuerelemente in ein Formular integrieren, wenn sie auf dem Rechner installiert sind.

## ActiveX-Steuerelement einfügen

Beispielhaft möchte ich die Technik für ein Video zeigen, welches auf dem Formular sichtbar sein soll. Dafür gäbe es kein Access-eigenes Steuerelement:

1. Wechseln Sie in die Entwurfsansicht des Formulars *frmSteuerelementTypen* und löschen Sie alle noch vorhandenen Steuerelemente. Entfernen Sie ebenfalls die *Datensatzquelle*, weil dieses Formular keinen Datenzugriff benötigt.
2. Klicken Sie auf den Befehl *Formularentwurfstools/Entwurf/Steuerelemente/ActiveX-Steuerelemente* (unterhalb des Steuerelement-Assistenten, die Galerie muss also ausgeklappt werden!), sodass ein Dialogfeld wie in Abbildung 26.100 angezeigt wird.

Abbildg. 26.100  Das Dialogfeld präsentiert alle installierten ActiveX-Steuerelemente

3. Wählen Sie darin den Eintrag *Windows Media Player* aus und bestätigen Sie mit *OK*.
4. Im Formularentwurf ist nun schon das *WindowsMediaPlayer*-Steuerelement (siehe Abbildung 26.101) zu sehen.

Abbildg. 26.101  Der Windows Media Player in der Formularansicht

5. Damit der gewünschte Film angezeigt wird, benötigen Sie spezielle Eigenschaften solcher ActiveX-Steuerelemente. Sie finden diese zusammengefasst auf der Registerkarte *Andere* des Eigenschaftenblatts oder am Ende der Registerkarte *Alle*.

**HINWEIS** Sie haben vielleicht bemerkt, dass ich im Eigenschaftenblatt fast immer nur die Registerkarte *Alle* einsetze. Die übrigen vier Registerkarten stellen nur eine Teilmenge der Eigenschaften dar, Sie suchen also lediglich länger, wenn die Eigenschaft nicht auf diesem Register steht.

Natürlich können Sie einwenden, dass die Reihenfolge der Eigenschaften auf der Registerkarte *Alle* völlig unergründlich ist. Das stimmt, aber dafür müssen Sie dort nur lange genug lesen und irgendwann taucht die Eigenschaft auf.

Bei den anderen Registern ist die Zuordnung mindestens rätselhaft und im Zweifelsfall steht die Eigenschaft gar nicht dort. Oder können Sie erklären, warum bei *Textfeld*-Steuerelementen die Eigenschaften *Textformat* und *Eingabeformat* im Register *Daten* stehen und nicht im *Format*-Register?

6. Jedes *ActiveX*-Steuerelement bringt außer speziellen neuen Eigenschaften typischerweise ein eigenes Dialogfeld mit, das diese zusammenfasst. Sie finden ihn immer in der Eigenschaft *Benutzerdefiniert*, indem Sie dort auf die Schaltfläche mit den drei Pünktchen klicken. Das *WindowsMediaPlayer*-Steuerelement zeigt ein Dialogfeld entsprechend der Abbildung 26.102 an.

**Abbildg. 26.102** Das Dialogfeld lässt benutzerdefinierte Einstellungen für den Windows Media Player zu

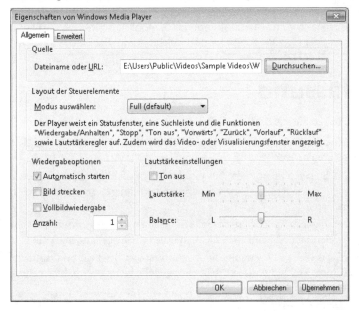

7. Wählen Sie darin mit der *Durchsuchen*-Schaltfläche ein Video aus und bestätigen Sie das Dialogfeld mit *OK*.
8. In der Formularansicht sehen Sie nun den voll funktionsfähigen Windows Media Player eingebettet mit der Anzeige des gewählten Videos (siehe Abbildung 26.103).

**Abbildg. 26.103** Auf einem Formular lässt sich ein Video abspielen

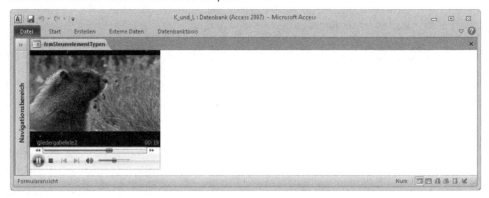

Viele der *ActiveX*-Steuerelemente (wie das *TreeView*-Steuerelement) benötigen umfangreiche VBA-Programmierung für einen sinnvollen Einsatz, daher soll es bei diesem Beispiel bleiben.

**ACHTUNG** Da *ActiveX*-Steuerelemente ein potentielles Risiko darstellen, weil dort ein unbekannter Code abläuft, ist deren Einsatz in Firmenumgebungen oftmals deaktiviert. Selbst wenn es auf Ihrem Entwicklungsrechner läuft, scheitert die Datenbank dann nach der Auslieferung. Oder die DLL (*dynamic link library*, die Datei mit dem Code dieses externen Steuerelements) ist in einer anderen Version oder meist gar nicht installiert. Falls irgendwie möglich, sollten Sie also auf *ActiveX*-Steuerelemente verzichten oder feste Vorgaben für die Einrichtung der Benutzerrechner vereinbaren.

# Zusammenfassung

In diesem Kapitel haben Sie ausführlich alle Typen von Steuerelementen kennengelernt:

- Einige allgemeine Steuerelemente sind typisch für alle Access-Formulare, weil sie darin die meisten Dateninhalte darstellen:
    - Das *Textfeld*-Steuerelement (Seite 509) ist ein Eingabefeld für Texte, Zahlen und Datum. Es kann Formeln enthalten, die Daten dynamisch berechnen, sowie *Rich-Text*-Inhalte zeichenweise formatieren.
    - Das *Bezeichnungsfeld*-Steuerelement (Seite 517) ähnelt dem Textfeld, erlaubt aber keine benutzerseitige Änderung und kann auch nicht an Dateninhalte gebunden werden.
    - Die *Schaltfläche* (Seite 517) erlaubt die Ausführung von Befehlen und ruft dabei Makros oder VBA-Prozeduren auf. Ein Assistent stellt einige häufig benutzte Schaltflächen zur Verfügung.
- Viele Steuerelemente für Access-Formulare erlauben eine Auswahl unter mehreren Optionen, manche auch eine Mehrfachauswahl:
    - Das *Kontrollkästchen*-Steuerelement (Seite 520) zeigt die Daten eines *Ja/Nein*-Datenfeldes an. Wenn es ungebunden ist, lässt sich darin auch ein dritter Zustand (NULL-Wert) auswählen.
    - Das *Umschaltfläche*-Steuerelement (Seite 522) entspricht technisch dem *Kontrollkästchen*, lässt sich aber optisch besser an wechselnde Schriftgrößen anpassen.
    - Das *Optionsfeld*-Steuerelement (Seite 524) wird sinnvollerweise nur innerhalb einer *Optionsgruppe* eingesetzt, um dort eine Entweder/Oder-Auswahl zu realisieren.

- Die *Optionsgruppe* (Seite 525) fasst verschiedene andere Steuerelemente zusammen, sodass diese als Gruppe nur noch eine Option auswählen lassen. Ein Assistent erleichtert die Eingabe der vorgegebenen Werte.
- Das *Listenfeld* (Seite 530) und das *Kombinationsfeld* (Seite 538) ersparen die mühsame Eingabe aller Optionen im Entwurf, weil ihre Zeilen aus einer Wertliste oder aus einer Tabelle/Abfrage automatisch zur Laufzeit erzeugt werden.
- Das *Register*-Steuerelement (Seite 542) schafft Platz auf Formularen, weil darin andere Steuerelemente in Gruppen angezeigt werden können.
- Einige grafisch orientierte Steuerelemente strukturieren das Formular oder helfen bei der Gestaltung:
  - Das *Linie*-Steuerelement (Seite 548) erzeugt gerade Striche, die je nach Größe des umgebenden Rechtecks auch schräg sein können.
  - Das *Rechteck*-Steuerelement (Seite 549) dient ebenfalls der übersichtlichen Darstellung auf einem Formular.
  - Das *Seitenumbruch*-Steuerelement (Seite 549) kann lange Formulare in Bereiche aufteilen, zu denen ein Benutzer dann mit der Bild↓-Taste springen kann. Beim Ausdruck des Formulars findet dort ein Seitenumbruch statt.
  - Das *Diagramm*-Steuerelement (Seite 550) wurde bereits ausführlich in Kapitel 23 besprochen.
  - Das *Bild*-Steuerelement (Seite 550) ist sowohl für eingebettete als auch für verknüpfte Bilder geeignet und zeigt viele Dateiformate an.
  - Das *Anlage*-Steuerelement (Seite 555) erlaubt die Anzeige von *Anlage*-Datenfeldern. Dabei bietet Access automatisch eine passende Symbolleiste für deren Verwaltung.
  - Die beiden *Objektfeld*-Steuerelemente (ab Seite 557) passen zu *OLE-Objekt*-Datenfeldern oder eingebetteten Dateien beliebiger Art (Word, Excel, PowerPoint, o.Ä.). Sie verbrauchen dafür allerdings relativ viel Platz und sollten eher sparsam eingesetzt werden.
- Viele Steuerelemente bieten Verknüpfungen zu Dateien oder ins Internet an, die meisten bisher vorgestellten besitzen auch Hyperlink-Eigenschaften, die Sie nur ausfüllen müssen:
  - Ein Befehl, um einen Hyperlink (Seite 560) im Formularentwurf einzufügen, führt tatsächlich nicht zu einem eigenen Steuerelement, sondern erzeugt lediglich ein Bezeichnungsfeld mit ausgefüllten Hyperlinkeigenschaften.
  - Das neue *Navigations*-Steuerelement (Seite 561) vereinfacht die wechselweise Anzeige verschiedener Formulare, was nun endlich ohne Programmierung möglich ist.
  - Das *Webbrowser*-Steuerelement (Seite 565) ist ebenfalls neu und zeigt Internet-Inhalte ohne viel Aufwand auf einem Formular an.
- Schließlich kann Access auch alle auf dem Rechner installierten *ActiveX*-Steuerelemente (Seite 567) nutzen. Allerdings besteht dabei immer das Risiko, dass diese später auf dem Zielrechner nicht installiert oder nicht erlaubt sind.

# Kapitel 27

# Mehrere Formulare

**In diesem Kapitel:**

| | |
|---|---|
| Haupt- und Unterformular | 574 |
| Formulare synchronisieren | 587 |
| Formulare mit Aggregat-Funktionen | 589 |
| Zugriff auf andere Formulardaten | 591 |
| PopUp-Formulare | 597 |
| Starteinstellungen | 598 |
| Formularvorlagen | 599 |
| Anwendungsparts | 601 |
| Zusammenfassung | 604 |

Eines der in Kapitel 26 besprochenen Steuerelemente hat im Grunde schon einen Teil des Themas für dieses Kapitel vorweggenommen, denn das *Navigations*-Steuerelement zeigt wechselnde (Unter-)Formulare auf einem Formular an.

Ich möchte dem Umgang mit mehreren Formularen aber ein eigenes Kapitel widmen, weil Formulare den wesentlichen Zugang für den Benutzer zu seinen Daten bilden und größere Datenbanken schnell sehr viele Formulare benötigen. Da ist es wichtig, dass sowohl Sie selbst als auch der Benutzer den Überblick behalten.

**CD-ROM** Um Ihnen das Nachvollziehen der Schritte in diesem Kapitel zu erleichtern, finden Sie innerhalb der Beispieldateien zu diesem Buch im Ordner *Kap26* eine Datenbank, die bereits die Änderungen aus Kapitel 26 enthält. Laden Sie einfach die betreffende Datenbank, um mit der Arbeit in diesem Kapitel zu beginnen.

Sie können also jederzeit ein Kapitel überspringen und trotzdem auf den aktuellen Stand der Datenbank zugreifen.

# Haupt- und Unterformular

Haupt- und Unterformulare sind sozusagen das optische Gegenstück zur 1:n-Beziehung der Daten. Zu *1* Datensatz im Hauptformular werden im Unterformular seine *n* untergeordneten Datensätze mit dem passenden Fremdschlüssel angezeigt.

## Haupt-/Unterformular mit Assistenten erstellen

Natürlich lässt sich das manuell mit dem *Unterformular/-bericht*-Steuerelement anlegen, aber der Assistent kann Ihnen dabei recht viel Arbeit abnehmen. Am Beispiel einer typischen Verknüpfung zwischen zwei Tabellen möchte ich Ihnen das demonstrieren:

1. Schließen Sie alle Formulare und klicken Sie auf *Erstellen/Formulare/Formular-Assistent*, denn es gibt keinen speziellen Befehl für Haupt- und Unterformulare. Der Assistent bemerkt einfach, dass mehrere verknüpfte Tabellen beteiligt sind.
2. Wählen Sie im ersten Schritt des Dialogfeldes bei *Tabellen/Abfragen* den Eintrag *Tabelle: tblHotels* aus und übernehmen Sie mit der >>-Schaltfläche alle Felder wie in Abbildung 27.1.
3. Wählen Sie anschließend bei *Tabellen/Abfragen* die *Tabelle: tblMitarbeiter* und übernehmen auch deren Felder mit der >>-Schaltfläche (siehe Abbildung 27.2).
4. Jetzt erst wechseln Sie mit *Weiter* in den zweiten Schritt, der anders aussieht als in den bisherigen Beispielen. Der Assistent hat die 1:n-Verknüpfung zwischen den beiden Tabellen erkannt und bietet hier wie in Abbildung 27.3 die Aufteilung der Felder auf zwei Formulare an.

## Haupt- und Unterformular

**Abbildg. 27.1**  Wählen Sie zuerst die Felder der Tabelle *tblHotels* aus

**Abbildg. 27.2**  Ergänzen Sie außerdem die Felder der Tabelle *tblMitarbeiter*

**Abbildg. 27.3**  Ein zusätzlicher Schritt bietet die Aufteilung der Felder auf zwei Formulare an

5. Belassen Sie dort die Auswahl auf *Formular mit Unterformular(en)* und klicken Sie auf die *Weiter*-Schaltfläche.
6. Im nächsten Schritt wie in Abbildung 27.4 geben Sie als Layout für das Unterformular *Tabellarisch* an und wechseln mit *Weiter* zum letzten Schritt des Assistenten.

**Abbildg. 27.4** Geben Sie hier das Layout des Unterformulars an

7. Tragen Sie dort wie in Abbildung 27.5 die Überschriften für die beiden Formulare ein und beenden Sie den Assistenten mit *Fertig stellen*.

**Abbildg. 27.5** Im letzten Schritt geben Sie die Überschriften der Formulare ein

8. Der Assistent erstellt die Formulare nun zwar technisch korrekt, aber (siehe Abbildung 27.6) enorm Platz raubend.

Damit es überhaupt auf einen Bildschirm passt, können Sie im Formularentwurf die *Textfeld*-Steuerelemente in der Höhe verringern und dichter schieben. Auch die Kopfzeile ist etwas groß geraten und das Unterformular lässt sich an die Hotel-Daten heranrücken.

Jetzt sieht das Hauptformular schon aus wie Abbildung 27.7 und ist erheblich kompakter in der Darstellung.

**Abbildg. 27.6** Das Ergebnis des Assistenten für Haupt- und Unterformular

**Abbildg. 27.7** Die Steuerelemente des Hauptformulars sind deutlich kompakter angeordnet

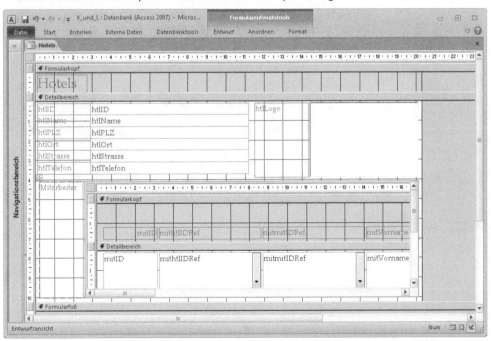

Nur das Unterformular hat noch unnötig große Steuerelemente und einen überflüssig hohen Formularkopf. Klicken Sie einfach in das Unterformular in der Entwurfsansicht hinein, denn Sie können auch dort direkt Änderungen vornehmen.

**ACHTUNG** Manchmal sehen Sie hier für ein Unterformular keine Entwurfsansicht eingebettet, sondern lediglich eine weiße Fläche. Dann ist das Unterformular entweder irgendwo anders noch geöffnet oder Access ist überlastet. Schließen Sie einfach alle geöffneten Fenster, dann sehen Sie beim nächsten Wechsel in diese Entwurfsansicht auch wieder die Details des Unterformulars.

So ist das Unterformular wie in Abbildung 27.8 ebenfalls deutlich kompakter und kann mehr als einen Datensatz anzeigen.

**Abbildg. 27.8** Die Zeilenhöhe des Unterformulars ist nun deutlich verbessert

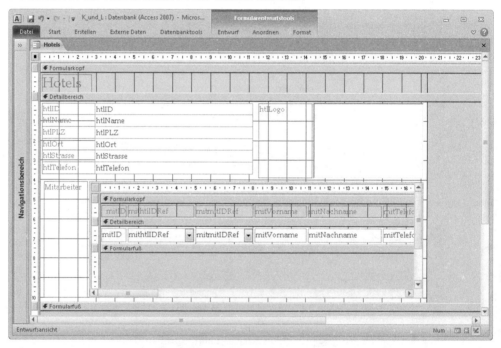

Damit haben Sie einen ersten brauchbaren Eindruck von einem funktionierenden Haupt- und Unterformular, welches wie in Abbildung 27.9 oben im Hauptformular die Daten der Tabelle *tblHotels* und unten im Unterformular die Daten der Tabelle *tblMitarbeiter* anzeigt.

**Abbildg. 27.9**  So sehen das Haupt- und Unterformular in der Formularansicht aus

Leider hat der Assistent Sie nirgends getrennt gefragt, unter welchen Namen die beteiligten Formulare gespeichert werden sollen. So tragen Sie noch fern jeder Ungarischen Notation die einfachen Namen *Hotels* und *Mitarbeiter* ein.

1. Das Hauptformular können Sie (wenn es geschlossen ist!) im Navigationsbereich ohne Bedenken direkt in *frmHotels_Haupt* umbenennen, indem Sie dort den Namen markieren und F2 drücken.
2. Das Unterformular *Mitarbeiter* hingegen soll nicht nur korrekt »ungarisch« benannt werden, sondern wegen der einfacheren alphabetischen Sortierung auch einen ähnlichen Namen wie sein Hauptformular erhalten. Benennen Sie es bitte in *frmHotels_Unter_Mitarbeiter* um.
3. Falls Sie für diese Datenbank noch die *Objektnamenautokorrektur* (siehe Kapitel 6) aktiviert haben, ist jetzt alles in Ordnung. Ansonsten verweist das Hauptformular auf ein Unterformular, welches inzwischen anders heißt und würde damit scheitern.
4. Wechseln Sie in die Entwurfsansicht des Hauptformulars *frmHotels_Haupt* und zeigen Sie das Eigenschaftsblatt des Unterformulars an.

**TIPP** Unterformulare sind manchmal lästig zu markieren, weil Sie oft nicht das *Unterformular/-bericht*-Steuerelement als Ganzes erwischen, sondern schon Steuerelemente darin. Am einfachsten ist es daher, einen Markierungsrahmen zu nutzen. Klicken Sie außerhalb des Unterformulars in einen Bereich ohne Steuerelemente, halten die Maus gedrückt und ziehen diesen Markierungsrahmen teilweise in das Unterformular (siehe Abbildung 27.10). Wenn Sie jetzt die Maus loslassen, ist es korrekt markiert.

Abbildg. 27.10  So markieren Sie ein Unterformular am sichersten

5. Wählen Sie in der Dropwdownliste der Eigenschaft *Herkunftsobjekt* den neuen Namen des Unterformulars aus. Damit ist auch das Hauptformular wieder in Ordnung und Sie können es speichern.

## Haupt- und Unterformular manuell erstellen

Der Assistent ist nett, aber nicht wirklich nötig. Sie werden gleich sehen, wie einfach es ist, diese Kombination aus Haupt- und Unterformular (fast) manuell zu erstellen. Der Trick besteht darin, beide Formulare einzeln automatisch anzulegen und dann zu verbinden.

Zum Vergleich möchte ich die gleichen Tabellen als Grundlage nehmen, daher müssen die Formularnamen etwas variiert werden:

1. Markieren Sie die Tabelle *tblHotels* im Navigationsbereich und klicken Sie auf den Befehl *Erstellen/Formulare/Formular*.

2. Access erstellt ein Standard-Formular mit gestapeltem Layout. Schieben Sie die Felder wie in Abbildung 27.11 etwas zusammen, damit Platz für das Unterformular ist.

**TIPP** Das Zusammenschieben der Steuerelemente geht am besten mit dem Eigenschaftenblatt, wenn alle Textfelder markiert sind. Geben Sie dort allen gemeinsam eine neue *Höhe* mit etwa *0,6 cm*. Außerdem sollten Sie den Befehl *Formularlayouttools/Anordnen/Position/Textabstand bestimmen/Kein* nutzen, der die Abstände innerhalb des Layouts entfernt.

3. Praktischerweise fügt Access beim Anlegen eines solchen Formulars direkt ein *Unterformular/-bericht*-Steuerelement mit ein, wenn die Datenquelle eine 1:n-Beziehung hat. Allerdings wird dort nur eine wenig ansehnliche Tabelle angezeigt.

Abbildg. 27.11   So ist das Formular schon etwas kompakter

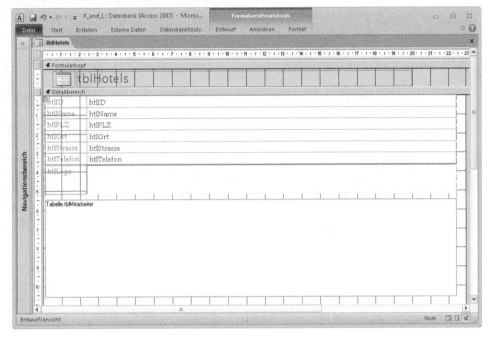

4. Speichern Sie das Formular auf den Namen *frmHotels_HauptManuell* und schließen es.
5. Das zukünftige Unterformular lässt sich ebenso schnell erstellen. Markieren Sie im Navigationsbereich die Tabelle *tblMitarbeiter* und klicken Sie auf den Befehl *Erstellen/Formulare/Weitere Formulare/Mehrere Elemente*, um ein Endlosformular zu erstellen.
6. Nach ein paar Korrekturen der Breiten und Höhen sieht das Formular so aus wie in Abbildung 27.12.

Abbildg. 27.12   Das zukünftige Unterformular ist fertig

7. Speichern Sie es unter dem Namen *frmHotels_UnterManuell_Mitarbeiter* und schließen es.

Bis hierhin haben Sie lediglich zwei voneinander völlig unabhängige Formulare erstellt, die nichts mit Haupt- und Unterformular zu tun haben. Der entscheidende Schritt besteht nun darin, diese miteinander zu verbinden.

1. Öffnen Sie wieder die Entwurfsansicht des Formulars *frmHotels_HauptManuell*.
2. Markieren Sie dessen *Unterformular/-bericht*-Steuerelement und wählen für seine *Herkunftsobjekt*-Eigenschaft das eben erstellte Formular *frmHotels_UnterManuell_Mitarbeiter* aus.
3. Jetzt müssen Sie das Hauptformular nur nochmals speichern und sind fertig. Es sieht in der Formularansicht so aus wie in Abbildung 27.13.

Abbildg. 27.13  Jetzt ist es ein Haupt- und Unterformular

Abgesehen von ein paar Aufräumarbeiten haben Sie in dieser Version ohne Assistenten deutlich weniger zu tun gehabt, weil Sie im Grunde nur zwei Formulare automatisch erstellen lassen und eine *Herkunftsobjekt*-Eigenschaft ändern.

## Alternatives Hauptformular

Trotzdem lässt sich daran noch mehr verbessern, nicht an der Erstellung, sondern an der Benutzung des Formulars. Es gibt zwei wesentliche Probleme:

- Dank des Suchfelds unten wäre das Auffinden eines Hotel-Datensatzes durchaus einfach. Wenn ein Benutzer das aber nicht bemerkt und oben seine Sucheingaben einträgt, hat er beim Verlassen des Datensatzes diese Werte einfach überschrieben und erhält noch nicht einmal eine Meldung.

- Zwei Gruppen von Navigationsschaltflächen direkt untereinander sind nicht gerade übersichtlich und überfordern die meisten Benutzer.

Daher möchte ich Ihnen ein anderes Bedienungskonzept für Haupt- und Unterformulare vorstellen, welches beide Probleme löst. Die eigentliche Änderung findet im Hauptformular statt, das Unterformular ist so identisch, dass wir es nur durch Kopieren mit einem passenden Namen versehen:

1. Kopieren Sie das Formular *frmHotels_UnterManuell_Mitarbeiter* auf den neuen Namen *frmHotels_UnterAlternativ_Mitarbeiter*.

> **TIPP** Sie können Objekte im Navigationsbereich einfach durch Ziehen mit gedrückter [Strg]-Taste kopieren. Oder Sie nehmen die üblichen Tastenkürzel [Strg]+[C] zum Kopieren und [Strg]+[V] zum Einfügen, wobei Access Sie dann nach einem neuen Namen fragt.

2. Lassen Sie mit dem Befehl *Erstellen/Formulare/Formularentwurf* ein neues Formular erstellen. Es hat keine Datensatzquelle und braucht das auch nicht.
3. Fügen Sie mit *Formularentwurfstools/Entwurf/Kopfzeile/Fußzeile/Titel* eine Überschrift ein und beschriften diese mit *Hotels und Mitarbeiter*.
4. Wenn Sie das Formular noch etwas ausschmücken möchten, können Sie mit dem Befehl *Formularentwurfstools/Entwurf/Kopfzeile/Fußzeile/Logo* eine geeignete Grafik daneben einfügen.
5. Nun erstellen Sie mit dem Befehl *Formularentwurfstools/Entwurf/Steuerelemente/Kombinationsfeld* ein *Kombinationsfeld*-Steuerelement. Sie können dabei auf den Assistenten verzichten, denn die zugehörigen Eigenschaften sind schnell gefüllt:

Name: cmbHotels
Datensatzherkunft: tblHotels
Spaltenanzahl: 2
Spaltenbreiten: 0cm;7cm

6. Speichern Sie das Formular unter dem Namen *frmHotels_HauptAlternativ* und testen Sie es in der Formularansicht. Dort lassen sich im Kombinationsfeld alle Hotels auswählen (siehe Abbildung 27.14).

**Abbildg. 27.14** Das Kombinationsfeld funktioniert

7. Da das Formular selbst ja gar keine Datensatzquelle hat, ist die Anzeige von *Datensatzmarkierer* und *Navigationsschaltflächen* irreführend. Schalten Sie diese Formular-Eigenschaften beide auf *Nein*.
8. Jetzt muss nur noch das Unterformular hinzugefügt werden. Dazu bleiben Sie in der Entwurfsansicht des Hauptformulars und ziehen dann mit gedrückter Maustaste den Namen des Unterformulars *frmHotels_UnterAlternativ_Mitarbeiter* in den Detailbereich des Hauptformulars (siehe Abbildung 27.15).

## Kapitel 27  Mehrere Formulare

**Abbildg. 27.15**    Ziehen Sie den Namen des Unterformulars in die Entwurfsansicht des Hauptformulars

9. Nach ein paar optischen Korrekturen sieht es aus wie in Abbildung 27.16. Wählen Sie ein Hotel aus und sehen Sie sich dazu die Mitarbeiter an.

**Abbildg. 27.16**    So sieht das alternative Haupt- und Unterformular derzeit aus

Haben Sie es gemerkt? Das funktioniert gar nicht! Sie können bei den Hotels auswählen, was Sie wollen, es sind immer die gleichen 34 Mitarbeiter.

**HINWEIS**    Wenn das Hauptformular eine Datensatzquelle gehabt hätte, wäre es gut gegangen. Dann hätte Access die Beziehung zwischen den beiden Tabellen analysieren können. So aber besitzt das Hauptformular keine Datensatzquelle und das darauf platzierte Kombinationsfeld nimmt Access nicht automatisch.

Die Synchronisation zwischen dem Haupt- und dem Unterformular geschieht über zwei Eigenschaften des Unterformulars, die hier einfach noch nicht eingegeben sind:

1. Markieren Sie in der Entwurfsansicht das *Unterformular/-bericht*-Steuerelement und lassen Sie das Eigenschaftenblatt anzeigen.
2. Die *Verknüpfen von*-Eigenschaft muss ein Feld des Unterformulars enthalten, welches zu den Werten des Hauptformulars passt. Tragen Sie hier *mithtlIDRef* ein, weil es der Fremdschlüssel zur Hotel-Tabelle ist.

**HINWEIS** Die *Verknüpfen von*-Eigenschaft bietet zwar über die Schaltfläche mit den drei Pünktchen einen Assistenten. Der versagt hier aber, weil das Hauptformular ja keine Datensatzquelle hat, die er analysieren kann. Es muss sich aber um eines der Felder handeln, die Sie im Entwurf des Unterformulars per Augenschein auswählen können.

3. Die *Verknüpfen nach*-Eigenschaft nennt ein Objekt (nicht nur Feld!) des Hauptformulars, welches die Werte enthält, die zum Fremdschlüssel passen. Da das Hauptformular gar keine Datenfelder hat, bleibt nur das Kombinationsfeld übrig, in dem Sie ja durch Anklicken jeweils eine Hotel-ID auswählen. Geben Sie also in der Eigenschaft den Namen *cmbHotels* an.
4. Jetzt funktioniert das Formular wirklich, wie Sie in Abbildung 27.17 sehen können: Im Unterformular sind die richtigen Mitarbeiter angezeigt, von denen auch nur diese 11 zum genannten Hotel gehören.

**Abbildg. 27.17** Die Synchronisation ist perfekt

**PROFITIPP** Das Formular hat einen kleinen Schönheitsfehler, wenn es neu geöffnet wird, denn dann ist die Hotelauswahl leer und das Unterformular auch. Soll auch dann direkt eine Auswahl aktiv sein, geben Sie die *Standardwert*-Eigenschaft des *Kombinationsfeld*-Steuerelements *cmbHotels* vor.

Ohne Programmierung müssen Sie einen der Werte wissen (hier die *1* für das Hotel *Aachener Domblick*) und eingeben, mit Programmierung könnten Sie auch den ersten Eintrag vorgeben, egal welchen Wert er hat. Geben Sie hier die *1* ein, speichern und schließen Sie das Formular, denn erst beim erneuten Öffnen werden Standardwerte sicher berücksichtigt.

In Kapitel 37 finden Sie eine mit VBA programmierte Lösung, wie die Anzeige des ersten Listeneintrags auch bei beliebigen Inhalten klappt.

## Mehrere Unterformulare

Sie haben sich vielleicht schon gewundert, warum ich so ellenlange Formularnamen benutze und nicht einfach nur _Haupt oder _Unter anfüge. Tatsächlich können Sie aber mehrere Unterformulare auf dem gleichen Hauptformular verwenden, denn es ist im Datenbankdesign gar nicht so ungewöhnlich, dass eine Tabelle mehrere 1:n-Beziehungen aufweist.

Ich möchte das hier nur exemplarisch anhand der Hotels zeigen, aber Sie werden sehen, wie leicht sich das fortführen lässt. Sie grübeln gerade, welche zweite 1:n-Beziehung denn eigentlich die Tabelle *tblHotels* besitzt, die wir hier im zweiten Unterformular darstellen könnten?

Es hat keine Beziehung außer derjenigen zur Tabelle *tblMitarbeiter*, da haben Sie Recht. Aber dem Benutzer, der nur per Kombinationsfeld sehr schnell einen Hotel-Datensatz auswählen kann, habe ich leider durch diese neue Haupt- und Unterformular-Konstruktion die Möglichkeit genommen, doch mal eben den Hotel-Datensatz zu ändern. Das zweite Unterformular zeigt also zu dem gewählten Hotel wieder seinen Stammdatensatz an:

1. Kopieren Sie das Formular *frmHotels_HauptAlternativ* auf den neuen Namen *frmHotels_ HauptMehrere* und löschen Sie darin das *Unterformular/-bericht*-Steuerelement.
2. Fügen Sie mit *Formularentwurfstools/Entwurf/Steuerelemente/Navigationssteuerelement* ein *Navigations*-Steuerelement hinzu.
3. Geben Sie bei *[Neues hinzufügen]* die beiden Schaltflächenbezeichnungen *Mitarbeiter* und *Hotel-Stammdaten* ein.
4. Für die erste Navigationsschaltfläche der *Mitarbeiter* tragen Sie diese beiden Werte in die Eigenschaften ein:
   Name des Navigationsziels: `frm_Hotels_UnterAlternativ_Mitarbeiter`
   WHERE-Klausel für Navigation: `mithtlIDRef = cmbHotels`
5. Für die zweite Navigationsschaltfläche der *Hotel-Stammdaten* tragen Sie diese beiden Werte in die Eigenschaften ein beziehungsweise wählen sie aus der Liste aus:
   Name des Navigationsziels: `frm_Hotels`
   WHERE-Klausel für Navigation: `htlID = cmbHotels`

In Abbildung 27.18 sehen Sie, dass auch in *Navigations*-Steuerelementen diese Synchronisation mit einem Hauptformular wunderbar funktioniert.

**Abbildg. 27.18** Zur Hotelauswahl lassen sich verschiedene Unterformulare anzeigen

Diese Datenbank ist nun nicht so umfangreich, dass noch mehr Unterformulare nötig wären, die direkt auf Tabellen basieren. Vorstellbar wären hier aber weitere angezeigte Abfragen für monatliche Umsätze des Hotels, jahreweise Artikelsummen oder Ähnliches.

# Formulare synchronisieren

Ich persönlich finde diese Version mit Unterformularen sehr übersichtlich, weil nicht dauernd ein Fensterwechsel stattfindet. Wenn Sie aber lieber mehrere Formulare nutzen, in denen die Daten mehr Platz haben, können Sie dies ebenso mit dem Assistenten erstellen:

1. Beginnen Sie wieder mit dem Befehl *Erstellen/Formulare/Formular-Assistent*.
2. Wählen Sie im ersten Schritt die Tabelle *tblHotels* aus und übernehmen Sie alle Felder. Danach wählen Sie die Tabelle *tblMitarbeiter* und übernehmen wiederum alle Felder, so wie es in Abbildung 27.19 zu sehen ist.

**Abbildg. 27.19** Die synchronisierten Formulare beginnen mit den gleichen Feldern

3. Gehen Sie mit *Weiter* zum zweiten Schritt und wählen Sie dort aber dieses Mal die Option *Verknüpfte Formulare* aus.

**Abbildg. 27.20** Wählen Sie hier die Option *Verknüpfte Formulare*

4. Nach einem Klick auf *Weiter* können Sie nun im letzten Schritt direkt wieder die Beschriftung der beiden Formular angeben, wie es in Abbildung 27.21 zu sehen ist.

Abbildg. 27.21   Geben Sie hier die Beschriftungen der Formulare an

Nachdem Sie den Assistenten mit *Fertig stellen* beendet haben, zeigt Access Ihnen das »Haupt«-Formular *Hotels* an. In Abbildung 27.22 sehen Sie dieses in der Formularansicht, nachdem die Felder bereits zusammengeschoben wurden.

Abbildg. 27.22   So sieht das optisch korrigierte Formular *Hotels* aus

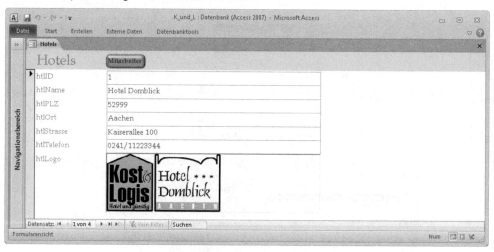

Eigentlich unterscheidet sich dieses Formular überhaupt nicht von einem einspaltigen Standardformular, das einzig Neue ist die Umschaltfläche *Mitarbeiter*. Wenn der Benutzer auf diese Umschaltfläche klickt, wird das Formular *Mitarbeiter* mit dem passenden Filter für dieses Hotel angezeigt (siehe Abbildung 27.23).

**Abbildg. 27.23** Nach einem Klick auf die Schaltfläche *Mitarbeiter* im *Hotels*-Formular wird das Formular *Mitarbeiter* angezeigt

Wenn Sie vom Formular *Mitarbeiter* über die Registerkarte zu *Hotels* wechseln, ohne es zu schließen, bleibt die Umschaltfläche eingedrückt. Sie können durch nochmaligen Klick darauf das *Mitarbeiter*-Formular schließen.

**HINWEIS** Die Umschaltfläche ist vom Assistenten mit VBA-Code ausgestattet worden und zwar ziemlich umfangreich mit insgesamt über 50 Zeilen Programmierung. Falls Sie diese ansehen wollen, wechseln Sie in die Entwurfsansicht des Formulars *Hotels* und markieren dort die Umschaltfläche *VerknüpfungUmschalten*.

In deren *Beim Klicken*-Eigenschaft finden Sie den Eintrag *[Ereignisprozedur]*, dessen Inhalt Sie durch einen Klick auf die daneben befindliche Schaltfläche mit den drei Pünktchen anzeigen lassen. Dann startet ein eigenes Programm, nämlich der VBA-Editor, wie Sie ihn später im Kapitel 32 kennenlernen werden.

# Formulare mit Aggregatfunktionen

In Kapitel 19 habe ich schon darauf hingewiesen, dass Ihnen die Aggregat-Funktionen der Gruppierungsabfragen nochmals begegnen werden, nämlich hier und jetzt bei Formularen. Das Problem bei Abfragen besteht manchmal darin, dass Details und Zusammenfassungen nie gleichzeitig angezeigt werden können. In Formularen hingegen können Sie genau das sehen:

1. Bereiten Sie mit dem Befehl *Erstellen/Formulare/Formularentwurf* ein leeres Formular vor.
2. Tragen Sie als *Datensatzquelle*-Eigenschaft die Abfrage *qryALLE_BESTELLUNGEN_MIT_INFO* ein.
3. Jetzt können Sie aus der Feldliste ([Alt]+[F8]) einige exemplarische Felder in den Detailbereich ziehen, damit es übersichtlich bleibt: *bstID*, *GanzerName*, *artName*, *Gesamtpreis* und *bstBestelldatum*.
4. Markieren Sie alle Steuerelemente und lassen Sie diese mit dem Befehl *Formularentwurfstools/Anordnen/Tabelle/Tabelle* automatisch anordnen.

5. Stellen Sie die *Formular*-Eigenschaft *Standardansicht* auf *Endlosformular* und speichern Sie es als *frmBestellungenUeberblick* wie in Abbildung 27.24.

Abbildg. 27.24   So sieht das Endlosformular bisher aus

Bis hierhin handelt es sich um ein ganz banales Endlosformular mit einigen Feldern darauf. Es ist nur »zu Fuß« erstellt worden, weil der Assistent sonst aus dieser Datenquelle alle Felder übernommen hätte. Das wäre zu voll gewesen.

Das Formular zeigt in seiner Formularansicht wenig überraschend alle Bestellungen mit den ausgewählten Feldern an. Bei Abfragen müssten Sie jetzt eine zweite Abfrage erstellen, um die Gesamtsumme aller Bestellungen zu ermitteln. Bei Formularen geht das im gleichen Formular.

1. Wechseln Sie in die Entwurfsansicht und fügen Sie mit *Formularentwurfstools/Entwurf/Steuerelemente/Textfeld* ein entsprechendes Steuerelement in den Formularfuß ein. Es enthält mangels Datenbindung noch den Eintrag *Ungebunden*.
2. Als *Steuerelementinhalt*-Eigenschaft tragen Sie die Formel =Summe([Gesamtpreis]) ein, wobei Access Sie mit Dropdownlisten unterstützt.
3. Wechseln Sie nun in die Formularansicht, zeigt Access (manchmal erst nach einer ganz kurzen Wartezeit) in diesem Feld die Gesamtsumme der Spalte *Gesamtpreis* an.

Abbildg. 27.25   Das berechnete Feld (hier fett formatiert) im Formularfuß zeigt die Gesamtsumme an

**ACHTUNG**   Sie haben es vielleicht schon bemerkt: Die Syntax der Formel ist anders. Während bei Abfragen zwingend immer ein neuer Feldname und ein Doppelpunkt am Anfang stehen, ist die Formelschreibweise in Formularen (und Berichten) so wie in Excel mit einem führenden Gleichheitszeichen.

Bei einem echten Formular würden Sie jetzt noch *Aktiviert* auf *Nein* stellen, eventuell *Gesperrt* auf *Ja* und vor allem die *Format*-Eigenschaft auf *Euro*. Das zugehörige Bezeichnungsfeld können Sie löschen, weil unter einer solchen Spalte sowieso die Summe erwartet wird.

Es sind alle Aggregat-Funktionen möglich, die Sie in Kapitel 19 bei den Gruppierungsabfragen kennen gelernt haben:

1. Fügen Sie im Formularkopf ein weiteres *Textfeld*-Steuerelement hinzu, welches (ohne Umbruch) die folgende Formel enthält:

```
=Anzahl([bstID]) & " Bestellungen vom " & Min([bstBestelldatum]) & " bis zum " &
Max([bstBestelldatum])
```

2. Stellen Sie dessen *Schriftart*-Eigenschaft auf diejenige für den Kopfbereich (der erste Eintrag der Liste) und den *Schriftgrad* auf *14*. Sowohl die *Hintergrundart* als auch die *Rahmenart* müssen auf *Transparent* stehen, damit es nicht als Eingabefeld erkennbar ist, und natürlich *Aktiviert:Nein* und *Gesperrt:Ja*, damit es nicht markiert werden kann.

3. Wechseln Sie nun in die Formularansicht wie in Abbildung 27.26, so wirkt es optisch wie eine Überschrift, die aber dynamisch wechselnde Inhalte enthält.

**Abbildg. 27.26**   Auch der Titel ist hier berechnet

**TIPP**   Die Dynamik der berechneten Überschrift geht so weit, dass nicht nur hinzugefügte oder geänderte Datensätze beim Verlassen (und damit Speichern) dort aktualisieren, sondern vor allem auch der Filter. Sie können hier also sehr bequem etwa auf einem Namen per Rechtsklick den *Ist Gleich…*-Filter aktivieren und sehen sowohl die Summe unten als auch die Überschrift oben nur für die gefilterten Werte. Bequemer lassen sich Teilsummen kaum ermitteln.

# Zugriff auf andere Formulardaten

Manchmal ist es hilfreich, in einem Formular die Daten eines anderen (geöffneten!) Formulars anzeigen zu lassen. Das lässt sich in Access ohne Programmierung verwirklichen, auch wenn die Syntax etwas unleserlich ist. Allerdings müssen Sie nichts selber eintippen, sondern können sich vom Ausdrucks-Generator helfen lassen.

# Haupt- und Unterformulare verbessern

Für das bereits erstellte Formular *frmBestellungenUeberblick* soll im Titel eines Hauptformulars die im Unterformular errechnete Summe angezeigt werden:

1. Erzeugen Sie mit dem Befehl *Erstellen/Formulare/Formularentwurf* ein neues leeres Formular.
2. Fügen Sie mit *Formularentwurfstools/Entwurf/Kopfzeile/Fußzeile/Titel* eine Überschrift hinzu und schreiben dort *Mitarbeiter und Bestellungen* hinein.
3. Fügen Sie mit *Formularentwurfstools/Entwurf/Steuerelemente/Kombinationsfeld* in den Detailbereich ein Kombinationsfeld ein, dessen *Name*-Eigenschaft Sie auf *cmbMitarbeiter* ändern. Passen Sie noch weitere Eigenschaften an:

   Spaltenanzahl: 2

   Spaltenbreiten: 0cm;6cm

   Datensatzherkunft: SELECT mitID, [mitNachname] & ", " & [mitVorname] AS NameKomplett FROM tblMitarbeiter ORDER BY mitNachname;
4. Speichern Sie das Formular auf den Namen *frmMitarbeiterUndBestellungen*, sodass es nun aussieht wie in Abbildung 27.27.

**Abbildg. 27.27**  Die Entwurfsansicht des Formulars für Mitarbeiter und Bestellungen

5. Ziehen Sie nun aus dem Navigationsbereich den Namen des Formulars *frmBestellungenUeberblick* in den Detailbereich. Markieren Sie dessen darin enthaltenes *Textfeld*-Steuerelement *Text15* in seinem Formularfuß und benennen es ordentlich in *edtSummeGesamtpreis* um und speichern das Unterformular.

> **HINWEIS**  Auch wenn dieses *Textfeld*-Steuerelement wegen *Aktiviert:Nein* und *Gesperrt:Ja* gar nicht mehr editierbar ist, behält es doch seinen Typ. Daher wird es laut Ungarischer Notation das Präfix *edt* erhalten. Achten Sie vor allem darauf, dieses Unterformular auch direkt zu speichern, sonst findet der Ausdrucks-Generator nicht den neuen Namen!

6. Tragen Sie für das Unterformular-Steuerelement selber in die *Verknüpfen von*-Eigenschaft den Wert *bstmitIDRef* und in die *Verknüpfen nach*-Eigenschaft den Wert *cmbMitarbeiter* ein.

## Zugriff auf andere Formulardaten

**HINWEIS** Wie Sie sehen, können Sie für die Verknüpfung sogar Verweise auf Felder machen, die gar nicht als Steuerelement des Unterformulars enthalten sind. Allerdings müssen sie natürlich Teil der Datensatzquelle des Unterformulars sein.

Jetzt haben Sie »nur« ein komplettes Haupt- und Unterformular vorbereitet. Darin können Sie einen Mitarbeiternamen auswählen und sehen die zugehörigen Bestellungen. Die Summe der Gesamtpreise soll aber oben neben der Auswahl angezeigt werden.

1. Fügen Sie im Hauptformular ein *Textfeld*-Steuerelement ein. Lassen Sie dessen Eigenschaften anzeigen und markieren darin *Steuerelementinhalt*. Klicken Sie auf die Schaltfläche mit den drei Pünktchen, um den Ausdrucks-Generator anzuzeigen.

2. Klicken Sie dort in der Liste *Ausdruckselemente* jeweils auf die Pluszeichen vor *K_und_L.accdb*, *Formulare* und *Geladene Formulare* und *frmMitarbeiterUndBestellungen*. Dadurch werden die untergeordneten Elemente expandiert und Sie können das Formular *frmBestellungenUeberblick* wie in Abbildung 27.28 markieren.

**Abbildg. 27.28** Markieren Sie das geöffnete Formular im Ausdrucks-Generator

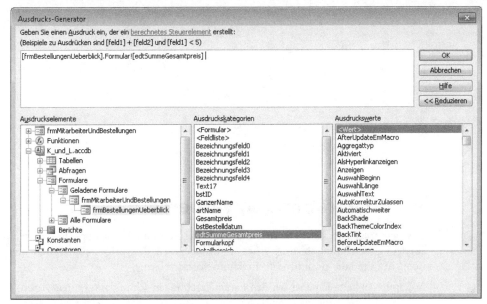

3. In der Liste *Ausdruckskategorien* werden nun die Steuerelemente dieses Formulars angezeigt. Nachdem Sie *edtSummeGesamtpreis* markiert haben, sehen Sie in der Liste *Ausdruckswerte* dessen Eigenschaften. Doppelklicken Sie auf den Eintrag *<Wert>*, wird das Feld samt Eigenschaft übernommen. Schließen Sie dieses Dialogfeld dann über *OK*.

**HINWEIS** Wir befinden uns in Access 2010. Alle Eigenschaften im Ausdrucks-Generator werden beim Doppelklick in der Schreibweise *[Steuerelementname].Eigenschaft* übernommen ... Alle Eigenschaften? Nein! Ein von unbeugsamer Syntax durchdrungenes Wort hört nicht auf, dieser Schreibweise Widerstand zu leisten: die *Wert*-Eigenschaft wird nur als *[Steuerelementname]* übernommen.

Wenn Sie jetzt in der Formularansicht einen Mitarbeiternamen auswählen, zeigt das Textfeld rechts oben die Summe aus dem Unterformular an. In Abbildung 27.29 sehen Sie das Ergebnis mit der schon angegebenen *Format*-Eigenschaft *Euro* für das Textfeld.

**Abbildg. 27.29** Das Hauptformular zeigt Daten aus dem Unterformular an

## Parameterabfragen verbessern

Vielleicht fragen Sie sich gerade: Wofür der ganze Aufwand für die doppelte Anzeige von Daten, die auf dem gleichen Bildschirm zu sehen sind? Zugegeben, das vorige Beispiel sollte nur mit möglichst wenig Aufwand die eigentliche Technik und Syntax zeigen.

In Kapitel 19 hatte ich aber bei den Parameterabfragen schon darauf hingewiesen, dass sich deren technische Umsetzung noch deutlich verbessern ließe. Jetzt ist der Zeitpunkt gekommen, das einzulösen:

1. Erstellen Sie mit dem Befehl *Erstellen/Abfragen/Abfrageentwurf* eine neue Abfrage auf der Basis von *qryALLE_BESTELLUNGEN_MIT_INFO*.
2. Fügen Sie dem Zielbereich das Sternchen hinzu und außerdem das Feld *mitID*. Geben Sie für Letzteres als Kriterium *[welche mitID?]* an, wie es in Abbildung 27.30 zu sehen ist.

**Abbildg. 27.30**   So ist es noch eine normale Parameterabfrage

3. Speichern Sie diese Abfrage auf den Namen *qryBestellungenEinesMitarbeiters*.

Eine solche Parameterabfrage fragt bei jeder Anzeige der Datenblattansicht immer wieder nach der ID des Mitarbeiters. Mal abgesehen davon, dass es im Dialogfeld *Parameterwert eingeben* nicht einmal eine Auswahlliste gibt, ist das für den Benutzer langweilig und fehleranfällig. Mit einem Formular sind diese Probleme zu beseitigen:

1. Erstellen Sie mit dem Befehl *Erstellen/Formulare/Formularentwurf* ein neues Formular ohne Datensatzquelle.
2. Kopieren Sie aus dem Entwurf des Formulars *frmMitarbeiterUndBestellungen* das Kombinationsfeld *cmbMitarbeiter* heraus und fügen Sie es hier im Detailbereich ein. Den Detailbereich können Sie bei der Gelegenheit deutlich verkleinern.
3. Speichern Sie das Formular als *frmAllgemein*, lassen es aber wie in Abbildung 27.31 geöffnet.

**Abbildg. 27.31**   So sieht der Entwurf des allgemeinen Formular aus

4. Wechseln Sie wieder in den Abfrageentwurf von *qryBestellungenEinesMitarbeiters* und klicken dort in das Kriterium für die *mitID*.
5. Mit dem Befehl *Abfragetools/Entwurf/Abfragesetup/Generator* oder dem Tastenkürzel Strg + F2 zeigen Sie dafür den Ausdrucks-Generator an.
6. Löschen Sie darin das bisherige Kriterium und expandieren Sie in der Liste *Ausdruckselemente* die Einträge *K_und_L.accdb*, *Formulare*, *Geladene Formulare* und wählen dann *frmAllgemein*.

## Kapitel 27 Mehrere Formulare

**7.** Markieren Sie in der mittleren Liste *Ausdruckskategorien* das Kombinationsfeld *cmbMitarbeiter* und fügen rechts per Doppelklick die *Wert*-Eigenschaft in das obere Eingabefeld hinzu (siehe Abbildung 27.32). Schließen Sie das Dialogfeld mit *OK* und speichern Sie die Abfrage.

**Abbildg. 27.32** Auch aus einer Abfrage heraus lassen sich *Formular*-Steuerelemente angeben

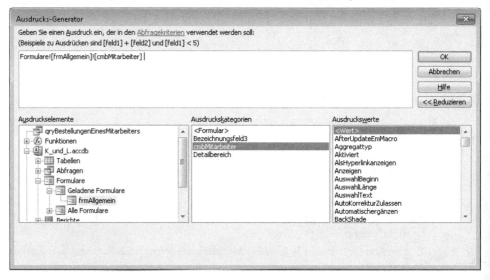

Damit die Abfrage auf den Inhalt des Kombinationsfelds zugreifen kann, muss das Formular in der Formularansicht geöffnet sein, denn die Entwurfsansicht enthält ja keine Daten. Wechseln Sie also in die Formularansicht von *frmAllgemein* und wählen einen Namen aus.

Dann können Sie die Abfrage *qryBestellungenEinesMitarbeiters* in der Datenblattansicht anzeigen und sehen ohne weitere Rückfrage die Daten zu demjenigen, der im Kombinationsfeld ausgewählt war (siehe Abbildung 27.33).

**Abbildg. 27.33** Diese Parameterabfrage bezieht sich auf die Auswahl im Formular *frmAllgemein*

Diese Parameterabfrage (oder beliebige andere, die sich auf das gleiche Formular beziehen!) kann nun immer wieder geöffnet werden, ohne dass eine erneute Auswahl des Mitarbeiters nötig ist.

# PopUp-Formulare

Mit dem Auswahlformular zur Parameterabfrage sind wir auf dem richtigen Weg, aber noch nicht am Ziel angekommen. Dieser Wechsel zwischen zwei Registerkarten ist lästig. Aber Sie erinnern sich vielleicht noch an das Farben-Dialogfeld aus Kapitel 22, der vor anderen Formularen angezeigt wurde? Das wird uns hier weiterhelfen:

1. Wechseln Sie in die Entwurfsansicht des Formulars *frmAllgemein* und markieren Sie das Formular selbst (beispielsweise am Schnittpunkt der Lineale).
2. Stellen Sie im Eigenschaftsblatt die *PopUp*-Eigenschaft auf *Ja* und wechseln Sie in die Formularansicht. Das ist die wesentliche Änderung, wie Sie in Abbildung 27.34 schon sehen können.

Abbildg. 27.34    Das Auswahlformular steht vor der Abfrage

Die *PopUp*-Eigenschaft sorgt dafür, dass dieses Formular sich wieder wie ein Fenster verhält und nicht im Vollbild angezeigt wird. Noch sieht es allerdings aus wie ein normales Formular mit Datensätzen, das irritiert den Benutzer:

1. Wechseln Sie wieder zurück in die Entwurfsansicht des Formulars *frmAllgemein*.

**ACHTUNG**    Bei PopUp-Formularen gelten weder das Menüband oben noch die Symbole unten rechts für die Ansichten! Sie können in diesen Formularen nur nach einem Rechtsklick über das Kontextmenü auf den Formularhintergrund in die anderen Ansichten wechseln.

2. Tragen Sie in der *Beschriftung*-Eigenschaft eine Überschrift wie *Allgemein* ein, damit als Fenstertitel nicht der Speichername des Formulars erscheint.
3. Stellen Sie die *Automatisch zentrieren*-Eigenschaft auf *Ja*, damit es nicht links oben angezeigt wird. *Ja/Nein*-Eigenschaften wie diese können Sie immer per Doppelklick darauf umschalten.
4. Die Eigenschaften *Datensatzmarkierer*, *Navigationsschaltflächen* und *Bildlaufleisten* können Sie auf *Nein* ändern, weil das Formular selbst ja nicht auf Datensätze zugreift.
5. Die *MinMaxSchaltflächen*-Eigenschaft ändern Sie bitte auf *Min vorhanden*, weil ein maximiertes PopUp-Formular ohnehin alles überdecken würde.
6. Schließlich sollte noch die *Rahmenart*-Eigenschaft auf *Dünn* geändert werden, damit das kleine Fenster nicht gar so klotzig daherkommt.

Abbildg. 27.35    So ist das PopUp-Formular deutlich kompakter und übersichtlicher

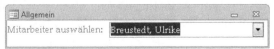

**ACHTUNG**   Die *Rahmenart*-Eigenschaft *Keine* klingt sehr verführerisch, um noch mehr Platz zu sparen. Kein Rahmen bedeutet aber leider auch keine Titelleiste mit der Konsequenz, dass sich das Formular nicht mehr verschieben lässt, selbst wenn die *Verschiebbar*-Eigenschaft auf *Ja* steht.

Und flugs haben Sie noch ein Problem am Hals: mangels *X*-Schaltfläche in der fehlenden Titelleiste können Sie das PopUp-Formular auch nicht mehr schließen. Es bleibt aber die Möglichkeit, via Kontextmenü die Ansicht zu wechseln oder mit [Alt]+[F4] dieses Formular zu schließen.

**HINWEIS**   Sobald die Datenblattansicht der Abfrage sichtbar ist, mögen Sie im Formular so oft den Mitarbeiter wechseln, wie Sie wollen: die Abfrage ändert sich nicht. Entweder wechseln Sie dort jedes Mal in die Entwurfsansicht der Abfrage und wieder in die Datenblattansicht zurück oder Sie klicken auf den Befehl *Start/Datensätze/Alle aktualisieren* im Menüband.

# Starteinstellungen

Ein solches Formular mit allgemeinen Einstellungen für die Datenbank sollte am besten automatisch beim Start geöffnet werden.

1. Klicken Sie auf den Befehl *Start/Optionen*, um das Dialogfeld *Access-Optionen* anzuzeigen.
2. Wechseln Sie dort in die Kategorie *Aktuelle Datenbank* und wählen dort in der Gruppe *Anwendungsoptionen* im Listenfeld *Formular anzeigen* den Namen *frmAllgemein* aus (siehe Abbildung 27.36).

Abbildg. 27.36   Wählen Sie das Startformular in den Optionen aus

3. Access weist Sie beim Bestätigen des Dialogfeldes mit *OK* darauf hin, dass diese Option erst mit dem Schließen der Datenbank aktiv wird. Klicken Sie daher danach auf *Datei/Datenbank schließen* und öffnen die Datenbank direkt wieder.

Ohne weitere Programmierung wird nun das Formular *frmAllgemein* mit der Datenbank geöffnet, wie Sie in Abbildung 27.37 sehen können.

**Abbildg. 27.37**  Beim Start der Datenbank ist das Formular direkt geöffnet

> **TIPP**  Soll das Kombinationsfeld in dem Formular auch sofort einen Mitarbeiter anzeigen, geben Sie dessen *mitID* als *Standardwert*-Eigenschaft ein. Falls das nicht vorhersehbar ist, weil die Listeneinträge wechseln, brauchen Sie dafür eine Zeile VBA, wie Sie in Kapitel 37 sehen werden.

Nachdem Sie dort einen Mitarbeiter ausgewählt haben, können Sie das Formular *frmAllgemein* minimieren, sodass es links unten in der Ecke nur noch seine Titelleiste anzeigt. Für alle Datenzugriffe gilt es weiterhin als geöffnet, die Parameterabfragen funktionieren also so auch.

# Formularvorlagen

Seit vielen Versionen bietet Access Formularvorlagen an, die Standards für neue Formulare setzen können:

1. Erstellen Sie ein neues Formular wie in Abbildung 27.38, in dem Sie deutliche Änderungen an Formularkopf und Formularfuß vornehmen.
2. Speichern Sie dieses Formular als *frmBeispiel* und schließen es.

**Abbildg. 27.38**  So sieht das Beispielformular aus

3. Öffnen Sie das Dialogfeld *Access-Optionen* über *Datei/Optionen* und wählen Sie dort die Kategorie *Objekt-Designer*. Geben Sie in der Gruppe *Entwurfsansicht für Formular/Berichte* für *Formularvorlage* den Namen *frmBeispiel* ein (siehe Abbildung 27.39) und bestätigen Sie das Dialogfeld mit *OK*.

Abbildg. 27.39    Tragen Sie den Namen des Beispielformulars ein

4. Schließen und öffnen Sie die Datenbank danach, damit diese Option wirksam wird.
5. Lassen Sie mit dem Befehl *Erstellen/Formulare/Formularentwurf* ein neues Formular erstellen, so sieht es aus wie in Abbildung 27.40.

Abbildg. 27.40    Das neue Formular hat die Einstellungen des Beispielformulars übernommen

Vermissen Sie etwas? Das Bezeichnungsfeld oder gar dessen konkreten Inhalt? Ja, das ist ein Missverständnis, wie es Access seit Jahren begleitet. Es werden nur die Werte für das Formular und seine Bereiche (Formularkopf, Formularfuß und Detailbereich) übernommen. Kein einziges Steuerelement und keine Zeile VBA-Code aus dem Beispielformular erscheinen im neu erstellten Formular.

Das ist von Access gar nicht so vorgesehen. Hier handelt es sich um das Gegenstück zu den Standardeigenschaften der Steuerelemente (siehe Kapitel 25), die hier für das Formular und seine Bereiche eingestellt werden.

# Anwendungsparts

Die eben vermissten, vorbereiteten Elemente sind neu in Access 2010 eingeführt worden und heißen Anwendungsparts. Dabei handelt es sich manchmal nur um ein einzelnes Formular oder um ein Formular samt Tabelle oder sogar um eine Zusammenstellung von Tabelle, Formularen und Berichten:

1. Schließen Sie alle offenen Objekte und klicken Sie auf *Erstellen/Vorlagen/Anwendungsparts*, um die Auswahlmöglichkeiten wie in Abbildung 27.41 angezeigt zu bekommen.

**Abbildg. 27.41**  Diese Anwendungsparts bietet Access an

2. Sobald Sie einen der Anwendungsparts anklicken, sehen Sie nur einen Fortschrittsbalken wie in Abbildung 27.42 ohne detailliertere Erläuterung, was nun wo eingefügt wird.

**Abbildg. 27.42**  Die Meldung zeigt nur, dass etwas passiert

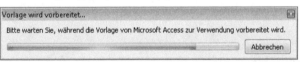

3. Danach finden Sie entweder Formulare mit Namen wie *EinzelDSEineSpalteBezeichnungenRechts* oder (aus der *Schnellstart*-Gruppe) *KontaktDB*, *Kontaktdetails* und *Kontaktliste*. Eine abschließende Meldung gibt es nicht.

**TIPP**  Wenn Sie Ungarische Notation einsetzen, sind die neuen Objekte schon an den fehlenden Präfixen zu erkennen. Einen Hinweis darauf, welche Objekte entstehen, gibt es leider weder vorher noch hinterher.

Die Formulare und Berichte sind nur dann mit einer Datensatzquelle verbunden, wenn die Anwendungsparts auch eigene Tabellen einfügen. Ansonsten enthalten sie zwar die Steuerelemente und eingebettete Makros, aber keine Verknüpfung zu konkreten Feldern.

**Kapitel 27  Mehrere Formulare**

**CD-ROM**   Um Ihnen das Nachvollziehen der Schritte hier zu erleichtern, finden Sie innerhalb der Beispieldateien zu diesem Buch im Ordner *Kap27* eine Datenbank, die bereits vorbereitete Objekte für Anwendungsparts enthält. Laden Sie einfach die betreffende Datenbank, um mit der Arbeit in diesem Kapitel fortzufahren.

Um eigene Anwendungsparts zu erstellen, müssen Sie die gewünschten Objekte zuerst in eine eigene Datenbank kopieren, die ansonsten leer ist:

1. Öffnen Sie die neue Datenbank mit den dort hineinkopierten Objekten, die zu einem Anwendungspart werden sollen.
2. Klicken Sie auf den Befehl *Datei/Speichern und Veröffentlichen/Datenbank speichern als* und doppelklicken(!) dann auf *Vorlage (*.accdt)*, um das Dialogfeld wie in Abbildung 27.43 anzuzeigen.

**Abbildg. 27.43**   Tragen Sie passende Daten für Ihre Anwendungsparts ein

3. Wichtig im Dialogfeld sind der *Name*, die (neue) *Kategorie* und ein *Symbol*, welches sich über die rechts daneben stehende Symbolschaltfläche auswählen lässt.

4. Aktivieren Sie außerdem das Kontrollkästchen *Anwendungspart* und bestätigen Sie das Dialogfeld mit *OK*. Access meldet anschließend (siehe Abbildung 27.44), wo diese zugehörige Datei gespeichert wurde.

Abbildg. 27.44   Erfolgsmeldung für die Speicherung der Anwendungsparts

5. Danach können Sie in einer beliebigen anderen Datenbank diese Anwendungsparts in der Galerie (siehe Abbildung 27.45) aufrufen.

Abbildg. 27.45   Die eigenen Anwendungsparts sind in die Galerie aufgenommen

Anwendungsparts löschen Sie durch einen Rechtsklick auf den Eintrag in der Galerie und Auswahl des Kontextmenübefehls *Vorlagenteil aus Katalog löschen*.

**CD-ROM**   Da die Anwendungsparts nicht in der Datenbank enthalten sind, sondern als externe Datei auf Ihrer Festplatte gespeichert werden, stehen sie Ihnen in der Beispieldatenbank nicht automatisch zur Verfügung.

# Zusammenfassung

In diesem Kapitel ging es um Formulare als Ganzes und deren vielfältige Möglichkeiten. Mit ein paar geänderten Eigenschaften erleichtern Sie den Anwendern Ihrer Datenbank den Umgang mit den Daten enorm:

- *Haupt- und Unterformulare* (Seite 574) sind die passende Darstellung für Datensätze, die in verschiedenen Tabellen als 1:n-Beziehung enthalten sind.

- Eine alternative Gestaltung ohne Daten und mit *Kombinationsfeld im Hauptformular* (Seite 582) verbessert die Benutzerführung und vermeidet die versehentliche Löschung der Daten.

- Mit dem Navigationssteuerelement lassen sich ohne viel Mühe auch *mehrere Unterformulare* in einem Hauptformular (Seite 586) verwalten.

- Der Formular-Assistent kann auch *mehrere unabhängige Formulare* (Seite 587) erstellen, die über Schaltflächen einzeln aufgerufen werden können.

- In Formularen, vor allem Endlosformularen, können *Aggregatfunktionen* (Seite 589) eingesetzt werden, wie Sie diese aus Gruppierungsabfragen kennen. Dadurch ist die gleichzeitige Anzeige von Details und Zusammenfassungen möglich.

- Wenn es nötig ist, können Formulare auch die *Inhalte anderer geöffneter Formulare* anzeigen (Seite 591).

- Für Parameterabfragen ist das sehr praktisch, weil dadurch die sonst immer wiederholte Eingabe des Parameters durch den Zugriff auf ein Formular ersetzt werden kann (Seite 594).

- Mit aktivierter *PopUp*-Eigenschaft (Seite 597) in Formularen verhalten diese sich wie Dialogfelder, belegen also nur einen kleinen Bildschirmteil und liegen vor den übrigen Formularen.

- Sie können in den *Starteinstellungen* (Seite 598) angeben, welches Formular beim Öffnen einer Datenbank direkt geladen werden soll.

- *Formularvorlagen* (Seite 599) entsprechen den in Kapitel 25 vorgestellten Standardeigenschaften für Steuerelemente.

- *Anwendungsparts* (Seite 601) kopieren vorgegebene Tabellen, Formulare oder Berichte in die aktuelle Datenbank.

# Teil F
# Berichte

| | | |
|---|---|---|
| Kapitel 28 | Berichte erstellen | 607 |
| Kapitel 29 | Mehrspaltige Berichte | 637 |
| Kapitel 30 | Export und Seriendruck | 659 |

# Kapitel 28

# Berichte erstellen

**In diesem Kapitel:**

| | |
|---|---|
| AutoBericht erstellen | 608 |
| Bericht manuell erstellen | 613 |
| Bericht gruppieren | 615 |
| Seitenumbruch zwischen Gruppen | 624 |
| Gesamtsummen | 632 |
| Unterberichte | 635 |
| Zusammenfassung | 635 |

**Kapitel 28** Berichte erstellen

Dieser Teil des Buches über Berichte wird deutlich kürzer ausfallen als derjenige über die Formulare. Nicht, weil Berichte weniger könnten als Formulare, sondern weil sich Berichte weitgehend wie Formulare verhalten und so bedient werden. Wir müssen uns also weniger mit den Ähnlichkeiten als vor allem mit den Unterschieden beschäftigen.

**CD-ROM** Um Ihnen das Nachvollziehen der Schritte in diesem Kapitel zu erleichtern, finden Sie innerhalb der Beispieldateien zu diesem Buch im Ordner *Kap27* eine Datenbank, die bereits die Änderungen aus Kapitel 27 enthält. Laden Sie einfach die betreffende Datenbank, um mit der Arbeit in diesem Kapitel zu beginnen.

Sie können also jederzeit ein Kapitel überspringen und trotzdem auf den aktuellen Stand der Datenbank zugreifen.

# AutoBericht erstellen

Für die grundsätzlichen Eigenschaften eines Berichts brauchen wir zuerst einen relativ einfachen Bericht, der mit wenigen Steuerelementen möglichst übersichtlich ist.

1. Markieren Sie im Navigationsbereich die Tabelle *tblHotels* und klicken Sie auf *Erstellen/Berichte/Bericht*.
2. Access erstellt daraufhin einen Standardbericht wie in Abbildung 28.1 (dort in der Entwurfsansicht) mit allen in der Tabelle vorkommenden Datenfeldern. Speichern Sie ihn als *rptHotels*.

**Abbildg. 28.1** So sieht der AutoBericht auf Basis der Tabelle *tblHotels* aus

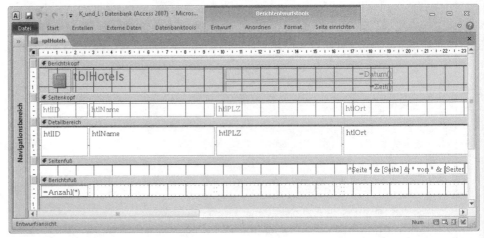

3. Aus Gründen der Übersichtlichkeit verkleinern Sie am besten erst einmal die Bezeichnungsfelder für die Überschriften und die Textfelder für die Daten, sodass alles auf einen Bildschirm passt (siehe Abbildung 28.2).

**Abbildg. 28.2** Der verbesserte Bericht in der Layoutansicht

Damit können wir diesen Bericht als Ausgangspunkt für weitere Veränderungen benutzen.

## Seite einrichten

Wenn Sie die Abbildung 28.2 genau betrachten, sehen Sie, dass das Logo am rechten Rand durch eine senkrechte gestrichelte Linie unterbrochen wird. Diese begrenzt den ausdruckbaren Bereich, ein Teil des Berichts würde also auf der nächsten Seite gedruckt.

In der Entwurfsansicht ist links oben am Schnittpunkt der Lineale (siehe Abbildung 28.3) auch ein Smarttag zu sehen, welches auf diesen Fehler hinweist.

**Abbildg. 28.3** Im Berichtentwurf gibt es einen Hinweis auf den Fehler

Es gibt verschiedene Möglichkeiten, dieses Problem zu beheben: entweder machen Sie den Bericht breiter oder die Inhalte schmaler. Am besten, Sie sehen erst einmal nach, wie viel Platz überhaupt für den Bericht zur Verfügung steht.

1. Klicken Sie in der Entwurfsansicht auf den Befehl *Berichtentwurfstools/Seite einrichten/Seitenlayout/Seite einrichten*, um das Dialogfeld wie in Abbildung 28.4 anzuzeigen.

Abbildg. 28.4   Das Dialogfeld *Seite einrichten* nennt die Größen der Ränder

2. Dort finden Sie an allen vier Seiten einen Rand von rund *6 mm*, also bleiben in der Breite (210 mm – 2*6 mm =) *198 mm* bedruckbares Papier. Wie Sie am Lineal mit seiner Zentimetereinteilung sehen können, ist dieser Wert überschritten.

**ACHTUNG**   Völlig ungewöhnlich in der Windows-Welt werden hier die Maße in Millimetern angegeben, und das noch auf zwei Stellen nach dem Komma.

3. Sie können das Dialogfeld ohne Änderungen wieder schließen, denn viel weniger Rand ist für die meisten Drucker sowieso kaum machbar.

Alternativ können Sie die Ausrichtung des Papiers ändern, sodass statt *21 cm* knapp *30 cm* zur Verfügung stehen. Klicken Sie dazu auf den Befehl *Berichtentwurfstools/Seite einrichten/Seitenlayout/Querformat*. Es passiert hier nicht viel, außer dass in der Layoutansicht die gestrichelte Linie verschwunden ist.

Da nun wieder deutlich mehr Platz in der Breite zur Verfügung steht, könnten Sie in der Layoutansicht auch die Ränder mit dem Befehl *Berichtslayouttools/Seite einrichten/Seitengröße/Seitenränder* ändern, der wie in Abbildung 28.5 mehrere voreingestellte Optionen anbietet.

Erst in der Layoutansicht sehen Sie auch die Auswirkungen des Kontrollkästchens *Berichtslayouttools/Seite einrichten/Seitengröße/Seitenränder anzeigen*, durch welches Sie auf die Darstellung des Papierrands verzichten können. Das spart auf dem Bildschirm schon einiges an Platz ein.

**Abbildg. 28.5** Access bietet verschiedene voreingestellte Ränder an

## Ansichten

Für Berichte gibt es eine Ansicht mehr als für Formulare. Die drei Ansichten Entwurfsansicht, Layoutansicht und Berichtsansicht entsprechen den (fast) gleichnamigen Ansichten in Formularen. Zusätzlich existiert noch eine Seitenansicht, die auch über den Befehl *Datei/Drucken/Seitenansicht* zu erreichen ist, weil sie eben eine Druckvorschau ist.

Sie wechseln wie im Formular zwischen den verschiedenen Ansichten mit dem Befehl *Start/Ansichten/Ansicht* oder beispielsweise in der Entwurfsansicht mit *Berichtentwurfstools/Entwurf/Ansichten/Ansicht*. Alternativ können Sie die Symbole am rechten unteren Rand benutzen (siehe Abbildung 28.6 und Abbildung 28.7).

**Abbildg. 28.6** Am rechten unteren Rand finden Sie Symbole für die verschiedenen Ansichten

**Abbildg. 28.7** Nur in der Seitenansicht wird dort auch der Zoom-Schieber angezeigt

Die Berichtsansicht ist dabei eine Mischung aus Formular(!)ansicht und Seitenansicht. Wie Sie in Abbildung 28.8 sehen können, erlaubt sie sogar noch das Editieren und Filtern von Datensätzen, zeigt aber schon fast alles, was auch im Ausdruck erscheinen würde.

## Kapitel 28  Berichte erstellen

**Abbildg. 28.8**  Filter- und Editiermöglichkeit in der Berichtsansicht

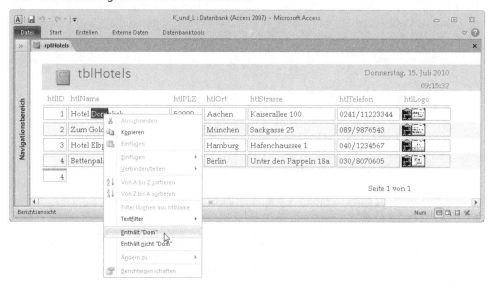

Der wesentliche Unterschied der Berichtsansicht zur Seitenansicht besteht darin, dass sie sozusagen auf Endlospapier erscheint, also Elemente des *Seitenkopf-* und *Seitenfuß*-Bereichs nicht an der richtigen Position oder gar nicht darstellt. In Abbildung 28.8 steht beispielsweise die Seitenzahl direkt unterhalb der Daten, während sie in Wirklichkeit ganz unten auf der Seite ausgedruckt würde.

Erst die Seitenansicht wie in Abbildung 28.9 führt einen Seitenumbruch durch und positioniert alle Bereiche an der richtigen Stelle. Nur dort finden Sie auch unten rechts den aus anderen Microsoft Office-Programmen bekannten Zoom-Schieber, mit dem Sie die Darstellung vergrößern oder verkleinern können.

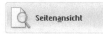

**Abbildg. 28.9**  Die Seitenansicht ist die echte Druckvorschau

> **ACHTUNG** Nur die Seitenansicht zeigt auch mehrspaltige Berichte (die später noch vorgestellt werden) korrekt an. Wenn Sie also das Gefühl haben, irgendeine Änderung am Entwurf hätte gar keine Auswirkung, sollten Sie sicherheitshalber immer in der Seitenansicht nachsehen.

# Bericht manuell erstellen

Es ist durchaus praktisch, dass so ein Bericht automatisch erstellt werden kann. Sie lernen aber die Einstellungen eines Berichts wie auch beim Formular besser kennen, wenn Sie alles einzeln anlegen.

Für dieses Beispiel werden wir eine Monatsrechnung erstellen, die natürlich für jedes Hotel einzeln gedruckt und darauf nach Mitarbeitern gegliedert ist:

1. Klicken Sie auf den Befehl *Erstellen/Berichte/Berichtsentwurf* und wählen Sie für diesen neuen Bericht als *Datensatzquelle*-Eigenschaft die Abfrage *qryALLE_BESTELLUNGEN_MIT_INFO*.
2. Der Bericht besteht derzeit aus den drei Bereichen *Seitenkopf*, *Detailbereich* und *Seitenfuß*. Der *Detailbereich* wird für jeden Datensatz aufgerufen, der *Seitenkopf* und *Seitenfuß* auf jeder Seite. Fügen Sie daher im *Seitenfuß* mit *Berichtentwurfstools/Entwurf/Steuerelemente/Textfeld* ein ungebundenes Textfeld ein, wo anschließend der Rechnungsmonat und ähnliche Daten ausgedruckt werden sollen.
3. Löschen Sie das verbundene Bezeichnungsfeld, benennen das Textfeld um in *edtFußzeileInfo* und geben folgende Formel als Steuerelementinhalt ein:

```
="Rechnung für " & [BestellMonat] & "/" & [BestellJahr]
```

4. Mit dem Befehl *Berichtentwurfstools/Format/Steuerelementformatierung/Formkontur* oder seiner *Rahmenart*-Eigenschaft stellen Sie seine *Umrisslinie* auf *Transparent*.
5. Speichern Sie anschließend den Bericht als *rptMonatsrechnung* und wechseln mit dem Befehl *Berichtentwurfstools/Entwurf/Ansicht/Berichtsansicht* in die Berichtsansicht (siehe Abbildung 28.10).

Abbildg. 28.10   Die Fußzeile enthält die gewünschte Angabe zur Rechnung

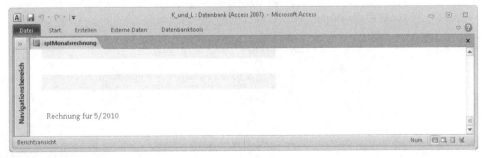

> **ACHTUNG** Sie müssen in der Berichtsansicht ganz an das Ende des Berichts fahren, um die Fußzeile zu sehen. Obwohl Sie noch keine Felder eingefügt haben, »weiß« Access anhand der Abfrage, wie viele Datensätze im Bericht enthalten sind und zeigt diese (leer) an. Daher sehen Sie schon den Detailbereich mit abwechselnd weißem und grauem Hintergrund, wie es seine Eigenschaften *Hintergrundfarbe* und *Alternative Hintergrundfarbe* vorgeben.

Jetzt können wir weitere Angaben zur Rechnung hinzufügen, beispielsweise die Felder. Im Detailbereich der zukünftigen Rechnung sollen der Artikelname, sein Einzelpreis, die Menge, das Bestelldatum und der Gesamtpreis angegeben werden.

1. Wechseln Sie in die Entwurfsansicht und lassen Sie mit `Alt`+`F8` die Feldliste anzeigen. Ziehen Sie die Felder *artName*, *bstPreis*, *bstMenge*, *bstBestelldatum* und *Gesamtpreis* in den Detailbereich.

**ACHTUNG**  Sie erinnern sich? Der echte Verkaufspreis war im Feld *bstPreis* gespeichert worden, weil der aktuelle Listenpreis in *artPreis* sich zwischenzeitlich geändert haben könnte. Daher müssen Sie auch hier auf *bstPreis* zurückgreifen, sonst gäbe es merkwürdige Differenzen zum *Gesamtpreis*.

2. Sie können diese Felder gerne so lieblos mitten in den Detailbereich ziehen, wie es in Abbildung 28.11 zu sehen ist.

**Abbildg. 28.11**  Die Felder müssen noch nicht ausgerichtet sein

3. Markieren Sie diese Felder im Detailbereich (fahren Sie dazu links im Lineal mit gedrückter Maustaste so, dass alle Felder »erwischt« werden) und klicken Sie auf den Befehl *Berichtentwurfstools/ Anordnen/Tabelle/Tabelle*. Sie sind nun übereinander in den beiden Bereichen *Seitenkopf* und *Detailbereich* sortiert, wie die Abbildung 28.12 zeigt.

**Abbildg. 28.12**  Jetzt sind die Felder ausgerichtet

4. Die Berichtsansicht (siehe Abbildung 28.13) zeigt, dass alles funktioniert, aber noch überflüssige Rahmen um die Textfelder zu sehen sind und die Breiten korrigiert werden sollten.

**Abbildg. 28.13** Es funktioniert, ist aber noch nicht hübsch

5. Passen Sie optisch alles ein wenig kompakter ein und verringern vor allem auch die Abstände innerhalb des Detailbereichs. Die Überschriften dürfen mit *Berichtentwurfstools/Format/Schriftart/Fett* gerne auch ein wenig hervorgehoben werden und statt der technischen Feldnamen die umgangssprachlichen Bezeichnungen bekommen (siehe Abbildung 28.14).

**Abbildg. 28.14** Die Berichtsansicht sieht zufriedenstellend aus

Jetzt ist der Bericht gut zu lesen und sieht ansprechend aus.

# Bericht gruppieren

Eine der wesentlichen Forderungen an die Rechnung war ja, dass die Artikel nicht alle hintereinander aufgelistet, sondern unter anderem nach Mitarbeiter gruppiert werden. Dazu muss der Bericht überhaupt erst eine Gruppierung erhalten, die später dann um Hotel und Monate erweitert wird:

1. Wechseln Sie in die Entwurfsansicht des Berichts *rptMonatsrechnung* und klicken Sie auf *Berichtentwurfstools/Entwurf/Gruppierung und Summen/Gruppieren und Sortieren*.
2. Zu dem Entwurfsfenster erscheint nun unten ein Bereich mit der Überschrift *Gruppieren, Sortieren und Summe* wie in Abbildung 28.15.

**Abbildg. 28.15** Die Gruppierung ist aktiviert

3. Klicken Sie dort auf *Gruppe hinzufügen* und wählen wie in Abbildung 28.16 das Feld *mitID* aus.

**Abbildg. 28.16** Die Gruppierung bezieht sich auf das Feld *mitID*

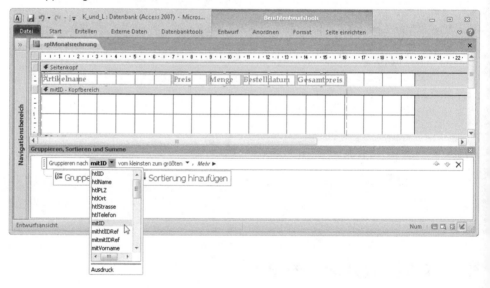

**HINWEIS** Die Versuchung, statt *mitID* die Felder *GanzerName* oder gar *mitNachname* zu benutzen, mag groß sein. Nur *mitID* ist aber eindeutig, bei *mitNachname* hätten Sie hier schon die Brüder *Horrich* unfreiwillig in einer Bestellung zusammengefasst. Selbst wenn *GanzerName* in diesem Beispiel zufällig keine Duplikate hätte, wäre das für eine echte Datenbank zu unsicher.

4. Dadurch ist ein neuer Bereich entstanden, der in der Entwurfsansicht als *mitID – Kopfbereich* gekennzeichnet wird, wie Sie in Abbildung 28.16 schon sehen können. Er wird auch als Gruppenkopf bezeichnet.
5. Obwohl als eindeutiges Unterscheidungsmerkmal nur das Feld *mitID* in Frage kommt, darf als angezeigter Feldinhalt hier selbstverständlich eines der »schöneren« Felder benutzt werden. Ziehen Sie *GanzerName* aus der Feldliste in diesen Gruppenkopf und beschriften dessen Bezeichnungsfeld mit *Mitarbeiter-Name:* wie in Abbildung 28.17.

**Abbildg. 28.17**  Die Beschriftung des Gruppenkopfes ist fertig

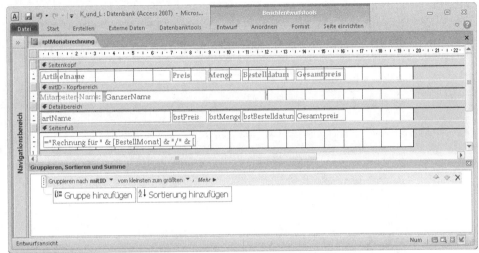

Wenn Sie sich das in der Berichtsansicht ansehen, werden Sie feststellen, dass es zwar funktionsfähig, aber noch nicht besonders hübsch ist (siehe Abbildung 28.18).

**Abbildg. 28.18**  Die Bestellungen sind nach Mitarbeiter gruppiert

# Abstände verbessern

Gerade Berichte sollen aber gut aussehen, daher möchte ich das sorgfältig verbessern. Den Rand um das Textfeld und die alternative Hintergrundfarbe dieses Gruppenkopfs können Sie schon verbessern, aber die Abstände zu den eigentlichen Daten sind viel zu klein:

1. Wechseln Sie wieder in die Entwurfsansicht des Berichts und ziehen den Gruppenkopf *mitID – Kopfbereich* an seiner Unterkante größer. Der Mauszeiger ändert sich dabei in einen Doppelpfeil, wie es in Abbildung 28.19 zu sehen ist.

Abbildg. 28.19    Ziehen Sie mit diesem Mauszeiger den Gruppenkopf größer

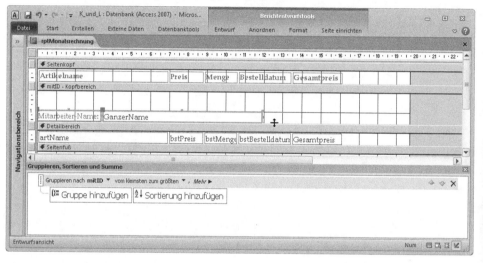

2. Schieben Sie anschließend das Textfeld *GanzerName* einschließlich seines Bezeichnungsfeldes an die Unterkante des Gruppenkopfs.
3. Das sieht insgesamt besser aus, wie Sie in Abbildung 28.20 sehen können. Wenn Sie genau hinsehen, beginnt aber jeder Mitarbeiter mit einem Abstand davor, vor allem auch der erste. Besser wäre also ein Abstand danach.

## Bericht gruppieren

Abbildg. 28.20   Die Abstände erscheinen vor allen *Gruppenkopf*-Bereichen

4. Dazu brauchen Sie für die *mitID*-Gruppe außer dem Gruppenkopf noch einen Gruppenfuß. Klicken Sie dazu unten im *Gruppieren*-Fenster auf den Eintrag *Mehr* wie in Abbildung 28.21.

Abbildg. 28.21   Erweitern Sie die angezeigten Optionen der Gruppierung

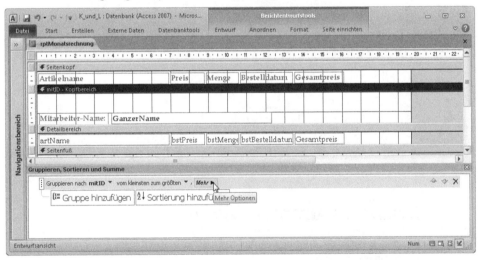

5. In den erweiterten Optionen können Sie wie in Abbildung 28.22 per Dropdownliste den Fußzeilenbereich anzeigen lassen.

**Abbildg. 28.22**  Die Optionen erlauben die zusätzliche Anzeige eines Fußzeilenbereiches für die Gruppe

Dessen Höhe regelt nun den Abstand zwischen der letzten Datenzeile und dem nächsten Mitarbeiternamen, wie Sie in Abbildung 28.23 sehen können.

**Abbildg. 28.23**  Jetzt passen die Abstände zur nächsten Überschrift

Denken Sie daran, dass Sie auch für den Gruppenfuß die *Alternative Hintergrundfarbe* mit dem gleichen Wert wie die *Hintergrundfarbe* versehen.

## Zwischensummen bilden

Wenn es sowieso schon eine Gruppe für jeden Mitarbeiter gibt, soll auch direkt dessen Zwischensumme gebildet werden:

1. Wechseln Sie in die Entwurfsansicht des Berichts *rptMonatsrechnung* und klicken Sie auf *Berichtentwurfstools/Entwurf/Steuerelemente/Textfeld*.
2. Ziehen Sie unterhalb von *Gesamtpreis* in *mitID ? Fußbereich* ein Viereck auf, wo dann das ungebundene Textfeld eingefügt wird. Löschen Sie dessen Bezeichnungsfeld und tragen als *Steuerelementinhalt*-Eigenschaft folgende Formel ein:

```
=Summe([GesamtPreis])
```

**3.** Wählen Sie als *Format*-Eigenschaft *Euro* aus und wechseln Sie wieder in die Berichtsansicht wie in Abbildung 28.24.

Abbildg. 28.24   Die Berichtsansicht zeigt die Zwischensummen je Mitarbeiter

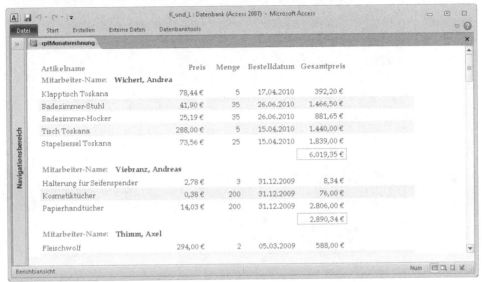

## Zweite Gruppierung einfügen

Jetzt haben Sie zwar jeweils für die Mitarbeiter eine Gruppe gebildet, aber die Rechnung geht ja an das Hotel. Wegen der 1:n-Beziehung ist jeder Mitarbeiter exakt einem Hotel zuzuordnen, Sie können also ohne Probleme eine übergeordnete Gruppe anlegen:

**1.** Wechseln Sie in die Entwurfsansicht und klicken Sie im *Gruppieren*-Fenster unten wieder auf die Schaltfläche *Gruppe hinzufügen*.

**2.** Klicken Sie darin auf die Dropdownliste *Feld auswählen* und markieren *htlID* wie in Abbildung 28.25.

Abbildg. 28.25   Wählen Sie *htlID* als zweite Gruppe aus

3. Der nun angezeigte *htlID – Kopfbereich* steht am Anfang jeder neuen Gruppe für ein Hotel, ist also ideal für die Anschrift und den Briefkopf. Ziehen Sie aus der Feldliste die Felder *htlName*, *htlStrasse*, *htlPLZ* und *htlOrt* und löschen deren Bezeichnungsfelder.
4. Ordnen Sie die Felder passend für eine Anschrift an, wie es in Abbildung 28.26 zu sehen ist.

Abbildg. 28.26     Die Anschrift der Rechnung ist im *htlID – Kopfbereich* zusammengestellt

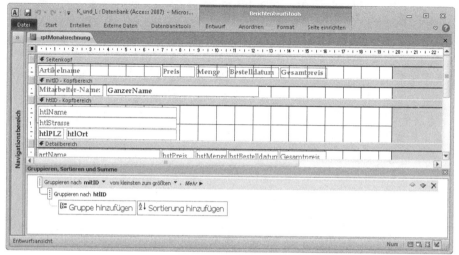

5. Wenn Sie nun in die Berichtsansicht wechseln, werden Sie aber feststellen, dass das Hotel nicht über, sondern unter dem Mitarbeiter eingruppiert wurde. Sie sehen das in Abbildung 28.27 daran, dass zuerst der Name und dann die Anschrift gedruckt wird und die Hotelanschrift mehrfach erscheint.

Abbildg. 28.27     Leider ist das Hotel unterhalb der Mitarbeiter eingruppiert

**6.** Wechseln Sie also wieder zurück in die Entwurfsansicht, nehmen Sie dort im *Gruppieren*-Fenster den Anfasser (die punktierte Leiste links an der Gruppe) und schieben Sie ihn gedrückt oberhalb der anderen Gruppe, wie es in Abbildung 28.28 zu sehen ist.

Abbildg. 28.28   Schieben Sie die untere Gruppe über die obere

**TIPP**   Wenn die zweite Gruppierung im unteren Fenster nicht zu sehen ist, klicken Sie dort auf den Eintrag *Mehr*.

**7.** Die Reihenfolge der Kopf- und Fußbereiche hat sich nun auch im Entwurfsfenster verändert. Der Blick in die Berichtsansicht zeigt, dass auch dort die Gruppierungsreihenfolge richtig ist.

Abbildg. 28.29   Jetzt ist die Reihenfolge korrekt

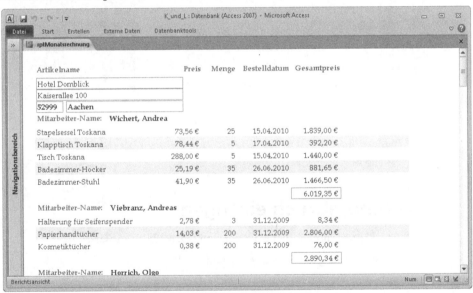

# Seitenumbruch zwischen Gruppen

Leider zeigt ein Blick etwas tiefer auf die nächste Hotel-Gruppe oder wie in Abbildung 28.30 auf die Seitenansicht, dass doch noch nicht alles in Ordnung ist: Das nächste Hotel beginnt nicht auf einer neuen Seite. Die Anschriften sind hier wegen der noch vorhandenen Umrahmung ja gut zwischen den übrigen Daten zu erkennen.

Abbildg. 28.30  Das nächste Hotel beginnt nicht auf einer neuen Seite

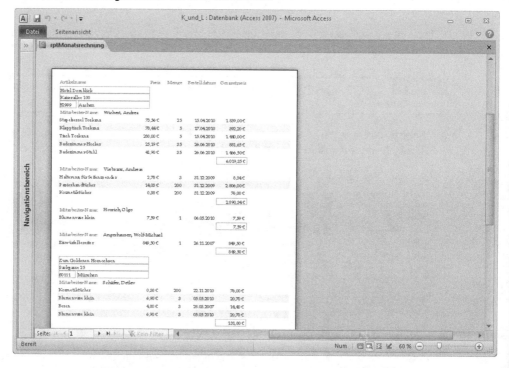

## Seitenumbruch einfügen

Für einen Seitenumbruch gibt es immer zwei gegensätzliche Ansätze:

- Sie bestimmen die Stelle, wo er stattfinden soll
- Sie bestimmen den Bereich, wo er *nicht* stattfinden soll

Beides werden wir in diesem Bericht brauchen. Zuerst gibt es eine ganz klare Stelle, wo ein Seitenumbruch stattfinden soll, nämlich vor der Anschrift, damit jedes Hotel eine eigene Rechnung erhält.

1. Wechseln Sie in die Entwurfsansicht und markieren den *htlID – Kopfbereich*.
2. Stellen Sie dessen *Neue Seite*-Eigenschaft auf den Wert *Vor Bereich*.
3. In der Seitenansicht (siehe Abbildung 28.31, nicht mit der Berichtsansicht verwechseln!) beginnt nun wie gewünscht jede Anschrift auf einer neuen Seite. Die bisher dort vorhandene zweite Anschrift in der unteren Hälfte der Seite ist verschwunden, weil dort ein Seitenumbruch erfolgt.

**Abbildg. 28.31** Jede Anschrift beginnt auf einer neuen Seite

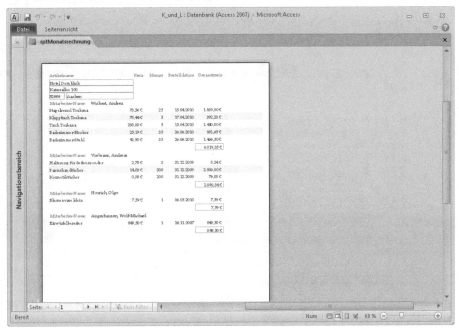

Technisch ist das in Ordnung, optisch nicht. Es soll ja schließlich so wie ein Geschäftsbrief aussehen und nicht wie ein Access-Bericht. Mal abgesehen von den Umrahmungen der Anschrift fehlt ein Absender und vor allem stören die Feldnamen ganz oben.

1. Wechseln Sie wieder in die Entwurfsansicht und vergrößern Sie den *htlID – Kopfbereich*.
2. Markieren Sie die Feldnamen im Seitenkopf und schneiden diese mit [Strg]+[X] in die Zwischenablage aus. Markieren Sie den *htlID – Kopfbereich* und fügen Sie sie mit [Strg]+[V] dort wieder ein.

**ACHTUNG** Die Überschriften lassen sich nicht einfach verschieben. Sie sind in einem tabellarischen Layout »gefangen« und können daher den Bereich nicht verlassen.

3. Positionieren Sie die Überschriften am unteren Rand des Kopfbereichs. Schieben Sie außerdem den Seitenkopf auf eine *Höhe* von *0 cm* zusammen. Löschen dürfen Sie ihn nicht, weil noch Steuerelemente im Seitenfuß existieren.
4. Mit dem Befehl *Berichtentwurfstools/Seite einrichten/Seitenlayout/Seite einrichten* stellen Sie den Rand *Oben* auf *10* (mm), *Unten* auf *15*, *Links* auf *25* und *Rechts* auf *20* ein.

**HINWEIS** Sie könnten auch gleich den Rand *Oben* auf *50* (mm) und *Links* auf *25* einstellen, damit die Maße etwa denen eines üblichen Geschäftsbriefes entsprechen. Dann sitzt zwar die Anschrift richtig, aber ein Briefkopf kann nicht oberhalb gedruckt werden.

5. Damit verbleiben auf DIN-A4-Hochformat von 21 cm Papierbreite (21 cm – 2,5 cm – 2 cm =) 16,5 cm, sodass Sie den rechten Rand der Bereiche direkt auf rund 16 cm schieben können.
6. Die Anschrift muss innerhalb von *htlID – Kopfbereich* um 2 cm nach unten geschoben werden, wie es in Abbildung 28.32 zu sehen ist.

**Abbildg. 28.32** Der Kopfbereich hat ausreichend Platz für eine richtig positionierte Anschrift

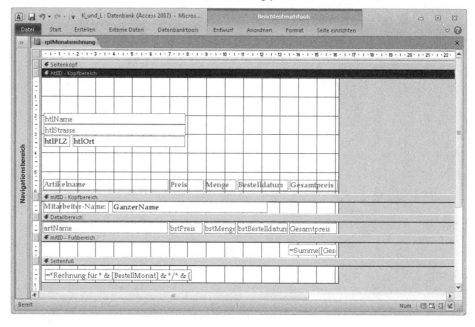

Damit nähert sich auch die Seitenansicht dem Aussehen eines üblichen Geschäftsbriefes (siehe Abbildung 28.33).

**Abbildg. 28.33** Die Seitenansicht wirkt schon fast wie ein Geschäftsbrief

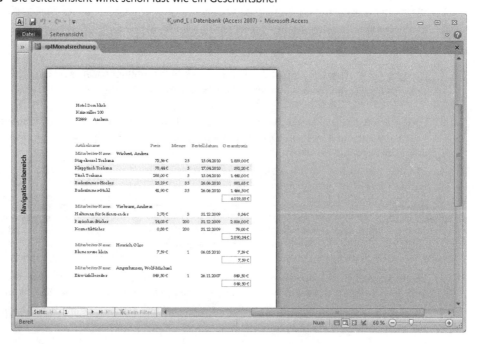

## Absender vervollständigen

Es ist jetzt ausreichend Platz im Briefkopf (der ja in Wirklichkeit ein Gruppenkopf für die *htlID*-Gruppe ist), aber der Absender fehlt noch. Dieser setzt sich aus verschiedenen, teilweise berechneten Elementen zusammen.

1. Wechseln Sie in die Entwurfsansicht des Berichts *rptMonatsrechnung*.
2. Klicken Sie auf den Befehl *Berichtentwurfstools/Entwurf/Steuerelemente/Bild einfügen* und wählen Sie dort aus der *Bildergalerie* eines der schon im Formular benutzten Bilder. Hier benötigen Sie *KL_Bestellung*, wie in Abbildung 28.34 zu sehen ist.

Abbildg. 28.34    Das Absender-Logo ist nun eingefügt

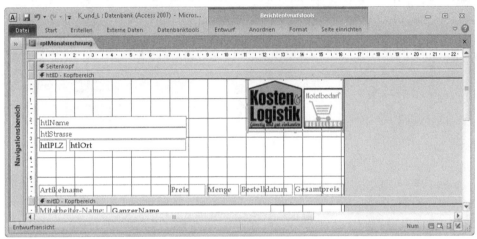

**PROFITIPP**    Es ist wünschenswert, dass dieses Bild groß ist und für den Briefkopf verkleinert werden muss. Gegenüber einem Bildschirm mit rund 100 dpi (*dots per inch*, engl. für Pixel pro Zoll) hat ein Drucker mit 600 dpi oder gar 1.200 dpi eine gigantisch höhere Auflösung. Achten Sie also auf die Qualität der Bilder und bevorzugen Sie solche, die erst im Bericht verkleinert werden.

3. Unterhalb des Logos fügen Sie mit dem Befehl *Berichtentwurfstools/Entwurf/Steuerelemente/ Textfeld* für den Absender ein ungebundenes Textfeld ein. Löschen Sie das verbundene Bezeichnungsfeld.

**PROFITIPP**    Warum ein *Textfeld*- und kein *Bezeichnungsfeld*-Steuerelement, wo es sich doch um unveränderliche Texte handelt? An der Adresse ändert sich zwar nichts, aber hier soll das aktuelle Datum integriert werden. Das könnte selbstverständlich unter dem *Bezeichnungsfeld* als eigenes *Textfeld* positioniert werden, aber erfahrungsgemäß sind die unterschiedlichen Zeilen- und Steuerelement-Abstände nicht brauchbar anzugleichen. Da ist ein einziges Textfeld viel bequemer.

**4.** Geben Sie in dem Textfeld folgende Formel ein, wobei der Zeilenumbruch mit `Strg`+`↵` erfolgen muss:

```
="Hotelbedarf
Beispielallee 123
99999 Lieferhausen
Datum: " & Datum()
```

**5.** In der Berichtsansicht (siehe Abbildung 28.35) ist der Absender nun komplett mit dem aktuellen Datum zu sehen.

Abbildg. 28.35   Der Absender unter dem Logo ist vollständig

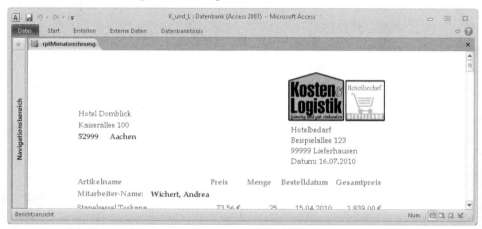

**HINWEIS**   Natürlich handelt es sich bei dem Absender nur um eine stark verkürzte Version, die normalerweise auch in einer merklich kleineren Schrift eingesetzt würde. Das wäre hier aber einfach nur schlechter zu lesen.

## Gruppen zusammenhalten

Ich hatte eben schon darauf hingewiesen, dass es zwei Versionen des Umbruchs gibt, den gewünschten und den verhinderten. Am Beispiel des Briefkopfs haben Sie einen gewünschten Seitenumbruch gesehen, jetzt werden wir einen verhindern müssen.

Schauen Sie sich doch mal in der Seitenansicht (nicht bloß in der Berichtsansicht!) die letzte Seite an wie in Abbildung 28.36. Dort ist von der vorangegangenen Seite leider noch eine einzelne Zeile übrig, was typografisch als »Hurenkind« bezeichnet wird.

**HINWEIS**   Je nach Schriftgrößen und Abständen zwischen den Steuerelementen tritt dieser Zeilenüberlauf bei Ihnen vielleicht gar nicht oder an einer anderen Stelle auf. Eventuell müssen Sie ein wenig herumprobieren, bis Sie mit so wenigen Daten das Problem ebenfalls sehen.

**Abbildg. 28.36** Auf der letzten Seite ist noch eine Bestellung übrig

Das soll nicht so bleiben, aber durch einen gezielten Seitenumbruch könnten Sie es gar nicht verhindern:

1. Wechseln Sie in die Entwurfsansicht des Berichts und lassen dort (falls es zwischenzeitlich ausgeblendet war) das Gruppieren-Fenster mit dem Befehl *Berichtentwurfstools/Entwurf/Gruppierung und Summen/Gruppieren und Sortieren* anzeigen.
2. Klicken Sie im Balken *Gruppieren nach mitID* auf den Eintrag *Mehr*, um die weiteren Optionen einzublenden.
3. Ändern Sie die Option *Gruppe nicht auf einer Seite zusammenhalten* auf den Wert *Gesamte Gruppe auf einer Seite zusammenhalten*.
4. Da die letzte Gruppe nicht mehr komplett auf die vorige Seite passte, wird nun die gesamte Gruppe dieses Mitarbeiters auf der nächsten Seite gedruckt, wie Sie in Abbildung 28.37 sehen können.

**Abbildg. 28.37** Die letzte Gruppe erscheint nun gemeinsam auf der folgenden Seite

## Gruppierung mit Berechnung

Angesichts des Berichtsnamens ist eine zentrale Forderung noch gar nicht erfüllt, denn alle Rechnungen zeigen immer die gesamten Bestellungen. Über der Hotel-Gruppierung muss also noch eine monatliche Gruppierung erfolgen, damit es wirklich auch Monatsrechnungen werden.

**ACHTUNG** Monatsrechnung klingt so, als könnten wir das Feld *BestellMonat* verwenden, welches ja in der Abfrage berechnet wurde. Das reicht aber nicht, denn dann würden *April 2009* und *April 2010* als ein Monat betrachtet. Es braucht also für die Monatsgruppierung genau genommen eine Jahr/Monat-Gruppierung.

1. Wechseln Sie wieder in die Entwurfsansicht des Berichts und lassen dort das *Gruppieren*-Fenster mit dem Befehl *Berichtentwurfstools/Entwurf/Gruppierung und Summen/Gruppieren und Sortieren* anzeigen.
2. Klicken Sie dort auf *Gruppe hinzufügen* und anschließend bei *Feld auswählen* unterhalb der Liste auf *Ausdruck*, wie es in Abbildung 28.38 zu sehen ist.

Abbildg. 28.38    Wählen Sie *Ausdruck* für die neue Gruppe

3. Dadurch erscheint der Ausdrucks-Generator und Sie können die Kombination aus Bestelljahr und -monat als Formel eingeben:

```
[BestellJahr] & "_" & [BestellMonat]
```

**HINWEIS** Der Unterstrich zwischen den beiden Feldern verbessert hier nur die Lesefreundlichkeit, ist aber für die Funktion nicht nötig. Das wäre anders, wenn die Feldinhalte wechselnde Längen haben, also etwa Monat und laufende Nummer. Um dort den Januar mit der Nummer *11* vom November mit der Nummer *1* unterscheiden zu können, müssen Sie Trennzeichen benutzen. Dann steht dort *1_11* oder *11_1*.

4. Bestätigen Sie den Ausdrucks-Generator mit *OK* und schieben Sie die neue Gruppe im *Gruppieren*-Fenster an die oberste Position. Sie sehen nun in der Entwurfsansicht (siehe Abbildung 28.39) einen neuen Kopfbereich für diese Gruppe.

Abbildg. 28.39  Der Kopfbereich der neuen Gruppe wird angezeigt

**TIPP** Sie können die Gruppen auch durch einen Klick auf die senkrechten Pfeile am rechten Rand des Balkens verschieben.

5. Kopieren Sie das berechnete Feld aus dem Seitenfuß mit dem Text *Rechnung für...* in diesen Kopfbereich und machen die Schrift deutlich größer, weil dieser Text später auf einer Seite als Deckblatt stehen wird.

In der Seitenansicht steht so am Anfang der Rechnung auf einem eigenen Blatt der Text *Rechnung für 11/2007* und danach folgt tatsächlich die erste Rechnung für diesen Zeitraum.

**ACHTUNG** Hier ist es wieder wichtig, wirklich die Seitenansicht und nicht nur die Berichtsansicht zu nehmen, weil sonst die Seitenumbrüche nicht korrekt enthalten sind.

Haben Sie aber auch mal weitergeblättert auf Seite 3 des Berichts? Dort steht zwar die Rechnung für den richtigen Zeitraum, aber dieser Ankündigungstext für den nächsten Monat steht auf dem gleichen Blatt statt auf der nächsten Seite.

Sie müssen auch für diesen Bereich dessen *Neue Seite*-Eigenschaft von *Keine* auf *Vor Bereich* ändern, damit es jeweils ein Zwischenblatt ergibt.

**HINWEIS** Wundern Sie sich über die merkwürdige Reihenfolge der Monate? Auf *11/2007* folgt hier nämlich *3/2007*. Das muss so sein, weil aus der ursprünglichen Zahl durch die Verkettung mit dem &-Operator ein Text geworden ist. Bei Texten ist der Buchstabe *1* in der Reihenfolge vor *3*. Erst bei gleichen ersten Buchstaben würde die folgende *1* berücksichtigt, aber das ist hier nicht der Fall.

# Gesamtsummen

Richtig komplett sind die Rechnungen noch nicht, denn jedes Hotel muss aus den Teilsummen für die Mitarbeiter noch selber eine Gesamtsumme bilden. Das kann Access natürlich gleich addieren.

## Gesamtsumme einfügen

Dafür wird sich nicht die Berechnung ändern, sondern nur deren Ort, wie Sie gleich sehen werden:
1. Wechseln Sie wieder in die Entwurfsansicht des Berichts und lassen Sie mit *Berichtentwurftools/ Entwurf/Gruppierung und Summen/Gruppieren und Sortieren* das *Gruppieren*-Fenster anzeigen.
2. Klicken Sie für *Gruppieren nach htlID* auf den Eintrag *Mehr* und wählen Sie in dessen Optionen *mit Fußzeilenbereich* aus.
3. Kopieren Sie das Textfeld mit der Summe des Gesamtpreises aus dem *mitID ? Fußbereich* einfach in den *htlID ? Fußbereich* und schieben es dort wieder an die entsprechende Position.

**Abbildg. 28.40** Das Summenfeld wurde einfach kopiert

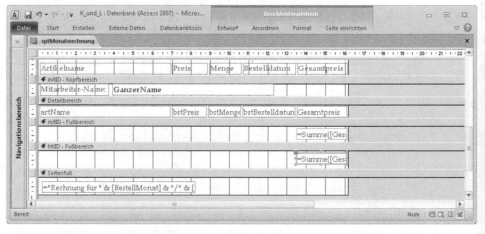

Das war alles. Es ist exakt das gleiche Feld, nur in einer anderen Gruppe. Dadurch summiert Access automatisch alle Feldwerte der zugehörigen Gruppe. Natürlich darf es noch ein wenig größer formatiert und ein erläuternder Text hinzugefügt werden (siehe Abbildung 28.41), aber die Funktionalität ist komplett.

**Abbildg. 28.41**  Die Gesamtsumme addiert die beiden Zwischensummen

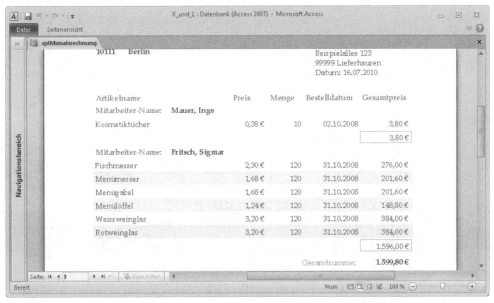

## Felder von Feldern berechnen

Weil auf den bisherigen Rechnungsbetrag noch ein Lieferzuschlag kommt, müssen Sie innerhalb des Berichts mit einem dort ermittelten Wert weiterrechnen:

1. Wechseln Sie wieder in die Entwurfsansicht des Berichts und lassen Sie sich die Eigenschaften des zuletzt eingefügten Textfeld-Steuerelements anzeigen.
2. Den derzeitigen Namen (so etwas wie *Text36*) ersetzen Sie bitte durch einen ordentlichen Namen entsprechend der Ungarischen Notation, also *edtRechnungSumme*.
3. Der Einfachheit halber können Sie anschließend von diesem Textfeld-Bezeichnungsfeld-Paar eine Kopie direkt darunter einfügen.

**ACHTUNG**  Die übliche Windows-Technik zum Kopieren von Elementen (Dateien im Explorer, Wörter in Word, etc.) besteht eigentlich darin, das jeweilige Objekt mit gedrückter Maustaste an die neue Position zu schieben und dabei die `Strg`-Taste gedrückt zu halten. Nur Access hat davon noch nichts gehört...

4. Da der Lieferzuschlag hier 5 % der Summe beträgt, muss sich die Formel auf das eben umbenannte Feld beziehen. Löschen Sie die im neuen Textfeld noch enthaltene Formel, klicken Sie in die *Steuerelementinhalt*-Eigenschaft und lassen Sie sich mit `Strg`+`F2` den Ausdrucks-Generator anzeigen. Geben Sie dort die folgende Formel ein:

[edtRechnungSumme] * 0,05

5. Bestätigen Sie den Ausdrucks-Generator mit *OK* und benennen dieses Feld als *edtLieferzuschlag*.

## Kapitel 28  Berichte erstellen

6. Fügen Sie erneut eine Kopie dieser beiden Felder ein und tragen Sie in dessen *Steuerelementinhalt*-Eigenschaft diese Formel ein:

```
[edtRechnungSumme] + [edtLieferzuschlag]
```

7. Beschriften Sie die Bezeichnungsfelder noch wie in Abbildung 28.42 und formatieren die Summen, sodass es etwas ansprechender wirkt.

**Abbildg. 28.42**   So sehen die Formeln aus

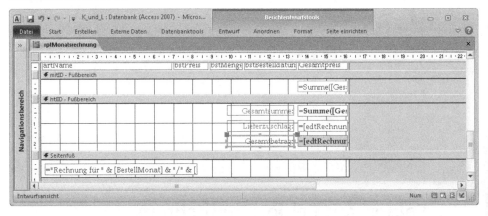

Jetzt erzeugt der Bericht wie gewünscht nach Monaten getrennte Rechnungen für jedes Hotel.

**Abbildg. 28.43**   Der Bericht rechnet jetzt mit seinen Werten weiter

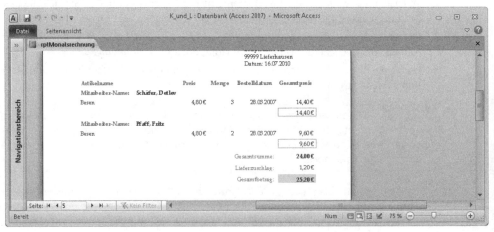

# Unterberichte

Nur der Vollständigkeit halber soll hier noch ausdrücklich erwähnt werden, dass Unterberichte genauso wie Unterformulare funktionieren und angelegt werden. Anders als in der Formularansicht werden beim Ausdruck der Unterberichte auch die *Vergrößerbar*- und *Verkleinerbar*-Eigenschaften berücksichtigt.

# Zusammenfassung

In diesem Kapitel haben Sie die wesentlichen Fähigkeiten von Berichten im Unterschied zu Formularen kennengelernt:

- Mit einem *AutoBericht* (Seite 608) lassen sich sehr schnell und automatisch Berichte aus Tabellen oder Abfragen erzeugen.
- Mit ein wenig mehr Aufwand lassen sich *Berichte manuell erstellen* (Seite 613), sodass Sie darin jede Einstellung selber vorgeben können.
- Ein wesentlicher Unterschied von Berichten zu Formularen besteht in deren Fähigkeit zum *Gruppieren* (Seite 615), was auch mehrstufig möglich ist.
- Der *Seitenumbruch* (Seite 624) im Bericht kann entweder bewusst eingefügt oder für eine ganze Gruppe verhindert werden.
- Die Summen-Formel in einem Textfeld ermittelt den Wert immer anhand der Gruppe, in dem es sich befindet. Dadurch lassen sich verschiedene *Gesamtsummen* (Seite 632) mit der gleichen Formel errechnen.

# Kapitel 29

# Mehrspaltige Berichte

**In diesem Kapitel:**

| | |
|---|---|
| Etiketten-Assistent | 638 |
| Mehrspaltige Berichte erstellen | 642 |
| Seitenkopf und Seitenfuß | 648 |
| Zusammenfassung | 657 |

Access kann nicht nur wie bisher Berichte erstellen, die alle Datensätze nacheinander anzeigen, sondern auch mehrspaltig ausdrucken. Das macht ein wenig mehr Mühe, falls Sie nicht sowieso den Assistenten nutzen, es ist aber nicht wirklich kompliziert.

> **CD-ROM** Um Ihnen das Nachvollziehen der Schritte in diesem Kapitel zu erleichtern, finden Sie innerhalb der Beispieldateien zu diesem Buch im Ordner *Kap28* eine Datenbank, die bereits die Änderungen aus Kapitel 28 enthält. Laden Sie einfach die betreffende Datenbank, um mit der Arbeit in diesem Kapitel zu beginnen.
>
> Sie können also jederzeit ein Kapitel überspringen und trotzdem auf den aktuellen Stand der Datenbank zugreifen.

# Etiketten-Assistent

 Beginnen wir am besten mit der einfachen Variante, dem Etiketten-Assistenten. Er kann Ihnen eine Menge Arbeit abnehmen, wenn die Etiketten der vorgegebenen Liste entsprechen.

## Etiketten automatisch erstellen

Auf jeden Artikel, der von *Kosten&Logistik* ausgeliefert wird, kommt ein kleiner Aufkleber, damit er einer Bestellung zugeordnet werden kann.

1. Markieren Sie im Navigationsbereich die Abfrage *qryALLE_BESTELLUNGEN_MIT_INFO*, weil nur dort alle benötigten Informationen enthalten sind.
2. Klicken Sie auf *Erstellen/Berichte/Etiketten*, wodurch der Etiketten-Assistent startet. Wählen Sie in dessen erstem Schritt (siehe Abbildung 29.1) die *Etikettennummer Zweckform 3417* aus und klicken Sie auf *Weiter*.

**Abbildg. 29.1** Wählen Sie im ersten Schritt des Etiketten-Assistenten diese Nummer aus

3. Der zweite Schritt erlaubt die Auswahl einer Schrift für alle Texte gleichzeitig. Das können Sie später nach Belieben und vor allem für einzelne Steuerelemente noch verändern, daher können Sie diesen Schritt wie in Abbildung 29.2 ignorieren und mit *Weiter* zum folgenden Schritt gehen.

Abbildg. 29.2    Ignorieren Sie die Schrifteinstellungen

4. Im dritten Schritt (siehe Abbildung 29.3) geben Sie Texte und Daten an, die auf dem Etikett erscheinen sollen. Sie können dort in *Etikettenentwurf* eine Zeile markieren und dann per Doppelklick aus der Liste *Verfügbare Felder* einen Feldnamen übernehmen oder direkt Texte schreiben. Tragen Sie dort Folgendes ein:

```
{bstID}
Empfänger: {htlName}
Artikel: {artName} (Menge: {bstMenge})
Bestellt: {bstBestelldatum}
```

Abbildg. 29.3    Hier geben Sie Texte und Daten vor

5. Wenn Sie mit *Weiter* in den nächsten Schritt wechseln, finden Sie dort nur die Sortierung wie in Abbildung 29.4 vor. Da beim Packen möglicherweise die Artikel in der Reihenfolge Ihrer IDs aus dem Regal geholt werden, lassen wir die Aufkleber einfach mal nach *artID* sortieren.

**Abbildg. 29.4**   Sie können eine Sortierung vorgeben

6. Mit einem Klick auf *Weiter* gelangen Sie in den letzten Schritt, bei dem Sie (anders als sonst!) nur den Namen vorgeben, unter dem dieser Bericht gespeichert wird. Tragen Sie dort *rptEtikettenAuslieferung* ein und beenden den Assistenten per Klick auf *Fertig stellen*.

**Abbildg. 29.5**   Im letzten Schritt geben Sie den Berichtsnamen ein

In der Seitenansicht sehen Sie vor allem bei verkleinerter Darstellung, dass sich auf jedem Blatt mehrere Etiketten befinden. In Abbildung 29.6 ist die Hintergrundfarbe des Detailbereichs vorübergehend dunkler gemacht, sodass die Größe der Etiketten besser zu erkennen ist.

**Abbildg. 29.6**  So sehen die Etiketten derzeit aus

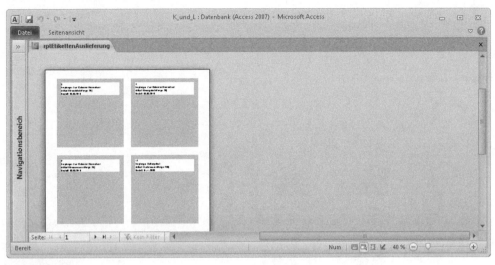

## Etiketten verbessern

Da ja nur eine Schriftart für alle Steuerelemente ausgewählt werden durfte, ist jetzt ein wenig Nacharbeit fällig.

**ACHTUNG**  Sie dürfen alles verändern, nur nicht die Höhe des Detailbereichs und die Breite des Formulars. Diese bestimmen ja die Etikettgröße, wie sie vom selbstklebenden Papier mit seinen gestanzten Kanten vorgegeben ist.

1. Wechseln Sie in die Entwurfsansicht des Berichts *rptEtikettenAuslieferung* und markieren Sie alle Steuerelemente.
2. Vergrößern Sie die Schriftgröße auf *16 pt* und klicken dann auf den Befehl *Berichtentwurfstools/ Anordnen/Anpassung und Anordnung/Größe/Abstand/an Textgröße*, damit die Höhe der Steuerelemente wieder zum Text passt.
3. Jetzt überlappen sich die Steuerelemente, daher können Sie den Befehl *Berichtentwurfstools/ Anordnen/Anpassung und Anordnung/Größe/Abstand/Vertikal vergrößern* nutzen, sodass die Zeilen wieder korrekt untereinander stehen.

**HINWEIS**  Steuerelemente im Bericht können sich automatisch mehr Platz schaffen, wenn deren *Vergrößerbar*-Eigenschaft auf *Ja* steht, wie das hier bereits der Fall ist. Stellen Sie die *Vergrößerbar*-Eigenschaft des zugehörigen Bereichs auch auf *Ja*, damit dieser bei Bedarf ebenfalls vergrößert werden kann. Bei Formularen gibt es diese Eigenschaft zwar ebenfalls, sie gilt aber nicht für die Formularansicht, sondern nur beim Ausdruck des Formulars.

Damit hier nichts passiert, sollten Sie aber die *Vergrößerbar*- und die *Verkleinerbar*-Eigenschaft für den Detailbereich beide auf *Nein* belassen. Sonst passt es ja nicht zur fixen Etikettengröße.

4. Schieben Sie den Steuerelementeblock tiefer, damit darüber ausreichend Platz für das Logo ist.
5. Mit dem Befehl *Berichtentwurfstools/Entwurf/Steuerelemente/Bild einfügen* können Sie das gleiche Logo *KL_Bestellung* wie schon für den Briefkopf in Kapitel 28 einfügen.

Damit sind die Etiketten optisch verbessert und sehen so aus wie in Abbildung 29.7.

**Abbildg. 29.7** Das endgültige Etikett

# Mehrspaltige Berichte erstellen

Natürlich können Sie einen solchen mehrspaltigen Bericht auch komplett selbst erstellen, ohne die Hilfe des Assistenten in Anspruch zu nehmen.

## Bericht vorbereiten

Obwohl ein Zugriff auf die Datenbank natürlich immer aktueller ist, soll es für die Mitarbeiter einen Überblick über die Kollegen, deren Hotelname und deren Telefonnummer geben. Dieses Telefonverzeichnis kann Platz sparend in DIN-A5 und mehrspaltig angelegt werden:

1. Beginnen Sie mit *Erstellen/Berichte/Leerer Bericht* und wechseln Sie dann direkt in die Entwurfsansicht dieses neuen Berichts.
2. Geben Sie als *Datensatzquelle*-Eigenschaft des Berichts die Tabelle *tblMitarbeiter* an.
3. Für ein DIN-A5-Hochformat bleiben von den knapp 15 cm Papierbreite nach Abzug zweier Ränder (je ca. 1 cm) und einem Abstand zwischen den Spalten von ebenfalls 1 cm noch rund 12 cm nutzbare Breite übrig. Für zwei Spalten ergibt das jeweils *6 cm* Breite, die Sie entweder als Bericht-Eigenschaft *Breite* eingeben oder mit der Maus ziehen.
4. Speichern Sie den Bericht als *rptTelefonverzeichnis* und lassen Sie sich mit Alt+F8 die Feldliste anzeigen.

## Mehrspaltige Berichte erstellen

5. Ziehen Sie die drei Felder *mitNachname*, *mitVorname*, *mitTelefon* und *mithtlIDRef* in den Detailbereich, löschen deren Bezeichnungsfelder und verschönern sie optisch nach Ihrem Geschmack (siehe Abbildung 29.8).

**Abbildg. 29.8**   Der Detailbereich des Telefonverzeichnisses im Entwurf

6. Wenn Sie sich jetzt die Seitenansicht ansehen, werden Sie feststellen, dass die Papierbreite noch DIN-A4 beträgt. Klicken Sie daher auf *Berichtentwurfstools/Seite einrichten/Seitenlayout/Seite einrichten*, um im Dialogfeld (siehe Abbildung 29.9) auf der Registerkarte *Seite* als *Größe* den Wert *A5* auszuwählen.

**Abbildg. 29.9**   Geben Sie im Dialogfeld die andere Papiergröße an

> **TIPP**   Alternativ können Sie auch mit *Berichtentwurfstools/Seite einrichten/Seitengröße/Größe* ein anderes Papierformat auswählen. Allerdings werden hier nur die Papiergrößen des Windows-Standarddruckers angezeigt.

7. So wäre es ein ganz normaler einspaltiger Bericht. Wechseln Sie daher im Dialogfeld wie in Abbildung 29.10 zur Registerkarte *Spalten* und geben dort als *Spaltenanzahl* den Wert *2* sowie als *Spaltenabstand* den Wert *1 cm* an. Bestätigen Sie das Dialogfeld mit *OK*.

## Kapitel 29  Mehrspaltige Berichte

**Abbildg. 29.10**   Hier wird der Bericht mehrspaltig

Jetzt ist der Bericht mehrspaltig, wie Sie in der Seitenansicht (nicht in der Berichtsansicht!) entsprechend der Abbildung 29.11 feststellen können.

**Abbildg. 29.11**   Der Bericht ist jetzt mehrspaltig

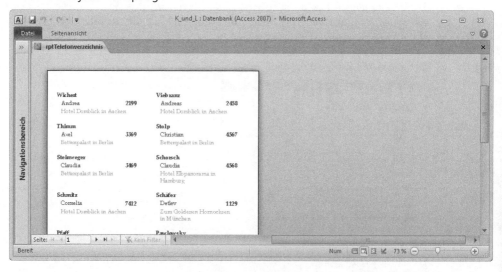

# Gruppierung nach Anfangsbuchstaben

Typisch für ein Telefonverzeichnis wäre nicht nur eine Sortierung nach Nachname, sondern vor allem eine Hervorhebung für einen neuen Anfangsbuchstaben:

1. Wechseln Sie in die Entwurfsansicht des Berichts und klicken Sie auf *Berichtentwurfstools/Entwurf/ Gruppierung und Summen/Gruppieren und Sortieren*, damit das *Gruppieren*-Fenster angezeigt wird.
2. Klicken Sie dort auf *Gruppe hinzufügen* und bei *Feld auswählen* auf *mitNachname*. Erweitern Sie die Optionen durch Klick auf *Mehr* und ändern die Einstellung *nach Gesamtwert* auf *nach dem ersten Zeichen*. Lassen Sie die Gruppierung außerdem *mit Kopfzeilenbereich* anzeigen (siehe Abbildung 29.12).

## Mehrspaltige Berichte erstellen

**Abbildg. 29.12**  Die Gruppierung erfolgt nach dem ersten Zeichen

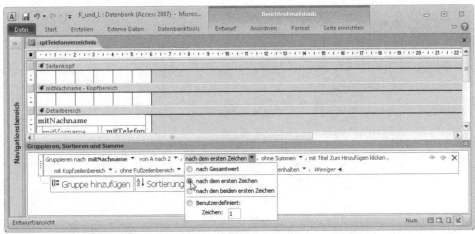

3. In diesem Kopfbereich fügen Sie ein ungebundenes *Textfeld*-Steuerelement ein mit der folgenden Formel, die vom Nachnamen den ersten Buchstaben ermittelt:

```
=Links([mitNachname];1)
```

**ACHTUNG**  Es gibt zwei Varianten von *Links*: die Eigenschaft und die Funktion. Achten Sie darauf, dass Sie in der angebotenen Liste die Funktion nehmen, sonst stimmt die Syntax nicht.

**Abbildg. 29.13**  Die *Links()*-Funktion muss ausgewählt sein

4. Dann können Sie noch den Hintergrund des Kopfbereichs dunkel färben und die Schrift des Steuerelements größer, fett und weiß einstellen, damit es sich besser von den Daten unterscheidet, wie in Abbildung 29.14.

**Abbildg. 29.14** So sieht der Berichtsentwurf mit Kopfbereich aus

5. Das Ergebnis sieht allerdings wie in Abbildung 29.15 noch nicht so überzeugend aus, weil die Überschrift und die zugehörigen Daten nebeneinander stehen.

**Abbildg. 29.15** Die Überschriften stehen noch neben den Daten

6. Wechseln Sie wieder in die Entwurfsansicht und klicken Sie auf *Berichtentwurfstools/Seite einrichten/Seitenlayout/Spalten*, um direkt zur Registerkarte *Spalten* des Dialogfeldes *Seite einrichten* zu wechseln. Ändern Sie dort das *Spaltenlayout* auf *Nach unten, dann quer*.

## Mehrspaltige Berichte erstellen

**Abbildg. 29.16** Ändern Sie die Richtung für das Spaltenlayout

Wie Sie in Abbildung 29.17 sehen, stimmt nun auch die Richtung für das Spaltenlayout, sodass die Daten direkt unter deren Überschriften stehen.

**Abbildg. 29.17** Die Richtung im Spaltenlayout ist nun korrekt

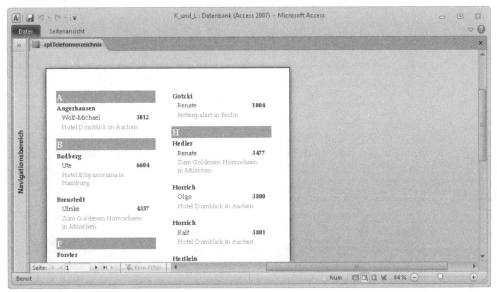

# Seitenkopf und Seitenfuß

Es liegt nahe, für das Telefonverzeichnis auch einen Seitenkopf mit einer Überschrift anzulegen. Das funktioniert jedoch ein wenig anders als in »normalen« Berichten.

## Seitenkopf im mehrspaltigen Bericht

Dieser Seitenkopf soll natürlich breiter sein als die eigentlichen Daten im Detailbereich, nämlich über die volle Seitenbreite von 13 cm (= 2 * Spaltenbreite + 1 cm Zwischenraum):

1. Wechseln Sie in die Entwurfsansicht des Berichts und ziehen Sie die Formularbreite auf 13 cm.
2. Fügen Sie im *Seitenkopf*-Bereich ein Bezeichnungsfeld ein und beschriften Sie es als *Telefonverzeichnis*. Es ist 13 cm breit und zentriert, wie in Abbildung 29.18 zu sehen ist.

Abbildg. 29.18    Die Überschrift steht im Seitenkopf

3. Leider werden Sie anschließend in der Seitenansicht (siehe Abbildung 29.19) feststellen müssen, dass damit auch der Detailbereich zu breit geworden ist und im Ergebnis nicht mehr zweispaltig erscheint.

Abbildg. 29.19    Der Detailbereich ist zu breit geworden

4. Um das zu beheben, wechseln Sie bitte wieder in die Entwurfsansicht und rufen mit *Berichtentwurfstools/Seite einrichten/Seitenlayout/Spalten* das Dialogfeld *Seite einrichten* auf. Entfernen Sie dort das Häkchen vor *Wie Detailbereich* und korrigieren die *Breite* wieder auf *6 cm*.
5. Jetzt finden Sie in der Seitenansicht wie in Abbildung 29.20 korrekt die breite Titelzeile und trotzdem mehrspaltige Details.

Abbildg. 29.20    Die mehrspaltige Darstellung funktioniert wieder

> **ACHTUNG**    Achten Sie bei allen Änderungen immer darauf, dass zwar die Breite des Formulars wieder der bedruckbaren Breite des Papiers (13 cm hier bei DIN-A5) entspricht, aber kein Steuerelement im Detailbereich über die 6 cm (Breite des Detailbereichs laut Dialogfeld *Seite einrichten*) hinausragen darf.

Wenn Sie anfangs Schwierigkeiten hatten, dieses Zusammenspiel der verschiedenen Breiten zu durchschauen, stehen Sie übrigens nicht alleine da, das geht vielen so. Ich hoffe aber, dass es so nachvollziehbar ist.

## Lebende Kolumnentitel

Als »Lebender Kolumnentitel« wird eine Überschrift im Seiten- oder Spaltenkopf bezeichnet, die ihren Inhalt verändert. Bei Telefonbüchern steht dort beispielsweise der erste und letzte Name der Seite, daher soll unser Telefonverzeichnis das auch können.

> **ACHTUNG**    Da Access im Seitenkopf noch nichts vom letzten Datensatz auf der Seite »weiß«, funktioniert das nur im Seitenfuß. Dort allerdings kennt Access nur den letzten Datensatz, der Bericht muss sich also mit einem versteckten Feld den ersten Datensatz merken. Wie Sie gleich sehen werden, benötigt das eine einzige Zeile VBA-Code, weil Access sonst zum falschen Zeitpunkt aktualisiert.

1. Wechseln Sie in die Entwurfsansicht des Berichts. Ziehen Sie aus der Feldliste das *mitNachname*-Feld in den *Seitenkopf*, benennen es in *edtNachnameErster* um und löschen dessen Bezeichnungsfeld.
2. Sie können in der Seitenansicht (siehe Abbildung 29.21) nachsehen, dass dort auf jeder Seite tatsächlich der Nachname des ersten Datensatzes steht.

**Abbildg. 29.21**  Auch auf Seite 2 steht in *edtNachnameErster* der jeweils erste Nachname

3. Wechseln Sie wieder in die Entwurfsansicht und stellen seine *Sichtbar*-Eigenschaft auf *Nein*.

**PROFITIPP**   Da ich weder auf Formularen noch auf Berichten lila Texte einsetze, markiere ich mir solche unsichtbaren Elemente in dieser Farbe. Sonst wundere ich mich jedes Mal im Entwurf, warum dieses Steuerelement so quer und ungestaltet über anderen Steuerelementen liegt.

4. Fügen Sie nun im *Seitenfuß*-Bereich ein ungebundenes Textfeld-Steuerelement ein, dessen Bezeichnungsfeld Sie wiederum gleich löschen. Benennen Sie es in *edtNachnameVonBis* um und geben folgende Formel als *Steuerelementinhalt* ein:

```
=[edtNachnameErster] & " - " & [mitNachname]
```

5. Wie Sie anschließend in der Seitenansicht (siehe Abbildung 29.22) sehen, wird zwar für *mitNachname* korrekt der letzte Nachname ermittelt, aber durch die erneute Aktualisierung des Feldes *edtNachnameErster* findet auch dieses nur den letzten Nachnamen.

Diese erneute Aktualisierung des *edtNachnameErster*-Feldes beim Auslesen durch das Feld *edtNachnameVonBis* in der Fußzeile ist zwar konsequent, doch umso ärgerlicher, weil es in der Kopfzeile immer noch richtig steht. Machen Sie es nämlich zwischenzeitlich sichtbar, ist dort tatsächlich der erste Nachname der Seite zu sehen. Dieser ändert sich auch nicht mehr, weil er bereits »gedruckt« ist.

**Abbildg. 29.22** Beide Teile der Fußzeile zeigen nur den letzten Namen an

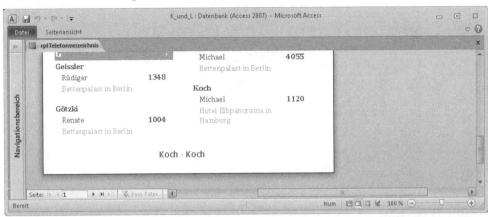

Wir müssen also verhindern, dass Access das Feld beim erneuten Auslesen von der Fußzeile aus aktualisiert. Das geht nur, indem es ein ungebundenes Feld wird, welches seinen Inhalt während der Formatierung des Seitenkopfes (also beim »Druckbeginn« der Seite) per VBA-Befehl erhält.

Auch wenn das schon ein Vorgriff auf die VBA-Programmierung in Kapitel 37 ist, steht doch der geringe Aufwand zum vielgesuchten Nutzen in so einem günstigen Verhältnis, dass ich Ihnen das sicherlich zumuten kann:

1. Wechseln Sie in die Entwurfsansicht des Berichts und markieren Sie das Feld *edtNachnameErster*. Löschen Sie aus der *Steuerelementinhalt*-Eigenschaft den Eintrag *mitNachname* und lassen diese leer, es ist also ungebunden.

2. Markieren Sie den *Seitenkopf*-Bereich und klicken Sie in dessen *Beim Formatieren*-Eigenschaft. Wählen Sie aus der Dropdownliste den Eintrag *[Ereignisprozedur]* aus und wechseln Sie dann per Klick auf die Schaltfläche mit den drei Pünktchen in ein eigenes Programm, nämlich den Editor für *Microsoft Visual Basic for Applications*.

3. Dort finden Sie einen leeren *Seitenkopfbereich_Format*-Prozedurrumpf vor, wo Sie zwischen der Private Sub- und der End Sub-Zeile den folgenden VBA-Code eingeben:

```
Me.edtNachnameErster.Value = Me.mitNachname.Value
```

4. Sie werden bemerken, dass jeweils nach dem Punkt eine Liste mit sinnvollen Eigenschaften ausklappt. Dort können Sie den passenden Eintrag per Doppelklick auswählen. Dann sollte es so aussehen wie in Abbildung 29.23.

**Abbildg. 29.23**  Der fertige VBA-Code im Editor

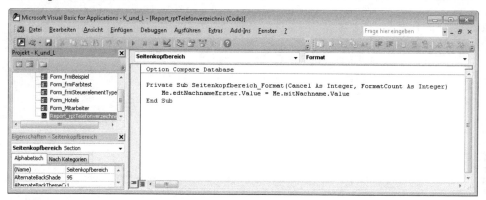

5. Schließen Sie den Editor mit dem Menü *Datei/Schließen und zurück zu Microsoft Access*, sodass Sie wieder die Entwurfsansicht sehen.

Jetzt können Sie den Bericht erneut speichern (der Code ist darin enthalten) und sehen nun wie in Abbildung 29.24, dass der erste und der letzte Nachname der jeweiligen Seite korrekt angezeigt werden.

**Abbildg. 29.24**  Der Bericht kann nun auch den ersten und letzten Namen anzeigen

# Seitenzahlen

Die Seitenzahlen für unser Telefonverzeichnis sind wieder bedeutend einfacher, sie können sogar mit einem fertigen Befehl eingefügt werden:

1. Wechseln Sie in die Entwurfsansicht und klicken Sie auf den Befehl *Berichtentwurfstools/Entwurf/ Kopfzeile/Fußzeile/Seitenzahlen*, um das Dialogfeld *Seitenzahlen* wie in Abbildung 29.25 anzuzeigen.
2. Die Seitenzahl soll als *Seite N von M* im *Seitenfuß* und *rechtsbündig* angezeigt werden. Bestätigen Sie das Dialogfeld anschließend mit *OK*.

**Abbildg. 29.25** Wählen Sie hier aus, wie und wo die Seitenzahlen angezeigt werden sollen

3. Access fügt dann ein *Textfeld*-Steuerelement in den *Seitenfuß*-Bereich ein, welches allerdings wie in Abbildung 29.26 einfach über anderen Steuerelementen liegt. Es enthält die folgende Formel:

```
="Seite " & [Seite] & " von " & [Seiten]
```

**Abbildg. 29.26** So fügt das Dialogfeld das neue Steuerelement ein

Sie können das *Textfeld*-Steuerelement nach Belieben formatieren oder verschieben. Auch die Formel enthält keine Besonderheiten, die Sie nicht selbst hätten schreiben können. Wenn Sie die beiden Textfelder im Seitenfuß ein wenig auseinandergeschoben und formatiert haben, sieht es in der Seitenansicht aus wie in Abbildung 29.27.

**Abbildg. 29.27** Die Fußzeile enthält nun eine Seitenzahl

**ACHTUNG** Die Schreibweise *[Seite]* und *[Seiten]* für die (aktuellen beziehungsweise die Gesamt-) Seitenzahlen ist offensichtlich eine Feldnamen-Syntax. Was auf den ersten Blick wie eine gute Idee aussieht, ist in Wirklichkeit ganz übel: Hat die Datensatzquelle eines Berichts Felder namens *Seite*, *Seiten*, *Page* oder *Pages*, so werden bei Berechnungen wie *=[Seite]+1* im Bericht unerbittlich die Seitenzahlen statt der Feldinhalte benutzt.

Glücklicherweise tritt das Problem nicht auf, wenn man sich an die Ungarische Notation hält, weil diese Feldnamen ohne Präfix dann nicht vorkommen können.

## Laufende Summen

Ich hatte Ihnen im Kapitel 19 versprochen, dass es für das Durchnummerieren von Datensätzen in Berichten eine einfache Lösung gibt. Diese möchte ich Ihnen hier für das Telefonverzeichnis vorstellen, wo die Namen trotz Sortierung eine laufende Nummer erhalten sollen.

1. Wechseln Sie in die Entwurfsansicht des Berichts und verschieben Sie die Felder im Detailbereich ein wenig nach rechts. Kürzen Sie diese soweit, dass keines über die hier errechnete magische Grenze von 6 cm hinausragt, sonst wird deren Inhalt abgeschnitten.

2. Fügen Sie links davor ein neues Textfeld-Steuerelement ein, dessen Bezeichnungsfeld Sie wieder löschen, und geben Sie als Formel *=1* ein. Ich habe es in Abbildung 29.28 zum besseren Erkennen mit weißer Schrift auf schwarzem Hintergrund formatiert.

**Abbildg. 29.28** Das neue Steuerelement ist fertig formatiert

3. Stellen Sie seine *Laufende Summe*-Eigenschaft auf den Wert *Über Alles* und wechseln Sie in die Seitenansicht (siehe Abbildung 29.29), wo bereits alles funktioniert.

**Abbildg. 29.29**  Die fortlaufende Nummerierung funktioniert

Dank der *Laufende Summe*-Eigenschaft ist die fortlaufende Nummerierung erfreulich einfach, aber im Grunde ist diese Eigenschaft natürlich für einen anderen Zweck gedacht.

Am häufigsten wird so etwas für Konten benötigt, bei denen in jeder Zeile der jeweils aktuelle Kontostand sichtbar ist. Auch wenn hier die Bestellungen nicht wirklich schon mit Geldeingängen gleichgesetzt werden können, lässt sich das Prinzip doch gut demonstrieren:

1. Erstellen Sie einen neuen leeren Bericht mit *Erstellen/Berichte/Berichtsentwurf*, wählen als Datensatzquelle *qryALLE_BESTELLUNGEN_MIT_INFO* und speichern ihn auf den Namen *rptEinnahmen*.
2. Ziehen Sie aus der Feldliste die drei Felder *bstBestelldatum*, *artName* und *Gesamtpreis* in den Bericht, markieren alle und lassen sie mit dem Befehl *Berichtentwurfstools/Anordnen/Tabelle/Tabelle* wie in Abbildung 29.30 ausrichten.

**Abbildg. 29.30**  Die Felder sind übersichtlich angeordnet

3. Damit die laufende Summe überhaupt inhaltlich sinnvoll rechnet, müssen die *bstBestelldatum*-Werte aufsteigend sortiert sein. Klicken Sie auf *Berichtentwurfstools/Entwurf/Gruppierung und Summen/Gruppieren und Sortieren*, um das *Gruppieren*-Fenster anzuzeigen.
4. Klicken Sie dort auf *Sortierung hinzufügen* und wählen Sie anschließend bei *Sortieren nach* das Feld *bstBestelldatum* aus.

5. Ziehen Sie dann das Feld *Gesamtpreis* ein zweites Mal aus der Feldliste und schieben es so dicht an den rechten Rand des schon vorhandenen Bezeichnungsfeldes für den Gesamtpreis, dass dort ein kleiner orangefarbener Strich erscheint. Dieser signalisiert, dass das neue Feld ebenfalls in das Layout aufgenommen wird.
6. Damit die beiden Felder nicht verwechselt werden, wird das zweite *Gesamtpreis*-Feld mit *Kontostand* beschriftet (siehe Abbildung 29.31).

Abbildg. 29.31   Sortierung und doppeltes *Gesamtpreis*-Feld sind enthalten

7. Damit dieses zweite *Gesamtpreis*-Feld nicht die gleichen Daten anzeigt, stellen Sie seine *Laufende Summe*-Eigenschaft auf *Über Alles*.

Damit ist der Bericht fertig und Sie können in der Seitenansicht sehen, dass der Kontostand in jeder Zeile die Summe aller bisherigen *Gesamtpreis*-Werte bildet.

Abbildg. 29.32   Der Kontostand zeigt in jeder Zeile jeweils die Summe aller bisherigen »Einnahmen«

Haben Sie Ihren Bericht gruppiert und soll die Nummerierung beziehungsweise Summierung für jede Gruppe neu beginnen, stellen Sie die *Laufende Summe*-Eigenschaft auf *Über Gruppe*.

# Zusammenfassung

In diesem Kapitel ging es um vor allem um mehrspaltige Berichte, die Access ebenfalls erstellen kann.

- Mit dem *Etiketten-Assistenten* (Seite 638) lassen sich Standard-Etiketten aus einer vorgegebenen Liste sehr schnell und einfach erstellen.
- *Mehrspaltige Berichte* (Seite 642) können Sie ebenso gut komplett manuell erstellen und dort alle benötigten Eigenschaften detailliert vorgeben.
- Ein *Seitenkopf oder -fuß* (Seite 648) ist in mehrspaltigen Berichten etwas komplizierter als sonst. Mit ein wenig VBA lassen sich dort aber sogar lebende Kolumnentitel erzeugen.
- Eine *Laufende Summe* (Seite 654) ermöglicht das Nummerieren beliebiger Zeilen und Zwischenstände für Konten.

## Kapitel 30

# Export und Seriendruck

**In diesem Kapitel:**

| | |
|---|---|
| Dateiexport | 660 |
| E-Mail-Bearbeitung | 688 |
| SharePoint-Liste | 697 |
| Gespeicherte Exporte | 703 |
| Zusammenfassung | 704 |

## Kapitel 30  Export und Seriendruck

Berichte werden entweder ausgedruckt oder per E-Mail verschickt (und dann doch wieder ausgedruckt), aber sie sind sicher der häufigste Fall eines Exports. Daher möchte ich die Berichte zum Anlass nehmen, die Exportmöglichkeiten in Access vorzustellen. Sie werden aber gleich feststellen, dass der Export durchaus nicht auf Berichte beschränkt ist.

**CD-ROM**   Um Ihnen das Nachvollziehen der Schritte in diesem Kapitel zu erleichtern, finden Sie innerhalb der Beispieldateien zu diesem Buch im Ordner *Kap29* eine Datenbank, die bereits die Änderungen aus Kapitel 29 enthält. Laden Sie einfach die betreffende Datenbank, um mit der Arbeit in diesem Kapitel zu beginnen.

Sie können also jederzeit ein Kapitel überspringen und trotzdem auf den aktuellen Stand der Datenbank zugreifen.

Als Beispiel dient hier meist der Bericht *rptHotels*, weil er nicht so umfangreich ist und alle wesentlichen Elemente enthält. Allerdings ist er noch querformatig, was Sie mit *Berichtentwurfstools/Seite einrichten/Seitenlayout/Hochformat* ändern können. Schieben Sie dann die Steuerelemente etwas schmaler, sodass alles wieder auf die Seite passt (siehe Abbildung 30.1).

Abbildg. 30.1   So sieht der Beispielbericht aus

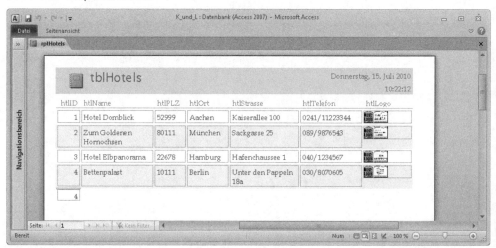

# Dateiexport

Access exportiert Berichte vor allem erst einmal in eine gespeicherte Datei, die anschließend geöffnet werden kann. Dabei stehen einige Microsoft Office-Formate und ein paar allgemeine Dateiformate zur Verfügung.

Sowohl die Inhalte der Zieldateien als auch deren Größe und Qualität wird sich erheblich unterscheiden, sodass Sie für Ihre Zwecke jeweils einen geeigneten Weg heraussuchen müssen.

# Excel

Der erste Export soll die Daten in eine Excel-Datei schreiben. Das ist zwar nicht wirklich das geeignetste, aber nach meinen Erfahrungen in vielen Firmen das übliche Austauschformat:

1. Starten Sie den Excel-Export durch einen Klick auf den Befehl *Externe Daten/Exportieren/Excel*, sodass wie in Abbildung 30.2 der erste Schritt des Export-Assistenten erscheint.

**Abbildg. 30.2**   Geben Sie hier den Dateinamen vor

> **TIPP**   Wenn die Seitenansicht geöffnet ist, können Sie den Export auch direkt von hier aus starten, indem Sie den Befehl *Seitenansicht/Daten/Excel* anklicken.

2. Geben Sie einen Pfad und Dateinamen vor und wählen Sie das gewünschte Dateiformat aus. Um die Ergebnisse direkt zu prüfen, ist hier auch das Kontrollkästchen *Öffnen der Zieldatei nach Abschluss des Exportvorgangs* zu aktivieren.
3. Mit einem Klick auf *OK* wird der Export sofort ausgeführt. Im letzten Schritt des Assistenten (siehe Abbildung 30.3) besteht immer die Möglichkeit, den Export zu speichern, um ihn später erneut auszuführen. Verlassen Sie das Dialogfeld mit der *Schließen*-Schaltfläche.

**Abbildg. 30.3**   Im (optisch verkürzten) letzten Schritt kann der Export gespeichert werden

**4.** In Excel 2010 ist diese Datei parallel dazu bereits geöffnet und sieht aus wie in Abbildung 30.4.

**Abbildg. 30.4**   So sieht die exportierte Datei in Excel aus

Wie auf den ersten Blick schon zu sehen ist, fehlt die Hälfte. Bilder sind gar keine mehr enthalten, weder das ungebundene Bild oben links noch die Hotel-Logos der Spalte *htlLogo*. Linien und Hintergrundfarben fehlen ebenfalls.

Datum und Uhrzeit stehen nicht mehr rechts untereinander, sondern links und nebeneinander. Das Datum ist keine formatierte Zahl, sondern ein schlichter Text, aber wenigstens korrekt geschrieben. Die Uhrzeit (in Abbildung 30.4 markiert) stimmt zwar inhaltlich, hat aber ihr Zahlenformat verloren.

Während die Überschriften im Bericht grau und die Daten schwarz sind, ist es in der Excel-Datei umgekehrt und trägt nicht zur Lesefreundlichkeit bei. Die Datei ist mit 6 KB sehr klein und damit als E-Mail-Anhang geeignet.

# Word-Export

Das zweite große Office-Programm für den Export ist Microsoft Word. Allerdings wird nicht in ein Original-Word-Dateiformat exportiert, sondern in das Rich Text-Format mit der Endung *.rtf*:

1. Klicken Sie auf den Befehl *Externe Daten/Exportieren/Weitere/Word*, um den Assistenten wie in Abbildung 30.5 zu starten.

**Abbildg. 30.5**   Der erste Schritt des Word-Exports

2. Nach einem Klick auf *OK* wird auch hier die Datei geschrieben und im nächsten Schritt die Möglichkeit der Speicherung der Exporteinstellungen vorgeschlagen. Damit Sie später sehen können, wo und wie das genutzt werden kann, aktivieren Sie bitte dieses Mal das Kontrollkästchen *Exportschritte speichern*.
3. Dadurch werden die übrigen Steuerelemente sichtbar (siehe Abbildung 30.6), in denen Sie die Details zur Speicherung notieren können.

**Abbildg. 30.6**  Die zusätzlichen Steuerelemente werden nach Aktivieren von *Exportschritte speichern* sichtbar

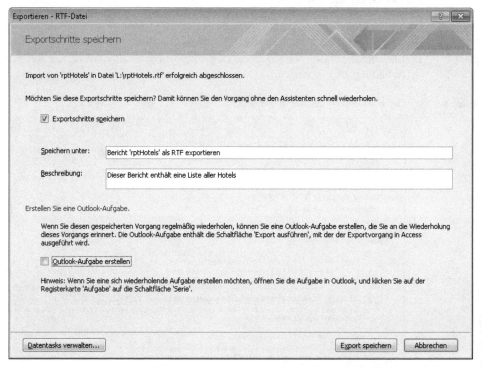

4. Bestätigen Sie diesen Schritt mit *Export speichern* und sehen Sie sich die erstellte Datei wie in Abbildung 30.7 mit Word an.

**Abbildg. 30.7**  So sieht die Datei in Word aus

Dieser Word-Export hinterlässt einen bedeutend besseren Eindruck als der Excel-Export. Die Inhalte stehen an der richtigen Stelle und sind wie im Original formatiert. Allerdings fehlen auch hier alle Bilder, Linien und Hintergrundfarben.

Die Dateigröße ist mit 3 KB sogar nur halb so groß wie bei Excel und also ebenfalls für den E-Mail-Versand geeignet. Das RTF-Format kann auch von älteren Word-Versionen gelesen werden, sodass es keine Kompatibilitätsprobleme geben dürfte.

## Word-Seriendruck

Ein Sonderfall im Zusammenspiel mit Word ist die Möglichkeit, von Word aus per Seriendruck auf Access-Daten zugreifen zu können.

### Word-Seriendruck starten

Allerdings kann Word dabei keinen Bericht auslesen, sondern nur Daten, also Tabellen oder Abfragen. Daher müssen Sie die Datenquelle dieses Berichts markieren und dann den Assistenten starten:

1. Markieren Sie im Navigationsbereich die Tabelle *tblHotels* und klicken Sie dann auf *Externe Daten/Exportieren/Word-Seriendruck*.
2. Da es noch kein vorbereitetes Word-Dokument gibt, wählen Sie im Word-Seriendruck-Assistenten wie in Abbildung 30.8 bitte die Option *Ein neues Dokument erstellen und die Daten mit diesem Dokument verknüpfen*.

**Abbildg. 30.8** Wählen Sie im Assistenten die zweite Option aus

3. Nach einem Klick auf *OK* startet Word mit einem leeren *Dokument1* wie in Abbildung 30.9, um dort den Seriendruck einzurichten. Klicken Sie dort rechts unten auf *Weiter: Dokument wird gestartet*.

**Kapitel 30  Export und Seriendruck**

Abbildg. 30.9    Word startet mit einem leeren Dokument

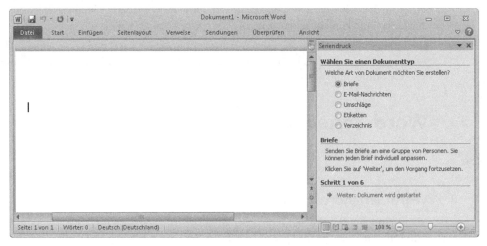

4. Im zweiten Schritt belassen Sie in Word die Option *Aktuelles Dokument verwenden* (siehe Abbildung 30.10) und klicken unten auf *Weiter: Empfänger wählen*, um in den nächsten Schritt zu gelangen.

Abbildg. 30.10    Klicken Sie auf *Weiter: Empfänger wählen*

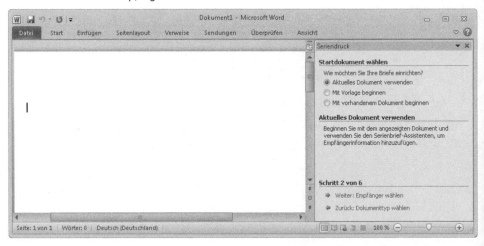

5. Dort sehen Sie wie in Abbildung 30.11, dass Access als Datenquelle (»Vorhandene Liste verwenden«) für das Word-Dokument bereits die Tabelle *tblHotels* aus der Datenbank *K_und_L.accdb* eingetragen hat.

**Abbildg. 30.11**  Die Datenquelle wurde von Access schon korrekt als vorhandene Liste eingetragen

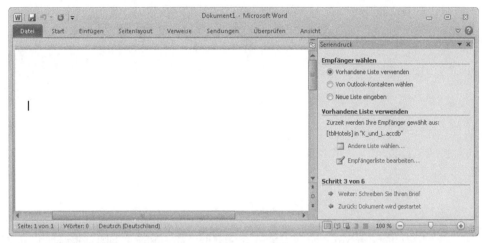

6. Da sich an den Einstellungen nichts ändert, können Sie die folgenden Schritte getrost ignorieren (Sie könnten das später in Word mit dem Befehl *Sendungen/Seriendruck starten/Seriendruck starten/Seriendruck-Assistent mit Schritt-für-Schritt-Anweisungen* jederzeit wieder anzeigen) und diesen Arbeitsbereich *Seriendruck* an seinem *X* oben rechts schließen.

## Word-Dokument anpassen

Damit das Word-Dokument eine gewisse Ähnlichkeit mit dem Access-Bericht aufweist, braucht es jetzt ein paar Word-Aktionen, ohne dass es gleich zu einer Komplettanleitung werden soll. Daher werde ich die notwendigen Befehle nur kurz ohne ausführliche Erläuterungen nennen:

1. Schreiben Sie an der Einfügemarke im Word-Dokument *tblHotels* und lassen es mit dem Tastenkürzel [Alt]+[1] als Überschrift formatieren.

**HINWEIS**  Den dabei automatisch angezeigten Navigationsbereich können Sie an seinem *X* direkt wieder schließen, er ist im Moment unnötig.

2. Machen Sie mit *Ansicht/Anzeigen/Lineal* die Lineale sichtbar und klicken so oft auf das Symbol (siehe Abbildung 30.12) im Schnittpunkt der Lineale, bis dort ein *Tabstopp rechts* angezeigt wird.

**Abbildg. 30.12**  Ändern Sie hier die Tabstoppeinstellungen

3. Klicken Sie dann mit der Maus ganz rechts im horizontalen Lineal, sodass dort ein (rechtsbündiger) Tabstopp wie in Abbildung 30.13 gesetzt wird.

**Abbildg. 30.13**  Setzen Sie hier per Klick einen Tabstopp

4. Hinter dem Wort *tblHotels* fügen Sie mit der ⇥-Taste ein Tabulatorzeichen ein. Wenn nicht die Sonderzeichen mit Strg+⇧+* sichtbar gemacht wurden, sehen Sie davon nichts, außer dass die Einfügemarke jetzt am rechten Rand steht.
5. Das aktuelle Datum soll dort ebenso dynamisch erzeugt werden wie im Access-Bericht. Die entsprechende Technik zu berechneten Access-Feldern heißt in Word *Feld* und kann ebenfalls Inhalte dynamisch ermitteln. Klicken Sie auf *Einfügen/Text/Schnellbausteine/Feld*, um das Dialogfeld zum Einfügen eines Feldes wie in Abbildung 30.14 anzuzeigen.

**Abbildg. 30.14**  Wählen Sie den Feldnamen *Date* mit passendem Datumsformat aus

6. Wählen Sie in der Liste *Feldnamen* den Eintrag *Date* (für das aktuelle Datum) aus und bei den *Feldeigenschaften* ein Datumsformat. Nachdem Sie das Dialogfeld mit *OK* geschlossen haben, zeigt Word in der Datei das formatierte Tagesdatum an.

# Dateiexport

7. Sie können es jetzt nach Belieben markieren und formatieren. Damit die Uhrzeit unterhalb steht, fügen Sie nun dahinter mit ⇧+↵ einen Zeilenumbruch und mit ⇥-Taste wieder das Tabulatorzeichen ein.
8. Rufen Sie mit *Einfügen/Text/Schnellbausteine/Feld* als zweites Feld den Feldnamen *Time* mit passendem Format ein.

**Abbildg. 30.15**  So sieht das Dokument derzeit (mit sichtbaren Sonderzeichen) aus

## Seriendruckfelder einfügen

Das war nur die Vorbereitung für eine gewisse Ähnlichkeit zum Access-Bericht, es geht ja aber eigentlich um die automatische Verknüpfung mit den Daten. Am einfachsten ist es auch in Word, diese in einer Tabelle zu organisieren:

1. Fügen Sie hinter der Uhrzeit mit der ↵-Taste einen neuen Absatz ein.
2. Klicken Sie auf *Einfügen/Tabellen/Tabelle* und bewegen Sie dort die Maus auf den Quadraten so weit, dass wie in Abbildung 30.16 darin 7*2 Zellen markiert sind. Klicken Sie auf diese Zelle und die Tabelle wird endgültig eingefügt.

**Abbildg. 30.16**  So können Sie die Größe einer einzufügenden Tabelle vorgeben

3. Tragen Sie die Überschriften *htlID*, *htlName*, *htlPLZ*, *htlOrt*, *htlStrasse*, *htlTelefon* und *htlLogo* in die erste Zeile der Tabelle ein, wobei Sie von einer zur nächsten Zelle mit der ⇥-Taste wech-

seln können. Die Formatierung der Tabelle soll hier nicht weiter optimiert werden. Speichern Sie das Dokument bitte als *HotelSeriendruck.docx* ab, das funktioniert wie in Access einheitlich über das Diskettensymbol ganz links oben.

4. Setzen Sie die Einfügemarke dann in die erste Zelle der zweiten Zeile und klicken Sie auf das Dreieck(!) neben dem Befehl *Sendungen/Felder schreiben und einfügen/Seriendruckfeld einfügen/htlID*, wie es in Abbildung 30.17 zu sehen ist.

**HINWEIS** Klicken Sie nicht auf den Text *Seriendruckfeld einfügen* im Befehl *Sendungen/Felder schreiben und einfügen*, sondern auf den Dropdownpfeil rechts daneben. Andernfalls wird ein Dialogfeld statt der Liste eingeblendet, das Sie jedes Mal schließen müssen, weil es modal ist und Sie nicht in die nächste Zelle wechseln können.

Abbildg. 30.17    Fügen Sie so die Seriendruckfelder ein

5. Wenn alle Seriendruckfelder (siehe Abbildung 30.18) eingefügt wurden, sehen Sie noch nicht deren Inhalte, sondern mit spitzen Klammern erst einmal nur deren Feldnamen.

Abbildg. 30.18    Die Seriendruckfelder zeigen derzeit ihre Feldnamen

6. Klicken Sie auf *Sendungen/Vorschau Ergebnisse/Vorschau Ergebnisse*, sodass nun statt der Feldnamen deren Inhalte (siehe Abbildung 30.19) angezeigt werden.

Sie sehen in Abbildung 30.19 an der Mausposition die Navigationsschaltflächen, um die anderen Datensatzinhalte in diesem Seriendruckdokument anzeigen zu lassen. Es klappt alles einwandfrei außer dem Bild in *htlLogo*.

Abbildg. 30.19  Jetzt zeigt Word die Inhalte an

**HINWEIS**  Grafiken lassen sich als Dateninhalt nie in Word darstellen, wie Microsoft auch in der Knowledge-Base-Datenbank (*http://support.microsoft.com/kb/114306/de*) bestätigt. Sie werden weiter unten eine Lösung sehen, wie es doch funktioniert.

## Mehrere Datensätze gleichzeitig anzeigen

Allerdings zeigt Word derzeit nur einen einzigen Datensatz an. Erst mit dem Befehl *Sendungen/Fertig stellen/Fertig stellen und zusammenführen/Einzelne Dokumente bearbeiten* und der Bestätigung des anschließend angezeigten Dialogs wird ein neues Dokument wie in Abbildung 30.20 erstellt, welches für jeden Datensatz eine Seite wie diese mit den wechselnden Inhalten enthält.

Leider ist auch dort nur eine einzige Zeile je Datensatz in der Tabelle enthalten, wie Sie am besten in der Entwurfsansicht (Befehl *Ansicht/Dokumentansichten/Entwurf*) sehen können.

Abbildg. 30.20  Das ist die Ergebnisdatei dieses Seriendrucks

Diese Datei *Serienbriefe2* hilft nicht weiter, Sie können sie ohne Speichern schließen, sodass wieder *HotelSeriendruck.docx* zu sehen ist. Sie müssen Word anweisen, in der gleichen Tabelle mehrere Datensätze nacheinander anzuzeigen:

1. Markieren Sie die Datenzeile in der Word-Tabelle und kopieren Sie diese mit [Strg]+[C] in die Zwischenablage.
2. Klicken Sie unterhalb der Tabelle und fügen den Inhalt der Zwischenablage mit [Strg]+[V] dort wieder ein. Jetzt stehen zwei identische Datenzeilen untereinander.
3. Klicken Sie vor die *1* (in der Spalte *htlID*) in der letzten Zeile und dann auf den Befehl *Sendungen/Felder schreiben und einfügen/Regeln/Nächster Datensatz*. Das fügt ein (derzeit unsichtbares) Feld ein, welches Word anweist, schon in dieser Zeile den nächsten Datensatz zu benutzen, dessen Daten Sie jetzt bereits angezeigt bekommen.
4. Kopieren Sie nun diese letzte Zeile mit [Strg]+[C] erneut und fügen diese unterhalb der Tabelle noch zwei Mal ein. Wenn die neuen Daten noch nicht aktualisiert sind, können Sie dies mit den Navigationsschaltflächen durch Wechsel in andere Datensätze erzwingen (siehe Abbildung 30.21).

**Abbildg. 30.21**    Jetzt werden alle Datensätze in der gleichen Tabelle angezeigt

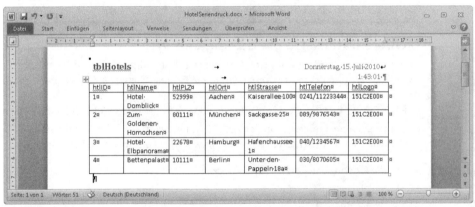

> **ACHTUNG**   Sie müssen immer manuell so viele Zeilen kopieren, wie für die Datensätze benötigt werden. Word erweitert das nicht automatisch.

Mit ein wenig Mühe kann dieses Word-Dokument praktisch genauso wie der Access-Bericht aussehen, die Formatierungsarbeit müssen Sie aber doppelt machen. Eingebettete Bilder lassen sich so nicht nutzen, aber direkt in Word eingefügte Grafiken (etwa oben als Logo) wären möglich.

Das manuelle Anlegen der notwendigen Zeilen ist jedoch im Grunde schon indiskutabel, wenn es so ein tabellarischer Bericht werden soll. Für »normale« Serienbriefe, also je Datensatz eine oder mehrere Seiten, ist das aber eine gute Alternative.

> **HINWEIS**   Warum überhaupt die Mühe, wenn Word doch nur liefert, was Access schon vorher konnte? Access kann keinen Blocksatz und keine zeichenweise Formatierung (Letzteres höchstens in *Rich-Text*-Textfeldern, aber eben nicht in *Bezeichnungsfeldern*). Dafür brauchen Sie dann Word, damit es wie ein richtiger Brief aussieht.

## Bilder in Word-Seriendruck anzeigen

Mit einem kleinen Trick lassen sich Bilder doch aus einer Datenbank im Word-Seriendruck anzeigen. Bedingung ist dabei, dass sie extern gespeichert sind, wie es in der *Kosten&Logistik*-Datenbank das Feld *mitFoto* in der Tabelle *tblMitarbeiter* erfüllt:

1. Markieren Sie im Navigationsbereich die Tabelle *tblMitarbeiter* und klicken Sie auf den Befehl *Externe Daten/Exportieren/Word-Seriendruck*, um den Assistenten zu starten.
2. Wählen Sie dort wieder die zweite Option, dass Sie *Ein neues Dokument erstellen und die Daten mit diesem Dokument verknüpfen* wollen, und bestätigen mit *OK*.
3. Da alle Verknüpfungen korrekt von Access eingestellt wurden, können Sie den *Seriendruck*-Arbeitsbereich direkt schließen. Fügen Sie mit dem Befehl *Sendungen/Felder schreiben und einfügen/Seriendruckfeld einfügen* aus der Liste die drei Felder *mitVorname*, *mitNachname* und *mitFoto* ein, am besten schon durch Leerzeichen getrennt.
4. Fügen Sie dahinter mit dem Befehl *Einfügen/Text/Schnellbausteine/Feld* den Feldnamen *IncludePicture* sowie dessen Feldeigenschaft *Dateiname oder URL* mit dem Wert *L:\Mitarbeiter\AndreaWichert.jpg* ein.

**HINWEIS**   Natürlich setzt dieses *IncludePicture*-Feld voraus, dass in dem Pfad auch eine solche Datei gespeichert ist. Sicherlich werden Sie Laufwerk und Verzeichnis an die Vorgaben auf Ihrem Rechner anpassen müssen.

5. Nach einem Klick auf *OK* sollte die Grafik auch schon im Dokument angezeigt werden. Damit Sie sehen, was Word tatsächlich macht, schalten Sie bitte mal mit [Alt]+[F9] die Anzeige der Felder vom Ergebnis auf die Funktion um wie in Abbildung 30.22.

Abbildg. 30.22   Die Felder zeigen ihre Funktion

6. Sie sehen nun die Feldfunktionen, wobei zu beachten ist, dass der einfache Schrägstrich im Pfad durch einen doppelten ersetzt wurde. Daher lässt sich der Pfad im Feld *mitFoto* nicht einsetzen, weil dort beispielsweise mit *Mitarbeiter\AndreaWichert.jpg* genau ein Schrägstrich zu wenig steht.

**ACHTUNG**   Die geschweiften Klammern um die Feldfunktion sind keine normalen Zeichen und lassen sich daher auch nicht einzeln löschen! Sie geben die Grenzen der Feldfunktion an. Wenn Sie mit der Maus über eine solche »Klammer« hinweg gedrückt ziehen, wird immer sofort das ganze Feld markiert.

Leider markiert Word dabei auch schon mal beide Felder links und rechts der Maus. Dann müssen Sie die Einfügemarke vor das gewünschte Feld stellen und mit [⇧]+[→] das Feld markieren.

7. Die Dateinamen setzen sich aber praktischerweise genau aus Vor- und Nachnamen der Personen zusammen, sodass sich das ersetzen lässt. Löschen Sie das Feld *{MERGEFIELD mitFoto}* sowie den Textteil *AndreaWichert* innerhalb der Anführungszeichen.
8. Kopieren Sie anschließend die beiden Felder für Vor- und Nachname an die Stelle des gelöschten Textteils wie in Abbildung 30.23. Achten Sie darauf, dass dazwischen kein Leerzeichen steht.

Abbildg. 30.23    Der konkrete Name wurde ebenfalls durch Feldfunktionen ersetzt

9. Jetzt können Sie die Feldfunktionen wieder mit [Alt]+[F9] auf ihre Ergebnisansicht zurückschalten und die Datei als *MitarbeiterMitBildern.docx* speichern.

Sie dürften nun zu Recht erwarten, dass beim Weiterschalten zum nächsten Datensatz mit den Navigationsschaltflächen in *Sendungen/Vorschau Ergebnisse* diese Felder ihre Ergebnisse liefern. Word kann durchaus verschachtelte Felder aktualisieren, aber hier ärgerlicherweise nicht. Da müssen wir noch ein wenig nachhelfen, indem alle Datensätze in eine neue Datei geschrieben werden, sodass aus den Seriendruckfeldern teilweise echte Texte werden:

1. Klicken Sie in der Datei auf den Befehl *Sendungen/Fertig stellen/Fertig stellen und zusammenführen/Einzelne Dokumente bearbeiten* und bestätigen Sie das folgende Dialogfeld zur Datensatzauswahl einfach mit *OK*.
2. Word erzeugt nun eine neue ungespeicherte Datei *Serienbriefe1*, in der alle Inhalte nacheinander enthalten sind. Sie können das am besten sehen, wenn Sie mit *Ansicht/Dokumentansichten/Entwurf* die Texte ohne Seitenumbruch anzeigen wie in Abbildung 30.24.
3. Das *IncludePicture*-Feld ist noch als Funktion enthalten, aber nicht aktualisiert worden. Markieren Sie daher mit [Strg]+[A] das ganze Dokument und lassen alle Felder mit [F9] aktualisieren.

In Abbildung 30.25 sehen Sie, dass nun endlich die passenden Bilder zu den jeweiligen Daten angezeigt werden.

**ACHTUNG**    Wie Sie in Abbildung 30.25 schon sehen können, funktioniert das nur, wenn die Bilder auch wirklich vorhanden sind. Fehlen die Bilder (wie bei Christian Stolp, dem vierten Foto), wird einfach das erste Foto benutzt.

Es ist etwas mühsam, Bilder aus Datenbanken in Word anzuzeigen, aber für den Seriendruck gibt es leider nur diese Lösung. Immerhin.

**Abbildg. 30.24** Die Serienbrief-Felder sind durch Inhalte ersetzt, aber die Bilder noch nicht aktualisiert worden

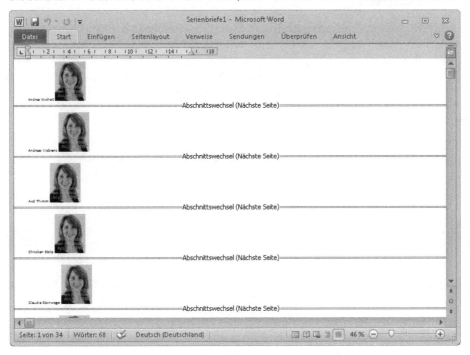

**Abbildg. 30.25** Jetzt werden auch Bilder angezeigt

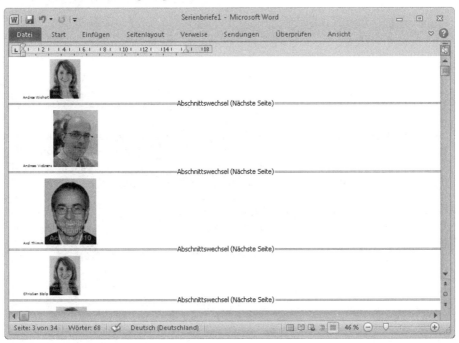

## Kapitel 30 Export und Seriendruck

## Textdatei

Jetzt wird es wieder einfacher, denn der nächste Export erfolgt in eine Textdatei, sozusagen die Minimalanforderung an jeden Export. Eine solche Datei kann praktisch jedes Programm lesen oder schreiben:

1. Markieren Sie wieder den Bericht *rptHotels*. Klicken Sie auf *Externe Daten/Exportieren/Textdatei*, um den entsprechenden Assistenten zu starten (siehe Abbildung 30.26).

**Abbildg. 30.26**   Geben Sie den Dateinamen für den Textexport an

2. Nach einem Klick auf *OK* geben Sie im nächsten Schritt die Codierung der Textdatei an, was vor allem die Umlaute betrifft. Normalerweise lassen Sie die Option wie in Abbildung 30.27 auf *Windows (Standard)* stehen. Es gibt allerdings ältere Programme, die meistens noch aus MS-DOS-Zeiten stammen und daher ANSI-codierte Texte benötigen.

**Abbildg. 30.27**   Hier bleibt die Codierung normalerweise auf *Windows (Standard)*

676

**HINWEIS**   ANSI? ASCII? Die Buchstaben des Alphabets sind in einem Computerzeichensatz einfach hintereinander aufgereiht, beispielsweise steht *A* an Position *65*, *B* an *66* und so weiter. Das A*merican National Standards Institute*, das Gegenstück zum Deutschen Institut für Normung (DIN), war der Namensgeber für so eine bestimmte Zeichenauswahl.

Dieser enthielt allerdings nur 128 Zeichen und es entwickelten sich daraus verschiedene länderspezifische Zeichensätze, weil dort beispielsweise keine deutschen Umlaute festgelegt waren. 1967 wurde daraus der A*merican Standard Code for Information Interchange* entwickelt, der mit 256 Zeichen endlich alle europäischen Sonderzeichen an einheitlichen Positionen enthielt.

3. Nach der Bestätigung mit *OK* finden Sie die Textdatei im vereinbarten Pfad. Sie können diese wie in Abbildung 30.28 mit jedem beliebigen Texteditor öffnen.

Abbildg. 30.28   So sieht die exportierte Textdatei aus

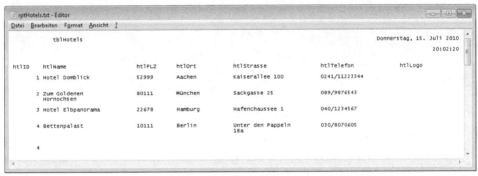

Erwartungsgemäß enthält die Textdatei nur Text, keine Bilder, keine Formatierungen oder Linien. Etwas anderes könnte sie aufgrund des Datenformats auch nicht speichern. Das tabellarische Aussehen ergibt sich aus vielen Leerzeichen, funktioniert also ausschließlich mit einer äquidistanten (nichtproportionalen) Schriftart wie der *Courier*.

Die Größe, wenn man denn von »Größe« sprechen kann, ist mit 2 KB kaum der Rede wert. Sie kann ohne Bedenken als Dateianhang versandt werden und lässt sich vor allem von praktisch jedem Programm öffnen.

## PDF/XPS

Die Austauschformate *PDF* (Portable Document Format) und *XPS* (XML Paper Specification) sind sich recht ähnlich und werden daher mit einem gemeinsamen Befehl exportiert. PDF ist ein seit 1993 von der Firma *Adobe Systems* veröffentlichtes und weit verbreitetes Dateiformat, während XPS erst 2005 von Microsoft vorgestellt wurde.

Um die erstellten Dateien anzusehen, gibt es unter Windows 7 schon den Internet Explorer als XPS-Viewer, während für PDF zunächst ein (kostenloser) PDF-Reader installiert werden muss.

## Kapitel 30  Export und Seriendruck

1. Markieren Sie den Bericht *rptHotels* im Navigationsbereich und klicken Sie auf den Befehl *Externe Daten/Exportieren/PDF oder XPS*.
2. Ohne weitere Rückfrage eines Assistenten erscheint sofort ein Dialogfeld zum Speichern einer Datei wie in Abbildung 30.29, in dem Sie den *Dateityp* und jeweils eine *Optimierung* angeben können.

**Abbildg. 30.29**   Geben Sie in diesem Dialogfeld den Dateinamen an

3. Sobald Sie das Dialogfeld mit *Veröffentlichen* bestätigen, ist die exportierte Datei gespeichert.

Mit zwei Dateiformaten und je zwei Optimierungen gibt es vier verschiedene Dateien, die Sie so exportieren können. Alle vier Ergebnisse enthalten die kompletten Formatierungen und Positionen wie im Originalbericht und sind damit schon unzweifelhaft besser als alle bisherigen Exporte:

- Die PDF-Standard-Datei ist 55 KB groß und sieht aus wie Abbildung 30.30.

**Abbildg. 30.30**   So sieht die PDF-Standardversion aus

- Die PDF-Minimaldatei ist nur 48 KB groß, erkauft diese Optimierung aber mit der sehr deutlich sichtbaren Zerstörung der enthaltenen Grafiken (siehe Abbildung 30.30) in *htlLogo*.

Abbildg. 30.31    So sieht die PDF-Minimalversion aus

- Die XPS-Standard-Datei ist 65 KB groß und sieht aus wie Abbildung 30.30.

Abbildg. 30.32    So sieht die XPS-Standardversion aus

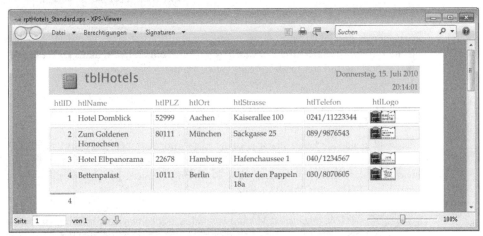

- Die XPS-Minimaldatei ist mit 57 KB ebenfalls etwas kleiner, aber auch hier sind die Logos (siehe Abbildung 30.30) praktisch unbrauchbar.

**Abbildg. 30.33**  So sieht die XPS-Minimal-Version aus

Im Vergleich können die beiden Standard- beziehungsweise Minimalversionen beider Dateiformate als qualitativ völlig identisch bezeichnet werden. Die Entscheidung für ein Dateiformat wird vor allem davon abhängen, dass der PDF-Reader eine enorme Verbreitung hat und XPS beim E-Mail-Empfänger möglicherweise noch unbekannt ist.

Zusammenfassend lässt sich aber schon festhalten, dass PDF/XPS die einzige Möglichkeit ist, wirklich alle Inhalte eines Berichts zu exportieren. Gemessen an heute üblichen Dateigrößen sind 50 bis 70 KB sehr klein und stellen als E-Mail-Anhang kein Problem dar.

## HTML/XML-Datei

Es ist heutzutage eine Selbstverständlichkeit, dass Informationen auch aus Datenbanken im Internet zur Verfügung gestellt werden. Access trägt dem nicht nur durch zahlreiche neue Fähigkeiten wie Webdatenbank oder SharePoint-Verknüpfung Rechnung, sondern kennt auch noch die »traditionellen« Wege über HTML- oder XML-Dateien.

**HINWEIS**  HTML (*HyperText Markup Language*, engl. etwa Auszeichnungssprache für verknüpfte Texte) ist die bekannteste Variante der Internetcodierung. Die Befehle werden in spitzen Klammern geschrieben und treten meistens paarweise auf (wie bei <body>...</body>). Browser wie der Internet Explorer können die Befehle interpretieren und als meistens grafische Ausgabe darstellen.

XML (*eXtensible Markup Language*, engl. etwa erweiterbare Auszeichnungssprache) sieht auf den ersten Blick genauso aus, ist aber keine Sprache zur grafischen Darstellung, sondern enthält strukturierte Daten sowie eine Beschreibung seiner eigenen Datenstruktur. Dadurch ist es ein optimales Datenaustauschformat.

## Direkter HTML-Export

Sie können die Informationen aus dem Bericht direkt in eine HTML-Seite exportieren und diese später auf einem Server für den Internet-Zugriff zugänglich machen:

1. Markieren Sie den Bericht *rptHotels* im Navigationsbereich und klicken Sie auf den Befehl *Externe Daten/Exportieren/Weitere/HTML-Dokument*.
2. Geben Sie im ersten Schritt des Assistenten wie in Abbildung 30.34 einen Dateinamen für die HTML-Datei an und bestätigen Sie das Dialogfeld mit *OK*.

**Abbildg. 30.34**  Geben Sie für den HTML-Export einen Dateinamen an

3. Anschließend erscheint ein Dialogfeld (siehe Abbildung 30.35) mit Auswahlmöglichkeiten für verschiedene Codierungen. Belassen Sie es einfach bei *Standardcodierung*, dann wird in der HTML-Datei *charset=windows-1252* eingetragen, was dem ASCII-Zeichensatz entspricht.

**Abbildg. 30.35**  Ohne HTML-Vorlage müssen Sie eine Codierung angeben

4. Nach der Bestätigung mit *OK* wird die Datei mit dem kompletten HTML-Code geschrieben. Den folgenden letzten Schritt des Assistenten zum eventuellen Speichern der Exportschritte können Sie schließen.

- Wenn Sie die Datei anschließend in einem Browser wie dem Internet Explorer öffnen, sieht sie wie in Abbildung 30.36 aus.

**Abbildg. 30.36** Sie sieht die exportierte HTML-Datei im Browser aus

Abgesehen von den fehlenden Grafiken entspricht alles in Position und Formatierung dem Bericht. Die Dateigröße ist mit 7 KB klein, obwohl im enthaltenen HTML-Code jede Tabellenzelle einzeln langatmig und ohne Stylesheet (eine zentrale Formatvorlage für HTML) formatiert ist. Diese Datei lässt sich jederzeit als E-Mail-Anhang verschicken, wird aber auf anderen Rechnern möglicherweise anders aussehen, wenn dort die angegebenen Schriften *Book Antiqua* beziehungsweise *Lucida Sans* nicht installiert sind.

### HTML-Export mit Dateivorlage

Soll die entstehende Datei in der Optik an bereits vorhandene HTML-Dateien angepasst werden, hätten Sie nach jedem Export eine Menge zu tun. Daher bietet Access auch die Nutzung einer Vorlagendatei an, die nur an bestimmten Stellen mit Daten gefüllt wird und ansonsten beliebigen Code enthalten darf.

**CD-ROM** Um Ihnen das Abtippen des HTML-Codes zu ersparen, finden Sie innerhalb der Beispieldateien zu diesem Buch im Ordner *Kap30* eine Vorlagendatei, die bereits den Code enthält. Laden Sie einfach die betreffende Datei, um mit der Arbeit in diesem Kapitel zu fortzufahren.

1. Um die Vorlagedatei zu erstellen, starten Sie bitte einen Texteditor und fügen den folgenden Code ein:

```html
<HTML>
<head>
<title>Kosten&amp;Logistik: <!--AccessTemplate_Title--></title>
</head>
<body>
<img src="Bilder/KL_BestellungScharf.jpg" width="162" height="80" align="right">
<h1>Aktuelle Informationen der Kosten&amp;Logistik-Datenbank</h1>
<br clear="all" />
<hr />
<!--AccessTemplate_Body-->
<p />
<!--vier Navigationsschaltflächen-->
<a href="<!--AccessTemplate_FirstPage-->">Erste Seite</a>
<a href="<!--AccessTemplate_PreviousPage-->">Vorige Seite</a>
<a href="<!--AccessTemplate_NextPage-->">Nächste Seite</a>
<a href="<!--AccessTemplate_LastPage-->">Letzte Seite</a>
<!--Aktuelle Berichtsseitenzahl-->
<p align="center">Seite <!--AccessTemplate_PageNumber--></p>
</body>
</HTML>
```

**HINWEIS** Detaillierte Informationen zum Aufbau einer HTML-Seite und den darin enthaltenen Befehlen finden Sie in SelfHTML (*http://de.selfhtml.org/*). Die Erläuterungen zu den fett markierten Teilen finden Sie weiter unten in Tabelle 30.1.

2. Speichern Sie diese Datei als *K_und_L_Vorlage.html* und beenden Sie den Texteditor. Bitte prüfen Sie außerdem, dass auch die darin genannte Bilddatei *KL_BestellungScharf.jpg* im Unterverzeichnis *Bilder* liegt.
3. Wechseln Sie nun wieder zu Access, markieren Sie den Bericht *rptHotels* im Navigationsbereich und klicken Sie auf *Externe Daten/Exportieren/Weitere/HTML-Dokument*, um den Assistenten zu starten.
4. Nach Angabe des Dateinamens und Bestätigung des ersten Schritts aktivieren Sie im folgenden Dialogfeld (siehe Abbildung 30.37) das Kontrollkästchen *Wählen Sie eine HTML-Vorlage aus*. Dann können Sie dort die Datei *K_und_L_Vorlage.html* eingeben und mit *OK* bestätigen.

**Abbildg. 30.37** Geben Sie hier den Dateinamen der Vorlage an

Die nun erstellte Datei können Sie mit dem Internet Explorer öffnen, sie sieht dann aus wie in Abbildung 30.38.

Abbildg. 30.38   So sieht die exportierte HTML-Datei mit Vorlage aus

**HINWEIS**   Die scheinbar doppelte Seitenzahl entsteht dadurch, dass schon im Bericht eine Angabe *Seite 1 von 1* enthalten war, die hier exportiert wird.

Die eigene HTML-Vorlagendatei befreit Sie von den Zwängen der reinen Standardformatierung. Access sucht beim Export die in Tabelle 30.1 genannten Befehle und fügt die jeweiligen Inhalte nur dort ein. Alles Übrige bleibt unverändert.

Tabelle 30.1   Reservierte Befehle in HTML-Vorlagen für Access

| Befehl | Bedeutung |
|---|---|
| `<!--AccessTemplate_Title-->` | Name der Tabelle, der Abfrage, des Formulars oder Berichts |
| `<!--AccessTemplate_Body-->` | Der komplette Inhalt |
| `<!--AccessTemplate_FirstPage-->` | Verknüpfung zur ersten Seite |
| `<!--AccessTemplate_PreviousPage-->` | Verknüpfung zur vorhergehenden Seite |
| `<!--AccessTemplate_NextPage-->` | Verknüpfung zur folgenden Seite |
| `<!--AccessTemplate_LastPage-->` | Verknüpfung zur letzten Seite |
| `<!--AccessTemplate_PageNumber-->` | Aktuelle Seitenzahl |

## XML-Export

Der XML-Export erzeugt ebenso eine Datei mit den Inhalten des Berichts, dient aber nicht direkt der Ansicht, sondern vor allem dem Import der Daten in einem anderen Programm, welches XML-Strukturen »versteht«:

1. Markieren Sie den Bericht *rptHotels* im Navigationsbereich und klicken Sie auf den Befehl *Erstellen/Exportieren/XML-Datei*.
2. Geben Sie bei *Dateiname* im ersten Schritt des Assistenten wie üblich die gewünschte Datei mit der Endung *.xml* an und bestätigen Sie mit *OK*.
3. Im folgenden Dialogfeld *XML exportieren* (siehe Abbildung 30.39) reicht es, das Kontrollkästchen *Daten (XML)* zu aktivieren und mit *OK* zu bestätigen.

Abbildg. 30.39  Lassen Sie hier das Kontrollkästchen *Daten (XML)* aktiviert

Access erzeugt dann eine XML-Datei, die Sie zwar wie in Abbildung 30.40 mit dem Internet Explorer betrachten können, die dort aber nicht zu dem gewohnten formatierten Ergebnis führt, sondern wie geplant ihre Datenstruktur offenbart.

Abbildg. 30.40  So sehen XML-Daten im Internet Explorer aus

## Access

Recht vielversprechend sieht der Export in eine Access-Datenbank aus, denn damit bleiben ja alle Originaleinstellungen erhalten. Sie würden aber ohne Vorbereitung mit dem Befehl schnell scheitern, denn die Zieldatenbank muss bereits existieren:

1. Erstellen Sie zuerst mit *Datei/Neu* eine leere Datenbank mit dem Namen *Leer.accdb* und schließen diese direkt wieder.
2. Öffnen Sie anschließend *K_und_L.accdb*, markieren den Bericht *rptHotels* im Navigationsbereich und klicken auf *Externe Daten/Exportieren/Access*, um den Assistenten zu starten.
3. Geben Sie in dessen erstem Schritt den Dateinamen der Zieldatenbank, also *Leer.accdb*, mit dem zugehörigen Pfad ein und bestätigen mit *OK*.
4. Im nächsten Dialogfeld (siehe Abbildung 30.41) können Sie bei Bedarf noch den Namen des Berichts in der Zieldatenbank ändern und dann mit *OK* bestätigen.

**Abbildg. 30.41**  Hier lässt sich noch der Name des exportieren Berichts beeinflussen

Bis dahin sah alles gut aus und tatsächlich ist der Bericht auch in die Datenbank kopiert worden, wie Sie dort feststellen können. Mehr aber auch nicht. Sobald Sie nämlich den Bericht öffnen, erhalten Sie nur die Fehlermeldung aus Abbildung 30.42.

**Abbildg. 30.42**  Dem Bericht fehlen offensichtlich seine Daten

Damit das funktionsfähig wird, müssen Sie also alle Tabellen und Abfragen (und eventuell Unterberichte) selbst herausfinden und exportieren. Wenn Sie wissen, welche das sind, können Sie auch direkt jetzt von *Leer.accdb* aus alle Objekte importieren:

1. Klicken Sie dazu auf *Externe Daten/Importieren und Verknüpfen/Access* und geben Sie im ersten Schritt den Dateinamen und die Option *Importieren Sie Tabellen, Abfragen, Formulare, Berichte, Makros und Module in die aktuelle Datenbank* ein.
2. Nach Bestätigung des Dialogfeldes mit *OK* sehen Sie das Dialogfeld *Objekte importieren* wie in Abbildung 30.43, in dem Sie alle außerdem noch benötigten Objekte (hier die Tabelle *tblHotels*) markieren können und mit *OK* bestätigen.

**Abbildg. 30.43** Geben Sie hier alle zu importierenden Objekte an

Letztendlich wäre es einfacher gewesen, direkt aus *Leer.accdb* heraus die Objekte zu importieren, als diese (einzeln!) aus *K_und_L.accdb* zu exportieren.

**PROFITIPP** Woher wissen Sie aber, welche Objekte exportiert werden müssen, damit der Bericht funktioniert? Markieren Sie den Bericht, klicken Sie auf *Datenbanktools/Beziehungen/Objektabhängigkeiten* und sehen wie in Abbildung 30.44 nach einer kurzen Wartezeit alle Vorgänger von *rptHotels*.

**Abbildg. 30.44** Der Bericht zeigt hier seine Vorgänger an

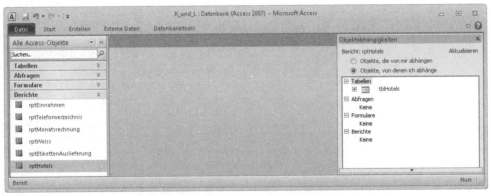

Der Bericht in *Leer.accdb* ist nun funktionsfähig und könnte verschickt werden, aber diese Datenbank ist fast 800 KB groß. Außerdem veröffentlichen Sie damit zwangsläufig auch alle Daten von Nachschlagetabellen oder unnötige Details, wenn der Bericht gruppiert ist.

# E-Mail-Bearbeitung

Obwohl Access natürlich kein E-Mail-Programm ist, kann es die Fähigkeiten von Outlook mitnutzen und seine Daten als E-Mail verarbeiten.

## Export als E-Mail

Eigentlich erzeugt dieser Export keine eigene Datei, sondern Sie wählen eines der bisherigen Dateiformate aus und dieses wird automatisch als Anhang einer E-Mail vorbereitet:

1. Markieren Sie den Bericht *rptHotels* im Navigationsbereich und klicken Sie auf den Befehl *Externe Daten/Exportieren/E-Mail*.
2. Im anschließend erscheinenden Dialogfeld (siehe Abbildung 30.45) wählen Sie ein Ausgabeformat aus und bestätigen mit *OK*.

Abbildg. 30.45    Wählen Sie hier das passende Ausgabeformat

3. Nach kurzer Zeit öffnet sich eine leere E-Mail-Nachricht mit den Daten als Anhang wie in Abbildung 30.46.

Abbildg. 30.46    Die leere E-Mail enthält bereits den Anhang

Access verschickt die Nachricht nicht automatisch, sondern stellt sie nur mit Anhang bereit. Sie müssen selbst den Empfänger und eventuell weitere Texte einfügen.

# Daten sammeln

Das Daten sammeln ist sowohl Export als auch Import, denn Nutzer ohne Zugriff auf die Datenbank können damit Datensätze hinzufügen oder ändern. Sie erstellen aus Access heraus eine spezielle E-Mail, der Empfänger trägt dort seine Daten in ein Formular ein und Sie importieren diese aus seiner Antwort.

Da es sich um eine Datenänderung handelt, funktioniert es nicht mit dem Beispiel-Bericht *rptHotels*, Sie müssen stattdessen auf die Tabelle *tblHotels* zugreifen.

## E-Mail erstellen

Der erste Schritt besteht darin, dass Sie eine Tabelle angeben, deren Daten durch die Empfänger der E-Mail verändert werden dürfen:

1. Markieren Sie die Tabelle *tblHotels* im Navigationsbereich und klicken Sie auf den Befehl *Externe Daten/Daten sammeln/E-Mail erstellen*, sodass der entsprechende Assistent angezeigt wird.
2. Der erste Schritt erläutert nur, was der Assistent gleich sowieso macht. Klicken Sie direkt auf *Weiter*.
3. Geben Sie im folgenden Schritt wie in Abbildung 30.47 als Option *HTML-Formular* an. Dafür muss der Empfänger zwar kein Microsoft InfoPath installiert haben wie bei der zweiten Option, aber wenigstens ein HTML-fähiges E-Mail-Programm wie Microsoft Outlook.

Abbildg. 30.47    Wählen Sie hier die Option *HTML-Formular*

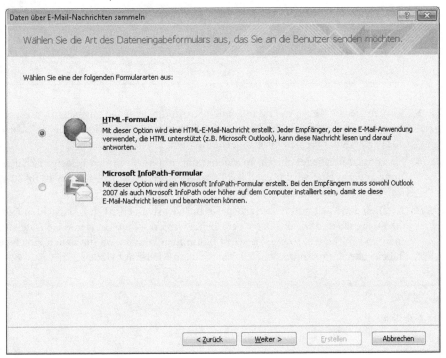

4. Nach einem Klick auf *Weiter* können Sie sich im nächsten Schritt zwischen der Aktualisierung vorhandener Daten und dem Hinzufügen neuer Daten entscheiden. Hier sollen die Empfänger weitere Hotels nachtragen können, daher bleibt es bei der Option *Nur neue Informationen sammeln*.

**Abbildg. 30.48**   Die Empfänger sollen nur neue Datensätze anfügen

5. Klicken Sie auf *Weiter*, um im folgenden Schritt die Felder anzugeben, die aus der Tabelle in das Formular übernommen werden sollen. Klicken Sie hier einfach auf die >>-Schaltfläche, sodass alle Felder in der rechten Liste angezeigt werden.
6. Sie können nun jedes einzeln markieren und unterhalb in den Feldeigenschaften die Bezeichnung ändern. Hier wird überall das Präfix *htl* entfernt, wie Sie in Abbildung 30.49 für das Feld *htlName* sehen können.
7. Nach einem Klick auf *Weiter* geben Sie im nächsten Schritt des Assistenten (siehe Abbildung 30.50) an, wo und wie die Daten verarbeitet werden sollen. Ich werde die Daten hier nicht automatisch verarbeiten, sodass Sie selbst bestimmen können, ob die neuen Hotels wirklich in die Tabelle übernommen werden. Klicken Sie dann wieder auf *Weiter*.

**Abbildg. 30.49**  Entfernen Sie für jedes Feld das Präfix in der Bezeichnung

**Abbildg. 30.50**  Die Daten sollen manuell verarbeitet werden

## Kapitel 30  Export und Seriendruck

8. Da in dieser Datenbank nur fiktive E-Mail-Adressen enthalten sind, bleibt es im nächsten Schritt wie in Abbildung 30.51 bei der Option *Geben Sie die E-Mail-Adressen in Microsoft Outlook ein*.

Abbildg. 30.51  Die E-Mail-Adressen werden später manuell eingegeben

9. Nach einem Klick auf *Weiter* können Sie wie in Abbildung 30.52 noch einen eigenen Text für *Betreff* und *Einleitung* angeben.

Abbildg. 30.52  Hier steht schon ein geänderter Text

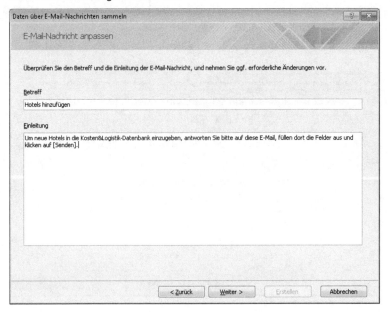

10. Damit sind Sie fertig, der letzte Schritt (siehe Abbildung 30.53) erinnert Sie nur noch daran, was später mit den Antworten gemacht werden muss. Klicken Sie dort auf Erstellen, so wird die E-Mail für Outlook vorbereitet.

Abbildg. 30.53  Der letzte Schritt des Assistenten enthält wieder nur Erläuterungen

11. Dann erscheint automatisch das Outlook-Fenster für eine neue E-Mail mit den eben eingetragenen Daten wie in Abbildung 30.54. Sie können diese nach Eingabe eines oder mehrerer Empfänger mit einem Klick auf *Senden* verschicken.

Sobald Sie diese E-Mail verschickt haben, ist der erste Teil der Datensammlung erledigt.

**ACHTUNG**  Viele Empfänger versuchen, direkt in der erhaltenen E-Mail das Formular auszufüllen. Das muss zwangsläufig scheitern, weil erst in der Antwort der Inhalt bearbeitet werden kann (wie in jeder anderen E-Mail übrigens auch), ist hier aber offensichtlich allzu verlockend. Ich weise daher im Zusatztext möglichst nochmals darauf hin, dass der Empfänger erst antworten und dann *dort* die Felder ausfüllen muss.

**Abbildg. 30.54**  So sieht die E-Mail zum Daten sammeln aus

## Antworten verwalten

Die Empfänger haben jeweils wie in Abbildung 30.55 eine E-Mail erhalten mit einem HTML-Formular, welches sie direkt in Outlook ausfüllen können.

**Abbildg. 30.55**  Die Empfänger erhalten eine E-Mail mit dem Formular

Mit einem Rechtsklick auf diesen E-Mail-Eintrag in der Liste können die Empfänger auf *Antworten* klicken und sehen das Formular wie in Abbildung 30.56.

**Abbildg. 30.56** Der Empfänger kann hier den neuen Datensatz eingeben

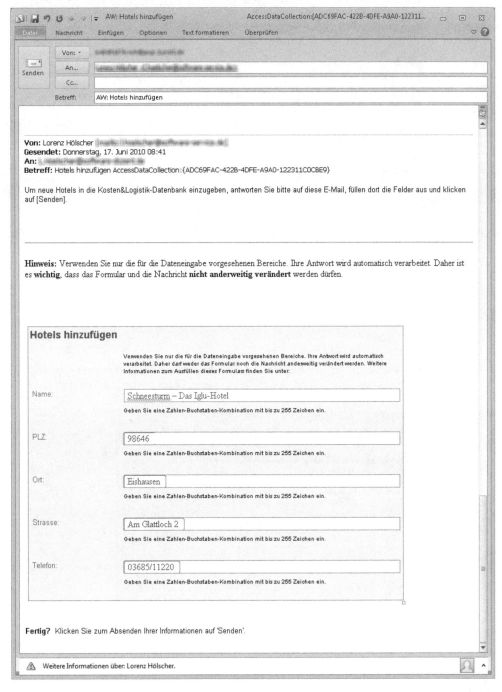

## Kapitel 30  Export und Seriendruck

Sobald der Empfänger neue Daten eingegeben und auf *Senden* geklickt hat, erhalten Sie wiederum die Antwort, allerdings dieses Mal im vereinbarten Ordner *Antworten zur Access-Datensammlung*.

1. Markieren Sie in Outlook diese Antwort-E-Mail und lassen Sie per Rechtsklick deren Kontextmenü anzeigen wie in Abbildung 30.57.

**Abbildg. 30.57**   Diese E-Mail hat ein erweitertes Kontextmenü

2. Dort klicken Sie auf den Eintrag *Daten nach Microsoft Access exportieren*. Im folgenden Dialogfeld (siehe Abbildung 30.58) sehen Sie die neuen Daten und müssen sie dort mit *OK* bestätigen.

**Abbildg. 30.58**   Sie müssen die Übernahme der neuen Daten bestätigen

**3.** Wenn es geklappt hat, gibt es eine Erfolgsmeldung wie in Abbildung 30.59 und Sie können nun zu Ihrer Access-Datenbank wechseln.

Abbildg. 30.59    Die Daten sind übernommen worden

**4.** Wenn Sie jetzt die Tabelle *tblHotels* öffnen, finden Sie wie in Abbildung 30.60 den neuen Datensatz.

Abbildg. 30.60    Der neue Datensatz aus der E-Mail ist importiert

Der Import von Datensätzen via E-Mail ist eine sehr elegante Möglichkeit, Benutzern ohne direkten Zugriff auf die Datenbank trotzdem die Datenpflege zu erlauben.

# SharePoint-Liste

Es gibt eine zweite Alternative, Datenänderungen für Benutzer zu organisieren, die keinen direkten Zugriff auf die Access-Datenbank haben: *Windows SharePoint Services* oder kurz *WSS*. Damit können Sie via Internet (und natürlich mit Zugangsberechtigung!) die Daten öffentlich lesend und schreibend zur Verfügung stellen.

**HINWEIS**   Auch hier geht es um einen Datenzugriff, also kann sich der Export nur auf Tabellen (oder Abfragen) beziehen, nicht jedoch auf einen Bericht.

Die künftigen Benutzer brauchen dann gar kein Access, sondern lediglich den Internet Explorer als Browser. Sie als Datenbankentwickler müssen natürlich bei einem Provider entsprechende Zugangsrechte besitzen, um die SharePoint-Seite administrieren zu dürfen.

**Kapitel 30 Export und Seriendruck**

Eine typische leere WSS-Seite sieht so aus wie in Abbildung 30.61 und stellt im Wesentlichen eine Oberfläche für Listen zur Verfügung. So banal das klingt, so vielseitig ist das nutzbar. Diese Listen können nicht nur Dokumente oder Aufgaben oder Teamdiskussionen enthalten, sondern eben auch Access-Tabellendaten.

**Abbildg. 30.61** Die leere SharePoint-Seite

Access 2010 erlaubt es mit wenigen Handgriffen, eine der Tabellen auf eine SharePoint-Seite zu exportieren, wie Sie am Beispiel der Tabelle *tblFarben* sehen werden:

1. Markieren Sie die Tabelle *tblFarben* im Navigationsbereich und klicken Sie auf den Befehl *Externe Daten/Exportieren/Weitere/SharePoint-Liste*, um den Assistenten wie in Abbildung 30.62 anzuzeigen.

2. Geben Sie dort die Adresse Ihrer SharePoint-Services und den Namen der Tabelle an. Bei Bedarf können Sie eine Beschreibung ergänzen. Lassen Sie das Kontrollkästchen *Nach Fertigstellen Liste öffnen* aktiviert, dann müssen Sie diese nicht erst im Internet suchen.

**Abbildg. 30.62**  Geben Sie im Assistenten die Adresse und den Namen der neuen Liste an

3. Nach Bestätigung mit *OK* müssen Sie Anmeldenamen und Kennwort für die SharePoint-Administration (siehe Abbildung 30.63) eingeben, damit nicht jeder dort Listen kopieren kann.

**Abbildg. 30.63**  Melden Sie sich bei Ihren SharePoint Services an

**4.** Sobald Sie die Anmeldung bestätigen und der Server Ihr Kennwort akzeptiert, sehen Sie wie in Abbildung 30.64, dass die Daten kopiert werden.

**Abbildg. 30.64**   Access kopiert die Daten zum SharePoint Server

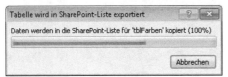

**5.** Auch hier gäbe es die Möglichkeit, den Export im letzten Schritt des Assistenten zu speichern. Sie können ihn hier einfach mit der Schaltfläche schließen. Der Internet Explorer zeigt nun direkt die exportierte Liste wie in Abbildung 30.65 an.

**Abbildg. 30.65**   So sieht die exportierte Access-Tabelle in SharePoint aus

> **HINWEIS**   Wollen Sie einen neuen Datensatz hinzufügen, können Sie direkt in die Spalte *frb-Name* klicken und in der Zeile mit dem Sternchen einen neuen Wert eingeben. Die Spalte *frbID* ist weiterhin ein automatisch berechnetes Feld.

Die Liste wird übrigens nicht automatisch in die Schnellstartleiste links übernommen. Möchten Sie diese später noch einmal anzeigen lassen, finden Sie diese durch Klick auf den Befehl *Listen* am linken Rand. Dann werden wie in Abbildung 30.66 alle Listen im Fenster angezeigt und Sie können dort auf *Farben* klicken.

**Abbildg. 30.66**  Die exportierte Tabelle *Farben* ist eine der Listen

Das ist allerdings ein echter Export und somit statisch, Datenänderungen in SharePoint haben keine Auswirkungen auf die Access-Datenbank. Um dies zu ändern, müssen Sie nun eine Verknüpfung zu dieser SharePoint-Liste einrichten:

1. Klicken Sie in der Access-Datenbank auf den Befehl *Externe Daten/Importieren und Verknüpfen/Weitere/SharePoint-Liste*, um den ersten Schritt des Assistenten wie in Abbildung 30.67 anzuzeigen.
2. Geben Sie wieder die Websiteadresse ein und wählen Sie die Option *Erstellen Sie eine Verknüpfung zur Datenquelle, indem Sie eine verknüpfte Tabelle erstellen* (siehe Abbildung 30.67).
3. Nach einem Klick auf *Weiter* bietet der Assistent eine Auswahl der zu verknüpfenden Listen (siehe Abbildung 30.68) an, von denen Sie *Farben* mit dem Kontrollkästchen ankreuzen.

**ACHTUNG**   Es reicht nicht, die zu verknüpfende Liste dort nur zu markieren, Sie müssen auf jeden Fall das Kontrollkästchen aktivieren!

**Abbildg. 30.67**  Wählen Sie eine Websiteadresse und die zweite Option

**Abbildg. 30.68**  Legen Sie über die entsprechenden Kontrollkästchen fest, welche Listen verknüpft werden sollen

**4.** Sie können den Assistenten mit *OK* bestätigen und wieder zu Access wechseln. Dort ist nun die verknüpfte SharePoint-Tabelle *Farben* am entsprechenden Symbol im Navigationsbereich wie in Abbildung 30.69 zu erkennen.

Abbildg. 30.69    Die Tabelle *Farben* ist mit SharePoint verknüpft

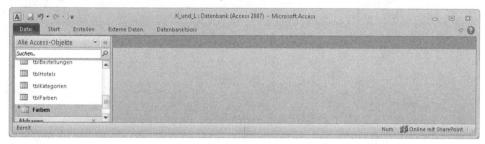

**TIPP**    Damit diese SharePoint-Tabelle jetzt auch tatsächlich in der Datenbank benutzt wird, müssen Sie noch die Entwurfsansicht der Tabelle *tblArtikel* anzeigen. Wählen Sie dort für das Feld *art-Farbe* auf der *Nachschlagen*-Registerkarte in der *Datensatzherkunft*-Eigenschaft den neuen Tabellennamen *Farben* aus.

**HINWEIS**    Eine Access-Datenbank mit eingebundenen SharePoint-Listen zeigt rechts unten in der Statusleiste einen entsprechenden Hinweis an, wie Sie auch in Abbildung 30.69 sehen können.

# Gespeicherte Exporte

Für die Word-Datei (siehe Seite 664) haben Sie die Exportschritte speichern lassen, falls der Export häufiger benötigt wird. Wollen Sie diese später erneut aufrufen, klicken Sie auf *Externe Daten/Exportieren/Gespeicherte Exporte* (siehe Abbildung 30.70).

Abbildg. 30.70    Hier finden Sie alle gespeicherten Exporte

Dann erscheint das Dialogfeld wie in Abbildung 30.71 zur Auswahl der gespeicherten Exporte.

**Abbildg. 30.71**  Dieses (optisch verkürzte) Dialogfeld listet alle gespeicherten Exporte auf

Es gibt eine entsprechende Sammlung von Importen unter *Externe Daten/Importieren und Verknüpfen/Gespeicherte Importe*.

# Zusammenfassung

In diesem Kapitel haben Sie die verschiedenen Export-Möglichkeiten von Access kennen gelernt. Mit den meisten der vorgestellten Befehle lassen sich Berichte exportieren, bei denjenigen mit Datenzugriff müssen Sie die zugrunde liegende Datenquelle angeben:

- Für den *Datei-Export* (Seite 660) stehen verschiedene Microsoft Office-Dateiformate wie Excel oder Word/RTF zur Verfügung.

- Zwar deutlich arbeitsaufwändiger, aber viel flexibler zu formatieren ist der *Word-Seriendruck* (Seite 665), der seine Daten dynamisch aus Access-Tabellen übernimmt.

- Als Austauschformat für praktisch jede andere Anwendung stellt Access das *Text-Dateiformat* (Seite 676) bereit.

- Den einfachsten und vom Ergebnis her mit Abstand am überzeugendsten Export liefern die beiden Pseudodrucker *PDF und XPS* (Seite 677), die sowohl Inhalte als auch Formatierung komplett übertragen.

- Access kann die Ergebnisse wahlweise in eine ganz neue *HTML-Datei* (Seite 680) oder in eine vorbereitete einsetzen, sodass auch dem Export ins Internet nichts entgegensteht.

- Der Export in eine *andere Access-Datenbank* (Seite 686) hingegen ist eher mühsam. Hier ist es einfacher, die notwendigen Objekte von der Zieldatenbank aus gemeinsam zu importieren.

- Die exportierten Dateien lassen sich direkt per Befehl als *Anhang an eine E-Mail* (Seite 688) vorbereiten, die dann von Outlook verschickt wird.

- Spezielle E-Mails als *Datensammlung* (Seite 689) erlauben es darüber hinaus, dass Benutzer Datensätze ohne Zugriff auf die Datenbank ändern oder hinzufügen können.

- Schließlich können Sie Tabellen auf einen *SharePoint Server* (Seite 697) exportieren, damit Benutzer mit Zugangsberechtigung dort live Daten ändern können.

# Teil G

# Programmierung

| | | |
|---|---|---|
| Kapitel 31 | Makros | 707 |
| Kapitel 32 | Strukturierung von Code | 735 |
| Kapitel 33 | Variablen und Konstanten | 757 |
| Kapitel 34 | Entscheidungen und Schleifen | 785 |
| Kapitel 35 | Datenzugriff per VBA | 809 |
| Kapitel 36 | Wichtige Funktionen | 825 |
| Kapitel 37 | Objekte programmieren | 839 |

# Kapitel 31

# Makros

**In diesem Kapitel:**

| | |
|---|---|
| Makros allgemein | 708 |
| Eingebettete Makros | 712 |
| Alle Makroaktionen | 719 |
| Datenmakros | 726 |
| Makros konvertieren | 733 |
| Zusammenfassung | 734 |

Makros sind sozusagen die kleine Programmiersprache, denn sie enthalten wenige Befehle, sind in Deutsch und meist recht kurz. Das macht es recht einfach, mal eben ein Makro zu schreiben.

**CD-ROM** Um Ihnen das Nachvollziehen der Schritte in diesem Kapitel zu erleichtern, finden Sie innerhalb der Beispieldateien zu diesem Buch im Ordner *Kap30* eine Datenbank, die bereits die Änderungen aus Kapitel 30 enthält. Laden Sie einfach die betreffende Datenbank, um mit der Arbeit in diesem Kapitel zu beginnen.

Sie können also jederzeit ein Kapitel überspringen und trotzdem auf den aktuellen Stand der Datenbank zugreifen.

# Makros allgemein

Die Oberfläche für Makros hat sich gegenüber Access 2007 deutlich verändert. Sah der Makroentwurf bisher fast so aus wie ein Tabellenentwurf, gibt es in Access 2010 inzwischen eine modernisierte Oberfläche mit vielen Fähigkeiten.

Abbildg. 31.1    Die Bedienungsoberfläche für den Makroentwurf

In Abbildung 31.1 sehen Sie alle wesentlichen Elemente des Fensters für den Makroentwurf. Im Aktionskatalog rechts stehen drei Gruppen von Elementen zur Verfügung:

- Sie können das Makro mit Elementen aus *Programmablauf* strukturieren.
- Die eigentlichen Befehle stehen in den *Aktionen* nach Kategorien zusammengefasst.
- In Abbildung 31.2 finden sich darunter noch eingebettete Makros, die *In dieser Datenbank* enthalten sind.

Im Codebereich, dem linken Teil des Fensters, stehen die Makrobefehle. Dort ist bereits der Befehl *Meldungsfeld* enthalten, allerdings noch ohne vollständige Argumente. Der Befehl mit seinen Argumenten ist in einem hellblauen Kasten zusammengefasst. Sie können ihn links am Minuszeichen einklappen und rechts am *X* löschen.

Weitere neue Befehle wählen Sie entweder aus der Liste *Neue Aktion hinzufügen* neben dem grünen Pluszeichen aus oder ziehen sie rechts aus dem Aktionskatalog in den Codebereich.

# Makro erstellen

Einer der typischen Anlässe für Makros ist das Öffnen eines Formulars von einer Befehlsschaltfläche aus. Daher wird an diesem Makro beispielhaft gezeigt, wie das funktioniert:

1. Erstellen Sie ein neues Makro über *Erstellen/Makros und Code/Makro*, sodass ein leeres Makrofenster wie in Abbildung 31.2 zur Verfügung steht.

Abbildg. 31.2   Das Makrofenster enthält noch keine Befehle

2. Falls noch nicht sichtbar, lassen Sie über *Makrotools/Entwurf/Einblenden/Ausblenden/Aktionskatalog* den Aktionskatalog anzeigen.
3. Klappen Sie darin *Aktionen* und *Datenbankobjekte* aus, sodass der Befehl *ÖffnenFormular* sichtbar wird. Ziehen Sie diesen mit gedrückter Maustaste in den Codebereich wie in Abbildung 31.3.

Abbildg. 31.3   Ziehen Sie den Namen des Befehls in den Codebereich

**4.** Der *ÖffnenFormular*-Befehl erscheint daraufhin im Codebereich als hellblauer Kasten mit seinen Argumenten (siehe Abbildung 31.4). Einige davon wie der *Formularname* müssen ausgefüllt werden, was durch den hellgrauen Eintrag *Erforderlich* angezeigt wird.

**Abbildg. 31.4** Der *ÖffnenFormular*-Befehl ist noch unvollständig ausgefüllt

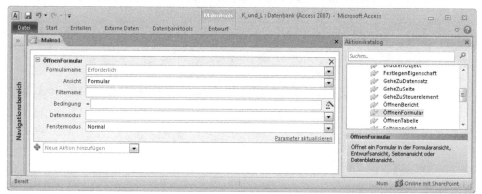

**5.** Wählen Sie für *Formularname* das Formular *frmHotels* aus und speichern Sie das Makro unter dem Namen *macHotelsZeigen*.

**ACHTUNG** Makros müssen immer gespeichert sein, bevor Sie diese ausführen können.

**6.** Mit dem Befehl *Makrotools/Entwurf/Tools/Ausführen* starten Sie dieses Makro, dessen einzige *ÖffnenFormular*-Aktion wie in Abbildung 31.5 das Formular *frmHotels* anzeigt.

**Abbildg. 31.5** Beim Ausführen zeigt das Makro das Formular *frmHotels* an

Natürlich ist das kein besonders spektakuläres Ergebnis einer Programmierung, zeigt aber alle notwendigen Abläufe. Wenn Sie jetzt beide Fenster schließen, können Sie alternativ im Navigationsbereich (siehe Abbildung 31.6) das Makro *macHotelsZeigen* auch per Doppelklick starten.

**Abbildg. 31.6**  Das Makro finden Sie im Navigationsbereich in der Kategorie *Makros*

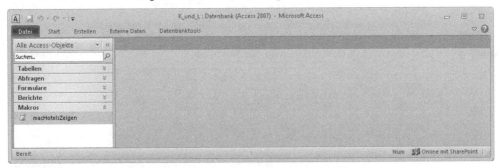

## Makro per Schaltfläche aufrufen

Langfristig soll das Makro nicht per Doppelklick vom Navigationsbereich aus aufgerufen werden, sondern von einer Schaltfläche eines Formulars. Erinnern Sie sich an das Formular *frmAllgemein* aus Kapitel 27, welches sowieso beim Start geöffnet wird? Das ist ein idealer Ausgangspunkt für dieses Makro:

1. Wechseln Sie in die Entwurfsansicht des Formulars *frmAllgemein* und fügen Sie dort mit dem Befehl *Formularentwurfstools/Entwurf/Steuerelemente/Schaltfläche* eine neue Befehlsschaltfläche wie in Abbildung 31.7 ein.

> **HINWEIS**  Der Assistent ist jetzt überflüssig, Sie sollten daher darauf achten, dass er mit dem Befehl *Formularentwurfstools/Entwurf/Steuerelemente/Steuerelement-Assistenten verwenden* eventuell vorher ausgeschaltet werden muss. War er versehentlich doch aktiv, können Sie ihn einfach im automatisch angezeigten Dialogfeld mit der Schaltfläche *Abbrechen* beenden.

**Abbildg. 31.7**  Fügen Sie diese neue Schaltfläche ein

2. Markieren Sie die Schaltfläche und lassen Sie mit [Alt]+[↵] das Eigenschaftenblatt dazu anzeigen. Tragen Sie dort als *Name*-Eigenschaft *btnFormularHotels* ein und als *Beschriftung* den Wert *Hotels anzeigen*.
3. Wenn Sie das Windows-untypische Aussehen abschalten wollen, können Sie noch die Eigenschaft *Design verwenden* auf *Nein* stellen.

**4.** Klicken Sie anschließend in der *Beim Klicken*-Eigenschaft der Befehlsschaltfläche auf den Dropdownpfeil wie in Abbildung 31.8, so finden Sie dort außer dem Eintrag *[Ereignisprozedur]* auch dieses Makro angezeigt. Wählen Sie *macHotelsZeigen* als Eintrag aus.

**Abbildg. 31.8**   Die *Beim Klicken*-Eigenschaft zeigt alle Makros an

**5.** Speichern Sie das Formular und wechseln Sie in die Formularansicht. Mit einem Klick auf die Befehlsschaltfläche wird nun das Formular *frmHotels* gestartet.

Damit haben Sie den zweiten Teil für ein Makro erledigt, nämlich seinen Aufruf. Sein Name wird in der entsprechenden Eigenschaft wie *Beim Klicken* ausgewählt und die Verbindung zwischen Ereignis und Aktion ist hergestellt.

**TIPP**    Wollen Sie dieses Makro nachträglich ändern, können Sie in der *Beim Klicken*-Eigenschaft auf die Schaltfläche mit den drei Pünktchen klicken, dann wird direkt die Entwurfsansicht des dort genannten Makros angezeigt.

# Eingebettete Makros

Die eben gezeigten Makros werden getrennt vom aufrufenden Formular gespeichert. Das ist vorteilhaft, wenn ein Makro in mehreren Formularen genutzt wird. Es ist aber lästig, wenn es sich sowieso auf ein einziges Formular bezieht und nur in diesem aufgerufen wird.

Daher gibt es eingebettete Makros, die genauso wie die »normalen« Makros programmiert, aber nicht im Navigationsbereich angezeigt werden. Sie sind im Formular (oder Bericht) enthalten und werden mit diesem bei Bedarf auch gelöscht oder kopiert.

In Kapitel 9 wurde bereits erwähnt, dass es praktisch ist, wenn alle Fotos nach einem festen Schema benannt werden. Jetzt ist die Gelegenheit, dies für die Makroprogrammierung zu nutzen:

**1.** Wechseln Sie in die Entwurfsansicht des Formulars *frmMitarbeiter* und fügen Sie mit dem Befehl *Formularentwurfstools/Entwurf/Steuerelemente/Bild* ohne den Assistenten ein *Bild*-Steuerelement ein.

**2.** Benennen Sie das neue *Bild*-Steuerelement in *imgMitarbeiter* um und wählen als *Bildtyp*-Eigenschaft *Verknüpft*, wie es in Abbildung 31.9 zu sehen ist.

**Abbildg. 31.9** Das *Bild*-Steuerelement ist noch leer

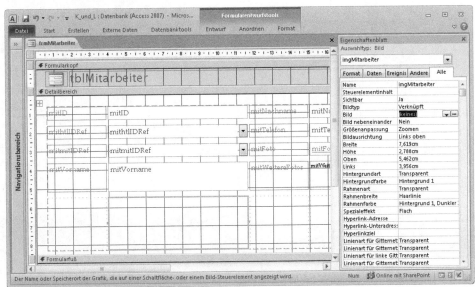

3. Damit ein Benutzer das Foto nicht erst auf Knopfdruck sieht, soll es nicht über eine Befehlsschaltfläche sichtbar gemacht werden. Bei jedem Wechsel zu einem neuen Datensatz wird das *Beim Anzeigen*-Ereignis des Formulars ausgelöst, welches hier das Makro automatisch aufruft.

4. Markieren Sie bitte das Formular selber am Schnittpunkt der Lineale, klicken in die *Beim Anzeigen*-Eigenschaft und dort auf die Schaltfläche mit den drei Pünktchen.

5. Ein Dialogfeld wie in Abbildung 31.10 bietet die Auswahl zwischen verschiedenen Generatoren, um Makros, Funktionsausdrücke oder (VBA-)Code zu erstellen. Belassen Sie die Markierung auf *Makro-Generator* und bestätigen Sie mit *OK*.

**Abbildg. 31.10** Wählen Sie hier den *Makro-Generator* aus

6. Auf dem Bildschirm sehen Sie den Makroentwurf in einer zweiten Registerkarte, während das ursprüngliche Formular deaktiviert ist. Hier können Sie die passende Aktion aus dem Aktionskatalog rechts herausziehen oder hinter dem grünen Pluszeichen auswählen.

**Abbildg. 31.11** Hier fehlt noch eine Aktion

> **ACHTUNG** Um die *Bild*-Eigenschaft des leeren *Bild*-Steuerelements per Code zu verändern, braucht es die *SetzenWert*-Aktion in der Liste *Neue Aktion hinzufügen*. Aber wie Sie sehen, sehen Sie nichts: Diese Aktion fehlt darin.

Einige der Makroaktionen gelten als potentiell gefährlich und werden daher grundsätzlich ausgeblendet. Solange nur unbedenkliche Aktionen enthalten sind, wird das Makro auch dann ausgeführt, wenn der Benutzer nicht ausdrücklich aktive Inhalte zulässt. Bei dieser Datenbank hier erscheint eine solche Warnung (siehe Abbildung 31.12) wahrscheinlich nicht, wenn Sie diese schon als unbedenklich eingestuft hatten.

**Abbildg. 31.12** Access warnt vor Datenbanken mit Programmierung

In Kapitel 6 haben Sie bereits die verschiedenen Möglichkeiten kennen gelernt, eine Datenbank oder ein ganzes Verzeichnis als unbedenklich einzustufen.

# Eingebettete Makros

7. Da die *SetzenWert*-Aktion beliebige Eigenschaften verändern kann (und ja auch soll), muss sie ausdrücklich freigeschaltet werden. Klicken Sie auf den Befehl *Makrotools/Entwurf/Einblenden/Ausblenden/Alle Aktionen anzeigen*.

8. Erst jetzt lässt sich auch *SetzenWert* aus der Liste auswählen. Klicken Sie auf das zugehörige *Element*-Argument und dort auf das Generator-Symbol rechts daneben (oder rufen diesen mit Strg+F2 auf).

9. Wählen Sie im Ausdrucks-Generator aus der Liste *Ausdruckselemente* das aktuelle Formular *frmMitarbeiter* auf, in der mittleren Liste *Ausdruckskategorien* das Steuerelement *imgMitarbeiter* und übernehmen aus der rechten Liste *Ausdruckswerte* per Doppelklick die Eigenschaft *Bild* wie in Abbildung 31.13 und bestätigen das Dialogfeld mit *OK*.

**Abbildg. 31.13**  Wählen Sie im Ausdrucks-Generator die *Bild*-Eigenschaft von *imgMitarbeiter* aus

10. Das *Ausdruck*-Argument der *SetzenWert*-Aktion muss letztendlich den Pfad und Dateinamen des Bildes erhalten. Sie können diesen aus Textteilen und Feldinhalten zusammensetzen, wie wir es schon mehrfach in berechneten Abfragen gemacht haben. Geben Sie (mit angepasstem Pfad für Ihren Rechner!) dort die folgende Formel ein:

```
"L:\Mitarbeiter\" & [mitVorname] & [mitNachname] & ".jpg"
```

**ACHTUNG**  Wenn Sie die Formel direkt im Argument im Codebereich eingeben, erscheinen die automatischen Dropdownlisten für die Feldnamen nicht, sobald im ersten Textteil schon der Schrägstrich eingegeben ist. Notieren Sie den Pfad daher am besten zuerst ohne Schrägstrich.

11. Damit ist das eingebettete Makro wie in Abbildung 31.14 fertig und Sie können das Makroentwurfsfenster schließen.

**Abbildg. 31.14** So sieht das eingebettete Makro aus

Nachdem Sie *frmMitarbeiter* in die Formularansicht umgeschaltet haben, zeigt jeder Wechsel zu einem anderen Mitarbeiter wie in Abbildung 31.15 direkt dessen Foto an.

**Abbildg. 31.15** Zum Mitarbeiter ist das externe Foto eingeblendet

# Fehler abfangen

Leider funktioniert das Formular noch nicht ganz, denn sobald ein Foto fehlt oder anders benannt wurde, zeigt das Makro die Fehlermeldung, wie sie in Abbildung 31.16 zu sehen ist.

**Abbildg. 31.16** Diese Fehlermeldung erscheint, wenn eine Bilddatei fehlt

Besser wäre es, dass dann ohne weitere Meldung einfach kein Foto angezeigt würde. Um das im Makro zu integrieren, müssen Sie die Fehler vor deren Auftreten abfangen:

1. Wechseln Sie in die Entwurfsansicht von *frmMitarbeiter*, klicken Sie in die Formular-Eigenschaft *Beim Anzeigen* und dort auf die Schaltfläche mit den drei Pünktchen, um das eingebettete Makro zu bearbeiten.
2. Wählen Sie im Codebereich aus der Liste *Neue Aktion hinzufügen* die Aktion *BeiFehler* aus. Da diese noch an der falschen Position steht, klicken Sie auf ihren grünen Pfeil (am rechten Rand des hellblauen Bereichs), um es vor die *SetzenWert*-Aktion zu schieben.
3. Stellen Sie sein *Gehe Zu*-Argument auf *Makroname*, wie es in Abbildung 31.17 bereits zu sehen ist.

Abbildg. 31.17    Die *BeiFehler*-Aktion ist fast fertig

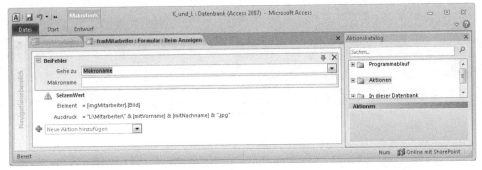

4. Da das im Fehlerfall aufzurufende Makro einen eigenen Namen (innerhalb dieses Gesamtmakros) haben muss, ziehen Sie bitte aus dem Aktionskatalog aus der Kategorie *Programmablauf* ein *Untermakro*-Element auf die Liste *Neue Aktion hinzufügen*. Dieses *Untermakro* erhält den beliebigen Namen *BildFehlt*.
5. Tragen Sie diesen Namen *BildFehlt* oben als *Makroname*-Argument der *BeiFehler*-Aktion nach.
6. Lassen Sie mit *Makrotools/Entwurf/Einblenden/Ausblenden/Alle Aktionen anzeigen* die fehlenden Aktionen einblenden.
7. Klicken Sie in der *Untermakro*-Aktion auf deren Liste *Neue Aktion hinzufügen* und wählen Sie dort wieder *SetzenWert* aus. Als *Element*-Argument geben Sie dafür ebenfalls *[imgMitarbeiter].[Bild]* ein, aber als *Ausdruck*-Argument zwei Anführungszeichen (siehe Abbildung 31.18).

**Abbildg. 31.18**  Das Makro ist fertig

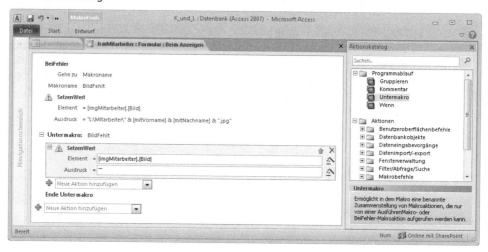

**ACHTUNG**  Ein leeres *Ausdruck*-Argument für die *SetzenWert*-Aktion ist nicht zulässig, daher müssen Sie mit den beiden Gänsefüßchen einen Leerstring übergeben, also eine Zeichenkette ohne Inhalt.

Jetzt ist alles fertig und Sie können das Makro speichern und schließen. In der Formularansicht werden nun entweder passende oder gar keine Bilder gezeigt, ohne dass eine Fehlermeldung erscheint.

Die *BeiFehler*-Aktion erlaubt noch andere Einstellungen für das *GeheZu*-Argument, die Sie in Tabelle 31.1 erläutert finden.

**Tabelle 31.1**  Argumente der *BeiFehler*-Aktion

| Argument | Bedeutung |
| --- | --- |
| Nächster | Access zeichnet die Details des Fehlers im *MacroError*-Objekt auf, das Makro wird jedoch nicht beendet, sondern mit der nächsten Aktion fortgesetzt |
| Makroname | Access beendet das aktuelle Makro und führt das im Argument *Makroname* genannte Makro aus |
| Fehlgeschlagen | Access beendet das aktuelle Makro und zeigt eine Fehlermeldung an |

**HINWEIS**  Sie werden diese Technik der Fehlerbehandlung in Kapitel 34 bei der VBA-Programmierung mit dem Befehl `On Error GoTo` wiedersehen.

# Alle Makroaktionen

In der Liste *Neue Aktion hinzufügen* sind (fast) alle Makros »hierarchisch alphabetisch« sortiert. Wie im englischsprachigen Original sind die Namen meist in der Reihenfolge Verb-Objekt konstruiert. Wollen Sie also ein Formular öffnen, müssen Sie nach *ÖffnenFormular* suchen, das Öffnen der übrigen Objekte finden Sie entsprechend als *ÖffnenAbfrage*, *ÖffnenBericht* oder *ÖffnenTabelle*.

**ACHTUNG** Das ist allerdings nicht besonders durchgängig beibehalten worden, weil beispielsweise *DatensatzLöschen* und *DatensatzSpeichern* in üblicher deutscher Reihenfolge benannt wurden. Umso lästiger, dass die übrigen Aktionen für Datensätze wieder als *SuchenDatensatz*, *SuchenNachDatensatz*, *SuchenNächstenDatensatz*, *AktualisierenDatensatz*, *RückgängigDatensatz* oder *GeheZuDatensatz* ganz woanders stehen.

Vor allen echten Aktionen finden sich in der *Neue Aktion hinzufügen*-Liste die vier Aktionen zum Programmablauf.

Im Aktionskatalog können Sie die angezeigten Aktionen filtern, indem Sie oben in der *Suchen*-Liste ein Suchwort eingeben. Wie Sie in Abbildung 31.19 anhand von *SpeichernAlsOutlookKontakt* sehen, werden dabei auch Aktionen angezeigt, die zwar inhaltlich dazu passen, aber das Suchwort nicht im Namen enthalten.

**Abbildg. 31.19** Filtern Sie Aktionen im Aktionskatalog

Die potentiell gefährlichen Aktionen werden im Aktionskatalog mit einem Warndreieck markiert (siehe Abbildung 31.20). Diese werden allerdings erst angezeigt, wenn Sie mit dem Befehl *Makrotools/Entwurf/Einblenden/Ausblenden/Alle Aktionen anzeigen* ausdrücklich sichtbar gemacht werden.

**Abbildg. 31.20** Potentiell gefährliche Aktionen erhalten ein Ausrufezeichen

**HINWEIS** Makros, die solche bedenklichen Aktionen enthalten, werden nur ausgeführt, wenn die Datenbank vertrauenswürdig ist oder Sie beim Öffnen diese Inhalte aktiviert haben.

## Nützliche Makros

Es gibt ein paar Makros, die in ziemlich jeder Datenbank praktisch sind, und die wir Ihnen hier vorstellen möchten, damit Sie sehen, wo sich Makros gut einsetzen lassen.

### Formular mit neuem Datensatz

Wird ein Formular geöffnet, ist dessen erster Datensatz sichtbar. Leider gibt es viele Benutzer, die das (vor allem bei vielen Standardwerten) nicht bemerken und einfach schon mal drauf los schreiben. Daher öffne ich Formulare zur Dateneingabe lieber mit einem Makro, welches direkt den neuen Datensatz aktiviert:

1. Erstellen Sie ein neues Makro mit dem Befehl *Erstellen/Makros und Code/Makro*.
2. Fügen Sie die Aktion *ÖffnenFormular* hinzu und geben hier als *Formularname*-Argument *frmArtikel* ein.
3. Wählen Sie in der Liste *Neue Aktion hinzufügen* als zweite Aktion *GeheZuDatensatz* mit dem *Datensatz*-Argument *Neuer* (siehe Abbildung 31.21).

**Abbildg. 31.21**  Mit diesem Makro fügen Sie einen neuen Artikel hinzu

4. Speichern Sie das Makro auf den Namen *macArtikelNeu* und schließen Sie es.

Durch einen Doppelklick auf dessen Namen im Navigationsbereich können Sie testen, dass nun das Artikel-Formular geöffnet und ein neuer Datensatz angezeigt wird.

## Aktuelles Fenster schließen

Das nächste Beispiel liest sich auf den ersten Blick recht banal, denn es schließt das aktuelle Fenster, wenn es dort von einer Befehlsschaltfläche aus aufgerufen wird.

1. Erstellen Sie ein neues Makro mit dem Befehl *Erstellen/Makros und Code/Makro*.
2. Fügen Sie die Aktion *FensterSchließen* hinzu und geben Sie ausdrücklich keine Argumente für *Objekttyp* oder *Objektname* an.
3. Speichern Sie das Makro auf den Namen *macDiesesSchliessen*.
4. Um das Makro zu testen, wird es am besten in einem Formular aufgerufen. Wechseln Sie in die Entwurfsansicht des Formulars *frmArtikel* und fügen Sie dort im Formularkopf rechts oben eine Befehlsschaltfläche ein mit der *Name*-Eigenschaft *btnSchliessen* und der *Beschriftung*-Eigenschaft *Schließen*.

**HINWEIS**  Auch wenn die Namen der Aktionen selber Umlaute und ß enthalten, würde ich bei benutzerdefinierten Namen immer noch davon abraten. Diese Makroaktionen werden nämlich keineswegs mit ihren deutschen Namen gespeichert, sondern als interne Kennung und dann erst zur Laufzeit übersetzt. Benutzerdefinierte Namen, die Sie also selbst vergeben haben, stehen jedoch tatsächlich so im Code drin. Für die *Beschriftung*-Eigenschaft hingegen ist das ß unbedenklich.

5. Als *Beim Klicken*-Eigenschaft wählen Sie das Makro *macDiesesSchliessen* in der Liste aus und speichern das Formular.
6. Ein Klick auf diese Befehlsschaltfläche in der Formularansicht schließt das Formular sofort.

Der Vorteil dieses zentralen Makros zum Schließen besteht vor allem darin, dass es in der *Beim Klicken*-Eigenschaft bereits zur Verfügung steht und dort nicht jedes Mal ein eingebettetes Makro geschrieben werden muss. Falls Ihnen später einfällt, dass Sie beim Schließen eines beliebigen Formulars beispielsweise noch einen Protokolldatensatz schreiben müssen, lässt sich das dann problemlos in dieses zentrale Makro integrieren.

**TIPP** Weil das Makro in seinen Argumenten weder Objektname noch -typ nennt, können Sie es auch mit einer Befehlsschaltfläche auf einem Bericht nutzen. Dort funktioniert es natürlich nur in der Berichtsansicht und nicht in der Seitenansicht. Daher sollten Sie die *Anzeigen*-Eigenschaft der dortigen Befehlsschaltfläche auf *Nur am Bildschirm* stellen.

## Bildschirm aktualisieren

Zur Beschleunigung mancher Abläufe ist es sinnvoll, die Bildschirmaktualisierung auszuschalten und dem Benutzer längere Wartezeiten durch eine Sanduhr als Mauszeiger anzuzeigen.

**HINWEIS** Obwohl seit Windows Vista diese »Sanduhr« gar nicht mehr wie eine Sanduhr aussieht, heißt der Mauszeiger in der deutschen Übersetzung weiterhin so. Das englische Original nennt das besser einen *Wait-Cursor*. Sie werden einen drehenden Kreis sehen, wenn Sie keine eigenen animierten Mauszeiger benutzen.

Bei Fehlern kommt Ihr Code aber oftmals nicht in der Zeile an, mit der das wieder zurückgestellt wird. In der Folge wird der Bildschirm nicht mehr aktualisiert und Sie müssen Access (nicht nur die Datenbank!) beenden, damit Sie wieder vernünftig weiterarbeiten können.

Zwar setzen Makros diese beiden Probleme immer automatisch zurück, aber später in VBA-Modulen bleiben Bildschirmaktualisierung und Mauszeiger dauerhaft verstellt. Damit Sie dieses Problem überhaupt erzeugen können, müssen wir schnell ein wenig der VBA-Programmierung vorgreifen.

1. Erstellen Sie ein neues leeres Formular in der Entwurfsansicht und fügen Sie dort eine Befehlsschaltfläche ein.
2. Benennen Sie die Befehlsschaltfläche als *btnLahmlegen* und beschriften Sie diese nach Belieben mit *Lahmlegen*.
3. Klicken Sie in dessen *Beim Klicken*-Eigenschaft und wählen Sie darin den Wert *[Ereignisprozedur]* aus. Wenn Sie anschließend auf die Schaltfläche mit den drei Pünktchen klicken, öffnet sich der VBA-Editor als neues Programm und enthält rechts im größten Teil des Fensters bereits den Prozedurrumpf. Ergänzen Sie in den Zeilen zwischen `Private Sub` und `End Sub` bitte den folgenden, fett markierten Code:

```
Private Sub btnLahmlegen_Click()
    DoCmd.Hourglass True
    DoCmd.Echo False, "Die Bildschirmaktualisierung ist aus..."
    MsgBox "Meldungsfenster sehen jetzt merkwürdig aus."
    DoCmd.Hourglass False
    DoCmd.Echo True
End Sub
```

**Abbildg. 31.22**  So sieht die fertige Prozedur aus

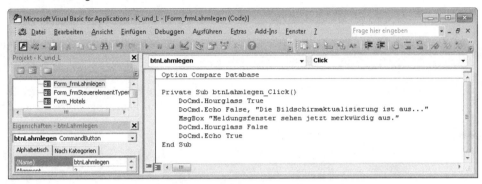

4. Nachdem der Code wie in Abbildung 31.22 eingegeben ist, schließen Sie den VBA-Editor über die *X*-Schaltfläche ganz oben rechts in der Titelleiste, sodass Sie wieder den Formularentwurf sehen.

**HINWEIS**   Sie haben im Code sicherlich schon bemerkt, dass die Makroaktionen in VBA einfach ein `DoCmd` (lies: *Do Command*) vorangestellt bekommen und den Aktionsnamen in Englisch benutzen.

5. Speichern Sie das Formular, wechseln Sie in die Formularansicht und klicken auf die Schaltfläche, damit das Meldungsfenster (durch `MsgBox` ausgelöst) erscheint.

Falls Sie sich jetzt gerade fragen, was daran eigentlich so schlimm sein soll, schieben Sie doch bitte mal das Meldungsfenster an seiner blauen Titelleiste ein wenig über den Bildschirm (siehe Abbildung 31.23).

**Abbildg. 31.23**  Offensichtlich ist die Bildschirmaktualisierung ausgeschaltet

Vorbeugend ist der VBA-Code so programmiert, dass nach Bestätigung des Meldungsfensters mit *OK* die Probleme direkt wieder ausgeschaltet werden. Das ist aber normalerweise nicht so, daher sollten Sie sich ein passendes Makro zum Aufräumen bereitstellen.

1. Erstellen Sie ein neues Makro mit dem Befehl *Erstellen/Makros und Code/Makro*.
2. Fügen Sie die Aktion *AnzeigenSanduhrzeiger* hinzu und geben Sie als *Sanduhr*-Argument *Nein* an.

**ACHTUNG**   Die *Echo*-Aktion muss erst mit *Makrotools/Entwurf/Einblenden/Ausblenden/Alle Aktionen anzeigen* freigeschaltet werden.

3. Fügen Sie als zweite Aktion *Echo* mit dem *Echo*-Argument *Ja* und einem leeren *Statusleistentext*-Argument hinzu. Speichern Sie das Makro unter dem Namen *macFrisch* wie in Abbildung 31.24.

Abbildg. 31.24   Dieses Makro räumt den Bildschirm wieder auf

Sie können das Makro derzeit noch nicht so gut testen, denn wenn tatsächlich mal die komplette Access-Programmoberfläche lahmgelegt ist, geschieht das inzwischen weitaus gründlicher als bei vorherigen Versionen. Während früher beim Überfahren mit der Maus noch Teile der Menüs und Symbolleisten wieder sichtbar wurden, rührt sich inzwischen gar nichts mehr.

In der Konsequenz bedeutet das im Moment, dass Sie auch dieses Makro nicht mehr per Doppelklick auf seinen Namen im Navigationsbereich starten könnten.

## Makro per Tastenkürzel aufrufen

Die einzige Chance, die Ihnen in so einer Situation bleibt, ist der Aufruf des Makros mit einem vorher festgelegten Tastenkürzel. Das geht in Access über ein spezielles Makro mit reserviertem Namen.

1. Erstellen Sie wieder ein neues Makro mit dem Befehl *Erstellen/Makros und Code/Makro*.
2. Ziehen Sie aus dem Aktionskatalog aus der Kategorie *Programmablauf* die *Untermakro*-Aktion in den Codebereich. Geben Sie als *Untermakro*-Argument ^h ein.

**ACHTUNG**   Das Caret-Zeichen (^) gehört zu den Akzenten, wartet also nach Eingabe per Tastatur auf das folgende Zeichen. Erst wenn Sie anschließend ein Leerzeichen eingeben, wird es auch angezeigt. Die Bedeutung dieser Sonderzeichen finden Sie in Tabelle 31.2 erläutert.

3. Im hellblauen Kasten finden Sie eine eigene *Neue Aktion hinzufügen*-Liste, aus der Sie *Meldungsfeld* auswählen. Im *Meldung*-Argument können Sie ein einfaches Hallo! eingeben, weil es hier nur Testzwecken dient.
4. Ziehen Sie danach eine weitere *Untermakro*-Aktion aus dem Aktionskatalog und geben dort ^f ein. In deren *Neue Aktion hinzufügen*-Liste wählen Sie eine *AusführenMakro*-Aktion aus, deren *Makroname*-Argument *macFrisch* wird.

**5.** Speichern Sie das Makro unter dem reservierten Namen *AutoKeys* (siehe Abbildung 31.25).

Abbildg. 31.25  Dieses Makro legt Tastenkürzel fest

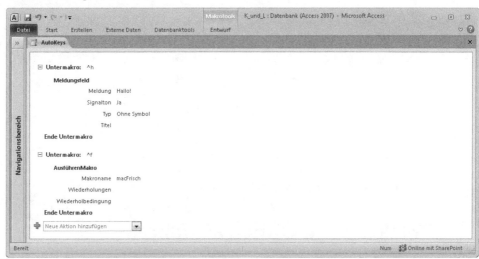

Die Namen der Untermakros wurden hier keineswegs zufällig gewählt, sondern es müssen die Tastenkürzel sein, mit denen sich das jeweilige Untermakro später starten lässt. In Tabelle 31.2 sehen Sie anhand der möglichen Sonderzeichen, dass ^f also für Strg+F steht.

Tabelle 31.2  Sonderzeichen für Tastenkürzel

| Zeichen | Bedeutung |
| --- | --- |
| ^ | Strg -Taste |
| + | ⇧ -Taste |
| {F1}...{F12} | F1 - bis F12 -Taste |

**ACHTUNG**  Die in der *Tastaturbefehle*-Aktion nutzbaren weiteren Tastenkürzel wie beispielsweise *{ENTF}* (Entf-Taste), *{TAB}* (⇥-Taste), *{PGUP}* (Bild↑-Taste) oder *{ENTER}* (↵-Taste) sind hier ebenso wenig zulässig wie die Kombination mit % (Alt-Taste). Sie werden beim Speichern darauf hingewiesen, wenn Sie eine solche nicht erlaubte Taste angegeben haben.

Damit Access das Makro auch »kennt«, müssen Sie die Datenbank einmal schließen und erneut öffnen. Jetzt können Sie die Tastenkürzel testen, am deutlichsten mit Strg+H, weil es eine Meldung anzeigt wie in Abbildung 31.26.

**PROFITIPP**  Nachdem das *AutoKeys*-Makro ein Mal gespeichert und beim nächsten Öffnen der Datenbank gelesen wurde, können Änderungen daran nach dem Speichern sofort getestet werden. Ein erneutes Einlesen ist nicht nötig.

**Abbildg. 31.26**  Dieses Makro wurde mit Tastenkürzel gestartet

Wollen Sie die Tastaturkürzel (vorübergehend) aufheben, reicht es, das Makro umzubenennen. Allerdings muss die Datenbank dann wieder geschlossen und erneut geöffnet werden, weil Access das Makro sonst noch im Speicher hat.

## Makro beim Öffnen ausführen

Es gibt ein zweites Makro mit einem reservierten Namen, welches beim Öffnen der Datenbank automatisch ausgeführt wird: *AutoExec*. Typischerweise wird darin ein Formular geöffnet, welches zentrale Aktivitäten der Datenbank steuert.

> **ACHTUNG**  Das *AutoExec*-Makro lässt sich oft durch den Befehl *Datei/Optionen* ersetzen, in dessen Kategorie *Aktuelle Datenbank* in der Gruppe *Anwendungsoptionen* ebenfalls die Auswahl *Formular anzeigen* möglich ist. In Kapitel 6 habe ich Ihnen diese Optionen bereits ausführlich vorgestellt und in Kapitel 27 werden wir das auch so einsetzen.

Es gibt keine VBA-Prozedur, die beim Öffnen der Datenbank automatisch ausgeführt wird. Diese würde von *AutoExec* aus mit der *AusführenCode*-Aktion aufgerufen.

> **TIPP**  Die Ausführung des *AutoExec*-Makros beim Öffnen der Datenbank lässt sich unterdrücken, indem Sie dann (möglichst lange, bis wirklich alles geladen ist!) die ⇧-Taste gedrückt halten. Das gilt allerdings nicht nur für Sie als Entwickler, sondern auch für jeden beliebigen Benutzer. In Kapitel 38 finden Sie eine Möglichkeit, die ⇧-Taste auszuhebeln.

# Datenmakros

Eine echte Neuerung in Access 2010 sind die lange vermissten Datenmakros. Dabei handelt es sich um eine spezielle Untergruppe der Makroaktionen, die nur in Tabellen gespeichert und ausgeführt werden.

> **HINWEIS**  Wenn Sie Erfahrung mit SQL-Datenbanken auf Großrechnern (beispielsweise SQL Server) haben, sind Ihnen dort sicherlich *Trigger* ein Begriff. Datenmakros heißen nur anders, leisten aber das Gleiche.

Natürlich können Sie viele der Aktionen einfach an ein Formular-*Vor Aktualisierung*-Ereignis binden und dort ein normales Makro oder eine VBA-Prozedur ausführen. Das läuft aber leider nur dann, wenn auch das jeweilige Formular geöffnet ist.

Nicht nur, dass dann jedes zugehörige Formular seine Programmierung kopieren müsste. Viel schlimmer: Ein Benutzer kann Daten direkt in der Tabelle ändern, ohne das Formular überhaupt aufzurufen!

Der einzige Ausweg daraus sind die Datenmakros, welche als Teil der Tabelle gespeichert und ausgeführt werden, egal ob die Datenänderung via Formular, Abfrage, direkt in der Tabelle oder auch per VBA stattfindet.

> **HINWEIS** Unter der einheitlichen Oberfläche ist es nicht so offensichtlich, aber Access besteht eigentlich aus zwei Hälften: den Daten mit Tabellen/Abfragen und der Bedienung mit Formularen/Berichten/Programmierung. Per VBA-Programmierung oder mit verknüpften Tabellen greifen Sie nur auf den Datenbereich zu, ein Makro in einem Formular würde also grundsätzlich nicht ausgeführt.

Es gibt insgesamt fünf verschiedene Ereignisse für Datenmakros, die nach dem Zeitpunkt ihres Aufrufs unterschieden werden, wie in Abbildung 31.27 zu sehen ist. Außerdem können dort benannte Makros erstellt werden, die dann von mehreren anderen Datenmakros aufrufbar sind.

**Abbildg. 31.27** Datenmakros werden nach dem Zeitpunkt ihres Aufrufs unterschieden

Um ein Datenmakro zu erstellen, müssen Sie immer in die Entwurfsansicht der jeweiligen Tabelle wechseln. Dort finden Sie im Menüband mit dem Befehl *Tabellentools/Entwurf/Feld-, Datensatz- und Tabellenereignisse/Datenmakros erstellen* die Liste möglicher Datenmakros (siehe Abbildung 31.27). Bereits erstellte Datenmakros wären dort am orange hinterlegten Symbol in der Liste zu erkennen.

> **HINWEIS** Datenmakros manipulieren Daten ohne Benutzereingriff, denn sie werden auch beim Zugriff über verknüpfte Tabellen oder eine VBA-Prozedur ausgeführt. Das hat zur Folge, dass es keine Befehle für die Benutzer-Interaktion gibt wie Meldungen oder Eingabefenster. Selbst Fehlermeldungen werden nicht angezeigt, sondern in einer Tabelle namens *USysApplicationLog*. Wegen des Präfixes *USys...* verhält sie sich wie die anderen Systemtabellen (mit dem Präfix *MSys...*) und ist normalerweise ausgeblendet.

## Abhängige Werte in der Tabelle sichern

Als erstes Beispiel für den Einsatz eines Datenmakros soll die Tabelle *tblBestellungen* dienen. Bei einer Bestellung wird nämlich derzeit gar nicht verhindert, dass ein Lieferdatum vor einem Bestelldatum eingetragen wird. Mit einem Datenmakro soll nun sichergestellt werden, dass wenigstens 14 Tage zwischen Bestell- und Lieferdatum liegen.

1. Wechseln Sie in die Entwurfsansicht der Tabelle *tblBestellungen*. Klicken Sie auf den Befehl *Tabellentools/Entwurf/Feld-, Datensatz- und Tabellenereignisse/Datenmakros erstellen/Vor Änderung*, weil das Datenmakro ausgeführt werden soll, bevor der Datensatz gespeichert wird.
2. Wie Sie in Abbildung 31.28 erkennen können, sieht die Bedienungsoberfläche zwar grundsätzlich so aus wie bei den »normalen« Makros, die Liste der möglichen Aktionen im Aktionskatalog ist aber bedeutend kürzer.

**Abbildg. 31.28** In Datenmakros stehen weniger Aktionen zur Verfügung

**HINWEIS** Es gibt bei Datenmakros auch keine Unterscheidung in potentiell gefährliche oder harmlose Aktionen. Sie werden immer ausgeführt, egal ob aktive Inhalte freigegeben wurden oder die Datenbank in einem vertrauenswürdigen Pfad liegt.

3. Ziehen Sie bitte eine *Wenn*-Aktion aus dem Aktionskatalog und geben dort als Bedingung in das weiße Feld folgende Formel ein:

```
[bstBestelldatum]+14>[bstLieferdatum]
```

**TIPP** Um eine Aktion aus dem Aktionskatalog zu übernehmen, können Sie auch einen Doppelklick auf deren Namen machen.

4. Auch ohne Aufruf des Ausdrucks-Generators unterstützt Sie Access bei der Eingabe mit den passenden Feldnamen in der Dropdownliste. Dann übernehmen Sie durch Doppelklick im Aktionskatalog die *FestlegenFeld*-Aktion in den *Wenn*-Block.
5. Tragen Sie als dessen *Name*-Argument *bstLieferdatum* ein und als Wert *[bstBestelldatum]+14*.

6. Damit ist das Datenmakro fertig, Sie können es mit *Makrotools/Entwurf/Schließen/Speichern* innerhalb der Tabelle speichern und dann schließen.
7. Sie befinden sich nun wieder in der Entwurfsansicht der Tabelle *tblBestellungen*. Die Änderungen wurden zwar innerhalb des Datenmakros gesichert, nicht aber die Tabelle selber. Auch diese müssen Sie speichern, bevor Sie jetzt in deren Datenblattansicht wechseln.

Sie können nun versuchen, im letzten Datensatz (siehe Abbildung 31.29) ein Lieferdatum einzugeben, welches nicht zwei Wochen nach dem Bestelldatum liegt.

Abbildg. 31.29  Das Lieferdatum liegt keine 14 Tage nach dem Bestelldatum ...

Mit dem Speichern wird dann ohne weitere Rückmeldung ein korrigiertes Lieferdatum eingetragen, wie die Abbildung 31.30 zeigt.

Abbildg. 31.30  ... und wird beim Speichern korrigiert

## Werte nachschlagen

Sie können natürlich nicht nur Werte aus der gleichen Tabelle verarbeiten, sondern auch aus anderen Tabellen. Längst überfällig ist beispielsweise der passende Preis zur Bestellung. Bisher funktionierte das mit einer nachträglich aufgerufenen Aktionsabfrage wie in Kapitel 21, die alle leeren Preise ergänzte.

**ACHTUNG**   Eine Aktionsabfrage zum Nachtragen der Preise hat zwei grundlegende Nachteile: sie muss aktiv aufgerufen werden und sie erkennt nur fehlende Preise. Wird ein Artikel in einem bestehenden Datensatz geändert, steht dort aber schon ein Preis drin. Der ist zwar vielleicht falsch, aber die Aktionsabfrage dürfte nicht einfach vorhandene Preise anpassen, weil ja dann auch korrekte alte Preise überschrieben würden.

## Kapitel 31 — Makros

Mit einem Datenmakro lässt sich das Problem endlich lösen, indem schon die Tabelle mit einem Datenmakro dafür sorgt, dass sofort der richtige Artikelpreis nachgeschlagen und eingetragen wird:

1. Wechseln Sie in die Entwurfsansicht der Tabelle *tblBestellungen*. Klicken Sie auf den (schon markierten) Befehl *Tabellentools/Entwurf/Feld-, Datensatz- und Tabellenereignisse/Datenmakros erstellen/Vor Änderung*, weil das vorhandene Datenmakro ergänzt werden soll.
2. Das Datenmakro muss sich zuerst den Wert von *bstartIDRef* des aktuellen Datensatzes in einer Variablen zwischenspeichern. Ziehen Sie daher aus dem Aktionskatalog aus der Kategorie *Datenaktionen* die Aktion *FestlegenLokaleVar* auf die *Neue Aktion hinzufügen*-Liste.
3. Geben Sie als *Name*-Argument für die *FestlegenLokaleVar*-Aktion *varArtikelID* an und als *Ausdruck* den Wert *[bstartIDRef]*, wie es in Abbildung 31.31 gerade eingetragen wird.

**Abbildg. 31.31**  Die Dropdownliste bietet sinnvolle Angaben für den *Ausdruck* an

4. Ziehen Sie als Nächstes aus der Kategorie *Datenblöcke* eine *NachschlagenDatensatz*-Aktion an das Ende des Datenmakros. Geben Sie als Tabelle in *Datensatz nachschlagen in* den Namen *tblArtikel* an und als *Alias* die Bezeichnung *Artikel*.
5. Dann können Sie als *Bedingung* den Filter *[Artikel].[artID]=varArtikelID* angeben, der dafür sorgt, dass der passende Artikel-Datensatz ermittelt wird.

> **ACHTUNG**  Während alle anderen Referenzen (auf Tabellen oder Felder) in Dropdownlisten angeboten werden, gilt das für lokale Variablen leider nicht. Diese müssen Sie komplett eintippen.

6. Anschließend muss der für den Artikel gefundene Preis wieder an eine lokale Variable übergeben werden. Ziehen Sie aus dem Aktionskatalog aus der Kategorie *Datenaktionen* die Aktion *FestlegenLokaleVar* aber auf die Liste *Neue Aktion hinzufügen*, die *innerhalb* des gerade bearbeiteten hellblauen Blocks liegt.
7. Geben Sie dort als neue Variable für *Name* den Wert *varPreis* ein und als *Ausdruck* den Wert *[Artikel].[artPreis]* (siehe Abbildung 31.32). Da sich diese Aktion innerhalb des Blocks befindet, wird der eben ermittelte Preis des gewünschten Datensatzes ausgelesen.

**Abbildg. 31.32**  Der Artikelpreis wird an die Variable übergeben

8. Schließlich fügen Sie ganz am Ende (außerhalb des Blocks) aus der Kategorie *Datenaktionen* des Aktionskatalogs eine *FestlegenFeld*-Aktion an. Tragen Sie dort als *Name* das Feld *bstPreis* und als *Wert* den Variablennamen *varPreis* ein, wie es in Abbildung 31.33 zu sehen ist.

**Abbildg. 31.33**  Der Inhalt der Variablen wird in das *bstPreis*-Feld geschrieben

Damit ist alles fertig und Sie können sowohl das Datenmakro als auch die Tabelle speichern und schließen. Wenn Sie nun in der Datenblattansicht der Tabelle *tblBestellungen* einen Artikel auswählen, wird mit Verlassen des Datensatzes automatisch dessen aktueller Preis aus der Tabelle *tblArtikel* eingetragen.

## Neue Datensätze melden

Wenn ein Benutzer dieser Datenbank etwas bestellt, steht das in der Tabelle *tblBestellungen*. Das bedeutet aber, dass jemand regelmäßig nachsehen muss, ob dort neue Datensätze hinzugefügt wurden. Mit Datenmakros können Sie bequem eine E-Mail generieren, sobald dort eine neue Bestellung angelegt wurde.

1. Wechseln Sie in die Entwurfsansicht der Tabelle *tblBestellungen*. Klicken Sie auf den Befehl *Tabellentools/Entwurf/Feld-, Datensatz- und Tabellenereignisse/Datenmakros erstellen/Nach Einfügung*, weil das Datenmakro nur ausgeführt werden soll, nachdem ein neuer Datensatz angelegt wurde.

**ACHTUNG** Die im Aktionskatalog angebotenen Aktionen unterscheiden sich, je nachdem, in welchem Datenereignis Sie sich gerade befinden!

2. Fügen Sie aus dem Aktionskatalog aus der Kategorie *Datenaktionen* die Aktion *SendenEMail* per Doppelklick dem noch leeren Codebereich hinzu. Geben Sie Ihre Empfängeradresse sowie Betreff und Nachrichtentext wie in Abbildung 31.34 ein.

Abbildg. 31.34  Tragen Sie in der *SendenEMail*-Aktion die Daten ein

3. Speichern und schließen Sie das Makro mit den Befehlen in der Befehlsgruppe *Makrotools/Entwurf/Schließen*.
4. Wechseln Sie in die Datenblattansicht der Tabelle *tblBestellungen* und fügen Sie einen beliebigen neuen Datensatz an.

Abbildg. 31.35  Der Fortschrittsbalken muss komplett sein, bevor die *Erteilen*-Schaltfläche aktiv wird

Beim Verlassen (und also Speichern) des Datensatzes meldet sich Outlook automatisch mit der Meldung wie in Abbildung 31.35, dass ein Programm versucht, eine E-Mail zu senden. Der Fortschrittsbalken muss in dieser Meldung erst komplett sein, bevor die *Erteilen*-Schaltfläche aktiviert wird und Sie damit den E-Mail-Versand freigeben können.

Danach erhält der vorgesehene Empfänger wie in Abbildung 31.36 eine E-Mail, wie sie im Datenmakro angegeben wurde.

**Abbildg. 31.36**  Diese E-Mail wurde vom Datenmakro versendet

# Makros konvertieren

Wollen Sie ein bereits erstelltes Makro lieber in VBA weiterbearbeiten, lässt es sich bequem konvertieren:

1. Wechseln Sie in die Entwurfsansicht des Makros, hier beispielhaft für *macFrisch* gezeigt.
2. Klicken Sie auf den Befehl *Makrotools/Entwurf/Tools/Makros zu Visual Basic konvertieren*, sodass das Dialogfeld aus Abbildung 31.37 erscheint.

**Abbildg. 31.37**  Wählen Sie hier, ob Fehlerbehandlung oder Kommentare mitkonvertiert werden sollen

3. Sobald Sie dieses Dialogfeld mit *Konvertieren* bestätigen, erzeugt Access ein neues VBA-Modul mit dem Namenszusatz *Konvertiertes Makro*, welches auch direkt angezeigt wird. Die Meldung aus Abbildung 31.38 bestätigt das Ende der Konvertierung.

**Abbildg. 31.38**  Die Konvertierung ist fertig

Wie Sie später im Zusammenhang mit der VBA-Programmierung in Kapitel 34 noch sehen werden, können Sie für so einfache Makros aber gut auf die zusätzliche Fehlerbehandlung und die Kommentare verzichten. Die zwei wesentlichen Befehle (die in Abbildung 31.39 mit DoCmd beginnen) verschwinden in der Menge überflüssiger Fehlerbehandlungen.

**Abbildg. 31.39** So viel VBA-Code wird aus zwei Makrozeilen

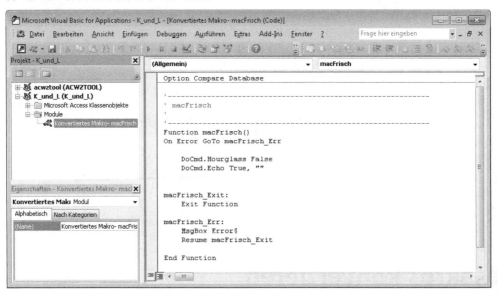

# Zusammenfassung

In diesem Kapitel ging es um die zwei Arten von Makros, die in Access möglich sind, nämlich die »normalen« Makros und die Datenmakros:

- Makros sind eine vereinfachte Programmiersprache, die seit dieser Access-Version auch eine *neue Benutzeroberfläche* (Seite 709) erhalten haben.

- Sie können als eigenständige Makros im Navigationsbereich sichtbar sein oder sind als *eingebettete Makros* (Seite 712) im Formular beziehungsweise Bericht enthalten.

- Makros werden durch Ereignisse oder durch Tastaturkürzel aufgerufen, dazu braucht es ein namentlich vorgegebenes Makro *AutoKeys* (Seite 724).

- Ein Makro mit dem reservierten Namen *AutoExec* (Seite 726) wird bereits beim Öffnen der Datenbank gestartet, falls dabei nicht die ⇧-Taste gedrückt wird.

- Nur in Tabellen einsetzbar sind die *Datenmakros* (Seite 726), die beim Hinzufügen, Ändern oder Löschen von Datensätzen bestimmte Aktionen durchführen können. Sie werden auch in nicht vertrauenswürdigen Datenbanken ausgeführt.

- Makros lassen sich ganz einfach und automatisch in VBA-Befehle *konvertieren* (Seite 733), um sie dort weiterbearbeiten zu können.

# Kapitel 32

# Strukturierung von Code

**In diesem Kapitel:**

| | |
|---|---|
| VBA-Editor | 736 |
| Module | 740 |
| Sub-Prozeduren | 742 |
| Funktionen | 747 |
| Property-Prozeduren | 750 |
| Organisation des Codes | 753 |
| Zusammenfassung | 755 |

Sie haben in Kapitel 31 schon gesehen, wie viele Möglichkeiten es bereits mit der Programmierung durch Makros gibt. Das ist jedoch nur ein ganz kleiner Ausschnitt dessen, was sich mit VBA machen lässt.

VBA (*Visual Basic for Applications*, etwa: grafisch orientiertes Basic für Anwendungen) ist eine Programmiersprache, deren Ursprünge auf BASIC beruhen. Inzwischen ist sie weit von diesen Anfängen entfernt und kann es an Mächtigkeit mit anderen höheren Programmiersprachen (wie C, ALGOL oder Lisp) aufnehmen.

> **HINWEIS** BASIC (*Beginner's All-Purpose Instruction Code*, etwa: Allzwecksprache für Anfänger) ist eine Programmiersprache aus den 1960er Jahren, die das Erlernen der Programmierung erleichtern sollte. Typisches Erkennungsmerkmal dieser frühen Programmiersprache sind die Nummern am Anfang jeder Zeile und der GOTO-Befehl statt eines Unterprogramms.

VBA ist zusammengesetzt aus einem Visual Basic-Kern, der in allen Microsoft Office-Programmen identisch ist und Aufgaben löst, die eher allgemeiner Natur sind wie das Anzeigen einer Meldung (MsgBox-Befehl). Dazu kommt ein spezifischer Teil, der sich mit den besonderen Anforderungen des Programms beschäftigt, hier also dem Datenzugriff auf Tabellen/Abfragen oder dem Umgang mit Formularen und Berichten.

> **HINWEIS** So gesehen beschäftigt sich diese Einführung ausdrücklich nur mit VBA für Access, Sie werden aber feststellen, dass die Unterschiede zwischen Access-VBA und den anderen VBA-Versionen recht gering sind. Sie können sich das wie einen Text aus der Schweiz vorstellen: es heißt dort eben »Kanton« statt »Bundesland« und manchmal stolpern Sie sprachlich über ein »Morgenessen«, wo andere »Frühstück« sagen würden, aber größer sind die Abweichungen schon nicht.

Während Makros landessprachlich (also hier deutsch) sind, bleiben VBA-Befehle immer englisch. Das betrifft nicht nur die Namen, sondern auch die Zahlen und Datumswerte, die amerikanischen Normen folgen.

> **CD-ROM** Um Ihnen das Nachvollziehen der Schritte in diesem Kapitel zu erleichtern, finden Sie innerhalb der Beispieldateien zu diesem Buch im Ordner *Kap31* eine Datenbank, die bereits die Änderungen aus Kapitel 31 enthält. Laden Sie einfach die betreffende Datenbank, um mit der Arbeit in diesem Kapitel zu beginnen.

Sie können also jederzeit ein Kapitel überspringen und trotzdem auf den aktuellen Stand der Datenbank zugreifen.

# VBA-Editor

Um mit VBA zu programmieren, gibt es nicht nur ein Bedienungsfenster innerhalb der Access-Oberfläche, sondern ein eigenes Programm. Um dieses zu starten, können Sie es mit dem Befehl *Erstellen/Makros und Code/Visual Basic* oder dem Tastenkürzel [Alt]+[F11] direkt aufrufen. In Abbildung 32.1 sehen Sie die typische Oberfläche des VBA-Editors.

**Abbildg. 32.1** Der VBA-Editor zeigt typischerweise drei Fenster

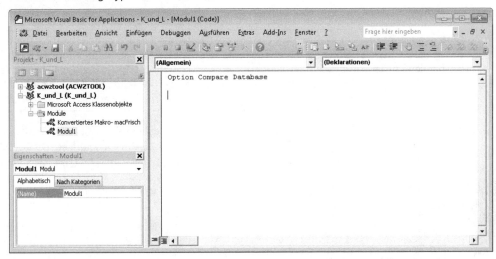

> **HINWEIS** Ja, Sie haben es richtig bemerkt: Im VBA-Editor sind die Menübänder auch in Access 2010 noch nicht angekommen, es gibt weiterhin traditionelle Menüs. Obwohl diese sehr umfangreich sind, werden Sie jedoch in der täglichen Programmierung gar nicht so viel mit diesen zu tun haben.

Das VBA-Fenster besteht aus mehreren Teilen, von denen meistens drei sichtbar sind, drei weitere (in Tabelle 32.1 mit Sternchen gekennzeichnet) werden wahlweise zusätzlich angezeigt.

**Tabelle 32.1** Die Teilfenster im VBA-Editor

| Teilfenster | Beschreibung |
|---|---|
| Projekt | Links oben ist der Projekt-Explorer zu sehen, der auch mit dem Befehl *Ansicht/ Projekt-Explorer* oder dem Tastenkürzel [Strg]+[R] sichtbar gemacht werden kann |
| Eigenschaften | Mit dem Befehl *Ansicht/Eigenschaftenfenster* oder der [F4]-Taste erscheint links unten eine Auflistung aller Eigenschaften des markierten Objekts |
| Code | Der eigentliche VBA-Code wird im rechten, größten Teil des Fensters geschrieben. Er lässt sich mit *Ansicht/Code* oder der [F7]-Taste aktivieren und anzeigen. |
| Direktfenster* | Für das schnelle Ausprobieren einzelner Befehle ist der Direktbereich optimal, den Sie (nicht ganz durchgängig benannt) mit dem Befehl *Ansicht/Direktfenster* oder dem Tastenkürzel [Strg]+[G] aufrufen können |
| Lokal-Fenster* | Mit dem Befehl *Ansicht/Lokal-Fenster* lässt sich ein Bereich einblenden, der zur detaillierten Betrachtung von Variablen geeignet ist |
| Überwachungsfenster* | Dieses Teilfenster kann zwar auch mit dem Befehl *Ansicht/Überwachungsfenster* aufgerufen werden, meist geschieht dies jedoch eher per Kontextmenü auf eine Variable |

Sie werden die Teilfenster später noch ausführlich kennenlernen, wenn sie auch inhaltlich benötigt werden.

**PROFITIPP**   Mit Ausnahme des Codefensters (welches wirklich ein eigenes Fenster ist!), lassen sich alle anderen Bereiche an Ihrer Titelleiste verschieben. Sie verbinden sich jeweils mit dem Teilbereich, in den sie geschoben werden. Dabei ist sowohl die Richtung des Hineinschiebens als auch die Position des Mauszeigers im Zielbereich zu berücksichtigen. Das funktioniert aber nur, wenn in deren Kontextmenü nach Rechtsklick auf deren Titelleiste auch *Verankerbar* aktiviert ist.

Das Codefenster wird der wesentliche Arbeitsbereich sein, daher sollten Sie seine Grenzen möglichst groß schieben. Mit dem Befehl *Extras/Optionen* können Sie im zugehörigen Dialogfeld auf der Registerkarte *Editorformat* die Schriftarten, -größen und –farben anpassen (siehe Abbildung 32.2).

**Abbildg. 32.2**   In den Optionen des VBA-Editors lassen sich Schriften und Farben einstellen

Wirklich lohnenswert sind die Änderungen aber höchstens bei der Schriftgröße, da eine Proportionalschrift mit den später überall erscheinenden Auswahllisten und deren dann falscher Position kollidiert. Daher ist nur eine Äquidistanz-Schrift wie die bereits voreingestellte *Courier New* sinnvoll.

# Projekt-Explorer

Der Projekt-Explorer zeigt hierarchisch alle offenen Objekte an. In Abbildung 32.3 sehen Sie, dass meist mehr als die eine Datenbank geladen ist, die der Benutzer geöffnet hat (hier sind es die *Access Wizard Tools* namens *acwztool*, also die Werkzeuge für Access-Assistenten).

**Abbildg. 32.3** Der Projekt-Explorer zeigt die Objekte hierarchisch an

Auf der obersten Ebene in fetter Schrift zeigt der Projekt-Explorer die Datenbanken an, dabei steht der Dateiname ohne Endung in Klammern.

**PROFITIPP** Wenn Sie den internen Namen (in Abbildung 32.3 beispielsweise das klein geschriebene *acwztool*) anders als den Dateinamen benennen wollen, markieren Sie diesen und können ihn dann in den Eigenschaften anpassen. Meistens ist er aber beliebig, Sie bräuchten ihn nur bei Referenzen aus anderen Datenbanken, die sehr selten sind.

 Unterhalb der Dateiebene sind die Elemente in maximal drei Kategorien zusammengefasst. Diese Kategorien lassen sich ausschalten, wenn Sie das etwas missverständlich als *Ordner wechseln* bezeichnete Symbol im Projekt-Explorer anklicken. Dann stehen alle Objekte untereinander wie in Abbildung 32.4.

**Abbildg. 32.4** Die Kategorien lassen sich ausblenden

Da sich mit den Kategorien sehr bequem viele Objekte ausblenden lassen, werde ich diese weiterhin eingeblendet lassen.

## Eigenschaften

Das Eigenschaften-Teilfenster ist in Access fast bedeutungslos, Sie werden darin nur die *Name*-Eigenschaft oder oft gar keine sehen. Da der VBA-Editor in allen Microsoft Office-Programmen identisch ist, sind die Eigenschaften auch hier vorhanden. Nur in den übrigen VBA-Versionen gibt es jedoch *UserForm*-Objekte (die hier von den Access-eigenen Formularen ersetzt werden), für die Eigenschaften einstellbar wären.

## Codefenster

Der große rechte Bereich, in welchem Sie Code schreiben, ist tatsächlich ein eigenes Fenster. Wenn Sie oben rechts per Symbol das *Fenster wiederherstellen* lassen, wird nur dieser Teilbereich verkleinert, wie in Abbildung 32.5 zu sehen ist.

**Abbildg. 32.5** Der Codebereich ist ein Fenster mit zwei Dropdownlisten

Dieses Fenster enthält zwei Dropdownlisten, deren linke in Modulen nur den Eintrag *(Allgemein)* und deren rechte die Namen aller Prozeduren enthält. In Abbildung 32.5 sehen Sie das für *BeispielProzedur*.

Normalerweise sehen Sie mehrere Prozeduren untereinander durch einen Strich getrennt. Die beiden Symbole in der linken unteren Ecke des Codefensters schalten zwischen dieser und der anderen Ansicht um, die für jede Prozedur das komplette Fenster belegt.

# Module

Wenn Sie VBA-Code eingeben wollen, brauchen Sie zuallererst ein Modul als »Behälter« dafür. Wie bereits in Abbildung 32.1 auf Seite 737 für das dort links im Projekt-Explorer markierte *Modul1* präsentiert es sich als leere Fläche wie ein Text-Editor.

**Abbildg. 32.6** Dieses Dropdownsymbol lässt sich am Dreieck ausklappen

# Module

Um ein neues Modul einzufügen, wählen Sie entweder den Befehl *Einfügen/Modul* oder das Dropdownsymbol wie in Abbildung 32.6, welches Sie am kleinen Dreieck ausklappen können.

Sobald ein solches Modul gespeichert ist, wird es auch im Navigationsbereich von Access sichtbar, weil es Teil der Datenbank ist. Alternativ können Sie neue Module auch im Menüband von Access mit dem Befehl *Erstellen/Makros und Code/Modul* erstellen.

**ACHTUNG** Um den VBA-Code zu einem Objekt des Projekt-Explorers im Fenster sichtbar zu machen, reicht es nicht aus, dieses zu markieren! Nur ein Doppelklick öffnet den zugehörigen Inhalt.

Im Codefenster steht derzeit bereits `Option Compare Database` (und später noch `Option Explicit`) als voreingestellter Wert für das jeweilige Modul. Bei Listings werde ich das nicht mit angeben, es soll aber dort stehen bleiben.

**HINWEIS** `Option Compare Database` sorgt dafür, dass in diesem Modul die Sortierreihenfolge, beispielsweise für den VBA-Vergleich von Texten, genauso ist wie in der eigentlichen Datenbank.

Die eigentliche Programmierung geschieht zwar innerhalb eines Moduls, wird aber dort in weiteren Einheiten, sogenannten Prozeduren, zusammengefasst. Es gibt in VBA drei Arten von Prozeduren:

- Sub-Prozeduren (als Abkürzung von Subprocedure/Unterprogramm) für Aktionen ohne Rückgabewert,
- Funktionen mit dem Schlüsselwort `Function`, die einen Rückgabewert berechnen und
- Property-Prozeduren, die sich wie die integrierten Eigenschaften vieler Objekte verhalten

Sie können diese mit dem Befehl *Einfügen/Prozedur* erstellen, der das Dialogfeld aus Abbildung 32.7 zeigt.

**Abbildg. 32.7**   Mit diesem Dialogfeld lassen sich Prozeduren einfügen

Meist ist es aber viel schneller und bequemer, direkt das Schlüsselwort `Sub`, `Function` oder `Property` mit dem Namen in das Codefenster einzutippen.

# Sub-Prozeduren

Es ist eine Tradition, dass das erste Programm in einer neuen Programmiersprache einfach den Text »Hello World« auf den Bildschirm ausgibt. Haben Sie das geschafft, sind wesentliche Elemente der Programmausführung erfolgreich gewesen.

## Prozedur erstellen

Um ein solches Stück Code zu schreiben, müssen Sie eine Sub-Prozedur in dem Modul erstellen:

1. Fügen Sie im Codefenster unterhalb von `Option Compare Database` mit der ⏎-Taste einige Leerzeilen ein.
2. Geben Sie dort `sub SagHallo` ein und verlassen Sie diese Zeile mit der ⏎-Taste. Der Code wird automatisch mit `End Sub` in der übernächsten Zeile vervollständigt und Ihre Einfügemarke steht zwischen diesen Zeilen.
3. Mit der ⇥-Taste rücken Sie dort ein (siehe Abbildung 32.8), sodass nun der sogenannte Prozedurrumpf fertig ist. Alle eigentlichen Befehle stehen zwischen `Sub` und `End Sub`.

**Abbildg. 32.8**  Der Prozedurrumpf ist fertig

4. Schreiben Sie den Befehl `msgbox`, der ein Meldungsfenster (engl. *message box*) anzeigen soll. Wenn Sie anschließend ein Leerzeichen eingeben, erscheint wie in Abbildung 32.9 eine Schnell-Info, welche über die erwarteten Argumente informiert.

**Abbildg. 32.9**  Nach Eingabe des Leerzeichens erscheint die SchnellInfo

## Sub-Prozeduren

> **HINWEIS** In der SchnellInfo ist dasjenige Argument fett markiert, welches direkt erwartet wird. Zum nächsten Argument gelangen Sie durch Eingabe des Kommas als Trennzeichen. Optionale Argumente sind mit eckigen Klammern gekennzeichnet und können weggelassen werden. Manchmal (wie bei *Buttons* in Abbildung 32.9) ist auch der Standardwert (dort *vbOKOnly*) angegeben, der dann stattdessen eingesetzt wird.

5. Ergänzen Sie noch "Hello world!" (einschließlich Anführungszeichen) und verlassen Sie die Zeile mit der ↓-Taste. Jetzt sieht der Code aus wie in Abbildung 32.10.

**Abbildg. 32.10**  Die Prozedur ist fertig

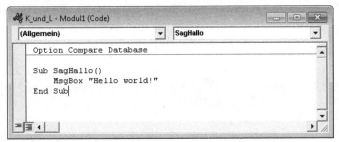

6. Setzen Sie die Einfügemarke wieder in die mittlere Zeile, um die Prozedur eindeutig zu markieren, und drücken Sie die F5-Taste. Access führt die Prozedur aus und zeigt das programmierte Meldungsfenster wie in Abbildung 32.11 an.

**Abbildg. 32.11**  So sieht das Meldungsfenster aus

> **ACHTUNG** VBA-Code lässt sich nur ausführen, wenn entweder die Datenbank vertrauenswürdig ist, aus einem solchen Verzeichnis kommt oder die aktiven Inhalte ausdrücklich freigegeben wurden. Andernfalls erscheint die Meldung wie in Abbildung 32.12.

**Abbildg. 32.12**  Diese Meldung weist auf deaktivierte Inhalte hin

Herzlichen Glückwunsch, das ist Ihr erstes lauffähiges Programm! Sie müssen allerdings noch die Meldung mit *OK* bestätigen, damit es wirklich fertig ist, sonst bleibt der Code an dieser Stelle stehen.

**TIPP** Alternativ hätten Sie die Prozedur auch mit *Ausführen/Sub/UserForm ausführen* oder dem entsprechenden Symbol starten können. Nur wenn die Einfügemarke außerhalb einer ausführbaren Prozedur steht, erscheint das Dialogfeld *Makros* entsprechend Abbildung 32.13, damit Sie dort einen Makronamen auswählen.

**Abbildg. 32.13** In diesem Dialogfeld kann ein Makroname ausgewählt werden

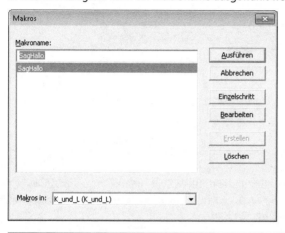

## Prozedur mit mehreren Parametern aufrufen

Sie haben gesehen, dass die SchnellInfo weitere (optionale) Parameter angeboten hat. Mit diesen lässt sich das Aussehen des Meldungsfensters beeinflussen:

1. Schreiben Sie unterhalb der ersten eine zweite Prozedur mit dem folgenden Code:

```
Sub SagHalloMitBild
    MsgBox "Hello world!", vbInformation
End Sub
```

2. Bei der Eingabe des Kommas bietet der VBA-Editor in einer Dropdownliste direkt alle Werte an, die hier zulässig sind (siehe Abbildung 32.14).

**Abbildg. 32.14** Der Editor zeigt passende Werte für diesen Parameter an

3. Sie können den Anfang von *vbInformation* eintippen und, wenn der gewünschte Eintrag in der Liste markiert ist, diesen mit der ⇥-Taste übernehmen.

**TIPP** Der Wert ließe sich auch mit der ↵-Taste übernehmen, aber das erzeugt immer eine unfreiwillige Leerzeile danach. Außerdem folgen eventuell noch weitere Parameter, für die Sie die Einfügemarke wieder nach oben setzen müssten.

Haben Sie in der Dropdownliste sowieso gerade mit der Maus die Bildlaufleiste benutzt, können Sie den Eintrag auch per Doppelklick auswählen.

4. Starten Sie diese Prozedur ebenfalls mit F5, so enthält das Meldungsfenster ein kleines Symbol (siehe Abbildung 32.15), welches Windows aufgrund des Arguments *vbInformation* ergänzt hat.

**Abbildg. 32.15** Das Meldungsfenster hat ein Symbol erhalten

## Argumente aus Dropdownlisten wählen

In Tabelle 32.2 finden Sie die vier möglichen Konstanten, die in diesem *Button*-Argument ein Symbol erzeugen. Dessen Aussehen wird übrigens von Windows bestimmt und kann entsprechend bei einem anderen Betriebssystem anders aussehen.

**Tabelle 32.2**  Die Symbol-Konstanten zum *Button*-Argument

| Konstante | Ergebnis |
|---|---|
| vbCritical | ❌ |
| vbExclamation | ⚠️ |
| vbInformation | ℹ️ |
| vbQuestion | ❓ |

Sie haben sich sicherlich schon gewundert, warum das Argument als *Button* (engl. Schaltfläche) bezeichnet wird, wenn damit doch die Symbole gewählt werden. Tatsächlich lassen sich damit auch die angezeigten Schaltflächen beeinflussen, wenn Sie die Konstanten aus Tabelle 32.3 benutzen.

**Tabelle 32.3**  Die Schaltflächen-Konstanten zum *Button*-Argument

| Konstante | Ergebnis |
|---|---|
| vbAbortRetryIgnore | Abbrechen  Wiederholen  Ignorieren |
| vbOKCancel | OK  Abbrechen |
| vbOKOnly (Standardwert) | OK |
| vbRetryCancel | Wiederholen  Abbrechen |
| vbYesNo | Ja  Nein |
| vbYesNoCancel | Ja  Nein  Abbrechen |

Sie können die Schaltflächen-Konstanten sowohl alleine als auch in Kombination mit den Symbol-Konstanten einsetzen. Beide zusammen werden hier als Addition angegeben, weil sich dahinter Zahlenwerte verbergen:

```
Sub FragMal
   MsgBox "Klappt das?", vbQuestion + vbYesNo
End Sub
```

Wenn Sie diese Prozedur starten, sehen Sie wie in Abbildung 32.16 sowohl das Fragezeichen-Symbol als auch die beiden Schaltflächen *Ja* und *Nein*.

**Abbildg. 32.16**  Eine Meldung mit Symbol und zwei Schaltflächen

# Funktionen

Sobald Sie mehr als eine Schaltfläche anzeigen lassen, werden Sie überrascht feststellen, dass es völlig egal ist, welche Sie anklicken. Auf Seite 741 war in der Übersicht über die verschiedenen Prozedurtypen bereits zu lesen, dass Sub-Prozeduren für Aktionen ohne Rückgabewert eingesetzt werden. Genau das ist unser Problem, denn die *MsgBox*-Prozedur hat so keinen Rückgabewert.

## Integrierte Funktion aufrufen

Eigentlich ist *MsgBox()* eine Funktion und hat dann auch einen Rückgabewert, Sie müssen es nur anders schreiben. Eine Funktion wird mit umklammerten Argumenten (und ohne Leerzeichen nach ihrem Namen!) aufgerufen und muss ihren Rückgabewert an eine Variable abgeben können:

1. Kopieren Sie die letzte Prozedur *FragMal* und benennen Sie diese als *FragMalMitAntwort*.
2. Korrigieren Sie deren Code wie im folgenden Listing, die Änderungen sind dort fett markiert:

```
Sub FragMalMitAntwort
    x = MsgBox("Klappt das?", vbQuestion + vbYesNo)
End Sub
```

3. Setzen Sie die Einfügemarke wieder innerhalb der Prozedur und starten Sie diese mit F5 oder dem Befehl *Ausführen/Sub/Userform ausführen*.

   Das sieht genauso aus wie schon in Abbildung 32.16 und ist »gefühlt« kein Unterschied zur vorherigen Variante. Tatsächlich aber steht in der Variablen *x* die Antwort aus der *MsgBox()*-Funktion, nur leider haben wir davon nichts gesehen.

   Die Variable *x* wäre ab der Zeile End Sub sowieso leer, deren Inhalt muss also vorher irgendwie ausgewertet oder angezeigt werden.

4. Ergänzen Sie den Code in *FragMalMitAntwort* um die fett markierte Zeile im folgenden Listing, sodass der Inhalt von *x* mittels *MsgBox*-Prozedur angezeigt wird:

```
Sub FragMalMitAntwort
    x = MsgBox("Klappt das?", vbQuestion + vbYesNo)
    MsgBox "x ist: " & x
End Sub
```

5. Beim Ausführen erscheint nach der ersten Meldung eine zweite wie in Abbildung 32.17, welche den Inhalt von *x* anzeigt.

**Abbildg. 32.17** Die zweite Meldung zeigt den Inhalt von *x*

> **HINWEIS** Sind Sie überrascht? Hätten Sie erwartet, dass in *x* so etwas wie *Ja* oder *Yes* steht? Seien Sie froh, dass dem nicht so ist! Dann würde Ihr Code später nur mit einer einzigen Sprache laufen, wenn Sie prüfen wollen, welche Antwort Ihr Benutzer gewählt hat. Die Zahlen sind hingegen sprachneutral.

Sie können es nun mehrfach ausprobieren, je nach Auswahl in der ersten Meldung erhalten Sie die Werte 6 oder 7. In Tabelle 32.4 finden Sie die Rückgabewerte für die verschiedenen Schaltflächen.

**Tabelle 32.4** Rückgabewerte für die *MsgBox()*-Funktion

| Konstante | Wert | Beschreibung |
|---|---|---|
| vbOK | 1 | OK |
| vbCancel | 2 | Abbrechen |
| vbAbort | 3 | Abbruch |
| vbRetry | 4 | Wiederholen |
| vbIgnore | 5 | Ignorieren |
| vbYes | 6 | Ja |
| vbNo | 7 | Nein |

> **ACHTUNG** Bitte denken Sie daran, dass die *MsgBox()*-Funktion nur die Schaltflächen-Werte zurückgibt, die auch im *Buttons*-Argument angegeben wurden. Mit *vbOKCancel* als *Buttons* können die Rückgabewerte nur *vbOK* oder *vbCancel* sein und mit *vbYesNo* auch nur *vbYes* oder *vbNo*.

Das ist natürlich noch kein richtiges Programm, es fehlt beispielsweise noch eine *If*-Anweisung (siehe Kapitel 34), mit welcher Sie Entscheidungen im Programmcode fällen. Aber für den Anfang zeigt es alles Notwendige, um Prozeduren zu schreiben.

> **TIPP** Ich werde nicht mehr jedes Mal erwähnen, dass Sie sicherheitshalber speichern sollten, vor allem *vor* Programmausführung. Sie können dazu wie gewohnt das Diskettensymbol anklicken oder das Tastenkürzel [Strg]+[S] nutzen. In allen Fällen wird das aktuelle Modul in dieser Datenbank gespeichert. Beim ersten Speichern fragt der VBA-Editor ausdrücklich den Modulnamen ab, er lässt sich aber später jederzeit in den Eigenschaften ändern.

# Eigene Funktion erstellen

Während Sie bisher immer selber eine Sub-Prozedur definiert haben, um den Code zu testen, können Sie natürlich auch eine Function selbst schreiben:

1. Beginnen Sie in einer neuen Zeile des Moduls mit dem Schlüsselwort function, welches Sie ruhig klein schreiben können.
2. Nach einem Leerzeichen folgt der Name der Funktion, hier WerBinIch. Sobald Sie die Zeile mit der ⏎-Taste verlassen, ergänzt der VBA-Editor den Prozedurrumpf. Der Code sieht jetzt wie im folgenden Listing aus:

```
Function WerBinIch()

End Function
```

3. Damit die Funktion einen Rückgabewert hat, muss wenigstens ein Mal darin an den Namen der Funktion ein Wert übergeben werden. Da sonst keine weiteren Aktionen nötig sind, ist das hier auch die einzige Zeile:

```
Function WerBinIch()
    WerBinIch = "Lorenz Hölscher"
End Function
```

4. Eine Funktion lässt sich nicht so schön einfach mit der F5-Taste testen, daher lassen Sie bitte mit dem Befehl *Ansicht/Direktfenster* oder dem Tastenkürzel Strg+G den Direktbereich anzeigen.
5. Geben Sie dort ein Fragezeichen ein, dahinter ein Leerzeichen, anschließend den Namen der Funktion wie in Abbildung 32.18 und bestätigen Sie die Zeile mit der ⏎-Taste.

**Abbildg. 32.18**  Im Direktbereich lassen sich Prozeduren schnell testen

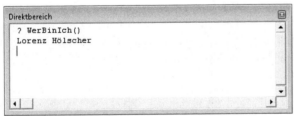

Das vorangestellte Fragezeichen sorgt dafür, dass die Funktion ihren Rückgabewert im Direktbereich in der folgenden Zeile ausgibt.

**TIPP**  Sie können auch Sub-Prozeduren im Direktbereich ausführen, dann aber ohne Fragezeichen. Geben Sie einfach deren Namen und eventuelle Argumente ein und bestätigen Sie ebenfalls mit der ⏎-Taste.

# Property-Prozeduren

Eigentlich würden Sub-Prozeduren und Funktionen für die Programmierung ausreichen. In den meisten Codes, die ich zu sehen bekomme, kommt auch nichts anderes vor. Warum dann also noch Property-Prozeduren? Das hat etwas mit lesbarem Code zu tun, sozusagen mit der Schönheit der Programmierung.

## Programmierung ohne Property-Prozeduren

Zuerst möchte ich Ihnen zeigen, wie es mit bisherigen Sub/Function-Techniken aussähe.

1. Erstellen Sie mit *Einfügen/Modul* ein neues Modul und speichern Sie das unter dem Namen *modOhneProperty*. Schreiben Sie folgenden Code in das Modul:

```
Dim BenutzerName

Function NameLesen()
    NameLesen = BenutzerName
End Function

Sub NameSetzen(NeuerName)
    BenutzerName = NeuerName
End Sub

Sub MerkeDenNamen()
    NameSetzen "Lorenz Hölscher"
    MsgBox "Ich heiße: " & NameLesen()
End Sub
```

2. Die *Dim*-Anweisung werden Sie im Zusammenhang mit Variablen im nächsten Kapitel noch ausführlich kennen lernen, im Moment reicht der Hinweis, dass diese Variable damit von mehreren Prozeduren aus genutzt werden kann.

3. Es gibt eine Prozedur *NameSetzen* mit einem notwendigen Argument *NeuerName*, welche dafür sorgt, dass die Variable *BenutzerName* den passenden Inhalt erhält. Eine Funktion *NameLesen()* gibt diesen Inhalt der Variablen *BenutzerName* zu einem beliebigen späteren Zeitpunkt wieder zurück.

4. Die eigentliche Testprozedur *MerkeDenName* schreibt den Inhalt nur mit *NameSetzen* in die Variable und liest ihn anschließend wieder mit der *NameLesen()*-Funktion aus, um die Funktionsfähigkeit zu zeigen. Wenn Sie das ausführen, sehen Sie die Meldung aus Abbildung 32.19.

**Abbildg. 32.19**  Die Übergabe der Daten hat offenbar funktioniert

So weit ist das wenig spektakulär, es geht vor allem erst einmal darum, dass es funktioniert. Allerdings brauchen Sie so noch zwei verschiedene Prozeduren, um einen einzigen Wert zu schreiben und zu lesen. Wer schon ein wenig mit VBA herumprobiert hat, wird wissen, dass es dort meistens gleichnamig ist. Die Beschriftung eines Formulars beispielsweise lesen Sie mit x = Me.Caption und schreiben diese mit Me.Caption = "Neuer Titel". So einfach soll Ihr Code auch sein und genau dafür brauchen Sie Property-Prozeduren.

## Property-Prozeduren erstellen

Property-Prozeduren treten typischerweise paarweise auf, zum Lesen und Schreiben. Damit das unterschieden werden kann, gibt es bei deren Definition ein Schlüsselwort mehr:

- **Property Get**   Definiert die Property-Prozedur, mit der die gewünschten Daten zurückgegeben werden
- **Property Let**   Definiert die Property-Prozedur, mit der Daten irgendwohin geschrieben werden
- **Property Set**   Ist ebenfalls eine schreibende Property-Prozedur, allerdings für den Sonderfall von *Object*-Datentypen. Genaueres dazu finden Sie in Kapitel 33 bei der Definition von Variablen.

Normalerweise haben Sie ein Get/Let-Paar, selten ein Get/Set-Paar. Die Property Get-Prozedur gilt für beide. Jetzt möchte ich Ihnen die inhaltlich gleiche Programmierung mit Property-Prozeduren zeigen:

1. Erstellen Sie ein neues Modul namens *modMitProperty* und fügen Sie dort schon die Deklaration der Variablen *BenutzerName* ein:

```
Dim BenutzerName
```

2. Dann lassen Sie mit dem Befehl *Einfügen/Prozedur* das Dialogfeld wie in Abbildung 32.20 anzeigen, geben dort als *Name* die Bezeichnung *MeinName* ein und wählen als *Typ* die *Property*.

Abbildg. 32.20   Geben Sie im Dialogfeld *Prozedur hinzufügen* diese Daten vor

> **ACHTUNG** Warum habe ich die Property-Prozeduren nicht einfach als *Name* benannt? Das ist enorm konfliktträchtig, wenn Sie eine Prozedur oder Variable so benennen, denn praktisch jedes Objekt in der VBA-Programmierung hat eine *Name*-Eigenschaft. Da sind Verwechslungen praktisch vorprogrammiert.

3. Nachdem Sie das Dialogfeld mit *OK* bestätigt haben, finden Sie zwei neue Prozedurrümpfe im Modul vor:

```
Dim BenutzerName

Public Property Get MeinName() As Variant

End Property

Public Property Let MeinName(ByVal vNewValue As Variant)

End Property
```

4. Die lesende `Property Get`-Prozedur entspricht der `Function` und die schreibende `Property Let`-Prozedur einem Sub. Das vorher als *NeuerName* benannte Argument ist nun *vNewValue*, deswegen muss der Code wie folgt angepasst werden:

```
Dim BenutzerName

Public Property Get MeinName() As Variant
    MeinName = BenutzerName
End Property

Public Property Let MeinName(ByVal vNewValue As Variant)
    BenutzerName = vNewValue
End Property
```

5. Der wesentliche Unterschied findet sich in der dritten Prozedur *MerkeDenNamen* mit dem folgenden Code:

```
Sub MerkeDenNamen()
    MeinName = "Lorenz Hölscher"
    MsgBox "Ich heiße: " & MeinName
End Sub
```

Sie müssen sich also erstens beim Programmieren nicht mehr zwei Prozedurnamen merken, einen zum Lesen und einen zum Schreiben, sondern können einen einzigen benutzen. Zweitens ist auch die Zuweisung viel offensichtlicher, denn vorher war es ein Prozedurname mit einem Argument nach einem Leerzeichen, dieses Mal ist es ein Propertyname mit einem Gleichheitszeichen dahinter.

# Organisation des Codes

Selbst wenn es für die eigentliche Funktion unerheblich ist, lässt sich Code unleserlich oder übersichtlich schreiben. Sie mögen das vorhin bereits als »Schönheit der Programmierung« titulierte saubere Arbeiten im Programmcode als überflüssig empfinden und hätten vielleicht sogar Recht, wenn es nur um die ersten fünf Zeilen VBA ginge.

Aber auch wenn Sie nur anfangs hier und da ein paar Zeilen VBA brauchen, wird es unweigerlich schnell mehr, wenn Sie erst entdeckt haben, was für tolle Lösungen damit programmierbar sind. Und dann rächt sich unübersichtlicher Code durch erheblichen Mehraufwand bei der Fehlersuche.

## Namen für Prozeduren

Alle Namen für integrierte Prozeduren in VBA beginnen mit einem Großbuchstaben. Bei Konstanten finden Sie immer ein klein geschriebenes Präfix (ac für Access-eigene und vb für Visual Basic-allgemeine Konstanten) davor und erst danach den Großbuchstaben.

Um längere Wörter lesefreundlich zu erhalten, ohne den mühsamen Unterstrich nutzen zu müssen (denn das Leerzeichen in Namen ist verboten), gibt es die auch hier genutzte Kamel-Schreibweise. Sie heißt so, weil durch Großbuchstaben mitten im Wort wie bei MsgBox immer wieder Höcker auftauchen.

Die offiziellen Regeln für die Benennung (egal, ob Sub, Function oder Property) lauten: Namen von Prozeduren, Variablen und Konstanten

- dürfen bis zu 255 Zeichen lang sein
- müssen mit einem Buchstaben anfangen
- dürfen Buchstaben, Zahlen oder Unterstriche (_) enthalten
- jedoch keine Satzzeichen oder Leerzeichen enthalten
- kein VBA-Schlüsselwort sein.

Gerade der letzte Punkt ist schwierig, da Sie ja die meisten Schlüsselwörter noch nicht kennen. Am einfachsten ist es, wenn Sie deutsche Bezeichnungen verwenden.

> **HINWEIS** Prozeduren müssen innerhalb eines Moduls eindeutig benannt sein, dürfen aber in anderen Modulen den gleichen Namen haben (was in Formularen und Berichten aus technischen Gründen sogar fast selbstverständlich ist). Wenn das der Fall ist, müssen Sie notfalls bei deren Aufruf den Modulnamen voranstellen wie bei modMitProperty.MerkeDenNamen statt MerkeDenNamen, damit die richtige Prozedur benutzt wird. Sicherer ist es, doppelte Namen zu vermeiden.

## Einrücken

Sie haben in den bisherigen Codebeispielen bereits gesehen, dass die Struktur sehr stark durch Einrücken erzeugt wird. In jedem Block (Sub/End Sub, Function/End Function, If/End If) wird mit der [⇆]-Taste der dazwischen stehende Code eingerückt. Einzelne Zeilen können Sie mit [⇧]+[⇆] wieder »ausrücken«, aber nur, wenn die Einfügemarke vor dem ersten Zeichen steht.

**TIPP** Viel bequemer ist es, zuerst die ganze Zeile zu markieren, indem Sie mit der Maus vor der Zeile klicken. Das ist der weiße(!) Bereich links vom Text, wo der Mauszeiger nach rechts oben zeigt. Dort können Sie durch einfaches Ziehen mit gedrückter Maustaste auch mehrere Zeilen markieren. Mit der [⇥]-Taste wird dann der gesamte markierte Text nach rechts eingerückt oder mit [⇧]+[⇥] wieder nach links verschoben.

## Zeilenumbruch

Nicht nur durch das Einrücken, sondern oft auch durch sehr lange Befehle mit vielen Argumenten sind Sie schnell mit Ihrem Code weit über den sichtbaren rechten Rand hinaus. Dann brauchen Sie einen Pseudoumbruch, das heißt einen, den zwar Ihr Auge, nicht aber der Compiler sieht.

**HINWEIS** Ein Compiler ist ein Hilfsprogramm, welches Ihren VBA-Code in eine sogenannte Maschinensprache übersetzt, weil nur diese vom Computer ausgeführt werden kann. Das passiert automatisch, sobald Sie die [F5]-Taste drücken.

Geben Sie an der gewünschten Trennstelle ein Leerzeichen, einen Unterstrich und einen Umbruch ein, also [Leertaste], [_]-Taste und [↵]-Taste. Vor allem aus optischen Gründen, da eine solche Folgezeile auffällt, rücke ich den zweiten Teil mit der [⇥]-Taste ein.

Auch wenn es wegen der Kürze des Codes dort nicht notwendig wäre, sehen Sie in Abbildung 32.21, dass in der ersten Zeile hinter der öffnenden Klammer ein Pseudo-Umbruch folgt. Die zweite Zeile ist entsprechend eingerückt (und sogar noch durch eine Leerzeile vom übrigen Code optisch getrennt).

**Abbildg. 32.21** Code mit Pseudoumbruch in der ersten Zeile

```
Public Property Let MeinName( _
    ByVal vNewValue As Variant)
    
    BenutzerName = vNewValue
End Property
```

**TIPP** Das Gegenteil zum Pseudoumbruch ist ein Umbruch im Ergebnistext, der nämlich in der gleichen Codezeile steht und erst in einer Meldung zweizeilig wird. Er wird durch die Konstante vbCrLf repräsentiert, die meistens mit verketteten Texten eingesetzt wird wie bei "Erste Zeile" & vbCrLf & "Zweite Zeile". Beispiele dazu finden Sie im Kapitel 33.

## Kommentar

VBA-Code können und sollen Sie kommentieren, damit Sie (oder eventuell andere) später Ihren Code noch verstehen. Natürlich ist es witzlos, jede MsgBox-Zeile mit der Anmerkung zu versehen, dass hier eine Meldung angezeigt wird, aber all das, was nicht offensichtlich oder für einen einigermaßen geübten Programmierer überraschend ist, sollte kurz erwähnt werden.

Ein Kommentar (siehe Abbildung 32.22) wird mit einem Hochkommazeichen begonnen und gilt immer bis zum Zeilenende. Beim Verlassen der Zeile wird der Kommentar grün gefärbt.

**Abbildg. 32.22** Kommentare sind auf dem Bildschirm an grüner Schrift zu erkennen

```
Sub MerkeDenNamen()
    MeinName = "Lorenz Hölscher"      'ein Kommentar am Zeilenende
    MsgBox "Ich heiße: " & MeinName
    'der Kommentar kann auch als eigene Zeile stehen
    'jede Zeile muss dabei einzeln mit Kommentarzeichen versehen werden
End Sub
```

**ACHTUNG**   Das Hochkomma (') liegt auf der Tastatur rechts neben dem Ä, es ist keines der Akzentzeichen!

Kommentare dürfen sowohl hinter VBA-Code als auch in einer eigenen Zeile stehen. Da es kein Kommentarendezeichen gibt, muss jede neue Kommentarzeile einzeln mit Hochkomma beginnen.

**PROFITIPP**   Bei längeren Kommentaren oder vor allem, wenn Sie mal Teile des bereits geschriebenen Codes auskommentieren wollen, wäre es furchtbar, jede Zeile einzeln mit Hochkomma kennzeichnen zu müssen. Lassen Sie mit dem Befehl *Ansicht/Symbolleisten/Bearbeiten* die *Bearbeiten*-Symbolleiste anzeigen. Auf dieser finden Sie wie in Abbildung 32.23 ein Symbol *Block auskommentieren*, mit welchem sich mehrere markierte Zeilen gleichzeitig kommentieren lassen. Das Symbol daneben hebt den Kommentar für eine Markierung wieder auf.

**Abbildg. 32.23** Mit diesem Symbol lassen sich mehrere Zeilen gleichzeitig kommentieren

Aus historischen Gründen gibt es noch den REM-Befehl als Kommentarzeichen. Da der aber nur am Zeilenanfang erlaubt ist, lohnt sich der Einsatz nicht.

# Zusammenfassung

In diesem Kapitel ging es um die grundsätzliche Definition von Programmstrukturen, die in einem VBA-Modul notwendig sind:

- Die Programmierung erfolgt im *VBA-Editor* (Seite 736), einem eigenen Programm, welches für alle Microsoft Office-Programme identisch ist.

- Mit Sub-Prozeduren (Seite 742) werden Befehle definiert, die keinen Rückgabewert haben und später durch einfache Nennung ihres Namens aufgerufen werden. Falls sie Argumente haben, sind diese beim Aufruf durch ein Leerzeichen vom Prozedurnamen getrennt.

- Eine Function (Seite 747) erlaubt die Rückgabe eines Ergebniswertes an den aufrufenden Programmcode, dort wird das typischerweise an eine Variable übergeben. Haben aufgerufene Funktionen Argumente, müssen diese (ohne Leerzeichen davor) in runden Klammern eingefasst werden.

- Mit Property-Prozeduren (Seite 750) lässt sich das Schreiben und Lesen von Werten viel übersichtlicher schreiben, weil für beide Richtungen das gleiche Schlüsselwort möglich ist.

- Eine gute *Strukturierung Ihres Codes* (Seite 753) erleichtert die spätere Pflege und Fehlersuche sowohl für Sie selber als auch eventuelle Nachfolger erheblich.

# Kapitel 33

# Variablen und Konstanten

**In diesem Kapitel:**

| | |
|---|---|
| Variablen deklarieren | 759 |
| Datenfelder | 766 |
| Eigene Datentypen | 770 |
| Objekt-Variablen | 772 |
| Prozedur-Argumente | 773 |
| Konstanten | 780 |
| Enumerationen | 781 |
| Zusammenfassung | 784 |

Sie haben es in den Beispielen aus Kapitel 32 sicherlich schon bemerkt: Es ist nicht nur praktisch, sondern oft unabdingbar, dass Sie sich in der Programmierung Werte merken können. Dazu benötigen Sie Variablen, welche die Daten unter einem (hoffentlich merkbaren!) Begriff im Speicher des Computers bereithalten.

Sie müssen allerdings darauf achten, dass die Variable genug Platz zur Verfügung stellt. Das haben Sie im Grunde bereits beim Tabellenentwurf (siehe Kapitel 8) gemacht, denn auch dort mussten Sie für jedes Feld einen Datentyp festlegen.

Bequemerweise gibt es die meisten Feld-Datentypen auch als VBA-Datentyp, wie Sie in Tabelle 33.1 sehen können. Sie müssen zu deren deutscher Bezeichnung also nur noch das englische Schlüsselwort kennen.

**Tabelle 33.1** Datentypen für Felder und VBA mit Präfix für die Ungarische Notation

| Feld-Datentyp | VBA-Datentyp | Präfix |
|---|---|---|
| Ja/Nein | Boolean | boo |
| Byte | Byte | byt |
| Integer | Integer | int |
| Long integer | Long | lng |
| Währung | Currency | cur |
| Datum/Zeit | Date | dat |
| Single | Single | sng |
| Double | Double | dbl |
| Dezimal | Decimal | dec |
| Text/Memo | String | str |
| – | Variant | var |

Der *Variant*-Datentyp ist eine Besonderheit, denn er enthält bei Bedarf alle anderen Datentypen. Sie können daher einer *Variant*-Variablen zuerst einen *Boolean*-Wert wie True zuweisen und anschließend eine Zeichenkette wie "Lorenz Hölscher".

**HINWEIS** Anders als im Feld-Datentyp *Text* haben *String*-Variablen (fast) keine Längenangabe. Sie haben eine eher theoretische Obergrenze von 2,1 Milliarden Zeichen, ähneln also von daher eher einem *Memo*-Feld. Sie sind jedoch immer unformatiert und enthalten nur Text.

Die in Kapitel 7 beschriebene Ungarische Notation ist bereits für Feldnamen zu empfehlen, aber für die Programmierung ein unbedingtes Muss. Ich werde also ab jetzt bei jeder Variablen (und Konstanten) immer ein Präfix für den passenden Datentyp voranstellen, wie Sie es ebenfalls in Tabelle 33.1 finden.

**CD-ROM** Um Ihnen das Nachvollziehen der Schritte in diesem Kapitel zu erleichtern, finden Sie innerhalb der Beispieldateien zu diesem Buch im Ordner *Kap32* eine Datenbank, die bereits die Änderungen aus Kapitel 32 enthält. Laden Sie einfach die betreffende Datenbank, um mit der Arbeit in diesem Kapitel zu beginnen.

Sie können also jederzeit ein Kapitel überspringen und trotzdem auf den aktuellen Stand der Datenbank zugreifen.

# Variablen deklarieren

VBA gehört leider nicht zu den Sprachen, welche verlangen, dass Sie eine Variable vor ihrer ersten Verwendung ankündigen (»deklarieren«). Das bedeutet, dass die folgende Prozedur syntaktisch völlig in Ordnung ist:

```
Sub DasGehtSchief()
    Nummer = 99
    MsgBox "Das ist Nummer " & Numner
End Sub
```

Was meinen Sie, welchen Text die Meldung anzeigt? *Das ist Nummer 99*? Nein, sondern nur *Das ist Nummer* ohne Zahl! Ein schlichter Schreibfehler in der letzten Codezeile (*Numner* mit einem »n« darin) sorgt dafür, dass es sich um eine andere Variable handelt, die dementsprechend noch ohne Inhalt ist.

Daher sollten Sie dafür sorgen, dass Ihr Compiler solche undeklarierten Variablen nicht mehr akzeptiert. Klicken Sie dazu auf *Extras/Optionen* und legen Sie dort im Dialogfeld auf der Registerkarte *Editor* in den *Code-Einstellungen* fest, dass die *Variablendeklaration erforderlich* sein soll.

Abbildg. 33.1    Kreuzen Sie an, dass die *Variablendeklaration erforderlich* sein soll

Nachdem Sie das Dialogfeld bestätigt haben, ändert sich zunächst nichts. Erst wenn Sie ein neues Modul einfügen, sehen Sie nun die zusätzliche Zeile `Option Explicit` darin. Dies bedeutet, dass dieses Modul nun keine undeklarierten Variablen mehr erlaubt.

**TIPP** Sie können diese `Option Explicit`-Anweisung auch jederzeit anderen Modulen hinzufügen, damit die zwingende Variablendeklaration auch dort aktiviert wird.

Ab jetzt wird der Compiler beim Versuch, dieses Modul zu übersetzen, Sie sehr deutlich auf solche Fehler hinweisen:

1. Erstellen Sie ein neues Modul, in dem jetzt diese Option zu sehen ist, und kopieren Sie die letzte Prozedur hinein.
2. Setzen Sie die Einfügemarke in die Prozedur und starten Sie diese mit der ⌜F5⌝-Taste. Sofort meldet sich ein Dialogfeld mit dem Hinweis auf eine undefinierte Variable wie in Abbildung 33.2 und diese ist im Code auch sofort markiert.

**Abbildg. 33.2** Undeklarierte Variablen werden sofort gefunden

3. Beide Variablen (sowohl die korrekt als auch die falsch geschriebene) sind undeklariert, Sie können die Meldung einfach mit *OK* bestätigen. Allerdings hat der Compiler seine Arbeit schon begonnen und zeigt dies durch eine gelb markierte Zeile (siehe Abbildung 33.3). Sie müssen ihn erst wieder stoppen, indem Sie auf den Befehl *Ausführen/Zurücksetzen* oder das *Zurücksetzen*-Symbol klicken.

**Abbildg. 33.3** Diese markierte Zeile soll jetzt kompiliert werden

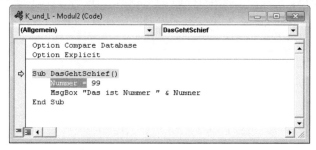

## Variablen deklarieren

4. Obwohl die jetzt anstehende Tätigkeit »deklarieren« genannt wird, weil man die gewünschte Variable hier ankündigt, heißt das Schlüsselwort Dim. Das hängt damit zusammen, dass bei dieser Gelegenheit auch Platz im Speicher bereitgestellt werden muss, also dimensioniert wird.
5. Verbessern Sie den Code wie im folgenden Listing, sodass die Variable vor ihrer ersten Benutzung nicht nur angekündigt, sondern auch gleich mit einem Datentyp (As Integer) versehen wird. Damit es von Anfang an richtig ist, habe ich die Ungarische Notation berücksichtigt:

```
Sub DasGehtSchief()
    Dim intNummer As Integer

    intNummer = 99
    MsgBox "Das ist Nummer " & intNumner
End Sub
```

6. Versuchen Sie nun erneut, die Prozedur mit der [F5]-Taste zu starten, erscheint wieder die Fehlermeldung mit dem Hinweis auf den Schreibfehler wie in Abbildung 33.4.

Abbildg. 33.4    Die falsch geschriebene Variable wird erkannt

**TIPP**    Es gibt noch einen viel besseren Grund für die ordentliche Variablendeklaration als das nachträgliche Aufspüren solcher Fehler: sie können eigentlich gar nicht entstehen. Wenn Sie nämlich den Code komplett neu geschrieben hätten, wäre Ihnen nach den anfänglichen Buchstaben für die Variable mit [Strg]+[Leertaste] eine Dropdownliste wie in Abbildung 33.5 angezeigt worden.

Dort hätten Sie die Variable ausgewählt und nicht selber geschrieben. Das geht nicht nur bedeutend schneller, sondern erspart Ihnen solche unnötigen Schreibfehler. Falls Sie übrigens im Beispiel aus Abbildung 33.5 schon intn geschrieben hätten, wäre die Liste gar nicht erschienen. Weil der Eintrag eindeutig zu erkennen war, hätte der VBA-Editor direkt zu intNummer ergänzt.

**Abbildg. 33.5**  Wählen Sie deklarierte Variablen immer aus der Liste, um Schreibfehler auszuschließen

## Lokale Variablen

Sie haben schon im letzten Beispiel gesehen, dass der Datentyp einer Variablen einfach bei der Deklaration genannt wird. Viel wichtiger ist aber, wo das geschieht. Um Ihnen zu zeigen, welche Vor- und Nachteile der jeweilige Ort der Deklaration hat, brauchen wir ein paar Beispielprozeduren:

1. Schreiben Sie zwei Prozeduren wie im folgenden Listing, die den Wert einer Variablen setzen beziehungsweise wieder auslesen:

```
Sub SetzeZaehler()
    Dim intZaehler As Integer

    intZaehler = 12345
End Sub

Sub LiesZaehler()
    Dim intZaehler As Integer

    MsgBox "Zähler ist: " & intZaehler
End Sub
```

2. Starten Sie zuerst *SetzeZaehler* mit der F5-Taste und danach *LiesZaehler*. Welchen Wert erhalten Sie angezeigt (siehe Abbildung 33.6)?

**Abbildg. 33.6**  Der Wert von *intZaehler* ist *0*

Da die Variablen innerhalb einer Prozedur (also zwischen Sub/End Sub beziehungsweise Function/End Function) deklariert wurden, gelten sie auch nur innerhalb dieser Grenzen. Das wird als »lokale« Variable bezeichnet.

Die Lebensdauer und die Sichtbarkeit der Variablen sind auf die Prozedur beschränkt, selbst eine gleichnamige Variable in einer anderen Prozedur hat mit dieser nichts zu tun.

## Modul-öffentliche Variablen

Wollen Sie Variablen von mehreren Prozeduren in einem Modul nutzen, können Sie diese Modulöffentlich deklarieren. Dazu schreiben Sie den gleichen Befehl außerhalb der Prozeduren am Anfang eines Moduls.

1. Schreiben Sie zwei Prozeduren, die dieses Mal wirklich den Wert einer Variablen setzen beziehungsweise wieder auslesen:

```
Dim m_intZaehler As Integer

Sub SetzeZaehler()
    m_intZaehler = 12345
End Sub

Sub LiesZaehler()
    MsgBox "Zähler ist: " & m_intZaehler
End Sub
```

2. Die Unterschiede zum vorherigen Beispiel bestehen darin, dass sich der Name der Variablen geändert hat und die zwei lokalen Deklarationen zugunsten der Modul-öffentlichen Deklaration weggefallen sind.

3. Wenn Sie zuerst *SetzeZaehler* und anschließend *LiesZaehler* starten, sehen Sie wie in Abbildung 33.7, dass tatsächlich der Wert der Variablen in der zweiten Prozedur ausgelesen werden kann.

**Abbildg. 33.7**   Der Wert von *intZaehler* ist dieses Mal übergeben worden

Dieser Erfolg mag dazu verführen, einfach alle Variablen öffentlich zu deklarieren. Die Gefahr ist aber dabei, dass Sie den Überblick verlieren, zu welchem Zeitpunkt und von welcher Prozedur eine Variable gelesen und geschrieben wird.

**PROFITIPP**   Es wirkt auf den ersten Blick sicherlich nicht so lesefreundlich, dass vor dem Präfix *int* noch eine weitere Kennzeichnung *m_* für den Modul-öffentlichen Zugriff steht. Gerade in größeren Modulen ist es aber wichtig, den Unterschied zwischen einer lokalen und einer öffentlichen Variablen zu wissen. Der folgende Code führt nämlich zu einem überraschenden Ergebnis:

```
Dim m_intZaehler As Integer

Sub SetzeZaehler()
    m_intZaehler = 12345
End Sub

Sub LiesZaehler()
    Dim m_intZaehler As Integer

    MsgBox "Zähler ist: " & m_intZaehler
End Sub
```

Da eine gleichnamige lokale Variable eine öffentliche Variable »überdeckt«, also Vorrang hat, zeigt die Meldung wieder den Wert *0*. In den meisten Programmierungen werden solche Variablen einfach nur schlampig als *i* benannt, dann fällt es nicht auf, dass es zwei davon gibt. Sobald Sie aber diese Benennung praktizieren, entdecken Sie die Kennzeichnung *m_* für eine lokale Variable, die nicht sein darf.

## Datei-öffentliche Variablen

Manchmal müssen Variablen nicht nur innerhalb eines Moduls, sondern gleich in der ganzen Datei erreichbar sein. Diese werden ebenso vor allen Prozeduren deklariert, statt `Dim` heißt das Schlüsselwort aber `Public`. Entsprechend sollten Sie diese mit *p_* kennzeichnen, damit Konflikte mit versehentlich gleichnamigen Modul-öffentlichen und lokalen Variablen entdeckt werden.

**PROFITIPP** Da sich bei umfangreicheren Programmen früher oder später doch einige Datei-öffentliche Variablen (und Konstanten) sammeln, lege ich für diese immer direkt ein eigenes Modul *modVarKonst* an, welches nur diese enthält. Das ist viel übersichtlicher, als diese in verschiedenen Modulen zu suchen.

## Statische Variablen

Ein Sonderfall sind sogenannte statische Variablen, bei denen sich Sichtbarkeit und Lebensdauer unterscheiden. Es sind lokale Variablen, die aber das Ende der Prozedur »überleben« und beim nächsten Aufruf noch ihren alten Wert enthalten. Das brauchen Sie beispielsweise, wenn Sie mitzählen wollen, wie oft eine Aktion durchgeführt wurde, hier einfach der mehrfache Aufruf einer Prozedur.

1. Schreiben Sie eine neue Prozedur *ZaehlWeiter* mit dem folgenden Code:

```
Sub ZaehlWeiter()
    Static intZaehler As Integer

    intZaehler = intZaehler + 1
    MsgBox "Zählerstand: " & intZaehler
End Sub
```

2. Jeder Aufruf dieser Prozedur zeigt einen um *1* erhöhten Zählerstand, bis Sie entweder die Datenbank schließen oder mit dem Befehl *Ausführen/Zurücksetzen* alle öffentlichen und statischen Variablen wieder löschen.

Der Vorteil einer statischen Variablen besteht darin, dass sie sich zwar in der Lebensdauer wie eine Modul-öffentliche Variable verhält, aber von anderen Prozeduren nicht versehentlich geändert werden kann. Ihre Sichtbarkeit ist wie eine lokale Variable auf diese Prozedur beschränkt.

## Sammeldeklaration

Praktisch nirgendwo benutzt, aber wenigstens der Vollständigkeit halber erwähnt werden soll die Möglichkeit, Variablen gesammelt deklarieren zu können. Meistens wird es nämlich unfreiwillig falsch gemacht, um Zeilen zu sparen:

```
Dim strA, strB, strC As String    'das ist unvollständig!
```

So wie hier ist tatsächlich die Deklaration mehrerer Variablen in einer Zeile möglich und *strC* ist dabei auch zu einer *String*-Variablen geworden. Die beiden übrigen jedoch sind *Variant*, weil sie keinen eigenen Datentyp erhalten hatten. Korrekt wäre diese Schreibweise gewesen:

```
Dim strA As String, strB As String, strC As String    'das ist korrekt!
```

Eine Alternative besteht in den Def...-Deklarationen wie in Abbildung 33.8, wobei jeweils konkrete Datentypen wie *DefBool*, *DefByte*, *DefInt*, *DefLng*, *DefCur*, *DefSng*, *DefDbl*, *DefDec*, *DefDate*, *DefStr*, *DefObj* oder *DefVar* genannt sein müssen. Sie müssen auf Modulebene deklariert werden und geben anschließend einen einzigen Buchstaben an.

**Abbildg. 33.8**  Die Deklaration mehrerer Modul-öffentlicher Variablen mit einem Datentyp ist so möglich

Mit der dort gezeigten Prozedur *Sammeldeklaration* und der (sonst eher selten eingesetzten) *TypeName()*-Funktion können Sie prüfen, welchen Datentyp die Variablen erhalten haben:

- Mit DefInt I werden alle Variablen mit dem Anfangsbuchstaben *i* als *Integer*-Datentyp vereinbart werden, das gilt also auch für *intTest*.

- Mit DefStr S-T gilt der Datentyp *String* für alle Variablen, deren Anfangsbuchstabe im Bereich von *s* bis *t* liegt, also auch für *strBeispiel*.

**ACHTUNG** Das Beispiel funktioniert so nur, weil die `Option Explicit`-Anweisung auskommentiert ist. Sonst hätte es noch zweier Deklarationen für die Variablen bedurft, sodass Sie erst recht keine Zeile gespart hätten.

Dieses Konzept der Sammeldeklaration stammt aus der Frühzeit der Programmierung und widerspricht einer ordentlichen Ungarischen Notation, denn solche Variablen können nicht mit *m_int* oder *m_str* gekennzeichnet werden.

# Datenfelder

Eine bessere Lösung als das eben gezeigte Vordefinieren vieler Variablennamen mit `Def...`-Anweisungen besteht in der Nutzung von Datenfeldern oder Arrays. Ein Datenfeld ist eine Sammlung vieler gleichartiger Variablen unter einem einzigen Namen, die über eine Indexnummer angesprochen werden.

Es gelten die gleichen Datentypen wie für Einzelvariablen, im Grunde fügen Sie bei der Deklaration nur ein Klammerpaar mit der Anzahl der Einzelelemente hinzu:

1. Schreiben Sie in einem Modul die Prozedur *BeispielDatenfeld* zum Testen wie im folgenden Listing:

```
Sub BeispielDatenfeld()
    Dim strNamen(2) As String
    
    strNamen(0) = "Lorenz Hölscher"
    strNamen(1) = "Willi Wichtig"
    strNamen(2) = "Leonore Leserin"
    
    MsgBox "Der erste Name ist " & strNamen(0)
End Sub
```

2. Starten Sie die Prozedur mit der [F5]-Taste, wird in der Meldung der erste Name des Datenfeldes angezeigt (siehe Abbildung 33.9).

**Abbildg. 33.9** Der erste Name des Datenfeldes wird angezeigt

**ACHTUNG** Datenfelder sind 0-basiert, was bedeutet, dass das erste Element immer die Indexnummer *0* hat. Wenn Sie also `Dim strNamen(2)` deklarieren, dann stehen Ihnen drei Elemente zur Verfügung!

## Mehrdimensionale Datenfelder

Das bisher gezeigte Datenfeld *strNamen* hatte eine Dimension, also eine Größenangabe. Das können Sie sich wie viele Zeilen einer einzigen Spalte vorstellen (VBA erlaubt bis zu 60 Dimensionen, aber das kann man sich nicht mehr ernsthaft vorstellen).

Ein zweidimensionales Datenfeld entspricht gedanklich einer Tabelle mit Zeilen und Spalten, wie Sie das aus Excel kennen. Es wird wie im folgenden Listing deklariert:

```
Dim strSchachspiel(7, 7) As String
```

Dementsprechend müssen auch bei der Zuweisung mehrere Indexnummern genannt werden:

```
strSchachspiel(0, 0) = "Turm"
strSchachspiel(0, 1) = "Pferd"
```

**HINWEIS** Die *UBound()*-Funktion kann jede Dimension eines Datenfelds einzeln ermitteln, dann müssen Sie das zweite Argument angeben: UBound(strSchachspiel, 2). Hier unterscheidet sich das Ergebnis nicht, weil es ja ein quadratisches Spielfeld ist, aber korrekt ist es trotzdem.

## Datenfelder mit eigenen Grenzen

Sie können die Ober- und Untergrenze eines Datenfeldes mit dem Schlüsselwort *To* frei vorgeben, wenn es sein muss. Gerade für Monate oder Jahreszahlen ist es viel übersichtlicher, die »echten« Werte auch als Indexnummer zu benutzen. Die folgenden Deklarationen sind damit sicherlich leichter zu verstehen.

```
Dim dblMonatsumsatz(1 To 12) As Double
dim dblJahresumsatz(2004 to 2010) As Double
```

Das wäre auch beim Schachspiel zulässig gewesen wie im folgenden Code:

```
Dim strSchachspiel(1 To 8, 1 To 8) As String
```

**PROFITIPP** Grundsätzlich könnten Sie die untere Grenze aller Datenfelder von *0* auf *1* setzen, indem Sie am Anfang eines Moduls Option Base 1 eintragen. Damit sind Ihre Datenfelder 1-basiert. Das lohnt sich aber nicht wirklich, denn die integrierten Auflistungen (wie die *Forms*-Auflistung, die Sie gleich in einem Beispiel sehen werden) beginnen trotzdem mit *0*.

## Dynamische Datenfelder

Wichtiger jedoch ist die Möglichkeit von Datenfeldern, ihre Größe erst zur Laufzeit dynamisch anzupassen. Damit das funktioniert, dürfen Sie bei deren Deklaration in den Klammern keine Größe angeben.

Auch wenn der folgende Code schon einen Vorgriff auf die Programmierung von Schleifen und den Zugriff auf Access-Objekte enthält, sehen Sie daran die Flexibilität von dynamischen Datenfeldern:

1. Erstellen Sie eine neue Prozedur *SammleOffeneFormulare* mit dem folgenden Code:

```
Sub SammleOffeneFormulare()
    Dim strFormulare() As String
    Dim intZaehler As Integer

    ReDim strFormulare(Forms.Count - 1)

    For intZaehler = 0 To Forms.Count - 1
        strFormulare(intZaehler) = Forms(intZaehler).Name
    Next

    MsgBox "Das letzte offene Formular heißt: " & strFormulare(UBound(strFormulare))
End Sub
```

2. Das Datenfeld *strFormulare* ist ganz ohne Größe deklariert worden, deswegen muss es vor seiner ersten Benutzung mit der *ReDim*-Anweisung eine entsprechende Größenangabe erhalten. Alle offenen Formulare sind automatisch in der *Forms*-Auflistung enthalten, wegen der 0-Basierung des Datenfeldes ist dessen Größe immer um *1* kleiner als die Anzahl der Formulare.
3. Die *For/Next*-Schleife liest den Namen jedes offenen Formulars (welches Sie übrigens wie in einem Datenfeld als nummeriertes Element der *Forms*-Auflistung ansprechen) in das passende Datenfeld-Element ein.
4. Die Meldung am Ende nutzt die *UBound()*-Funktion zum Ermitteln der letzten Indexnummer, welche die Obergrenze (engl. *upper bound*) eines Datenfelds ermittelt.

**TIPP**    Das Gegenstück zur *UBound()*-Funktion ist die *LBound()*-Funktion (engl. *lower bound*) für die untere Grenze des Datenfelds.

Bevor Sie diese Prozedur testen, müssen Sie jedoch in Access mindestens ein Formular geöffnet haben, weil sie sonst einen Laufzeitfehler meldet. Sie funktioniert aber bei beliebig vielen offenen Formularen. Das ist eine Flexibilität, wie sie sonst nicht zu lösen wäre.

## Datenfeld neu dimensionieren

Sie können die Größe eines Datenfeldes mit der *ReDim*-Anweisung auch mehrfach ändern, aber dabei verlieren Sie immer alle darin enthaltenen Daten. Um das zu vermeiden, müssen Sie ReDim Preserve schreiben, allerdings lässt sich damit immer nur die letzte Dimension in der Größe verändern.

Der folgende Code erzeugt zuerst ein Datenfeld mit (3 * 3 =) 9 Elementen und füllt diese mit Inhalten. Danach wird die letzte Dimension auf 4 Elemente erweitert und ein Wert hineingeschrieben (die übrigen sind dann noch *0*, weil als *Integer* deklariert).

```
Sub DatenfeldErhalten()
    Dim intTest() As Integer

    ReDim intTest(2, 2)

    intTest(0, 0) = 1
    intTest(0, 1) = 2
    intTest(0, 2) = 4
    intTest(1, 0) = 7
    intTest(1, 1) = 11
    intTest(1, 2) = 17
    intTest(2, 0) = 18
    intTest(2, 1) = 22
    intTest(2, 2) = 25

    ReDim Preserve intTest(2, 3)
    intTest(0, 3) = 999

    MsgBox "Altdaten vorhanden: " & intTest(2, 1)
End Sub
```

Die *MsgBox*-Prozedur beweist, dass die vorherigen Werte aus dem ursprünglichen Datenfeld noch vorhanden sind.

## Datenfeld löschen

Wie jede andere Variable auch, ist ein lokales Datenfeld am Ende einer Prozedur aus dem Speicher gelöscht. Wollen Sie es zwischendurch ausdrücklich leeren, steht die *Erase*-Anweisung zur Verfügung. Bei statischen Datenfeldern wird dadurch kein Speicherplatz gewonnen, nur bei dynamischen.

## Variant-Variable als Pseudo-Datenfeld

Manchmal können Sie nicht angeben, wie groß ein Datenfeld sein muss. Dafür ist es sehr praktisch, dass der *Variant*-Datentyp sich wie ein Datenfeld verhalten kann. Die *Split()*-Funktion beispielsweise liefert als Rückgabewert ein Datenfeld, in dem die gefundenen Textteile enthalten sind.

Das folgende Listing zeigt, dass Sie deren Rückgabewert direkt an eine *Variant*-Variable übergeben können und diese dann mit Indexnummern wie ein echtes Datenfeld behandeln können:

```
Sub PseudoDatenfeld()
    Dim varTeile As Variant

    Const cstrTesttext = "Anton, Berta, Cäsar, Dora, Emil, Friedrich"

    varTeile = Split(cstrTesttext, ",")
    MsgBox "Der letzte Namen lautet " & varTeile(UBound(varTeile))
End Sub
```

> **HINWEIS**  Das zweite Argument der *Split()*-Funktion gibt an, welches Trennzeichen im ersten Argument berücksichtigt werden soll.

Auch für ein solches Pseudo-Datenfeld in einer *Variant*-Variablen kann die *UBound()*-Funktion zum Ermitteln der Größe eingesetzt werden.

Umgekehrt lassen sich einer *Variant*-Variablen mittels *Array()*-Funktion auch direkt mehrere Werte in einer einzigen Zeile zuweisen, wie es der folgende Code zeigt:

```
Sub SammleFarben()
    Dim varFarben As Variant

    varFarben = Array("rot", "gelb", "grün", "blau")
    MsgBox "Die erste Farbe ist " & varFarben(0)
End Sub
```

# Eigene Datentypen

Die Bezeichnung *eigene Datentypen* ist ein wenig missverständlich, weil Sie damit nicht wirklich neue Datentypen erfinden. Allerdings können Sie vorhandene Datentypen zu einem neuen Komplex mehrerer Werte in einer einzigen Variablen zusammenfassen.

Um sich beispielsweise die verschiedenen Eigenschaften der in der Datenbank angemeldeten Person zu merken, bräuchte es diese Variablen (die hier Datei-öffentlich sind):

```
Public p_strVorname As String
Public p_strNachname As String
Public p_datAnmeldung As Date
Public p_intAnzahlFehler As Integer
```

Da diese jedoch später in der Dropdownliste alphabetisch angezeigt werden, ist der Zusammenhang nicht mehr klar. Vielmehr sind sie wegen ihres Präfixes nur nach ihrem Datentyp sortiert.

Mit der *Type*-Anweisung erfinden Sie (am besten im schon erwähnten, allgemeinen Modul *modVarKonst*) einen neuen Datentyp *Person*, der die dort genannten Elemente als Unterdaten enthält:

```
Type Person
    strVorname As String
    strNachname As String
    datAnmeldung As Date
    intAnzahlFehler As Integer
End Type
```

> **ACHTUNG**  *Type*-Deklarationen müssen in Standardmodulen stehen. Formular- und Berichtsmodule sind demgegenüber Klassenmodule und nicht zulässig.

Der neue Datentyp *Person* steht Ihnen damit überall in dieser Datenbank in VBA zur Verfügung und Sie können ihn (Datei-öffentlich wie im folgenden Code oder lokal) deklarieren:

```
Public p_prsBenutzer As Person
```

**HINWEIS**  Die Deklaration des neuen Datentyps darf sogar vor der Zeile stehen, in welcher die *Type*-Anweisung dazu steht.

Der Vorteil des neuen Datentyps ist bei seinem Aufruf (siehe Abbildung 33.10) zu erkennen, denn dort klappt nach dem Punkt hinter dem neuen Datentyp eine Liste aller darin enthaltenen Variablen auf. Diese sind dadurch als gemeinsam zu erkennen.

Abbildg. 33.10  Der neue Datentyp zeigt nur seine eigenen Variablen

**TIPP**  Es ist unbequem, in jeder Zeile erneut das gleiche Objekt zu nennen. VBA erlaubt es, diese sozusagen »auszuklammern«. Statt des folgenden Codes

```
p_prsBenutzer.strNachname = "Hölscher"
p_prsBenutzer.strVorname = "Lorenz"
p_prsBenutzer.intAnzahlFehler= 99
p_prsBenutzer.datAnmeldung = #12/24/2010#
```

nennen Sie das gemeinsame Objekt einmalig hinter *With* und lassen die übrigen Zeilen mit einem führenden Punkt beginnen:

```
With p_prsBenutzer
    .strNachname = "Hölscher"
    .strVorname = "Lorenz"
    .intAnzahlFehler= 99
    .datAnmeldung = #12/24/2010#
End With
```

Dabei müssen zwischen *With* und *End With* keineswegs die Zeilen mit einem Punkt beginnen, er kann auch mitten in der Zeile vorkommen. Er steht überall dort am Anfang einer Eigenschaft, wo das ausgeklammerte Objekt eingesetzt wird.

# Objekt-Variablen

Fast alle bisher benutzten Variablen gehören zu den einfachen Datentypen, die als *Variant* zusammengefasst werden könnten. Obwohl diese bisher recht oft vorkamen, gibt es von einer anderen Gruppe viel mehr (Unter-)Datentypen, nämlich von den sogenannten Objekt-Variablen.

Objekt-Variablen erlauben das »Speichern« beliebiger Objekte, also eines Datensatzes, eines Formulars oder auch der ganzen Datenbank. Anders als bei den einfachen Datentypen wird aber nicht wirklich der Inhalt darin gespeichert, sondern es ist immer nur eine (4 Bytes kleine) Zahl enthalten. Diese gibt an, wo der Code beim Aufruf das tatsächliche Objekt findet.

Sie können solche Objekt-Variablen so behandeln, als sei das Objekt darin enthalten, es ist aber viel Platz sparender, weil eben nur die Speicheradresse notiert ist.

**ACHTUNG** Während Variablen des einfachen Datentyps wie mit `intZaehler = 1` direkt einen Wert zugewiesen bekommen können, muss bei Objekt-Variablen immer die *Set*-Anweisung davor stehen:

```
Dim dbsDatenbank As Database
Set dbsDatenbank = CurrentDb
```

Als Objekt-Datentypen gibt es so viele, dass eine eigene Tabelle hier den Rahmen sprengen würde. Sobald Sie jedoch die Zeile `Dim xy As` schreiben, wird die Dropdownliste nach *As* sowieso alle Objekt-Datentypen anzeigen.

Wenn Sie eine solche Variable nur `As Object` definieren, ist sie ebenso unspezifisch wie eine *Variant*-Variable. Geben Sie ihr aber einen konkreten Objekt-Datentyp wie in Abbildung 33.11, bietet sie bei der Benutzung alle Eigenschaften und Methoden des jeweiligen Objekts an.

**Abbildg. 33.11** Objekt-Datentypen kennen Methoden und Eigenschaften ihres Objekts

Wir werden uns in späteren Kapiteln ausführlich mit den Objekt-Datentypen beschäftigen.

# Prozedur-Argumente

In Kapitel 32 haben Sie bei den Property-Prozeduren zwangsläufig schon gesehen, dass auch an selbstdefinierte Prozeduren über Argumente Werte übergeben werden können. Dabei handelt es sich im Grunde um Variablen, auch wenn diese nicht explizit deklariert wurden.

## Notwendige Argumente

Solche Argumente (manchmal auch als Parameter bezeichnet) bieten sich beispielsweise an, damit eine eigene Standardmeldung unterschiedliche Texte anzeigen kann.

1. Erstellen Sie eine neue Prozedur *StandardMeldung* wie im folgenden Listing, deren *strText*-Argument den Datentyp *String* erhält:

```
Sub StandardMeldung(strText As String)
    MsgBox "Hinweis: " & vbCrLf & strText
End Sub
```

2. Da sich weder Sub-Prozeduren noch Funktionen mit Argumenten direkt per [F5]-Taste aufrufen lassen, braucht es eine Hilfsprozedur zum Testen:

```
Sub TesteStandardMeldung()
    StandardMeldung "Das ist ein Beispiel."
    StandardMeldung "Hier steht ein anderer Text!"
End Sub
```

3. In Abbildung 33.12 sehen Sie die zwei Meldungen, die mit dieser Testprozedur erscheinen. Durch das Argument enthält jede davon einen eigenen Text.

Abbildg. 33.12    Je nach Argument zeigt die Meldung unterschiedliche Texte an

## Mehrere Argumente

Mehrere Argumente werden sowohl bei der Deklaration als auch beim späteren Aufruf durch Komma getrennt. Hier könnte als zweites Argument noch das anzuzeigende Symbol angegeben werden.

1. Erweitern Sie die Prozedur *StandardMeldung* um ein zweites Argument *intSymbol* für die Auswahl des Symbols:

```
Sub StandardMeldung(strText As String, intSymbol As Integer)
    MsgBox "Hinweis: " & vbCrLf & strText, intSymbol
End Sub
```

**2.** Dementsprechend müssen auch beim Aufruf jedes Mal zwei Argumente angegeben werden. Die Testprozedur ändert sich daher wie im folgenden Listing:

```
Sub TesteStandardMeldung()
    StandardMeldung "Das ist ein Beispiel.", vbInformation
    StandardMeldung "Hier steht ein anderer Text!", 0
End Sub
```

**3.** Das Argument *vbInformation* zeigt wie in Abbildung 33.13 ein passendes Symbol an, der Wert *0* bedeutet kein Symbol.

**Abbildg. 33.13**   Je nach zweitem Argument zeigt die Meldung nun auch unterschiedliche Symbole an

**PROFITIPP**   Wie Sie beim Eingeben bemerkt haben werden, werden als zweites Argument keineswegs nur die sinnvollen Konstanten angegeben, sondern alle. Das lässt sich mit Enumerationen verbessern, die auf Seite 781 vorgestellt werden.

## Optionale Argumente

Bei der ursprünglichen *MsgBox*-Prozedur waren alle bis auf das erste Argument optional, da wäre es doch schön, wenn das bei selbstdefinierten Prozeduren auch ginge, oder? Natürlich geht das. Anstatt explizit die *0* angeben zu müssen, wenn kein Symbol gewollt wird, soll das Argument optional werden:

**1.** Schreiben Sie in der Definition von *StandardMeldung* vor das zweite Argument das Schlüsselwort Optional und ändern Sie außerdem den Datentyp des Arguments (und sein Präfix) auf *Variant* wie im folgenden Code:

```
Sub StandardMeldung(strText As String, Optional varSymbol As Variant)
    MsgBox "Hinweis: " & vbCrLf & strText, intSymbol
End Sub
```

**2.** Damit auf das Fehlen des zweiten Arguments auch reagiert werden kann, braucht es die *IsMissing()*-Funktion und (im Vorgriff auf das Kapitel 34) eine *If*-Anweisung.

```
Sub StandardMeldung(strText As String, Optional varSymbol As Variant)
    If IsMissing(varSymbol) Then
        MsgBox "Hinweis: " & vbCrLf & strText, 0
    Else
        MsgBox "Hinweis: " & vbCrLf & strText, intSymbol
    End If
End Sub
```

> **ACHTUNG** Die *IsMissing()*-Funktion liefert nur bei *Variant*-Variablen korrekte Ergebnisse, daher musste hier unbedingt der Datentyp angepasst werden.

3. In der Prozedur *TesteStandardMeldung* können Sie nun beim zweiten Aufruf das Argument *0* samt vorherigem Komma weglassen:

```
Sub TesteStandardMeldung()
    StandardMeldung "Das ist ein Beispiel.", vbInformation
    StandardMeldung "Hier steht ein anderer Text!"
End Sub
```

Das sieht natürlich erst einmal nach ziemlich viel Aufwand für eine gesparte *0* aus, zeigt aber die grundsätzliche Technik optionaler Argumente.

> **ACHTUNG** Das Schlüsselwort *Optional* kann nur für ein oder mehrere letzte Argumente benutzt werden, danach ist kein notwendiges Argument mehr möglich.

Wirklich praktisch ist diese Version jedoch nicht, weil die Prüfung mit *IsMissing()* einerseits den Datentyp auf *Variant* beschränkt und andererseits ein relativ schreibaufwändiges *If* verlangt.

Der Trick zur Vereinfachung besteht darin, dass einem optionalen Argument ein Standardwert mitgegeben werden kann. Wenn das Argument später beim Aufruf fehlt, wird dieser Standardwert benutzt. Dadurch sparen Sie sich die Prüfung, denn das Argument hat immer einen Wert!

Verkürzen Sie also die Definition von *StandardMeldung* wieder auf die ursprüngliche eine Codezeile, ändern den Datentyp des zweiten Arguments ebenfalls zurück auf *Integer* und fügen dort einen Standardwert hinzu:

```
Sub StandardMeldung(strText As String, Optional intSymbol As Integer = 0)
    MsgBox "Hinweis: " & vbCrLf & strText, intSymbol
End Sub
```

Die Testprozedur selber verändert sich nicht und Sie werden beim Testen feststellen, dass es trotz der viel kürzeren Definition auf das gleiche Ergebnis hinausläuft.

# Argumentlisten

Ich habe nicht schlecht gestaunt, als ich das erste Mal das Fehlen einer VBA-*Max()*-Funktion (und ebenso der *Min()*-Funktion) in Access bemerkt habe, mit der sich ein Maximum (oder Minimum) von Werten berechnen ließe. Tatsächlich, eine solche grundlegende Funktion gibt es in Access-VBA nicht!

**HINWEIS** Es gibt zwei ähnliche Funktionen, aber die helfen hier nicht. Die *DMax()*-Funktion lässt sich zwar in VBA aufrufen, sie ermittelt jedoch nur das Maximum von gespeicherten Werten aus Datensätzen. Die integrierte *Max()*-Funktion hingegen ist nur in SQL zulässig und kann nicht in VBA benutzt werden.

Natürlich ist es nicht schwer, zwei Werte miteinander zu vergleichen und den größeren davon als Rückgabewert einer selbstdefinierten *Max()*-Funktion zu ermitteln. Das sähe so aus wie im folgenden Listing:

```
Function Max(dblWert1 As Double, dblWert2 As Double) As Double
    If dblWert1 > dblWert2 Then
        Max = dblWert1
    Else
        Max = dblWert2
    End If
End Function
```

Spannend wird es erst, wenn beliebig viele Werte angegeben werden können, wie Sie das möglicherweise aus der *Max()*-Funktion in Excel-Tabellen kennen. Dazu geben Sie vor dem Argument das Schlüsselwort *ParamArray* an wie im folgenden Listing:

```
Function Max(ParamArray dblWerte()) As Double
    Dim intZaehler As Integer
    Dim dblMaxBisher As Double

    dblMaxBisher = dblWerte(0)
    For intZaehler = LBound(dblWerte) + 1 To UBound(dblWerte)
        If dblMaxBisher < dblWerte(intZaehler) Then
            dblMaxBisher = dblWerte(intZaehler)
        End If
    Next
    Max = dblMaxBisher
End Function
```

**ACHTUNG** Das Schlüsselwort *ParamArray* ist nur beim letzten Argument zulässig, weil ja sonst nicht herauszufinden wäre, wie viele Daten dazugehören.

Auch hier muss ich schon zukünftigen Themen wie *If* und vor allem einer *For/Next*-Schleife (siehe Kapitel 34) vorgreifen, weil das sonst mit beliebig vielen Argumenten nicht lösbar ist.

Die Prozedur merkt sich den ersten Eintrag des Datenfelds *dblWerte* als Maximalwert *dblMaxBisher*. In einer Schleife wird dann mit dem jeweils nächsten Element des Datenfelds verglichen, ob dieses größer ist. Nur wenn das der Fall ist, wird jenes als neuer Maximalwert eingetragen. Am Ende wird der letzte Maximalwert als Rückgabewert benutzt.

Sie können das im Direktbereich wie in Abbildung 33.14 mit beliebig vielen Argumenten testen. Denken Sie bitte dabei daran, dass Dezimalzahlen mit amerikanischem Dezimalpunkt eingegeben werden müssen.

**Abbildg. 33.14**  Die selbstdefinierte *Max()*-Funktion liefert ein korrektes Ergebnis

```
Direktbereich
 ? max(5, 9, 12.34, 99, 2)
 99
```

# Rückgabeargumente

Bisher habe ich behauptet, nur Funktionen könnten einen einzigen Wert als Rückgabewert an die aufrufende Prozedur liefern. Schon mit dem eben Gelernten wüssten Sie jetzt, dass das gar nicht so eingeschränkt ist. Schließlich kann der »einzige« Rückgabewert ja ein Datenfeld oder ein selbst definierter Datentyp wie im folgenden Beispiel sein.

1. Erstellen Sie eine neue Funktion *WerBinIchAusfuehrlich()* mit dem Code wie im folgenden Listing:

```
Function WerBinIchAusfuehrlich() As Person
    Dim prsIch As Person
    
    prsIch.strNachname = Environ("Username")
    prsIch.strVorname = "<unbekannt>"
    prsIch.datAnmeldung = Now()
    prsIch.intAnzahlFehler = 0
    
    WerBinIchAusfuehrlich = prsIch
End Function
```

2. Diese *WerBinIchAusfuehrlich()*-Funktion nutzt den bereits besprochenen eigenen Datentyp *Person* für den Rückgabewert. Obwohl also eigentlich wie immer nur ein Wert zurückgegeben wird, enthält dieser doch ein ganzes Bündel an Informationen.

**PROFITIPP**   Die *Environ()*-Funktion ermittelt Umgebungsvariablen aus Windows selber. Dabei sind vor allem *Environ("Username")* und *Environ("Computername")* interessant, mit denen Sie herausfinden können, wie der in Windows angemeldete Benutzer beziehungsweise sein Rechner heißt. Das ist viel eleganter abzufragen, als eine eigene Benutzerverwaltung zu programmieren.

3. In der Testprozedur *Anmeldung* wie im folgenden Listing müssen Sie daher auch die Variable *prsAktuellerBenutzer* als den gleichen Datentyp wie die Funktion definieren:

```
Sub Anmeldung()
    Dim prsAktuellerBenutzer As Person
    
    prsAktuellerBenutzer = WerBinIchAusfuehrlich()
    MsgBox "Angemeldet ist: " & prsAktuellerBenutzer.strNachname
End Sub
```

Für die *MsgBox*-Prozedur lässt sich anschließend aus der Variablen *prsAktuellerBenutzer* die eigentlich relevante Teilinformation herausholen. Aber auch diese Erweiterung basierte noch auf der Tatsache, dass eine Funktion einen Rückgabewert hat, selbst wenn dieser umfangreiche Teildaten enthält.

## Eigene Rückgabeargumente

Beim nächsten Beispiel werden die Argumente selber die Daten auch in der Gegenrichtung transportieren. Dazu ändert sich an der Definition nichts, nur dass die Inhalte von Argumenten im Code verändert werden.

1. Schreiben Sie eine neue Sub(!)-Prozedur *TrenneDatei* mit den drei Argumenten wie im folgenden Listing:

```
Sub TrenneDatei(strKomplett As String, strDatei As String, strEndung As String)
    Dim intPosPunkt As Integer

    intPosPunkt = InStrRev(strKomplett, ".")
    strDatei = Left(strKomplett, intPosPunkt - 1)
    strEndung = Mid(strKomplett, intPosPunkt + 1)
End Sub
```

**HINWEIS** Die Funktionen *InStrRev()*, *Left()* und *Mid()* stelle ich Ihnen ausführlich im Kapitel 36 vor.

2. Die Prozedur wird später einen kompletten Dateinamen inklusive Endung im ersten Argument erhalten, diesen zerlegen und an die anderen zwei Argumente *strDatei* und *strEndung* jeweils die Einzelteile zurückgeben.

3. Das braucht nicht nur wie bisher eine Testprozedur *TesteTrenneDatei*, sondern darin vor allem zwei Variablen, welche die zerlegten Texte aus den letzten beiden Argumenten wieder entgegennehmen können.

4. Das folgende Listing ruft die *TrenneDatei*-Prozedur auf und zeigt, dass die Inhalte der Argumente verändert wurden (siehe Abbildung 33.15):

```
Sub TesteTrenneDatei()
    Dim strNurDatei As String
    Dim strNurEndung As String

    TrenneDatei "K_und_L.accdb", strNurDatei, strNurEndung
    MsgBox "Dateiname: " & strNurDatei & vbCrLf & "Endung: " & strNurEndung
End Sub
```

**Abbildg. 33.15** Die Meldung zeigt die veränderten Daten

> **PROFITIPP** Viele halten mich für übertrieben kleinlich, da ich immer wieder darauf hinweise, dass nach einem Prozeduraufruf ein Leerzeichen und *keine* Klammer folgt (wie bei `MsgBox "Hallo"`) und nach einem Funktionsaufruf ohne Leerzeichen eine Klammer (wie bei `intX = MsgBox("Okay?", vbYesNo)`). Hier lässt sich sehr schön beobachten, welch katastrophale Folgen die Missachtung dieser Regel haben kann. Ändern Sie bitte in *TesteTrenneDatei* mal den Aufruf wie folgt mit den Klammern um die Variablen:

```
TrenneDatei "K_und_L.accdb", (strNurDatei), (strNurEndung)
```

Um die Argumente sind »nur« Klammern gesetzt worden, aber anschließend sind die Ergebnisse leer! Aus den Variablen wurden dadurch nämlich plötzlich konstante Werte, die keine Daten mehr annehmen können. Es gibt jedoch keine Fehlermeldung und das macht diesen Schreibfehler so gefährlich.

## API-Aufrufe

Da der Definition einer Prozedur nie anzusehen ist, ob es sich um Rückgabeargumente handelt, vermeide ich diese Technik in meinem Code. Es ist aber notwendig, diese Technik zu kennen, weil sie der Standard für sogenannte API-Aufrufe ist.

> **HINWEIS** Windows selber stellt eine Menge seiner Funktionalität anderen Programmen zur Verfügung, die als *Application Programming Interface* (etwa: Schnittstelle für Anwendungsprogrammierung) bezeichnet wird. Dadurch müssen Programmierer nicht jedes Mal das Rad neu erfinden, sondern können auf fertige Funktionen zurückgreifen.

Damit können Sie aus VBA heraus Windows-interne Funktionen nutzen, wie ich Ihnen am Beispiel eines Verzeichnisnamens zeigen möchte. Der Pfad für temporäre Dateien liegt oft auf *C:\Temp\*, aber Sie können sich nicht darauf verlassen, denn manche Windows-Installationen benutzen gar nicht das *C:*-Laufwerk. Es gibt eine Windows-interne API-Funktion, die Ihnen den entsprechenden Pfad nennt:

1. Erstellen Sie ein neues Modul, damit der Verweis auf die gewünschte API-Funktion dort am Anfang eingetragen werden kann. Sie heißt *GetTempPathA* und steht in der Datei *Kernel32.dll*. Damit VBA darauf zugreifen kann, muss das in einer *Declare*-Anweisung festgehalten werden einschließlich der Datentypen und Reihenfolge der Argumente:

```
Declare Function GetTempPathA Lib "kernel32" ( _
    ByVal nBufferLength As Long, ByVal lpBuffer As String) As Long
```

> **HINWEIS** Woher wissen Sie, welche API-Funktionen mit welchen Argumenten es gibt und in welcher DLL (*Dynamic Link Library*, eine Datei mit ausführbarem Programmcode) diese stehen? Eine sehr hilfreiche Quelle ist hier *www.vbarchiv.de/api* mit einer ziemlich umfangreichen API-Referenz. Achten Sie vor allem darauf, dass die Beispiele für VB oder VBA geschrieben sind, denn die Programmiersprache C beispielsweise benutzt gleiche Namen für andere Datentypen!

2. Schreiben Sie anschließend eine Prozedur *ZeigeTempPfad*, welche anhand dieser API-Funktion jetzt den tatsächlich installierten Temp-Pfad ermitteln kann:

```
Sub ZeigeTempPfad()
    Dim lngErfolg As Long
    Dim strPfad As String
    
    strPfad = Space(256)
    lngErfolg = GetTempPathA(Len(strPfad), strPfad)
    If lngErfolg <> 0 Then
        MsgBox "Temp-Verzeichnis: " & strPfad
    End If
End Sub
```

3. Hier sehen Sie gleich zwei Besonderheiten, die API-Funktionen typischerweise haben. Zum einen müssen *String*-Variablen vorher ausreichend mit Leerzeichen gefüllt werden (weil die Funktionen in *C* geschrieben sind, was intern anders organisiert ist), wie es strPfad = Space(256) erledigt. Dabei wird eine Zeichenkette mit 256 Leerzeichen erzeugt.

4. Zum anderen ist der Rückgabewert einer API-Funktion praktisch immer nur eine *Long*-Zahl, die den Erfolg oder Misserfolg erkennen lässt. Daher wird hier geprüft, dass die API-Funktion nicht mit dem Wert *0* einen Fehler gemeldet hat.

5. Wenn Sie *ZeigeTempPfad* mit der F5-Taste ausführen, zeigt eine Meldung wie in Abbildung 33.16 den von Windows ermittelten Temp-Pfad an.

**Abbildg. 33.16**   Der Temp-Pfad liegt hier tatsächlich woanders als in *C:\Windows\Temp\*!

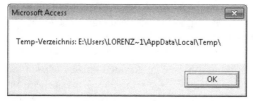

Rückgabeargumente sind die einzige Chance für API-Funktionen, gleichzeitig mehrere Werte an den aufrufenden Code zurückzugeben. Daher ist diese Technik wichtig, wenn Sie die Fähigkeiten von VBA erweitern wollen.

# Konstanten

Während Variablen dazu dienen, im Programmablauf wechselnde Inhalte darin speichern zu können, ist das bei Konstanten genau umgekehrt. Diesen können Sie einmalig bei der Deklaration einen Wert zuweisen und danach ändert sich dieser nie wieder.

Im Zusammenhang mit der *MsgBox()*-Funktion haben Sie bereits den Vorteil von Konstanten kennengelernt, dass nämlich die unverständlichen Zahlenwerte in lesbare Bezeichnungen umgewandelt wurden.

Die Gültigkeitsbereiche entsprechen denen der Variablen, es gibt jedoch kein Static-Schlüsselwort. Das Schlüsselwort für Konstanten heißt Const statt Dim, nur für Datei-öffentliche Konstanten müssen Sie abweichend von diesem Schema Public Const schreiben.

Die Datentypen wären für Konstanten wie für Variablen wählbar, sind aber eher uninteressant, weil der zugewiesene Wert als Angabe für einen Datentyp ausreicht.

**TIPP** Damit nicht einer Konstanten im Code versehentlich ein neuer Wert zugewiesen werden soll, kennzeichne ich Konstanten zur Unterscheidung von Variablen mit einem zusätzlichen c.

Typische Konstanten für ziemlich jedes Programm sind Angaben über die Version, den Autor oder das Datum der letzten Speicherung. Diese sind Datei-öffentlich, damit sie überall genutzt werden können:

```
Public Const p_cstrPrgName = "Kosten&Logistik"
Public Const p_cstrPrgVersion = "1.01a"
'Achtung: amerikanische Reihenfolge beim Datum, es handelt sich um Weihnachten!
Public Const p_cdatPrgStand = #12/24/2010#
Public Const p_cstrPrgTitel = p_cstrPrgName & " (Version " & p_cstrPrgVersion & ")"
```

Wie Sie in der letzten Zeile des Listings sehen, können Konstanten durchaus auch aus anderen Konstanten berechnet werden, nicht jedoch aus Funktionen.

**PROFITIPP** Die Konstante p_cstrPrgTitel ist sehr praktisch in Meldungen, damit ein Benutzer immer weiß, ob das eine Access-eigene Meldung ist oder eine von der Programmierung dieser speziellen Datenbank. Wie in Abbildung 33.17 wird dann für jede *MsgBox* dieser Wert als Titel der Meldung eingesetzt.

**Abbildg. 33.17** Versehen Sie eigene Meldungen immer mit einem Standardtitel

Wie Sie bei dieser Gelegenheit auch bemerken werden, hat die Kennzeichnung p_ nebenbei noch den Vorteil, dass solche oft genutzten Datei-öffentlichen Konstanten auch schnell in der Liste zu finden sind.

# Enumerationen

Früher oder später werden Sie ganze Reihen von Konstanten brauchen, die zu einem Themenbereich gehören. Sehr beliebt ist es beispielsweise, in Formularen Eingabefelder farblich zu kennzeichnen, ob sie optional oder notwendig sind oder ungültige oder veränderte Daten enthalten. Anstatt die Farben jedes Mal »zu Fuß« zuzuweisen, sollten für einen solchen Fall Konstanten eingesetzt werden. Das ginge auch schon mit normalen Konstanten.

Eine deutliche Verbesserung des Codes besteht aber in der Nutzung von Enumerationen, die fast wie *Type* funktionieren: ein zusammenfassender Begriff erlaubt die Auswahl untergeordneter Werte. Die einfache Variante lautet so:

```
Enum BenutzerTyp
    Gast
    Mitarbeiter
    Administrator
End Enum
```

Das schreiben Sie am besten in das Modul *modVarKonst*, weil es eine Datei-öffentliche Deklaration ist. Die Begriffe zwischen Enum und End Enum werden automatisch mit 0 beginnend durchnummeriert, aber derzeit ist deren tatsächlicher Wert uninteressant. Wichtig ist nur, dass die Konstanten überhaupt Werte haben.

Sie könnten also später in einer Funktion wie in Abbildung 33.18 mit dem *Enum*-Namen *BenutzerTyp* leichter die zusammengehörigen Konstanten auswählen.

**Abbildg. 33.18** Durch den Namen der Enumeration ist die Zusammengehörigkeit leichter zu erkennen

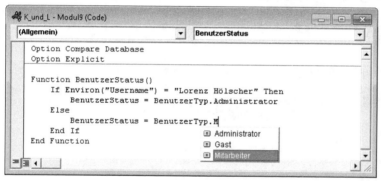

Anstatt die automatische Nummerierung zu nutzen, können Sie auch gezielt Werte zuweisen:

```
Enum BenutzerTyp
    Gast
    Mitarbeiter = 5
    Administrator
End Enum
```

Dabei hat der *Gast* weiterhin die Nummer *0* und ab dem *Mitarbeiter* wird wieder weitergezählt, also hat der *Administrator* den Wert 6.

Das ist zwar nett, aber wäre die Erwähnung nicht wert. Enumerationen machen Ihren Code jedoch an einer anderen Stelle viel schreibfreundlicher, über die wir schon auf Seite 773 mit dem zweiten Argument *intSymbol* für die Prozedur *StandardMeldung* gestolpert sind. Dessen Datentyp war mangels besserer Alternative als *Integer* vereinbart worden, sodass beim Aufruf der Prozedur jeder mögliche und unmögliche Zahlenwert zulässig war.

1. Legen Sie im Modul *modVarKonst* eine neue Enumeration *Symbole* an wie im folgenden Listing:

```
Enum Symbole
    ohne
    Info = vbInformation
    Ausrufezeichen = vbExclamation
    Fragezeichen = vbQuestion
    Warnung = vbCritical
End Enum
```

2. Anstatt eigene Werte vorzugeben, können Sie auch beliebige vordefinierte Konstanten benutzen. Das muss hier sein, weil die Werte zu denjenigen passen müssen, die in einer *MsgBox* erwartet werden.

3. Verändern Sie nun die aktuelle Definition von *StandardMeldung* wie im folgenden Listing, sodass der Datentyp des letzten Arguments dem Namen der Enumeration entspricht:

```
Sub StandardMeldung(strText As String, Optional enmSymbol As Symbole = 0)
    MsgBox "Hinweis: " & vbCrLf & strText, enmSymbol
End Sub
```

**HINWEIS** Ich kennzeichne die entsprechende Variable mit dem Präfix *enm* für Enumeration, damit ich sehe, dass es um einen speziellen Datentyp geht. Technisch gesehen handelt es sich bei Enumerationen immer um *Integer*-Werte.

4. Der wesentliche Unterschied zeigt sich wie in Abbildung 33.19 beim Aufruf dieser Prozedur. Anstatt alle Access-Konstanten anzuzeigen, findet sich dort jetzt genau die Liste der von Ihnen vorgegebenen Enumeration.

Abbildg. 33.19    Dank Enumeration ist die Auswahl auf sinnvolle Werte eingegrenzt

Es mag ein bisschen aufwändiger sein, für solche Gelegenheiten immer eine eigene Enumeration anzulegen, aber es vereinfacht das Schreiben von sauberem Code enorm.

# Zusammenfassung

In diesem Kapitel haben wir uns mit den verschiedenen Möglichkeiten beschäftigt, Werte in Variablen oder Konstanten zu speichern.

- Die in VBA möglichen einfachen Datentypen entsprechen weitgehend denjenigen, die Sie schon in Kapitel 8 für *Datenfelder* (siehe Seite 759) kennen gelernt haben.

- Bei der Nutzung von Variablen können Sie Schreibfehler verhindern, indem Sie mit `Option Explicit` deren vorherige Deklaration erzwingen. Variablen können unterschiedliche *Gültigkeitsbereiche* (Seite 762) haben, die durch den Ort der Deklaration und das Schlüsselwort bestimmt werden.

- Mit *Datenfeldern* (Seite 766) gibt es die Möglichkeit, mehrere gleichartige Variablen zusammenzufassen. Bei Bedarf kann die Größe der Datenfelder mehrere Dimensionen enthalten und zur Laufzeit nachträglich geändert werden.

- In eigenen *Datentypen* (Seite 770) lassen sich verschiedene Werte strukturiert speichern, sodass sie gemeinsam verarbeitet und genutzt werden können.

- Ein Sonderfall unter den Datentypen sind *Objekt-Variablen* (Seite 772), weil sie immer nur einen Verweis auf das Objekt enthalten. Sie dürfen jedoch so benutzt werden, als sei es komplett darin gespeichert, und zeigen auch alle Methoden und Eigenschaften an.

- In Prozeduren werden Variablen implizit deklariert, sobald Sie *Argumente* (Seite 773) angeben. Diese sind wahlweise notwendig oder mit Schlüsselwort auch optional.

- *Konstanten* (Seite 780) ähneln sehr stark Variablen, können ihre Werte jedoch nur bei der Deklaration selber erhalten und anschließend nie wieder ändern.

# Kapitel 34

# Entscheidungen und Schleifen

**In diesem Kapitel:**

| | |
|---|---|
| Die If-Anweisung | 786 |
| Die Select-Anweisung | 789 |
| Operatoren | 791 |
| Schleifen | 792 |
| Fehlerbehandlung | 799 |
| Zusammenfassung | 807 |

Nach den eher grundlegenden Kenntnissen über Programmelemente ist es Zeit, sich mit den Strukturen der Programmierung zu beschäftigen. Oft ist es möglich, durch geschickte Auswahl der richtigen Befehle, den Code nicht nur kürzer und übersichtlicher zu schreiben, sondern dabei auch noch unnötige Fehler zu vermeiden.

> **CD-ROM** Um Ihnen das Nachvollziehen der Schritte in diesem Kapitel zu erleichtern, finden Sie innerhalb der Beispieldateien zu diesem Buch im Ordner *Kap33* eine Datenbank, die bereits die Änderungen aus Kapitel 33 enthält. Laden Sie einfach die betreffende Datenbank, um mit der Arbeit in diesem Kapitel zu beginnen.
>
> Sie können also jederzeit ein Kapitel überspringen und trotzdem auf den aktuellen Stand der Datenbank zugreifen.

# Die If-Anweisung

Eine der wichtigsten Anweisungen in Programmcode ist der bedingte Sprung, also eine unterschiedliche Ausführung je nach Bedingung.

## Einfache Bedingung

Das Anweisungspaar If/End If übernimmt die Auswertung einer Bedingung in VBA. Sie haben das zwangsläufig in einigen Beispielen schon gesehen, aber ich möchte Ihnen hier natürlich alle Möglichkeiten vorstellen:

1. Erstellen Sie in einem Modul eine neue Prozedur *WieKlapptDas* mit dem folgenden Code:

```
Sub WieKlapptDas()
    Dim intErfolg As Integer
    
    intErfolg = MsgBox("Klappt das?", vbQuestion + vbYesNo)
    If intErfolg = 6 Then
        MsgBox "Super, dass es geklappt hat!"
    End If
End Sub
```

2. Starten Sie die Prozedur mit der F5-Taste, so wird die zweite Meldung nur erscheinen, wenn Sie die erste Frage mit *Ja* beantwortet haben.

3. Sie haben in Kapitel 32 bereits gesehen, dass auch die Rückgabewerte der *MsgBox()*-Funktion als Konstanten definiert sind. Anstatt also eine nichtssagende 6 zu benutzen, ist die folgende (fett markierte) Änderung sehr viel lesefreundlicher:

```
Sub WieKlapptDas()
    Dim intErfolg As Integer
    
    intErfolg = MsgBox("Klappt das?", vbQuestion + vbYesNo)
    If intErfolg = vbYes Then
        MsgBox "Super, dass es geklappt hat!"
    End If
End Sub
```

**PROFITIPP**   Tatsächlich gibt es die *If*-Anweisung in zwei Varianten. Das, was Sie hier und in allen anderen Codebeispielen sehen werden, ist das sogenannte Block-*If*, bei dem ein beliebiger Codeblock zwischen If und End If steht:

```
If intErfolg = vbYes Then
    MsgBox "Super, dass es geklappt hat!"
End If
```

Es gibt auch eine einzeilige Variante, bei welcher die (einzige!) Anweisung direkt in der Zeile hinter Then steht:

```
If intErfolg = vbYes Then MsgBox "Super, dass es geklappt hat!"
```

Diese Version muss immer ohne End If geschrieben werden. Ich nutze das hier nicht, weil es verwirrend wäre und die Anzahl der fälschlich vergessenen End If-Anweisungen erheblich erhöhen würde. Es spart aber durchaus Platz, weil statt ursprünglich drei Zeilen nur noch eine benötigt wird.

4. Wenn Sie die *If*-Anweisung einsetzen, können Sie bei Bedarf mit Else noch festlegen, was passieren soll, wenn die Bedingung hinter If nicht erfüllt ist. Hier soll einfach noch eine andere Meldung angezeigt werden:

```
Sub WieKlapptDas()
    Dim intErfolg As Integer

    intErfolg = MsgBox("Klappt das?", vbQuestion + vbYesNo)
    If intErfolg = vbYes Then
        MsgBox "Super, dass es geklappt hat!"
    Else
        MsgBox "Schade."
    End If
End Sub
```

Wie Sie sehen, folgt auf Else keine Bedingung, hier werden alle »übrig gebliebenen« Fälle abgearbeitet.

**TIPP**   Es gibt auch eine *IIf()*-Funktion, mit der sich mancher Code noch kürzer fassen lässt. Statt der eben gezeigten langen Version heißt es dann:

```
Sub WieKlapptDasKurz()
    Dim intErfolg As Integer
    intErfolg = MsgBox("Klappt das?", vbQuestion + vbYesNo)
    MsgBox IIf(intErfolg = vbYes, "Super!", "Schade.")
End Sub
```

Achten Sie nicht nur darauf, dass sich diese Funktion mit zwei »i« schreibt, sondern vor allem, dass alle Argumente immer komplett berechnet werden. Auch wenn die Entscheidung nur das erste Argument nutzt, ist das zweite längst berechnet worden, was bei Laufzeitfehlern lästig sein kann.

## Erweiterte Bedingung

Was aber machen Sie, wenn mehr als zwei Fälle zu prüfen sind? Je nach Anforderung gibt es zwei Lösungen: *ElseIf* oder geschachteltes *If*. Damit überhaupt mehr als zwei Ergebnisse auftreten können, muss die Testprozedur etwas angepasst werden.

1. Schreiben Sie in einem Modul eine neue Prozedur *GroessereAuswahl* wie im folgenden Listing:

```
Sub GroessereAuswahl()
    Dim intAuswahl As Integer

    intAuswahl = MsgBox("Wie geht's weiter?", vbAbortRetryIgnore)

    If intAuswahl = vbAbort Then
        End     'also alles stoppen!
    ElseIf intAuswahl = vbRetry Then
        MsgBox "Nochmal versuchen..."
    ElseIf intAuswahl = vbIgnore Then
        'alles ignorieren und nix tun
    Else
        MsgBox "Bitte sagen Sie dem Programmierer Bescheid: Code XXX!", _
            vbCritical, p_cstrPrgTitel
    End If
End Sub
```

2. Da die *MsgBox()*-Funktion mit dem Argument *vbAbortRetryIgnore* drei Schaltflächen anzeigt, gibt es auch drei mögliche Rückgabewerte. Nach dem ersten *If* mit Bedingung können beliebig viele *ElseIf* mit jeweils auch einer Bedingung folgen.

**PROFITIPP**   Auch wenn es hier offensichtlich überflüssig ist, weil ein vierter Fall nicht auftreten kann, sollten Sie immer einen *Else*-Fall einbauen, der eine Meldung für den Benutzer anzeigt. Statt *Code XXX* steht dort irgendeine eindeutige Nummer oder Buchstabenkombination, anhand derer ein Programmierer die Zeile im Code findet. Diese Meldung darf ja nie auftauchen, aber wenn doch, ist so ein logischer Fehler schnell lokalisiert.

3. Die *End*-Anweisung stoppt alle Prozeduren, also auch übergeordnete, die diesen Code aufgerufen haben. Sie ist hier nur als Beispiel eingefügt, wie sich bei einem Abbruch auch wirklich alles abbrechen lässt.

Die angekündigte Alternative zum Einsatz von *ElseIf* besteht in einer geschachtelten *If*-Struktur wie im folgenden Listing:

```
Sub GroessereAuswahlGeschachtelt()
    Dim intAuswahl As Integer

    intAuswahl = MsgBox("Wie geht's weiter?", vbAbortRetryIgnore)

    If intAuswahl = vbAbort Then
        End     'also alles stoppen!
    Else
        If intAuswahl = vbRetry Then
            MsgBox "Nochmal versuchen..."
```

```
            Else
                If intAuswahl = vbIgnore Then
                    'alles ignorieren und nix tun
                Else
                    MsgBox "Bitte sagen Sie dem Programmierer Bescheid: Code XXX!", _
                        vbCritical, p_cstrPrgTitel
                End If
            End If
        End If
End Sub
```

In diesem Fall verlängert sich allerdings vor allem der Programmcode, weil es eigentlich gleichrangige Entscheidungen waren. Die geschachtelte Struktur wäre eher sinnvoll, wenn es untergeordnete Entscheidungen sind.

**TIPP** Achten Sie vor allem bei geschachtelten Strukturen auf das korrekte Einrücken. Sehr praktisch ist dabei die schon erwähnte Möglichkeit, einen markierten Codeblock mit ⇆-Taste oder mit ⇧+⇆ ein- beziehungsweise auszurücken.

# Die Select-Anweisung

Sobald Sie mehrfach *ElseIf* im Code einsetzen, gibt es eine viel übersichtlichere Anweisung zum Programmieren: *Select Case*. Letzten Endes programmieren Sie damit das gleiche Ergebnis, aber es ist viel kürzer geschrieben.

Hinter der `Select Case`-Anweisung steht der Wert, den es zu untersuchen gilt. Danach folgt nur noch der Vergleich hinter der Case-Anweisung. Schon die erste Version des bisherigen Codes ist etwas übersichtlicher:

```
Sub GroessereAuswahlBesser()
    Dim intAuswahl As Integer

    intAuswahl = MsgBox("Wie geht's weiter?", vbAbortRetryIgnore)

    Select Case intAuswahl
    Case vbAbort
        End     'also alles stoppen!
    Case vbRetry
        MsgBox "Nochmal versuchen..."
    Case vbIgnore
        'alles ignorieren und nix tun
    Case Else
        MsgBox "Bitte sagen Sie dem Programmierer Bescheid: Code XXX!", _
            vbCritical, p_cstrPrgTitel
    End Select
End Sub
```

Wenn es noch kompakter werden soll, gibt es zwei weitere Verbesserungsmöglichkeiten:

- Eine Funktion kann im Code immer wie ihr eigenes Ergebnis behandelt werden. Anstatt also den Rückgabewert der *MsgBox()*-Funktion in *intAuswahl* zu speichern, kann diese direkt nach `Select Case` stehen.

- Mit einem Doppelpunkt werden in VBA zwei kurze Zeilen zu einer zusammengefasst. Das ist sozusagen das Gegenstück zum Pseudo-Umbruch.

Damit verkürzt sich der Code schon deutlich:

```
Sub GroessereAuswahlBesser()
    Select Case MsgBox("Wie geht's weiter?", vbAbortRetryIgnore)
    Case vbAbort: End      'also alles stoppen!
    Case vbRetry: MsgBox "Nochmal versuchen..."
    Case vbIgnore          'alles ignorieren und nix tun
    Case Else: MsgBox "Bitte sagen Sie dem Programmierer Bescheid: Code XXX!", _
             vbCritical, p_cstrPrgTitel
    End Select
End Sub
```

Die weiteren Möglichkeiten der *Select Case*-Anweisung lassen sich nur mit Zahlen zeigen, daher braucht es ein neues Beispiel.

1. Erstellen Sie eine neue Prozedur *BeispielSelect* in einem beliebigen Modul mit dem folgenden Code:

```
Sub BeispielSelect()
    Select Case Val(InputBox("Ganze Zahl?"))
    Case 1, 3, 5: MsgBox "1, 3 oder 5"
    Case 10 To 20, 30 To 50: MsgBox "10-20 oder 30-50"
    Case Is < 60: MsgBox "Die Lücken bis 60"
    Case Else: MsgBox "...und der Rest"
    End Select
End Sub
```

2. Darin sind schon zwei praktische Funktionen benutzt, die Sie in Kapitel 36 ausführlich kennen lernen werden. Die *InputBox()*-Funktion ist sozusagen das Gegenteil zur *MsgBox*, denn sie liest eine Eingabe des Benutzers ein, anstatt ihm nur eine Information anzuzeigen. Die *Val()*-Funktion (von engl. *value*, Wert) wandelt die vom Benutzer erhaltene Zeichenkette in einen ganzzahligen Wert um.

3. Anstatt jeden gesuchten Wert einzeln mit einem *ElseIf* (oder einem *Or*-Operator, wie Sie ihn weiter unten sehen werden) nennen zu müssen, können hinter der *Case*-Anweisung mehrere Werte durch Komma getrennt stehen.

4. Ganze Bereiche verbinden Sie durch das Schlüsselwort *To*, wobei die angegebenen Grenzen inklusive sind.

5. Für Größer/Kleiner-Vergleiche müssen Sie das Schlüsselwort *Is* verwenden, welches automatisch den Inhalt des hinter Select Case genannten Werts enthält.

6. Auch hier gibt es einen *Else*-Fall, der konsequenterweise mit Case Else bezeichnet ist.

Gerade die im *Select Case*-Beispiel gezeigte Nennung mehrerer (durch Komma getrennter) Werte ist bei einer *If*-Anweisung nur durch ein logisches Oder möglich. Wir müssen uns also mit den verschiedenen Operatoren in VBA beschäftigen, mit denen sich das lösen lässt.

# Operatoren

Operatoren dienen dazu, zwei Werte rechnerisch oder logisch miteinander zu verbinden. Im Zusammenhang mit Entscheidungen muss ein Programm analysieren können, ob beispielsweise ein Wert größer ist als der andere.

## Mathematische Operatoren

Sicherlich die bekanntesten Operatoren sind die mathematischen Vergleichsoperatoren, wie sie in Tabelle 34.1 aufgelistet sind. Das Ergebnis eines solchen Vergleichs ist immer True oder False (für die Ergebnisse wird hier angenommen, dass *intX* den Wert *42* hat).

Tabelle 34.1    Mathematische Vergleichsoperatoren

| Operator | Beispiel | Bedeutung | Ergebnis |
|---|---|---|---|
| = | intX = 1 | Gleich | False |
| < | intX < 99 | Kleiner als | True |
| <= | intX <= 25 | Kleiner als oder gleich | False |
| > | intX > 50 | Größer als | False |
| >= | intX >= 42 | Größer als oder gleich | True |
| <> | intX <> 0 | Ungleich | True |

Während die Vergleichsoperatoren vor allem mit der *If*-Anweisung eingesetzt werden, gelten die Rechenoperatoren wie in Tabelle 34.2 für die Berechnung von Variablen oder Eigenschaften.

Tabelle 34.2    Mathematische Rechenoperatoren

| Operator | Beispiel | Bedeutung | Ergebnis |
|---|---|---|---|
| = | intX = 5 | Zuweisung an die Variable links | 5 |
| + | 17 + 4 | Addition zweier Zahlen | 21 |
| - | 21 - 4 | Subtraktion zweier Zahlen | 17 |
| / | 10 / 3 | Division zweier Zahlen | 3,333 |
| * | 5 * 7 | Multiplikation zweier Zahlen | 35 |
| \ | 10 \ 3 | Ganzzahliger Anteil nach Multiplikation zweier Zahlen | 3 |
| mod | 10 mod 3 | Ganzzahliger Rest nach Multiplikation zweier Zahlen | 1 |
| ^ | 3 ^ 2 | Potenz zweier Zahlen | 9 |

**HINWEIS**    Falls Sie das Gegenstück zur Potenz, die Wurzel, vermisst haben: Diese kann auch ohne einen eigenen Operator berechnet werden. Die Quadratwurzel aus *2* beispielsweise ist 2 ^ 0.5 oder 2 ^ (1 / 2). Der Exponent ist einfach ein Bruch.

## Logische Operatoren

Die *Boolean*-Werte True und False können mit logischen Operatoren wie in Tabelle 34.3 verglichen werden.

Tabelle 34.3  Logische Vergleichsoperatoren

| Operator | Beispiel | Bedeutung | Ergebnis |
|---|---|---|---|
| And | True And False | Beide *Boolean*-Werte müssen gleich sein | False |
| Or | True Or False | Wenigstens ein *Boolean*-Wert muss True sein | True |
| Not | Not False | Der *Boolean*-Wert wird in sein Gegenteil umgewandelt | True |

Auch für logische Operatoren lässt sich ein Vorrang mit runden Klammern definieren. Während

```
Debug.Print Not False Or True
```

das Ergebnis True hat, wird mit den Klammern wie in

```
Debug.Print Not (False Or True)
```

als Ergebnis False ermittelt. Im Zweifelsfall schadet ein Klammerpaar mehr nicht, wenn Sie dadurch sicher sind, in welcher Reihenfolge die Berechnung durchgeführt wird.

## Sonstige Operatoren

Es gibt noch ein paar mehr Operatoren, die weder logisch noch mathematisch sind. Sie finden diese in Tabelle 34.4. Dort wird angenommen, dass in *strDatei* der Wert *K_und_L.accdb* steht und das Formular *frmTest* geöffnet ist.

Tabelle 34.4  Sonstige Operatoren

| Operator | Beispiel | Bedeutung | Ergebnis |
|---|---|---|---|
| Like | strDatei Like "*.accdb" | Vergleicht zwei Zeichenketten unter Berücksichtigung von Jokerzeichen | True |
| Is | frmTest Is Nothing | Vergleicht, ob es sich um die gleichen Objekte handelt (hier im Beispiel, ob das Formular bereits der Variablen zugewiesen wurde) | False |
| & | "Test " & intX | Verkettet mehrere Zeichenketten (andere Datentypen werden dabei automatisch in *String* umgewandelt) | "Test 42" |

# Schleifen

Computer sind optimal, um langweilige Aufgaben immer wieder durchzuführen. Natürlich wird die Anweisung im Code nicht 10 Mal geschrieben, wenn sie so oft wiederholt werden soll, denn genau dafür gibt es Schleifen. Es sind Programmstrukturen, welche bestimmte Codeteile beliebig oft ausführen. Grundsätzlich gibt es zwei Arten von Schleifen:

- Endliche Schleifen wie *For/Next* und *For Each/Next*, deren Ende schon zur Entwurfszeit bestimmt werden kann
- (Potentiell) unendliche Schleifen mit *Do/Loop*, deren Ende erst zur Laufzeit ermittelt wird

> **PROFITIPP** Bei Schleifen ist die Gefahr relativ groß, dass sie endlos laufen. Daher sollten Sie immer vor dem Testen speichern. Wenn Sie Glück haben, können Sie innerhalb der Schleife (wie übrigens immer bei laufendem VBA-Code) mit dem Tastenkürzel `Strg`+`Untbr` abbrechen.

## For/Next-Schleife

Die einfachste und nebenbei auch häufigste Schleife ist die *For/Next*-Schleife. Sie heißt so, weil die beiden Schlüsselwörter For und Next sind, wie Sie im folgenden Listing sehen, bei dem einfach fünf Zeilen im Direktfenster ausgegeben werden:

```vba
Sub FuenfZeilen()
    Dim intZaehler As Integer

    For intZaehler = 1 To 5
        Debug.Print "Dies ist Zeile " & intZaehler
    Next
End Sub
```

> **ACHTUNG** Es wäre zu einfach, dass Schlüsselwörter in solchen Blöcken immer dem gleichen Schema folgten. Während Sub/End Sub, Function/End Function und If/End If recht einsichtig die gleiche Art der Benennung pflegen, heißt es hier For/Next.

Die *For/Next*-Schleife braucht immer eine Variable wie hier *intZaehler*, die einen Anfangswert zugewiesen bekommt. Hinter To folgt die Angabe, bis wohin die Variable hochgezählt wird.

## Rückwärts zählende Schleife

Es gibt noch eine optionale *Step*-Angabe, wenn die Schrittweite nicht dem Standardwert *1* entspricht, vor allem für rückwärts zählende Schleifen:

```vba
Sub FuenfZeilenRueckwaerts()
    Dim intZaehler As Integer

    For intZaehler = 5 To 1 Step -1
        Debug.Print "Dies ist Zeile " & intZaehler
    Next
End Sub
```

In allen Fällen müssen Sie darauf achten, dass Anfangs- und Endwert zusammenpassen. Ist bei der aufwärts zählenden Schleife der Anfangswert bereits größer als der Endwert, so wird die Schleife ohne Fehlermeldung kein einziges Mal ausgeführt.

## Auflistungen bearbeiten

Nun waren das nur einfache Testprozeduren für die grundsätzliche Funktion. Interessant werden die *For/Next*-Schleifen, weil praktisch alle Objekte in Access-Datenbanken in sogenannten Auflistungen organisiert sind. Deren Bearbeitung erfolgt typischerweise mit *For/Next*-Schleifen, weswegen sie auch so häufig sind.

Beispielsweise sind alle Tabellen über die *TableDefs*-Auflistung erreichbar, die dem Objekt *CurrentDb* (*current database*, engl. aktuelle Datenbank) untergeordnet sind.

```
CurrentDb.TableDefs     'das sind alle Tabellen zusammen!
```

Eine Auflistung hat nur Methoden und Eigenschaften, die für die gesamte Gruppe gelten. Die wichtigste ist die *Count*-Eigenschaft, also die Anzahl der darin enthaltenen Elemente. Fast alle Auflistungen enthalten mit *Add* eine Methode, um ein neues Element hinzuzufügen, oder mit *Remove* (manchmal auch *Delete*) eine gegenteilige Methode.

Ein einzelnes Objekt einer solchen Auflistung, hier also eine konkrete Tabelle, wird mit einer Zahl oder einem Text in Klammern dahinter angegeben:

```
CurrentDb.TableDefs(0)          'das ist die erste Tabelle
CurrentDb.TableDefs("tblFarben")     'das ist die Tabelle tblFarben
```

**ACHTUNG** Nahezu alle Auflistungen sind wie Datenfelder 0-basiert, daher hat das erste Element die Indexnummer *0*. Entsprechend darf die Schleife gleich auch nur bis zur vorletzten Nummer zählen, was durch Count - 1 erreicht wird.

Solche Einzelelemente einer Auflistung können dann auch konkrete Methoden und Eigenschaften besitzen wie die *Name*-Eigenschaft. Alle Tabellennamen der aktuellen Datenbank lassen sich mit dem folgenden Listing in den Direktbereich hineinschreiben:

```
Sub AlleTabellenNamen()
    Dim intZaehler As Integer

    For intZaehler = 0 To CurrentDb.TableDefs.Count - 1
        Debug.Print CurrentDb.TableDefs(intZaehler).Name
    Next
End Sub
```

**HINWEIS** Sind Sie überrascht, wie viele Tabellen da auftauchen? Es ist aber korrekt, denn der VBA-Code kümmert sich nicht darum, welche der Tabellen Sie in den Navigationsoptionen (siehe Kapitel 6) ausgeblendet haben. Daher finden Sie auch die Systemtabellen mit *MSys...* im Namen.

Alle Auflistungen funktionieren nach diesem gleichen Schema, daher braucht es nur minimale Änderungen, um die SQL-Codes aller Abfragen dieser Datenbank zu ermitteln:

```
Sub AlleAbfrageSQLCodes()
    Dim intZaehler As Integer

    For intZaehler = 0 To CurrentDb.QueryDefs.Count - 1
        Debug.Print CurrentDb.QueryDefs(intZaehler).SQL
    Next
End Sub
```

Wie Sie bei der Auswahl der Eigenschaft *SQL* bemerken, kennt der Editor die Eigenschaften für ein Element dieser *QueryDefs*-Auflistung, denn die *SQL*-Eigenschaft wurde für eine Tabelle nicht angeboten.

# For Each/Next-Schleife

Die gleiche Aufgabe lässt sich oft eleganter formulieren, wenn die laufende Nummer der Variablen nicht benötigt wird. Die *For Each/Next*-Schleife zählt nicht Indexnummern hoch, anhand deren Wert Sie das soundsovielste Element auswählen müssen, sondern liefert Ihnen direkt das Element.

Die Schreibweise lautet allgemein For Each *Element* In *Auflistung* und verlangt, dass eine Objektvariable des richtigen Element-Typs deklariert ist. Dieser Typ ist leicht zu finden, denn es ist immer der Singular zum Auflistungsnamen (im Plural).

Um die obige Ermittlung aller Tabellennamen also mit einer *For Each/Next*-Schleife durchzuführen, braucht es eine *TableDef*-Objektvariable:

```
Sub AlleTabellenNamenEleganter()
    Dim tblDiese As TableDef

    For Each tblDiese In CurrentDb.TableDefs
        Debug.Print tblDiese.Name
    Next
End Sub
```

Die Unterschiede zum vorigen Code sind wieder fett markiert. Beachten Sie dabei vor allem, dass die *Count*-Eigenschaft nicht eingesetzt wird. Diese Schleife sorgt automatisch dafür, dass das jeweils nächste Objekt in *tblDiese* enthalten ist.

Natürlich lassen sich auch Schleifen schachteln, wenn Sie im folgenden Code zu jeder Tabelle deren Feldnamen benötigen:

```
Sub AlleTabellenNamenUndFelder()
    Dim tblDiese As TableDef
    Dim fldDieses As Field

    For Each tblDiese In CurrentDb.TableDefs
        Debug.Print tblDiese.Name
        For Each fldDieses In tblDiese.Fields
            Debug.Print fldDieses.Name
        Next
    Next
End Sub
```

Sie können (und müssen) sich mit tblDiese.Fields in der inneren Schleife auf das Element der äußeren Schleife beziehen, um die Felder genau dieser Tabelle zu finden.

**Kapitel 34  Entscheidungen und Schleifen**

> **PROFITIPP**   Das geht noch ein wenig schöner, wenn Sie die Tabellennamen voneinander absetzen und hinter dem Feld seinen Felddatentyp nennen:

```
Sub AlleTabellenNamenUndFelder()
    Dim tblDiese As TableDef
    Dim fldDieses As Field

    For Each tblDiese In CurrentDb.TableDefs
        Debug.Print tblDiese.Name & String(50, "_")
        For Each fldDieses In tblDiese.Fields
            Debug.Print fldDieses.Name & " (" & FeldtypName(fldDieses.Type) & ")"
        Next
        Debug.Print " "
    Next
End Sub
```

Die *String()*-Funktion gibt die angegebene Anzahl des folgenden Zeichens zurück und dient hier nur dazu, einen Strich hinter dem Namen zu erzeugen. Entsprechend macht die letzte *Debug.Print*-Anweisung nur eine Leerzeile für die optische Trennung.

Da die *Type*-Eigenschaft des Feldes leider eine Zahl und keine echte Bezeichnung zurückgibt, muss diese mit einer selbstgeschriebenen *FeldtypName()*-Funktion umgewandelt werden:

```
Function FeldtypName(intTypeNr As Integer) As String
    Select Case intTypeNr
        Case 1: FeldtypName = "Ja/Nein"
        Case 3: FeldtypName = "Integer"
        Case 4: FeldtypName = "Long"
        Case 5: FeldtypName = "Währung"
        Case 8: FeldtypName = "Datum/Uhrzeit"
        Case 10: FeldtypName = "Text"
        Case 11: FeldtypName = "OLE-Objekt"
        Case 12: FeldtypName = "Memo/Hyperlink"
        Case 101: FeldtypName = "Anlagen"
        Case 104: FeldtypName = "mehrwertiges Feld"
        Case Else: FeldtypName = intTypeNr & "?"
    End Select
End Function
```

**Abbildg. 34.1**   So sieht das Ergebnis der Tabellen/Feld-Analyse aus

```
Direktbereich
htlTelefon (Text)
htlLogo (OLE-Objekt)

tblKategorien_____
katID (Long)
katName (Text)
katIstMoebel (Ja/Nein)
katIstKuechengeraet (Ja/Nein)

tblMitarbeiter_____
mitID (Long)
mithtlIDRef (Long)
mitmitIDRef (Long)
mitVorname (Text)
mitNachname (Text)
mitTelefon (Text)
mitFoto (Memo/Hyperlink)
mitWeitereFotos (Anlagen)
```

# Do/Loop-Schleife

Die *Do/Loop*-Schleife ist immer dann gefragt, wenn das Ende erst zur Laufzeit ermittelt werden kann. Also kommt sie schon mal nicht in Frage, sobald es um Auflistungsobjekte geht. Wo aber dann? Das Haupteinsatzgebiet werden die Gelegenheiten sein, bei denen »von außen« Elemente hinzugefügt werden könnten:

- Dateilisten, weil in einem netzwerkfähigen Betriebssystem sogar während der Laufzeit der Schleife noch neue Dateien hinzugefügt oder bestehende gelöscht werden können
- Vor allem aber der Zugriff auf Datensätze, weil auch diese in einem mehrplatzfähigen Datenbanksystem wie Access sich unangekündigt verändern können

Der Zugriff auf Datensätze ist so wichtig, dass ich ihm ein eigenes Kapitel (nämlich Kapitel 35) widmen werde, daher sehen wir uns die *Do/Loop*-Schleife am Beispiel einer Dateiliste an. Zuerst jedoch sollten wir einen Blick auf die Schleifenkonstruktion selber werfen, denn es gibt sie in vier Varianten:

- Als (von mir so bezeichnete) »ablehnende« Schleife, bei der die Bedingung schon hinter der Do-Anweisung steht. Ist die Bedingung nicht erfüllt, wird der Code innerhalb nie ausgeführt.
- Als »einladende« Schleife mit der Bedingung erst hinter Loop, sodass der Code in der Schleife immer wenigstens ein Mal ausgeführt wird.

Bei beiden Versionen kann die Bedingung positiv oder negativ formuliert werden, wobei es eher Geschmacksache ist, wie es sich leichter schreiben lässt.

- Mit einer *Until*-Bedingung, sodass die Schleife stoppt, sobald die Bedingung erfüllt ist
- Mit einer *While*-Bedingung, die erfüllt sein muss, damit die Schleife weiterläuft

Für die Ermittlung einer Dateiliste muss es eine abweisende Schleife mit der Bedingung hinter Do sein, weil möglicherweise gar keine Datei gefunden wird. Außerdem wähle ich eine *Until*-Bedingung, denn das Kriterium für das Schleifenende wird sein, dass kein Dateiname mehr geliefert wird.

1. Schreiben Sie eine neue Prozedur *DateienAuflisten* mit dem folgenden Code:

```
Sub DateienAuflisten()
    Dim strDateiname As String

    strDateiname = Dir("C:\Windows\*.*")
    Do Until strDateiname = ""
        Debug.Print strDateiname
        strDateiname = Dir()
    Loop
End Sub
```

2. Die *Dir()*-Funktion erhält beim ersten Aufruf als Argument einen Pfad mit einem Dateisuchmuster und liefert dann die erste Datei davon zurück. Beim nächsten Aufruf muss sie ohne Argument benutzt werden, damit automatisch immer der jeweils nächste Dateiname zurückgegeben wird.
3. Sobald der Dateiname leer ist (genauer gesagt, einen Leerstring wie "" enthält), waren alle vorhandenen Dateien genannt und die Schleife kann enden.
4. Falls schon der erste Dateiname leer ist, entsprach keine Datei im Verzeichnis diesem Suchmuster (statt *.* wäre ja auch *.acc?? möglich).

**5.** Alle gefundenen Dateinamen werden wieder im Direktfenster ausgegeben, weil es relativ viele sein können, die Sie bestimmt nicht einzeln per MsgBox bestätigen möchten.

**PROFITIPP** Sie erhalten mit der *Dir()*-Funktion wirklich nur einen Dateinamen als Text und nicht etwa ein Objekt, dessen Eigenschaften Sie abfragen können. Es gibt zwei Funktionen *FileDateTime()* und *FileLen()*, welche zwei wesentliche Informationen über die Datei liefern, nämlich Speicherdatum und Größe.

Beide benötigen zu dem Dateinamen immer den Pfad, der aber in strDateiname nicht enthalten ist. Daher wird der Pfad in eine Konstante ausgelagert. Der folgende Code liefert in einer Zeile und durch Tabulatorzeichen getrennt den Dateinamen, das Speicherdatum und die Größe.

```
Sub DateienAuflistenMehr()
    Dim strDateiname As String
    Const cstrPfad = "C:\Windows\"

    strDateiname = Dir(cstrPfad & "*.*")
    Do Until strDateiname = ""
        Debug.Print strDateiname & _
            vbTab & FileDateTime(cstrPfad & strDateiname) & _
            vbTab & Format(FileLen(cstrPfad & strDateiname) / 1024, "#,##0.0") & " kB"
        strDateiname = Dir()
    Loop
End Sub
```

Da die Dateigröße in Bytes angegeben wird, ist es lesefreundlicher, sie in Kilobytes (KB) umzurechnen, indem sie durch 1024 geteilt werden. Außerdem sorgt die *Format()*-Funktion dafür, dass das Ergebnis einen Tausenderpunkt und eine Nachkommastelle erhält. Alle diese Funktionen werden in Kapitel 36 ausführlich vorgestellt. In Abbildung 34.2 sehen Sie das Ergebnis der ausführlicheren Datei-Informationen.

**Abbildg. 34.2** Zum Dateinamen wird hier auch Speicherdatum und Größe genannt

# While/Whend-Schleife

Es gibt mit *While/Whend* noch eine weitere Schleifenkonstruktion. Sie bietet allerdings gegenüber *Do/Loop* keinen Vorteil und ist nur noch enthalten, damit uralter Code funktioniert.

# Fehlerbehandlung

Es lässt sich nicht vermeiden, dass in Programmen Fehler vorkommen. VBA-Editor und Compiler helfen Ihnen, bestimmte Fehler zu vermeiden:

- **Syntaxfehler**  Sind falsch geschriebene Befehle im weitesten Sinne. Ein Punkt ohne folgende Methode oder Eigenschaft wird direkt beim Verlassen der Zeile gemeldet, ein *Do* ohne *Loop* beim Kompilieren vor der Ausführung.
- **Laufzeitfehler**  Ihr Programmcode hat eine korrekte Syntax, aber die Voraussetzungen sind nicht immer erfüllt, beispielsweise wollen Sie eine Abfrage ausführen, die aber gar nicht vorhanden ist.
- **Logische Fehler**  Sind leider so nicht zu erkennen, denn es ist technisch alles in Ordnung. Sie hatten nur etwas anderes gemeint als geschrieben, vielleicht ein Größer/Kleiner-Zeichen verwechselt oder eine Aktionsabfrage mehrfach aufgerufen.

## Syntaxfehler

Syntaxfehler können Sie praktisch ausschließen, denn die lassen VBA-Editor und spätestens der Compiler Ihnen schon nicht durchgehen. Eine falsch geschriebene Variable wäre eigentlich ein logischer Fehler, Sie können diese aber mit `Option Explicit` zu einem Syntaxfehler machen und also auch erkennen.

**PROFITIPP**   VBA kompiliert nur die wirklich benötigten Prozeduren, wenn Code ausgeführt wird. Mit dem Befehl *Ausführen/Kompilieren von NameDerDatenbank* erzwingen Sie eine vollständige Kompilierung. Im Erfolgsfall gibt es keine Meldung, lediglich der Menübefehl ist beim nächsten Aufruf grau.

## Logische Fehler

Logische Fehler lassen sich deutlich minimieren, wenn Sie die zwischendurch immer mal wieder genannten Regeln befolgen:

- Setzen Sie die Ungarische Notation für Variablen und Objekte ein, dann fallen sofort gleichnamige lokale und öffentliche Variablen auf.
- Benutzen Sie möglichst nur lokale Variablen. Je öffentlicher eine Variable ist, desto mehr versehentliche Zugriffe sind möglich.
- Nutzen Sie keine Variablen doppelt, das ist eine der häufigsten Quellen logischer Fehler. Es »kostet nichts«, eine Extra-Variable zu deklarieren und nur für eine Schleife zu nutzen.
- Schreiben Sie immer die ausführliche Bezeichnung von Objekten, etwa mit `Me.lblTitel.Caption` als Beschriftung eines Bezeichnung-Steuerelements statt lediglich `Me.Titel` (ohne Ungarische Notation und *Caption*-Eigenschaft, das sieht aus wie eine *Titel*-Eigenschaft des Formulars) oder gar nur `Title` (das sieht aus wie ein Variablenname).
- Bauen Sie in allen Entscheidungen mit *Select Case* oder *If* auch dann einen *Case Else* beziehungsweise *Else*-Fall ein, wenn Sie der Ansicht sind, dass der eigentlich gar nicht auftreten kann. Der Code auf Seite 789 ist bereits so aufgebaut.

- Wählen Sie sprechende Variablennamen wie *intAnzahlZeilen* anstatt *intAnz* oder gar nur *i*. Entsprechendes gilt für Prozedurnamen: Wer soll eine Prozedur *MacheNamen* mit den Parametern *Wert1* und *Zahl1* verstehen?
- Anstatt unklare Argumente zu raten, lohnt sich der Einsatz von Enumerationen, die nur bestimmte sprechend benannte Werte zulassen.
- Schreiben Sie Variablen nur ein Mal bei der Deklaration und selektieren Sie diese ansonsten immer aus der Dropdownliste. Das verhindert Schreibfehler und entkräftet das Argument, lange Namen seien so mühsam zu schreiben.

Gerade bei etwas größeren Projekten werden Sie feststellen, dass ein bisschen mehr Sorgfalt beim Code schreiben mit den obigen Regeln viele, viele Stunden ärgerlicher Fehlersuche ersparen kann.

## Laufzeitfehler

Die Laufzeitfehler sind leider nicht so einfach in den Griff zu kriegen, denn unter bestimmten Voraussetzungen läuft ja alles. Daher müssen wir mit einer Testprozedur zuerst dafür sorgen, dass auch sicher ein Laufzeitfehler auftritt.

1. Erstellen Sie eine neue Prozedur namens *ErzeugeLaufzeitFehler* mit dem folgenden Code:

```
Sub ErzeugeLaufzeitFehler()
    Dim intZaehler As Integer
    Dim intNenner As Integer

    intZaehler = InputBox("Bitte Zähler eingeben")
    intNenner = InputBox("Bitte Nenner eingeben")
    MsgBox "Das Ergebnis ist:  " & intZaehler / intNenner
End Sub
```

2. Testen Sie, dass der Code einwandfrei funktioniert, indem Sie die Prozedur mit der F5-Taste starten und im angezeigten *InputBox*-Dialogfeld als Zähler 12 und als Nenner 5 eingeben.
3. Als Ergebnis zeigt die Prozedur die Meldung wie in Abbildung 34.3 an und alles scheint in Ordnung.

**Abbildg. 34.3**    Die Prozedur findet ein richtiges Ergebnis

### Fehler provozieren

Natürlich ahnen Sie schon, dass der Code so einwandfrei doch nicht ist. Es geht aber nicht darum, ihn besser zu schreiben (das geht nämlich oft nicht), sondern mit seinen Fehlern umzugehen.

1. Starten Sie die Prozedur erneut und geben Sie als Wert für den Zähler eine beliebige Zeichenfolge ein.

## Fehlerbehandlung

2. Daraufhin sehen Sie eine Laufzeitfehlermeldung wie in Abbildung 34.4, dass die *Typen unverträglich* seien.

Abbildg. 34.4   Der Versuch der Texteingabe scheitert

3. Klicken Sie in der Laufzeitfehler-Meldung auf die Schaltfläche *Debuggen*, so zeigt der VBA-Editor Ihnen die problematische Zeile an (siehe Abbildung 34.5).

Abbildg. 34.5   Diese Zeile lässt sich nicht ausführen

4. Die gelb markierte Zeile im Code lässt sich nicht ausführen, der Fehler steckt also darin. Für die Korrektur sollte die Ausführung des Codes mit dem Befehl *Ausführen/Zurücksetzen* gestoppt werden.

Inhaltlich ist der Fehler sicherlich klar: Sie versuchen gerade, eine Zeichenkette in einer *Integer*-Variablen zu speichern. Es bringt wenig, daraus eine *Variant*-Variable zu machen, denn das verschiebt das Problem lediglich um einige Zeilen, wenn Sie mit diesem Text dann zu rechnen versuchen.

**PROFITIPP**   Es gibt drei mögliche Lösungen für so ein Eingabeproblem:

- Die Eingabe erfolgt nicht über eine *InputBox()*-Funktion, sondern über ein *Textfeld*-Steuerelement in einem Formular, welches über die *Eingabeformat*-Eigenschaft dafür sorgen kann, dass nur Ziffern möglich sind.

- Sie speichern den Wert in einer *Variant*-Variablen zwischen. Die *IsNumeric()*-Funktion (siehe Kapitel 36) prüft vor der Weiterverarbeitung, ob darin eine Zahl enthalten ist.

- Sie wandeln die Eingabe mit `Val(InputBox("..."))` immer in eine Zahl um, selbst Texte führen dann wenigstens zum Wert 0. Auch diese Funktion wird in Kapitel 36 erläutert.

Ich werde hier keine davon einsetzen, weil es ja um den Umgang mit Laufzeitfehlern geht.

## Auf Fehler reagieren

Während VBA insgesamt eine Hochsprache mit allen Fähigkeiten moderner Programmierung ist, gilt das für die Fehlerbehandlung leider überhaupt nicht. Sie müssen vor dem Auftreten eines Fehlers festlegen, wo der Code weiter ausgeführt wird. Das ist der Rückfall in das steinzeitliche `GoTo`.

1. Fügen Sie vor der Zuweisung an die Variable *intZaehler* eine neue Zeile ein wie im folgenden Listing fett markiert:

```
Sub ErzeugeLaufzeitFehler()
    Dim intZaehler As Integer
    Dim intNenner As Integer

    On Error GoTo Mist1
    intZaehler = InputBox("Bitte Zähler eingeben")
    intNenner = InputBox("Bitte Nenner eingeben")
    MsgBox "Das Ergebnis ist:  " & intZaehler / intNenner

Mist1:
    MsgBox "Hoppla, ein Fehler!", vbCritical
End Sub
```

2. Die Formulierung `On Error GoTo Mist1` bedeutet, dass beim Auftreten eines Fehlers nach dieser Zeile der Code automatisch dort weitergeführt wird, wo dieses Label `Mist1` (mit anschließendem Doppelpunkt!) steht.
3. Statt der VBA-eigenen Meldung können Sie nun mit eigener Programmierung reagieren, hier ist es erst einmal eine einfache Fehlermeldung wie in Abbildung 34.6.

**Abbildg. 34.6**  Wie geplant erscheint im Fehlerfall eine eigene Fehlermeldung

## Fehlermeldungen verbessern

Das geht durchaus informativer als mit dem lapidaren Hinweis, dass ein Fehler aufgetreten ist. Ein *Err*-Objekt enthält diverse Informationen zum letzten Fehler, sodass Sie den Benutzer deutlich detaillierter informieren können.

# Fehlerbehandlung

> **HINWEIS** Die Meldung aus Abbildung 34.6 ist geradezu der Paradefall einer schlechten Fehlermeldung, denn dass ein Fehler aufgetreten ist, hat der Benutzer selber auch schon bemerkt. Gute Fehlermeldungen beschreiben, was (»falscher Datentyp *Text*«) wo (»in der *Integer*-Variablen«) schiefgegangen ist und am besten sogar noch, wie es zu verbessern ist (»Bitte nur ganze Zahlen bis 32.000 eingeben«).
>
> Zudem gilt ein Ausrufezeichen in Meldungstexten als das optische Äquivalent zum akustischen Schreien, ebenso wie fette, unterstrichene oder groß geschriebene Texte und rote Markierungen. Warum sollten Sie Ihren Benutzer beschimpfen, wenn doch Ihr eigener Code das Problem verursacht hat?

Jeder Fehler hat eine sprachneutrale Nummer sowie einen landessprachlichen Beschreibungstext, was Sie für eine vernünftige Fehlermeldung einsetzen können:

1. Verbessern Sie die Fehlermeldung wie im folgenden Code:

```
Sub ErzeugeLaufzeitFehler()
' ...wie bisher
    MsgBox "Das Ergebnis ist:  " & intZaehler / intNenner

Mist1:
    MsgBox "Fehler Nr. " & Err.Number & ": " & _
        Err.Description, vbCritical, p_cstrPrgTitel
End Sub
```

2. Dadurch wird die Meldung in jeder Hinsicht informativer, denn sowohl der Fehler als auch der auslösende Code in der Titelzeile wird genannt (siehe Abbildung 34.7)

**Abbildg. 34.7**   Die Fehlermeldung wird informativer

3. Bei einigen Fehlern lässt sich das Problem sogar beseitigen. Hier wäre der Benutzer zufrieden, wenn er den falschen Wert einfach erneut eingeben dürfte. Mit Resume und der Angabe eines weiteren Labels Zahl1 (dessen Bezeichnung auch frei erfunden ist), springt der Code wieder zur ersten *InputBox* wie im folgenden Listing:

```
Sub ErzeugeLaufzeitFehler()
    Dim intZaehler As Integer
    Dim intNenner As Integer

    On Error GoTo Mist1
```

```
Zahl1:
    intZaehler = InputBox("Bitte Zähler eingeben")
    intNenner = InputBox("Bitte Nenner eingeben")
    MsgBox "Das Ergebnis ist:  " & intZaehler / intNenner

Mist1:
    MsgBox "Fehler Nr. " & Err.Number & ": " & _
        Err.Description, vbCritical, p_cstrPrgTitel
    Resume Zahl1
End Sub
```

4. Sie können nun eine Zeichenkette als ersten Wert eingeben, erhalten die Fehlermeldung und sehen dann erneut die Eingabe für die *intZaehler*-Variable.
5. Geben Sie dann eine Zahl ein, läuft der Code fehlerfrei durch ...
6. ... bis Sie nach dem korrekten Ergebnis einen *Fehler Nr. 0:* ohne Beschreibung gemeldet bekommen! Und danach kommt noch der Hinweis, dass ein *Resume ohne Fehler* aufgetreten sei.

## Endlosschleifen vermeiden

Sie hängen jetzt in einer Endlosschleife, die Sie nur noch durch [Strg]+[Untbr] unterbrechen können. Das Problem besteht darin, dass Labels (wie Mist1:, was ja eigentlich nur eine verkappte Zeilennummer früherer BASIC-Versionen darstellt) keine abweisende Wirkung haben. Kommt der Code in diese Zeile, macht er dort einfach weiter. Das soll er aber nicht, also müssen Sie ihn im Normalfall stoppen.

1. Ergänzen Sie vor der Fehlerbehandlung eine *Exit Sub*-Anweisung wie im folgenden Code:

```
Sub ErzeugeLaufzeitFehler()
'  ... wie bisher
    MsgBox "Das Ergebnis ist:  " & intZaehler / intNenner
    Exit Sub

Mist1:
    MsgBox "Fehler Nr. " & Err.Number & ": " & _
        Err.Description, vbCritical, p_cstrPrgTitel
    Resume Zahl1
End Sub
```

2. Der Codeablauf springt mit *Exit Sub* aus dieser Prozedur heraus und zurück zum aufrufenden Programmteil. Nur im Fehlerfall wird direkt Mist1: angesprungen und der dort folgende Code verarbeitet.
3. Jetzt haben wir gerade mal den ersten Fehler entdeckt, es gibt aber noch einen zweiten Laufzeitfehler. Wenn Sie für *intZaehler* einen gültigen Wert eingeben, nicht aber für *intNenner* (dort also einen Text, eine Zahl größer als 32.767 oder eine *0*), was passiert dann? Obwohl der Fehler für die zweite *InputBox* gilt, springt die Fehlerbehandlung immer noch zur ersten.

4. Damit auch der zweite Fehler korrekt verarbeitet wird, müssen Sie eine zweite Fehlerbehandlung einbauen. Dort ändern sich nach dem Kopieren im Wesentlichen die Nummern, wie das folgende Listing zeigt:

```
Sub ErzeugeLaufzeitFehler()
    Dim intZaehler As Integer
    Dim intNenner As Integer

    On Error GoTo Mist1
Zahl1:
    intZaehler = InputBox("Bitte Zähler eingeben")
    On Error GoTo Mist2
Zahl2:
    intNenner = InputBox("Bitte Nenner eingeben")
    MsgBox "Das Ergebnis ist:  " & intZaehler / intNenner
    Exit Sub

Mist1:
    MsgBox "Fehler Nr. " & Err.Number & ": " & _
        Err.Description, vbCritical, p_cstrPrgTitel
    Resume Zahl1

Mist2:
    MsgBox "Fehler Nr. " & Err.Number & ": " & _
        Err.Description, vbCritical, p_cstrPrgTitel
    Resume Zahl2
End Sub
```

Haben Sie bemerkt, was unserem ursprünglichen Code passiert ist? Bescheidene drei Zeilen Code sind mal eben zu 15 Zeilen explodiert. Sie können sich vorstellen, wie sich das auf echte Prozeduren auswirkt, die ja schon ohne Fehlerbehandlung länger sind.

Außerdem ist hier eine sogenannte »Spaghetti-Programmierung« entstanden, weil der Programmablauf zwischen den Zeilen so lange hin- und herspringt, bis keiner mehr weiß, was wie und warum läuft. Genau deswegen ist der *GoTo*-Befehl geächtet und wird durch nachvollziehbare *If*- oder *Select Case*-Anweisungen oder Schleifen ersetzt.

**ACHTUNG**   Mit einem `On Error GoTo LabelX` können Sie nur zu `LabelX` in der gleichen Prozedur springen, eine zentrale Fehlerbehandlung ist damit schon einmal ausgeschlossen.

Noch viel schlimmer: Schalten Sie die Fehlerbehandlung in einer Prozedur *ProzA* ein und tritt ein Fehler in einer darin aufgerufenen Unterprozedur *ProzB* ohne eigene Fehlerbehandlung auf, springt der Code zum aufrufenden Programmteil *ProzA* hoch. Es ist aber unmöglich, in *ProzA* einen Fehler von *ProzB* nachzubessern.

### Fehler besser verarbeiten

Diese Fehlerbehandlung widerspricht moderner strukturierter Programmierung, daher habe ich sie hier nur der Vollständigkeit halber aufgenommen. Wenn Sie überhaupt Fehler abfangen, dann gibt es den folgenden Kompromiss, der eine minimale Fehlerbehandlung mit strukturierter Programmierung verbindet.

1. Mit der Anweisung `On Error Resume Next` schalten Sie einfach jegliche Fehlermeldung aus und veranlassen den Compiler, mit der nächsten Anweisung fortzufahren.

2. Dort können Sie dann mit einer *If*-Anweisung (hier zur Platzersparnis tatsächlich mal in der einzeiligen Variante ohne *End If*!) untersuchen, ob und welcher Fehler aufgetreten ist, wie im folgenden Listing:

```
Sub VerarbeiteLaufzeitFehlerBesser()
    Dim intZaehler As Integer
    Dim intNenner As Integer

    On Error Resume Next
    intZaehler = InputBox("Bitte Zähler eingeben")
    If Err.Number <> 0 Then MeldeFehler
    intNenner = InputBox("Bitte Nenner eingeben")
    If Err.Number <> 0 Then MeldeFehler
    On Error GoTo 0
    MsgBox "Das Ergebnis ist: " & intZaehler / intNenner
End Sub
```

3. Die Anweisung On Error GoTo 0 (die Null zeigt noch deutlich die Herkunft aus Zeilennummern) sorgt dafür, dass Sie im weiteren Verlauf auf eine eigene Fehlerbehandlung verzichten und wieder die Originalmeldungen erscheinen.
4. Die noch zu erstellende Prozedur *MeldeFehler* wie im folgenden Listing bietet neben einer einheitlichen Fehlermeldung nur die Möglichkeit, das Programm mittels End komplett abzubrechen.

```
Sub MeldeFehler()
    If MsgBox("Fehler Nr. " & Err.Number & ": " & vbCrLf & _
        Err.Description & vbCrLf & vbCrLf & _
        "Trotzdem weitermachen?", vbCritical + vbOKCancel, _
        p_cstrPrgTitel) = vbCancel Then

        End
    End If
End Sub
```

5. Diese zentrale Fehlermeldung kann nun von allen Prozeduren genutzt werden, die in irgendeiner Form eine Fehlerbehandlung durchführen sollen.

**Abbildg. 34.8**   Die zentrale Fehlermeldung sieht so aus

Diese zentrale Prozedur kann nur einen Komplettabbruch aller Prozeduren (auch der aufrufenden!) anbieten, weil ein Rücksprung in die fehlerauslösende Zeile technisch nicht möglich ist.

# Zusammenfassung

In diesem Kapitel haben Sie die verschiedenen Möglichkeiten strukturierter Programmierung kennen gelernt.

- Als eine der wesentlichen Anweisungen in Programmen wird die If-Anweisung eingesetzt, mit der *Entscheidungen* (Seite 786) im Code abgebildet werden.
- Bei komplexeren Bedingungen ist es oft übersichtlicher, die *If*-Anweisung durch eine *Select Case*-Struktur (Seite 789) zu ersetzen.
- Verschiedene *Operatoren* (Seite 791) erweitern die Angabe von Bedingungen und berechnen eventuell neue Werte.
- Mehrfach ausgeführter Code wird in *Schleifen* (Seite 792) programmiert. Dabei stehen Ihnen endliche wie *For/Next* oder *For Each/Next* und (potentiell) unendliche Schleifen wie *Do/Loop* zur Verfügung.
- Die *Fehlerbehandlung* (Seite 799) in VBA widerspricht strukturierter Programmierung und ist höchstens in seltenen Fällen zu empfehlen.

# Kapitel 35

# Datenzugriff per VBA

**In diesem Kapitel:**

| | |
|---|---|
| Das Recordset-Objekt | 810 |
| Daten lesen | 810 |
| Datensatznavigation | 814 |
| Daten suchen | 817 |
| Daten schreiben | 819 |
| Abfragen starten | 821 |
| Zusammenfassung | 824 |

Es brauchte erst einige Grundlagen der VBA-Programmierung, bevor wir uns nun mit dem Zugriff auf die Daten beschäftigen können. In Formularen oder Berichten lassen sich Daten ja ohne Einsatz von VBA anzeigen, aber für besondere Fälle ist ein Datenzugriff im Code schon recht praktisch.

> **HINWEIS** Sie sollten aber immer darüber nachdenken, ob es sich nicht einfach per Abfrage lösen lässt, bevor Sie auch nur eine Zeile VBA programmieren. Abfragen sind auf jeden Fall schneller und vor allem leichter zu pflegen! Programmierung ist erst dann sinnvoll, wenn es nicht mehr anders geht.

> **CD-ROM** Um Ihnen das Nachvollziehen der Schritte in diesem Kapitel zu erleichtern, finden Sie innerhalb der Beispieldateien zu diesem Buch im Ordner *Kap34* eine Datenbank, die bereits die Änderungen aus Kapitel 34 enthält. Laden Sie einfach die betreffende Datenbank, um mit der Arbeit in diesem Kapitel zu beginnen.
>
> Sie können also jederzeit ein Kapitel überspringen und trotzdem auf den aktuellen Stand der Datenbank zugreifen.

# Das Recordset-Objekt

Die Welt der Access-Programmierung teilt sich in zwei Bereiche auf, die einem Benutzer normalerweise gar nicht so getrennt auffallen, weil sie unter einer gemeinsamen Oberfläche versteckt werden:

- **Daten**, welche in Tabellen oder Abfragen enthalten sind. Nur mit diesen beschäftigt sich der Datenzugriff per VBA.
- **Oberfläche** und deren Programmierung, die in Formularen, Berichten, Makros oder Modulen enthalten ist. Mit deren Programmierung beschäftigt sich Kapitel 37.

Für den Datenzugriff ist es übrigens völlig egal, ob die Daten in Tabellen wirklich physisch gespeichert oder in Abfragen bloß zusammengesucht und berechnet sind. Das Ergebnis ist in beiden Fällen ein Datenfeld mit Inhalt und wird allgemein als *Recordset* (engl. für Datensatz) bezeichnet.

Die erste Überraschung beim VBA-Datenzugriff besteht darin, dass Sie nichts sehen. Es öffnet sich keine Tabelle oder Abfrage und die gefundenen Daten erscheinen nicht irgendwie auf dem Bildschirm. Das ist Absicht, denn einerseits beunruhigen Sie den Benutzer nicht durch Bildschirmgeflacker, während Sie im Hintergrund Daten bearbeiten, und andererseits geht es ohne Bildschirmaktualisierung bedeutend schneller.

Die nächste Überraschung kommt gleich beim Öffnen der ersten Datenquelle, denn es wird zwar eine ganze Tabelle/Abfrage geöffnet, aber im tatsächlichen Zugriff haben Sie nur genau eine Zeile, einen *Recordset*/Datensatz eben. Es wird also bald Befehle zum Bewegen innerhalb der Datensätze brauchen.

# Daten lesen

Bevor wir unfreiwillig Schaden anrichten, werden wir zuerst nur Daten lesen. Zum Suchen und Schreiben wird sich nur wenig ändern, aber wenn es schiefgeht, sind wenigstens die Datensätze noch in Ordnung.

# Datenquelle öffnen

Beginnen wir mit der grundsätzlichen Herangehensweise an das Auslesen von Datensätzen. Sie müssen immer irgendeine Datenquelle öffnen, die entweder eine Tabelle oder eine Abfrage ist.

1. Erstellen Sie eine neue Prozedur *LiesHotel* mit dem folgenden Code:

```
Sub LiesHotel()
    Dim rcsHotel As Recordset

    Set rcsHotel = CurrentDb.OpenRecordset("tblHotels")
    MsgBox rcsHotel.RecordCount & " Datensätze"
End Sub
```

2. Eine Objektvariable *rcsHotel* mit dem speziellen Datentyp *Recordset* dient als Zwischenspeicherung für die geöffneten Daten.

**ACHTUNG** Weil es ja eine Objektvariable ist, müssen Sie dieser mit der *Set*-Anweisung einen neuen Inhalt zuweisen.

3. Die *OpenRecordset*-Methode des *CurrentDb*-Objekts gibt einen Verweis auf die dadurch geöffnete Tabelle *tblHotels* zurück, mit dem VBA später so arbeiten kann, als handele es sich um die Tabelle selbst.
4. Die *RecordCount*-Eigenschaft (nicht *Count*!) gibt die Anzahl der in der Tabelle enthaltenen Datensätze zurück und dient hier vor allem als Nachweis, dass Sie tatsächlich Zugriff auf die Daten haben.

**ACHTUNG** Die *RecordCount*-Eigenschaft ist etwas hinterhältig, denn sie ist nur bei Tabellen auf Anhieb korrekt. Dort steht intern gespeichert die jeweilige Anzahl der Datensätze und VBA kann sofort darauf zugreifen.

Bei Abfragen hingegen ist deren Datensatzanzahl erst nach ihrer vollständigen Anzeige bekannt. Auch beim manuellen Aufruf dauert es gelegentlich ein wenig, bis zwischen den Navigationsschaltflächen die Gesamtanzahl erscheint. Das lässt sich beschleunigen, indem Sie dort mit Strg + Ende direkt zum letzten Datensatz springen. Genau das müssen Sie vor der Abfrage der *RecordCount*-Eigenschaft per VBA auch machen, wie Sie auf Seite 815 sehen werden.

5. Wenn Sie diese Prozedur nun mit der F5-Taste ausführen, erscheint die Meldung wie in Abbildung 35.1.

Abbildg. 35.1    Die Anzahl der Datensätze wurde mit VBA ermittelt

**TIPP** In Anlehnung an die in Kapitel 19 bereits gezeigten Domänenfunktionen für SQL können Sie solche auch in VBA aufrufen. Der folgende Code

```
Sub LiesHotelDomaene()
    MsgBox DCount("*", "tblHotels") & " Datensätze"
End Sub
```

führt mit weniger Zeilen zum gleichen Ergebnis. Allerdings kann jede der Domänenfunktionen nur genau ein Ergebnis ermitteln, während der Zugriff per *Recordset* nacheinander mehrere Daten findet, ohne die Datenquelle immer wieder (zeitaufwändig!) öffnen und schließen zu müssen.

## Datenquelle in anderer Datenbank öffnen

Nicht immer stehen die gesuchten Daten in der aktuellen Datenbank, daher können Sie mit VBA auch die Tabellen/Abfragen anderer Datenbanken benutzen. Es gibt dazu zwei Lösungen:

- Sie verknüpfen die Tabelle mit dem Befehl *Externe Daten/Importieren und Verknüpfen/Access* und können diese dann genauso wie eigene Tabellen behandeln. Das ist zu bevorzugen, denn es funktioniert mit dem gleichen Code wie auf Seite 811, allerdings lassen sich keine externen Access-Abfragen verknüpfen.

- Sie beziehen sich im Code nicht mit *CurrentDb* auf die aktuelle Datenbank, sondern öffnen explizit eine andere.

Diese zweite Möglichkeit finden Sie im folgenden Code, den Sie natürlich an Ihre tatsächlichen Pfade und Datei-/Tabellennamen anpassen müssen.

```
Sub LiesAndereDatenbank()
    Dim dbsAndereDB As Database
    Dim rcsHotel As Recordset

    Set dbsAndereDB = OpenDatabase("L:\Beispiel.accdb")
    Set rcsHotel = dbsAndereDB.OpenRecordset("tblHotels")
    MsgBox rcsHotel.RecordCount & " Datensätze"
End Sub
```

Die *OpenDatabase*-Methode liefert dabei an eine Variable vom Datentyp *Database* die geöffnete Datenbank zurück, die dann statt *CurrentDb* den Recordset öffnet.

**HINWEIS** Sie können mit dieser Technik keine Sicherheitseinstellungen umgehen. Hat die andere Datenbank Kennwörter, so werden diese automatisch abgefragt.

## Feldinhalte ermitteln

Das eigentliche Ziel der ganzen Programmierung ist natürlich der Inhalt der Datensätze. Nachdem die Datenquelle geöffnet ist, greifen Sie auf ein Element von deren *Fields*-Auflistung zu. Daher steht dort wieder die Schreibweise *Fields(1)* oder *Fields("Feldname")*, mit der ein konkretes Element angegeben wird.

Meistens ist die Indexnummer eines Feldes nur für *For/Next*-Schleifen von Interesse, daher geben Sie auch hier direkt den Feldnamen an wie im folgenden Listing:

```
Sub LiesHotelnamen()
    Dim rcsHotel As Recordset

    Set rcsHotel = CurrentDb.OpenRecordset("tblHotels")
    MsgBox rcsHotel.Fields("htlName").Value
End Sub
```

**HINWEIS**   Der Feldname wird ebenso wie Tabellen- oder Datenbanknamen in einer Zeichenkette, also in Gänsefüßchen, angegeben. Sie müssen ihn daher jeweils wissen (oder im Tabellenentwurf nachsehen), er kann nicht in einer der praktischen Dropdownlisten angeboten werden, weil der VBA-Editor nichts von ihm »weiß«. Die Groß-/Kleinschreibung ist dabei übrigens egal.

Wenn Sie diese Prozedur *LiesHotelnamen* ausführen, sehen Sie eine Meldung wie in Abbildung 35.2.

**Abbildg. 35.2**   Der Hotelname wird korrekt angezeigt

Hätten Sie mehr erwartet? Immerhin stehen in der Tabelle doch 5 Datensätze! Das ist die zweite Überraschung für die meisten, die ich vorhin bereits erwähnt hatte, denn Sie erhalten die Information von genau einem Datensatz. Nach dem Öffnen einer Tabelle/Abfrage ist das immer der erste (wenn denn überhaupt einer enthalten ist ...). Darum werden wir uns gleich kümmern.

Bis dahin können aber wenigstens von diesem einen Datensatz ein paar mehr Details ausgelesen werden, wie die folgenden Codeänderungen zeigen:

```
Sub LiesHotelnamenKomplett()
    Dim rcsHotel As Recordset

    Set rcsHotel = CurrentDb.OpenRecordset("tblHotels")
    MsgBox rcsHotel.Fields("htlName").Value & vbCrLf & _
        rcsHotel.Fields("htlPLZ").Value & " " & _
        rcsHotel.Fields("htlOrt").Value & vbCrLf & _
        rcsHotel.Fields("htlStrasse").Value
End Sub
```

Der Unterschied zu den Domänenfunktionen (deren Gegenstück hier übrigens *DLookup()* hieße, um einzelne Werte nachzuschlagen) war ja genau der, dass nach dem Öffnen der Datenquelle direkt mehrere Werte auf einen Schlag nachgesehen werden können. Abbildung 35.3 zeigt, dass das klappt.

**Abbildg. 35.3**   Mehrere Informationen der Datenquelle lassen sich gemeinsam auslesen

# Datensatznavigation

Das Problem besteht nun darin, die Daten des nächsten Datensatzes zu ermitteln. Ein *Recordset*-Objekt heißt deswegen so, weil wirklich nur ein Datensatz (engl. *recordset*) im Zugriff ist. Sie haben zwar vorher eine ganze Tabelle/Abfrage geöffnet, aber Ihr Code »sieht« nur eine Zeile davon.

## Datensatzzeiger bewegen

Das *Recordset*-Objekt kennt fünf Methoden, um den sogenannten Datensatzzeiger zu verschieben, sodass ein anderer Datensatz aktiv wird. Sie finden diese in Tabelle 35.1, wobei die *Move*-Methode vernachlässigt werden kann, denn je nach Sortierung und Filterung können Sie nicht ernsthaft wissen, wie viele Zeilen der gesuchte Datensatz entfernt ist.

**Tabelle 35.1**   *Recordset*-Methoden zum Verschieben des Datensatzzeigers

| Methode | Beschreibung |
| --- | --- |
| MoveFirst | Zum ersten Datensatz |
| MovePrevious | Zum vorherigen Datensatz |
| MoveNext | Zum nächsten Datensatz |
| MoveLast | Zum letzten Datensatz |
| Move n | Datensatz um n Zeilen verschieben |

Der eigentliche Zugriffscode ändert sich nicht, wie Sie im folgenden Listing sehen. Vielmehr wird zwischen den beiden Meldungen nur der Datensatzzeiger auf den nächsten Datensatz verschoben:

```
Sub LiesErstenUndZweitenHotelnamen()
    Dim rcsHotel As Recordset

    Set rcsHotel = CurrentDb.OpenRecordset("tblHotels")
    MsgBox rcsHotel.Fields("htlName").Value
    rcsHotel.MoveNext
    MsgBox rcsHotel.Fields("htlName").Value     'Kopie der oberen Zeile
End Sub
```

Sie erhalten zwei Meldungen, wobei die zweite auch den Inhalt des zweiten Datensatzes enthält. Entsprechend rufen Sie nur rcsHotel.MoveLast auf, um dann den Inhalt des letzten Datensatzes zu ermitteln.

**TIPP**   Auf Seite 811 hatte ich bereits darauf hingewiesen, dass die *RecordCount*-Eigenschaft in Abfragen erst richtig ist, wenn diese bis zum letzten Datensatz ausgeführt wurde. Genau dafür brauchen Sie die *MoveLast*-Methode, wie das folgende Listing zeigt:

```
Sub LiesHotelAbfrage()
    Dim rcsHotel As Recordset

    Set rcsHotel = CurrentDb.OpenRecordset("qryHotelsMitAnzahlMitarbeiter")
    rcsHotel.MoveLast
    MsgBox rcsHotel.RecordCount & " Datensätze"
End Sub
```

Ohne die Zeile rcsHotel.MoveLast meldet die *MsgBox* nur einen Datensatz, erst mit der Zeile findet sie alle fünf tatsächlich vorhandenen.

## Datensatz auf Vorhandensein prüfen

Es kann Ihnen allerdings jederzeit passieren, dass es keinen Datensatz mehr dahinter gibt oder sogar überhaupt keinen Datensatz in einer leeren Tabelle/Abfrage. Dann zeigt Ihr Datensatzzeiger ins Nichts und der Code läuft auf einen Fehler (siehe Abbildung 35.4).

**Abbildg. 35.4**   Diese Fehlermeldung erscheint, wenn der Datensatzzeiger vor oder hinter Datenzeilen steht

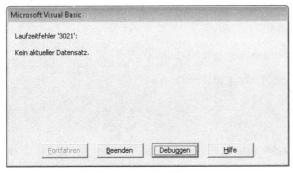

Je nachdem, in welcher Richtung Sie sich innerhalb der Datenquelle bewegen, gibt es zwei Möglichkeiten des Scheiterns:

- Wenn die Eigenschaft *BOF* (*beginning of file*, engl. Dateianfang) auf True wechselt, steht Ihr Datensatzzeiger bereits vor gültigen Datensätzen. Das passiert typischerweise, wenn Sie vom Ende der Datenquelle her rückwärts navigieren.

- Mit der Eigenschaft *EOF* (*end of file*, engl. Dateiende) auf dem Wert True wissen Sie, dass Ihr Datensatzzeiger nun hinter gültigen Datensätzen gelandet ist.

Sobald also eine der beiden Eigenschaften True ist, dürfen Sie keine Inhalte mehr abfragen. In einer leeren Datenquelle ist das sogar sofort nach dem Öffnen der Fall. Der Code zum Auslesen der beiden ersten Datensätze der Tabelle *tblHotels* hätte also besser so gelautet:

```
Sub LiesErstenUndZweitenHotelnamenSicher()
    Dim rcsHotel As Recordset

    Set rcsHotel = CurrentDb.OpenRecordset("tblHotels")
    If Not rcsHotel.EOF Then
        MsgBox rcsHotel.Fields("htlName").Value
        rcsHotel.MoveNext
        If Not rcsHotel.EOF Then
            MsgBox rcsHotel.Fields("htlName").Value
        End If
    End If
End Sub
```

Das mag jetzt ein bisschen übertrieben scheinen, weil wir ja immerhin wissen, wie viele Datensätze dort enthalten sind, aber das wird sich gleich ändern.

## Durch alle Datensätze navigieren

Oftmals wollen Sie alle Datensätze einer Tabelle/Abfrage bearbeiten, daher müssen Sie diese in einer Schleife verarbeiten. Mit der *MoveNext*-Methode wechseln Sie dabei so lange zum nächsten Datensatz, bis Sie anhand der *EOF*-Eigenschaft bemerken, dass nun keiner mehr da ist.

1. Erstellen Sie eine neue Prozedur *LiesAlleHotelDatensaetze* wie im folgenden Listing:

```
Sub LiesAlleHotelDatensaetze()
    Dim rcsHotel As Recordset

    Set rcsHotel = CurrentDb.OpenRecordset("tblHotels")
    Do Until rcsHotel.EOF
        Debug.Print rcsHotel.Fields("htlName").Value
        rcsHotel.MoveNext
    Loop
End Sub
```

2. In einer abweisenden *Do/Loop*-Schleife prüfen Sie hier mit rcsHotel.EOF zuerst, ob es überhaupt einen gültigen Datensatz gibt.

**PROFITIPP** Statt Do Until rcsHotel.EOF = True finden Sie im Code nur die kurze Fassung, die scheinbar keinen Vergleich enthält. Tatsächlich aber wird der Ausdruck rcsHotel.EOF = True insgesamt True, sobald die *EOF*-Eigenschaft True ist, und insgesamt False, wenn es die *EOF*-Eigenschaft auch ist. Bei einem solchen Vergleich können Sie den Ausdruck = True immer weglassen.

3. Dann verarbeitet der Code diesen Datensatz und wechselt mit der *MoveNext*-Methode zum nächsten Datensatz.

**ACHTUNG** Auch wenn Sie scheinbar mit der *RecordCount*-Eigenschaft die Anzahl der Datensätze ermitteln und also eine *For/Next*-Schleife einsetzen können, ist das ein unnötiges Risiko. Während Ihre Schleife läuft, könnten nämlich Datensätze hinzugefügt oder gelöscht werden und die Anzahl stimmt nicht mehr. Selbst wenn dies nur für große Datenmengen wahrscheinlich ist, sollten Sie sich diese riskante Schleifenversion gar nicht erst angewöhnen.

Abbildg. 35.5  Alle Daten der Tabelle schreibt die Prozedur in den Direktbereich

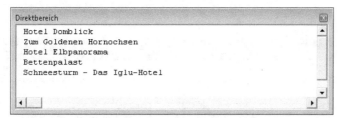

Natürlich könnten Sie in der Programmierung der Versuchung erliegen, mit einer *If*-Anweisung bestimmte Datensätze zu selektieren, etwa nur die nördlichen Hotels mit einer PLZ unter *60000*. Das kann SQL besser, denn Sie dürfen statt eines Tabellen- oder Abfragenamens beim Öffnen des Recordsets auch ein SQL-Statement angeben:

```
Set rcsHotel = CurrentDb.OpenRecordset("SELECT * FROM tblHotels WHERE htlPLZ<'60000'")
```

**ACHTUNG** Weil das Feld *htlPLZ* ein Textfeld ist, muss auch das Kriterium als Text gekennzeichnet werden. Normalerweise wären das Anführungszeichen, die aber innerhalb einer Zeichenkette als ...WHERE htlPLZ<""60000""") aufgedoppelt werden müssten, damit sie nicht versehentlich als Textbegrenzer missverstanden werden. SQL erlaubt aber auch das einfache Hochkomma als Textbegrenzer, was hier viel lesefreundlicher ist.

Wenn Sie direkt die Datenquelle mit SQL-Filtern auf die gewünschten Datensätze beschränken, ist das viel schneller und effektiver als nachträgliche Programmierung.

# Daten suchen

Auch beim Suchen bestimmter Datensätze möchte ich zuerst deutlich darauf hinweisen, dass die Suche per VBA-Code überflüssig ist, wenn Sie schon bei der *OpenRecordset*-Methode über eine *SELECT*-Anweisung einen Filter angeben.

Allerdings kann es Ihnen passieren, dass Sie aus einer Datenquelle (beispielsweise je nach Auswahl des Benutzers in einem Listenfeld) immer wieder verschiedene Datensätze heraussuchen müssen. Wenn Sie dann jedes Mal die Datenquelle schließen, um sie erneut mit einem anderen Filter zu öffnen, wäre das unerträglich langsam.

**HINWEIS** Möglicherweise haben Sie schon die *Filter*-Eigenschaft des *Recordset*-Objekts entdeckt, die eine Lösung dafür verspricht. Damit könnten Sie ja laufend den Filter ändern (mit der Syntax `rcsHotel.Filter = "htlPLZ<'60000'"`), ohne den Recordset erneut öffnen zu müssen. Es lohnt sich aber nicht, das ist genauso langsam.

Daher stellt VBA Methoden und Eigenschaften bereit, mit der Sie bestimmte Datensätze suchen können. Sie sind wie die Methoden zur Navigation organisiert, wie Tabelle 35.2 zeigt.

**Tabelle 35.2** Recordset-Methoden zum Suchen

| Methode | Beschreibung |
|---|---|
| FindFirst | Suche erstes Vorkommen |
| FindPrevious | Suche voriges Vorkommen |
| FindNext | Suche nächstes Vorkommen |
| FindLast | Suche letztes Vorkommen |
| NoMatch | War Suche erfolglos? |

Bevor Sie diese Suchmethoden einsetzen, müssen Sie jedoch den Modus ändern, wie die Datenquelle geöffnet wird. Es gibt verschiedene Modi und da wir den zweiten Parameter nicht angegeben haben, wurde sie als Tabelle (entspricht der Konstanten `dbOpenTable`) geöffnet. In diesem Modus jedoch ist die Suche nicht erlaubt, sie muss als Abfrage (`dbOpenDynaset`) geöffnet sein.

**HINWEIS** Diese Modi beim Öffnen haben überhaupt nichts mit der Datenquelle zu tun, wie Sie vielleicht vermuten könnten. Sie können eine Tabelle mit `dbOpenDynaset` im Abfragemodus öffnen und eine Abfrage mit `dbOpenTable` im Tabellenmodus. Es gibt nur an, welche Fähigkeiten das *Recordset*-Objekt dann hat.

Bei der Gelegenheit legen Sie auch den Speicherverbrauch fest, aber das wird erst für riesige Datenquellen interessant. Es gibt noch zwei weitere Modi, nämlich `dbOpenSnapshot` (Datenquellenänderungen nach dem Öffnen werden in dem Recordset nicht aktualisiert) und `dbOpenForwardOnly` (Speicher sparend, weil nur vorwärts zu durchlaufen und bereits gesehene Datensätze aus dem Speicher entfernt werden). Mit `dbOpenDynaset` als Standardmodus sind Sie aber auf der sicheren Seite, der Rest ist eher für die Performanceoptimierung gut.

Damit Sie sehen, wie es funktioniert, suchen wir in der Tabelle *tblHotels* ein bestimmtes Hotel heraus, auch wenn das natürlich mit einem SQL-Filter einfacher wäre.

```
Sub FindeAachenerHotel()
    Dim rcsHotel As Recordset

    Set rcsHotel = CurrentDb.OpenRecordset("tblHotels", dbOpenDynaset)
    rcsHotel.FindFirst "htlOrt='Aachen'"
    If rcsHotel.NoMatch Then    'keins gefunden
        MsgBox "Leider nicht gefunden...", vbCritical
    Else
        MsgBox "Treffer: " & rcsHotel.Fields("htlName").Value
    End If
End Sub
```

Wenig intuitiv ist die *NoMatch*-Eigenschaft: sie ist entsprechend ihrem Namen True, wenn gerade *kein* Treffer gefunden wurde. Notfalls müssen Sie mit If Not rcsHotel.NoMatch Then die positive Bedingung formulieren.

Es wird ein klein wenig aufwändiger, wenn Sie nicht nur den ersten Treffer, sondern alle möglichen bearbeiten wollen. Das folgende Listing zeigt, wie Sie alle Hotels anzeigen, in deren Namen auch das Wort *Hotel* vorkommt:

```
Sub FindeAlleHotelnamen()
    Dim rcsHotel As Recordset
    Const cstrKriterium = "htlName Like '*hotel*'"

    Set rcsHotel = CurrentDb.OpenRecordset("tblHotels", dbOpenDynaset)
    rcsHotel.FindFirst cstrKriterium
    Do Until rcsHotel.NoMatch      'keins mehr gefunden
        MsgBox "Treffer: " & rcsHotel.Fields("htlName").Value
        rcsHotel.FindNext cstrKriterium
    Loop
End Sub
```

Auch hier ist es wieder eine abweisende Schleife, weil schon die erste Suche erfolglos bleiben könnte. In der *Do/Loop*-Schleife muss nach rcsHotel.FindNext sowieso die gleiche Bedingung genannt werden, daher ist hier eine lokale Konstante sinnvoll.

# Daten schreiben

Jetzt haben wir das Lesen im Griff, da können wir uns auch daran wagen, Datensätze zu schreiben. Dabei können Sie sowohl bestehende Daten ändern als auch neue erzeugen.

**TIPP** Da hier mehrfach auf dasselbe Objekt zugegriffen wird, werde ich wieder die *With*-Schreibweise nutzen, die ich in Kapitel 33 bereits als Tipp vorgestellt hatte.

## Neuen Datensatz hinzufügen

Bevor Sie einen neuen Datensatz schreiben dürfen, müssen Sie das mit der *AddNew*-Methode ankündigen, wie der folgende Code zeigt, damit intern ein entsprechender Speicherbereich zur Verfügung gestellt wird:

```
Sub FuegeKoelnerNeuesHotelHinzu()
    Dim rcsHotel As Recordset

    Set rcsHotel = CurrentDb.OpenRecordset("tblHotels", dbOpenDynaset)
    With rcsHotel
        .AddNew
        .Fields("htlName").Value = "Fünf Jahreszeiten"
        .Fields("htlOrt").Value = "Köln"
        .Fields("htlPLZ").Value = "50001"
        .Fields("htlStrasse").Value = "An den Veedelszöch 11"
        .Update
    End With
End Sub
```

Anschließend muss dieser Zwischenspeicher explizit in die Tabelle gesichert werden, was mit der *Update*-Methode geschieht. Dazwischen können Sie jedem Feld einen Wert mit passendem Datentyp zuweisen, müssen das aber nicht (es sei denn, die Feld-Eigenschaften erfordern eine Werteingabe).

## Bestehenden Datensatz ändern

Die Änderung eines bestehenden Datensatzes funktioniert sehr ähnlich, hier ist es aber wichtig, dass Sie vorher auch den richtigen finden. Sie müssen es also entweder mit einer Suche oder besser mit einem Filter kombinieren.

Der folgende Code korrigiert den Straßennamen des eben geschriebenen neuen Hotels in Köln:

```
Sub KorrigiereKoelnerHotel()
    Dim rcsHotel As Recordset

    Set rcsHotel = CurrentDb.OpenRecordset( _
        "SELECT * FROM tblHotels WHERE htlName='Fünf Jahreszeiten'", dbOpenDynaset)
    With rcsHotel
        If .EOF Then
            MsgBox "Hotel nicht gefunden!", vbCritical
        Else
            .Edit
            .Fields("htlStrasse").Value = "An den Schull- und Veedelszöch 11"
            .Update
        End If
    End With
End Sub
```

Die Unterschiede zum vorherigen Schreiben eines neuen Datensatzes sind fett markiert. Abgesehen vom Filter und der Prüfung mittels *EOF*-Eigenschaft, ob es überhaupt einen solchen Datensatz gibt, wechselt vor allem die Methode von *AddNew* auf *Edit*. Abschließend muss ebenfalls mit *Update* die Änderung in die Tabelle geschrieben werden.

**ACHTUNG** Wenn Sie die Tabelle *tblHotels* parallel zum Code bereits geöffnet haben, sind die Änderungen nicht immer gleich zu sehen. Am sichersten ist es, die Tabelle zu schließen und danach wieder zu öffnen, oder den Befehl *Start/Datensätze/Alle aktualisieren* aufzurufen.

## Datensatz löschen

Das Löschen eines Datensatzes entspricht weitgehend dem Aktualisieren, weil Sie auch hier sicherstellen müssen, dass der richtige Datensatz aktiv ist.

**HINWEIS** Auch wenn ich es bereits einmal erwähnt habe, möchte ich nochmals deutlich darauf hinweisen, dass Aktionsabfragen (hier also Anfüge-, Aktualisierungs- oder Löschabfragen) die erste Wahl für Datenänderungen sind. Erst danach sollten Sie über eine Programmierung nachdenken, beispielsweise wenn die Daten aus einer speziellen Textdatei oder aus E-Mails ausgelesen werden sollen.

```
Sub LoescheKoelnerHotel()
    Dim rcsHotel As Recordset

    Set rcsHotel = CurrentDb.OpenRecordset( _
        "SELECT * FROM tblHotels WHERE htlName='Fünf Jahreszeiten'", dbOpenDynaset)
    With rcsHotel
        If .EOF Then
            MsgBox "Hotel nicht gefunden!", vbCritical
        Else
            .Delete
        End If
    End With
End Sub
```

Statt der Kombination der *AddNew-/Update*-Methoden braucht es hier nur die *Delete*-Methode.

# Abfragen starten

Wenn ich schon dauernd darauf hinweise, dass Abfragen alleine besser als Programmierung sind, wird mal der Fall auftreten, dass Sie von VBA aus vielleicht auch Abfragen aufrufen müssen. Wie machen Sie das dann?

## Auswahlabfragen anzeigen

Am einfachsten ist das Aufrufen einer Auswahlabfrage ohne Parameter, wie das folgende Listing zeigt:

```
Sub MitarbeiterNamenZeigen()
    DoCmd.OpenQuery "qryMitarbeiterSortiert"
End Sub
```

Dabei wird die Auswahlabfrage *qryMitarbeiterSortiert* so geöffnet, als hätten Sie diese im Navigationsbereich per Doppelklick gestartet.

**HINWEIS** Alle Makroaktionen können Sie über das *DoCmd*-Objekt (sprich *DoCommand*) aufrufen, indem Sie nach dem Punkt aus der Dropdownliste deren englische Bezeichnung auswählen.

Das ist schön, aber normalerweise völlig überflüssig. Wenn Sie Ihrem Benutzer so Daten präsentieren wollen, wäre ein Formular geeigneter, weil dort nachträglich mehr Möglichkeiten zu Gestaltung und Programmierung zur Verfügung stehen (siehe Kapitel 37).

## Aktionsabfragen ausführen

Wirklich spannend sind nur die Aktionsabfragen, weil diese Daten verändern. Sehr beliebt ist der Aufruf nach dem gleichen Muster:

```
Sub LoescheBestellungenArchiv()
    DoCmd.OpenQuery "qryBestellungenArchivAllesWeg"
End Sub
```

Das ist ebenso einfach wie grundfalsch! Wenn Aktionsabfragen so gestartet werden, meldet sich sofort die Access-Oberfläche mit den üblichen Warnungen wie in Abbildung 35.6.

**Abbildg. 35.6** Auch beim Start via Programmierung warnen eventuell Aktionsabfragen

Der Fehler besteht darin, dass die Aktionsabfrage wie eine Auswahlabfrage geöffnet wurde. Sie soll aber gar nicht auf der Oberfläche agieren, sondern lediglich im Hintergrund ausgeführt werden. Dann löst Access auch keine Meldung aus, wie der folgende Code beim Testen zeigt:

```
Sub LoescheBestellungenArchivBesser()
    CurrentDb.Execute "qryBestellungenArchivAllesWeg"
End Sub
```

**ACHTUNG** Mal ehrlich, wenn ein fremdes Makro Sie zwischendurch darauf hinweist, dass Sie dabei sind, Daten in einer Ihnen nicht genannten Tabelle zu ändern, würden Sie das gerne bestätigen? Um diese Meldung also zu unterdrücken, vergrößern viele Programmierer die Katastrophe noch, indem sie die Anzeige von Meldungen generell ausschalten:

```
Sub LoescheBestellungenArchivNochSchlechter()
    DoCmd.SetWarnings False
    DoCmd.OpenQuery "qryBestellungenArchivAllesWeg"
    DoCmd.SetWarnings True
End Sub
```

Die *DoCmd.SetWarnings*-Methode schaltet aber die Meldungsanzeige grundsätzlich aus. Tritt also ein Fehler auf (Sie können das durch einen falschen Abfragenamen simulieren) und der Code wird nicht bis zu Ende ausgeführt, bleibt das dauerhaft ausgeschaltet. Die Konsequenz davon ist, dass ab dann beispielsweise Entwurfsänderungen in Access beim Schließen des Fensters ohne Warnung oder Rückfrage gespeichert werden.

Die *CurrentDb.Execute*-Methode führt die Aktionsabfrage ohne Beteiligung der Access-Oberfläche aus, daher gibt es auch keine Rückmeldungen an den Benutzer. Die Methode akzeptiert als Argument nicht nur den Namen einer Aktionsabfrage, sondern auch SQL-Code. Anstatt nur für die Programmierung eine Aktionsabfrage zu speichern, können Sie deren SQL-Statement direkt im Code nennen:

```
Sub LoescheBestellungenArchivAuchBesser()
    CurrentDb.Execute "DELETE * FROM [tblBestellungenArchiv];"
End Sub
```

# Parameterabfragen ausführen

Ein wenig komplizierter gestaltet sich das Ausführen von Abfragen mit Parametern. Damit es keinen problematischen Datenverlust in der Datenbank hinterlässt, bereiten Sie am besten eine Abfrage vor, die lediglich jeweils einen Datensatz mit der anzugebenden ID in der Tabelle *tblBestellungenArchiv* löscht.

1. Erstellen Sie mit dem Access-Befehl *Erstellen/Abfragen/Abfrageentwurf* eine neue Abfrage mit der Tabelle *tblBestellungenArchiv* als Datenquelle.
2. Ziehen Sie das Feld *bstID* in den Zielbereich und tragen Sie dort als Kriterium *[welche ID]* ein.
3. Wandeln Sie mit dem Befehl *Abfragetools/Entwurf/Abfragetyp/Löschen* die Auswahlabfrage in eine Löschabfrage um und speichern sie auf den Namen *qryBestellungenArchivIDLoeschen*.
4. Wenn Sie diese Abfrage nun mit *Abfragetools/Entwurf/Ergebnisse/Ausführen* starten, werden Sie wie in Abbildung 35.7 das Dialogfeld zur Parametereingabe sehen.

**Abbildg. 35.7** Die Löschabfrage benötigt einen Parameter

Damit ist alles vorbereitet, diese Löschabfrage mit Parameter soll jetzt per Programmierung ausgeführt werden. Dazu muss sie einem *QueryDef*-Objekt zugewiesen werden, welches eine *Parameters*-Auflistung besitzt:

```
Sub AbfrageMitParameterStarten()
    Dim qdfLoeschen As QueryDef

    Set qdfLoeschen = CurrentDb.QueryDefs("qryBestellungenArchivIDLoeschen")
    qdfLoeschen.Parameters("welche ID").Value = 5
    qdfLoeschen.Execute
    MsgBox qdfLoeschen.RecordsAffected & " Datensätze gelöscht.", vbInformation
End Sub
```

Bevor die Abfrage mit der *Execute*-Methode ausgeführt wird, müssen alle namentlich genannten Parameter (hier nur einer) mit passenden Werten versorgt werden.

**ACHTUNG** Achten Sie bei diesem Parameternamen auf das Leerzeichen zwischen welche und ID, sonst meldet Access *Element in dieser Auflistung nicht gefunden*.

Sehr praktisch ist die *RecordsAffected*-Eigenschaft, die anschließend die Angabe enthält, wie viele Datensätze betroffen waren. Auch wenn in diesem Fall maximal ein Datensatz gelöscht wird, ist die nachträgliche Bestätigung wie in Abbildung 35.8 doch recht hilfreich.

**Abbildg. 35.8**   Die nachträgliche Meldung der betroffenen Datensätze ist hilfreich

# Zusammenfassung

In diesem Kapitel haben wir uns mit dem Lesen und Schreiben von Datensätzen per VBA beschäftigt.

- Das *Recordset-Objekt* (Seite 810) dient generell dem Zugriff auf Daten sowohl von Tabellen als auch Auswahlabfragen.
- Um Daten zu lesen, wird die Datenquelle mit der *OpenRecordset*-Methode (Seite 810) geöffnet. Der Datensatzzeiger steht dann auf dem ersten Datensatz, falls es einen gibt.
- Die eigentlichen Inhalte des Datensatzes finden sich in den Elementen seiner *Fields*-Auflistung (Seite 812), deren *Value*-Eigenschaft dafür ausgelesen wird.
- Um verschiedene Datensätze zu lesen, wird der Datensatzzeiger mit Methoden wie *MoveNext* oder *MovePrevious* bewegt (Seite 814).
- Dabei müssen Sie durch Überprüfung der *EOF*- oder *BOF*-Eigenschaft (Seite 815) sicherstellen, dass sich an dieser neuen Position wirklich noch ein Datensatz befindet.
- Mittels einer *Do/Loop*-Schleife (Seite 816) lassen sich alle Datensätze einer Tabelle oder Abfrage einzeln untersuchen und bearbeiten.
- Bestimmte Datensätze in einem Recordset können mit den *Find...*-Methoden gesucht werden (Seite 817), die *NoMatch*-Eigenschaft gibt an, ob der Datensatz auch gefunden wurde.
- Um einen neuen Datensatz hinzuzufügen, muss dieser erst mit der *AddNew*-Methode in einen Zwischenspeicher kopiert werden, bevor er anschließend mit der *Update*-Methode wirklich in die Tabelle geschrieben wird (Seite 819).
- Einen bestehenden Datensatz ändern Sie mit der *Edit*-Methode (Seite 820), die ebenfalls mit *Update* abgeschlossen werden muss.
- Mit der *Delete*-Methode (Seite 820) lässt sich ein Datensatz löschen.
- Da es viel einfacher ist, fertige Aktionsabfragen zu nutzen, können diese mit `CurrentDb.Execute` ohne Bestätigung seitens des Benutzers ausgeführt werden (Seite 821).
- Um Parameterabfragen zu starten, müssen diese zuerst einem *QueryDef*-Objekt zugewiesen werden, damit die *Parameters*-Auflistung vor der Ausführung befüllt werden kann (Seite 823).

# Kapitel 36

# Wichtige Funktionen

**In diesem Kapitel:**

| | |
|---|---:|
| Text-Funktionen | 826 |
| Zahlen-Funktionen | 831 |
| Datum-Funktionen | 833 |
| Prüf-Funktionen | 836 |
| Zusammenfassung | 837 |

**Kapitel 36  Wichtige Funktionen**

Es gibt so viele integrierte Funktionen in Access-VBA, dass es schwer ist, den Überblick zu behalten oder wenigstens die wichtigsten herauszufinden. Daher möchte ich Ihnen in diesem Kapitel knapp 30 Funktionen vorstellen, mit denen sich tatsächlich über 95 % Ihres Codes schreiben lässt.

Einige der Funktionen sind zwangsläufig in einigen Beispielen bereits benutzt worden, sollen hier aber vollständig und im Zusammenhang beschrieben werden.

> **TIPP** Zum Testen dieser Funktionen reicht meistens eine einzige Zeile Code. Damit es nicht so aufwändig wird, können Sie dies im Direktbereich eingeben. Dieser wird mit *Ansicht/Direktfenster* oder dem Tastenkürzel [Strg]+[G] angezeigt.

> **CD-ROM** Um Ihnen das Nachvollziehen der Schritte in diesem Kapitel zu erleichtern, finden Sie innerhalb der Beispieldateien zu diesem Buch im Ordner *Kap35* eine Datenbank, die bereits die Änderungen aus Kapitel 35 enthält. Laden Sie einfach die betreffende Datenbank, um mit der Arbeit in diesem Kapitel zu beginnen.
>
> Sie können also jederzeit ein Kapitel überspringen und trotzdem auf den aktuellen Stand der Datenbank zugreifen.

# Textfunktionen

Sie haben es in der Programmierung immer wieder mit Zeichenketten zu tun, entweder aus Datenfeldern, aus importierten Dateien oder aus Benutzereingabe via Formular oder *InputBox()*-Funktion. Diese müssen weiterverarbeitet, gekürzt oder verändert werden.

## Teile von Texten

Ein Trio beliebter Funktionen gibt von einem vorgegebenen Text einen bestimmten Teil zurück:

- *Left()* Liefert die angegebene Anzahl der ersten Zeichen
- *Right()* Liefert die angegebene Anzahl der letzten Zeichen
- *Mid()* Ermittelt aus der Mitte heraus eine Teilzeichenkette

Die *Left()*- und die *Right()*-Funktion arbeiten sehr ähnlich, nur die Anzahl der Zeichen wird von links oder von rechts gezählt. In Abbildung 36.1 sehen Sie den Beispielaufruf für die *Left()*-Funktion, deren zweiter Parameter die Anzahl der gewünschten Zeichen angibt.

**Abbildg. 36.1**  Die *Left()*-Funktion gibt so die ersten sechs Zeichen zurück

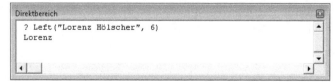

Bei der *Right()*-Funktion werden die gewünschten Zeichen vom Ende der Zeichenkette aus gezählt, wie das Beispiel zur Ermittlung der Dateiendung in Abbildung 36.2 zeigt.

**Abbildg. 36.2**  Die *Right()*-Funktion ermittelt hier die Dateiendung

```
Direktbereich
? Right("K_und_L.accdb", 5)
accdb
```

Die *Mid()*-Funktion kennt ein optionales Argument mehr, dadurch lässt sich nicht nur die Startposition der Rückgabezeichenkette, sondern auch deren Länge vorgeben (siehe Abbildung 36.3).

**Abbildg. 36.3**  Die *Mid()*-Funktion gibt einen Textteil aus der Mitte zurück

```
Direktbereich
? Mid("Beispieltext", 4, 5)
spiel
```

Wenn Sie dieses dritte Argument weglassen, wird einfach der restliche Text zurückgegeben. Das ist vor allem sinnvoll, wenn Sie nicht erst ermitteln möchten, wie lang der Rest ist. In Abbildung 36.4 sehen Sie, dass dort ab dem elften Zeichen die Dateiendung beginnt.

**Abbildg. 36.4**  Die *Mid()*-Funktion ist ohne drittes Argument sehr flexibel

```
Direktbereich
? Mid("Bilddatei.jpg", 11, 3)
jpg

? Mid("Bilddatei.jpeg", 11)
jpeg
```

Da es aber schon lange nicht mehr die 8+3-Regel (acht Zeichen Dateiname plus drei Zeichen Endung) gibt, kann die Endung mehr als drei Zeichen lang sein. Das lösen Sie, indem Sie wie im unteren Beispiel von Abbildung 36.4 den kompletten Resttext nach dem letzten Punkt zurückgeben.

## Textteile in anderen Texten finden

Aber woher wissen Sie im vorigen Beispiel, dass der Punkt als Trennzeichen zwischen Dateinamen und -endung an der elften Position steht? Ganz einfach: die *InStr()*-Funktion (lies *InString*) verrät es Ihnen.

Sie übergeben der *InStr()*-Funktion im ersten Argument einen langen Text und im zweiten einen kürzeren, der im langen gefunden werden soll. Das muss nicht wie in Abbildung 36.5 ein einzelnes Zeichen, sondern kann auch eine längere Zeichenkette sein.

**Abbildg. 36.5**  Die *InStr()*-Funktion liefert die Position des gesuchten Punktes

```
Direktbereich
? InStr("Bilddatei.jpg", ".")
 10
```

Wenn der kurze Text im langen gefunden wird, gibt die *InStr()*-Funktion die erste gefundene Anfangsposition im langen Text zurück. Das erste Zeichen hat die Position *1*, daher steht der Punkt auf Position *10*. Wird der Teiltext nicht gefunden, ist der Rückgabewert *0*.

**ACHTUNG**  Die *InStr()*-Funktion gibt immer nur die erste Position des Teiltextes zurück. Wollen Sie sein mehrfaches Vorkommen komplett ermitteln, braucht es eine Schleife wie im folgenden Listing:

```vba
Sub MehrfacheTreffer()
    Dim intLetztePosition As Integer
    Const cstrDateiname = "Bilddatei vom 24.12.2010.jpeg"
    
    intLetztePosition = InStr(cstrDateiname, ".")
    Do Until intLetztePosition = 0
        Debug.Print intLetztePosition
        intLetztePosition = InStr(intLetztePosition + 1, cstrDateiname, ".")
    Loop
End Sub
```

Die *InStr()*-Funktion kennt ein optionales Argument (welches ausnahmsweise an erster Stelle steht!), mit dem Sie angeben können, ab welcher Position die Suche beginnt. Der Code setzt den Anfang der nächsten Suche daher immer auf die Position nach dem vorigen Treffer.

Das erste Auftreten eines Punktes ist allerdings für Dateinamen überhaupt nicht maßgeblich, denn erst der letzte Punkt trennt die Endung. Glücklicherweise gibt es dafür die *InStrRev()*-Funktion (lies *InStringReverse*), welche die letzte Position zurückgibt.

**Abbildg. 36.6**  Die *InStrRev()*-Funktion findet das letzte Vorkommen des Textes

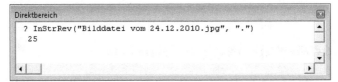

# Kombinierter Aufruf

Typischerweise werden diese Funktionen zur Textanalyse nicht einzeln aufgerufen, sondern unterstützen sich gegenseitig, wie das folgende Listing zeigt:

```
Sub DateiendungFinden()
    MsgBox DateiEndung("Bilddatei vom 24.12.2010.jpeg")
End Sub

Function DateiEndung(strDateiname As String) As String
    Dim intPositionPunkt As Integer

    intPositionPunkt = InStrRev(strDateiname, ".")
    If intPositionPunkt = 0 Then
        DateiEndung = ""
    Else
        DateiEndung = Mid(strDateiname, intPositionPunkt + 1)
    End If
End Function
```

Die *InStrRev()*-Funktion findet das letzte Auftreten des Punktes und die *Mid()*-Funktion liefert den dahinter stehenden Resttext zurück.

## Leerzeichen entfernen

Beim Import von Texten aus anderen Datenquellen stehen gelegentlich überflüssige Leerzeichen vor oder hinter dem Text. Die *Trim()*-Funktion löscht solche äußeren Leerzeichen, wie in Abbildung 36.7 zu sehen ist.

**Abbildg. 36.7** Die *Trim()*-Funktion entfernt äußere Leerzeichen

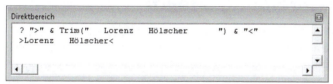

Damit der Effekt im Direktbereich überhaupt zu erkennen ist, sind dort die Größer-/Kleiner-Zeichen vor und hinter dem Text angefügt.

**TIPP** Es gibt noch zwei weitere Funktionen *LTrim()* und *RTrim()*, die jeweils nur eine Seite von Leerzeichen befreien.

## Länge von Zeichenketten bestimmen

Das beliebteste Missverständnis bei der *Len()*-Funktion (lies *Length*) besteht darin, dass damit die Länge einer Zeichenkette in Zentimetern, Punkten oder Pixel gemessen würde. In Wirklichkeit geht es um die Anzahl der Zeichen, wie es auch die Abbildung 36.8 zeigt.

**Abbildg. 36.8**  Die *Len()*-Funktion zählt die Anzahl der enthaltenen Zeichen

```
Direktbereich
? Len("Lorenz Hölscher")
 15
```

## Zeichen ersetzen

Natürlich können Sie mit geschickter Kombination aus der *InStr()*-Funktion und dem Verkettungsoperator »&« Texte neu zusammensetzen. Meistens ist es aber viel einfacher, dazu die *Replace()*-Funktion zu benutzen. In Abbildung 36.9 wird damit beispielsweise ein Dateiname mit anderer Endung erzeugt.

**Abbildg. 36.9**  Die *Replace()*-Funktion tauscht Teile des Textes aus

```
Direktbereich
? Replace("Bilddatei vom 24.12.2010.jpg", "jpg", "jpeg")
Bilddatei vom 24.12.2010.jpeg
```

## Groß-/Kleinschreibung ändern

Eine Änderung der Groß-/Kleinschreibung ist vor allem wichtig, wenn Sie Zeichenketten vergleichen wollen. Gibt Ihr Benutzer beispielsweise einen Dateinamen in Großbuchstaben an und Sie vergleichen diesen mit einem auch nur teilweise klein geschriebenen, dann scheitert das eventuell.

Die beiden Funktionen *UCase()* (lies *UpperCase*, engl. Großbuchstaben) beziehungsweise *LCase()* (lies *LowerCase*, engl. Kleinbuchstaben) wandeln alle Zeichen des Arguments jeweils um.

Die folgende, selbstgeschriebene Funktion *Vergleich()* soll einen als Argument übergebenen Dateinamen mit einem intern vorhandenen vergleichen und eine True/False-Antwort zurückgeben:

```
Function Vergleich(strDateiname As String) As Boolean
    If strDateiname = "K_und_L.accdb" Then
        Vergleich = True
    Else
        Vergleich = False
    End If
End Function
```

**ACHTUNG**  Die Gefahr der falschen Ergebnisse besteht darin, dass die Funktion abhängig von der Option in diesem Modul ist. Solange ganz am Anfang noch `Option Compare Database` steht, kümmert sich diese Version nicht um die Groß-/Kleinschreibung. Erst wenn Sie dort `Option Compare Binary` schreiben, scheitert es.

Die folgende Testprozedur *TesteVergleich* ruft die Funktion mit einem Dateinamen in unterschiedlicher Schreibweise auf:

```
Sub TesteVergleich()
    Debug.Print Vergleich("K_Und_L.ACCDB")
End Sub
```

Besser wäre es gewesen, beide Zeichenketten auf einheitliche (hier Klein-)Schreibung zu vereinheitlichen, dann sind Sie von der Option unabhängig. Wie im folgenden Code müssen Sie darauf achten, dass wirklich beide Seiten klein geschrieben werden, die Vergleichszeichenkette wird dabei nämlich gerne mal vergessen.

```
Function Vergleich(strDateiname As String) As Boolean
    If LCase(strDateiname) = "k_und_l.accdb" Then
        Vergleich = True
    Else
        Vergleich = False
    End If
End Function
```

**PROFITIPP**   Noch kürzer geht es übrigens, wenn Sie das Ergebnis des Vergleichs direkt als Rückgabewert der Funktion benutzen wie im folgenden Listing:

```
Function Vergleich(strDateiname As String) As Boolean
    Vergleich = (LCase(strDateiname) = "k_und_l.accdb")
End Function
```

# Zahlenfunktionen

Die nächsten praktischen Funktionen betreffen den Umgang mit Zahlenwerten, vor allem deren Umwandlung.

## Runden

Es gibt verschiedene Möglichkeiten, eine Zahl auf eine vorgegebene Anzahl von Nachkommastellen zu begrenzen. Die *Round()*-Funktion erlaubt mit dem zweiten Argument die Angabe, wie viele Stellen nach dem Komma es sein sollen.

**Abbildg. 36.10**   Die *Round()*-Funktion liefert unerwartete Ergebnisse

```
Direktbereich
? Round(1.2345, 3)
 1,234

? Round(1.2346, 3)
 1,235
```

Wenn Sie sich das Beispiel in Abbildung 36.10 genau betrachten, werden Sie allerdings feststellen, dass die obere Zahl nicht kaufmännisch korrekt gerundet wurde.

## Formatieren

Nicht nur im Runden überzeugender, sondern vor allem deutlich vielseitiger ist die *Format()*-Funktion. Sie benötigt als zweites Argument eine Format-Angabe als Zeichenkette, wie Sie diese eventuell schon von Excel kennen.

**Abbildg. 36.11** Die *Format()*-Funktion ist sehr vielseitig

```
Direktbereich
? Format(1.2345, "0.000")
1,235

? Format(12345.6789, "#,##0.000")
12.345,679
```

In Abbildung 36.11 sehen Sie oben die Beschränkung auf drei Nachkommastellen mit kaufmännisch korrekter Rundung. Die Zahlenformate müssen immer in amerikanischer Schreibweise angegeben werden, also mit Tausenderkomma und Dezimalpunkt. Trotzdem wird das Ergebnis mit den deutschen Trennzeichen zurückgegeben, übrigens im Gegensatz zur *Round()*-Funktion als Zeichenkette.

**PROFITIPP** Woran lässt sich erkennen, dass eine Funktion eine Zahl oder eine Zeichenkette zurückgibt? Im Direktbereich haben Zahlen immer ein führendes Leerzeichen, Texte jedoch nicht. Wenn Sie Abbildung 36.10 und Abbildung 36.11 miteinander vergleichen, können Sie das sehen.

## Zahlen konvertieren

Einige spezielle Konvertierungsfunktionen wie *CInt()* (lies *ConvertToInteger*), *CDbl()* (lies *ConvertToDouble*) und *CLng()* (lies *ConvertToLong*) dienen vor allem dazu, Datentypen korrekt zuweisen zu können.

**Abbildg. 36.12** Diese Konvertierungsfunktionen stehen zur Verfügung

```
Direktbereich
? CInt(1.234)
 1

? CInt(1.567)
 2

? CDbl(1.234)
 1,234

? CLng(1.234)
 1

? CLng(1.567)
 2
```

Die *CInt()*- und die *CLng()*-Funktion sind geeignet, Nachkommazahlen auf ganze Werte zu runden, wie Sie in Abbildung 36.12 sehen.

## Text in Zahl umwandeln

Bereits in Kapitel 15 habe ich die *Val()*-Funktion erwähnt, die in der Lage ist, aus einer Zeichenkette bestmöglich eine Zahl zu machen. Dabei unterscheidet sie sich von den eben genannten Konvertierungsfunktionen, die nur »einwandfreie« Zeichenketten akzeptieren. Die *Val()*-Funktion nimmt alle Ziffern am Anfang des Textes, die sich irgendwie umwandeln lassen (siehe Abbildung 36.13).

**Abbildg. 36.13**  Die *Val()*-Funktion wandelt Texte bestmöglich um

Allerdings ist die *Val()*-Funktion an die amerikanische Schreibweise gebunden und eignet sich nicht für deutsche Formatierungen mit Tausenderpunkt oder Nachkommaanteilen, wie das zweite Beispiel in Abbildung 36.13 zeigt.

# Datumfunktionen

Der Umgang mit Datumswerten gilt vor allem deshalb immer als lästig, weil scheinbar landesspezifische Schreibweisen berücksichtigt werden müssten. Mit den geeigneten Funktionen ist das jedoch unproblematisch.

## Aktuelle Datums- und Zeitwerte

Drei Funktionen liefern dabei die aktuellen Werte:

- Mit der *Now()*-Funktion erhalten Sie den aktuellen Tag einschließlich aktueller Uhrzeit
- Die *Time()*-Funktion nennt nur die aktuelle Uhrzeit ohne den Tag
- Entsprechend gibt die *Date*-Funktion nur das Tagesdatum, aber keine Uhrzeit zurück

> **HINWEIS**  Die *Date*-Funktion ist hier ausnahmsweise ohne Klammern notiert, weil auch der VBA-Editor die Klammern entfernt. Es gibt nämlich einen gleichnamigen Datentyp *Date*, der für diesen Darstellungsfehler sorgt. Inhaltlich funktioniert es trotzdem.

**Abbildg. 36.14**  Diese Ergebnisse liefern die drei Funktionen zurück

## Datum und Zeit zerlegen

Ein ganzes Bündel an Funktionen steht bereit, um ein Datum in seine Bestandteile zu zerlegen. Wenn es sich bei dem zerlegten Wert um einen echten *Date*-Datentypen handelt, ist auch die landestypische Schreibweise egal, weil die intern gespeicherte serielle Datumszahl umgerechnet wird.

**HINWEIS**  Das serielle Datum bedeutet, dass ein Datumswert intern einfach als Nachkommawert gespeichert wird. Vor dem Komma stehen die Anzahl der Tage seit Neujahr 1900, nach dem Komma die Prozente der laufenden 24 Stunden. Die Angabe 24.12.2010 19:30 entspricht also dem in Abbildung 36.15 ermittelten Wert *40536,8125*. Das sind 40.536 Tage nach Neujahr 1900 und 81,25 % des Tages.

**Abbildg. 36.15**  Das ist der tatsächliche Wert hinter dem Datum

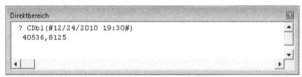

Die Funktionen *Day()*, *Month()*, *Year()* und *Hour()*, *Minute()*, *Second()* können wie in Abbildung 36.16 den jeweiligen Teil aus dem kompletten Datumswert herausrechnen und als Zahl zurückgeben.

**Abbildg. 36.16**  Mit diesen Funktionen lässt sich das Datum in seine Teile zerlegen

Die bereits vorgestellte *Format()*-Funktion kann all das ebenfalls ermitteln, auch wenn die Ergebnisse statt in Zahlen als Text zurückgegeben werden.

**Abbildg. 36.17** Die *Format()*-Funktion kann das ebenfalls ermitteln

```
Direktbereich
? Format(#12/24/2010 19:30#, "d")
24

? Format(#12/24/2010 19:30#, "m")
12

? Format(#12/24/2010 19:30#, "yyyy")
2010

? Format(#12/24/2010 19:30#, "h")
19

? Format(#12/24/2010 19:30#, "n")
30

? Format(#12/24/2010 19:30#, "s")
0
```

**ACHTUNG** Es wäre zu einfach, wenn die gleiche Firma (Microsoft) beim gleichen Problem (Zahlenformate) auch die gleiche Lösung gewählt hätte wie beispielsweise in Excel-Zellen. Während dort Monate ("M") und Minuten ("m") sich nur in Groß- und Kleinschreibung unterscheiden, gilt hier "m" und "n".

## Rechnen mit Datum und Zeit

Dank des seriellen Datums können Sie mit Datums- und Zeitwerten sehr schön einfach rechnen: eine Woche später ist Now() + 7 und eine Stunde später errechnen Sie mit Time() + 1/24.

Für einen Monat später dürfen Sie allerdings nicht so einfach 30 Tage addieren, sondern müssten die Länge des aktuellen Monats berücksichtigen. Solche Berechnungen nehmen Ihnen die beiden Funktionen *DateAdd()* und *DateDiff()* ab.

In Abbildung 36.18 sehen Sie, wie Sie mit der *DateAdd()*-Funktion den gleichen Tag im Folgemonat berechnen. Das erste Argument gibt dabei das Intervall an, das zweite die Anzahl der Intervalle und das dritte das Ausgangsdatum.

**Abbildg. 36.18** Die *DateAdd()*-Funktion findet ein Datum über Monats- und Jahresgrenzen hinweg

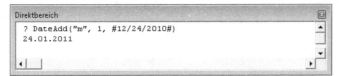

Die *DateDiff()*-Funktion ermittelt umgekehrt das Differenz-Intervall zwischen zwei gegebenen Datumswerten (siehe Abbildung 36.19).

**Abbildg. 36.19** Die *DateDiff()*-Funktion ermittelt die Differenz zwischen zwei Datumswerten

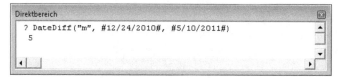

Schließlich gibt es noch eine recht häufig benutzte *DateValue()*-Funktion (siehe Abbildung 36.20), welche aus einer Zeichenkette einen echten *Date*-Wert macht.

**Abbildg. 36.20** Die *DateValue()*-Funktion wandelt eine Zeichenkette in ein Datum um

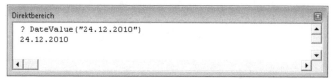

# Prüffunktionen

Beim Umwandeln von verschiedenen Datentypen geht schnell etwas schief, vor allem bei Datumswerten. Mit DateValue("24.13.2010") erzeugen Sie wenig überraschend einen Laufzeitfehler, dass die *Typen unverträglich* seien. Bevor Sie also Daten umwandeln, müssen Sie erst einmal prüfen, ob sie geeignet sind.

Fangen wir direkt mit diesem Problem an: Wäre der Text in ein Datum umzuwandeln? Dafür gibt es die *IsDate()*-Funktion, die wie alle folgenden eine True/False-Entscheidung zurückgibt (siehe Abbildung 36.21). Sie ist recht flexibel und kann auch mit ausgeschriebenen Monatsnamen umgehen.

**Abbildg. 36.21** Die *IsDate()*-Funktion prüft eine Zeichenkette auf Datumstauglichkeit

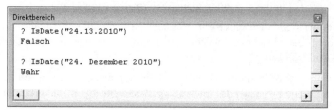

Die *IsNumeric()*-Funktion prüft, ob die Zeichenkette in eine Zahl umgewandelt werden könnte, wie Abbildung 36.22 zeigt.

**Abbildg. 36.22** Die *IsNumeric()*-Funktion untersucht, ob die Zeichenkette als Zahl geeignet wäre

```
Direktbereich
? IsNumeric("1234,56")
Wahr

? IsNumeric("123abc")
Falsch
```

Weitere spezielle Funktionen sollen hier nur kurz erwähnt werden, weil sie eher selten eingesetzt werden:

- Mit *IsNull()* kann vor allem bei Feldinhalten getestet werden, ob dort ein Inhalt oder ein NULL-Wert drin steht.
- Mit *IsEmpty()* lässt sich prüfen, ob eine *Variant*-Variable initialisiert wurde. Für andere Datentypen gibt die Funktion keine sinnvollen Ergebnisse zurück.
- In Kapitel 33 haben Sie bereits die *IsMissing()*-Funktion gesehen, die für ein optionales *Variant*-Argument prüfen kann, ob ein Wert übergeben wurde. Sie haben dort ebenfalls eine Lösung gefunden, wie es ohne diese Funktion viel einfacher geht.

Für die übrigen *IsError()*-, *IsObject()*- oder *IsArray()*-Funktionen verweise ich auf die Hilfe, weil sie im Programmieralltag ohne Belang sind.

# Zusammenfassung

In diesem Kapitel ging es um die wichtigsten Funktionen innerhalb der riesigen Auswahl, die VBA bereitstellt:

- Die *Textfunktionen* (Seite 826) zerlegen Texte in bestimmte Teile oder finden beziehungsweise ersetzen darin einzelne Bestandteile.
- Die *Zahlenfunktionen* (Seite 831) dienen vor allem dem Runden oder Formatieren von Zahlenwerten.
- Die *Datumfunktionen* (Seite 833) vereinfachen das Umrechnen von Datumswerten oder die Ermittlung einzelner Bestandteile.
- Die *Prüffunktionen* (Seite 836) untersuchen vor einer fehlerhaften Umwandlung, ob die Zeichenkette in einen bestimmten Datentyp umwandelbar wäre.

# Kapitel 37

# Objekte programmieren

**In diesem Kapitel:**

| | |
|---|---:|
| Formular-Ereignisse | 840 |
| Bericht-Ereignisse | 852 |
| Zusammenfassung | 856 |

Bisher scheinen die VBA-Programmierung in einem Modul und die Objekte in der Datenbank wenig miteinander zu tun zu haben. Der Code ist aber ja kein Selbstzweck, sondern verbessert die Datenbank. Dieses Kapitel beschäftigt sich daher speziell mit der Programmierung von Objekten in der Datenbank, insbesondere Formularen, Berichten und deren Steuerelementen.

> **CD-ROM** Um Ihnen das Nachvollziehen der Schritte in diesem Kapitel zu erleichtern, finden Sie innerhalb der Beispieldateien zu diesem Buch im Ordner *Kap36* eine Datenbank, die bereits die Änderungen aus Kapitel 36 enthält. Laden Sie einfach die betreffende Datenbank, um mit der Arbeit in diesem Kapitel zu beginnen.
>
> Sie können also jederzeit ein Kapitel überspringen und trotzdem auf den aktuellen Stand der Datenbank zugreifen.

# Formular-Ereignisse

Viele Benutzer glauben, ein Klick auf eine Schaltfläche wäre die wichtigste Aktion in einem Formular. Tatsächlich sind jedoch die unauffälligen, weil automatischen Aktionen viel wichtiger. Vieles in einem Formular muss zur Laufzeit und in Abhängigkeit von den aktuellen Daten noch angepasst oder deaktiviert werden, da können Sie nicht warten, dass ein freundlicher Benutzer irgendwo hinklickt.

## Beim Anzeigen eines Datensatzes

Eines der wichtigsten Ereignisse für die Anpassung des Formulars an einen konkreten Datensatz ist *Form_Current*. Während der deutschsprachige Name des Ereignisses etwas irreführend *Beim Anzeigen* lautet, sagt die englische Bezeichnung der Prozedur deutlicher, dass es nicht einmalig beim Anzeigen des Formulars, sondern tatsächlich für jeden laufenden (engl. *current*) Datensatz aufgerufen wird.

Es ist also optimal, um das Formular für jeden Datensatz anzupassen. Das Ereignis wird automatisch aufgerufen, bevor ein neuer Datensatz auf den Bildschirm kommt, also auch beim ersten und sowieso beim Wechsel zum jeweils nächsten.

> **HINWEIS** Ereignisse, die den ganzen Datensatz betreffen, werden durch das *Form*-Objekt ausgelöst.

Damit können Sie dafür sorgen, dass beim Anzeigen eines Artikel-Datensatzes das jeweils dazu passende Foto angezeigt wird, falls es eines gibt. Sie müssen nur dafür sorgen, dass irgendein Zusammenhang zwischen dem Dateinamen des Fotos und dem Inhalt des Datensatzes herzustellen ist, weil ja kein Bildname gespeichert wurde. Hier sind alle Fotos einfach in einem Unterverzeichnis *Artikel* gespeichert und heißen alle *ID_n.jpg*, wobei *n* der *artID* entspricht.

1. Wechseln Sie in die Entwurfsansicht des vorhandenen Formulars *frmArtikel*, wie es in Kapitel 22 fertig gestellt wurde.
2. Fügen Sie ohne den Steuerelement-Assistenten mit dem Befehl *Formularentwurfstools/Entwurf/ Steuerelemente/Bild* ein leeres Bild-Steuerelement in den leeren Bereich oben rechts ein. Benennen Sie dieses als *imgBild* und stellen Sie dessen *Bildtyp* auf *Verknüpft* (siehe Abbildung 37.1).

**Abbildg. 37.1**   Das Formular erhält ein *Bild*-Steuerelement

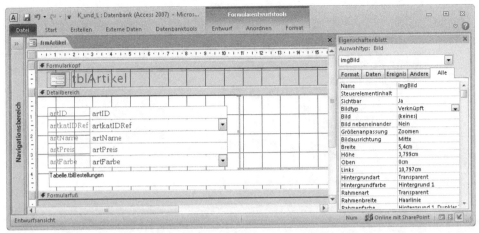

3. Markieren Sie das ganze Formular und doppelklicken Sie im Eigenschaftenblatt dessen Ereignis *Beim Anzeigen* an, sodass dort *[Ereignisprozedur]* angezeigt wird. Dann können Sie auf die Schaltfläche mit den drei Pünktchen klicken, um in die passende Ereignisprozedur des Formularmoduls zu gelangen.
4. Ergänzen Sie den leeren Prozedurrumpf mit dem folgenden Code:

```
Private Sub Form_Current()
    Dim strBilddatei As String
    Dim strPfad As String

    strPfad = CurrentProject.Path & "\Artikel\"
    strBilddatei = Dir(strPfad & "ID_" & Me.artID.Value & ".jpg")
    If strBilddatei = "" Then
        strBilddatei = "Fehlt.jpg"
    End If

    Me.imgBild.Picture = strPfad & strBilddatei
End Sub
```

5. In der *strPfad*-Variablen wird das Unterverzeichnis *Artikel* gespeichert, wobei der Pfad der aktuellen Datenbank immer in CurrentProject.Path enthalten ist.
6. Die *Dir()*-Funktion liefert an *strBilddatei* den Namen der im Argument zusammengesetzten Bilddatei ohne Verzeichnis zurück, wenn sie existiert. Andernfalls enthält *strBilddatei* einen Leerstring, dann wird das vorbereitete Bild *Fehlt.jpg* benutzt.
7. Daher kann anschließend der *Picture*-Eigenschaft von *imgBild* dieser Pfad samt Dateinamen zugewiesen werden.

Wenn Sie nun im Artikel-Unterverzeichnis Bilder mit dem Namensmuster *ID_1.jpg* oder (wie in Abbildung 37.2) *ID_15.jpg* bereitstellen, werden beim Durchblättern in diesem Verzeichnis diese zum passenden Artikel angezeigt.

## Kapitel 37  Objekte programmieren

**Abbildg. 37.2**  Dieser Artikel hat ein passendes Bild

Fehlt ein Artikel, wird stattdessen ein gespeichertes Standardbild namens *Fehlt.jpg* eingeblendet, wie es in Abbildung 37.3 zu sehen ist.

**Abbildg. 37.3**  Dieser Artikel hat kein Bild und zeigt deshalb *Fehlt.jpg* an

Durch wenige Zeilen VBA-Programmierung müssen Sie nicht in jedem Datensatz ein Bild speichern und können einfacher als mit Makros abfangen, dass auch mal ein Foto fehlt.

## Beim Bewegen der Maus

Das Bild ist ja nett, aber zu klein. Anstatt nun große Teile des Formulars unnötig zu belegen, würde es reichen, das Foto beim Überfahren mit der Maus zu vergrößern, wie es auch auf vielen Internet-Seiten üblich ist.

Das ist ein klein wenig aufwändiger, denn wenn es beispielsweise doppelt so groß werden soll, müssen Sie sich die ursprünglichen Werte merken. Das *MouseMove*-Ereignis (entspricht der *Bei Mausbe-*

*wegung*-Eigenschaft) tritt bei einer Mausbewegung mehrfach pro Sekunde auf, das Foto soll aber ja nur einmalig vergrößert werden.

Anstatt nun die ursprüngliche Größe des Bildes fest im Code zu notieren, ist es besser, diesen auszulesen und in einer Variablen zu speichern. Das muss nur einmalig beim Öffnen des Formulars geschehen.

1. Deklarieren Sie am Anfang dieses Formularmoduls zwei Modul-öffentliche Variable wie im folgenden Listing:

```
Dim m_lngBildBreite As Long
Dim m_lngBildHoehe As Long
```

2. Wechseln Sie nun wieder in die Entwurfsansicht und markieren Sie das Formular als Ganzes. Wählen Sie in dessen *Bei Laden*-Eigenschaft wieder *[Ereignisprozedur]* aus und klicken auch auf die Schaltfläche mit den drei Pünktchen.

3. Im Prozedurrumpf *Form_Load* ergänzen Sie anschließend den folgenden Code, der sich die Anfangsgröße des *Bild*-Steuerelements merkt:

```
Private Sub Form_Load()
    m_lngBildBreite = Me.imgBild.Width
    m_lngBildHoehe = Me.imgBild.Height
End Sub
```

**ACHTUNG** Sie wundern sich möglicherweise, dass es *Long*-Variablen sind, obwohl in den Eigenschaften *Breite* und *Höhe* doch Zentimeter-Angaben stehen? Solche Maße werden intern in der Einheit *Twips* gespeichert (1 cm = 567 Twips) und sind *Long*-Zahlen.

4. Dann können Sie in der Entwurfsansicht das Steuerelement *imgBild* markieren und in dessen *Bei Mausbewegung*-Eigenschaft zum zugehörigen Prozedurrumpf wechseln.

**PROFITIPP** Anstatt jedes Mal zum Anlegen eines Ereignis-Prozedurrumpfs in die Entwurfsansicht wechseln zu müssen, geht es auch einfacher. Im Formularmodul gibt es oben links eine Dropdown-Liste aller Steuerelemente, dort wählen Sie *imgBild* aus. In der rechten Dropdown-Liste wird dann bereits das *Click*-Ereignis (und im Modul überflüssigerweise der Prozedurrumpf für *imgBild_Click*) angezeigt. Wählen Sie stattdessen oben rechts *MouseMove*, sodass dessen Prozedurrumpf erzeugt wird. Die *imgBild_Click*-»Leiche« können Sie dann löschen.

5. Ergänzen Sie den folgenden Code im Prozedurrumpf (wobei der Umbruch in den Argumenten nur hier im Buch aus Platzgründen notwendig ist):

```
Private Sub imgBild_MouseMove(Button As Integer, Shift As Integer, _
    X As Single, Y As Single)
    With Me.imgBild
        .Width = m_lngBildBreite * 2
        .Height = m_lngBildHoehe * 2
    End With
End Sub
```

Jetzt wird tatsächlich in der Formularansicht beim Überfahren des Fotos mit der Maus dieses doppelt so groß angezeigt. Allerdings gibt es noch ein paar Probleme:

- Es flackert ganz furchtbar, weil das Bild mehrfach pro Sekunde auf die gleichen Maße »vergrößert« wird.
- Beim Verlassen des Fotos mit der Maus wird es nicht wieder verkleinert.
- Die eingebettete Tabelle verdeckt das Foto, diese lässt sich leider auch nicht hinter das *Bild*-Steuerelement legen.

Fangen wir mit dem letzten Problem an, denn dazu braucht es eine neue Variable, welche sich die ursprüngliche Position der eingebetteten Tabelle merkt. Da diese (weil eingebettet) immer vor allen Steuerelementen liegt, müssen Sie diese nach unten schieben, sobald das Foto größer wird.

1. Fügen Sie eine dritte Modul-öffentliche Variable für die *Top*-Position der Tabelle am Anfang des Codes ein:

```
Dim m_lngTopTabelle As Long
```

2. Damit die eingebettete Tabelle per VBA vernünftig programmiert werden kann, sollten Sie diese umbenennen und den bisherigen Namen *Untergeordnet15* durch *sfmTabelle* entsprechend der Ungarischen Notation ersetzen.

3. Damit deren ursprüngliche Position ebenfalls gespeichert wird, wird die *Form_Load*-Prozedur um die fett markierte Zeile ergänzt:

```
Private Sub Form_Load()
    m_lngBildBreite = Me.imgBild.Width
    m_lngBildHoehe = Me.imgBild.Height
    m_lngTopTabelle = Me.sfmTabelle.Top
End Sub
```

4. Beim Vergrößern des Fotos muss die Tabelle um einen (einfach ausprobierten) Wert weiter nach unten verschoben werden, wie es im folgenden Listing fett markiert ist:

```
Private Sub imgBild_MouseMove(Button As Integer, Shift As Integer, _
    X As Single, Y As Single)
    With Me.imgBild
        .Width = m_lngBildBreite * 2
        .Height = m_lngBildHoehe * 2
        Me.sfmTabelle.Top = m_lngTopTabelle + 2000
    End With
End Sub
```

5. Das Flackern lässt sich leicht beheben, indem Sie beim Vergrößern prüfen, ob es vielleicht schon vergrößert ist. Ergänzen Sie dazu die *imgBild_MouseMove*-Prozedur um die fett markierten Zeilen:

```
Private Sub imgBild_MouseMove(Button As Integer, Shift As Integer, _
        X As Single, Y As Single)
    With Me.imgBild
        If .Width <> (m_lngBildBreite * 2) Then
            .Width = m_lngBildBreite * 2
            .Height = m_lngBildHoehe * 2
            Me.sfmTabelle.Top = m_lngTopTabelle + 2000
        End If
    End With
End Sub
```

6. Damit das Foto anschließend wieder verkleinert wird, benutzen Sie das *Bei Mausbewegung*-Ereignis der umgebenden Fläche, also des Detailbereichs. Dort stellen Sie einfach die ursprünglichen Werte wieder ein. Auch hier sollten Sie prüfen, ob das bereits passiert ist, um das Flackern zu verhindern:

```
Private Sub Detailbereich_MouseMove(Button As Integer, Shift As Integer, _
        X As Single, Y As Single)
    With Me.imgBild
        If .Width <> m_lngBildBreite Then
            .Width = m_lngBildBreite
            .Height = m_lngBildHoehe
            Me.sfmTabelle.Top = m_lngTopTabelle
        End If
    End With
End Sub
```

7. Jetzt können Sie probieren, dass das Bild nur dann vergrößert wird, wenn die Maus darüber liegt (siehe Abbildung 37.4), und beim Verlassen wieder seine ursprüngliche Größe erhält.

**Abbildg. 37.4**  Solange die Maus über dem Bild liegt, wird es vergrößert

**ACHTUNG** Es gibt eine kleine Einschränkung der Funktionsfähigkeit: Wenn Sie mit der Maus das Foto nicht über den Detailbereich, sondern über die eingebettete Tabelle verlassen, bleibt es groß. Das lässt sich auch nur über einen größeren Abstand beheben (damit dazwischen der Detailbereich aktiv ist), denn das *Unterformular*-Steuerelement hat keine *Bei Mausbewegung*-Eigenschaft.

## Beim Öffnen des Formulars

Auch Formulare, die gar keine Daten anzeigen, müssen möglicherweise bestimmte Werte beim Laden einstellen. Ein Beispiel dafür ist das Formular *frmAllgemein*, welches ja inzwischen beim Öffnen der Datenbank automatisch geladen wird. Darauf befindet sich ein Kombinationsfeld mit der Liste aller Mitarbeiter.

In Kapitel 27 haben Sie gesehen, dass Sie einfach die ID des ersten Mitarbeiters als *Standardwert*-Eigenschaft des Kombinationsfeldes angeben können, damit es beim Öffnen diesen direkt anzeigt. Wenn die Listeneinträge allerdings wechseln, klappt das nicht mehr.

**ACHTUNG** Bei den Kombinationsfeld-Steuerelementen (und Listenfeld-Steuerelementen, die sich identisch verhalten) der übrigen Microsoft Office-Produkte könnten Sie ganz bequem die *ListIndex*-Eigenschaft auf *0* setzen, um den ersten Eintrag auszuwählen. Das geht bei Access leider nicht.

1. Wechseln Sie in die Entwurfsansicht des Formulars *frmAllgemein* und markieren Sie das Formular selber.
2. Erzeugen Sie für dessen *Beim Laden*-Eigenschaft eine Ereignisprozedur und ergänzen deren Prozedurrumpf wie im folgenden Listing:

```
Private Sub Form_Load()
    With Me.cmbMitarbeiter
        .Value = .Column(0, 0)
    End With
End Sub
```

3. Die *Column()*-Eigenschaft des Kombinationsfeldes hat zwei Parameter, um die Zeile und Spalte der Liste auszulesen. Mit der Angabe 0, 0 erhalten Sie immer die erste Spalte der ersten Zeile, egal, welche Inhalte in der Liste stehen.
4. Da es sich hierbei auch um die gebundene Spalte handelt, können Sie diesen Wert direkt an die *Value*-Eigenschaft des Kombinationsfeldes zurückgeben, um den ersten Eintrag zu aktivieren.

Damit wird beim Anzeigen des Formulars wie in Abbildung 37.5 immer der erste Eintrag der Liste angezeigt, auch wenn beispielsweise die Datenquelle der Liste anders sortiert war.

Abbildg. 37.5  Beim Öffnen wird automatisch der erste Listeneintrag ausgewählt

# Beim Schließen des Formulars

Dieses Formular *frmAllgemein* soll zentrale Aufgaben in der Datenbank übernehmen, indem sich beispielsweise Parameterabfragen (siehe Kapitel 27) darauf beziehen. Da wäre es ärgerlich, wenn das Formular versehentlich schon geschlossen wäre. Sorgen Sie einfach dafür, dass sich das Formular entweder gar nicht schließen lässt oder dabei die Datenbank schließt.

1. Wechseln Sie in die Entwurfsansicht des Formulars *frmAllgemein* und fügen Sie dort ein *Kontrollkästchen*-Steuerelement ein.
2. Benennen Sie dieses als *chkDBschliessen*, beschriften es mit *Datenbank schließen* und setzen seine *Standardwert*-Eigenschaft auf *Falsch*, damit es normalerweise nicht angekreuzt ist. Das Formular sieht dann aus wie in Abbildung 37.6.

Abbildg. 37.6    Das Formular erhält ein zusätzliches Kontrollkästchen

3. Markieren Sie nun in der Entwurfsansicht das ganze Formular und erzeugen Sie die Ereignisprozedur für die *Beim Entladen*-Eigenschaft. Mit einem Klick auf die Schaltfläche mit den drei Pünktchen gelangen Sie in den zugehörigen Prozedurrumpf.

**ACHTUNG**    Es gibt einen wichtigen Unterschied zwischen der *Beim Schließen*- und der *Beim Entladen*-Eigenschaft: beim Entladen können Sie das Schließen noch verhindern, beim Schließen ist es zu spät.

4. Ergänzen Sie den *Form_Unload*-Prozedurrumpf wie im folgenden Listing:

```
Private Sub Form_Unload(Cancel As Integer)
    If Me.chkDBschliessen.Value Then
        CloseCurrentDatabase
    Else
        Cancel = True
        MsgBox "Formular lässt sich nur schließen, " & _
               "wenn auch das Kontrollkästchen angekreuzt ist!", vbExclamation
    End If
End Sub
```

5. Der Code prüft zuerst, ob das Kontrollkästchen angeklickt ist, und führt nur dann die Anweisung *CloseCurrentDatabase* zum Schließen der aktuellen Datenbank aus.
6. Andernfalls wird der (Rückgabe-!)Parameter *Cancel* auf *True* gesetzt, sodass das aufrufende Ereignis gestoppt wird. In diesem Fall lässt sich also das Formular nicht schließen.

Sie können jetzt prüfen, dass sich das Formular nur noch schließen lässt, wenn dabei auch die Datenbank geschlossen werden darf.

**ACHTUNG** Auch der Wechsel von der Formularansicht in die Entwurfsansicht ist jetzt viel schwieriger geworden, weil dabei die Formularansicht geschlossen wird. Sie können das mit einem *On Error Resume Next* am Anfang der Prozedur auch noch verhindern.

Damit sperren Sie sich natürlich auch selber aus. Schließen Sie die Datenbank und öffnen sie beim nächsten Mal mit gedrückter ⇧-Taste, damit das Formular gar nicht erst geladen wird. Vom Navigationsbereich aus müssen Sie dann das Formular direkt in der Entwurfsansicht anzeigen.

**PROFITIPP** Eine weniger programmierlastige Alternative dazu wäre übrigens, das *X* oben rechts am Formular zum Schließen zu deaktivieren. Stellen Sie dazu die *Schließen Schaltfläche*-Eigenschaft des Formulars auf *Nein*. Je nach Betriebssystem bleibt übrigens das *X* weiterhin sichtbar, reagiert aber nicht mehr. Auch im Systemmenüfeld (oben links im Formular hinter dem Symbol versteckt) fehlt dann der *Schließen*-Eintrag und das Tastenkürzel Alt + F4 wird ebenfalls deaktiviert.

## Beim Klicken im Listenfeld

Da es auf Dauer relativ viele Mitarbeiter werden können, die im Listenfeld auf diesem Formular *frmAllgemein* auswählbar sind, ist ein Filter immer sehr praktisch. Hier bietet es sich an, eine Vorauswahl des Hotels zu treffen und nur noch dessen Mitarbeiter anzuzeigen.

1. Wechseln Sie in die Entwurfsansicht des Formulars *frmAllgemein* und kopieren Sie die Mitarbeiterliste nochmals oberhalb der bisherigen Steuerelemente, die Sie dazu nach unten schieben müssen.

2. Benennen Sie das neue Kombinationsfeld *cmbHotels* und ändern Sie seine *Datensatzherkunft*-Eigenschaft auf das folgende SQL-Statement:

```
SELECT htlID, [htlName] & " in " & [htlOrt] As NameKomplett
FROM tblHotels
ORDER BY htlName;
```

3. Beschriften Sie das zugehörige Bezeichnungsfeld mit *Hotel auswählen*, sodass der Entwurf wie in Abbildung 37.7 aussieht.

**Abbildg. 37.7** Oberhalb der Mitarbeiter gibt es eine neue Hotel-Auswahl

4. Verändern Sie die bereits vorhandene *Form_Load*-Prozedur, wie im folgenden Listing fett markiert, damit beim Öffnen des Formulars nicht der erste Mitarbeiter, sondern das erste Hotel ausgewählt ist:

```
Private Sub Form_Load()
    With Me.cmbHotels
        .Value = .Column(0, 0)
    End With
End Sub
```

5. Erst die Auswahl eines Hotels soll die Mitarbeiterliste aktualisieren und dann den ersten Eintrag aktivieren. Wählen Sie für das Kombinationsfeld *cmbHotels* in dessen *Beim Klicken*-Eigenschaft den Eintrag *[Ereignisprozedur]* und wechseln Sie in den Prozedurrumpf *cmbHotels_Click*. Ergänzen Sie diesen mit dem folgenden Code:

```
Private Sub cmbHotels_Click()
    With Me.cmbMitarbeiter
        .RowSource = "SELECT mitID, " & _
            "[mitNachname] & ', ' & [mitVorname] AS NameKomplett " & _
            "FROM tblMitarbeiter WHERE mithtlIDRef = " & Me.cmbHotels.Value & " " & _
            "ORDER BY mitNachname"
        If .ListCount > 0 Then
            .Value = .Column(0, 0)
            .Enabled = True
        Else
            .Enabled = False
        End If
    End With
End Sub
```

**ACHTUNG** Achten Sie beim obigen Listing vor allem auf die Leerzeichen am Zeilenende in der Zeichenkette, die der *RowSource*-Eigenschaft zugewiesen wird! Vor FROM und ORDER BY fehlen ansonsten im SQL-Statement die Leerzeichen und die Anweisung ließe sich nicht ausführen.

6. Die *RowSource* entspricht der deutschen *Datensatzherkunft*-Eigenschaft, daher wird auch im Code praktisch das gleiche SQL-Statement erzeugt, allerdings mit einer zusätzlichen *WHERE*-Klausel. Dadurch werden nur die Mitarbeiter genau dieses Hotels angezeigt.

7. Bevor Sie mit .Value = .Column(0, 0) wieder den ersten Eintrag der Mitarbeiterliste aktivieren, sollten Sie sicherstellen, dass es überhaupt einen gibt. Das ist beispielsweise für *Schneesturm -- Das Iglu-Hotel* problematisch, zu dem bisher keine Mitarbeiter-Einträge angelegt wurden. Fragen Sie dazu einfach die *ListCount*-Eigenschaft des Kombinationsfeldes ab.

**ACHTUNG** Die *ListCount*-Eigenschaft ist abhängig von der *ColumnHeads*-Eigenschaft (auf deutsch *Spaltenüberschriften*), denn diese Überschrift wird als Zeile mitgezählt. Sie müssten hier dann If .ListCount > IIf(.ColumnHeads, 1, 0) Then schreiben, aber auch die *Form_Load*-Prozedur korrigieren:

```
Private Sub Form_Load()
    With Me.cmbHotels
        .Value = .Column(IIf(.ColumnHeads, 1, 0), 0)
    End With
End Sub
```

Das ist insgesamt so lästig, dass ich die Spaltenüberschriften nie anzeigen würde.

Wie Sie nun ausprobieren können, wird je nach Hotel entweder die Mitarbeiterliste deaktiviert (siehe Abbildung 37.8) oder auf die passenden Einträge beschränkt (siehe Abbildung 37.9).

**Abbildg. 37.8** Dieses Hotel hat noch gar keine Mitarbeiter eingetragen

**Abbildg. 37.9** Im ausgewählten Hotel gibt es genau diese Mitarbeiter

Damit haben Sie sich übrigens ganz unauffällig leider der Möglichkeit beraubt, alle Mitarbeiter in der Liste zu sehen, wenn Sie vielleicht gar nicht wissen, wo der Betreffende arbeitet. Das lässt sich selbstverständlich wieder einbauen:

**1.** Mit einer UNION-Abfrage (siehe Kapitel 20) wird vor der Liste der Hotels ein zusätzlicher Eintrag erzeugt, der als angebliche »ID« ein Sternchen und als Hotelnamen *<alle>* enthält. Dadurch ändert sich die *Datensatzherkunft*-Eigenschaft von *cmbHotels* wie im folgenden SQL-Statement:

```
SELECT "*" AS ID, "<alle>" AS Hotelname
FROM tblHotels
UNION
SELECT htlID, [htlName] & " in " & [htlOrt] As NameKomplett
FROM tblHotels
ORDER BY Hotelname;
```

**ACHTUNG**  Beachten Sie bei UNION-Abfragen immer, dass nur die erste Abfrage die Feldnamen vorgibt, die auch für die Sortierung maßgeblich sind. Außerdem dürfen Sie hier kein UNION ALL einsetzen, weil dann das fiktive Hotel so oft auftauchen würde, wie es Einträge in der Tabelle *tblHotels* gibt. Die langsamere Ausführung ist aber bei diesen wenigen Einträgen ohnehin völlig zu vernachlässigen.

2. Sie können das im Abfrage-Generator (siehe Abbildung 37.10) überprüfen, wenn Sie sich die Datenblattansicht der UNION-Abfrage anzeigen lassen. Auch die Sortierung ist korrekt, weil das Kleiner-Zeichen (<) am Anfang des neuen »Hotelnamens« vor den übrigen Buchstaben einsortiert wird.

**Abbildg. 37.10**  Durch die UNION-Abfrage wird ein zusätzlicher Datensatz angezeigt

3. Die zweite Änderung betrifft die Tatsache, dass das Sternchen ja als Joker und nicht als Literal (also als Buchstabe »*«) ausgewertet werden muss. Daher ändert sich die *Datensatzherkunft* (*RowSource*) der Mitarbeiterliste im Code:

```
Private Sub cmbHotels_Click()
    With Me.cmbMitarbeiter
        If Me.cmbHotels.Value = "*" Then
            .RowSource = "SELECT mitID, " & _
                "[mitNachname] & ', ' & [mitVorname] AS NameKomplett " & _
                "FROM tblMitarbeiter " & _
                "ORDER BY mitNachname"
        Else
            .RowSource = "SELECT mitID, " & _
                "[mitNachname] & ', ' & [mitVorname] AS NameKomplett " & _
                "FROM tblMitarbeiter WHERE mithtlIDRef = " & _
                    Me.cmbHotels.Value & " " & _
                "ORDER BY mitNachname"
        End If
'   ...wie bisher
End Sub
```

4. Sobald die ausgewählte »ID« des Hotels ein Sternchen ist, entfällt die WHERE-Klausel im SQL-Statement, ansonsten bleibt alles wie bisher.

Jetzt erst ist das Formular wieder benutzerfreundlich, indem wahlweise (siehe Abbildung 37.11) alle Mitarbeiter oder nur diejenigen eines Hotels auswählbar sind.

**Abbildg. 37.11** Nun sind auch wieder alle Mitarbeiter auswählbar

# Bericht-Ereignisse

In Kapitel 29 haben Sie bereits ein Beispiel gesehen, wo sich die VBA-Programmierung im Bericht einsetzen lässt, denn nur so ließen sich die *von-bis*-Angaben im Bericht *rptTelefonverzeichnis* verwirklichen.

Insgesamt gibt es aber deutlich weniger Anlässe zur Programmierung in Berichten als in Formularen. Das hängt vor allem damit zusammen, dass auf dem Papier natürlich keine Interaktivität wie auf dem Bildschirm möglich ist. Dadurch fallen die ganzen *Beim Klicken-*, *Bei Änderung-*, *Bei Fokuserhalt-* oder *Vor Eingabe*-Ereignisse schon mal weg.

**ACHTUNG** Sie werden zu Recht einwenden, dass doch diese interaktiven Ereignisse auch im Bericht vorhanden seien. Das ist korrekt, aber sie funktionieren nur in der Berichtsansicht, die eigentlich eine verkappte Formularansicht ist. Beim »richtigen« Ausdruck oder der Seitenansicht fallen sie alle weg. Probieren Sie mal im Vergleich die *Beim Formatieren*-Eigenschaft vom *Detailbereich* und die *Beim Klicken*-Eigenschaft vom ganzen Bericht aus:

```
Private Sub Detailbereich_Format(Cancel As Integer, FormatCount As Integer)
    MsgBox "Detailbereich_Format"
End Sub

Private Sub Report_Click()
    MsgBox "Report_Click"
End Sub
```

In der Berichtsansicht wird *Report_Click* nach Mausklick in die Ansicht ausgeführt und *Detailbereich_Format* nie. In der Seitenansicht hingegen wird nur *Detailbereich_Format* (eventuell müssen Sie weiterblättern, wenn auf der ersten Seite keine Daten stehen) ausgeführt, ein Mausklick bleibt jedoch wirkungslos. Sie sollten daher solche Prozeduren immer ausschließlich in der Seitenansicht testen, sonst kann es sehr frustrierend sein, keine Reaktion zu sehen.

# Bei Ohne Daten

Ja, diese Eigenschaft heißt wirklich in so eigentümlichem Deutsch *Bei Ohne Daten*. Das Ereignis wird automatisch aufgerufen, sobald ein Bericht startet, der keine Daten enthält. Der in Kapitel 28 erstellte Bericht *rptMonatsrechnung* könnte mal leer sein, wenn in einem Monat keine Bestellungen angefallen sind.

1. Wechseln Sie in die Entwurfsansicht des Berichts *rptMonatsrechnung* und markieren Sie dort den Bericht selber.
2. Wählen Sie für dessen *Bei Ohne Daten*-Eigenschaft den Eintrag *[Ereignisprozedur]* und gehen dann über die Schaltfläche mit den drei Pünktchen zum *Report_NoData*-Prozedurrumpf.
3. Da diese Prozedur nur im Problemfall aufgerufen wird, reicht eine beliebige Reaktion ohne vorherige Prüfung der Datenquelle. Ergänzen Sie die Prozedur wie im folgenden Listing:

```
Private Sub Report_NoData(Cancel As Integer)
    MsgBox "Dieser Bericht zeigt keine Daten!", vbCritical
    Cancel = True
End Sub
```

4. Wie schon beim Schließen des Formulars ist auch hier das *Cancel*-Argument ein Rückgabeparameter und die Zuweisung True sorgt dafür, dass der Bericht nicht angezeigt oder ausgedruckt wird.

So weit ist alles wunderbar programmiert, nur: Wie testen wir das? Schließlich hat der Bericht ja Daten und der Fehler wird nicht auftreten. Am besten rufen Sie den Bericht mit einem Filter auf:

1. Schließen Sie den Bericht (nicht sein Modul, sondern den Berichtsentwurf selber!) und legen Sie im VBA-Editor ein neues (Standard-!)Modul an.
2. Schreiben Sie dort die neue Prozedur *TesteMonatsbericht* mit dem folgenden Code:

```
Sub TesteMonatsbericht()
    On Error Resume Next
    DoCmd.OpenReport "rptMonatsrechnung", acViewPreview, , _
        "bstBestelldatum = #12/24/2010#"
End Sub
```

3. Das Ignorieren aller Fehler ist notwendig, weil der Abbruch per *Report_NoData*-Prozedur hier im aufrufenden Code als Fehler betrachtet wird.
4. Die *DoCmd.OpenReport*-Methode kennt als drittes Argument die Möglichkeit, einen gespeicherten Filter anzugeben. Wenn Sie stattdessen das vierte Argument benutzen wollen, bleibt das dritte Argument zwischen zwei Kommas leer.

> **ACHTUNG** Das zweite Argument mit der Konstanten acViewPreview ist sehr wichtig! Während nämlich bei Formularen mit DoCmd.OpenForm die normale Ansicht die Formularansicht ist, werden Berichte mit DoCmd.OpenReport standardmäßig ausgedruckt. Die Seitenansicht müssen Sie daher explizit als Argument nennen.

5. Im vierten Argument können Sie eine SQL-übliche *Where*-Klausel (allerdings ohne das WHERE) angeben, was per VBA meistens viel praktischer ist. Auch hier muss die amerikanische Datumsschreibweise beachtet werden.
6. Jetzt endlich lässt sich ein Bericht ohne Daten testen (siehe Abbildung 37.12), weil keine der Bestellungen an diesem Datum stattfand.

**Abbildg. 37.12**  Das *Report_NoData*-Ereignis wird korrekt aufgerufen

## Beim Formatieren

Das *Beim Formatieren*-Ereignis wird recht häufig benötigt, wenn Elemente abhängig von Daten ein- oder ausgeblendet werden sollen. Das möchte ich Ihnen am Beispiel des Berichts *rptEinnahmen* zeigen, der beim Überschreiten des 1.000-Euro-Betrags in der Gesamtpreis-Spalte einen Pfeil daneben zeigen soll.

> **HINWEIS**  Zuallererst brauchen Sie natürlich einen kleinen Pfeil. Bereiten Sie eine kleine Grafik vor, die hier im *.png*-Format eine Größe von 72*50 Pixeln hat. Sie finden diese Grafik als *PfeilMini.png* im Unterordner *Bilder*.

1. Wechseln Sie in den Entwurf des Berichts *rptEinnahmen* und fügen Sie ein *Bild*-Steuerelement im Detailbereich ganz rechts ein.
2. Benennen Sie das Steuerelement als *imgPfeil* und rufen Sie in der *Bild*-Eigenschaft das vorbereitete Bild auf (siehe Abbildung 37.13).

**Abbildg. 37.13**  Der Pfeil ist im Detailbereich enthalten

3. Markieren Sie nun den *Detailbereich*, wählen in seiner *Beim Formatieren*-Eigenschaft den Eintrag *[Ereignisprozedur]* aus und gehen über die Schaltfläche mit den drei Pünktchen in dessen Ereignisprozedur.
4. Ergänzen Sie den Prozedurrumpf um die folgende Codezeile:

```
Private Sub Detailbereich_Format(Cancel As Integer, FormatCount As Integer)
    Me.imgPfeil.Visible = (Me.Gesamtpreis.Value > 1000)
End Sub
```

**PROFITIPP** Sie sehen im vorigen Listing die optimal verkürzte Version einer *If*-Struktur, die immer dann möglich ist, wenn Sie einen *True/False*-Wert zuweisen wollen. Normalerweise stünde hier nämlich folgender Code:

```
Private Sub Detailbereich_Format(Cancel As Integer, FormatCount As Integer)
    If Me.Gesamtpreis.Value > 1000 Then
        Me.imgPfeil.Visible = True
    Else
        Me.imgPfeil.Visible = False
    End If
End Sub
```

Da das Ergebnis der Bedingung aber sowieso identisch ist mit dem zugewiesenen Wert, können Sie auch die Bedingung (sicherheitshalber in Klammern) selbst als Wert nehmen.

5. Wenn Sie anschließend in die Seitenansicht wechseln, sind wie in Abbildung 37.14 nur noch die Pfeile hinter den Zeilen mit mehr als 1.000 Euro Gesamtpreis zu sehen.

**Abbildg. 37.14** Die Pfeile sind nur noch in den passenden Zeilen sichtbar

**ACHTUNG** Beachten Sie, dass die *Detailbereich_Format*-Prozedur nur ausgeführt wird, wenn Sie auch wirklich in der Seitenansicht sind. In der Berichtsansicht funktioniert das nicht!

# Zusammenfassung

In diesem Kapitel ging es speziell um die Programmierung von Formularen und Berichten. Dort sind vor allem die automatisch ausgeführten Ereignisse wichtig.

- *Beim Anzeigen* eines Datensatzes (Seite 840) ist ein viel genutztes Ereignis, mit dem jeder Datensatz im Formular schnell noch passend zu seinen Daten Steuerelemente ein- oder ausblenden oder mit anderen Inhalten bestücken kann.

- Selbst *Bei Mausbewegung* (Seite 842) wird mehrfach pro Sekunde ein Ereignis ausgelöst. Sie können dieses nutzen, um beispielsweise beim Überfahren mit der Maus Inhalte zu vergrößern.

- Einmalig beim Start eines Formulars lässt sich über die *Beim Laden*-Eigenschaft (Seite 846) einstellen, welche Startwerte bestimmte Steuerelemente haben sollen.

- Entsprechend kann beim Schließen eines Formulars über die *Beim Entladen*-Eigenschaft (Seite 847) sogar verhindert werden, dass es sich unter bestimmten Umständen schließen lässt.

- Mit einem *Beim Klicken*-Ereignis (Seite 848) eines *Kombinationsfeld*-Steuerelements erstellen Sie einen intuitiven Filter für andere Steuerelemente des Formulars.

- Wenn ein Bericht (meistens durch einen vorgeschalteten Filter) ohne Daten gestartet wird, bietet Ihnen das *Bei Ohne Daten*-Ereignis (Seite 853) die Chance, per VBA darauf zu reagieren.

- Im Bericht ist eines der am häufigsten genutzten Ereignisse *Beim Formatieren* (Seite 854) des Detailbereichs, mit dem Sie passend zu den Daten Steuerelemente verändern können.

# Teil H
# Oberfläche

| | | |
|---|---|---|
| Kapitel 38 | Eigenständige Anwendungen | 859 |
| Kapitel 39 | Das Menüband | 865 |

# Kapitel 38

# Eigenständige Anwendungen

**In diesem Kapitel:**

| | |
|---|---|
| Startbild | 860 |
| Starteinstellungen | 861 |
| AutoExec-Makro | 861 |
| Mehrbenutzerbetrieb | 863 |
| Zusammenfassung | 864 |

**Kapitel 38** Eigenständige Anwendungen

Um eine Datenbank anwenderfreundlich zu gestalten, sind viele einzelne Handgriffe nötig. Es gibt aber einige, die für alle Datenbanken gleichermaßen gelten, und die hier zusammenfassend genannt werden sollen, obwohl manche an verschiedenen Stellen im Buch bereits angesprochen worden waren.

**CD-ROM** Um Ihnen das Nachvollziehen der Schritte in diesem Kapitel zu erleichtern, finden Sie innerhalb der Beispieldateien zu diesem Buch im Ordner *Kap37* eine Datenbank, die bereits die Änderungen aus Kapitel 37 enthält. Laden Sie einfach die betreffende Datenbank, um mit der Arbeit in diesem Kapitel zu beginnen.

Sie können also jederzeit ein Kapitel überspringen und trotzdem auf den aktuellen Stand der Datenbank zugreifen.

# Startbild

Sehr beliebt und mit minimalem Aufwand zu erstellen ist ein Startbild, also eines, welches während der Ladephase der Datenbank kurz angezeigt wird.

1. Erstellen Sie mit einem beliebigen Grafikprogramm eine Bitmap in frei wählbarer Größe wie in Abbildung 38.1 (Sie finden die Grafik im *Bilder*-Verzeichnis als *K_und_L.bmp*).

**Abbildg. 38.1** Ein Beispiel für ein Startbild

2. Speichern Sie diese im Dateiformat *.bmp* und mit dem Namen wie die Datenbank im gleichen Verzeichnis, hier also als *K_und_L.bmp*.
3. Wenn Sie die Datenbank per Doppelklick im Explorer starten, wird automatisch dieses Bild beim Laden angezeigt.

**ACHTUNG** Das Startbild wird wirklich nur angezeigt, wenn Sie die Datenbank per Doppelklick aus dem Explorer heraus starten. Ein *Datei/Öffnen* aus dem bereits laufenden Access heraus reicht nicht.

# Starteinstellungen

In Kapitel 27 habe ich Ihnen bereits gezeigt, wie sich über den Befehl *Datei/Optionen* in der Kategorie *Aktuelle Datenbank* ein Startformular vorgeben lässt. In dieser Datenbank wird so bereits das Formular *frmAllgemein* geöffnet.

Dort findet sich ebenfalls die Möglichkeit, in der Gruppe *Anwendungsoptionen* mit den Kontrollkästchen *Statusleiste anzeigen* und *Access-Spezialtasten verwenden* weitere Start-Einstellungen vorzunehmen. Insbesondere die deaktivierten Access-Spezialtasten verhindern, dass beispielsweise mit der F11-Taste wieder in den Navigationsbereich gewechselt werden kann.

Passend dazu können Sie in der Gruppe *Navigation* mit dem Kontrollkästchen *Navigationsbereich anzeigen* dafür sorgen, dass der Navigationsbereich direkt ausgeblendet ist.

# AutoExec-Makro

Auch das *AutoExec*-Makro kam bereits in Kapitel 31 vor, welches beim Öffnen einer Datenbank automatisch ausgeführt wird. Sowohl das Makro als auch das Startformular lassen sich allerdings, wie ebenfalls beschrieben, mittels gedrückter ⇧-Taste beim Öffnen der Datenbank unterdrücken.

**PROFITIPP** Anstatt ein *AutoExec*-Makro und ein Startformular parallel einzusetzen, können Sie natürlich auf das Makro verzichten und im *Beim Laden*-Ereignis des Startformulars den gewünschten Code starten.

Dass sich *AutoExec* und Startformular so einfach verhindern lassen, hat sich natürlich auch schon bei vielen Benutzern herumgesprochen. Daher existiert in Access eine versteckte Eigenschaft *AllowBypassKey*, die nur per Programmierung verändert werden kann und dafür sorgt, dass die ⇧-Taste beim Öffnen der Datenbank ignoriert wird.

Schreiben Sie dazu in einem beliebigen Standardmodul folgenden Code:

```
Sub UmschaltAbbruch(booErlaubt As Boolean)
    Dim dbsDatenbank As Database

    On Error GoTo PropFehlt
    Set dbsDatenbank = CurrentDb()
    dbsDatenbank.Properties("AllowBypassKey").Value = booErlaubt
    Exit Sub

PropFehlt:
    Select Case Err.Number
    Case 3270   'Property fehlt noch
        dbsDatenbank.Properties.Append dbsDatenbank.CreateProperty( _
            "AllowBypassKey", dbBoolean, booErlaubt)
    Case Else
        MsgBox "Fehler Nr. " & Err.Number & vbCrLf & Err.Description, _
            vbCritical, p_cstrPrgTitel
    End Select
End Sub
```

Wenn die Datenbankeigenschaft *AllowBypassKey* immer vorhanden wäre, könnten Sie einfach wie im ersten Teil des Listings den passenden Wert zuweisen. Fehlt sie allerdings und löst also den Fehler *3270* aus, muss sie mit der Properties.Append-Methode erst erzeugt werden.

Im gleichen Modul benötigen Sie dann noch zwei weitere Prozeduren wie im folgenden Listing, mit denen sich die ⇧-Taste als Abbruch beim Öffnen aktivieren oder deaktivieren lässt:

```
Sub AbbruchErlauben()
    UmschaltAbbruch True
End Sub

Sub AbbruchVerbieten()
    UmschaltAbbruch False
End Sub
```

Sobald Sie die Prozedur *AbbruchVerbieten* ausgeführt und die Datenbank geschlossen haben, werden Sie beim nächsten Öffnen feststellen, dass die gedrückte ⇧-Taste keine Auswirkung mehr hat und das Startformular trotzdem erscheint.

Wenn Sie nun den Code noch im VBA-Editor mit *Extras/Eigenschaften von K_und_L* auf der Registerkarte *Schutz* mit dem Kontrollkästchen *Projekt für die Anzeige sperren* und der Eingabe eines Kennworts schützen (siehe Abbildung 38.2), scheint alles in Ordnung.

**Abbildg. 38.2**  So lässt sich der VBA-Code gegen unbefugten Einblick schützen

Leider hilft das an dieser Stelle nicht, denn die ⇧-Taste lässt sich von außen wieder aktivieren. Schreiben Sie den Code im Modul einer anderen Datenbank und ändern Sie im Listing die Zeile, in welcher die Datenbank zugewiesen wird, wie folgt:

```
Set dbsDatenbank = OpenDatabase("L:\K_und_L.accdb")
```

Das ist zwar aufwändiger und den meisten Benutzern sicher unbekannt, aber eben nicht unmöglich.

# Mehrbenutzerbetrieb

Im Zusammenhang mit der Verknüpfung zu externen Datenquellen habe ich in Kapitel 13 erläutert, wie aus einer einzigen Datenbank ein Dateienpaar erstellt wird, bei dem das Backend nur die Tabellen und das Frontend alle übrigen Objekte enthält.

Da die Datenbank nun weitestgehend fertiggestellt ist, wäre das jetzt der richtige Moment, um diese Trennung vorzunehmen. Sie können das mit Klick auf den Befehl *Datenbanktools/Daten verschieben/Access-Datenbank* durch einen Assistenten erledigen lassen.

Passend dazu sollten Sie mit *Datei/Optionen* in der Kategorie *Clienteinstellungen* in der Gruppe *Erweitert* bei Bedarf die Einstellungen für den *Standard bei Datensatzsperrung* anpassen.

**PROFITIPP**  Wenn Sie die Auswirkungen des Mehrbenutzerbetriebs testen wollen, müssen Sie keineswegs mehrere Rechner im Netzwerk betreiben. Sie können Access mehrfach auf dem gleichen Computer starten und von beiden Instanzen des Programms aus die gleiche Datei öffnen.

Ändert sich der Pfad der Backend-Datei, können Sie mit dem Befehl *Externe Daten/Importieren und Verknüpfen/Tabellenverknüpfungs-Manager* die betroffenen Tabellen neu verknüpfen, wie es in Kapitel 13 erläutert wurde.

# Komprimieren

In der Entwurfsphase müssen Sie immer mal wieder überflüssige Objekte oder Daten löschen, die Sie vielleicht nur als Sicherheitskopien in Reserve gehalten haben. Sobald die Datenbank jetzt fertig ist, haben Sie diese sicherlich bereits gelöscht.

Haben Sie aber auch daran gedacht, die Datenbank zu komprimieren? Mit dem etwas versteckten Befehl *Datei/Informationen/Datenbank komprimieren und reparieren* können Sie das jederzeit ausführen. Da Sie dafür alleiniger Nutzer der Datenbank sein müssen, prüft Access das dabei automatisch und verhindert es mit einer Warnmeldung, wenn schon ein paralleler Zugriff erfolgt.

**ACHTUNG**  Nach der Trennung in Backend und Frontend müssen Sie beide Dateien einzeln komprimieren: das Frontend nur einmalig vor der Verteilung an alle Arbeitsplätze und das Backend regelmäßig, wenn viele Daten gelöscht wurden.

Für eine Datenbank im Mehrbenutzerbetrieb wäre es sehr lästig, wenn Sie abends länger im Büro bleiben müssten, bis der letzte Anwender Ihre Datenbank geschlossen hat. Dann erst könnten Sie das Backend komprimieren.

Bequemer ist es, mit *Datei/Optionen* in der Kategorie *Aktuelle Datenbank* in der Gruppe *Anwendungsoptionen* das Kontrollkästchen *Beim Schließen komprimieren* anzukreuzen. Dann sorgt Access selber für die Komprimierung, wenn der letzte Benutzer die Datenbank schließt.

**PROFITIPP**  Wenn Ihre Datenbank nicht wirklich viele Daten löscht, ist diese Option nicht so gut, wie sie anfangs klingt. Die Datenbank wird dann ganz oft völlig unnötig komprimiert, was bei großen Datenbanken recht lange dauern kann.

## Vertrauenswürdige Orte oder Dateien

Damit nicht alle Benutzer die deaktivierten Makros und VBA-Prozeduren immer wieder freischalten müssen, sollte der Speicherort vertrauenswürdig sein. In Kapitel 6 haben Sie erfahren, wie Sie solche vertrauenswürdigen Orte vereinbaren.

## Bedienungskonzept

Damit nicht alle Anwender suchen müssen, was in dieser Datenbank wie benutzt werden soll, empfiehlt es sich, eine eigene Benutzeroberfläche zusammenzustellen. Bereits gezeigt habe ich Ihnen dazu in Kapitel 6 auch die Möglichkeit, den Navigationsbereich mit eigenen Gruppen zu organisieren und so eine eigene Benutzerführung zu erstellen.

Für eine kleine Datenbank lässt sich das vielleicht auch noch mit dem Befehl *Erstellen/Formulare/Navigation* in einem Formular zusammenfassen (siehe Kapitel 26), aber darüber hinaus empfehle ich unbedingt die Nutzung eigener Registerkarten im Menüband. Das erlaubt so umfangreiche Möglichkeiten, dass ich diese in Kapitel 39 ausführlich bespreche.

# Zusammenfassung

In diesem Kapitel ging es vor allem darum, wie aus den vielen Einzeleinstellungen in einer Datenbank am Ende »eine runde Sache« wird. Einige Aktionen wurden bereits in anderen Kapiteln erwähnt, andere sind erst jetzt sinnvoll einsetzbar.

- Ein *Startbild* (Seite 860) lässt sich mit einer *.bmp*-Datei gleichen Namens wie die Datenbank ohne viel Aufwand erstellen.

- Mit *Starteinstellungen* (Seite 861) in den Optionen können Sie den Navigationsbereich verstecken, Access-Spezialtasten deaktivieren und ein Startformular anzeigen.

- Das *AutoExec*-Makro (Seite 861) wird beim Start der Datenbank automatisch ausgeführt, wenn nicht die ⇧-Taste gedrückt wurde. Dieses Verhalten lässt sich mit VBA-Programmierung verändern.

- Im *Mehrbenutzerbetrieb* (Seite 863) sollten Sie noch auf weitere Besonderheiten achten, vor allem auf die Trennung der Daten in Backend und Frontend.

# Kapitel 39

# Das Menüband

**In diesem Kapitel:**

| | |
|---|---|
| Anpassungen per Dialogfeld | 866 |
| Eigene Registerkarten | 871 |
| Integrierte Befehlsgruppen | 875 |
| Integrierte Befehle | 876 |
| Benutzerdefinierte Befehle | 878 |
| Callback-Prozeduren | 879 |
| Kontextabhängige Befehle | 889 |
| Symbolleiste für den Schnellzugriff | 890 |
| Commands | 892 |
| Zusammenfassung | 893 |

Seit der Version 2007 sind die Microsoft Office-Programme mit einer neuen Oberfläche ausgestattet, dem Menüband (engl. als *Ribbon* bezeichnet und in Office 2007 noch mit Multifunktionsleiste benannt). Nach der ersten Aufregung über die scheinbar komplette Umgestaltung der Bedienung hat sich dieses Menüband als nicht nur optisch attraktiv, sondern vor allem auch sehr flexibel in der Bedienung herausgestellt.

In Kapitel 6 haben Sie bereits das Menüband und dessen Möglichkeiten aus Sicht eines Benutzers kennengelernt. Hier in diesem Kapitel wird es darum gehen, wie Sie per Einstellung und Programmierung darauf Einfluss nehmen können.

**CD-ROM** Um Ihnen das Nachvollziehen der Schritte in diesem Kapitel zu erleichtern, finden Sie innerhalb der Beispieldateien zu diesem Buch im Ordner *Kap38* eine Datenbank, die bereits die Änderungen aus Kapitel 38 enthält. Laden Sie einfach die betreffende Datenbank, um mit der Arbeit in diesem Kapitel zu beginnen.

Sie können also jederzeit ein Kapitel überspringen und trotzdem auf den aktuellen Stand der Datenbank zugreifen.

# Anpassungen per Dialogfeld

Nachdem in Access 2007 Änderungen am Menüband ausschließlich per XML-Code und VBA-Programmierung möglich waren, bietet Microsoft in Access 2010 auch ein Dialogfeld zur einfachen Anpassung des Menübands beziehungsweise der Symbolleiste für den Schnellzugriff an.

**ACHTUNG** Beide Einstellungen sind nicht auf die aktuelle Datenbank beschränkt (obwohl Sie aufgefordert werden, diese zu schließen und erneut zu öffnen), sondern gelten für Access insgesamt.

## Menüband anpassen

Mit dem Befehl *Datei/Optionen* werden Ihnen in der Kategorie *Menüband anpassen* diverse Optionen angezeigt (siehe Abbildung 39.1).

Dort lassen sich zwar nur bestehende Befehle neu in Registerkarten oder Befehlsgruppen zusammenfassen, aber das kann durchaus helfen, eine Datenbank übersichtlicher zu machen:

1. Klicken Sie im Dialogfeld zum Anpassen des Menübands auf die Schaltfläche *Neue Registerkarte*, wird in der Liste *Hauptregisterkarten* eine *Neue Registerkarte (Benutzerdefiniert)* an der markierten Position eingefügt.
2. Markieren Sie diese neue Registerkarte in der Liste und klicken Sie auf die Schaltfläche *Umbenennen*. Geben Sie ihr den Namen *Beispiel* und bestätigen das mit *OK*.
3. Markieren Sie den Eintrag *Neue Gruppe* und benennen Sie diesen in *Datenbank* um.

## Anpassungen per Dialogfeld

**Abbildg. 39.1**  In den Optionen lässt sich das Menüband anpassen

**Abbildg. 39.2**  Eine neue Registerkarte ist eingefügt

4. In dieser Gruppe sollen häufig verwendete Befehle zusammengefasst werden. Wählen Sie in der linken Liste *Befehle auswählen* den Eintrag *Registerkarte "Datei"* aus. Jetzt können Sie darunter aus der Liste die Zeile *Datenbank komprimieren und reparieren* in die rechte Gruppe *Datenbank* ziehen (siehe Abbildung 39.3).

**Abbildg. 39.3**  Der neue Befehl ist in der Gruppe integriert

5. Ziehen Sie ebenfalls die Befehle *Datenbank schließen* und *Datenbank sichern* in diese Gruppe Datenbank.
6. Wechseln Sie in die linke Liste in *Befehle auswählen* auf *Hauptregisterkarten*. Öffnen Sie dort *Start* durch einen Klick auf das Pluszeichen davor und ziehen Sie die Befehlsgruppe *Zwischenablage* nach rechts in die Registerkarte *Beispiel* entsprechend der Abbildung 39.4.

**Abbildg. 39.4**  Die integrierte Befehlsgruppe *Zwischenablage* ist ebenfalls aufgenommen worden

7. Danach bestätigen Sie das Dialogfeld mit *OK* und schließen die Datenbank, um die Änderungen zu übernehmen. Beim nächsten Öffnen sehen Sie an der geplanten Position im Menüband Ihre neue Registerkarte *Beispiel* wie in Abbildung 39.5.

**Abbildg. 39.5**  So sieht die neue Registerkarte aus

Da sich so ausschließlich integrierte Befehle und Befehlsgruppen auswählen lassen, verfügen diese über ihre üblichen Fähigkeiten und werden automatisch aktiviert oder deaktiviert. Eine Programmierung ist weder nötig noch möglich.

# Symbolleiste für den Schnellzugriff anpassen

Mit dem Befehl *Datei/Optionen* können Sie in der Kategorie *Symbolleiste für den Schnellzugriff* auch die kleinen Symbole oberhalb des Menübands erweitern:

1. Markieren Sie in der linken Liste *Häufig verwendete Befehle* wie in Abbildung 39.6 den Befehl *Seitenansicht* und übernehmen ihn mit einem Klick auf die Schaltfläche *Hinzufügen* in die rechte Liste.

**Abbildg. 39.6**  Fügen Sie diesen Befehl der *Symbolleiste für den Schnellzugriff* hinzu

**ACHTUNG**  Es gibt zwei gleichnamige Befehle *Seitenansicht*. Der richtige ist der untere, dessen SchnellInfo am Ende wie in Abbildung 39.6 die interne Bezeichnung *FilePrintPreview* anzeigt.

2. Nachdem Sie das Dialogfeld bestätigt, die Datenbank geschlossen und wieder geöffnet haben, sehen Sie wie in Abbildung 39.7 ganz oben ein neues Symbol für die Seitenansicht.

**Abbildg. 39.7**   Zum markierten Bericht lässt sich jetzt direkt die Seitenansicht anzeigen

**HINWEIS**   Aus Platzgründen und zur besseren Übersicht sind diese beiden Anpassungen in den folgenden Beispielen wieder entfernt. Wollen Sie solche Änderungen trotzdem aufheben oder für andere Arbeitsplätze übertragen, gibt es für beide die Möglichkeit, sie in eine XML-Datei zu exportieren, wie Abbildung 39.8 unten rechts zeigt.

**Abbildg. 39.8**   Hier können Sie die Änderungen exportieren

Ebenfalls dort lassen sich die Änderungen auch zurücksetzen. Wie die folgende Meldung ausdrücklich feststellt, werden das Menüband und die Symbolleiste für den Schnellzugriff gleichzeitig zurückgesetzt!

# Eigene Registerkarten

Viel spannender sind natürlich beliebige Änderungen am Menüband einschließlich eigener Programmierung. Dazu benötigen Sie nicht nur eine neue Sprache, nämlich nach SQL und VBA noch XML, sondern zusätzlich ein paar Vorbereitungen.

## Vorbereitungen

Eigene Menübänder können VBA-Prozeduren aufrufen und sind damit potentiell gefährlich. Daher muss diese Datenbank zunächst als vertrauenswürdig eingestuft sein. Zudem wird selbst völlig fehlerhafter XML-Code für das neue Menüband erst gemeldet, wenn Sie mit *Datei/Optionen* in der Kategorie *Clienteinstellungen* in der Gruppe *Allgemein* das Kontrollkästchen *Fehler des Benutzeroberflächen-Add-Ins anzeigen* aktivieren.

Auch wenn Sie den zukünftigen XML-Code möglicherweise (wegen der besseren Übersicht) in einer einfachen Textdatei erstellen und in Access erst per Zwischenablage importieren, wird er dort in einem Tabellenfeld enthalten sein. Sowohl der Name als auch die Datentypen der Tabelle sind vorgeschrieben:

1. Erstellen Sie eine neue Tabelle in der Tabellenentwurfsansicht und fügen Sie als Erstes ein *Auto-Wert*-Feld *lngID* hinzu.
2. Das zweite Feld heißt *RibbonName* und ist vom Datentyp *Text* mit einer *Feldgröße* von *255* Zeichen. Das dritte Feld ist ein *Memo*-Feld namens *RibbonXml*.
3. Speichern Sie die Tabelle unter dem Namen *USysRibbons* und wechseln Sie in deren Datenblattansicht.
4. Tragen Sie darin für den ersten (und einzigen) Datensatz im Feld *RibbonName* den frei wählbaren Text *K_und_L_Ribbon* ein, wie es in Abbildung 39.9 zu sehen ist.

Abbildg. 39.9   Die Tabelle *USysRibbons* enthält nur einen Datensatz

5. Nachdem Sie diese Tabelle geschlossen haben, werden Sie sie vermutlich im Navigationsbereich vermissen. Sie zählt nämlich (wegen *USys...* im Namen) zu den Systemobjekten und wird meistens ausgeblendet sein. In den Navigationsoptionen müssen Sie das Kontrollkästchen *Systemobjekte anzeigen* aktivieren, damit diese angezeigt werden.

**HINWEIS**  Access unterscheidet sich bei der Speicherung der XML-Daten fundamental von den übrigen Microsoft Office-Programmen. Während Access diese einfach in einer speziellen Tabelle speichert, bestehen die anderen Office-Dateitypen intern aus *ZIP*-Strukturen und müssen mit einem Spezialprogramm namens *Custom UI Editor* bearbeitet werden.

6. Damit das in der Tabelle noch zu beschreibende Menüband auch geladen wird, müssen Sie das einstellen. Allerdings liest Access die Inhalte der Tabelle *USysRibbons* nur beim Öffnen der Datenbank, diese muss also zwischenzeitlich ein Mal geschlossen und wieder geöffnet werden (eine Fehlermeldung wie in Abbildung 39.11 können Sie mit Klick auf *Alle OK* einfach ignorieren).

7. Mit dem Befehl *Datei/Optionen* finden Sie in der Kategorie *Aktuelle Datenbank* in der Gruppe *Menüband- und Symbolleistenoptionen* eine Dropdownliste (siehe Abbildung 39.10), in welcher Sie als *Name des Menübands* den Eintrag *K_und_L_Ribbon* auswählen.

**Abbildg. 39.10**  Wählen Sie hier den Namen Ihres benutzerdefinierten Menübands

8. Nachdem Sie das Dialogfeld mit *OK* bestätigt haben, können Sie die Datenbank schließen. Der »Erfolg« ist beim Öffnen der Datenbank in einer Fehlermeldung (siehe Abbildung 39.11) zu sehen.

**Abbildg. 39.11**  Der noch fehlende XML-Code führt zu dieser Fehlermeldung

Access versucht also die Menüband-Definition zu laden und meldet wie gewünscht, dass darin ein Fehler enthalten ist. Das ist nicht überraschend, denn der Fehler besteht vor allem darin, dass überhaupt noch keine Definition enthalten ist. Wir werden uns also jetzt mit dem nötigen XML-Code beschäftigen müssen.

## Eigene Registerkarten

> **TIPP** Obwohl Microsoft kein Programm zur Bearbeitung eigener Menübänder zur Verfügung stellt, müssen Sie das trotzdem nicht alles »zu Fuß« erledigen. Gunter Avenius bietet auf seiner Website (*http://www.ribboncreator2010.de/*) ein Programm namens *IDBE Ribbon Creator 2010* an, welches wie in Abbildung 39.12 sehr übersichtlich die Erstellung eines eigenen Menübands ermöglicht.

**Abbildg. 39.12** Der IDBE Ribbon Creator 2010

Von seinem *IDBE Ribbon Creator 2010* aus können Sie direkt den dabei erzeugten XML-Code in die Datenbank kopieren lassen, wobei die Tabelle *USysRibbons* bei Bedarf automatisch erzeugt wird.

## XML

Sie haben es schon gelesen: Da kommt wieder eine neue Sprache auf Sie zu, dieses Mal heißt sie XML (*eXtensible Markup Language*, engl. erweiterbare Auszeichnungssprache). Sie ähnelt in Struktur und Aussehen dem im Internet verwendeten HTML.

Die Anforderungen an XML für ein Menüband sind jedoch nicht so hoch, am wichtigsten ist, dass Sie die Groß-/Kleinschreibung strikt beachten. Grundsätzlich können Sie davon ausgehen, dass in XML alle Schlüsselwörter komplett klein geschrieben werden, nur bei zusammengesetzten Wörtern gibt es mal einen Großbuchstaben wie in `toggleButton`.

Die Syntax ist nicht nur einfach, sondern wiederholt sich recht schnell. Als Erstes soll überhaupt eine eigene Registerkarte mit dem Titel *Kosten & Logistik* erscheinen.

> **TIPP** Wenn Sie den XML-Code direkt in der Access-Tabelle schreiben oder korrigieren, müssen Sie für einen Zeilenwechsel das Tastenkürzel [Strg]+[↵] drücken. Das Einrücken (mit Leerzeichen) ist technisch zwar überflüssig, aber optisch sehr hilfreich zum Erkennen von Fehlern.

1. Öffnen Sie die Datenblattansicht der Tabelle *USysRibbons* und geben Sie den folgenden Code in das Feld *RibbonXml* des einzigen Datensatzes an:

```
<customUI xmlns="http://schemas.microsoft.com/office/2009/07/customui" >
  <ribbon startFromScratch="false">
    <tabs>
      <tab id="tabKL" label="Kosten &#38;&#38; Logistik" >
      </tab>
    </tabs>
  </ribbon>
</customUI>
```

2. Wie Sie sehen, gibt es zu jedem öffnenden Element wie `<customUI>` immer auch ein schließendes Element wie `</customUI>`, welches am führenden Schrägstrich zu erkennen ist.

3. Manche (aber nur öffnende!) Elemente besitzen Argumente, die in der Form `Argumentname="Inhalt"` notiert werden, wie es bei `id="tabKL"` zu sehen ist.

**TIPP** Eines der wichtigsten Argumente ist `startFromScratch="false"`, denn das erlaubt, dass die integrierten Menüband-Registerkarten sichtbar bleiben. Wollen Sie alle anderen Registerkarten ausschalten, schreiben Sie einfach `startFromScratch="true"`.

4. Umlaute und andere Sonderzeichen sind in XML nicht zulässig. Sie müssen »maskiert«, also durch XML-Befehle ersetzt werden. Der Befehl `&#38;` beispielsweise erzeugt ein &-Zeichen, in dieser Schreibweise werden einfach die ASCII-Nummern genannt.

**HINWEIS** Nach der Umwandlung des maskierten Zeichens steht dort wirklich *Kosten* && *Logistik* mit doppeltem &-Zeichen. Das ist Absicht, denn diese Schreibweise && maskiert das Zeichen wiederum für Windows, weil ein einzelnes verbleibendes &-Zeichen sonst als Kennzeichnung für ein Tastenkürzel verstanden wird und nur den folgenden Buchstaben unterstreicht.

5. Um zu sehen, was daraus wird, schließen Sie die Datenbank und öffnen sie erneut. Dann steht wie in Abbildung 39.13 eine neue Registerkarte im Menüband zur Verfügung mit Ihrem eingegebenen Titel.

Abbildg. 39.13    Die neue Registerkarte ist da!

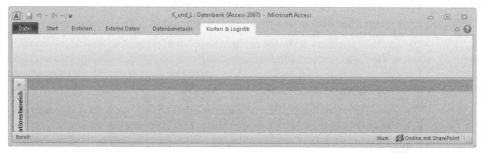

Wenn Sie diese neue Registerkarte sehen, können Sie prinzipiell ein eigenes Menüband programmieren. Der Rest ist nur technischer Kleinkram, denn bis hierhin war es der schwierige Teil.

# Integrierte Befehlsgruppen

Jetzt soll die Registerkarte natürlich auch irgendwie befüllt werden. Am einfachsten geht das mit integrierten Befehlsgruppen, weil Sie nur deren interne Kennung herausfinden müssen und nichts neu zu programmieren ist:

1. Öffnen Sie die Datenblattansicht der Tabelle *USysRibbons* und ergänzen Sie den fett markierten Teil des folgenden Listings:

```xml
<customUI xmlns="http://schemas.microsoft.com/office/2009/07/customui" >
  <ribbon startFromScratch="false">
    <tabs>
      <tab id="tabKL" label="Kosten &#38;&#38; Logistik" >
        <group idMso="GroupClipboard" />
      </tab>
    </tabs>
  </ribbon>
</customUI>
```

2. Dieses *group*-Element hat im Gegensatz zu den anderen kein Anfangs- und Ende-Element, sondern wird mit /> sofort geschlossen. Damit darf es keine untergeordneten Elemente enthalten, ist aber kürzer zu schreiben. Achten Sie dabei vor allem wieder auf die Groß-/Kleinschreibung.
3. Schließen Sie die Datenbank und öffnen Sie sie anschließend wieder.
4. Jetzt ist auf der Registerkarte *Kosten & Logistik* die interne Befehlsgruppe *Zwischenablage* funktionsfähig enthalten (siehe Abbildung 39.14).

**Abbildg. 39.14**  Die Befehlsgruppe *Zwischenablage* ist auf der eigenen Registerkarte enthalten

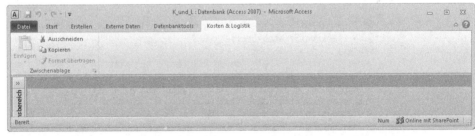

**PROFITIPP**   Die internen Kennungen für die Befehlsgruppen finden Sie in den Access-Optionen in der Kategorie *Symbolleiste für den Schnellzugriff*. Markieren Sie dort in *Befehle auswählen* die Registerkarte *Start*, sodass darunter alle darin enthaltenen Befehle und Befehlsgruppen angezeigt werden (siehe Abbildung 39.15). Zum markierten Befehl steht in der SchnellInfo die *idMso*-Angabe.

**Abbildg. 39.15** Hier finden Sie die interne Kennung *GroupClipboard* der Gruppe *Zwischenablage*

# Integrierte Befehle

Sie müssen keineswegs eine ganze Befehlsgruppe übernehmen, Sie können ebenso auf einzelne Befehle zugreifen. Auch hier müssen Sie zuerst die passende *idMso*-Kennung finden.

Damit einzelne Befehle in die Registerkarte aufgenommen werden dürfen, müssen sie einer Befehlsgruppe zugeordnet werden. Da diese Befehlsgruppe jetzt Unterelemente aufnimmt, ist sie wieder mit Anfangs- und Ende-Element geschrieben.

1. Erweitern Sie den XML-Code in der Tabelle *USysRibbons* wie folgt:

```
<customUI xmlns="http://schemas.microsoft.com/office/2009/07/customui" >
  <ribbon startFromScratch="false">
    <tabs>
      <tab id="tabKL" label="Kosten &#38;&#38; Logistik" >
        <group idMso="GroupClipboard" />
        <group id="grpSortieren" label="Sortieren">
          <toggleButton idMso="SortDown" />
          <toggleButton idMso="SortUp" />
        </group>
      </tab>
    </tabs>
  </ribbon>
</customUI>
```

2. Beachten Sie hier den Wechsel zwischen einem *id*-Attribut für selbst definierte Befehlsgruppen und einem *idMso*-Attribut für integrierte Befehle (oder Befehlsgruppen).
3. Die beiden funktionsfähigen Schaltflächen zum Sortieren sind nun in der eigenen Befehlsgruppe *Sortieren* enthalten, wie Abbildung 39.16 zeigt.

**Abbildg. 39.16**   Mit geöffneter Tabelle funktionieren die beiden Schaltflächen zum Sortieren

> **TIPP**   Es ist praktisch unmöglich herauszufinden, welchen Typ ein integriertes Steuerelement des Menübands hat. Schreiben Sie einfach immer `<button ...>` und lassen es auf die Fehlermeldung beim nächsten Öffnen der Datenbank ankommen. Dort steht dann wie in Abbildung 39.17 der passende Typ.

**Abbildg. 39.17**   Die Fehlermeldung hilft, den richtigen Steuerelementtyp zu finden

Wenn Sie viel Platz in Ihrer Registerkarte haben oder bestimmte Befehle hervorheben wollen, können Sie diese auch als große Schaltflächen darstellen lassen. Mit dem Attribut `size="large"` wie im folgenden Code-Ausschnitt werden die Steuerelemente in voller Höhe dargestellt:

```
<toggleButton idMso="SortDown" size="large" />
<toggleButton idMso="SortUp" size="large" />
```

Damit wird das Steuerelement wie in Abbildung 39.18 erheblich größer angezeigt.

**Abbildg. 39.18**   Steuerelemente lassen sich auch groß darstellen

# Benutzerdefinierte Befehle

Damit kommen wir zur Königsklasse der Anpassung des Menübands: den eigenen Befehlen. Natürlich wird auch dort VBA-Programmierung nötig sein, aber den Anfang können wir noch mit reinem XML-Code erledigen.

1. Erweitern Sie den vorhandenen XML-Code um eine neue Befehlsgruppe *Info* mit einer Bezeichnung (*labelControl*) und einer Schaltfläche (*button*) wie im folgenden Listing:

```xml
<customUI xmlns="http://schemas.microsoft.com/office/2009/07/customui" >
  <ribbon startFromScratch="false">
    <tabs>
      <tab id="tabKL" label="Kosten &#38;&#38; Logistik" >
        <group idMso="GroupClipboard" />
        <group id="grpSortieren" label="Sortieren">
          <toggleButton idMso="SortDown" size="large"/>
          <toggleButton idMso="SortUp" size="large"/>
        </group>
        <group id="grpInfo" label="Info" >
          <labelControl id="lblVersion" label="Version" />
          <button id="btnInfo" label="Info" imageMso="HappyFace"/>
        </group>
      </tab>
    </tabs>
  </ribbon>
</customUI>
```

2. Die Schaltfläche erhält vorerst einen Smiley als (integriertes) Bild, der mit `imageMso="HappyFace"` ohne Aufwand erzeugt werden kann.

3. Wie Sie in Abbildung 39.19 sehen können, reagiert die Schaltfläche beim Mausüberfahren sowohl mit dem üblichen farbigen Hintergrund als auch mit der Anzeige der Zusatzinformation (die im Code *screentip* heißt, siehe dazu Seite 887).

**Abbildg. 39.19**   Diese Schaltfläche ist neu

Mehr passiert allerdings noch nicht, denn jetzt braucht es Programmierung, sowohl für eine flexible Anzeige der Versionsnummer als auch als Reaktion auf das Anklicken der *Info*-Schaltfläche.

# Callback-Prozeduren

Die Zusammenarbeit zwischen dem XML-Code und der zukünftigen VBA-Programmierung erfolgt über sogenannte Callback-Prozeduren. Sie geben dabei zwar in XML den Namen der Prozedur an (die grundsätzlich beliebig benannt werden kann), diese erhält aber eine jeweils vorgegebene Anzahl an Argumenten. In den Argumenten wird das aufrufende Objekt selbst immer mit übergeben und von dort aus kann Ihr Code darauf zugreifen.

Das beginnt schon bei der eigentlichen Registerkarte. Beim Öffnen der Datenbank müssen Sie eine Prozedur aufrufen, welche die Registerkarte in einer (am besten Modul-öffentlichen) Variablen zwischenspeichert:

1. Ergänzen Sie in der Tabelle *USysRibbons* das im folgenden Code fett markierte Attribut:

```xml
<customUI xmlns="http://schemas.microsoft.com/office/2009/07/customui"
    onLoad="OnRibbonLoad">
    <ribbon startFromScratch="false">
    <!-- wie bisher -->
    <!-- das ist ein Kommentar in XML -->
    </ribbon>
</customUI>
```

2. Der übrige Code bleibt unverändert, wie hier durch den Kommentar deutlich gemacht wird.

**HINWEIS** Damit Datentypen wie *IRibbonUI* bekannt sind, muss mit *Extras/Verweise* eine Referenz auf *Microsoft Office 14.0 Object Library* gesetzt sein.

3. Erstellen Sie dann im VBA-Editor ein neues Standardmodul *modRibbon* und fügen dort den folgenden Code mit Modul-öffentlicher Variable *m_ribKL* und passender Prozedur *OnRibbonLoad* ein:

```vba
Dim m_ribKL As IRibbonUI

Sub OnRibbonLoad(ribbon As IRibbonUI)
    Set m_ribKL = ribbon
    MsgBox "Das Register hat sich angemeldet!"
End Sub
```

4. Die Meldung dient nur dem sichtbaren Nachweis, dass die Verbindung zwischen XML-Code und VBA-Programmierung tatsächlich funktioniert hat. Ab jetzt steht in diesem Modul die eigene Registerkarte in dieser Variablen *m_ribKL* mit dem etwas ungewöhnlichen Datentyp *IRibbonUI* (*Interface for Ribbon UserInterface*, etwa: Schnittstelle für Menübandoberfläche).

5. Nachdem das geklappt hat, können Sie die *MsgBox*-Anweisung auskommentieren oder ganz löschen. Das würde auf Dauer nur stören.

# Dynamische Beschriftungen

Ebenso wie beim ganzen Menüband gibt es auch für die Steuerelemente vordefinierte Callback-Prozeduren. Sie sorgen dafür, dass sie dynamisch beschriftet, je nach Anlass deaktiviert oder sogar mit neuen Inhalten befüllt werden.

> **TIPP** Es ist ziemlich mühsam, die zugehörigen Callback-Prozeduren mit den geeigneten Parametern zu finden. Der bereits auf Seite 873 erwähnte *Ribbon Creator* erzeugt diese automatisch, sodass diese nur noch nachbearbeitet werden müssen. Dort finden Sie auch ausführliche Informationen zu allen Attributen.

1. Schreiben Sie im Modul *modRibbon* eine neue Prozedur *GetLabel* zum Beschriften des Bezeichnungs-Steuerelements per VBA:

```
Sub GetLabel(control As IRibbonControl, ByRef label)
    Select Case control.Id
        Case "lblVersion": label = p_cstrPrgTitel
        Case "btnInfo":    label = "Info für '" & p_cstrPrgName & "'"
        Case Else:         MsgBox "Label-Fehler für " & control.Id
    End Select
End Sub
```

2. Diese Prozedur übergibt (wie fast alle Callback-Prozeduren) im ersten Argument das aufrufende Objekt und besitzt ein Rückgabe-Argument *label*, mit dem der neue Text zurückgereicht wird.
3. Da die gleiche Prozedur aber von mehreren Objekten aufgerufen werden wird, müssen Sie mit einer *Select Case*-Struktur den Namen (hier als *Id* bezeichnet) des Aufrufers ermitteln.
4. Hier kommen Schreibfehler sehr häufig vor, deswegen sollten Sie keinesfalls auf die *Case Else*-Meldung verzichten, die Ihnen dann direkt sagt, was falsch geschrieben ist.
5. Die Prozeduren werden im XML-Code durch die fett markierten Änderungen aufgerufen:

```
<labelControl id="lblVersion" getLabel="GetLabel" />
<button id="btnInfo" getLabel="GetLabel" imageMso="HappyFace"/>
```

6. Wenn nach erneutem Öffnen der Datenbank alles geklappt hat, finden Sie wie in Abbildung 39.20 die beiden Steuerelemente mit den Beschriftungen aus dem VBA-Code.

**Abbildg. 39.20**   Die eigenen Steuerelemente sind flexibel beschriftet

**HINWEIS** Wenn Sie genau hinsehen, werden Sie in beiden Beschriftungen entdecken, dass es wieder ein Maskierungsproblem gibt. Das im Namen *Kosten & Logistik* enthaltene &-Zeichen missversteht Windows als Tastenkürzel zum Unterstreichen des folgenden Buchstabens. Sie müssen es jeweils verdoppeln, damit es funktioniert:

```
Sub GetLabel(control As IRibbonControl, ByRef label)
    Select Case control.Id
        Case "lblVersion": label = Replace(p_cstrPrgTitel, "&", "&&")
        Case "btnInfo":    label = "Info für '" & Replace(p_cstrPrgName, "&", "&&") & "'"
        Case Else:         MsgBox "Label-Fehler für " & control.Id
    End Select
End Sub
```

**Abbildg. 39.21** Jetzt ist auch das &-Zeichen korrekt

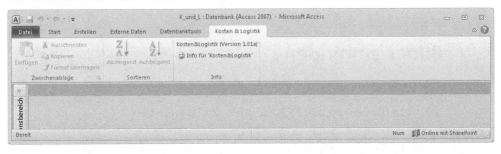

## Auf Klick reagieren

Die nächste wichtige Callback-Prozedur wird beim Klick auf die Schaltfläche aufgerufen. Sie wird ebenfalls für alle möglichen Klicks auf Schaltflächen gemeinsam programmiert und unterscheidet dort mit *Select Case* den Aufrufer.

1. Schreiben Sie im Modul *modRibbon* die neue Prozedur *OnActionButton* wie im folgenden Listing:

```
Sub OnActionButton(control As IRibbonControl)
    Select Case control.Id
    Case "btnInfo"
        MsgBox "Version: " & p_cstrPrgVersion & vbCrLf & _
            "Stand: " & p_cdatPrgStand, vbInformation, p_cstrPrgTitel
    Case Else:    MsgBox "Klick-Fehler für " & control.Id
    End Select
End Sub
```

2. Wechseln Sie dann in die Datenblattansicht der Tabelle *USysRibbons* und ergänzen Sie den XML-Code mit dem fett markierten Attribut:

```
<button id="btnInfo" getLabel="GetLabel" onAction="OnActionButton" imageMso="HappyFace" />
```

3. Jetzt können Sie die Datenbank wieder schließen und erneut öffnen. Optisch unterscheidet sich die Schaltfläche nicht, aber wenn Sie darauf klicken, reagiert sie mit dem Aufruf der Prozedur, wie es in Abbildung 39.22 zu sehen ist.

Abbildg. 39.22    Die Meldung wird von der eigenen Schaltfläche erzeugt

## Bilder einbinden

Das funktioniert jetzt, aber der Smiley war natürlich nicht als endgültige Lösung gedacht. Statt integrierter Symbole soll hier das Logo der *Kosten&Logistik*-Datenbank erscheinen. Abgesehen von einer geeigneten Bilddatei braucht auch das eine Callback-Prozedur.

1. Erstellen Sie ein quadratisches Bild im *.gif*-Dateiformat in der Größe von 48*48 Pixel wie in Abbildung 39.23. Kopieren Sie die Datei in das Unterverzeichnis *Bilder* unterhalb des Datenbankpfads (sie liegt bereits bei den Beispiel-Bildern vor).

Abbildg. 39.23    Das (vergrößerte) Bild für die Schaltfläche

2. Öffnen Sie die Datenblattansicht der Tabelle *USysRibbons* und ergänzen Sie den XML-Code wie im folgenden Listing fett markiert:

```
<customUI xmlns="http://schemas.microsoft.com/office/2009/07/customui"
onLoad="OnRibbonLoad" >
<!-- wie bisher -->
        <button id="btnInfo" getLabel="GetLabel" onAction="OnActionButton"
getImage="GetImage" size="large"/>
<!-- wie bisher -->
</customUI>
```

**HINWEIS**    Die Vergrößerung der Schaltfläche mit `size="large"` dient nur dazu, das neue Bild auch erkennen zu können (aus Platzgründen wird die Schaltfläche anschließend aber wieder klein dargestellt). Es wird für die kleine Schaltfläche im Menüband automatisch proportional verkleinert, wie Sie in Abbildung 39.25 sehen können. Ist die Datei allerdings nicht quadratisch, wird das Bild unproportional angepasst.

3. Wechseln Sie anschließend in das Modul *modRibbon* und fügen dort die benötigte Prozedur *GetImage* mit folgendem Code ein:

```
Sub GetImage(control As IRibbonControl, ByRef image)
    Select Case control.Id
    Case "btnInfo"
        Set image = LoadPicture(CurrentProject.Path & "\Bilder\KL_Ribbon.gif")
    Case Else:        MsgBox "Image-Fehler für " & control.Id
    End Select
End Sub
```

4. Nachdem Sie alles gespeichert haben, können Sie die Datenbank wie gewohnt wieder schließen und öffnen, um das eigene Bild in der Schaltfläche zu finden (siehe Abbildung 39.24).

Abbildg. 39.24    Die Schaltfläche enthält nun ein selbstdefiniertes Bild

**PROFITIPP**    Obwohl das *.gif*-Dateiformat transparente Bereiche erlaubt, werden Sie schnell feststellen, dass auch Access 2010 diese Transparenz immer noch nicht umsetzt. Das lässt sich nicht einmal durch einen hellblauen Hintergrund wie im Menüband verbergen, weil die Schaltfläche beim Überfahren mit der Maus golden gefärbt wird.

Der *Ribbon Creator 2010* fügt jedoch ein Modul ein, welches durch Aufruf einer API-Funktion transparente Bereiche korrekt darstellt. Dazu ruft Ihr Code dann statt *LoadPicture* eine *LoadPicturePlus*-Prozedur auf und die Grafiken sehen professioneller aus.

## Menüs erzeugen

Brauchen Sie viele Schaltflächen in einer Befehlsgruppe, die inhaltlich sinnvoll zusammengehören, dann sollten Sie auf ein Menü zurückgreifen. Es ist zwar ähnlich hierarchisch strukturiert wie die Menüs aus früheren Office-Versionen, bietet aber bedeutend mehr Möglichkeiten.

Damit der Navigationsbereich nicht sichtbar sein muss, sollen für diese Datenbank die wichtigsten Formulare direkt im Menüband auswählbar sein.

1. Erweitern Sie den XML-Code für das Menüband, wie er im folgenden Listing fett markiert ist:

```xml
<customUI xmlns="http://schemas.microsoft.com/office/2009/07/customui"
onLoad="OnRibbonLoad" >
<!-- wie bisher -->
        <button id="btnInfo" getLabel="GetLabel" onAction="OnActionButton"
getImage="GetImage"/>
        <menu id="mnuFormulare" label="Formular anzeigen"  itemSize="large">
            <button id="btnHotels" label="Hotels" description="Hier finden Sie alle
Hotels"/>
            <button id="btnMitarbeiter" label="Mitarbeiter" description="Geben Sie
Details zu den Mitarbeitern ein"/>
            <button id="btnArtikel" label="Artikel" />
            <button id="btnBestellungen" label="Bestellungen" />
        </menu>
        </group>
<!-- wie bisher -->
</customUI>
```

2. Das *menu*-Element muss mit Anfang- und Ende-Struktur geschrieben werden, weil die eigentlichen Menüeinträge darin geschachtelt sind.

3. Bei den eigentlichen Menüeinträgen handelt es sich um *button*-Elemente, die zukünftig auch eine passende Callback-Prozedur für den Klick erhalten werden. Anders als frühere Menüs können diese jetzt nicht nur einen (fetten) *label*-Eintrag enthalten, sondern zusätzlich einen (mageren) *description*-Erläuterungstext.

4. Derzeit werden noch keine Callback-Prozeduren benötigt, Sie können das Menüband beim nächsten Öffnen der Datenbank also schon einmal testen (siehe Abbildung 39.25).

**Abbildg. 39.25** Das Menü ist noch nicht ganz perfekt, aber grundsätzlich einsatzbereit

5. Da sich die Menüeinträge wie Schaltflächen verhalten, können Sie auch deren Bilder mit der gleichen Technik einfügen:

## Callback-Prozeduren

```xml
<customUI xmlns="http://schemas.microsoft.com/office/2009/07/customui"
onLoad="OnRibbonLoad" >
<!-- wie bisher -->
        <menu id="mnuFormulare" label="Formular anzeigen"  itemSize="large">
            <button id="btnHotels" label="Hotels" description="Hier finden Sie alle
Hotels" getImage="GetImage"/>
            <button id="btnMitarbeiter" label="Mitarbeiter" description="Geben Sie
Details zu den Mitarbeitern ein" getImage="GetImage"/>
            <button id="btnArtikel" label="Artikel" getImage="GetImage"/>
            <button id="btnBestellungen" label="Bestellungen" getImage="GetImage"/>
        </menu>
<!-- wie bisher -->
</customUI>
```

6. Entsprechend muss im Modul *modRibbon* die schon vorhandene *GetImage*-Prozedur erweitert werden:

```vb
Sub GetImage(control As IRibbonControl, ByRef image)
    Select Case control.Id
    Case "btnInfo"
        Set image = LoadPicture(CurrentProject.Path & "\Bilder\KL_Ribbon.gif")
    Case "btnHotels"
        Set image = LoadPicture(CurrentProject.Path & "\Bilder\Hotels.gif")
    Case "btnArtikel"
        Set image = LoadPicture(CurrentProject.Path & "\Bilder\Artikel.gif")
    Case "btnMitarbeiter"
        Set image = LoadPicture(CurrentProject.Path & "\Bilder\Mitarbeiter.gif")
    Case "btnBestellungen"
        Set image = LoadPicture(CurrentProject.Path & "\Bilder\Bestellungen.gif")
    Case Else
        MsgBox "Image-Fehler für " & control.Id
    End Select
End Sub
```

7. Damit sind auch im Menü die gewünschten Bilder (in gleicher Größe und Dateiformat) enthalten (siehe Abbildung 39.26).

**Abbildg. 39.26**   Auch das Menü lässt sich mit Bildern ausstatten

8. Damit der Klick auf einen Menüeintrag nun auch das zugehörige Formular anzeigt, müssen Sie wiederum die *OnActionButton*-Prozeduren aufrufen:

```xml
<customUI xmlns="http://schemas.microsoft.com/office/2009/07/customui"
onLoad="OnRibbonLoad" >
<!-- wie bisher -->
        <menu id="mnuFormulare" label="Formular anzeigen"  itemSize="large">
            <button id="btnHotels" label="Hotels" description="Hier finden Sie alle
Hotels" getImage="GetImage" onAction="OnActionButton"/>
            <button id="btnMitarbeiter" label="Mitarbeiter" description="Geben Sie
Details zu den Mitarbeitern ein" getImage="GetImage" onAction="OnActionButton"/>
            <button id="btnArtikel" label="Artikel" getImage="GetImage"
onAction="OnActionButton"/>
            <button id="btnBestellungen" label="Bestellungen" getImage="GetImage"
onAction="OnActionButton"/>
        </menu>
<!-- wie bisher -->
</customUI>
```

9. Sie können die bereits vorhandene *OnActionButton*-Prozedur nutzen, wenn Sie diese um die entsprechenden Zeilen erweitern:

```vb
Sub OnActionButton(control As IRibbonControl)
    Select Case control.Id
    Case "btnInfo"
        MsgBox "Version: " & p_cstrPrgVersion & vbCrLf & _
            "Stand: " & p_cdatPrgStand, vbInformation, p_cstrPrgTitel
    Case "btnHotels": DoCmd.OpenForm "frmHotels"
    Case "btnArtikel": DoCmd.OpenForm "frmArtikel"
    Case "btnMitarbeiter": DoCmd.OpenForm "frmMitarbeiter"
    Case "btnBestellungen": DoCmd.OpenForm "frmBestellungen"
        Case Else:      MsgBox "Klick-Fehler für " & control.Id
    End Select
End Sub
```

Jetzt ist das Menü komplett funktionsfähig und Sie haben damit wesentliche Teile der Menüband-Programmierung kennengelernt.

## Startprogramm für ein Dialogfeld

In einigen Befehlsgruppen (etwa in *Start/Zwischenablage*) finden Sie neben dem Namen unten rechts ein kleines Symbol, welches laut offizieller Notation *Startprogramm für ein Dialogfeld* heißt. Auch wenn dieses in den übrigen Microsoft Office-Programmen viel umfangreicher eingesetzt wird, ist es ein sehr praktisches Objekt, weil es keinen Platz verbraucht:

1. Ergänzen Sie den XML-Code in der Tabelle *USysRibbon* mit dem fett markierten Text wie im folgenden Listing:

```xml
<customUI xmlns="http://schemas.microsoft.com/office/2009/07/customui"
onLoad="OnRibbonLoad" >
<!-- wie bisher -->
        </menu>
        <dialogBoxLauncher>
            <button id="btnLaunchInfo" onAction="OnActionButton"/>
        </dialogBoxLauncher>
    </group>
<!-- wie bisher -->
</customUI>
```

2. Das *dialogBoxLauncher*-Element muss als einziges an einer fest definierten Stelle stehen, nämlich als letztes innerhalb einer *group*-Struktur.

3. Auch die vorhandene *OnActionButton*-Prozedur muss wiederum nur minimal erweitert werden, wie der folgende Code zeigt:

```vb
Sub OnActionButton(control As IRibbonControl)
    Select Case control.Id
    Case "btnInfo"
        MsgBox "Version: " & p_cstrPrgVersion & vbCrLf & _
            "Stand: " & p_cdatPrgStand, vbInformation, p_cstrPrgTitel
    Case "btnHotels": DoCmd.OpenForm "frmHotels"
    Case "btnArtikel": DoCmd.OpenForm "frmArtikel"
    Case "btnMitarbeiter": DoCmd.OpenForm "frmMitarbeiter"
    Case "btnBestellungen": DoCmd.OpenForm "frmBestellungen"
    Case "btnLaunchInfo": MsgBox "Dies ist nur ein Beispiel.", vbInformation
    Case Else:      MsgBox "Klick-Fehler für " & control.Id
    End Select
End Sub
```

4. Dieser Code erzeugt die kleine Schaltfläche neben dem Namen der Befehlsgruppe, wie Abbildung 39.27 zeigt.

**Abbildg. 39.27**   Das *Startprogramm für ein Dialogfeld* ist sichtbar

5. Damit diese Schaltfläche überhaupt auffällt, sollte wenigstens die zugehörige Info ausführlich sein. Diese wird angezeigt, sobald die Maus darüber ruht und besteht aus zwei Teilen, einem kurzen *screentip* und einem längeren *supertip*.

**6.** Erweitern Sie dem XML-Code um die fett markierten Prozedur-Aufrufe:

```
<customUI xmlns="http://schemas.microsoft.com/office/2009/07/customui"
onLoad="OnRibbonLoad" >
<!-- wie bisher -->
        </menu>
        <dialogBoxLauncher>
           <button id="btnLaunchInfo" onAction="OnActionButton"
getScreentip="GetScreentip" getSupertip="GetSupertip"/>
        </dialogBoxLauncher>
      </group>
<!-- wie bisher -->
</customUI>
```

**7.** Fügen Sie im Modul zwei neue Callback-Prozeduren hinzu wie im folgenden Listing:

```
Sub GetScreentip(control As IRibbonControl, ByRef screentip)
    Select Case control.Id
    Case "btnLaunchInfo":        screentip = "Dies ist nur ein Beispiel"
    Case Else
        MsgBox "Screentip-Fehler für " & control.Id
    End Select
End Sub

Sub GetSupertip(control As IRibbonControl, ByRef supertip)
    Select Case control.Id
    Case "btnLaunchInfo":        supertip = "Hier kann auch mal ein " & _
        "viel ausführlicherer Text stehen, der nur zeigen soll, wie viel Platz darin ist."
    Case Else
        MsgBox "Supertip-Fehler für " & control.Id
    End Select
End Sub
```

> **HINWEIS**   Es ist keineswegs notwendig, dass die Callback-Prozedur immer so heißt wie das Attribut. Sie können also in XML auch `getScreentip="Beispiel"` schreiben und im VBA-Modul die Prozedur entsprechend als `Sub Beispiel(....)` deklarieren. Das macht es aber nicht übersichtlicher...

**8.** Damit erzeugen Sie im Menüband eine ausführliche Info wie in Abbildung 39.28.

Abbildg. 39.28   Das *Startprogramm für ein Dialogfeld* ist nun hoffentlich besser sichtbar

# Kontextabhängige Befehle

Wie Sie sicher bemerkt haben, ist die bisher erstellte Registerkarte immer sichtbar. Viele typische Steuerelemente sind aber vor allem in einem Formular sinnvoll. Dadurch lassen sich nämlich oftmals Schaltflächen aus dem Formular in ein Menüband verlagern. Das verbraucht nicht nur weniger Platz, sondern erspart Ihnen auch mehrfache Programmierung.

Im Folgenden möchte ich Ihnen kurz zeigen, wie Sie solche kontextabhängigen Befehle im Menüband integrieren. Grundsätzlich dürfte das auch im gleichen Datensatz integriert werden. Dabei wird aber nur dessen XML-Code immer länger, daher steht es in einem zweiten Datensatz.

1. Legen Sie in der Tabelle einen zweiten Datensatz mit *K_und_L_Formulare* für das Feld *RibbonName* und dem folgenden XML-Code in *RibbonXml* an:

```xml
<customUI xmlns="http://schemas.microsoft.com/office/2009/07/customui"
onLoad="OnRibbonLoad" >
  <ribbon startFromScratch="false">
    <contextualTabs>
      <tabSet idMso="TabSetFormReportExtensibility">
        <tab id="tabKLForm" label="K&#38;&#38;L-Formular">
          <group idMso="GroupViews" />
          <group idMso="GroupSortAndFilter" />
          <group id="grpSpezial" label="Spezial" >
            <button idMso="MasterViewClose" size="large" />
          </group>
        </tab>
      </tabSet>
    </contextualTabs>
  </ribbon>
</customUI>
```

2. Statt der *tabs*-Auflistung findet sich hier eine für *contextualTabs*, also die kontextabhängigen Registerkarten. Diese erkennen Sie daran, dass darüber eine farbige Überschrift eingeblendet wird.

3. Technisch ist ansonsten wenig Neues zu sehen, denn hier werden einfach die beiden integrierten Befehlsgruppen *Ansichten* und *Sortieren und filtern* angezeigt. Eine neue Befehlsgruppe *Spezial* enthält eine einzige große Schaltfläche zum Schließen des Formulars.

> **HINWEIS** Die Bezeichnung *MasterViewClose* für die Schaltfläche zum Schließen deutet darauf hin, dass sie wohl eher für die Masteransicht in PowerPoint gedacht war. Das macht aber nichts, funktionell ist sie auch zum Schließen eines Access-Formulars geeignet.

4. Nachdem Sie die Tabelle *USysRibbons* geschlossen haben, müssen Sie die Datenbank schließen und öffnen, damit Access den Namen des neuen Menübands kennt.

5. Wechseln Sie dann in die Entwurfsansicht des Formulars *frmArtikel*, wählen in der Formular-Eigenschaft *Name des Menübands* den Eintrag *K_und_L_Formulare* aus und speichern das Formular.

6. Jetzt ist es mal wieder an der Zeit, die Datenbank zu schließen und erneut zu öffnen (Sie merken schon, das ist die häufigste Aktion beim Erstellen von eigenen Menübändern). Dafür sehen Sie beim Öffnen des Formulars *frmArtikel* dann eine spezielle Registerkarte wie in Abbildung 39.29.

**Abbildg. 39.29**  Dieses Formular zeigt eine eigene Registerkarte an

Mit dieser Technik können Sie wahlweise allen Formularen die gleiche Registerkarte zuweisen oder, wenn Sie entsprechend viele Datensätze in *USysRibbons* vorbereiten, für jedes Formular eine eigene Registerkarte.

> **TIPP**  Wollen Sie im gleichen Datensatz normale und kontextabhängige Registerkarten speichern, befinden diese sich auf gleicher Ebene wie im folgenden Beispielcode:

```
<customUI xmlns="http://schemas.microsoft.com/office/2009/07/customui" >
  <ribbon startFromScratch="false">
    <tabs>

    </tabs>
    <contextualTabs>

    </contextualTabs>
  </ribbon>
</customUI>
```

Die kontextabhängigen Registerkarten werden trotzdem erst dann angezeigt, wenn auch ein Formular geöffnet ist, in dessen Eigenschaft *Name des Menübands* dieser Datensatz angegeben wurde.

# Symbolleiste für den Schnellzugriff

Obwohl die Symbolleiste für den Schnellzugriff »gefühlt« nicht zum Menüband gehört, ist sie technisch sehr wohl ein Teil davon. Das Menüband mit seinen Registerkarten wird im *ribbons*-Element angegeben, die Symbolleiste für den Schnellzugriff im *qat*-Element (*qat* ist die Abkürzung für *Quick Access Toolbar*, engl. für Schnellzugriffs-Symbolleiste).

> **ACHTUNG** Damit Sie per XML überhaupt Zugriff auf die Symbolleiste für den Schnellzugriff erhalten, muss die Einstellung `startFromScratch="true"` lauten, ansonsten gibt es eine Fehlermeldung. Allerdings sind dadurch zwingend alle Standardregisterkarten ausgeblendet, was nicht unbedingt gewollt ist.

Wird werden im Code also direkt dafür sorgen, dass diese wieder sichtbar werden. Ein Nebeneffekt davon ist, dass nun benutzerseitig gar kein manueller Eingriff in die Menübänder mehr möglich ist (während diese Datenbank geöffnet ist).

1. Erweitern Sie den Inhalt in der Tabelle *USysRibbons* im Datensatz *K_und_L_Ribbon* wie mit dem hier fett markierten XML-Code:

```xml
<customUI xmlns="http://schemas.microsoft.com/office/2009/07/customui" onLoad="OnRibbonLoad" >
  <ribbon startFromScratch="true">
    <qat>
      <sharedControls>
        <button idMso="FileOpenDatabase" />
      </sharedControls>
      <documentControls>
        <button idMso="FileSave" />
        <control idMso="Undo" imageMso="Undo"/>
        <control idMso="Redo" imageMso="Redo"/>
        <button idMso="MasterViewClose" />
      </documentControls>
    </qat>
    <tabs>
      <tab idMso="TabHomeAccess" visible="true"/>
      <tab idMso="TabCreate" visible="true"/>
      <tab idMso="TabExternalData" visible="true"/>
      <tab idMso="TabDatabaseTools" visible="true"/>
      <tab id="tabKL" label="Kosten &#38;&#38; Logistik" >
<!-- wie bisher -->
      </tab>
    </tabs>
  </ribbon>
</customUI>
```

2. Das *qat*-Element enthält zwei Untergruppen *sharedControls* und *documentControls*, die für allgemeine und datenbankspezifische Schaltflächen gedacht sind (den Unterschied können Sie jedoch nur in Add-Ins nutzen).

3. Die meisten Schaltflächen dort haben den Steuerelementtyp *button*, nicht jedoch die beiden für *Rückgängig* und *Wiederholen*. Obwohl die Fehlermeldung den Typ *gallery* einfordert, führt das zu weiteren Fehlern. Hier muss der allgemeine Typ *control* eingesetzt werden.

4. Um die ursprünglichen Registerkarten wieder anzuzeigen, werden diese als *tab*-Element mit der passenden *idMso* notiert. Sie müssen auch ausdrücklich das *visible*-Attribut auf *True* stellen, damit die Registerkarten sichtbar werden.

> **ACHTUNG** Während es bei den übrigen Microsoft Office-Programmen als *idMso* nur *TabHome* heißt, müssen Sie bei Access *TabHomeAccess* schreiben.

Damit haben Sie sowohl die ursprünglichen Registerkarten plus Ihrer selbst definierten Registerkarte als auch eine per XML veränderte Symbolleiste für den Schnellzugriff erstellt (siehe Abbildung 39.30).

**Abbildg. 39.30**  Diese *Symbolleiste für den Schnellzugriff* wurde per XML angepasst

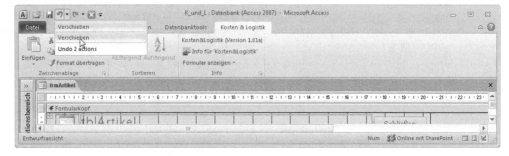

# Commands

Mit einem *command*-Element (in einer *commands*-Auflistung) können Sie sogar einzelne integrierte Befehle einschließlich ihrer Tastenkürzel deaktivieren, beispielsweise den *Kursiv*-Befehl für markierte Texte. Theoretisch jedenfalls. Im Gegensatz zu den übrigen Microsoft Office-Programmen ist das in Access aber nur halbherzig umgesetzt:

1. Erweitern Sie in der Tabelle *USysRibbons* den Datensatz *K_und_L_Ribbon* um die fett markierten Zeilen wie im folgenden Listing:

```
<customUI xmlns="http://schemas.microsoft.com/office/2009/07/customui"
onLoad="OnRibbonLoad" >
  <commands>
    <command idMso="Italic" enabled="false" />
  </commands>
  <ribbon startFromScratch="true">
<!-- wie bisher -->
  </ribbon>
</customUI>
```

2. Dadurch wird der *Kursiv*-Befehl (engl. *italic*) deaktiviert, wie Sie in Abbildung 39.31 an der Mausposition sehen können.

**Abbildg. 39.31**  Der *Kursiv*-Befehl ist deaktiviert

Allerdings sehen Sie im Eigenschaftenblatt, dass die *Kursiv*-Eigenschaft des markierten Textes immer noch aktiv ist und sich auch ändern lässt. Auch das Tastenkürzel [Strg]+[⇧]+[I] funktioniert weiterhin. Diese Mängel sind aber sicherlich von geringerer Bedeutung, weil normale Benutzer ohnehin nichts mit Formatierung zu tun haben.

Damit ist Ihre Datenbank rundum fertig und Sie haben alles kennen gelernt, was für die Arbeit mit Access 2010 wichtig und hilfreich ist.

# Zusammenfassung

In diesem Kapitel habe ich Ihnen die Möglichkeiten gezeigt, wie das Menüband programmiert werden kann.

- Seit dieser Version sind Änderungen per Dialogfeld nicht nur an der Symbolleiste für den Schnellzugriff, sondern auch am *Menüband* möglich (Seite 866).
- Mit einer XML-Definition in der Tabelle *USysRibbons* und der zugehörigen Callback-Programmierung in einem Modul lassen sich auch *eigene Registerkarten* (Seite 873) im Menüband erstellen.
- Anstatt alles neu zu programmieren, können Sie integrierte Befehlsgruppen oder *Befehle* (Seite 876) in Ihre Registerkarte voll funktionsfähig übernehmen.
- *Benutzerdefinierte Befehle* (Seite 878) erlauben die vollkommen freie Gestaltung eigener Registerkarten mit Befehlen, die Ihre VBA-Prozeduren aufrufen.
- Die Verbindung zwischen XML und VBA läuft über sogenannte *Callback-Prozeduren* (Seite 879), deren Namen in XML notiert wurden. Damit lassen sich dynamische Beschriftungen, flexible Bilder oder andere Funktionalitäten verwirklichen.
- Damit eine eigene Registerkarte nur zusammen mit einem Formular angezeigt wird, definieren Sie *kontextabhängige Registerkarten* (Seite 889). Diese können Teil des sonstigen XML-Codes sein, müssen es aber nicht.
- Mit einem *qat*-Element lässt sich die *Symbolleiste für den Schnellzugriff* (Seite 890) ebenfalls per XML verändern, allerdings werden dabei die ursprünglichen Registerkarten unsichtbar.
- Das *command*-Element soll eigentlich *integrierte Befehle und Tastenkürzel* (Seite 892) deaktivieren, das funktioniert aber nur teilweise.

# Teil I
# Anhang

| | | |
|---|---|---|
| **Anhang A** | Operatoren und Funktionen | 897 |
| **Anhang B** | Spezifikationen | 903 |
| **Anhang C** | Präfixe | 907 |

# Anhang A

# Operatoren und Funktionen

**In diesem Kapitel:**

| | |
|---|---|
| Operatoren | 898 |
| Funktionen | 899 |

# Operatoren

Die folgenden Tabellen fassen die Operatoren zusammen, von denen fast alle sowohl in Berechnungen als auch in SQL oder VBA eingesetzt werden können.

**Tabelle A.1**  Mathematische Vergleichsoperatoren

| Operator | Bedeutung |
|---|---|
| = | Gleich |
| < | Kleiner als |
| <= | Kleiner als oder gleich |
| > | Größer als |
| >= | Größer als oder gleich |
| <> | Ungleich |

**Tabelle A.2**  Mathematische Rechenoperatoren

| Operator | Bedeutung |
|---|---|
| = | Zuweisung an die Variable links |
| + | Addition zweier Zahlen |
| - | Subtraktion zweier Zahlen |
| / | Division zweier Zahlen |
| * | Multiplikation zweier Zahlen |
| \ | Ganzzahliger Anteil nach Multiplikation zweier Zahlen |
| mod | Ganzzahliger Rest nach Multiplikation zweier Zahlen |
| ^ | Potenz zweier Zahlen |

**Tabelle A.3**  Logische Vergleichsoperatoren

| Operator | Bedeutung |
|---|---|
| And | Beide *Boolean*-Werte müssen gleich sein |
| Or | Wenigstens ein *Boolean*-Wert muss **True** sein |
| Not | Der *Boolean*-Wert wird in sein Gegenteil umgewandelt |

**Tabelle A.4** Sonstige Operatoren

| Operator | Bedeutung |
|---|---|
| Like | Vergleicht zwei Zeichenketten unter Berücksichtigung von Jokerzeichen |
| Is | Vergleicht, ob es sich um die gleichen Objekte handelt |
| & | Verkettet mehrere Zeichenketten (andere Datentypen werden dabei automatisch in *String* umgewandelt) |

# Funktionen

Die folgende Tabelle listet die wichtigsten Funktionen auf, die Sie in VBA, in berechneten Feldern und (teilweise) in Datenmakros benutzen können.

**HINWEIS** Denken Sie bitte daran, dass in VBA das Trennzeichen zwischen Argumenten ein Komma (und der Funktionsname englisch) ist, im Abfrageentwurf aber mit einem Semikolon getrennt wird.

Die Funktionen sind hier alle mit ihren deutschen (im Abfrageentwurf) und englischen Namen (in VBA) aufgeführt, allerdings ohne die umfangreichen Argumente, die Sie ausführlich in der Hilfe erläutert finden. Funktionsnamen ohne deutsche Bezeichnung sind nur in VBA einzusetzen.

**Tabelle A.5** Häufig benutzte Funktionen

| Funktion englisch | Funktion deutsch | Bedeutung |
|---|---|---|
| Array() | | Gibt ein komplettes Datenfeld zurück |
| Asc() | Asc() | Gibt die ANSI-Nummer des ersten Zeichens zurück |
| CDbl() | ZDouble() | Wandelt einen Ausdruck in eine *Double*-Zahl um |
| Chr() | Zchn() | Gibt ein Zeichen anhand der ANSI-Nummer zurück |
| CInt() | ZInteger() | Wandelt einen Ausdruck in eine *Integer*-Zahl um |
| CLng() | ZLong() | Wandelt einen Ausdruck in eine *Long*-Zahl um |
| CurDir() | AktVerz() | Gibt das aktuelle Verzeichnis zurück |
| Date | Datum() | Gibt das aktuelle Systemdatum zurück |
| DateAdd() | DatAdd() | Addiert auf ein Datum ein angegebenes Intervall |
| DateDiff() | DatDiff() | Ermittelt die Anzahl Intervalle zwischen zwei Datumswerten |
| DateValue() | DatWert() | Wandelt eine Zeichenkette in ein Datum um |
| Day() | Tag() | Gibt aus einem Datum/Uhrzeit-Wert den Tag zurück |
| Dir() | Verz() | Gibt einen Dateinamen des angegebenen Verzeichnisses zurück |
| FileDateTime() | | Ermittelt das Speicherdatum der angegebenen Datei |
| FileLen() | | Ermittelt die Größe der angegebenen Datei |

**Tabelle A.5** Häufig benutzte Funktionen *(Fortsetzung)*

| Funktion englisch | Funktion deutsch | Bedeutung |
|---|---|---|
| Format() | Format() | Formatiert eine Zahl anhand des Zahlenformats |
| Hour() | Stunde() | Gibt aus einem Datum/Uhrzeit-Wert die Stunde zurück |
| InputBox() | Eingabefeld() | Erzeugt ein Eingabefenster am Bildschirm |
| InStr() | InStr() | Ermittelt die erste Position des gesuchten Textes innerhalb der Zeichenkette |
| InStrRev() | InStrRev() | Ermittelt die letzte Position des gesuchten Textes innerhalb der Zeichenkette |
| IsArray() | | Gibt *True* zurück, wenn die Variable ein Datenfeld enthält |
| IsDate() | IstDatum() | Gibt *True* zurück, wenn das Argument in ein gültiges Datum umzuwandeln wäre |
| IsEmpty() | IstLeer() | Gibt *True* zurück, wenn die Variable einen NULL-Wert enthält |
| IsMissing() | | Gibt *True* zurück, wenn die Variable ein nicht übergebenes Argument enthält |
| IsNull() | IstNull() | Gibt *True* zurück, wenn die Variable einen NULL-Wert enthält |
| IsNumeric() | IstNumerisch() | Gibt *True* zurück, wenn das Argument in eine Zahl umzuwandeln wäre |
| IsObject() | | Gibt *True* zurück, wenn die Variable ein Objekt enthält |
| LBound() | | Ermittelt die untere Grenze eines Datenfeldes |
| LCase() | Kleinbst() | Wandelt alle Buchstaben der Zeichenkette in Kleinschreibung um |
| Left()- | Links() | Gibt die Anzahl Zeichen vom Anfang der Zeichenkette zurück |
| Len() | Länge() | Ermittelt die Anzahl Zeichen in der Zeichenkette |
| LTrim() | LGlätten() | Entfernt nur führende Leerzeichen aus der Zeichenkette |
| Mid() | Teil() | Gibt die Anzahl Zeichen ab der genannten Position in der Zeichenkette zurück |
| Minute() | Minute() | Gibt aus einem Datum/Uhrzeit-Wert die Minute zurück |
| Month() | Monat() | Gibt aus einem Datum/Uhrzeit-Wert den Monat zurück |
| MsgBox() | Meldung() | Erzeugt ein Meldungsfenster am Bildschirm |
| Now() | Jetzt() | Gibt das aktuelle Systemdatum einschließlich Uhrzeit zurück |
| Replace() | Ersetzen() | Ersetzt einen Text durch einen anderen innerhalb der Zeichenkette |
| Right() | Rechts() | Gibt die Anzahl Zeichen vom Ende der Zeichenkette zurück |
| Round() | Runden() | Rundet eine Zahl auf die angegebene Anzahl Nachkommastellen |
| RTrim() | RGlätten() | Entfernt nur schließende Leerzeichen aus der Zeichenkette |
| Second() | Sekunde() | Gibt aus einem Datum/Uhrzeit-Wert die Sekunde zurück |
| Space() | Leerzchn() | Gibt eine Zeichenkette mit der angegebenen Anzahl an Leerzeichen zurück |

**Tabelle A.5** Häufig benutzte Funktionen *(Fortsetzung)*

| Funktion englisch | Funktion deutsch | Bedeutung |
|---|---|---|
| Time() | Zeit() | Gibt die aktuelle Systemzeit zurück |
| Trim() | Glätten() | Entfernt führende und schließende Leerzeichen aus der Zeichenkette |
| UBound() | | Ermittelt die obere Grenze eines Datenfeldes |
| UCase() | Großbst() | Wandelt alle Buchstaben der Zeichenkette in Großschreibung um |
| Val() | Wert() | Wandelt eine Zeichenfolge in eine Zahl um |
| Year() | Jahr() | Gibt aus einem Datum/Uhrzeit-Wert das Jahr zurück |

Die Funktionsnamen sind nach ihren englischen Bezeichnungen sortiert.

# Anhang B

# Spezifikationen

**In diesem Kapitel:**

| | |
|---|---|
| Allgemein | 904 |
| Tabelle | 904 |
| Abfrage | 905 |
| Formular und Bericht | 905 |
| Makro | 906 |

# Allgemein

| | |
|---|---|
| Dateigröße einer Access-Datenbank, abzüglich des erforderlichen Speicherplatzes für Systemobjekte | 2 GB |
| Anzahl von Objekten in einer Datenbank | 32.768 |
| Anzahl von Modulen (einschließlich Formulare und Berichte, deren *EnthältModul*-Eigenschaft auf *Wahr* festgelegt ist) | 1.000 |
| Anzahl von Zeichen in einem Objektnamen | 64 |
| Anzahl von Zeichen in einem Kennwort | 20 |
| Anzahl von Zeichen in einem Benutzer- oder Gruppennamen | 20 |
| Anzahl von gleichzeitigen Benutzern | 255 |

# Tabelle

| | |
|---|---|
| Anzahl von Zeichen in einem Tabellennamen | 64 |
| Anzahl von Zeichen in einem Feldnamen | 64 |
| Anzahl von Feldern in einer Tabelle | 255 |
| Anzahl von geöffneten Tabellen (die tatsächliche Anzahl kann aufgrund von Tabellen, die Access intern öffnet, kleiner sein) | 2.048 |
| Tabellengröße (abzüglich des erforderlichen Speicherplatzes für die Systemobjekte) | 2 GB |
| Anzahl von Zeichen in einem Text-Feld | 255 |
| Anzahl von Zeichen in einem Memo-Feld (wenn die Daten über die Benutzeroberfläche eingegeben werden) | 65.535 |
| Zeichenspeicher (wenn die Daten programmgesteuert eingegeben werden) | 2 GB |
| Größe eines OLE-Objekt-Felds | 1 Gigabyte |
| Anzahl von Indizes in einer Tabelle | 32 |
| Anzahl von Feldern in einem Index | 10 |
| Anzahl von Zeichen in einer Gültigkeitsprüfungsmeldung | 255 |
| Anzahl von Zeichen in einer Gültigkeitsprüfungsregel | 2.048 |
| Anzahl von Zeichen in einer Tabellen- oder Feldbeschreibung | 255 |
| Anzahl der Zeichen in einem Datensatz (wobei Memo- und OLE-Objekt-Felder ausgeschlossen sind), wenn die *UnicodeKompression*-Eigenschaft der Felder auf *Ja* festgelegt ist | 4.000 |
| Anzahl von Zeichen in der Eigenschafteneinstellung eines Felds | 255 |

# Abfrage

| | |
|---|---|
| Anzahl von erzwungenen Beziehungen (pro Tabelle abzüglich der Anzahl von Indizes, die für nicht an Beziehungen beteiligte Felder oder Feldkombinationen bestehen*) | 32 |
| Anzahl von Tabellen in einer Abfrage | 32* |
| Anzahl von Verknüpfungen in einer Abfrage | 16* |
| Anzahl von Feldern in einem Recordset | 255 |
| Recordset-Größe | 1 Gigabyte |
| Sortierbeschränkung (in einem oder mehreren Feldern) | 255 Zeichen |
| Anzahl von Ebenen bei verschachtelten Abfragen | 50* |
| Anzahl von Zeichen in einer Zelle des Abfrageentwurfsbereichs | 1.024 |
| Anzahl von Zeichen für einen Parameter in einer Parameterabfrage | 255 |
| Anzahl von AND-Operatoren in einer WHERE- oder HAVING-Klausel | 99* |
| Anzahl von Zeichen in einer SQL-Anweisung | Ungefähr 64.000* |

# Formular und Bericht

| | |
|---|---|
| Anzahl von Zeichen in einem Bezeichnungsfeld | 2.048 |
| Anzahl von Zeichen in einem Textfeld | 65.535 |
| Breite eines Formulars oder Berichts | 55,88 cm |
| Höhe eines Bereichs | 55,88 cm |
| Höhe aller Bereiche zuzüglich der Bereichsköpfe (in der Entwurfsansicht) | 508,00 cm |
| Anzahl von Ebenen bei verschachtelten Formularen oder Berichten | 7 |
| Anzahl von Feldern oder Ausdrücken, die in einem Bericht sortiert oder gruppiert werden können | 10 |
| Anzahl von Kopf- und Fußzeilen in einem Bericht | 1 Berichtskopf-/-fußzeile, 1 Seitenkopf-/-fußzeile, 10 Gruppenkopf-/-fußzeilen |
| Anzahl von gedruckten Seiten in einem Bericht | 65.536 |
| Anzahl von Steuerelementen und Bereichen, die während der Lebensdauer eines Formulars bzw. Berichts insgesamt hinzugefügt werden können | 754 |
| Anzahl von Zeichen in einer SQL-Anweisung, die als Datensatzquelle- oder Datensatzherkunfteigenschaft eines Formulars, Berichts oder Steuerelements dient | 32.750 |

* Wenn die Abfrage mehrwertige Nachschlagefelder enthält, können die Höchstwerte niedriger sein.

# Makro

| | |
|---|---|
| Anzahl von Aktionen in einem Makro | 999 |
| Anzahl von Zeichen in einer Bedingung | 255 |
| Anzahl von Zeichen in einem Kommentar | 255 |
| Anzahl von Zeichen in einem Aktionsargument | 255 |

# Anhang C

# Präfixe

**In diesem Kapitel:**

| | |
|---|---|
| Präfixe für Access-Objekte | 908 |
| Präfixe für Felder | 908 |
| Präfixe für Steuerelemente | 908 |
| Präfixe für Datentypen | 910 |

# Präfixe für Access-Objekte

In Tabelle C.2 finden Sie alle Access-Objekte mit ihrem zugehörigen Präfix. Es gibt gelegentlich manche Abweichungen zu anderen Listen. Wichtig ist vor allem, dass Sie überhaupt ein Schema benutzen.

**Tabelle C.1** Präfixe für Access-Objekte

| Access-Objekt | Präfix |
| --- | --- |
| Tabelle | *tbl* (engl. *table*) |
| Abfrage | *qry* (engl. *query*) |
| Formular | *frm* (engl. *form*), manchmal auch *dlg* (engl. *dialog*) wegen Verwechslungsgefahr mit *frame* |
| Bericht | *rpt* (engl. *report*) |
| Makro | *mac* (engl. *macro*), manchmal auch *mcr* |
| Modul | *mod* (engl. *module*) |

Das Access-Verbot, Tabellen und Abfragen gleich zu benennen, wird durch die zwingend unterschiedlichen Präfixe automatisch eingehalten.

# Präfixe für Felder

Abweichend von der ursprünglichen Ungarischen Notation empfehle ich, Feldnamen nicht mit dem Präfix *fld* zu kennzeichnen. Die Tatsache, dass es sich um ein Feld handelt, ist praktisch in jedem Zusammenhang eindeutig (und wird oft durch eckige Klammern noch verdeutlicht).

Wichtiger finde ich dabei die Angabe, aus welcher Tabelle das Feld stammt. Dadurch ergibt sich nebenbei eine datenbankweit eindeutige Benennung der Felder, die kürzeren SQL-Code erlaubt, weil nicht immer der Tabellenname hinzugefügt werden muss.

Für kleinere Datenbanken reichen dreibuchstabige Kürzel als Tabellenkennung, bei größeren Datenbanken ab etwa 30 Tabellen sind fünfbuchstabige Präfixe praktischer.

# Präfixe für Steuerelemente

Wann immer ein konkreter Name für ein Formular-Steuerelement festgelegt werden musste, sind Ihnen die Regeln der Ungarischen Notation begegnet.

**Tabelle C.2** Präfixe für Steuerelemente

| Steuerelement | Präfix |
|---|---|
| Textfeld | *edt* (engl. *edit control*), manchmal auch *txt* (engl. *text box*) |
| Bezeichnung | *lbl* (engl. *label*) |
| Schaltfläche | *btn* (engl. *button*), manchmal auch *cmd* (engl. *command button*), aber Verwechslungsgefahr mit Kombinationsfeld |
| Register | *mpg* (engl. *multi page*) |
| Registerseite | *pag* (engl. *page*) |
| Hyperlink | *lbl* (weil identisch mit *Bezeichnung*-Steuerelement) |
| Webbrowser | *web* (engl. *web*) |
| Navigationssteuerelement | *nav* (engl. *navigation control*) |
| Optionsgruppe | *grp* (engl. *option group*), manchmal auch *frm* (engl. *frame*), aber dann Verwechslungsgefahr mit Formular |
| Seitenumbruch | *brk* (engl. *page break*) |
| Kombinationsfeld | *cmb* (engl. *combo box*), manchmal auch *cbo* |
| Diagramm | *cht* (engl. *chart*), manchmal auf *dgr* (engl. *diagram*) |
| Linie | *lin* (engl. *line*) |
| Umschaltfläche | *tgl* (engl. *toggle button*) in einzelner Verwendung, *opt* (weil funktionsgleich mit *Optionsfeld*) bei Verwendung innerhalb einer Optionsgruppe |
| Listenfeld | *lst* (engl. *list box*) |
| Rechteck | *rct* (engl. *rectangle*) |
| Kontrollkästchen | *chk* (engl. *check box*) |
| (Un-)gebundenes Objektfeld | *ole* (engl. *OLE object*) |
| Anlage | *att* (engl. *attachment*) |
| Optionsfeld | *opt* (engl. *option button*) |
| Unterformular/-bericht | *sfm* (engl. *subform*) oder *srp* (engl. *subreport*) |
| Bild | *img* (engl. *image*) |

Für die VBA-Programmierung von Ereignissen muss das Steuerelement umbenannt sein, bevor die Ereignisprozedur erzeugt wird. Eine nachträgliche Änderung des Namens wird im Prozedurnamen nicht dynamisch nachgeführt.

# Präfixe für Datentypen

Variablen und Konstanten in der VBA-Programmierung sollten nicht nur überhaupt deklariert sein, sondern ihren Datentyp im Namen als Präfix enthalten.

**Tabelle C.3**  Präfixe für Datentypen

| VBA-Datentyp | Präfix |
|---|---|
| Boolean | boo |
| Byte | byt |
| Integer | int |
| Long | lng |
| Currency | cur |
| Date | dat |
| Single | sng |
| Double | dbl |
| Decimal | dec |
| String | str |
| Variant | var |

# Praxisindex

Die Einträge in diesem Praxisindex verweisen auf Schritt-für-Schritt-Anleitungen zu spezifischen Arbeitsgängen.

## A

Abfrageentwurf erstellen  257
Abfragen mit mehreren Tabellen erstellen  61, 294
Abfragen mit Parametern erstellen  358
Abfragen per VBA ausführen  821
Abfragen umbenennen, löschen  267
Abstand für Steuerelemente verändern  427
Ähnliche Daten filtern  298
Aktuelle Zeile anders formatieren  502
Alle Abfragen der Datenbank ermitteln  794
Alle Dateien eines Verzeichnisses auflisten  797
Alle Felder aller Tabellen ermitteln  795
Alle geöffneten Formulare per VBA ermitteln  767
Alle Tabellen der Datenbank ermitteln  794
Als Excel-Datei exportieren  332
Ansicht wechseln  113
Anwendungsparts selber erstellen  601
Anzahl von Datensätzen ermitteln  65
API-Funktion aufrufen  779
Auswahl mit Optionen erstellen  525
AutoExec trotz Umschalt-Taste ausführen  861

## B

Bedienungsoberfläche kennen lernen  93
Bedingte Formatierung vorgeben  497
Beim Datenändern weitere Daten speichern  728
Bericht erstellen  78
Berichtsgruppe berechnen  630
Beziehungen dokumentieren  243
Beziehungen zwischen Tabellen erstellen  124
Bild im Formular automatisch vergrößern  843
Bilder einfügen  550
Bildschirm-Aktualisierung auffrischen  722

## D

Dateiendung analysieren  827
Dateiendung ermitteln  828
Daten eingeben  204
Daten filtern  62
Daten gruppieren  65
Daten mehrfach sortieren lassen  259
Daten per VBA auslesen  816
Daten sortieren  58
Datenbank aufteilen  228
Datenbank dokumentieren  241
Datenbank entwerfen  158
Datenbank gleichzeitig mit Formular schließen  847
Datenfeld berechnen  270
Datenfeld mit Inhalten vergrößern  768
Datenfeldtypen ermitteln  796

Datensatz löschen  205
Datensatz speichern  204
Datensatz wechseln  71
Datensätze filtern  292
Datensätze fortlaufend nummerieren  370
Datensätze sortieren  258
Datensätze suchen  46
Datensatzleichen finden  388
Datensatzsuche für ein Formular  539
Datentypen konvertieren  832
Datum und Uhrzeit berechnen  835
Datum und Uhrzeit im Formular einfügen  516
Datumsbereiche filtern  306
Design auf Formular anwenden  418
Design nutzen  72
Details im Bericht verändern  854
Diagramm aus PivotTable-Ansicht anzeigen  453
Diagramme erstellen  458
Differenz zweier Datumswerte berechnen  835
Doppelte Daten herausfiltern  381
Doppelte Datensätze bearbeiten  366
Doppelte Datensätze finden  364
Dynamische Inhalte im Menüband anzeigen  880

## E

Eigene Max()-Funktion definieren  775
Eigenes Design erstellen  423
Einzelne Daten anfügen  408
E-Mail exportieren  688
E-Mail-Benachrichtigung bei neuen Datensätzen  732
Ersten Wert im Listenfeld festlegen  846
Etiketten ausdrucken  638
Export von Daten starten  332
Externe Bilder dynamisch auf Formular laden  712
Externe Tabelle mit VBA lesen  812

## F

Farben auswählen  494
Fehler behandeln  805
Felddaten berechnen  64
Felddatentyp ändern  195
Felder in Berichten berechnen  633, 644
Felder in Formularen berechnen  510
Felder zu einem Formular hinzufügen  469
Fenster per Makro schließen  721
Formatierte Texte bearbeiten  513
Formular als Datenblatt anzeigen  73
Formular automatisch erstellen  416
Formular beim Öffnen der Datenbank anzeigen  598
Formular dynamisch der Bildschirmgröße anpassen  425
Formular geöffnet halten  847

## Praxisindex

Formular immer sehen  597
Formular verändern  71
Formulardaten filtern  75
Formulare synchronisieren  587
Formularelemente anordnen  424
Funktionen nutzen  276

### G

Geschachtelte Bedingungen anlegen  788
Geschäftsbrief aus Bericht erzeugen  624
Geteiltes Formular erstellen  433
Groß-/Kleinschreibung ändern  830
Größe von Steuerelementen ändern  475
Gruppierungsabfrage erstellen  65

### H

Haupt-/Unterformular erstellen  574
Haupt-/Unterformular manuell erstellen  580
Haupt-/Unterformular mit Assistent erstellen  574
Heutiges Datum ermitteln  833
Hierarchische Listenfelder filtern  848
HTML-Datei exportieren  681
HTML-Vorlage nutzen  682

### I

In Excel-Datei exportieren  661
In Word-Dokument exportieren  663
Integrierte Befehle abfangen  892
Internet-Inhalte anzeigen  565

### J

Jeden zweiten Datensatz formatieren  504
Jetzige Uhrzeit ermitteln  833

### K

Kontextabhängige Befehle integrieren  889
Kreuztabellenabfrage erstellen  346

### L

Länge von Texten messen  829
Laufende Summe im Bericht bilden  655
Laufende Summe im Bericht mitführen  654
Lebende Kolumnentitel berechnen  649
Leere Berichte verhindern  853
Leere Daten finden  299
Leerzeichen entfernen  829

### M

Makro beim Öffnen der Datenbank ausführen  726
Makro im Formular speichern  712
Makro in VBA konvertieren  733
Mehrere Ebenen gruppieren  341
Mehrere Filter einsetzen  301
Mehrere Filterkriterien nutzen  301

Mehrere Steuerelemente formatieren  496
Mehrere Unterformular nutzen  586
Mehrspaltige Berichte erstellen  83, 642
Mehrwertiges Feld einrichten  153
Menü programmieren  883
Menüband manuell anpassen  102
Menüband minimieren  100
Menüband selbst programmieren  871
Modale Dialogfelder erstellen  437

### N

Neue Abfrage erstellen  58
Neue Datenbank anlegen  32
Neues Formular erstellen  70
Normalisierung mit Assistenten durchführen  245

### O

Optionale Argumente einsetzen  774
Optionen für die Datenbank anpassen  96
Outlook-Kontaktordner verknüpfen  238

### P

Parameterabfragen an Formulare binden  594
PivotChart-Diagramme verändern  455
PivotTable-Ansichten verändern  450
PivotTable-Formular erstellen  444
Preise ermitteln  729
Programmcode wiederholen  792
Prüfen, ob Datum angegeben wurde  836
Prüfen, ob Zahl enthalten ist  836

### R

Registerkarte im Menüband anpassen  866

### S

Schaltfläche auf einem Formular einfügen  518
Schaltfläche im Menüband programmieren  881
Seitenkopf für mehrspaltigen Bericht anlegen  648
Serienduck aus Word starten  665
Sicherheitswarnung für Datei ausschalten  99
Sortieren von Datensätzen  210
Spalten fixieren  208
Spaltenbreite/-höhe anpassen  209
Spitzenwerte ermitteln  265
SQL-Statements schreiben  312
Standardeigenschaften festlegen  497
Startbild einrichten  860
Steuerelemente automatisch anordnen  478
Steuerelemente formatieren  493
Steuerelemente markieren  472
Steuerelementtyp ändern  491
Summen bilden  67, 338
Symbolleiste für den Schnellzugriff anpassen  869

## T

Tabelle anlegen 38
Tabelle entwerfen 161
Tabelle kopieren, umbenennen, löschen 190
Tabellen analysieren lassen 245
Tabellen bearbeiten 190
Tabellen mit 1:1-Beziehung ausfüllen 325
Tabellenfeld verschieben, umbenennen, löschen 193
Tabellenspalten ein-/ausblenden 207
Tabellenwerte automatisch nachschlagen 729
Tastenkürzel selber definieren 724
Texte in Zahlen umwandeln 833

## U

Unabhängige Datensätze gemeinsam ausgeben 380
Unterdatenblatt anzeigen 224
Unterformulardaten im Hauptformular anzeigen 591

## V

VBA-Code im Menüband aufrufen 879
Verknüpfte Tabellen korrigieren 230
Vertrauenswürdige Speicherorte festlegen 98
Video auf Formular anzeigen 568
Viele Daten löschen 410
Vor- und Nachnamen trennen 278

## W

Werte in Ampelfarben kennzeichnen 499
Windows-Temp-Verzeichnis ermitteln 779
Word-Serienbrief mit Bildern anzeigen 673

## Z

Zahlenwerte runden 831
Zeichen ersetzen 830
Zeichenketten bequem zerlegen 769
Zwischensummen im Bericht anzeigen 620

# Stichwortverzeichnis

0-basiert  766, 768, 794
1-basiert  767

## A

Abfrage  810
    drucken  328
    UNION  380
    zentral  324
Abfragetools  66
Abhängigkeiten zwischen den Objekten  107
Absender  627
accdb-Datei  24, 33, 92, 228
accde-Datei  548
Access-Optionen  61
Access-Spezialtasten verwenden  96, 861
acft-Datei  196
ActiveX  567
acwzmain  548
acwztool  739
Add  794
AddNew  819–820
Adresse  117
Aggregatfunktion  338, 341, 589
Aktionsabfrage  97, 254, 394, 820
Aktionskatalog  708, 719
Aktivierreihenfolge  486
Aktiviert  491, 496, 591
Aktualisieren von Datensätzen  719
Aktualisierungsabfrage  194, 213, 394
Aktualisierungsweitergabe  128
Alias  315
ALL  372
Alle Aktionen anzeigen  719, 724
AllowBypassKey  861
Alternative Hintergrundfarbe  495, 613, 620
Am Raster ausrichten  475
Ampel  499
AND  312, 792
Anfügeabfrage  394, 403
Anlage  149–150, 174, 183, 210, 555
Anschrift  625
ANSI  296, 676
Anwendungsparts  601
Anwendungssymbol  96
Anwendungstitel  96
ANY  372
Anzahl  341
Anzeigen  722
    Sanduhrzeiger  724
    Text  560
API  779, 883
Append  861

Archiv  402
Argument  745
    Beliebig viele Argumente  776
    Mehrere Argumente  773
    Rückgabeargumente  778
Array  766
Array()  770
As  383, 772
ASC (ascending)  314
ASCII  296, 677
Atomisierung  116, 123–124, 153
Auflösung  627
Ausdrucks-Generator  152–153, 283, 500, 591, 595, 630, 633, 715, 728
Ausgeblendete Objekte anzeigen  191
Ausrichtung  610
    des geteilten Formulars  434
Auswahl als neuen Datentyp speichern  196
Auswahlabfrage  254, 394
Auswahltyp  266
AutoBerechnen  447
AutoBericht  608
AutoErgänzung  538
AutoExec  726, 861
AutoFormat  72
AutoFormate  418
AutoFormular  416
AutoIndex beim Importieren/Erstellen  97
AutoKeys  725
Automatisch zentrieren  440, 597
AutoVerknüpfung  61
    aktivieren  97
AutoWert  40, 47, 118, 122, 132, 144, 149, 170, 222, 343, 371, 404
Avg()  341

## B

Back-End  863
Backend  228–231, 310, 863
Backstage-Ansicht  93
BASIC  736, 804
Bearbeitungsformular für Listenelemente  155, 438
Bedingte Formatierung  497
Bedingung  301
Befehlsgruppe  101, 876
Befehlsschaltfläche  709
    Assistent  518
Bei Laden  843
Bei Mausbewegung  843, 845–846
Bei Ohne Daten  853
BeiFehler  717
Beim Anzeigen  713, 840–841

## Stichwortverzeichnis

Beim Entladen 847
Beim Formatieren 651, 852, 854
Beim Klicken 437, 519, 589, 712, 721–722, 849, 852
Beim Laden 861
Beim Schließen 847
Beim Schließen komprimieren 96, 863
Benutzerdefiniert 569
Benutzername 777
Berechnet 151
Bereich 563
Bericht 329
    Ansichten 611
    Auto- 608
    gruppieren 615
    mehrspaltig 638
Berichtsansicht 83, 611
Berichts-Assistent 79
Beschriftung 81, 133, 151, 174, 471, 523, 529, 543–544, 597, 721
Bezeichnungsfeld 472, 476, 517, 559
Beziehung
    1:1 124, 216, 325, 327
    1:n 216, 327, 574, 586, 621
    1:n- 123
    m:n 153, 177, 216, 408
    m:n- 123
Beziehungen 117, 216
Beziehungen-Fenster 199, 219, 224, 243
Beziehungsbericht 243
Bild 550–552, 662, 712, 714–715, 854
    nebeneinander 553
Bildausrichtung 553
Bildeigenschaft-Speicherformat 96
Bildergalerie 553
Bildlaufleisten 440, 597
Bildschirmaktualisierung 722, 810
Bildtyp 551, 712, 840
Binärcodierung 142
Bitmap 860
Block-If 787
Blocksatz 672
bmp-Datei 96, 558, 860
BOF 815
Breite 535, 549, 843
Briefkopf 625
button 878, 881, 884, 891
Byte 143, 184

## C

Callback-Prozeduren 879
Cancel 847, 853
Caption 751
Caret-Zeichen 724
Case Else 789–790, 799, 880
CDbl() 832
CInt() 832
Click 843
CLng() 832
CloseCurrentDatabase 847
Codd, Edgar F. 116, 124

Code 737
Column 846, 849
ColumnHeads 850
command 892
commands 892
Computername 777
Const 780
contextualTabs 889
control 885, 891
Count 794–795, 811
Count() 341, 371
CreateProperty 861
CurrentDb 794, 811–812, 816, 822, 861
CurrentProject 841, 883, 885
Custom UI Editor 872
customUI 874

## D

DatDiff() 282, 285
Date() 282, 405, 833
DateAdd() 282, 835
DateDiff() 282, 835
Dateiname 798
Datei-öffentlich
    Konstanten 781
    Variablen 764
Daten lesen 810
Datenbalken 498
Datenbank
    komprimieren 410, 863
    komprimieren und reparieren 94, 149, 186
    öffnen 861
    relational 116
Datenbank-Aufteilung 228
Datenbankdesign 167, 184
Datenbankdokumentierer 241
Datenbankgröße 185
Datenblattansicht 42, 74, 139, 195, 207, 257, 293, 430
    zulassen 74
Datenfeld 766, 777
    dynamisch 767
Datenmakro 726
Datenquelle, externe 231
Datensatz 810
    aktualisieren 394
    Herkunft 154, 169, 180, 272, 319, 321, 535, 538, 567, 583, 592, 848, 850–851
    löschen 719
    Markierer 548, 583, 597
    Quelle 458, 466, 508, 514, 568, 601, 642
    speichern 205, 719
    suchen 818
Datentyp 127, 132, 360, 384, 758, 832
    Anlage 149–150
    AutoWert 149
    Benutzerdefiniert 197, 771
    Berechnet 151
    Byte 143
    Datum/Uhrzeit 146
    Dezimal 146

Datentyp *(Fortsetzung)*
  Double 146
  Hyperlink 141
  Integer 143
  Ja/Nein 143
  Long 144
  Memo 138–139
  Nachschlage-Assistent 153
  OLE-Objekt 149
  Replikations-ID 144
  Selbst definiert 777
  Single 145
  Text 138
  Währung 144
DateValue() 282, 836
Datum 781
Datum() 282, 405, 516, 628
Datum/Uhrzeit 146
Datumsauswahl anzeigen 509
DatWert() 282
Day() 282, 834
DCL (Data Control Language) 310
DCount() 812
DDL (Data Definition Language) 310
Debug.Print 793, 796, 816, 831
Deckblatt 631
Declare 779
Def...-Deklaration 765
Deklaration 759, 773
  mehrerer Variablen 765
Delete 319, 410, 794, 821
DESC (descending) 314
Description 803, 861, 884
Design 418, 494, 516
  verwenden 523, 547, 711
Detailbereich 600, 614, 852
Detailbereich_Format 854
Detail-Dropbereich 446–447
Detail-Tabelle 216
Dezimal 146
Dezimalstellenanzeige 136, 356
Diagramm 508, 550
Diagramme 458
Diagrammtyp 454
dialogBoxLauncher 887
Dialogfeld
  modal 435
  PopUp 437
Dim 750, 761
Dimension 767
Dir() 797, 841
Direktfenster 96, 737, 749, 826
DISTINCT 315, 346
DLL 779
DLookup() 813
DMax() 776
DML (Data Manipulation Language) 310
Do/Loop 793, 797, 816, 819
DoCmd 723, 734, 822, 853, 886
Dokumentfensteroptionen 96
Domänenfunktion 372, 374
DomAnzahl() 373–374

DomErsterWert() 374
DomLetzterWert() 374
DomMax() 374
DomMin() 374
DomMittelwert() 374
DomStAbw() 374
DomSumme() 374
DomVarianz() 374
Double 146
Dreifacher Status 522
Drucker 627
Druckvorschau 80, 85, 87, 328, 611
Duplikate 256, 366
Dynamische Datenfelder 767

# E

Echo 724
Edit 820
Editorformat 738
Eigenschaftenblatt 71, 73, 425, 430, 453, 466, 496, 543, 711, 737
Eindeutig 200
Eingabeformat 134
Eingabetastenverhalten 514
Eingabezeile 204
eingebettetes Makro 712
Einrücken 753
Einzelblatt 73
Else 787, 799
ElseIf 788, 790
Enabled 849, 892
Endlosformular 73, 428, 437, 495, 497, 590
Endlosschleife 804
Entwurfsansicht 42, 81, 97, 191–192, 259, 310, 417, 578, 611
Enum 782
Enumeration 774, 782
Environ() 777
EOF 815–816, 820
Ereignisprozedur 712, 841
Erforderlich 133
Err 802, 861
Ersetzen() 277
ErsterWert 341
Etiketten-Assistent 638
Euro-Format 332, 356
Excel 209, 514, 835
  Arbeitsmappe 332
  Datei 231, 661
  Diagramm-Modul 462
  Tabelle 557, 776
Execute 822–823
EXISTS 372
Explorer 30, 860
Export 332, 660
  Excel-Datei 661
  gespeicherter 703
  PDF-Datei 677
  Text-Datei 676
  XPS-Datei 677
exportedUI-Datei 104

# F

False 792
Farben 494
Farbpalette 419
Farbverlauf 554
Fehler
    Behandlung 806
    des Benutzeroberflächen-Add-Ins anzeigen 871
    Laufzeitfehler 799
    Logische Fehler 799
    Meldung 716
    Syntaxfehler 799
Feld
    berechnen 338, 397, 633
    hinzufügen 469
Felddatentyp 38, 48, 132, 195
    benutzerdefiniert 195, 208
Feldgröße 48
Feldliste 257, 444, 470, 509, 521, 535, 614
Feldname 122, 813
FeldwertIst-Regel 499
FensterSchließen 721
FestlegenFeld 728, 731
FestlegenLokaleVar 730
Fields 812
FileDateTime() 798
FileLen() 798
Filter 452, 458, 818
    formularbasiert 433
Filter-Dropbereich 451
Filterkriterien 294
Filtern 210, 312
FindFirst 818
FindNext 819
First() 341
Fixierte Spaltenüberschriften 357
For Each/Next 793, 795
For/Next 768, 776, 793, 813
Form_Current 840
Form_Load 843–844, 846, 849
Form_Unload 847
Format 133, 145, 356, 516, 591, 594
    übertragen 496
Format() 274, 285, 798, 832, 835
Formatierung
    bedingte 497
Formatvorlage 547
Formel 270, 590
Formkontur 613
Forms 767
Forms.Count 768
Formular 466
    anzeigen 96
        Hauptformular 574
        Unterformular 574
Formularansicht 70, 417, 591, 716
    zulassen 432
Formularfuß 468, 600
Formularkopf 468, 482, 600
Formularvorlagen 599

Fremdschlüssel 118, 120, 122–124, 126, 167, 183, 216–217, 219, 272, 385
Front-End 863
Frontend 228, 231, 863
Function 741
Funktion
    Aggregatfunktion 591
    Anzahl 341
    Array() 770
    Avg() 341
    CDbl() 832
    CInt() 832
    CLng() 832
    Count() 341, 371
    DatDiff() 282, 285
    Date() 282, 405, 833
    DateAdd() 282, 835
    DateDiff() 282, 285, 835
    DateValue() 282, 836
    Datum() 282, 405, 516, 628
    DatWert() 282
    Day() 282, 834
    DCount() 812
    Dir() 797, 841
    DLookup() 813
    DMax() 776
    DomAnzahl() 373–374
    DomErsterWert() 374
    DomLetzterWert() 374
    DomMax() 374
    DomMin() 374
    DomMittelwert() 374
    DomStAbw() 374
    DomSumme() 374
    DomVarianz() 374
    Dropdownliste 296
    Environ() 777
    Ersetzen() 277
    ErsterWert 341
    FileDateTime() 798
    FileLen() 798
    First() 341
    Format() 274, 285, 798, 832, 835
    Glätten() 277
    Grossbst() 277
    Hour() 834
    IIf() 287, 787, 850
    InputBox() 790, 800–801, 826
    InStr() 277–279, 827
    InStrRev() 277, 778, 828
    integrierte 274
    IsArray() 837
    IsDate() 836
    IsEmpty() 837
    IsError() 837
    IsMissing() 774, 837
    IsNull() 837
    IsNumeric() 801, 836
    IsObject() 837
    Jahr() 282, 284, 325
    Jetzt() 282, 405

Funktion *(Fortsetzung)*
    Kleinbst()   277
    Länge()   138, 277, 281
    Last()   341
    LBound()   768
    LCase()   277, 830
    Left()   276, 778, 826
    Len()   277, 829
    LetzterWert   341
    Links()   274, 276, 279, 511, 645
    LTrim()   829
    Max()   341, 591, 775
    Mid()   276, 778, 826, 829
    Min()   341, 591, 775
    Minute()   834
    Mittelwert()   341
    Monat()   282, 284, 325
    Month()   282, 402, 834
    MsgBox()   742, 783
    Now()   282, 405, 833
    Nz()   287
    Rechts()   276, 280
    Replace()   830, 881
    Right()   276, 826
    Round()   285, 831
    RTrim()   829
    Runden()   285, 398
    Second()   834
    Space()   780
    Split()   769
    StAbw()   341
    StDev()   341
    String()   796
    Sum()   340–341, 352, 402
    Summe()   341
    Tag()   282, 284
    Teil()   276, 280
    Time()   282, 833
    Trim()   277, 829
    TypeName()   765
    UBound()   767–768
    UCase()   277, 830
    Val()   285, 790, 802, 833
    Var()   341
    Varianz()   341
    Wenn()   287–288
    Wert()   285–286
    Year()   282, 405, 834
    Zeit()   282, 516
Funktionsnamen   500

# G

Gallery   891
Gebundene Spalte   181
Gebundenes Objektfeld   557
Geburtstagsliste   284
Gefiltert   76
GeheZuDatensatz   719–720

Gesamtsumme   632
Geschachteltes If   788
Geschäftsbrief   625
Gespeicherte Exporte   334, 703
Gesperrt   491, 496, 591
getImage   882–883, 885
getLabel   880–881
getScreentip   888
getSupertip   888
getTempPathA   779
gif-Datei   552, 558, 882–883
Glätten()   277
GoTo   802
Grossbst()   277
Größe   767, 798
Größenanpassung   551, 557
Group   876
GROUP BY   340, 370, 402
Grundschulbücherei   25, 30
Gruppe
    hinzufügen   616
    zusammenhalten   629
Gruppenfuß   619
Gruppenkopf   617
Gruppierung   339, 481
    Abfrage   65, 315, 338, 364, 589
    aufheben   481
Gültigkeitsmeldung   134, 145
Gültigkeitsregel   134, 145

# H

HatFokus-Regel   502
Haupt-/Unterformular   593
    Assistent   574
Hauptformular   574, 579
HAVING   315, 370, 402
Height   843
Herkunftsobjekt   580, 582
Herkunftstyp   154, 535, 538, 566
Hintergrund
    Art   548, 551, 591
    Bild   554
    Farbe   491, 495, 501, 613, 620
Hintergrundart   495
Historie   119, 124, 184
Historienproblem   394
Hochkomma   755
Höhe   468, 549, 843
Horizontaler Anker   425
Hour()   834
HTML   516, 680, 873
    Code   139
    Vorlagendatei   682
Hyperlink   141, 167, 172, 183, 210, 559
    Adresse   559
    Unteradresse   559
    Ziel   559

## Stichwortverzeichnis

### I

Id 876, 880–881, 884–885
idMso 875–876, 889, 892
If 748, 774–776, 786, 799, 819, 845, 855
IIf() 287, 787, 850
imageMso 878, 881, 891
Importieren 812
IN 304, 363
Index 197–198, 321
Indexnummer 766
Indizes-Fenster 199
Indiziert 133, 197–198
InfoPath 689
Inkrement 149
INNER JOIN 318, 326, 385
InputBox() 790, 800–801, 826
INSERT 319, 407
INSERT INTO 405
InStr() 277–279, 827
InStrRev() 277, 778, 828
Integer 143, 761, 783, 801
Internet Explorer 685, 697, 700
Internetseite 566
IRibbonUI 879
Is 790, 792
IsArray() 837
IsDate() 836
IsEmpty() 837
IsError() 837
IsMissing() 774, 837
IsNull() 837
IsNumeric() 801, 836
IsObject() 837
Ist Hyperlink 559
Ist Null 297, 299
Ist-Regel 504
itemSize 884

### J

Ja/Nein 143
Jahr() 282, 284, 325
Jetzt() 282, 405
JOIN 317
Jokerzeichen siehe Platzhalterzeichen
jpeg-Datei 552, 558
jpg-Datei 96, 173, 715, 842

### K

Kamel-Schreibweise 325, 753
Kartesisches Produkt 379
Kleinbst() 277
Kolumnentitel 649
Kombinationsfeld 54, 270, 472, 525, 529, 538, 583, 846
Kommentar 754
Kompilieren 799
Komprimieren 186, 863
Konstante 753, 758, 780, 798, 819
Kontakte-Ordner (Outlook) 240

Kontextabhängige Registerkarten 93, 890
Kontrollkästchen 54, 262, 520, 525, 527
Kopfbereich 631
Kopfzeile 330
Kost&Logis 25
Kosten&Logistik 25
Kreis 549
Kreuzprodukt 379
Kreuztabelle 347
Kreuztabellenabfragen 379, 444
    Assistent 352
Kriterium 305, 359, 362, 594

### L

label 884
labelControl 878
laccdb-Datei 92
Länge() 138, 277, 281
Last() 341
Laufende Summe 654, 656
Laufzeit 767
Laufzeitfehler 799, 801
Layout 481, 517, 563
    auswählen 427
Layoutansicht 70, 73, 78, 416–417, 429, 482, 611
LBound() 768
LCase() 277, 830
Lebender Kolumnentitel 649
LEFT JOIN 318, 326, 385
Left() 276, 778, 826
Leistungsanalyse 243–244
Len() 277, 829
Leszynski, Stan 121
LetzterWert 341
Like 313, 792
Lineale 467, 609, 614
Linie 548
Linker Rand 513
Links() 274, 276, 279, 511, 645
ListCount 849–850
Listenbreite 170, 181, 538
Listenelemente bearbeiten 438
Listenfeld 525, 530
    Assistent 530, 535
ListIndex 846
Literal 362
Livevorschau aktivieren 419
LoadPicture 883, 885
Logische Fehler 799
Logo 165, 517, 553, 583, 609, 642, 662, 672, 882
Lokale Variable 763–764
Lokal-Fenster 737
Long 144, 222, 780
Löschabfrage 394, 409, 823
Löschweitergabe an verwandte Datensätze 128
LTrim() 829

## M

Makro, eingebettetes  712
Makrobefehle  708
Makroentwurf  713
Makro-Generator  713
Makroname  717
Many-to-many  123
Markierungsbereich  472
Maskieren  874, 881
Master-Datensatz  224
Master-Tabelle  216
Max()  341, 591, 775
Maximum  338, 341, 775
Me.Caption  751
Mehrbenutzerbetrieb  863
Mehrere Werte zulassen  154, 181, 221
Mehrfachauswahl  538
Mehrfachen Index einrichten  199
Mehrfach-Index  200
Mehrspaltiger Bericht  638
Mehrwertiges Feld  210, 218, 408
Meldungsfeld  708, 724
Memo  138, 758
Mengenlehre  385
menu  884
Menüband  34, 92–93, 864, 866
    und Symbolleisten  96
Mid()  276, 778, 826, 829
Min()  341, 591, 775
Minimum  338, 341, 775
MinMax-Schaltflächen  597
Minute()  834
Mittelwert  338, 341
mod  504, 791
modal  320, 435, 519
Modul  740, 748
Modul-öffentliche Variable  763
Monat()  282, 284, 325
Month()  282, 402, 834
MouseMove  842–843
Move  814
MoveLast  815
MoveNext  814, 816
MsgBox()  723, 736, 742, 783

## N

Nach Aktualisierung  542
Nachschlage-Assistent  50, 153
Nachschlagefeld  169
Nachschlagen  54
NachschlagenDatensatz  730
Nachschlagetabelle  118, 179, 246
Name  534, 543–544, 583, 721, 794
    des Navigationsziels  562, 586
    Feldname  122
    Regeln für Namen  121
Navigationsbereich  34, 96, 106, 160, 229, 431, 439, 710, 861, 864
Navigationsoptionen  109, 113, 191, 794

Navigationsschaltflächen  204, 258, 293, 440, 518, 548, 556, 583, 597
Navigationssteuerelement  561
Neigung  549
Neue Aktion hinzufügen  708, 714
Neue Seite  624, 631
Neue Werte  149
Nicht zugewiesene Objekte  109
NoMatch  819
Normalform  116, 124
    dritte  119, 179, 184
    erste  116, 123, 153, 161, 167, 217
    Tabellen analysieren  245
    zweite  118, 151, 161
Norming  217
NOT  792
Now()  282, 405, 833
NULL  143, 297, 299, 316, 343, 521
NULL-Wert  195, 326, 389, 399, 524
Number  803, 861
Nur anfügen  138
Nur Listeneinträge  181
Nur-Text  139
Nz()  287

## O

Oberer Rand  513
Objektabhängigkeiten  108
Objekt-Designer  97
Objekte ausblenden  112
Objektnamen-AutoKorrektur  97, 108, 113, 193, 579
Objektvariable  795
ODER  302
Öffnen  94
ÖffnenAbfrage  719
ÖffnenBericht  719
ÖffnenFormular  709, 719–720
ÖffnenTabelle  719
OLE-Objekt  149, 162, 462, 557
On Error GoTo  718, 802, 861
On Error GoTo 0  806
On Error Resume Next  806, 848, 853
onAction  881–882, 886
onRibbonLoad  879
OpenDatabase  812, 862
OpenForm  886
OpenQuery  821
OpenRecordset  811, 816
OpenReport  853
Operator  294
    &  792
    ALL  372
    AND  792
    ANY  372
    EXISTS  372
    gleich (=)  295
    größer (>)  295
    größer gleich (>=)  295
    IN  304, 363
    IS  792

Operator *(Fortsetzung)*
    Ist Null  297, 299
    kleiner (  295
    kleiner gleich (  295
    Like  313, 792
    logischer  792
    mathematischer  791
    mod  504, 791
    Nicht  297, 300
    NOT  792
    ODER  302
    OR  790, 792
    Rechenoperator  791
    UND  302
    ungleich ()  295, 300
    Vergleichsoperator  791
    Wie  297, 313
    Zwischen  305
Option Base 1  767
Option Compare Binary  830
Option Compare Database  741, 830
Option Explicit  741, 760, 766, 799
Optional  774–775, 837
Optionen  95, 207, 738, 759, 866
Optionsfeld  517, 524–525, 527
Optionsgruppe  524–525
Options-Schaltfläche siehe Optionsfeld
Optionswert  525, 530
OR  312, 790, 792
Oracle  122, 146, 384
ORDER BY  313, 382, 848
Outlook  380, 689, 733
    Kontakte  381

## P

Paint  165
Papierbreite  643
ParamArray  776
Parameter  773
Parameterabfrage  290, 358, 594, 596
Parameters  823
Path  841, 883, 885
pdf-Datei  677
Picture  841
Pivot  352, 444
    Ansichten  458
PivotChart
    Ansicht  461, 483
    Ansicht zulassen  458
PivotTable  347
    Ansicht  452
    Ansicht zulassen  457–458
    Formular  444
Platzhalterzeichen  298, 311, 362
png-Datei  552, 854
PopUp  435, 437, 439, 597
Potenz  791
PowerPoint  514, 889
    Präsentation  557
Präfix  121, 763

Primärschlüssel  49, 97, 118, 122, 126, 133, 149, 163, 167, 183, 198, 216–217, 219, 385
Produkt
    Kartesisches  379
    Kreuzprodukt  379
Projekt-Explorer  737–738
Property  741, 750, 773, 861
    Get  751–752
    Let  751–752
    Set  751
Prozedur
    Callback  879
    Namen  753
    starten  760
Prozentzahl  145
Pseudoumbruch  754, 790
Public  764, 780

## Q

qat  890–891
Querformat  331
QueryDef  823
QueryDefs  795

## R

Radio button siehe Optionsfeld
Rahmenart  440, 495, 549, 591, 597
Rahmenbreite  495, 548
Rand  331, 513, 610, 625
Raster  474
Rechteck  549
Rechter Rand  513
Rechts()  276, 280
RecordCount  811, 815, 817
RecordsAffected  823
Recordset  810, 812
Reddick, Gregory  121
ReDim  768
    Preserve  768
Redundanz vermeiden  124
Referentielle Integrität  125, 127, 220, 231, 294, 390
Reflexiv-Verknüpfung  222
Register  93, 542, 550
    Seite einfügen  546
    Seite löschen  547
Registerkarte  867
Relationale Datenbank  116, 216
REM  755
Remove  794
Replace()  830, 881
Replikations-ID  144
Report_NoData  853
Resume  803
Ribbon  34, 93, 874
Ribbon Creator  880, 883
Ribbon Creator 2010  873
Ribbon siehe Menüband
Rich-Text  138–139, 514, 663
RIGHT JOIN  318, 385

Right() 276, 826
Round() 285, 831
RowSource 849, 851
rtf-Datei 663
RTrim() 829
Rückgabeargument 778
Rückgabeparameter 847
Rückgängig 206, 399, 891
    Datensatz 719
Runden() 285, 398

# S

Sanduhr 722
Schaltfläche 517
Schaltjahr 306
Schleife 768, 792, 797
    geschachtelte 795
Schließen-Schaltfläche 848
Schriftart 209, 419, 591
    zum Erstellen von Abfragen 97
Schriftgrad 591
screentip 490, 878, 887
Second() 834
Seite einrichten 330, 610, 643
Seitenansicht 80, 85, 328, 611, 853, 869
Seitenfuß 468, 631, 650
Seitenindex 546
Seitenkopf 468, 614, 648
Seitenkopfbereich_Format 651
Seitenlayout 610
Seitenränder 331, 610
Seitenumbruch 549, 612, 624
    verhindern 628
Seitenzahlen 652
SELECT 311, 363, 374, 380, 817, 848
SELECT ... INTO 319
Select Case 789, 796, 799, 861, 880
Semikolon 311
SendenEMail 732
SEQUEL 310
Serielles Datum 146, 264, 834
Seriendruckfeld 670
Set 772, 811
SetWarnings 822
SetzenWert 714–715, 717
sharedControls 891
SharePoint 151
SharePoint Services 697
Sicherheitscenter 98
Sicherheitseinstellungen 812
Sicherheitswarnung 99
Simonyi, Charles (Károly) 121
Single 145
size 877, 882
Smarttag 272, 456, 479–480, 488, 517, 609
Smiley 878, 882
Sonderzeichen 874
Sortierung 116, 210, 258, 261, 281, 313, 382
Space() 780

Spalten
    ausblenden 207
    einblenden 208, 434
    fixieren 208, 357
    Fixierung aufheben 208
    Optimale Breite 209
Spaltenanzahl 169, 181, 223, 272, 321, 583
Spaltenbreite 170, 181, 209, 272, 321, 331, 535, 538, 583
Spalten-Dropbereich 446, 451
Spaltenkopf 260
Spaltenlayout 647
Spaltenüberschriften 348, 471, 850
Spaltenverlauf anzeigen 140
Speicherdatum 798
Speichern 94
Spezialtasten 861
Spitzenwerte 266, 282, 297, 315
Split() 769
SQL 116, 795
SQL Server 146, 149, 176, 231, 310, 726
SQL-Ansicht 310, 317
SQL-Befehl 322
StAbw 341
Standardabweichung 341
Standardansicht 73, 590
Standardbericht 608
Standardeigenschaften 600
Standardfarben 495
Standardfeldtyp 97
Standardöffnungsmodus 98
Standardtextfeldgröße 97, 138
Standardwert 48, 133, 585, 599, 847
Starteinstellungen 598
Startformular 861
startFromScratch 874, 891
Startprogramm für ein Dialogfeld 101, 886
Static 780
Statische Variable 764
Statusleiste 96, 99, 113
    anzeigen 96
StDev() 341
Step 793
Sternchen siehe Platzhalterzeichen
Steuerelement 466
    anzeigen 153, 169, 180, 249
    gebunden 469
    löschen 483
    Typ 508
    ungebunden 469
    verankern 483
Steuerelement-Assistent 459, 517, 711
Steuerelementinhalt 456, 525, 529, 567, 590, 633
Steuerelementvorgaben 497
String() 758, 796
Sub 741
Sub/UserForm ausführen 744
Suche 212
SuchenDatensatz 719
Suchen-Feld 46
Suchen-Liste 719
SuchenNachDatensatz 719

## Stichwortverzeichnis

SuchenNächstenDatensatz 719
Suchfeld 433
Sum() 340–341, 352, 402
Summe 338, 341, 447
Supertip 887
Symbolleiste für den Schnellzugriff 93, 328, 866, 869, 890
Synchronisation 584
Syntaxfehler 799
Systemobjekte 113
    anzeigen 871
Systemtabellen 727, 794

## T

tab 874
Tabelle, verknüpfte 230
Tabellenanalyse-Assistent 245
Tabellendaten filtern 210
Tabellenentwurf 195
Tabellenerstellungsabfrage 394, 400
Tabellenindex 197
Tabellenverknüpfungs-Manager 230, 863
TableDef 794–795
tabs 874
tabSet 889
Tabstopp 668
Tag() 282, 284
Taskleiste 30
Tastaturbefehle 725
Tastenkombinationen anzeigen 114
Tastenkürzel
    Alt 487
    Alt+Eingabe 266, 346, 425, 430, 453, 466, 711
    Alt+F11 96, 736
    Alt+F4 598, 848
    Alt+F8 469, 509, 521–522
    Alt+K 488
    Alt+Pfeil unten 489
    Bild ab 549
    Datensätze bearbeiten 214
    Eingabe 204, 470, 486, 514, 742
    Entf 113, 137, 190, 192, 205, 268, 457, 554
    Esc 149, 205, 331
    F11 96, 861
    F2 113, 142, 190, 193, 579
    F5 743, 754, 760, 766
    festlegen 724
    Funktionstasten 725
    Navigation in Datensätzen 206
    Pfeil oben 501
    Pfeil unten 501, 743
    Pos1 362
    Strg 472, 725
    Strg+ 214
    Strg+- 205, 214
    Strg+. 192
    Strg+' 214
    Strg+# 44
    Strg++ 204, 214
    Strg+1 463
    Strg+Alt+Leertaste 214

Tastenkürzel *(Fortsetzung)*
    Strg+Bild ab 71
    Strg+C 194
    Strg+Eingabe 191, 514, 628, 873
    Strg+Ende 811
    Strg+F 212
    Strg+F1 100
    Strg+F2 153, 283, 595, 633, 715
    Strg+G 96, 737, 749, 826
    Strg+H 213
    Strg+Leertaste 761
    Strg+R 737
    Strg+S 748
    Strg+Untbr 804
    Strg+V 194, 479, 545
    Strg+X 479, 545
    Tab 204, 486, 501, 514, 742, 753, 789
    Umschalt 472, 482, 725, 861
    Umschalt+Eingabe 205, 214
    Umschalt+F2 64, 270, 283
    Umschalt+Tab 487, 753, 789
Teil() 276, 280
Temp-Pfad 779
Text vertikal 512
Textabstand
    links 513
    oben 513
    rechts 513
    unten 513
Textabstand bestimmen 427
Textausrichtung 491, 509
Textfeld 472, 476, 509
Textformat 138, 515
Time() 282, 833
To 767, 790, 793
toggleButton 876
TOP 315, 844–845
TRANSFORM 352
TreeView 570
Trigger siehe Datenmakro
Trim() 277, 829
True 792
Twips 843
Type 770, 782, 796
TypeName() 765

## U

Überwachungsfenster 737
UBound() 767–768
UCase() 277, 830
Umbruch
    Ergebnisumbruch 754
    Pseudoumbruch 754, 790
Umlaute 874
Umrisslinie 613
Umschaltfläche 517, 522, 525, 527
UND 302
Ungarische Notation 121, 134, 161, 166, 258, 416, 431, 519, 527, 529, 579, 601, 654, 758, 766, 799, 908
Ungebundenes Objektfeld 558

Ungleich () 300
UNION 380
  Abfrage 97, 850
UNION ALL 381
Unterabfrage 366, 372
Unterabfragen 305
Unterdatenblatt 224
  Name 225
Unterer Rand 513
Unterformular 424, 508, 574, 578–579
Unterformular/-bericht 565, 574
Untermakro 717, 724
Until 797
UPDATE 319
Update 820
UserForm 740
Username 777
USysApplicationLog 727
USysRibbon 886
USysRibbons 113, 871, 873, 879

## V

Val() 285, 790, 802, 833
Value 813, 816, 846, 849
VALUES 408
Var() 341
Variable 730, 758
  Datei-öffentliche 764
  Datentyp 758
  Deklaration 759
  deklarieren 759, 765
  lokale 763–764
  Modul-öffentliche 763, 844, 879
  Objektvariable 772
  statische 764
Variant 769, 772
Varianz 341
VBA 736
  Editor 736
  Programmierung 722
vbCrLf 754
Verankerbar 738
Vergrößerbar 81–82, 635, 641
Verkettung 632
Verkleinerbar 635
Verknüpfen nach 585, 592
Verknüpfen von 585, 592
Verknüpfte Formulare 587
Verknüpfung
  Reflexiv-Verknüpfung 222
  symmetrische 387
Verknüpfung-Eigenschaften 388
Verknüpfungstyp 220
Vertikaler Anker 425
Vertrauenswürdige Datenbank 720, 728, 864

Vertrauenswürdige Speicherorte 98
Video 568
Visible 854, 891
Visual Basic for Applications 736
Vor Aktualisierung 727
Vor Änderung 728, 730

## W

Währung 136, 144
Warnung 822
Webbrowser 565
Wenn() 287–288, 728
Wert 348, 594
Wert() 285–286
WHERE-Klausel 312, 849
  für Navigation 562, 586
While 797
While/Whend 798
Width 843, 845
Wie 297, 313, 362
Windows 24
Windows Media Player 569
Windows-Startmenü 30
With 771, 819
Word 672
  Dokument 557, 666
  Seriendruck 673
Wurzelverzeichnis 791

## X

XML 680
XML-Code 866
xps-Datei 677

## Y

Year() 282, 405, 834

## Z

Zahlenformat 136
Zeilenhöhe 209
Zeilenkopf 487
Zeilenüberschrift 348
Zeilenumbruch 514, 628
Zeit() 282, 516
Zoom-Fenster 64, 270, 283
Zoom-Schieber 329, 612
Zugriffsrechte 176
Zugriffsschutz 217
Zurücksetzen 760, 764
Zwischenablage 305, 479, 625
Zwischensumme 620

# Der Autor

## Der Autor

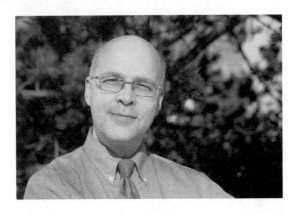

**Lorenz Hölscher** hat nach seinem Architekturstudium als Geschäftsführer in einem Ingenieurbüro gearbeitet und dort neben der Planung für Kompostierungsanlagen auch die Hard- und Software betreut. Dort konnte er zwar so richtig große Radlader fahren, wollte aber nach ein paar Jahren gerne auch mal wieder etwas anders machen.

Nach dem Wechsel in die Selbstständigkeit als Softwaredozent hat er sich für Schulungszwecke mit Access beschäftigt und dabei entdeckt, dass sogar eine Datenbank Spaß machen kann. Wer hätte das gedacht! So ist aus einem anfangs eher unwilligen Herantasten eine freundschaftliche Beziehung zu einem Programm geworden, welches in seinen Fähigkeiten mühelos mit dem Benutzer wächst.

Dank der Makro- und vor allem VBA-Programmierung in Access gibt es zu allen Problemen eine Lösung, die für Lorenz Hölscher nicht nur funktionsfähig, sondern auch schön sein muss. Da schlägt offensichtlich noch das Architekten- und Grafiker-Herz in ihm.

Außerdem schreibt er sehr gerne, sonst hätte er sich so ein umfangreiches Buch wie dieses nicht angetan. Nach vielen Artikeln in »Inside Word« und »Inside Access« hat er bei Microsoft Press in der *Richtig einsteigen*-Reihe bereits mehrere Bücher zu Access und Word veröffentlicht.